中国民族统计年鉴 2011

CHINA'S ETHNIC STATISTICAL YEARBOOK 2011

国家民族事务委员会经济发展司
国家统计局国民经济综合统计司 编

中国统计出版社
China Statistics Press

（京）新登字 041 号

图书在版编目（CIP）数据

中国民族统计年鉴. 2011 / 国家民族事务委员会经济发展司，国家统计局国民经济综合统计司编. -- 北京 : 中国统计出版社，2012.9

ISBN 978-7-5037-6677-0

Ⅰ. ①中… Ⅱ. ①国… ②国… Ⅲ. ①民族地区－统计资料－中国－2011－年鉴 Ⅳ. ①D633-54

中国版本图书馆 CIP 数据核字(2012)第 205695 号

中国民族统计年鉴—2011

作　　者/国家民族事务委员会经济发展司　国家统计局国民经济综合统计司
责任编辑/郭　栋
装帧设计/李雪燕
出版发行/中国统计出版社
通信地址/北京市西城区月坛南街 57 号　邮政编码/100826
办公地址/北京市丰台区西三环南路甲 6 号
电　　话/邮购（010）63376907　书店（010）68783172
网　　址/http://csp.stats.gov.cn/
印　　刷/北京联兴盛业印刷股份有限公司
经　　销/新华书店
开　　本/880×1230mm　1/16
印　　张/50
字　　数/1600 千字
版　　别/2012 年 9 月第 1 版
版　　次/2012 年 9 月第 1 次印刷
书　　号/ISBN 978-7-5037-6677-0/D・287
定　　价/360.00 元

《中国民族统计年鉴—2011》

编辑委员会名单

边根棠　山西省民族事务委员会主任
特古斯　内蒙古民族事务委员会副主任
赵佐贤　辽宁省民族事务委员会副主任
梁翠芬　吉林省民族事务委员会副主任
沃岭生　黑龙江省民族事务委员会主任
曹　斌　上海民族和宗教事务委员会主任
王在郑　江苏省民族事务委员会副主任
陈智慧　浙江省民族宗教事务委员会副主任
白和平　安徽省民族事务委员会副主任
王聚仁　福建省民族与宗教事务厅厅长
张国培　江西省民族宗教事务局巡视员
马文艺　山东省民族事务委员会主任
彭亚平　河南省民族事务委员会主任
胡祥华　湖北省民族宗教事务委员会副主任
赵仁秀　湖南省民族事务委员会副主任
温卫平　广东省民族宗教事务委员会副主任
卢献匾　广西民族事务委员会主任
黄明荣　海南省民族宗教事务委员会主任
谭建祥　重庆市民族宗教事务委员会主任
蔡世勤　四川省民族事务委员会巡视员
徐　飞　贵州省民族宗教事务委员会副主任
王承才　云南省民族事务委员会主任
张良田　西藏民族宗教事务委员会副主任
徐自立　陕西省民族事务委员会主任
贡保甲　甘肃省民族事务委员会主任
文化堂　青海省民族事务委员会副主任
马　力　宁夏民族事务委员会主任
吐尔干•皮达　新疆民族事务委员会主任
热合曼•克日木　新疆生产建设兵团民族宗教局局长

《中国民族统计年鉴—2011》

编者说明

一、由国家民族事务委员会主办的《中国民族统计年鉴—2011》，是一部全面反映中国政府民族经济工作以及全国少数民族和民族自治地方国民经济社会发展情况统计资料的大型资料性工具书。

二、本书由“专文”、“综述篇”、“政策法规篇”、“统计资料篇”、“附录”共5部分组成。

1. 专文。收录了国家民委主要领导在2010年有关民族工作的部分文章和讲话。

2. 综述篇。分“民族自治地方发展综述”、“民族乡镇发展综述”、“民族经济工作综述”等3个类目，收录了2010年全国、各省（自治区、直辖市）民族自治地方和民族乡镇经济社会发展情况及2010年全国和各省区市及兵团民族经济工作情况的综合性文稿。

3. 政策法规篇。收集了2010年国务院、国家民委及有关部委和各省（自治区、直辖市）颁发的关于民族工作方面的文件、制度、法规、规划等文献。

4. 统计资料篇。分“民族自治地方”、“陆地边境县”、“全国少数民族发展情况”、“政府民族工作部门”、“其他资料”等5部分。涉及到的全国性统计数据均不包括台湾省和香港特别行政区、澳门特别行政区的资料。统计资料主要来源于国家政府主管部门、各级统计和民族工作部门。部分数据合计数或相对数由于单位取舍不同而产生的计算误差均未作机械调整。全部统计资料均经国家统计局国民经济综合统计司审核。

5. 附录。收编了各类民族方面的资料。

目　　录

专　　文

综 述 篇

民族乡镇发展综述

民族经济工作综述

政策法规篇

统计资料篇

民族自治地方

附 录 篇

专 文

收录了国家民委主要领导在2010年有关民族工作的部分文章和讲话。

国务院关于加快少数民族和民族地区经济社会发展工作情况的报告

——国家民族事务委员会主任杨晶同志在第十一届全国人民代表大会常务委员会第十八次会议上所作报告

（2010 年 12 月 22 日）

全国人民代表大会常务委员会:

我受国务院的委托，向全国人大常委会报告近年来加快少数民族和民族地区经济社会发展工作情况，请予审议。

一、始终站在全局和战略高度，不断采取有力措施，大力促进少数民族和民族地区加快发展

我国是统一的多民族国家，少数民族人口一亿多，民族自治地方占国土总面积的 64%，西部和边疆绝大多数地区都是少数民族聚居区。这一基本国情决定了少数民族和民族地区的发展在我国经济社会发展全局中占有极其重要的地位。加快少数民族和民族地区经济社会发展，是我国现阶段解决民族问题的根本任务，不仅关系我国区域发展总体战略的实施，关系全面建设小康社会奋斗目标的实现，而且关系民族团结、社会稳定和边防巩固，关系国家的长治久安。

党和国家历来高度重视加快少数民族和民族地区的发展。特别是党的十六大以来，以胡锦涛同志为总书记的党中央，站在落实“两个大局”战略思想的高度，把加快少数民族和民族地区经济社会发展摆在更加突出的位置，作出了一系列重大决策部署，采取了一系列重要举措，确立了各民族共同团结奋斗、共同繁荣发展的民族工作主题，召开了新世纪新阶段第一次中央民族工作会议，作出了我们党关于民族工作全局的第一个决定，即《中共中央国务院关于进一步加强民族工作加快少数民族和民族地区经济社会发展的决定》(中发〔2005〕10 号)，发布了实施民族区域自治法的第一部行政法规，即《国务院实施〈中华人民共和国民族区域自治法〉若干规定》（以下简称《若干规定》），召开了中央第五次西藏工作座谈会和中央新疆工作座谈会，出台了支持广西、宁夏等民族地区加快发展的政策文件。这一系列重大决策部署，一个最突出的特点就是把发展作为第一要务，把支持少数民族和民族地区加快发展作为一贯方针，重点在政策、资金、体制机制上采取有力措施，务求在促进科学发展、改善民生上取得明显成效。几年来，我们按照中央的重大决策部署，认真履行职责，主要做了以下工作:

（一）不断加大政策扶持力度。深入实施西部大开发战略，不断促进民族地区加快发展。国家将 5 个自治区、30 个自治州的全部，120 个自治县中的绝大多数，都纳入西部大开发范围。对其他未列入西部大开发范围的自治县，也比照西部大开发政策予以扶持。10 年来，我国少数民族和民族地区充分享受到了西部大开发带来的成果和变化。此外，国家还先后出台了一系列支持少数民族和民族地区经济社会发展的政策性文件，仅“十一五”期间就有 14 个。既有涵盖整个民族地区的全局性重大举措，如中发〔2005〕10 号文件和《若干规定》，又有针对各个民族地区实际、因地制宜制定的专项政策，如促进西藏、新疆、宁夏、广西、云南边境地区以及青海等省藏区发展的政策文件；既有促进经济快速发展的优惠政策，如扶持民族贸易和民族特需商品生产的优惠政策，又有支持社会事业发展的具体举措，如关于繁荣发展少数民族文化事业的若干意见等。同时还有针对少数民族专业技术人才队伍建设的专项培养政策，如在新疆、西藏开展少数民族科技骨干特殊培养工作，实施“青海三江源人才培养工程”等。这些政策举措，针对性、操作

性都很强，“含金量”也很高，为加快少数民族和民族地区经济社会发展注入了强大动力。比如，国家不断加大对边疆地区经济社会发展的支持力度，2009 年推进兴边富民行动覆盖了全国所有 136 个边境县和新疆生产建设兵团 58 个边境团场，累计投入资金 22 亿多元，有效加快了边疆地区建设步伐。

（二）切实加强规划指导。国家在制定实施“十一五”规划时，明确要求总体规划和各地区各部门的发展规划都要重点向民族地区倾斜。同时，积极编制支持民族地区加快发展的各种专项规划。据统计，仅国家制定实施或支持地方实施的专项规划就有 28 个，包括《扶持人口较少民族发展规划（2005—2010 年）》、《兴边富民行动“十一五”规划》、《少数民族事业“十一五”规划》以及《新疆南疆三地州抗震安居工程建设规划》、《云南省扶持莽人克木人发展总体规划》、《阿合奇边境扶贫试点规划》等。这些规划，对于有重点、有步骤地推进少数民族和民族地区经济社会发展发挥了重要作用。比如，扶持人口较少民族发展规划实施以来，共投入扶持资金 37 亿多元，安排项目 1 万多个，使重点扶持的 640 个人口较少民族聚居村绝大多数都提前实现了规划目标。与此同时，国家还批准实施了广西北部湾经济区、海南国际旅游岛、长吉图开发开放先导区建设等重点区域发展规划，有效带动了民族地区经济社会发展。

（三）不断强化资金项目支持。国家通过提高转移支付系数、增加特殊支出项目等办法，不断加大对民族地区的财政转移支付力度。从 2006 年起，中央财政在对 8 个民族省区、30 个自治州实施民族地区转移支付的基础上，又将 53 个非民族省区、非民族自治州所辖的自治县纳入了中央财政转移支付的范围。此外，还在扶贫、教育、文化、卫生等方面，加大了专项资金投入的力度。“十一五”以来，累计安排民族 8 省区财政扶贫资金 342.4 亿元，年均增长 15%，高于同期中央财政补助地方扶贫资金的增幅；安排少数民族发展资金 30.4 亿，年均增长 28.9%，高于同期财政扶贫资金总量的增幅；累计安排 5 个自治区的投资规模 1190 多亿元，年均增长 32%；通过对民族贸易和民族特需商品生产贷款实施贷款优惠利率累计贴息 34.09 亿元，带动金融机构向民贸民品企业放贷 1200 多亿元。这些资金投入，帮助建成了一批机场、公路、港口、水利枢纽等基础设施项目和重点产业项目，对加快少数民族和民族地区经济社会发展发挥了至关重要的作用。

（四）进一步加大对口支援力度。国家坚持推动对口支援不断向纵深发展，东部 15 省市对口帮扶西部 10 省区的机制不断完善，中央各部门对口帮扶贫困地区的力度不断加大。同时，有关省区市还结成了良好的扶贫协作关系，有力地推动了民族地区开发建设。国家先后组织 60 多个中央国家机关、18 个省市、17 个中央企业对口支援西藏，截至 2008 年底，累计投入对口援藏资金 110 多亿元，建设项目 6000 多个。对口援疆工作扎实推进，累计投入援疆资金 39 亿元。中央第五次西藏工作座谈会和新疆工作座谈会，又进一步完善了对口援藏、对口援疆办法，建立了援助资金稳定增长机制，实施干部、人才、经济、科技、教育、医疗卫生全面支援。2008 年汶川地震发生后，20 个省市对口支援灾后重建，援建资金达到 674 亿元。上海市对口支援云南人口较少民族德昂族，2006 年以来，共投入扶持资金 2860 多万元，安排项目 350 多个，推动德昂族聚居村基础设施建设跨越式发展，群众生活已接近或达到当地中等水平。

二、少数民族和民族地区发展成就举世瞩目，各民族共同团结奋斗的物质基础不断巩固，但当前加快发展面临的困难和问题也比较突出，必须引起高度重视

总的看，经过几十年的艰苦努力，少数民族和民族地区经济社会发展取得了举世瞩目的成就，城乡面貌发生了翻天覆地的变化。特别是最近五年，可以说是发展最快、变化最大、各族群众得到实惠最多的五年，也是各民族大团结不断巩固、中华民族凝聚力显著增强的五年。

（一）经济持续快速发展，综合实力显著提升。“十一五”以来，民族地区的地区生产总值、财政收入每年均以两位数的速度增长，高于全国平均增速，综合经济实力大幅提升。2009 年，民族 8 省区地区生产总值达到 34619 亿元，年均增长 13.1%；人均地区生产总值达到 18014 元，占全国的比重比

2005 年提高了 5.1 个百分点。城镇居民人均可支配收入 14070 元、农民人均纯收入 3931 元，分别比 2005 年提高 5328 元和 1654 元。内蒙古自治区经济增长速度自 2002 年以来连续八年保持全国第一，地区生产总值在全国排名由第 24 位上升到第 15 位。

（二）基础设施建设得到加强，生产生活条件明显改善。“十一五”以来，国家共投入 1670 多亿元支持民族地区公路、水运、铁路等基础设施建设，是“十五”时期的 2.2 倍。到 2009 年底，民族地区公路总里程达到 88 万公里，乡镇通公路比重达到 98%，建制村通公路比重达到 88%。青藏铁路、南疆铁路等一批重点工程相继建成并投入运营，新建铁路里程达到 1 万公里以上。其中，2006 年青藏铁路建成通车，结束了西藏没有铁路的历史。通信基础设施和信息化建设跨越式发展。目前除西藏部分地区外，边疆省区已全部实现行政村通电话。实施邮政局所改造，邮政普遍服务能力有效改善。2006 年以来，中央用于民族地区的水利建设投资 251 亿元，一批大型水利工程相继建成并发挥效益。其中，2007 年竣工的宁夏沙坡头水利枢纽工程，结束了当地灌区两千多年无坝引水的历史。

（三）经济结构加快调整，特色优势产业进一步壮大。在经济快速发展的同时，民族地区产业结构不断调整、优化。2005 年，民族地区三次产业的比重为 19: 42: 39，到 2009 年调整为 15: 46: 39。农牧业比重明显下降，工业比重显著上升，经济发展的后劲进一步增强。特色优势产业不断发展壮大，形成了一批特色农产品加工业、优势矿产资源开发利用、重大装备制造和高新技术产业基地。新疆的石油、天然气产量，分别居全国第三位和第一位，棉花产量居全国首位。内蒙古的乳业和羊绒制品多年稳居全国第一位，同时已成为我国重要的煤电能源基地。广西是全国最大的蔗糖、蚕茧生产和综合利用基地，产糖量约占全国的 60%，产蚕量占全国的 30%，居全国之首。云南的花卉产业，年产值达 200 亿元，出口创汇 1 亿美元以上，成为亚洲最大的花卉生产基地。青海成为全国最大的钾肥生产基地。广西、贵州、宁夏已成为我国铝产业的重要省份。旅游业已成为西藏、云南、新疆、广西等省区的支柱产业。

（四）社会建设扎实推进，保障和改善民生取得显著成效。国家率先在民族地区实行“两免一补”政策。目前，民族地区“两基”人口覆盖率达到 98.5%，高等院校发展到 160 多所。社会保险覆盖面不断扩大，待遇水平不断提高。新型农村社会养老保险制度试点在全国覆盖面平均为 24%，而 5 个自治区中西藏已经实现全覆盖、新疆覆盖面达 66%、宁夏覆盖面达 63%，30 个自治州中已有 11 个实现全覆盖，120 个自治县中已有 49 个纳入试点县范围。新型农村合作医疗制度已经覆盖民族地区所有县（市、区、旗）。2006 年以来，中央投入专项资金 150 多亿元，改善民族地区基层医疗卫生条件。支持民族地区全面建立了农村最低保障制度，5 个自治区享受低保的群众达 330 万人。扶贫工作成效显著。2009 年，民族 8 省区的农村贫困人口已从 2001 年的 3076.8 万人下降到 1452 万人。西部地区 9400 多万人的饮水难和饮水安全问题得到了解决。文化基础设施明显改善，全国文化信息资源共享工程、乡镇综合文化站建设项目、广播电视村村通工程、西新工程、农（牧）家书屋建设工程等文化惠民工程扎实推进，广播、电视覆盖率大幅提高，少数民族语言文字出版工作得到加强，农牧民群众看得懂、用得上的出版物品种数量大幅增加。保护和弘扬少数民族文化遗产力度加大。民族地区吃饭难、上学难、看病难、听广播看电视难等问题得到有效缓解。

（五）生态环境建设力度加大，局部生态明显改善。国家高度重视民族地区的生态保护和建设。全国生态建设规划的重点地区和重点工程绝大多数在民族地区。“十一五”规划确定的 22 个限制开发区域，有 19 个在民族地区，占 86.4%。继续在民族地区实施退牧还草、天然林保护等重大生态工程，做好巩固退耕还林成果工作，进一步加大京津风沙源治理、“三北”防护林体系建设的力度，扎实推进青海三江源地区、甘南黄河重要水源补给区、岩溶地区石漠化综合治理以及塔里木河等流域治理，启动实施西藏生态安全屏障保护与建设工程，使局部生态环境明显改善，森林覆盖率明显提高。退牧还草工程实施以来，累计安排投资 136 亿元，建设草原围栏 5174 万公顷，补播改良重度退化草原 1240 万公顷，工程区植被覆盖率平均增长 14 个百分点，产草量增长 68%。

当然，在看到显著成绩的同时，我们也清醒地认识到，目前少数民族和民族地区发展面临的形势十分严峻，加快发展面临的问题和困难非常突出。第一，与全国特别是发达地区的发展差距仍然明显存在，并呈继续拉大趋势。2009 年，民族地区人均地区生产总值仅为全国平均水平的 65.2%，城镇居民人均可支配收入仅为全国平均水平的 82.9%，农民人均纯收入仅为全国平均水平的 72.4%。第二，扶贫开发任务仍然艰巨。2009 年，民族地区尚有 1955 万农村贫困人口，占全国农村贫困人口总数的 54.3%。南疆三地州、四省藏区、六盘山区、秦巴山区、武陵山区、乌蒙山区、大小凉山地区、滇黔桂石漠化区、滇西边境及哀牢山区、大兴安岭南麓地区等集中连片困难地区，都是少数民族贫困人口比较多的地区，生存条件差，贫困程度深，脱贫难度大，是我国扶贫攻坚最难啃的“硬骨头”。第三，基础设施条件仍然薄弱。民族地区一些与群众生产生活密切相关的水、电、路、气（沼气）等公共基础设施建设还比较薄弱，还有相当一部分人口未解决饮水安全问题，缺乏基本生存条件需要易地搬迁的有 600 多万人。一些民族地区农村住房条件差、生活设施简陋，与小康标准还有很大差距。西南一些贫困山区的群众还住在茅草房、杈杈房中。第四，社会事业仍然亟待加强。民族地区多数县“普九”基础脆弱，巩固提高的任务还很艰巨。一些地区教师严重短缺。特别是中等职业教育严重滞后，基本办学条件较差。一些地区医疗卫生机构基础设施不完善，卫生技术人员匮乏。一些边疆地区广播和电视覆盖率较低，一部分农牧民听不到、看不到、听不懂、看不懂广播电视以及读书看报难现象依然存在。第五，生态环保形势仍然不容乐观。民族地区水土流失、荒（石）漠化现象比较严重，自然灾害频发。这几年，汶川地震、玉树地震、舟曲特大山洪泥石流、贵州山体滑坡、云南持续干旱、海南洪涝灾害，几次大的自然灾害，都发生在民族地区，造成了极大损失。全国牧区仍有 90%的草原存在不同程度退化，牲畜超载过牧现象依然普遍。人口、资源、环境之间的矛盾日趋尖锐，严重制约了一些民族地区经济社会的可持续发展。第六，人才匮乏问题仍然突出。目前民族地区人才流失现象比较普遍，外地人才不愿去、本地人才留不住的问题十分突出，严重影响了经济社会发展。特别是边远地区的县及县以下基层单位普遍缺乏教育、卫生、农业、畜牧等专业技术人才。

对这些突出困难和问题，必须引起高度重视，下大力气尽快加以解决。当然，我们也认识到，当前民族地区存在的突出困难和问题，成因比较复杂，既有自然的，也有历史的，既有社会的，也有体制机制和工作方面的。有些问题是长期积累下来的，解决起来绝不是一朝一夕的事，需要有一个比较漫长的过程，必须做长期打算和艰苦努力。

三、深入贯彻落实科学发展观，以更大的决心、更强的力度、更实的举措，努力推进少数民族和民族地区跨越式发展，确保如期实现全面建设小康社会的奋斗目标

今后五年，是全面建设小康社会进程中极为关键的五年。实现全面建设小康社会奋斗目标，重点在少数民族和民族地区，难点也在少数民族和民族地区。加快少数民族和民族地区经济社会发展具有极端重要性和现实紧迫性。民族地区地域辽阔、战略资源丰富、市场潜力巨大，是支撑我国未来发展的战略资源接续地。民族地区大多处于我国大江大河的上游和涵养地，是我国重要的生态屏障。搞好民族地区的生态环境保护和建设，关系国家生态安全，关系中华民族的生存发展。民族地区毗邻中亚、南亚、东南亚国家，连通亚欧，30 多个民族与国外同一民族相邻而居，在我国对外开放总体格局中占有重要地位，同时又是抵御敌对势力西化、分化，维护国家安全的战略前沿。加快少数民族和民族地区经济社会发展，对于维护民族团结、社会稳定、边防巩固，实现国家长治久安，意义重大、影响深远。

我们一定要进一步增强责任感和紧迫感，坚持以科学发展观为指导，以更大的决心、更强的力度、更实的举措，努力把少数民族和民族地区经济社会发展搞上去。要深入贯彻党的民族政策和民族区域自治法，认真落实中央支持少数民族和民族地区经济社会发展的一系列政策措施，切实加大扶持力度，努力扭转民族地区与发达地区差距扩大趋势，促进基本公共服务均等化，使绝大多数民族地区基本消

除农村贫困人口，人均地区生产总值、城乡居民收入赶上或超过全国平均水平，为确保全面建成小康社会奠定坚实基础。

（一）进一步加快基础设施建设，增强民族地区发展后劲。加快发展，必须首先突破基础设施落后这个“瓶颈”。我们将着眼大局和长远，继续把支持民族地区加快基础设施建设摆在优先位置，加大中央财政投资力度，重点帮助建设一批对经济社会发展长期起支撑作用的基础设施项目。全面加快铁路、公路、民航、水运建设，加快打通省际“断头路”。优先帮助建设一批与群众生产生活密切相关的中小型公益性项目。实施水、电、路、气、房和优美环境“六到农家”工程。推进农村牧区公路建设，逐步实现有条件的乡镇、建制村通沥青路或水泥路。解决饮水安全问题和用电问题，确保群众喝上放心水、用上安全电。加强信息设施建设，着力提高信息网络普及水平，基本实现自然村和交通沿线通信信号全覆盖。

国家将坚持区别对待、分类指导，进一步完善投资政策，引导各类投资更多地投向民族地区基础设施建设。要在一定时期内提高国家建设资金投入民族地区的比重，提高对公路、铁路、民航、水利等建设项目投资补助标准。今后，凡中央安排的公益性建设项目，取消西部地区县及县以下，以及集中连片特殊困难地区州、市级配套资金，省级政府也要给予相应支持。

（二）不断壮大特色优势产业，增强民族地区自我发展能力。发展特色优势产业是民族地区加快发展的重要途径。国家将采取有力措施，支持民族地区加快转变经济发展方式，深化优势资源转化战略，坚持走新型工业化道路，努力形成传统优势产业、战略性新兴产业和现代服务业协调发展的新格局。大力发展特色农牧业，加快转变畜牧业生产方式，着力发展龙头企业，形成一批具有民族特色的农牧业品牌。加快能源、矿产业发展。高标准、高水平地建设一批石油、天然气、煤炭、水电、风电、光伏发电等能源基地，形成国家能源接续地。加大民族地区矿产资源勘探力度，加强有色金属等资源的综合利用，形成一批深加工产业基地。大力发展新兴产业和现代服务业。大力发展满足少数民族生产生活特殊需要的特色产业。

国家实行有差别的产业政策。凡是有条件在民族地区加工转化的能源、资源开发利用项目，支持在民族地区布局建设并优先审批核准。继续对西部地区属于国家鼓励类产业的企业，减按15%税率征收企业所得税；鼓励类企业、外商投资鼓励类产业及优势产业的项目在投资总额内进口的自用设备，在政策规定范围内免征关税。实行差别化的土地政策。在安排土地利用年度计划指标时适度向民族地区倾斜，增加民族地区荒山、沙地、戈壁等未利用地建设用地指标。继续执行民族贸易优惠政策，对民族贸易和民族特需商品生产企业流动资金贷款利率在一年期贷款基准利率上降低2.88个百分点；技改贴息贷款在原有的基础上适当扩大规模。

（三）大力发展社会事业，支持民族地区保障和改善民生。民生连着民心，关乎民族团结和社会安定。国家大力支持民族地区加强以改善民生为重点的社会建设，建立健全覆盖城乡居民的公共服务体系。优先发展教育。加大中央财政对民族地区农村义务教育转移支付力度，提高农村义务教育经费保障水平。积极稳妥地推进农牧区和偏远地区适当集中办学。加快农村寄宿制学校建设，逐步提高农村义务教育阶段家庭经济困难寄宿生生活补助标准。继续实施农村义务教育阶段教师特设岗位计划，加大对民族地区支持力度。大力发展民族教育，加强双语教学，加快普及高中阶段教育。加快发展中等职业教育，落实好中职教育免学费政策，加大对民族地区产业发展急需的优势特色学科支持力度。在贫困山区和生态脆弱地区，实施教育扶贫移民。办好内地西藏班、新疆班和内地西藏、新疆中职班。提高医疗卫生服务能力。巩固完善新型农村合作医疗和城镇居民基本医疗保险，逐步提高筹资水平和政府补助标准。完善城乡医疗救助制度，扩大救助范围。进一步完善基层医疗卫生机构基础设施条件，不断健全覆盖城乡的医疗卫生服务网络。着力解决地方病、艾滋病多发问题。支持中医药和民族医药发展。加快实施少生快富工程。实施更加积极的就业政策，重点解决少数民族大学生、农村转移劳动者和就业困难人员就业问题。切实搞好就业培训。支持劳动力输出地和输入地建立对接机制，建立并完善民族地区包括农村转移劳动者在内的公共就业服务体系。完善社会保障体系，逐步提高社会保障水平，在开展新型农村社会养老保险试点过程中，继续向民族地区倾斜。加大民族地区社会救助力度，妥善解决民族地区困难群众的基本生活保障问题。加强县级图书馆、文化馆，社区和乡镇综合文化站（室）等公共文化设施建设，继续实施广播电视村村通、西新工程、全国文化信息资源共享、春雨工程、东风工程和农（牧）家书屋等重点文化惠民工程，保障各族群众的基本文化权益。着力保护民族文化遗产，通过开展非物质文化遗产生产性保护，促进少数民族传统技艺传承，发展民族手工业。继续实施民族特色村寨保护工程。切实加强少数民族语言文字出版物和广播电视节目的制作、译制、出版、发行和播映，提高覆盖能力，丰富各族群众的精神生活，促进文化事业大发展大繁荣。

国家将不断加大对民族地区均衡性转移支付力度，切实加强民族地区各级政府提供基本公共服务的财力保障。各级政府用于发展教育、医疗卫生、就业和社会保障、文化事业等方面的专项转移支付，重点向少数民族和民族地区倾斜。

（四）继续做好扶贫开发工作，优先解决特困民族地区的贫困问题。贫困问题不解决，必然会影响全面建设小康进程。国家将把特困民族地区作为全国扶贫开发工作的重中之重，全力实施集中连片特殊困难地区扶贫攻坚工程，基本消除绝对贫困现象。深入推进开发式扶贫，逐步提高扶贫标准，有序开展移民扶贫，逐步实现农村低保制度与扶贫开发政策有效衔接。支持少数民族比较集中的牧区、边境地区开展扶贫开发，积极推进游牧民定居和农村牧区危房、茅草房、杈杈房改造工程，切实提高群众生产生活条件。逐步提高对守边固土的边民、保护生态环境的农牧民的补助标准。深入实施兴边富民行动。制定实施《兴边富民行动“十二五”规划》，在改善民生、加强基础设施建设、发展社会事业、推进对外开放等方面，采取有力措施，重点支持已经列入扶持范围的边境县加快发展。同时，还要考虑把海南省 6 个民族自治县逐步纳入兴边富民行动范围。继续做好扶持人口较少民族发展工作，抓紧制定实施“十二五”专项规划。在重点扶持人口在 10 万以下的 22 个人口较少民族的同时，还要考虑把人口在10—30万之间的6个民族纳入扶持范围。要高度重视东中部地区少数民族发展问题，有关省市要切实负起责任，确保不让一个兄弟民族在小康建设进程中掉队。各级政府要加大对民族地区扶贫开发的扶持力度。中央和地方各级财政设立的少数民族发展资金在“十二五”期间要有较大的幅度增长，切实发挥应有的作用。

（五）加快建立健全生态保护和资源开发补偿机制，促进民族地区可持续发展。加强民族地区生态建设和环境保护，事关国家的生态安全。国家将抓紧建立健全生态保护和资源开发补偿机制，促进民族地区生态环境整体趋好。着力推进西北草原荒漠化防治区、黄土高原水土保持区、青藏高原江河水源涵养区、西南石漠化防治区、重要森林生态功能区建设，基本形成国家生态安全屏障体系。加快推进退牧还草、石漠化治理、京津风沙源治理、天然林保护、三北防护林建设、生态移民等 10 大重点生态工程，巩固退耕还林成果，遏制生态环境恶化的趋势。加大水环境综合治理力度，对一些重点湖泊采取预防性保护措施。继续推进一些大江大河的综合治理。加快民族地区地质环境调查评价，减少地质灾害频发造成的损失。积极推进资源税改革，对煤炭、原油、天然气等资源税由从量征收改为从价征收。各级政府建立健全森林生态效益补偿基金制度，对属集体林的国家级公益林，随着国家财力的增长逐步提高补偿标准。适当增加对江河上游地区和重点生态功能区的均衡性转移支付。从 2011 年起，中央财政每年安排专项资金，在内蒙古、新疆（含新疆生产建设兵团）、西藏、青海、四川、甘肃、宁夏和云南 8 个主要草原牧区省（区），建立草原生态保护补助奖励机制。

（六）进一步加快人才资源开发，为民族地区加快发展提供智力支持。加快发展，人才是关键。国家深入实施科教兴国战略和人才强国战略，支持民族地区加大人才资源开发力度。制定实施民族地区人才资源开发专项规划。继续实施东部城市对口支持西部地区人才培训、公务员对口培训、西部地区管理人才创新培训等重点人才开发工程。继续实施少数民族高层次骨干人才培养计划。加快民族地区人力资源市场建设，提升人才开发和人才吸引服务能力，推进人才服务工作。在公务员录用中，采取单独列出职位、调整报考资格等具体措施，依照法律和有关规定切实做好录用少数民族考生工作。

继续做好中央和国家机关、经济发达地区与民族地区干部双向交流工作，适当扩大民族地区干部到内地以及中央国家机关工作的比例。按照国家规定，落实民族地区机关事业单位工作人员工资收入分配政策。在落实艰苦边远地区津贴动态调整机制时，统筹考虑民族地区的艰苦边远地区津贴问题。

（七）切实加强民族团结，为民族地区加快发展创造良好的社会环境。民族团结、社会稳定，是加快少数民族和民族地区发展的重要前提和保障。要严格执行党和国家的民族政策，认真贯彻民族区域自治法，切实保障少数民族合法权益。广泛、深入、持久地开展民族团结宣传教育活动，深入宣传民族理论、民族政策、民族法律法规和民族基本知识，增强各族群众的国家意识、公民意识和“三个离不开”的思想观念，打牢民族团结的思想基础和群众基础。在全国城乡广泛开展民族团结进步创建活动，促进各民族相互交流、相互了解，相互尊重、相互帮助，共同发展进步。切实做好城市民族工作，加强和改进对进城务工经商少数民族流动人员的服务和管理，支持他们创业发展，帮助他们顺利融入城市生活。深入落实中央关于维护民族地区社会稳定的决策部署，加强社会管理体系建设，及时排查化解矛盾隐患，妥善化解民族地区的社会热点、难点问题，依法妥善处理各种影响民族团结的问题。深入开展反分裂斗争，依法打击敌对势力、分裂势力及其活动，坚决维护民族团结、社会稳定和国家安全。

（八）加快建立健全促进少数民族和民族地区发展的保障机制。支持少数民族和民族地区加快发展，是中央的一项基本方针，也是推进西部大开发的首要任务。各级政府要把加快少数民族和民族地区发展摆上更加突出的战略位置，进一步建立健全工作机制，完善相关制度，切实加强组织领导。在编制国家“十二五”规划时，要在发展区域、重点领域、工程项目、资金政策投入等方面，进一步加大对少数民族和民族地区的支持力度。有关部门编制的各种专项规划，将在资金、项目的安排上重点向少数民族和民族地区倾斜，并给予更多、更有力的政策支持。同时，国家支持各省区市从本地实际出发，编制、实施加快少数民族和民族地区经济社会发展的专项规划。进一步建立健全发达地区对口支援民族地区的工作机制，大力实施干部、人才、经济、科技、教育、医疗卫生等全方位对口支援。进一步加大监督检查力度，切实把中央支持少数民族和民族地区加快发展的决策部署、政策措施、规划等落到实处，确保实效。要切实完善国家民委委员制度，充分发挥这一制度的作用，调动各部门的积极性，形成支持少数民族和民族地区加快发展的强大合力。

委员长、各位副委员长、秘书长、各位委员，加快少数民族和民族地区经济社会发展，责任重大、任务艰巨、使命光荣。我们一定要在党中央的坚强领导下，在全国人大的关心支持下，再接再厉、扎实工作，努力促进少数民族和民族地区经济社会又好又快发展，为全面建设小康社会作出应有的贡献。

国家民委主任杨晶同志在全国推广湖北对口支援民族地区发展经验交流会上的总结讲话

（2010 年 8 月 15 日）

同志们:

按照会议的安排，下面，我对这次会议进行简要总结。主要谈三个问题，一是关于会议的主要特点，二是关于会议的主要收获，三是关于会议精神的贯彻落实。

一、关于会议的主要特点

一是中央重视，各方支持。对于湖北省“616”工程实施情况，贾庆林同志作出重要批示，指出有着普遍的借鉴意义。会议的召开，就是对贾庆林同志重要批示的贯彻落实。回良玉同志虽因特殊原因未能亲临会议，但会上印发了他的重要讲话。中央有关部门的负责同志、中东部 19 个省市的政府领导同志、湖北省的党政领导同志，以及全国民委主任、湖北省有关部门和地方的领导，出席了这次会议。对于一个在京外召开的民族工作专题会议来说，这么高的规格，这么大的规模，是不多见的。这表明了党中央、国务院对湖北民族工作的肯定，对加强中东部地区民族工作的重视，对推动中东部民族地区经济社会发展的关心。

二是时机恰当，主题鲜明。新中国成立 60 年来，党和国家关于如何加强民族工作、促进少数民族和民族地区加快发展，出台了一系列政策措施。这些政策举措，更多地是偏重于西部民族地区，而关注中东部民族地区相对较少。特别是当前，随着工业化、信息化、城市化、市场化、国际化的深入发展，一些涉及民族因素的问题越来越多地发生在中东部地区，成为我们不容忽视、不能回避的新课题、新挑战。面对新形势、新任务，如何加强中东部民族工作，怎样加快中东部民族地区的发展，怎么更好地为全国改革发展稳定的大局服务，我们必须认真研究谋划、切实加以解决。

三是部署全面，任务明确。这次会议，不仅是一个经验交流会、参观学习会，更重要的，它是当前和今后一个时期中东部地区民族工作的部署会、动员会。特别是回良玉同志的重要讲话，站在全局和战略的高度，科学分析了当前我国民族工作面临的新形势新任务，肯定了湖北省“616”工程的好做法好经验，阐述了加快中东部民族地区发展的重大意义，提出了加强中东部地区民族工作、实现中东部民族地区又好又快发展的新任务、新要求、新思路，思想性、针对性、操作性都很强。我们一定要深入学习领会，认真贯彻落实。

四是组织周密，交流深入。这次会议，会期很短，但安排很紧凑，内容很丰富。既有大会交流，又有实地考察；既学习了中央领导的重要批示和指示精神，又深入了解了基层的成功实践。湖北省主要领导同志介绍的成绩和经验，特别是在恩施州亲眼看到的对口支援工作的成果，给大家留下了深刻印象。有关部门和地方领导的大会发言，务实生动，令人鼓舞。与会代表在学习、参观和讨论过程中，结合自身实际，实事求是地总结了成绩和经验，坦诚客观地提出了意见和建议。这些，对我们做好今后的工作，都很有意义。

总之，这是一次学习先进、推广经验的会议，是一次统一思想、提高认识的会议，是一次部署工作、明确任务的会议。这次会议，对于今后中东部地区因地制宜做好民族工作、促进中东部民族地区又好又快发展，必将起到重要的推动作用。

二、关于会议的主要收获

大家通过听取报告、参观考察、交流讨论，学习了经验，开拓了视野，深化了认识，明确了思路，达到了比较理想的效果。归纳大家的意见，主要在以下几个方面取得了积极成果。

第一，深化了对中央加强中东部地区民族工作整体思路和重大举措的认识，进一步增强了贯彻中央决策部署的自觉性和坚定性。贾庆林同志的重要批示，回良玉同志的重要讲话，是党中央、国务院面对新形势新任务，站在战略和全局的高度，全面加强中东部地区民族工作、推进中东部民族地区又好又快发展的重大部署。通过学习贾庆林同志的重要批示和回良玉同志的重要讲话，大家普遍认识到，中东部地区的民族工作，是全国民族工作的重要组成部分。这项工作做得好不好，不仅关系到中东部地区的民族团结和社会稳定，而且关系到全国改革发展稳定的大局；不仅关系到中东部地区的全面协调可持续发展，而且关系到全面建设小康社会的总体进程；不仅关系到中东部民族关系的健康和谐，而且关系到全国各民族的团结进步。大家普遍感到，加强中东部地区民族工作、加快中东部民族地区发展，任务越来越重，责任越来越大，时间越来越紧迫。大家表示，一定要按照中央的要求，进一步提高对中东部民族地区加快发展重要性和紧迫性的认识，进一步增强做好中东部地区民族工作的自觉性和坚定性，以更加饱满的精神状态，更加扎实的工作作风，全面贯彻落实中央的决策部署，努力把中东部地区民族工作提高到一个新水平。

第二，深化了对中东部地区民族工作良好条件和难得机遇的认识，在抢抓机遇、推进工作上进一步统一了思想。大家在学习讨论中，对中东部地区民族工作拥有的良好条件、面临的难得机遇，进行了认真分析和归纳，并形成了广泛的共识。大家认为，这种良好条件和难得机遇，可以分为三个层次。从党和国家工作全局来讲，当前民族工作已经摆在了更加突出的位置，为加强中东部地区民族工作提供了良好的大背景和大环境。从中东部地区本身来说，无论是自然条件，还是地理位置，无论是经济基础，还是社会环境，无论是文化发展，还是人文素质，总体上条件都比西部地区要好得多，优越得多，这是中东部地区民族工作前进一步的良好基础。从中东部民族地区来说，与西部民族地区相比，少数民族人口相对较少，聚居面积相对较小，周边毗邻地区发展基础较好，实现又好又快发展的难度小、起点高。现在，中央又明确把加强中东部地区民族工作提上日程，更为我们中东部民族地区实现又好又快发展提供了难得的历史机遇。大家表示，我们一定要牢牢抢抓机遇、乘势而上，密切结合实际，把这些条件和机遇把握好、利用好、发挥好，把加强中东部地区民族工作要求和部署真正落到实处。

第三，深化了对加强中东部地区民族工作难点和挑战的认识，在迎难而上、攻坚克难上进一步达成了共识。大家在看到机遇的同时，也对各种困难和挑战有着清醒的认识。大家认为，中东部地区民族工作面临的有些困难和问题，与西部地区类似或相同，属于共性的问题。比如，民族地区基础设施薄弱，经济社会发展不够协调，社会事业发展相对落后等。大家认为，还有一些困难和问题，中东部地区则显得更为突出，表现在以下几个方面：从工作的机制看，一些地方特别是基层民族工作部门不够健全，民族工作摆不上政府工作日程，民族工作社会化的步伐比较小；从工作的内容看，中东部地区关于少数民族权益保障的任务更重，难点更多，比如流动少数民族人口服务与管理的难度空前加大，清真食品问题也日益突出；从分布的地域看，中东部地区少数民族聚居的点更散、面更广、线更长，一些省际结合部（比如武陵山区等）发展难度很大，统筹协调的难度更大；从不同的省份看，有的地方城市民族工作任务重，有的地方农村民族工作任务重，有的地方发展的任务重，有的地方团结的任务重，各地情况千差万别。大家认为，在这些难点问题上，如果把不好脉、找不对路，就难以对症下药。因此，我们必须以无畏的勇气，以创新的精神，以务实的态度，研究对策、应对挑战、攻坚克难，为中东部地区民族工作不断迈上新台阶、实现中东部民族地区长期平稳较快发展创造条件。

第四，深化了对加强中东部地区民族工作有关工作思路和工作重点的认识，进一步明确了努力方向。大家认为，加强中东部地区民族工作，加快中东部民族地区发展，虽然同样面临很多困难，但是与西部民族地区相比，发展的手段、途径和优势还是比较明显的。特别是现场参观了湖北“616”工程的实施情况后，大家进一步受到了启发，理清了思路，明确了方向。归纳起来，主要是统筹处理好以下几个方面的关系：一是民族工作与全局工作的关系。既要从中东部民族地区的特殊需要着眼，又要把民族工作放在中东部各省市全局工作中通盘考虑，纳入本地区本部门整体发展规划和工作计划，推动方方面面都来做民族工作。二是重点工作与一般工作的关系。各地区各部门在统筹安排本地区本部门的民族工作时，既要履行好日常职责，完成好一般工作、日常工作，又要根据本地区本部门的实际，因地制宜、突出重点。三是维护团结与加快发展的关系。民族团结是第一职责，加快发展是第一要务。既要把扶持民族地区发展作为重要工作做实做好，又必须把维护民族团结和社会稳定作为头等大事抓实抓好。维护团结与加快发展两项工作、两项职责相辅相承，相互制约和促进，一定要做到两手抓、两手都要硬。四是经济建设和社会发展的关系。既要坚持以经济建设为中心，尽快把经济搞上去，又要全面推进社会事业发展，大力提高人口素质，加强生态建设，认真解决民族地区经济社会发展中不平衡、不协调、不可持续的问题，切实推动科学发展。五是社会支援与自力更生的关系。既要发挥党委政府的主导作用，调动社会力量，加大对口支援力度，形成合力推进的良好局面，又要调动各族群众的积极性、创造性，特别是发挥好当地各族群众的主观能动性，把各方支持和当地特点等各种有利条件利用好，携手创造幸福生活。六是当前需要与长远发展的关系。既要大力发展生产，改善民生，着力解决群众最关心、最直接、最现实的利益问题，又要采取切实有效的措施扎实做好引导和教育工作，着力促进各族群众转变观念，提高自我发展能力。这是一个民族、一个地区实现持久繁荣发展的根本保证。

第五，深化了对中东部地区加强民族工作、实现又好又快发展美好前景的认识，进一步增强了信心。大家普遍反映，通过学习贾庆林同志的重要批示和回良玉同志的重要讲话，进一步把握了形势、认清了使命、理清了思路，进一步振奋了精神、鼓舞了士气、坚定了信心。大家认为，湖北作为一个中部省份，财力并不雄厚，但湖北立足自身、因地制宜、不等不靠，发挥“跳起来摘桃子”的精神，走出了一条利用本省力量对口支援民族地区发展的成功路子，为我们树立了一个很好的榜样。一些沿海省市的同志讲，在对民族工作的重视上，在民族工作的方法上，尤其是在对民族地区的投入上，我们沿海地区有条件做得更好。大家表示，与西部民族地区相比，中东部民族地区发展的压力相对较轻，发展的优势相对较大，发展的步伐因此也可以迈得更大更快一些。在一些发展较好较快的民族地区，完全可以实现更高的目标，建成社会主义新农村、新社区的典型。大家表示，有党中央、国务院的高度重视和亲切关怀，有中东部地区经济快速发展奠定的雄厚基础，有各民族和睦相处、和衷共济、和谐发展的良好氛围，有多年来积累的工作经验和打下的坚实基础，我们完全有信心、有能力把中东部地区的民族工作做得更加出色，把中东部民族地区建设得更加美好，为促进民族团结、实现共同进步作出新的更大贡献。

总起来说，通过这次会议，对加强中东部地区民族工作、加快中东部民族地区发展，大家的紧迫感进一步增强，思路进一步清晰，任务进一步明确，信心进一步坚定，形成了高度的思想共识。

三、关于会议精神的贯彻落实

加强中东部地区民族工作，加快中东部民族地区发展，既是一场攻坚战，更是一场持久战。这次会议，就是这场攻坚战、持久战的全面动员。我们要认真学习中央领导同志的重要批示和讲话精神，深刻领会会议精神实质，密切联系本地区本部门本单位实际，坚决把中央决策部署落到实处。

第一，加强学习宣传，强化思想认识。这次会议的主要精神，集中体现在贾庆林同志的重要批示和回良玉同志的重要讲话中。大家回去之后，要尽快把会议精神向本地区本单位的主要领导同志汇报，促进各地区各部门特别是中东部 19 个省市，把加强民族工作摆上重要议事日程，把扶持民族地区发展纳入经济社会发展的总体规划。要通过对会议精神的学习宣传，掀起加强中东部地区民族工作、推进中东部民族地区又好又快发展的高潮。同时，西部 12 个省区市和新疆生产建设兵团，也要积极借鉴湖北省以及其他地区的成功做法，积极探索推动本地区民族工作的新途径新模式。总之，我们要以贯彻落实本次会议精神为契机，进一步凝聚共识，进一步动员力量，进一步深化工作，把中东部地区民族工作做得更实更好。

第二，完善体制机制，转变工作方式。在新的形势下，民族工作能否有大的作为，体制机制是关键。对于我们中东部地区来说，完善体制机制，重点在三个方面，一是健全机构，二是理顺机制，三是转变职能。特别是，随着“五化”的深入发展，民族工作日益延伸到各个领域，民族工作日益成为全社会的工作。我们必须尽快把民族工作从“部门推进”转变为“社会推进”，将中东部民族工作从零散的、部门化的工作方式，转化成系统的、社会化的工作方式。应该说，这对民族工作部门提出了新的更高的要求。这次会议给我们的一个重要启示就是，民族工作部门必须发挥主观能动性，不等不靠，只有超前谋划、积极协调、整合资源，才能当好参谋助手，才能有为有位。我们要到社会各领域挖掘和配置新的资源，借政府之力，聚社会之能，使新形势下的民族工作获得新的力量源泉，在社会中寻找新的立足点，构筑新的工作平台。有的省市，还可以与本地的区域发展战略结合起来。比如，近年来，辽宁、吉林、黑龙江把民族工作与振兴东北老工业基地相结合，福建把民族工作与海西经济区建设相结合，海南把民族地区发展与建设国际旅游岛相结合，广东把民族地区发展与珠三角发展相对接，都积累了很多好经验。总之，要逐步改变民族工作单打独斗的工作方式，拓展民族工作社会化的广阔天地。

第三，坚持因地制宜，打造工作品牌。从民族分布的角度讲，中东部省市大致可分几种类型，有的有自治州，有的有自治县，有的有民族乡，有的仅有民族村和民族社区。不同的类型，发展的难易、工作的重点，各有特色、各不相同。即便是相邻的省市之间，实际情况也千差万别。因此，我们研究制定政策，部署开展工作，必须根据各地特点，加强分类指导。要依托本地的资源和优势，打造富有各地特色的民族工作品牌，既能在各地党委政府的案头挂得上号，又能在社会上叫得响，利用品牌的力量来推动民族工作。目前，不少省市在这方面做了有益探索。比如，湖南积极利用举办自治地方成立逢十周年庆祝活动的契机，为民族地区争取各方面的支持。河北定期在民族自治县召开现场办公会，集中解决发展中的困难和问题。浙江为扶持景宁畲族自治县发展，专门在丽水划拨“飞地”建立了民族工业园区。江西、安徽把扶持民族乡发展工作，作为本省的一项品牌工作、特色工作。江西省委办公厅、省政府办公厅联合出台 1 号文件，集中投入 1 亿元，全力支持 8 个民族乡发展，并要求在两年内使其达到或超过全省的平均水平。2009 年，安徽民族乡村人均纯收入超过了全省平均水平。河南、山东、江苏、山西通过出台特殊政策、发展清真食品产业等措施，扶持民族乡村加快发展。北京、上海、天津在创建民族团结进步街道和社区方面，也探索出许多好模式。前不久，我们还召开电视电话会议，推广北京牛街经验。我们希望，今后也能在自治县、民族乡、民族社区工作比较成功的地方，召开类似今天这样的经验交流会、现场工作会，及时把各地的好做法好经验向全国推广。

第四，抓好关键环节，实现重点突破。要根据各地的实际，找准工作的关键点、薄弱点，理清发展思路，实现重点突破。比如，沿海地区的大城市，少数民族流动人口较多，城市民族工作新情况、新问题层出不穷，务必要抓紧抓实。再如，少数民族聚居的地方，往往是生态脆弱区、保护区，必须走特色开发、绿色繁荣、可持续发展之路。湖北省的“鄂西生态文化旅游圈”，就是利用少数民族文化资源，积极发展民族文化生态旅游业，走出了一条成功的路子。已经证明行之有效的工作和方法，要继续保持下去。尚未找准工作重点和突破点的地方，可以先搞试点，把试点作为调研的平台、观察的窗口、实践的舞台。在相对成熟的前提下，加以全面推广，达到启动一点、带动一片、盘活全局的效果。

第五，加强协调配合，抓好工作落实。回良玉同志指出，扶持中东部民族地区发展，各地党委政府是第一责任人，中央和国家机关有关部门也负有重要责任。我们今后将进一步加强与有关地区和部门的沟通协调，加强对各地的分类指导，及时了解反映民族地区的需求，推动做好各方面的帮扶工作，努力形成工作合力。同时，希望各地党委政府认真学习借鉴湖北省的经验，进一步关心民族工作，重视推动民族地区经济社会加快发展。借此机会，我也对各部门各地区的领导和同志们，多年来给予民族工作的大力支持表示衷心感谢!

同志们，我们面临的任务艰巨而繁重，我们肩负的责任重大而光荣。让我们在以胡锦涛同志为总书记的党中央领导下，牢牢把握各民族共同团结奋斗、共同繁荣发展的主题，坚定信心，再接再厉，为不断开创中东部地区民族工作的新局面，促进中东部民族地区又好又快发展，作出新的更大贡献!

国家民委副主任罗黎明同志在全国兴边富民行动10年总结暨经验交流会上的发言

（2010年11月20日）

尊敬的回良玉副总理，各位领导、同志们：

下面，我代表国家民委向大家报告兴边富民行动开展情况。

一、兴边富民行动实施10年来的基本情况

2000年兴边富民行动实施以来，我委按照党中央、国务院的部署和要求，以科学发展观为指导，紧紧围绕“共同团结奋斗、共同繁荣发展”的民族工作主题，始终把推进兴边富民行动作为我委的重点工作，编制规划，协调部门，政策倾斜，指导地方，积极有效推进兴边富民行动。我们的主要做法有：

（一）科学编制工作规划，统筹推进各项工作。科学编制工作规划，是确保兴边富民行动顺利开展的重要保障。行动伊始，我委就联合国务院有关部门，深入研究和准确把握兴边富民行动中带有全局性、战略性、前瞻性的重大问题，共同编制了《全国兴边富民行动规划纲要（2001-2010）》，并指导各边疆省区编制规划。同时，根据胡锦涛总书记在2005年中央民族工作会议上作出的“要编制兴边富民行动‘十一五’规划”的重要指示精神，我委积极协调相关部委共同编制了兴边富民行动“十一五”规划，增强规划的可操作性。2007年，国务院审议颁布了该规划。今年，按照国务院领导同志要求，我们和国家发展改革委、财政部联合启动了兴边富民行动“十二五”规划的编制工作。目前，规划文本（草案）已初步完成，正在征求各方意见中。

（二）积极实施兴边富民行动项目，充分发挥典型示范作用。根据1999年中央民族工作会议部署，我委和财政部按照“试点先行、重点突破、逐步推进”的原则，在边境县开展试点县和重点县工作。2000年至2010年，中央财政共安排兴边富民补助资金22.1亿元。我们充分发挥资金的示范和引导作用，吸引和带动大量其他各类资金投向边境地区，兴建了一批基础设施、产业发展、实用技术培训、教科文卫等方面的项目，极大改善了边境地区各族群众生产生活条件。

（三）加强综合协调，合力推进兴边富民行动。在推进兴边富民行动中，我们探索出“国家指导、部门协作、省级推动、县抓落实”的工作机制，邀请中央14个部门为顾问单位，通过每年国家民委委员会议、全国民委主任会和联席会议等，通报和部署兴边富民行动工作。“十一五”规划颁布实施后，我委连续4次召开20多个部门参加的规划落实工作会，协调各部门落实规划任务。各部门对兴边富民行动都给予了大力支持，出台了许多针对边境地区或民族地区的政策措施。

（四）因地制宜，分类指导，重点解决突出困难和问题。根据边境地区实际情况和老百姓的呼声愿望，我委在不同地区、针对不同人群，因地制宜，分类指导，推进兴边富民行动工作落实。比如云南和广西针对整体贫困较为普遍的情况，采取了“兴边富民行动示范村”建设的整村推进模式；吉林和西藏针对边民住房难问题，分别实施了“泥草房改造工程”和“边境地区安居工程”；辽宁将工作重心放在边民增收上，大力扶持特色产业发展；内蒙古重点发展各具特色的县（旗）域经济；黑龙江重点扶持边境地区人口较少民族发展。新疆、甘肃大力改善群众生产生活条件，积极推进兴边富民行动深入开展。

（五）广泛开展民族团结进步创建活动，为边境地区构筑和谐安定的环境。我们切实加强民族理论、民族政策、民族基本知识和民族法律法规宣传教育力度；广泛开展边境地区民族团结进步先进社

区创建活动；支持边境地区发展民族教育、民族文化事业；支持边境地区人才队伍建设，举办边境地区党政干部培训班，推动经济发达地区公务员和边境地区公务员双向交流和挂职锻炼；支持边境少数民族与毗邻国家友好往来；积极帮助边境地区民委改善办公条件，提升工作能力。

（六）研究边境地区新情况、新问题，推动出台边境地区特殊政策。针对边境地区出现的新情况和新问题，我委积极组织开展了毗邻国家边境政策及对我边民影响调研、边境贸易政策研究、边境地区茅草房、危旧房现状等一系列调研，并向国务院或相关部门提交了报告，积极推动了相关政策的出台。同时，积极参与了国务院关于促进新疆、西藏、云南、广西、内蒙古等省区发展文件的制定，推动了相关政策出台。

（七）深入宣传造势，为兴边富民行动营造良好社会氛围。兴边富民行动实施以来，我委组织新闻媒体，突出宣传兴边富民行动的重大意义和成果，做到了广播里有声、电视上有影、报纸中有文。同时，我委还与新华社、《人民日报》、《经济日报》、香港《大公报》等新闻媒体合作宣传兴边富民行动，设立“兴边富民行动”专栏、专版，大力宣传兴边富民行动，并相继与民族团结杂志社、民族画报社、中国民族报社联合开展《兴边富民行动•走读边境中国》、《兴边富民、和谐边疆》等大型系列报道，层层宣传发动，深入宣传造势，为兴边富民行动营造良好社会氛围，确保了兴边富民行动稳步有序推进。

二、开展兴边富民行动的主要体会

开展兴边富民行动 10 年来，我们积累了一些经验，也有了一些体会，概括起来，主要是：

第一，党中央和国务院高度重视，是做好兴边富民行动工作的根本保障。党中央和国务院历来高度重视兴边富民行动，1999 年和 2005 年中央民族工作会议都对兴边富民行动做出部署，中央政治局常委会和国务院多次将兴边富民行动列为工作要点。党中央和国务院的高度重视，为兴边富民行动提供了强大的动力和保障。

第二，高度的责任感和使命感，是做好兴边富民行动工作的重要前提。我们始终把边疆各民族大团结和祖国边防巩固作为我委工作的努力目标，把边境地区民族工作作为我委工作的重要内容，以高度的责任感和使命感，举全委之力，扎实推进。

第三，中央各部门支持配合，是做好兴边富民行动工作的有力保证。中央各部门从全局和战略高度认识边境地区对维护中华民族核心利益的特殊重要性，把加快边境地区发展摆在重要位置，主动落实兴边富民行动相关任务，确保了兴边富民行动工作扎实有效，推动了边境地区经济社会的又好又快发展。

第四，各级党委、政府重视，是做好兴边富民行动工作的关键。各级党委和政府高度重视兴边富民工作，把兴边富民行动摆上重要工作日程，在工作机制和工作经费上予以保障，保证兴边富民行动各项工作的顺利开展。

第五，广大边民自力更生，埋头苦干，是推进兴边富民行动的重要力量。在兴边富民行动实施中，广大边民充分发扬了艰苦创业的精神，通过大会战等形式，主动参与到兴边富民行动中来，成为推动行动的重要力量。目前，广大边民都知道兴边富民行动，感受到兴边富民行动的好处，期盼兴边富民行动带来更多的实惠。

下步，我们将认真贯彻落实本次会议精神和良玉同志重要讲话精神，进一步认真总结经验，查找问题和不足，抓紧兴边富民行动“十二五”规划的编制和上报工作，继续做好协调和服务，为推进兴边富民行动发挥更好的作用，做出更大的贡献。

综述篇

分“民族自治地方发展综述”、“民族乡镇发展综述”、“民族经济工作综述”等3个类目，收录了2010年全国、各省（自治区、直辖市）民族自治地方和民族乡镇经济社会发展情况及2010年全国和各省区市及兵团民族经济工作情况的综合性文稿。

民族自治地方发展综述

全国民族自治地方经济社会发展

2010年，在党中央和国务院的正确领导下，在各族干部群众的共同努力下，民族自治地方各族干部群众认真贯彻落实党的十七大以来的方针政策和中央民族工作会议精神，全面落实科学发展观，民族自治地方经济社会保持了稳定发展的良好势头。

一、全国民族自治地方经济发展

2010年底，民族自治地方年底总人口1.85亿人，比上年增长1.2%，其中少数民族人口8814万人，比上年增长1.1%，少数民族人口占总人口47.6%。

（一）经济总量占全国比重有所提高

2010年全国民族自治地方生产总值完成38 989亿元，按可比价格计算，比上年增长14.0%。民族自治地方生产总值占全国各地区加总生产总值8.92%。其中第一产业增加值完成6198亿元，比上年增长5.6%；第二产业增加值完成18 809亿元，比上年增长18.2%；第三产业增加值完成13 982亿元，比上年增长12.1%。2010年民族自治地方人均生产总值达到22 060元。在5个自治区中，内蒙古自治区生产总值增长速度达到15%，居于5个自治区首位。5个自治区的人均GDP均超过2500美元。

（二）农业生产平稳发展

2010年，民族自治地方全年完成农林牧渔业总产值10374亿元，比上年增长7.6%。

种植业结构调整继续推进。2010年粮食播种面积达到1911.16万公顷。油料播种面积达到226.2万公顷，棉花播种面积达到146.7万公顷。全年粮食产量8307.91万吨；棉花产量248.47万吨；油料产量422.40万吨；烟草产量104.38万吨；糖类产量9118.30万吨。

畜牧业和渔业生产平稳发展。2010年大牲畜、猪、羊年末存栏头（只）数分别为6067.84万头、8141.22万只和14885.23万只，分别占全国总量的21%、28%和51%。全年肉类总产量达到1461万吨，其中牛肉、羊肉和猪肉产量分别为206万吨、207万吨和801万吨。牛羊奶产量1376万吨。

农业生产条件进一步改善。2010年末，民族自治自治地方农业机械总动力13239.3万千瓦，比上年增长9.0%；全年农村用电量309亿千瓦小时，比上年增长13.8%；农田有效灌溉面积1156万公顷。

民族自治地方农产品人均占有量均有不同程度变化。2010年粮食人均占有量达到448公斤，比上年略有增长；棉花人均占有量13.41公斤，与上年比略有下降；油料人均占有量23公斤，比上年略有增长。

（三）工业生产发展平稳，建筑业增长较快

2010年，民族自治地方年产品销售收入500万元以上工业企业（以下简称规模以上工业企业）有22 475个，完成工业总产值38473.86亿元。其中国有企业完成4605亿元，港澳台商投资企业完成1108亿元，外商投资企业完成2708亿元。

民族自治地方主要工业产品产量增长情况：机制纸及纸板385万吨，比上年减少23%；成品糖产量906.89万吨，比上年减少13%；原煤产量10.4亿吨，比上年增长25%；原油产量3059万吨，比上年增长2.8%；发电量6730亿千瓦时，比上年增长14%；粗钢产量4005万吨，比上年增长15%；生铁产量4447万吨，比上年增长13%；水泥产量21 653万吨，比上年增长1%。

工业生产产销衔接良好，经济效益总体水平稳步提高。全年规模以上工业企业实现利润4279亿元，增长59.8%。亏损企业亏损额248亿元，同比减亏64亿元。

建筑业增长较快。全年建筑业总产值完成5203亿元。房屋竣工面积15418.5万平方米，比上年增长17%。

（四）固定资产投资规模继续保持高速增长态势

2010年民族自治地方全社会固定资产投资完成29 876亿元，比上年增长28.4%。其中城镇固定资产投资26927亿元，农村固定资产投资2949亿元；国有单位固定资产投资完成12046亿元，比上年增

长 28%。从资金来源看，国家预算内资金 3033 亿元，国内贷款 4486 亿元，利用外资 183 亿元，自筹资金 16150 亿元。

（五）消费品市场销售发展较快

2010 年民族自治地方社会消费品零售总额完成 11686 亿元，比上年增长 18.6%。其中批发零售贸易业 10076 亿元，餐饮业 1454 亿元。

（六）对外贸易继续保持快速发展势头

2010 年，民族自治地方进出口贸易总额完成 533 亿美元。其中，出口额 331 亿美元，进口额 202 亿美元。民族自治地方年末实有外商投资企业 12919 个，全年实际利用外资 67.9 亿美元。

（七）交通运输和邮电通信业保持稳定增长

2010 年民族自治地方国有铁路营业里程 2.12 万公里。公路线路里程达到 91 万公里。民族自治地方铁路和公路完成货物运输周转量 10745 亿吨公路，完成旅客运输周转量 2500 亿人公里。

邮电通信业全年完成邮电业务总量 2456 亿元，比上年增长 14.7%。固定电话用户 2662 万户；移动电话用户达到 9728 万户，比上年增长 17.4%；国际互联网用户达到 2482 万户，比上年增长 1.83 倍。

（八）旅游资源丰富，国际国内旅游收入稳步增长

截至 2010 年底，民族自治地方共有世界自然遗产 5 处、文化遗产 3 处、人类口述和非物质遗产 2 处；国家级重点风景名胜区 61 处；国家历史文化名城、名镇、名村分别为 17 个、25 个和 17 个；国家重点文物保护单位 363 个；国家 5A 级旅游区 12 个，4A 级旅游区 180 个，3A 级 146 个，2A 级 212 个，1A 级 43 个；国家重点自然保护区 121 个，保护区面积达到 8142 万公顷。

2010 年民族自治地方共有旅行社 2392 个。国内旅游人次达到 4.95 亿人次，比上年增长 31%；实现国内旅游收入 3434 亿元。全年国际旅游人次 942 万人次，比上年减少 3%；实现国际旅游外汇收入 29.8 亿美元。

（九）财政收入较快增长，金融运行健康平稳

2010 年，民族自治地方完成地方财政收入 3256 亿元，比上年增长 27.8%。地方财政支出 10512 亿元，比上年增长 25.6%。

金融机构存贷款稳定增加。2010 年，民族自治地方金融机构各项存款年末余额 46622 亿元，比年初增加 9524 亿元。其中，城乡居民储蓄存款余额 21538 亿元，比年初增加 3452 亿元。全部金融机构各项贷款余额 30579 亿元，比年初增加 6085 亿元。

（十）城乡居民收入稳定增长，人民生活水平稳步提高

民族自治地方城镇居民人均可支配收入为 15606 元，比上年增长 11%。全年城镇居民人均生活费支出为 11231 元，比上年增长 10%。农牧民收入稳定增长，生活继续改善。民族自治地方农牧民人均纯收入为 4232 元，比上年增长 16%。农村居民人均生活费支出为 3282 元，比上年增长 11%。城镇居民家庭恩格尔系数 35.8%，比上年下降 1 个百分点。农村居民家庭恩格尔系数 45.4%，比上年下降 0.9 个百分点。

二、全国民族自治地方社会发展

（一）科学研究与技术发展情况

2010 年末，民族自治地方研究与开发机构及情报文献机构 683 个，从业人员 4.3 万人，从事科技活动人员 3 万人。科技活动经费收入 51.7 亿元，支出 48 亿元。科学研究与技术开发成果继续提高。拥有有效发明专利总数 448 件；专利申请量 551 件，比上年增加 164 件；专利授权量 304 件，比上年增加 119 件。发表科技论文 8225 篇；出版科技著作 242 部。高新技术产业发展加快。2010 年末，包头、南宁、桂林、乌鲁木齐等 4 个国家高新技术开发区，共有高新技术企业 1710 家，从业人员 32.7 万人；高新技术企业总收入 2438 亿元，比上年增长 21%；总产值 2297 亿元，比上年增长 19.7%；出口总额 30 亿美元，比上年增长 56.3%。

（二）教育事业稳步发展

2010 年末，民族自治地方共有普通高等院校 209 所，比上年增加 13 所；招生 49 万人，在校本、专科生 156.3 万人，分别比上年增长 10.5%和 8.9%。普通中学 11063 所，招生 444.8 万人，在校学生 1248.6 万人。普通小学 49367 所，招生 253.1 万人，在校学生 1536.3 万人。

（三）文化事业继续推进

至 2010 年末，民族自治地方有各种艺术表演团体 806 个，公共图书馆 636 个，文化馆 776 个，博物馆 344 个。全年报纸出版 17.5 亿份，各类杂志出版 8276 万册，图书出版 4.3 亿册（张）。共有广播电视台 564 个，广播电台 46 个，电视台 56 个。民族自治地方广播综合人口覆盖率 92.7%，电视人口综合覆盖率 95%。

（四）卫生事业得到进一步加强

2010 年末，民族自治地方共有卫生机构（其中包括医院、卫生院、门诊部、疗养院所、专科防治所站、卫生防疫站、妇幼保健所站）4.5 万个，卫生机构床位 59.6 万张；卫生技术人员 68.1 万人。民族自治地方卫生机构价值 50 万元以下的设备共有 28.6 万台，价值 50 万元至 100 万元的设备有 7151 台，价值 100 万元以上的设备有 5153 台。

（撰搞　黄春霞　审稿　乐长虹　冯常海）

河北省

一、自治县（民族县）人口及基层组织情况

截止 2010 年底，河北省共有 6 个自治县（丰宁满族自治县、围场满族蒙古族自治县、宽城满族自治县、青龙满族自治县、大厂回族自治县、孟村回族自治县）3 个民族县（滦平、隆化、平泉），总人口为 3268890 人，其中少数民族人口为 1806951 人，占总人口的 55.27%；乡镇总数为 181 个，占河北省乡镇总数的 9.28%，村委会 2306 个，共有共产党员 131364 人，占总人口的 4.01%。

二、自治县（民族县）经济及财政情况

截止 2010 年底，河北省自治县（民族县）实现地区总值 6903982 万元，比上年增加 1330777 万元；人均国内生产总值 26153 元，为河北省平均水平的 93.76%，比上年增长 5.25 个百分点。

河北省自治县（民族县）城镇居民可支配收入为 14372 元，是河北省平均水平的 88.37%。其中，大厂回族自治县城镇居民可支配收入为 20939 元，高出河北省平均水平 4675.6 元；城镇居民可支配收入最少的是丰宁满族自治县，为 10771 元，比河北省平均水平低 5492.4 元；城镇居民消费性支出为 8951 元，是河北省平均水平的 86.75%，比上年减少 3.59 个百分点。

河北省自治县(民族县)农民人均纯收入为 4443 元，是河北省平均水平的 74.57%，比上年减少 2.46 个百分点。其中，农民人均纯收入最高的县是大厂回族自治县，为 7696 元，高出河北省平均水平 1738 元；最少的是丰宁满族自治县，为 3057 元，比河北省平均水平低 2841 元。

河北省自治县（民族县）财政总收入为 759192 元，比去年增加 120501 万元。其中增量最多的是青龙满族自治县，比上年增加 44178 万元，增量最少的是滦平县，比上年减少 5400 万元；人均财政收入 2322 元，比上年增加 81 元，是河北省平均水平的 69.75%，比上年下降 8.36 个百分点。

河北省自治县（民族县）地方财政支出为 1072960 万元；人均财政支出 3282 元，是河北省平均水平的 85.52%。

三、教育、医疗卫生情况

河北省自治县（民族县）共有 10 所农业中等技校，在校人数 18224 人；高中 23 所，在校学生 50617 人；初中 144 所，在校学生 105657 人；小学 814 所，在校生总数为 196745 人。教师总数为 31882 人。

河北省自治县（民族县）县、乡、村三级医疗卫生机构共有 3208 个，医务人员 10951 人，具有高级职称的有 684 人，占总人数的 6.24%；具有中级职称的有 1793 人，占总人数的 16.37%。

（撰搞　张瑞强　审稿　张兴堂）

内蒙古自治区

2010年，在自治区党委、政府的正确领导下，全区各地深入贯彻落实科学发展观，积极推进经济发展方式转变和经济结构调整，经济总体保持了平稳较快运行的势头。主要经济指标取得了新突破，经济结构调整和发展方式转变取得了新进展，民生改善迈出了新步伐。经济的运行平稳、协调、均衡和包容，经济与社会、环境的协调性进一步增强，顺利完成了“十一五”各项目标任务。当然，经济运行中的一些问题和矛盾也不容忽视，需要认真梳理，切实加以解决。展望2011年，全区各地在科学发展观的指引下共同努力，必将圆满完成全区经济工作会议和《政府工作报告》中确定的目标任务，实现“十二五”的顺利开局。

一、2010年全区经济运行的基本情况和特点

2010年，从全年全区经济的整体走势看，经济在总体平稳的基础上呈现“由高到低到平稳”的走势图。从总量上看，全区GDP超过了万亿元，使内蒙古自治区成为全国又一个进入“万亿俱乐部”的省区市，为“十二五”经济社会实现更好更快的发展奠定了雄厚的基础。2010年，全区实现生产总值11672亿元，比上年增长15.0%，较2009年增速回落2个百分点。分三次产业看，第一产业实现增加值1095.28亿元，增长6.1%；第二产业实现增加值6367.69亿元，增长18.2%；第三产业实现增加值4209.03亿元，增长12.4%。三次产业比重调整为9.4:54.6:36.0。工业增加值对GDP增长的贡献率由2009年的56.1%提高至2010年的60.7%，拉动GDP增长达9个百分点。

（一）生产供给稳定增加

1. 第一产业实现平稳增长，全区粮食再获丰收

2010年，国家及自治区重点推进“三农三牧”工作，推出了系列优惠政策，大力推动了全区第一产业的发展，农牧业基础地位得以巩固。全区第一产业增加值首超千亿元，达1095.28亿元，比上年增长6.1%，快于2009年增速3.5个百分点。2010年，全区大部分地区不同程度地遭受了低温、干旱等自然灾害的侵害，虽然粮食生产也受到一定的影响，但在各方的共同努力下，粮食再获丰收。全年粮食产量达2158.2万吨，同比增长8.5%，是历史上最高产的一年。在畜牧业方面，主要畜产品产量平稳增长。2010年，全区出栏肉猪头数913.9万头，增长3.5%；羊出栏5397.9万只，增长1.1%。到2010年末，全区猪存栏684.4万头，增长0.1%；羊存栏5277.24万只，增长1.5%；牛存栏676.5万头，增长1.9%。2010年，全区猪肉、牛肉、羊肉和禽肉产量分别为71.9万吨、49.7万吨、89.2万吨和19.75万吨，同比分别增长4.8%、4.9%、1.1%和2.9%；禽蛋产量50.03万吨，同比增长2.3%；牛奶产量905.2万吨，同比增长0.2%。

2. 工业生产增速实现了V型反转，结构调整成效初显

从全年看，工业生产增速实现了V型反转，体现为从年初到前三季度增速逐步下滑，到前三季度跌到了17.2%的全年低谷，之后四季度开始逐步反弹，全年达到了19%的增速。2010年，全区工业增加值完成5618.4亿元，增长18.8%。规模以上工业增加值增长19%，比2009年增速回落5.2个百分点，但比全国平均增速仍高3.3个百分点。具体分析如下：

（1）从轻重工业及经济类型看，重工业及非公有制经济增长较快。2010年，全区重工业增加值同比增长19.5%，比轻工业增速高2.7个百分点；股份合作企业、以私营企业为主的其它经济类型企业增加值分别增长52.7%和49.4%。

（2）分行业看，非资源型产业发展取得初步成绩。一些非资源型产业实现了较快增长，为下一步非资源型产业的发展奠定了一定的基础。仪器仪表及文化、办公用机械制造业增加值比上年增长1.41倍，废弃资源和废旧材料回收加工业增加值增长71.2%，橡胶制品业增加值增长64.8%，电气机械及

器材制造业增加值增长 60.7%，交通运输设备制造业增加值增长 40.9%。

（3）从产品产量看，一些产品产量取得新突破。2010 年，全区原煤产量首次突破 7 亿吨，达 7.89 亿吨，同比增长 27.8%；另外，羊绒衫、载货汽车、彩色电视机等高端产品产量分别突破了 2000 万件、4 万辆和 200 万部，分别为 2021.16 万件、41646 辆和 204.37 万部，分别增长 48.5%、67.6% 和-6%。

3. 第三产业平稳增长，内部结构得以优化

第三产业保持着平稳增长的势头，全年实现增加值 4209.03 亿元，比上年增长 12.4%。分几个行业看，房地产业延续着较快的发展劲头，对第三产业增长的带动作用明显。2010 年，全区房地产开发投资达 1120.02 亿元，同比增长 37.4%，比全部固定资产投资增速高 18.3 个百分点。商品房销售有新突破，销售面积和销售额分别突破 3000 万平方米和 1000 亿元。2010 年，全区商品房销售面积达 3020.54 万平方米，同比增长 22.6%；销售额 1065.03 亿元，同比增长 45.3%，分别快于 2009 年增速 7.6 个和 6.4 个百分点。从金融业看，随着国家货币政策的逐步转变，全区金融机构存贷款余额均有新突破，但增速比上年有明显回落。2010 年年末，全区金融机构人民币各项存款余额达 10278.69 亿元，全年新增存款额 1905.18 亿元，比上年末增长 22.8%，比 2009 年末增速回落 9.3 个百分点。其中，居民储蓄存款余额 4618.11 亿元，比上年末增长 18%。2010 年，国家货币投放逐步收紧，贷款增速总体呈逐步回落之势。全区金融机构人民币各项贷款余额 7919.47 亿元，全年新增贷款 1626.97 亿元，比上年末增长 25.9%，较 2009 年末增速回落 13.1 个百分点。其中，个人消费贷款增势迅猛，余额为 834.48 亿元，全年新增 351.65 亿元，比上年末增长 87.1%，是全部贷款余额增速的 3 倍多。保险业稳步发展。据自治区保监局统计，2010 年，全区保险行业实现保费收入 215.54 亿元，同比增长 25.8%，比上年上升 4.6 个百分点，总体呈现出保险业务快速增长、市场秩序逐步好转、经营效益不断提升、结构调整继续深入、行业实力和服务能力进一步增强等特点。到 2010 年末，全区的保险密度已达到每人 890 元，保险深度已接近 2%，分别较“十五”末增长了 2.5 倍和 0.4 个百分点；保险公司总资产已达到 350 亿元，较“十五”末增长了近 2 倍。

（二）三大需求增长更趋平衡，消费需求与投资需求增长基本同步

1. 固定资产投资增长呈 U 型走势

与规模以上工业增长走势类似，全区固定资产投资增长总体也呈前高后低再高的基本走势，但不同之处在于固定资产投资增长于 2010 年前 8 个月（同比增长 15.2%）和前三季度（同比增长 15.4%）基本同时处于最低点，形成了 U 型的底部，四季度后三个月出现了明显反弹。2010 年，全区全社会固定资产投资完成 8926.5 亿元，比上年增长 19.1%，较 2009 年增速回落 15.3 个百分点，也低于全国平均增速 4.7 个百分点。全区城乡 50 万元以上项目完成固定资产投资额 8880.86 亿元，同比增长 19.2%。分行业看，第三产业投资实现了较快增长，第一、二、三产业投资额分别完成 402.93 亿元、4447.34 亿元、4030.59 亿元，三次产业投资比为 4.5：50.1：45.4，分别比上年增长 6.1%、15.7%和 24.8%。其中，第二产业中的建筑业完成投资额超百亿元，达 117.12 亿元，同比增长 68.5%。从登记注册类型看，内资企业是绝对的投资主体，完成投资 8704.57 亿元，同比增长 20.2%。从项目个数看，施工项目和全年新开工项目均达到 1 万个以上，分别为 12811 个和 10115 个，同比分别下降 2.3%和 8.5%；全年投产项目 9349 个，同比下降 5%。

2. 社会消费品零售总额实现高位平稳增长

2010 年，全区社会消费品零售总额一直在高位上平稳运行，扩内需政策效应明显。2010 年，全区社会消费品零售总额完成额超 3000 亿元，达 3384 亿元，同比增长 19%，比 2009 年增速提高 3.1 个百分点，高于全国平均增速 0.6 个百分点，扣除价格因素，实际增长 15.5%。从经营单位所在地看，城镇实现社会消费品零售额 2914.58 亿元，占社会消费品零售总额的 87.3%，同比增长 19.7%；乡村消费品零售额同比增长 13.9%。从行业看，零售业实现零售额 2514.31 亿元，同比增长 17.5%；批发业实现零售额同比增长 27.1%；住宿业实现零售额同比增长 25.3%。

3. 对外贸易稳定较快增长

2010 年，随着全区扩大开放战略的深入实施，

对外贸易恢复步伐不断加快，总额已接近历史上最好的水平。2010 年，全区海关进出口总值达 87.29 亿美元，已接近历史上最好的 2008 年（89.33 亿美元）的水平，同比增长 28.7%，但仍低于全国平均增速 6 个百分点。其中，出口总值 33.34 亿美元，同比增长 44%；进口总值 53.95 亿美元，同比增长 20.8%；贸易逆差 20.49 亿美元，比 2009 年缩小 0.83 亿美元。从主要贸易伙伴看，全区在与俄罗斯、蒙古等传统贸易伙伴贸易额保持平稳增长的同时，也加快了与香港、澳大利亚等新型贸易伙伴的贸易增长，贸易主体呈多元化趋势。2010 年，全区与俄罗斯、蒙古的贸易额分别达 25.49 和 16.85 亿美元，同比分别增长 6.3%和 36.8%；与香港地区、澳大利亚的贸易额同比分别增长 7.92 倍和 84.8%。分盟市看，满洲里市进出口总值最大，达 22.73 亿美元；阿拉善盟和呼和浩特市进出口额增长超过了 1 倍，分别为 1.36 倍和 1.15 倍。从商品类别看，贵金属及其制品成为出口值最大的商品，出口总值达 2.74 亿美元；在进口商品中，进口值最大的商品是原木，达 9.25 亿美元，同比增长 5.3%。

（三）各经济主体收入均有增加

1. 财政收入预算任务圆满完成，实现平稳较快增长

2010 年，自治区及部分盟市、旗县财政收入均有新突破。2010 年，全区地方财政总收入实现 1738.13 亿元，完成年度预算的 111.8%，比上年增长 26.2%。其中，一般预算收入 1069.98 亿元，完成年度预算的 119.8%，比上年增长 25.8%，这是内蒙古自治区地方财政一般预算收入首次突破千亿元。从盟市看，部分盟市地方财政总收入也取得了新突破。鄂尔多斯市地方财政总收入跨越 500 亿元大关，达到 538.2 亿元，包头市、呼和浩特市地方财政总收入双双超过 240 亿元，分别达到 243.3 亿元和 241.5 亿元；东五盟市中通辽市、赤峰市地方财政总收入突破 100 亿元，分别达到 102.9 亿元和 100.5 亿元。从旗县看，地方财政总收入超百亿元的旗县扩大为 3 个，伊金霍洛旗成为继东胜区和准格尔旗后第 3 个收入超百亿元的旗县，达到 111.3 亿元。全区 101 个旗县市区中，地方财政总收入超过 10 亿元的达 39 个。从支出看，2010 年，自治区坚持实行“民生财政、阳光财政、公共财政”，财政支出结构不断优化，大量的财政资金用在了与民生改善相关的领域。全区地方财政支出 2280.47 亿元，比上年增长 18.4%，这也是自治区地方财政支出首次突破 2000 亿元大关。2010 年，自治区全面启动惠农惠牧补贴，增加农牧业机具、牧民燃油、畜牧业良种等九项惠农惠牧补贴，全面开展村级公益事业建设一事一议财政奖补工作，农林水事务支出达到 281 亿元，比上年增长 26.4%。内蒙古自治区还加大了对社会事业发展的支持力度。如继续深化农村牧区义务教育经费保障机制改革，取消了义务教育阶段寄宿制学生住宿费，提高农村牧区义务教育阶段中小学生均公用经费定额，稳步推进中小学校舍安全工程建设，教育支出 322.11 亿元，比上年增长 34.9%。

2. 工业企业经济效益稳定趋好

今年以来工业企业效益一直处于稳中趋好的状态。2010 年，全区规模以上工业企业实现主营业务收入 13387.83 亿元，比上年同期增长 31.6%；实现利润总额取得新突破，首次突破了千亿元大关，规模以上工业企业实现利润 1688.44 亿元，比上年同期增长 67.1%。从 38 个大行业看，有 35 个行业利润比上年同期有增长；亏损企业亏损额 51.23 亿元，同比下降 23.1%。从销售看，工业产品产销率稳步提高。2010 年，全区规模以上工业产品销售率为 97.5%，同比提高 0.1 个百分点；其中，重工业产品销售率为 97.79%，同比提高 0.24 个百分点。

3. 城乡居民收入均实现了两位数增长，农牧民收入增速高于城镇居民

在中央和全区各级党委、政府高度重视并大力促进提高居民收入分配比重的措施带动下，城乡居民收入均实现了两位数增长。在城镇居民收入方面，2010 年一些盟市陆续出台并落实了提高机关事业单位津补贴水平以及提高当地最低工资标准、低保标准等政策措施的作用下，加上企业职工工资正常增长机制的不断建立和完善等因素的带动，全区城镇居民收入实现较快增长。2010 年，全区城镇居民人均可支配收入达 17698 元，同比增长 11.7%，比 2009 年增速加快 1.9 个百分点。从收入构成看，工资性收入是主要来源，工资性收入为 12614 元，占全部可支配收入的 71.3%，同比增长 12%；财产性收入增长较快，为 433 元，同比增长 19%，高于全部可支配收入增速 7.3 个百分点。城镇居民支出稳定增

长。2010 年，全区城镇居民人均消费性支出 13995 元，增长 13.1%；其中，食品支出 4211 元，同比增长 11.6%；家庭设备用品及服务支出 949 元，同比增长 18.9%。农牧民收入方面，2010 年，国家和自治区不断加大对“三农三牧”的投入力度，将农牧业现代化和城镇化有机结合，农牧民收入也取得了不俗的成绩。2010 年，全区农牧民人均纯收入达 5530 元，同比增长 12%。从收入构成看，家庭经营纯收入是主要收入来源，家庭经营纯收入为 3670 元，占全部纯收入的 66.4%，同比增长 12%；财产性纯收入实现较快增长，同比增长 19.6%，高于全部纯收入增速 7.6 个百分点。从支出看，农牧民人均生活消费支出 4461 元，同比增长 12.4%；其中食品消费支出 1675 元，增长 6.1%；交通和通讯消费支出 599 元，同比增长 28.4%。

（四）居民消费价格涨幅较高，生产价格也呈不同程度地上涨

2010 年，全区居民消费价格涨幅呈现前低后高的总体走势，特别是进入四季度后，涨幅较为明显。2010 年，全区居民消费价格同比上涨 3.2%，低于全国平均涨幅 0.1 个百分点。分城乡看，城市上涨 3%，农村牧区上涨 3.5%。分类别看，食品价格较快上涨成为主要拉动力量，食品价格同比上涨 9.5%，其中，菜和水果价格同比上涨 27.6%和 23.7%；居住价格同比上涨 2.2%；其余类别涨幅或降幅较为平稳。从各生产资料价格看，2010 年，全区农业生产资料价格同比上涨 2%，其中农用机油价格同比上涨 11.2%；工业品出厂价格同比上涨 6.7%，其中生产资料出厂价格同比上涨 7.5%；原材料、燃料、动力购进价格同比上涨 5%，其中购进有色金属材料和电线类价格同比上涨 12.5%。

二、2010 年经济运行中存在的问题

2010 年，总体看，全区经济保持了平稳较快的发展势头，经济的稳定性、协调性、包容性、可持续性均有所增强，可谓亮点频出。但不容忽视的是，在运行中同样也伴随着一些问题和不足，制约着全区经济的良性发展。归结起来，主要有：

（一）物价涨幅较明显，已影响到了民生的改善

据有关媒体根据投票反映，2010 年的年度汉字就是“涨”。的确，对老百姓而言，2010 年，最直观和切身的感受就是物价的普遍上涨。全年全区居民消费价格涨幅呈逐步扩大的走势，特别是食品价格涨幅一直居高不下，大大加重了居民特别是农牧民和城镇低收入居民的生活成本和负担，影响着居民生活质量水平的提高，也不利于和谐社会的建设，同时加重了居民的通胀心理预期和直观感受。2011 年，特别是 2011 年的上半年，由于上年翘尾以及物价上涨的外部因素依然存在，物价上涨的压力依然很大，需要认真加大力度解决。

（二）经济结构调整和发展方式转变有待继续推进

2010 年，全区在优化经济结构和转变发展方式上取得了一些成绩，但总体还相对缓慢，有待继续加大力度推进。表现为，产业发展不充分、结构单一、生产布局比较分散，对资源、能源的依赖较强，非资源型产业发展不足。服务业占 GDP 的比重相对下降，2010 年，第三产业占 GDP 的比重由 2009 年的 38%下降到了 36%，降低了 2 个百分点。此外，在发展的支撑要素中，依靠科技进步和劳动生产率提高等要素的贡献相对比较小，发展的环境、资源代价比较大，发展的可持续性和后劲有待提高。盟市间发展的不平衡性也有所加剧等。

（三）投资项目数下降，制约着投资的增长潜力和生产能力的扩大

2010 年，全区新开工项目数比 2009 年减少了 941 个。新开工项目数的不足直接导致了投资增长的大幅下滑，进而会影响到 2011 年生产能力的持续扩大。因此，在 2011 年，全区要想方设法增加新开工项目的数量及质量，不断扩充项目库，确保 2011 年的新开工项目不得少于 2010 年，以保证全区固定资产投资及生产能力的持续扩大，为经济保持平稳较快发展增添后劲和持续的推动力。

（四）一些民生领域存在的问题

首先是老百姓反应强烈的住房问题。2010 年，全区的商品房价涨幅普遍较快，明显高于同期 CPI 的涨幅。据全国 70 个大中城市房屋销售价格统计，呼和浩特市房价同比上涨 7.3%，其中，新建住宅价格同比上涨 8%；包头市房价同比上涨 5.1%，其中，新建住宅价格同比上涨 6.3%，均已远远超出了普通百姓的承受能力，同时，可能出现的泡沫也会对经

济产生不利影响。再次，社会事业发展相对滞缓。2010 年，全区文化、卫生、科技、教育、体育等社会事业发展均取得了新成绩，但与经济增速及经济总量在全国的地位相比，这些领域的发展还比较滞后，在全国的位次排名普遍比较靠后，需要今年重点推进。最后，民众收入及就业工作还存在一些不足。表现为全区城乡居民收入仍低于全国平均水平，且差距有所拉大，位次可能后移，失业及隐性失业人口还不少，就业结构不尽合理等。

总体来看，2010 年，全区经济实现了平稳较快发展，各项主要经济指标均圆满完成了“十一五”的目标任务，使“十一五”顺利收官，同时也为“十二五”实现良好开局奠定了基础。

（撰稿　李日树　审稿　常　威）

辽宁省

2010 年是“十一五”收官之年。在省委、省政府的领导下，辽宁民族自治地方深入贯彻落实科学发展观，积极应对复杂多变的国内外环境抢，抓机遇促发展，经济实现较快增长，各项社会事业取得新成绩，城乡人民生活持续改善。

一、经济总量

2010 年全年生产总值 889.3 亿元，按可比价格计算，比上年增长 21.4%。其中，第一产业 171.2 亿元，增长 12.1%；第二产业 428.7 亿元，增长 27.3%；第三产业 289.4 亿元，增长 18.3%。生产总值三次产业构成为 19∶48∶33。

二、农林牧渔业

2010 年农林牧渔业总产值 322.5 亿元，按可比价格计算，比上年增长 15.4%。其中，农业产值 144.2 亿元，增长 25.4；林业产值 31.7 亿元，增长-11.4%；牧业产值 117.8 亿元，增长 14.0%；渔业产值 23.6 亿元，增长 12.7%。

2010 年全省民族自治地方粮食大丰收，全年农作物总播种面积 900.3 千公顷，比上年增长 69.1%。粮食作物播种面积 686.9 千公顷，比上年增长 67.2%。粮食总产量 254.6 万吨，比上年增产 78.2 万吨，增长 44.4%。油料播种面积 94.4 千公顷，比上年增长 46.7%。糖料产量 106 吨，比上年下降 88.3%。烟叶产量 8127 吨，比上年下降 25.3%。水果产量 44.9 万吨，比上年增长 72.4%。

全年大牲畜存栏 81.8 万头，比上年下降 2.4%。猪存栏 191.4 万头，比上年增长 10.2%。羊存栏 242.4 万头，比上年增长 8.9%。全年大牲畜出栏 55.2 万头，比上年下降 4.6%。猪出栏 312 万头，比上年增长 11%。羊出栏 263.6 万头，比上年增长 18.2%。全年肉类总产量 63.9 万吨，比上年增长 27.2%。其中，猪肉产量 28.7 万吨，增长 19.4%；牛肉产量 7.7 万吨，增长 17.1%；羊肉产量 4.2 万吨，增长 20.4%；奶类产量 14.3 万吨，增长 40.6%。山羊毛产量 922.3 吨，比上年增长 32.7%，绵羊毛产量 1952.2 万吨，比上年增长 9.5%；羊绒产量 554.5 吨，比上年增长 14.9%。

全年造林面积 31.5 公顷，比上年增长 33.7%。水产品产量 11.3 万吨，比上年增长 17.4%。

年末农业机械总动力 289.4 万千瓦，比上年末增长 6.5%。农村用电量 23.7 亿千瓦小时，比上年增长 11.8%。农用化肥施用量 15.2 万吨，比上年下降 38.7%。地膜使用量 2636 吨，比上年增长 27%。农药使用量 5253.5 吨，比上年增长 15.1%。

三、工业和建筑业

2010 年规模以上工业企业 1309 个，比上年增长 14.6%；规模以上工业总产值 928.7 亿元，比上年增长 42.6%。其中国有企业 20 个，比上年下降 13%，产值 9.8 亿元，比上年增长 24.6%；集体企业 102 个，与上年持平，产值 111.3 亿元，比上年增长 29.8%；股份合作企业 13 个，比上年增长 85.7%，产值 4.6 亿元，比上年增长 64%；港澳台商投资企业 16 个，比上年下降 5.9%，产值 19.4 亿元，比上年增长 35.7%；外商投资企业 32 个，与上年持平，产值 41.2 亿元，比上年增长 35.5%。规模以上工业企业销售产值 892.9 亿元，比上年增长 42.6%。本年应交增值税 28.1 亿元，比上年增长 63.7%。资产总计 434.6 亿元，比上年增长 8.9%。主营业务收入 887.6 亿元，比上年增长 44.9%。利润总额 66.6 亿元，比上年增长 56.3%。亏损企业亏损总额 1.9 亿元，比上年下降 33.2%。

主要工业品产量中，原煤产量 113.8 万吨，比上年下降 3.7%；发电量 30.6 亿万千瓦时，比上年增长 57.3%；生铁产量 130.2 万吨，比上年增长 47.3%；水泥产量 220.8 万吨，比上年下降 11.2%。

全年建筑企业 119 家，比上年增长 6.3%。房屋建筑施工面积 557.4 万平方米，比上年增长 40.9%；房屋建筑竣工面积 395.9 万平方米，比上年增长 36.2%；资产总计 84.2 亿元，比上年增长 120.3%；实现利润 6.3 亿元，比上年增长 190.4%；建筑业增加值 26.4 亿元，比上年增长 22.7%。

四、固定资产投资

全年全社会固定资产投资 684.5 亿元，比上年增长 34.8%。按城乡分，城镇固定资产投资 558.3 亿元，比上年增长 61.7%；农村固定资产投资 126.2 亿元，比上年下降 22.5%；按经济类型分，国有经济投资 127 亿元，比上年增长 6.1%；集体经济投资 23.3 亿元，比上年下降 11.6%；外商港澳台经济投资 12.6 亿元，比上年增长 302.5%。按经济来源分，国家预算内资金投资 40.2 亿元，比上年下降 39.2%；国内贷款投资 65.2 亿元，比上年增长 141.6%；利用外资投资 2.3 亿元，比上年下降 19.3%。全社会固定资产投资新增固定资产 482.8 亿元，比上年增长 37.6%。

五、贸易

全年社会消费品零售总额 236.5 亿元，比上年增长 23.8%。按行业分，批发和零售额 213 亿元，比上年增长 39%；住宿和餐饮业 23.3 亿元，比上年下降 34%；其它行业 0.2 亿元，比上年下降 91.3%。

全年进出口总额 17003.3 万美元，比上年增长 30.5%。其中，出口总额 15011.3 万美元，比上年增长 15.2%；进口总额 1992 万美元。当年新利用外资协议（合同）项目 18 个，比上年增长 20%。全年实际利用外资额 26659.5 万美元，比上年增长 37.1%。年末实有外商投资企业 102 个，比上年增长 12.1%。

六、交通运输、邮电和旅游

全年客运量总计 4740.5 万人，比上年下降 1.7%。货运总量 12244 万吨，比上年增长 15.8%。旅客周转量 22.1 亿人公里，比上年增长 10.7%。货运周转量 25.3 亿吨公里，比上年下降 17.8%。

全年完成邮电业务总量 14.7 亿元，比上年增长 61%。移动电话用户 113 万户，比上年增长 15.9%；固定电话用户 82.9 万户，比上年末下降 0.7%，其中，城市电话用户 26.4 万户，农村电话用户 56.5 万户；国际互联网络用户 16.3 万户，比上年增长 14%。邮政局所 198 处，比上年增长 7.6%。邮路总长度 1.4 万公里，比上年增长 16.6%。。

全省民族自治地方旅行社总数为 45 个，比上年增长 18.4%。全年接待国内外旅游者 2386 万人次，比上年增长 27.6%。其中，接待国内旅游者 2370.5 万人次，比上年增长 21.3%；接待国际旅游者 15.5 万人次，比上年增长 36%。国内旅游收入 165 亿元，比上年增长 37.5%；旅游外汇收入 5200.8 万美元，比上年增长 39.1%。

七、财政

全年地方财政一般预算收入 55.2 亿元，比上年增长 68.8%。其中，各项税收 40.9 亿元，比上年增长 75.1%。在各项税收中，国内增值税 5.4 亿元，比上年增长 138.7%；营业税 11.6 亿元，比上年增长 86%；企业所得税 3.9 亿元，比上年增长 188.1%；个人所得税 1.7 亿元，比上年增长 142.7%。

全年地方财政一般预算支出 128 亿元，比上年增长 34.2%。其中，一般公共服务支出 14.6 亿元，比上年增长 22%；教育支出 21.7 亿元，比上年增长 28.1%；科学技术支出 0.9 亿元，比上年增长 25.7%；文化体育与传媒支出 1.7 亿元，比上年增长 17%；环境保护支出 5.7 亿元，比上年增长 61.8%；农林水事务支出 25.8 亿元，比上年增长 32.8%；交通运输支出 1.9 亿元，比上年下降 12%；工业商业金融等事务支出2.6亿元，比上年增长4.6%。

八、金融

全年全部金融机构各项存款565亿元，比上年增长19.8%。其中全部金融机构各项贷款272.2亿元，比上年增长34.6%；城乡居民储蓄存款年末余额392.4亿元，比上年增长6.4%。

九、教育

普通中学179所，在校生15.5万人，招生5.2万人，毕业生5.5万人，教职工1.6万人，专任教师1.3万人。中等职业学校9所，在校生1.4万人，招生0.5万人，毕业生0.5万人，教职工1041人。普通中学639所，在校生18万人，招生2.8万人，毕业生3.3万人，教职工1.8万人。教育经费支出22.9亿元，比上年增长20.8%。

十、文化、卫生

年末有艺术表演团体47个，群众艺术馆2个，文化馆8个，公共图书馆8个，博物馆9个。全年出版报纸6种，出版量176.6万份；期刊1种，出版量0.15万册。

年末有各类卫生机构2528个。其中，医院、卫生院189个，卫生院159个。各类卫生机构拥有病床9159张。其中医院、卫生院有病床8855张，卫生院病床3586张。卫生机构人员14319人，其中卫生技术人员10088人，执业医师4634人。

十一、人民生活和社会保障

全年农村居民人均纯收入5978元，平均每人消费性支出4693元，。其中食品支出2349元，衣着支出610元，家庭设备用品及服务支出200元，医疗保健支出378元，交通和通讯支出473元，娱乐教育文化服务支出353元，住房支出682元。城市人均住房面积24平方米，农村人均住房面积23平方米。

年末城镇居民最低生活保障6.7万人，比上年下降4.9%；支出1.5亿元，比上年增长20.3%。农村最低生活保障12.8万人，比上年下降0.5%；支出1.6亿元，比上年增长67%。城镇社区服务设施690个。新型农村合作医疗参加222.9万人，比上年下降4.4%，费用支出8.5亿元，比上年增长50%。

十二、环境保护和安全生产

全年工业废水排放总量1690万吨，比上年增长45.7%。工业废水排放达标量1336.1万吨，比上年增长26%。工业废水中化学需氧量排放COD量0.3万吨，比上年下降47.7%。工业固体产生量1633.2万吨，比上年增长6.4%。工业固定废物综合利用量338.3万吨，比上年增长121.8%。三废综合利用产品产值5190.1万元，比上年增长50.9%。工业当年施工污染治理项目96个，比上年下降17.2%。工业污染治理项目当年完成投资1.4亿元，比上年增长17.5%。

（撰稿　李　珂　审稿　赵佐贤）

吉林省

2010年是“十一五”规划的收官之年，也是吉林发展史上极不平凡的一年，面对入夏以来历史罕见洪涝灾害，吉林省民族自治地方各族人民在省委、省政府的正确领导下，紧紧围绕“科学发展、加快振兴、富民强省”总目标，以“解放思想、改革创新、转变方式、科学发展”为主题，牢牢把握转变经济发展方式这条主线，深入实施投资拉动、项目带动、创新驱动战略，统筹推进工业化、城镇化和农业现代化，有效应对各种不利因素，夺取了抗洪救灾的伟大胜利，民族自治地方经济继续保持平稳较快发展。

一、2010年吉林省民族自治地方经济运行情况

（一）经济增长平稳

初步核算，2010年，全省民族自治地方实现地

区生产总值 1010.35 亿元，按可比价格计算，比上年增长 15.8%，其中，第一产业增加值 147.29 亿元，增长 8.7%；第二产业增加值 462.04 亿元，增长 19.8%；第三产业增加值 401.01 亿元，增长 13.4%。按常住人口计算，当年民族自治地方人均 GDP 达到 30260 元/人。

产业结构得到进一步优化。三次产业结构由 2009 年的 15.1：43.8：41.1 调整为 2010 年的 14.6：45.7：39.7。第一产业对经济增长的贡献率为 12.04%；第二产业贡献率为 55.02%；第三产业贡献率为 32.94%。

财政收入实现较快增长。全年完成一般预算全口径财政收入 108.97 亿元，比上年增长 22%，其中，地方财政收入 53.36 亿元，增长 19.37%；全年完成地方财政支出 197.98 亿元，比上年增长 19.36%。

（二）现代农业建设加快推进，稳步增加粮食播种面积

2010 年，民族自治地方农林牧渔业总产值 285.04 亿元，比上年增长 22.85%，其中，农业产值 132.98 亿元，比上年增长 21.38%，林业产值 23.05 亿元，比上年增长 13.38%，牧业产值 120.27 亿元，比上年增长 34.77%，渔业产值 3.66 亿元，比上年增长 32.13%。2010 年粮食作物播种面积 616.57 千公顷，粮食总产量 369.03 万吨，比上年增长 16.20%。

畜牧业稳步发展。2010 年，大牲畜出栏总量达到 99.88 万头，比上年增长 18.23%；生猪出栏总量达到 276.71 万头，增长 20.28%，羊出栏总量达到 108.96 万只，比上年下降 11.29%；肉类总产量 53.48 万吨，比上年增长 11.77%；奶类产量 9.49 万吨，比上年增长 22.45%。

2010 年末，民族自治地方农机总动力达到 301.48 万千瓦，比上年增长 9.03%。农田水利建设进一步加强，农田有效灌溉面积达到 218.18 千公顷，农村用电量达到 10.19 亿千瓦时，比上年增长 4.51%。

（三）产业结构调整步伐加快

按照国家十大产业调整与振兴规划和吉林省产业跃升规划要求，突出做大做强支柱优势产业，民族自治地方全年规模以上工业总产值（按当年价格计算）879.31 亿元，实现利润总额 47.82 亿元，比上年增长 55.01%。

建筑业平稳较快发展。全年建筑企业完成总产值 76.88 亿元，比上年增长 8.16%；房屋建筑施工面积 576.16 万平方米，竣工面积 404.47 万平方米。

（四）围绕全年固定资产投资目标，积极筹措建设资金，推动重大项目建设

全年完成全社会固定资产投资 991.54 亿元，比上年增长 26.89%。其中，城镇固定资产投资 785.39 亿元，比上年增长 33.28%；农村固定资产投资 206.14 亿元，比上年增长 7.97%。全社会固定资产投资新增固定资产 852.01 亿元，比上年增长 41.93%。

（五）消费品市场积极贯彻落实国家一系列扩大内需政策措施

在家电、汽车下乡以及节能产品补贴等一系列促进消费政策作用下，2010 年实现社会消费品零售总额 386.79 亿元，比上年增长 16.70%。其中，批发和零售业 309.18 亿元，增长 11.51%；住宿和餐饮业 77.6 亿元，比上年增长 43.35%。

（六）随着世界经济的逐步复苏，对外经贸形势不断好转

民族自治地方外贸进出口总值达到 16.24 亿美元，比上年增长 16.33%。其中，实现出口总值 13.34 亿美元，比上年增长 18.05%；实现进口总值 2.9 亿美元，比上年增长 7.41%。外商直接投资继续保持快速增长。年末实有外商投资企业 724 个，全年实际利用外资 2.04 亿美元，比上年增长 45.71%。

（七）2010 年民族自治地方交通、通讯基础设施建设发展较快

民族自治地方各种运输方式完成货运周转量 68.57 亿吨公里；同比增长 37.36%，完成公路旅客周转量 53.53 亿人公里。截止 2010 年末民族自治地方铁路营业里程 650 公里，等级公路总里程 11404 公里，高速公路 351.8 公里。

2010 年民族自治地方实现邮电业务总量 17.19 亿元；固定电话用户达到 79.92 万户，其中，城市电话用户 59.68 万户，农村电话用户 20.24 万户；全年移动电话用户 260.58 万户；国际互联网络用户 40.91 万户，比上年增长 0.57%。

2010 年末，民族自治地方拥有限额以上住宿企业 51 家、餐饮企业 27 家，旅行社 120 家。旅游入境人数增长，全年接待国内外旅游者 949.1 万人次，增长 12.39%。其中，接待国内旅游者 911.43 万人次，增长 12.04%；接待入境旅游者 37.67 万人次，比上年增长 21.56%。全年实现国内旅游收入 93.45 亿元人民币，比上年增长 22.41%；旅游外汇收入 1.14 亿美元，比上年增长 29.55%。

二、民族自治地方社会发展情况

民生保障不断改善，社会事业加快发展，预计城镇居民人均可支配收入和农村居民人均纯收入达到 15053 元和 6312 元，分别增长 8.38%和 18.51%。城镇居民恩格尔系数（即居民家庭食品消费支出占家庭消费总支出的比重）为 31.69%，农村居民恩格尔系数为 32.74%。

教育、卫生、文化等社会事业全面发展，民族教育取得新发展，“两基”（基本普及九年义务教育、基本扫除青壮年文盲）成果巩固提高取得新进展，义务教育普及程度有所提高。民族自治地方小学在校生 15.2 万人，普通中学在校生 13.69 万人。民族自治地方中等职业学校在校生 0.67 万人。普通高等教育稳步发展。全年普通高等学校招生 5568 人，普通本科、专科在校生 21238 人，比上年增长 2768 人。研究生教育有较大发展，年末在校研究生 3725 人，比上年增加 632 人。

2010 年末，民族自治地方有艺术表演团体 13 个、艺术表演场所 6 个，群众艺术馆 4 个，文化馆 11 个，公共图书馆 12 个，博物馆 11 个。全年共出版报纸 2834.4 万册，各类期刊 50 万册，图书 3575 万册。

公共卫生和基本医疗条件继续得到改善。2010 年末，民族自治地方共有卫生机构 1293 个，其中：医院、卫生院 199 个。卫生人员 2.14 万人，其中：执业（助理）医师 7612 人，医院和卫生院床位 1.2 万张。

三、当前民族自治地方经济运行存在的困难和问题

当前吉林省民族自治地方经济运行还存在一些困难和问题。

（一）经济总量小，综合竞争实力弱

从吉林省民族自治地方情况看，除前郭县外，其它地方财政支付能力弱，负责重的矛盾仍很突出，财政基本靠转移支付维持正常运转。经济总量小，应对市场变化能力就不强，从而导致综合竞争实力弱化。

（二）发展环境落后，经济基础仍显薄弱

民族自治地方多处偏远山区，受交通瓶颈等因素的制约，市场半径小，产品内运外销运费昂贵，既增加了成本，削弱了市场竞争力。同时，经济基础薄弱，后续发展内动力不足，民族自治地方普遍缺少骨干、支柱产业支撑和真正能拉动经济发展的好项目和大项目。特别是一些工业企业，规模效益型企业较少，缺乏市场竞争力，生产和经营只能维持在简单在生产层次上。

（三）基础设施薄弱，公共服务能力差

受历史或地域因素影响，民族地区基础设施欠账较多，农田水利设施不完善，抵御自然灾害的能力弱，农民持续增收压力较大；餐饮、休闲、娱乐等传统服务业发展层次还不高，旅游业发展进入关键节点，新兴服务业刚刚起步，转变经济发展方式步伐亟待加快。

（四）贫困问题较为突出，贫困面较大

在全省 8 个国家扶贫开发工作重点县中，民族自治地方就有 3 个。这些地方多处于东部山区，特殊的地理位置和自然环境，使这些地方经常遭遇低温冷害、早雪早霜、洪涝侵袭等自然灾害，加之基础设施薄弱，抗御自然灾害能力差，从而导致其脱贫难度加大，返贫情况比较严重，民族自治地方扶贫攻坚任务仍然十分艰巨。

四、2011 年民族自治地方经济发展建议分析

（一）建议民族自治地方均等享受西部大开发政策

国家西部大开发系列优惠政策，有力推动了西部少数民族地区的跨越发展。目前，全国 120 个少数民族自治县中，有 83 个西部地区自治县享受了政策支持，吉林省延边州也被纳入享受范围。建议国家将西部大开发政策的覆盖范围扩大至全国所有少数民族自治县。

（二）建议加大对民族自治地方财政转移支付力度

目前，中央对 5 个自治区及吉林省延边州等民族自治地方执行的是增值税增量 1:0.8 系数返还，还

有部分少数民族自治县仍然执行 1994 年分税制以来的 1:0.3 系数返还。建议国家民委协调相关部门尽快出台政策，对民族自治县统一按 1:0.8 系数返还增值税增量。

（三）建议民族自治地方实施资源税从价计征和区域征收政策

资源税实行从量定额征收，税负水平偏低，已经远远不适应当前国际原油市场价格的变化。当前，资源税实行从价计征的改革工作已经在新疆试点，建议国家民委协调相关部门，在少数民族自治县推行资源税从价计征，并适当提高少数民族自治县资源税标准，壮大少数民族自治县地方财力。同时，对跨区域的大型开采企业在民族自治地方开发利用资源的，资源税费由民族自治地方收缴。

（撰稿　李　颖　审稿　王喜年）

黑龙江省

2010 年，是杜尔伯特蒙古族自治县“十一五”规划收关之年。在“三县”建设发展战略引领下，全县各族干部群众攻坚克难，奋力前行，取得了经济社会全面进步的喜人成绩，为“十一五”画上圆满句号。一年来，“三县”建设战略升级实现新突破，发展思路更加明晰，发展措施更加有力，经济社会发展取得了显著成效。多元牧业格局更加稳定，现代农业发展势头良好，生态功能作用逐步显现，营造了安定、和谐、有序的社会环境。全年实现生产总值 56.9 亿元，同比增长 29%，全口径财政收入及一般预算收入分别实现 5.6 亿元和 2.35 亿元。固定资产投资完成 43.69 亿元。

一、多元牧业稳固发展，质量效益显著提高

全年实现农林牧渔及其服务业总产值 33.6 亿元，同比增长 11.4%。农业全年实现产值 10.1 亿元，全县粮食产量 50.4 万吨，比上年下降 22.5%。牧业质量效益实现跨越发展，全年实现畜牧业产值 21.9 亿元，占农业产值比重达到 65%，同比增长 22.8%。生态建设纵深发展，实现林业产值 3013 万元，共造林 6266 公顷，幼林抚育 9800 公顷，木材产量为 4219 立方米，森林覆盖率 12.8%。全年实现渔业产值 13377 万元，水产品产量 2.35 万吨。

二、工业经济扩量提质实现新跨越

实现工业总产值 85.7 亿元，比上年同期增长 94.8%，实现工业增加值 26.7 亿元，同比增长 65.8%，销售收入实现 75.1 亿元，同比增长 87.6%，利税总额实现 5.7 亿元，同比增长 38%。规模以上工业实现产值 50.6 亿元，比上年同期增长 89%，工业增加值 16.1 亿元，同比增长 59.2%，销售收入实现 50.9 亿元，同比增长 98.7%，利税总额实现 4.2 亿元，同比增长 35%。

三、固定资产投资和建筑业良性发展

2010 年固定资产投资完成 43.69 亿元，比上年同期增长 101.1%。全年实现建筑业产值 12160 万元，同比增长 2.2 倍。

四、交通和邮电业市场繁荣

全年公路货运周转量 11163 万吨/公里，同比增长 2.1%；客运周转量 20727 万人/公里，同比增长 2.6%。信息通讯实现跨越发展。实现了全覆盖，服务水平不断提高，全年完成邮电业务总量 7146 万元，同比增长 66.4%，其中邮政总量完成 1846 万元。

五、城乡市场平稳发展

全年实现社会消费品总额 93763 万元，同比增长 10.8%。批发零售业零售额实现 84080 万元，同比增长 12.5%，住宿和餐饮业零售额实现 9593 万元，同比增长 16.5%。居民消费价格指数略有上升。全县零售物价指数 102.3%，比上年增加 0.3 百分点，消费物价指数 103.4%，比上年增加 0.3 个百分点。

六、财政收支平衡，略有节余

实现财政总收入 110565 万元，比上年增长 38.6%，其中，本级一般预算收入 23544 万元，比上年增长 16.7%。全口径财政收入完成 55955 万元，比上年增长 14.3%。财政总支出 109787 万元，比上年增长 41.5%，其中，县一般预算支出 52213 万元，比上年下降 0.4%。金融业快速发展。年末各项存款余额为 435589 万元，比上年增长 28.9%，各项贷款余额为 199383 万元，比上年增长 31.4%。城乡储蓄额实现 236206 万元，比上年增长 16.5%。

七、文化、教育、卫生和体育均衡发展

拥有广播电台 1 座，电视转播台 4 座。卫生基础设施不断完善。拥有医院、门诊等各种医疗卫生机构 19 所，病床位 427 张，专业卫生技术人员 536 人。全县共有各类学校 69 所，教职工 2805 人，其中：教师 2524 人。小学以上在校学生 28573 人。

八、人民生活水平显著提升

年末在岗职工人数 10676 人，比上年略有增长，在岗职工工资 24422 万元，同比增长 3%。在岗职工年人均工资 22875 元，比上年增长 2.6%。人民生活水平迈上新台阶。城镇居民人均可支配收入 9129 元，同比增长 32.5%，农民人均纯收入 7818.6 元，同比增长 18.2%。城镇居民人均住房使用面积 34 平方米。

九、人口与计划生育保持常态

2010 年末总人口 25.5 万人，其中：县城人口 6.6 万人，农村人口 18.9 万人。随着计划生育工作的不断加强、人们生育观念的转变以及人民生活水平的提高，人口出生率、死亡率保持较低水平。全年出生人口 2150 人，出生率 9.31‰，死亡人口 903 人，死亡率为 3.92‰，自然增长率为 5.39‰。全年生育符合政策率达 98.33%，综合节育率达 95.11%，独生子女领证率为 54.09%。

（撰稿　李彦龙　审稿　刘烈军）

浙江省

2010 年，浙江景宁畲族自治县上下坚持科学发展观，奋力借势赶超，认真抓好“和谐推进年”的各项工作任务，积极应对宏观经济环境复杂多变等不利因素的影响，坚持调结构促转型谋发展、抓统筹惠民生保稳定，经济社会保持平稳较快发展，民族团结进步和谐，为“十一五”国民经济发展规划目标的实现划上了圆满的句号，为“十二五”发展奠定了较为坚实的基础。

一、经济实力显著增强，发展质量稳步提高

2010 年全县实现地区生产总值 266480 万元，同比增长 12.2%，增速分别高于全国全省（10.3%）、全省（11.8%）平均水平，低于全市（12.5）平均水平。其中：第一产业增加值 43906 万元，同比增长 4.9%；第二产业增加值 101680 万元，同比增长 16.4%；第三产业增加值 120894 万元，同比增长 11.3%。二三产主导经济增长的格局进一步加强。2010 年，实现财政总收入 38039 万元，同比增长 35.2%，其中，地方财政收入为 22412 万元，同比增长 31.7%。地方财政支出 124976 万元，增长 39.6%。2010 年，全县实现社会消费品零售总额 125802 万元，同比增长 17.8%。2010 年，全县金融系统各项存款余额为 420508 万元，同比增 21.3%，比年初增加了 73787 万元。

二、建设项目力度加大，固定资产投资大幅增长

2010 年，全社会固定资产投资完成 180827 万元，同比增长 17.3%，其中：限额以上固定资产投

资完成167897万元，同比增长17.2%；限额以下固定资产投资完成5215万元，同比增长81.6%；农户完成投资7715，同比下降4.5%。在限额以上固定资产投资中第一产业完成投资 6500 万元，同比下降33.4%；第二产业完成投资 14530 万元，同比下降23.7%；第三产业完成投资146867万元，同比增长33.2%。限额以上中工业完成投资14530万元，同比下降23.7%。房地产开发投资明显回升，2010年，完成房地产投资9455万元。农村基础设施投入进一步加快，生产生活条件继续得到改善。支撑投资平稳增长的主要原因是:丽景工业园道路及配套、云景高速公路、外舍新区道路网一期、江滨小区、交界圩至叶村公路改扩建、金园丽景等亿元项目的稳步推进，重大项目的投资拉动力逐步显现。

三、城乡居民收入稳定增长，幸福指数不断提升

2010 年，全县城镇居民人均可支配收入为17901元，同比增长10.8%。农村居民人均纯收入为5024 元，同比增长14.0%，农村居民人均消费支出2212 元增长 4.9%。居民消费价格指数同比涨幅扩大。全县10923户30735位低收入农户收入超过2500元。深入开展“网格化管理、组团式服务”工作，全县共调解矛盾纠纷2964件，调处成功2899件，调处率达100%，成功率为97.8%；农村“135”工程、农民增收“6+1”计划实施成效明显，全年整治村庄45个，投入农村环境整治资金达5000余万元，成功打造一批特色鲜明的畲乡“名村”，创建省级中心村 4 个、市级中心村 11 个、市级生态文明村57个，转化后进村2个。农民异地转移安置方式更加灵活，全年完成农村危旧房改造3951户，农民异地转移665户2265人，人口产业集聚步伐加快，居民生活幸福指数不断提升。

（一）民生改善效果显著，生活质量稳步提高

建立城乡居民医疗保险制度，推进医疗保险“城乡一体化”建设。全县共有 32083 人参保缴费，参保总人数达到51826人，综合参保率达到60%以上，其中少数民族群众参加城乡医疗保险享受 100%补助政策；全县共有21336位60周岁以上符合条件的老年人按月领取城乡居民社会养老保险基础养老金；健全和完善了城乡低保工作运行机制，落实低保标准动态调整机制，全县享受城乡最低生活保障救助对象4376户6058人，最低生活保障资金906.11万元，全县农村五保和城镇“三无”供养对象供养经费达193.54万元。资助困难学生和重病患者392人，发放救助资金50万元。关注老龄事业发展，积极建设社区居家养老服务中心，60家农村“星光老年之家”投入使用。全县把住房保障工作作为重要工作来抓，将此项工作纳入景宁畲族自治县2010年十件实事工程，今年全县廉租保障户安置 42 户于12月中旬正式入住，发放住房租赁补贴22860元。新增城镇就业岗位925个，城镇登记失业率控制在3.9%以内，帮助城镇下岗失业人员实现再就业 403人，农民转移就业培训3527人，农民转移就业3375人，帮助解决农民就业岗位1052个。

（二）畲族文化彰显魅力，教育事业均衡发展

按照“畲族文化有形化、文化载体项目化、文化成果精品化”的原则，做好“四个一”工作，切实助推全国畲族文化发展基地的建设；全国畲族文化中心、博物馆和图书馆建成投入使用，全力准备迎接创建省级文化先进县。加快建设22个乡镇及管理区文化中心站，积极向省级有关厅局争取项目资金1330万元，比上年度增加400多万元。顺利推进有线数字电视整体转换4000多户，完成有线电视双向交互式平台建设；《景宁畲族自治县民族民间文化保护条例》获省人大批准。全县教育工作顺利通过了“省级教育强县”验收工作，积极启动管理转型，加大体制机制改革力度，全县教育事业步入了一个发展新起点。全县初升高比例为97.58%，学前三年入园率为 92.15%，十五年教育普及率为90.99%，高中段教育毛入学率为92.19%，九年义务教育完成率为95%，高等教育毛入学率为31.03%，中小学标准化学校比例为95.65%。总投资 1926 万元的鹤溪中心幼儿园建成投入使用可以容纳 18 个幼儿班级，为景宁学前教育健康有序发展奠定了基础。同时对少数民族学生实行困难补助、为考上大学的民族学生发放奖学金。实施城乡教育集团化办学模式改革，促进城乡教育资源均衡发展。

（三）卫生事业深化改革，科技事业亮点纷呈

一是深化卫生事业改革。景宁县是全省24个农村医疗卫生服务机构体制机制改革试点县之一，根据山区县特点，着力破解群众看病难、看病贵问题，

在全县政府举办的 29 个社区卫生机构全部统一配备使用基本药物、统一集中网上采购、统一配送、统一组织结算和统一实行零差率销售等；抓好城乡居民基本卫生项目服务，开展第三轮参合农民健康体检，全县累计体检 42626 人，体检率为 33.49%。完成 3020 名 15 岁以下的人群开展乙肝疫苗查漏补种。投资 1300 万元的县人民医院住院楼改扩建工程竣工投入使用，九龙、沙湾、大均和毛垟社区卫生服务中心及张村等 4 个社区服务站建成改善了乡镇村卫生条件。二是科技事业亮点纷呈。全县省级科技特派员 22 名，建立了团队中药材及无公害立体养殖示范基地 400 亩，带动周边农户 50 多户，创新了“科技特派员+（企业、协会、种养大户、示范基地）+农户”四种帮扶模式，2010 年仅省级科技特派员就申报省级项目 22 项，争取项目资金多达 110 万元；争取上级科技经费 934.5 万元，同比增长 449%；投资 40 余万元兴建地震基准站工程项目竣工并投入使用；专利申请量达 112 件，授权量为 72 件，完成了任务的 112%，申请量与授权量比去年分别增长 62%和 22%增长幅度列全市前茅。

（四）生态环境更加优良，旅游发展不断增强

全年开展了伐木索道、无证采砂场、千峡湖库区生态环境及“两沿四区”坟墓治理等专项整治行动，城乡环境综合整治成效明显，18 个乡镇所在地建成污水处理设施，城乡生活垃圾收集处理率达到 93.7%，坟墓整治率达 95.4%。水污染和工业污染防治成效明显，化学需氧量减排目标总量为 264.97 吨削减比例 8.76%。二氧化硫减排目标目标总量为 21.0 吨，净削减率为 3.0%。积极开展绿色矿山、绿色学校等系列“绿色”创建工作，全县生态环境状况评价位居全省第三。不断完善与落实节能减排机制，淘汰落后产能，强化结构减排，大力推广使用清洁能源，在全市率先获得“国家绿色能源示范县”称号。启动省级森林城市创建工作，森林城市建设总体规划通过评审，森林生态网络、森林生态保护、森林生态文化理念不断强化，全县累计生态公益林建设 129.2 万亩。组织实施生态农业、生态城市、生态旅游、生态人居等工程建设，加快了生态文明建设进程。全年共接待国内外游客 175 万人次，实现旅游总收入 7.3 亿元。成功创建云中大漈景区创 4A 工作，继续做好中国“畲乡之窗”景区提升工作，西汇民族风情度假村项目如期开工。完成炉西峡通景区公路（门潭—林圩段）路基和林圩地块防洪堤建设，开展了望东垟通景区公路建设，完成了畲乡大酒店拍卖，并实行平稳交接过渡，鹤溪大酒店顺利结顶，随着全县旅游基础设施的逐步改善，旅游发展后劲不断增强。

（撰稿　王晓跃　审稿　钟建文）

湖北省

2010 年，湖北省民族自治地方“一州两县”，即恩施土家族苗族自治州、五峰土家族自治县和长阳土家族自治县的民族经济工作，在省委、省政府的正确领导下，以《中共中央、国务院关于进一步加强民族工作，加快少数民族和民族地区经济社会发展的决定》和《国务院实施〈中华人民共和国民族区域自治法〉若干规定》为依据，按照《中共湖北省委、湖北省人民政府关于进一步加强民族工作加快少数民族和民族地区经济社会发展的若干意见》（鄂发〔2006〕3 号）文件的要求，深化改革，开拓创新，使全省民族地区经济保持了稳定、协调、健康、持续发展的良好态势，国民经济稳定增长。据统计，2010 年，民族自治地方“一州两县”完成生产总值 435.73 亿元，按可比价格计算，比上年增长 13.1%。其中，第一产业 134.08 亿元，增长 5.8%；第二产业 123.79 亿元，增长 20.3%；第三产业 177.86 亿元，增长 14%。

一、农业生产稳定发展

全年实现农林牧渔业总产值 218.26 亿元，按可比价格计算，比上年增长 7.8%。其中：农业产值 127.63 亿元，增长 5.8%；林业产值 6.75 亿元，增长

14%；牧业产值 77.92 亿元，增长 9.1%；渔业产值 4.25 亿元，增长 35.6%。粮食略有增长，全年粮食总产量 188.06 万吨，比上年增加 8 万吨，增长 4.03%。畜牧业稳定发展，全年生猪出栏 525.9 万头，增长 8.5%；猪肉产量 44.69 万吨，增长 12.75%。羊出栏 105.08 万只，增长 20.78%；羊肉产量 1.78 万吨，增长 8.22%。农作物总播种面积 858.18 千公顷，比上年增加 26.58 千公顷。

二、工业经济发展迅速，建筑业稳步增长

全年国有及规模以上非国有工业企业 667 个，比上年增加 112 家。其中，股份合作企业 88 家，比上年增加了 6 家。国有及规模以上非国有工业企业全年完成总产值 248.56 亿元，增长 41.36%。规模以上工业总产值总计(按当年价格计算的产值)从 2009 年的 175.83 亿元增长到 248.56 亿元，增长 41.36%。全年建筑业总产值 48.58 亿元，建筑业增加值 18.15 亿元，全年实现利润总额 2.06 亿元。

三、固定资产投资保持快速增长

全年全社会固定资产投资额达到 284.58 亿元，比上年增长 34.14%。其中：城镇固定资产投资 239.85 亿元，增长 30.66%；农村固定资产投资 44.73 亿元，增长 56.43%。全社会固定资产投资新增固定资产投资 198.31 亿元，增长 57.2%。

四、国内贸易市场稳定，对外贸易繁荣活跃

全年实现社会消费品零售总额 165.14 亿元，比上年增长 16.37%，其中：批发和零售业总额 148.87 亿元，增长 24.55%；住宿和餐饮业总额 15.56 亿元，减少 13.53%。进出口总额 13128.1 万美元，比上年增长 28.39%。其中:出口总额 13009.1 万美元。全年实有外商投资企业 46 个，实际利用外资额 1847 万美元。

五、财政收入稳步增加

全年完成财政总收入 61.47 亿元，比上年增长 16.47%。其中：地方财政一般预算收入 25.17 亿元，增长 20.29%。税收收入 19.03 亿元，比上年增长 18.87%。地方财政一般预算支出 152.67 亿元，支出增长 26.61%。

六、金融机构存贷款较快增长

全年金融机构各项存款余额 547.86 亿元，增长 30.45%。城乡居民储蓄存款年末余额 307.72 亿元，增长 26.01%。金融机构各项贷款总额 289.46 亿元，增长 23.21%。

七、城乡居民收入稳定增长

全年城镇居民人均可支配收入 11387 元，比上年增加 1085 元，增长 10.53%；城镇居民人均消费支出 8463 元，比上年增加 849 元，增长 11.15%。全年农民人均纯收入 3294 元，比上年增加 427 元，增长 7.34%。全年农民人均消费性支出 3043 元，比上年增加 341 元，增长 14.86%。年末，城镇人均使用住房面积 42 平方米，比上年增加 2 平方米，农村人均住房面积 42 平方米，比上年增加 1 平方米。

八、交通运输、邮电通信业持续增长，旅游业发展较快

全年客运量总计 7036 万人，比上年增加 1410 万人，增长 25.05%；货运量总计 2950 万吨，比上年增加 411 万吨，增长 16.19%。旅客周转量 491958 万人公里，比上年增加 70148 万人公里，增长 16.63%。邮电业务总量 15.19 亿元，比上年增加 0.8 亿元，增长 5.62%。移动电话用户 296.92 万户，比上年增加 31.04 万户，增长 11.67%；固定电话用户 48.01 万户，比上年增加 1.29 万户。国际旅游 30.64 万人次，国际旅游收入 3308.92 万美元，增长 23.04%。国内旅游 1279.48 万人次，增长 52%；国内旅游收入 59.37 亿元，比上年增加 24.83 亿元，增长 71.88%。

九、教育事业快速发展

湖北民族地区认真落实农村义务教育保障新机制，努力改善办学条件，扎实推进素质教育，加强师资队伍建设，不断规范学校管理，各类教育长足发展，专任教师有所增加，教师队伍质量明显提高。2010 年，九年制义务教育成果得到巩固，小学适龄儿童入学率达到 100%，普通中小学在校人数 48.74 万人，普通高校本专科在校生人数 2.27 万人，中等

职业学校在校生人数 4.58 万人。教育经费共支出 29.52 亿元。

十、文化、体育、卫生事业蓬勃发展

截至 2010 年末，共有艺术表演团体 12 个，艺术表演场所 9 个，群众艺术馆 20 个，文化馆 11 个，公共图书馆 11 个，博物馆 4 个。成功举办湖北省七届少数民族传统体育运动会，共 28 个参赛单位 1275 人参赛，创下湖北历届少数民族运动会之最。重大疾病防治工作取得新成就。现医院、卫生院床位数 13660 张（个），卫生院 106 个，村卫生室 2848 个，卫生机构人员 18663 人，开设病床 13986 张。

（撰稿　周　巍　审稿　唐启明）

湖南省

2010 年，面对复杂多变的宏观经济环境，湖南民族自治地方干部群众在省委、省政府的正确领导下，深入践行科学发展观，坚定信心，攻坚克难，抓整合、调结构、转方式、强基础、惠民生，实现了经济社会平稳较快发展。

截至 2010 年末，湖南省民族自治地方总人口 5157736 人，比上年增长 18.2‰；其中，少数民族人口 3978421 人，比上年增长 43.3‰；少数民族人口占民族自治地方总人口 77.1%。

一、经济总量继续攀升

2010 年，全省民族自治地方完成地区生产总值（GDP）5269065 万元，增长 10.6%。第一产业增加值 1040430 万元，增长 4.1%；第二产业增加值 2016700 万元，增长 12.1%；第三产业增加值 2211935 万元，增长 12.1%。三次产业构成由上年的 18.1：33.1：48.8 调整为 19.7：38.2：42.1。按常住人口计算，人均地区生产总值 11447 元，同比增长 14.9%。

二、农业生产稳步发展

2010 年，全省民族自治地方完成农林牧渔业总产值 1729261.2 万元，同比增长 4.1%。其中，农业总产值 986599.8 万元，增长 4.1%；林业总产值 183468.5 万元，增长 5.6%；牧业总产值 515617.2 万元，增长 13.2%；渔业总产值 28098.5 万元，增长 3.7%。粮食总产量 1787333 吨，增长 0.9%；糖料产量 20175 吨，减少 8.0%；棉花产量 367 吨，比上年减少 7.3%；烟叶产量 36382 吨，减少 18.1%；茶叶产量 1784 吨，增长 9.5%；油料总产量 141108 吨，减少 28.7%；麻类产量达 364 吨，减少 4.9%；水果产量 1288609 吨，增长 5.9%。全年存栏大牲畜 79.92 万头，比上年增加 1.4%；出栏大牲畜 23.27 万头，同比增长 127.9%；出栏肉猪 283.7 万只，比上年减少 7.7%；出栏羊 58.66 万只，比上年增加 2.4%；肉类总产量 268052 吨，比上年增加 3.2%；奶类产量 51267 吨，比上年增加 1.1%；全年水产品产量达 32687 吨，同比增长 8.1%。

三、农业生产条件持续改善

2010 年末，民族自治地方农业机械总动力 254.34 万千瓦，增长 2.5%；全年农村用电量 40636.89 万千瓦小时，比上年增长 11.1%；农田有效灌溉面积 188.53 千公顷，与上年持平。

四、工业经济大幅增长

2010 年，全省民族自治地方 600 家规模以上工业完成增加值 4679510 万元，同比增长 29.6%。其中，国有企业完成产值 512719 万元，增长 39.8%；集体企业完成产值 14240 万元，下降 64.8%；股份合作企业完成产值 606253 万元，增长 7.6%；外商及港、澳、台商投资企业完成产值 139441 万元，同比增长 103.9%；外商投资企业完成产值 14878 万元，增长 40.8%。实现主营业务收入 4425324.4 万元，增长 34.5%；实现利润 155248.2 万元，增长 206.4%。

五、投资增势继续强劲

全年完成全社会固定资产投资 3484571 万元，增长 19.0%。其中，城镇以上固定资产投资 3056538

万元，增长 5.4%；农村固定资产投资 428033 万元，比上年增加 69.3%，同比提高 47.3 个百分点。全社会固定资产投资新增固定资产 1758342 万元，增长 29.1%。非国有经济投资 240373 万元，增长 0.13%；国有经济投资 2652480 万元，增长 75.2%，比非国有投资高 75.1 个百分点。

六、消费需求持续活跃

2010 年，全省民族自治地方实现社会消费品零售总额 1946581 万元，增长 15.7%。全年批发和零售额达 1691671.3 万元，增长 20.8%；住宿和餐饮业达 254909.7 万元，增长 9.5%。

七、财政金融稳定增长

财政收入保持适度增长，全年完成财政总收入 585468 万元，增长 41.5%；完成地方财政收入 261020 万元，增长 18.2%。全年财政支出 1594653 万元，增长 21.3%。金融机构存款大幅增加，金融机构各项存款余额 5784014.18 万元，同比多增加 1297679.2 万元；贷款投放力度明显加大，金融机构各项贷款余额 2530526.47 万元，同比多增加 779658.5 万元；城乡居民储蓄存款年末余额 3953747.9 万元，比上年增加 755010.3 万元。

八、旅游对外影响不断扩大

全省民族自治地方共有旅行总社 35 个，全年共接待游客 15577220 人次；国际旅游收入达 64.08 万美元；国内旅游收入达 762185 万元。其中，湘西土家族苗族自治州全年共接待国内外游客 1255.56 万人次，实现旅游收入 63.48 亿元，分别增长 18.4%和 25.3%。湘西州全年投入旅游开发建设资金 1.8 亿元，启动凤凰沱江风光带扩建、古城夜景亮化改造等项目；打造乾州古城景点圈，整合德夯峡谷、路桥奇观、峒河湿地、苗寨风情等特色资源；完成里耶秦简博物馆建设及馆内陈展、里耶考古遗址公园建设等工程；共启动特色民居保护试点村寨 15 个。老司城文物遗址发掘震惊考古界。“神秘湘西”旅游品牌在台湾市场引起强烈反响。在 2010 年首届中国国际文化旅游节期间，共有 16 批次 300 多名国内外旅行商和新闻媒体记者来湘西土家族苗族自治州踩线采风。

九、外经外贸高速增长

全年进出口总额 31346 万美元，增长 77.9%。其中，出口 30670 万美元，增长 74.9%。全年实际利用外资 4372 万美元，增长 26.5%。

十、居民收入持续增加

全年城镇居民可支配收入 11554 元，同比增加 1443 元，增长 13.9%；农村居民人均纯收入 2969 元，同比增加 380 元，增长 14.4%。

十一、人民生活水平不断改善

2010 年，城镇居民人均消费性支出 8111 元，比上年增长 9.9%。其中，交通和通信支出 672 元，比上年增长 13.1%；医疗保健支出 528 元，增加 18 元；居住支出 860 元，增加 187 元；人均居住面积 33 平方米，与上年持平。农村居民人均消费性支出 2565 元，与上年持平；人均住房面积 25 平方米，与上年持平。

十二、社会保障能力加大

2010 年，城镇居民最低生活保障人数达 126791 人，比上年减少 28954 人；保障支出达 20311.3 万元，比上年增加 15529.74 万元；农村居民最低生活保障人数达 222404 人，比上年增长 32929 人；保障支出达 13226.6 万元，比上年增加 11583.28 万元；城镇社区服务设施达 347 个。

十三、教育事业加快发展

2010 年，全省民族自治地方有普通高等学校 3 所，在校研究生 612 人，在校本科、专科学生 29685 人，毕业生 9609 人，教职工 2247 人，其中专任教师 1352 人；有普通中学 341 所，在校学生 244466 人，毕业生 83081 人，教职工 20055 人，其中专任教师 17980 人；有中等职业学校 44 所，在校学生 34556 人，毕业生 10802 人，教职工 2176 人，其中专任教师 1386 人；有小学 1530 所，在校学生 366236 人，教职工 22572 人，其中专任教师 21467 人。

十四、文化事业稳步推进

2010 年，全省民族自治地方拥有各类艺术表演团体 18 个，博物馆 8 个，公共图书馆 18 个，艺术表演场所 10 个，群众艺术馆 2 个，文化馆 14 个，全年报纸出版 1278 万册。文艺创作、演出再创佳绩。节目镏子说唱《怪事》获第四届全国少数民族曲艺展演节目二等奖，苗傩鼓词《夕阳的尊严》、苗鼓说唱《岳老子的面子》获三等奖。音乐作品《阳雀衔来三月三的歌》、《为什么孔雀河千年流淌》获全国首届“民族之声”选拔活动创作银奖与铜奖。

十五、卫生事业不断进步

截至 2010 年末，全省民族自治地方有医院、卫生院 413 个，村卫生室 4085 个。共有卫生技术人员 16440 人，其中，执业（助理）医师 6792 人。医疗机构床位数 15935 张。新型农村合作医疗制度覆盖全省所有民族地区，参保人数达 384.97 万人，比上年增加 18 万人，平均参合率 92.3%，较上年增加 3.7 个百分点。

（撰稿　陈春建　审稿　赵仁秀）

广东省

2010 年，面对较为复杂的国内外经济环境和自然灾害的影响，全省民族自治地方在省委、省政府的正确领导下，坚持以邓小平理论和“三个代表”重要思想为指导，紧紧围绕各民族“共同团结奋斗、共同繁荣发展”的民族工作主题，深入贯彻落实科学发展观，坚定不移调结构，脚踏实地促转变，扎扎实实惠民生，在科学发展轨道上迈出新的可喜步伐。

一、综合经济实力明显提升

2010 年，连南瑶族自治县、连山壮族瑶族自治县和乳源瑶族自治县经济运行呈现平稳较快发展态势。据统计，2010 年，全省 3 个自治县完成国内生产总值 74.71 亿元，比去年增长 17.1%。其中，连南 18.89 亿元，连山 17.12 亿元，乳源 38.70 亿元，分别比去年增长 20.1%、13.8%、17.2%。第一产业增加值 12.33 亿元，同比增长 5.2%；第二产业增加值 33.55 亿元，同比增长 22.9%；第三产业增加值 28.83 亿元，同比增长 16.4%。在 3 个自治县中，连南瑶族自治县生产总值增长高达 20.1%，居于 3 个自治县首位。

二、农业和农村经济全面发展

2010 年，3 个自治县农业生产以保粮增收为重点，积极落实各项支农惠农政策，合理调整种植结构，大力推广农业科技，粮食生产喜获丰收，呈现面积、总产“双增”的良好势头。全年完成农林牧渔业总产值达 19.45 亿元，同比增长 7.8%。农作物总播种面积 53.081 千公顷，比上年增长 1.8%；粮食作物播种面积 30.234 千公顷，与上年持平；粮食总产量 132836 吨，同比增长 1.1%；油料播种面积 5.427 千公顷，比上年增长 4.58%；油料产量达到 9922 吨，同比增长 6.5%。在种植业取得良好成绩的同时，林业、畜牧业和渔业生产也有稳步发展。2010 年，全自治县林业产值 40377.73 万元，比上年增长 4.1%。大牲畜、猪、羊年末存栏头（只）分别为 4.0542 万头、12.6811 万只和 0.7725 万只，同比增长 0.6%、17.8%和 42.9%。肉类总产量达到 17090 吨，同比增长 12.2%，其中牛肉、羊肉和猪肉产量分别为 513 吨、82 吨和 12615 吨。渔业产值 3895.5 万元，比上年增长 5.4%。

三、工业和建筑业生产快速增长

2010 年，各自治县虽然受到金融危机冲击等因素影响，但在水电企业产量增长和矿产品快速回升的带动下，以及全球经济形势逐渐趋好的情况下，工业和建筑业取得了较快发展。一是规模以上工业总产值 91.9 亿元，同比增长 38.9%；其中国有及国有控股企业增长 48.7%；集体企业增长 554%；股份合作制企业增长 15.8%；外商及港澳台投资企业增长 48.5%。规模以上工业产品销售情况趋旺，经济效益较好。全年规模以上工业完成销售产值 87.1 亿元，同比增长 36.1%；实现利润总额 8.26 亿元，同比增长 71.0%。二是部分产品产量保持较快增长。

主要产品量中，发电量、水泥和木材分别比上年增长 22%、62%和 15%。三是企业经济效益有所回落。因受内外双重力量挤压和工业原材料价格大幅上涨等因素影响，近三成规模以上企业工业出现亏损，特别是中小企业压力更大。全年 3 个自治县工业企业亏损数量达 13 家，增长 18%，亏损企业亏损额达到 3903 万元，比上年同期上升 32.7%。四是建筑业增长较快。全年建筑业总产值完成 4.4 亿元。房屋建筑施工面积 54.17 万平方米，房屋竣工面积 40.05 万平方米，分别比上年增长 132.8%和 152%。

四、固定资产投资成效显著

2010 年，3 个自治县加大了对民生、基础设施建设和自主创新的投资力度，固定资产投资实现平稳增长。全社会固定资产投资 49.32 亿元，比上年增长 23.9%。其中，连南 10.9 亿元，连山 13.9 亿元，乳源 24.5 亿元，分别比去年增长 21.1%、13.0%、33.2%。分城乡看，城镇投资 35.57 亿元，增长 44.9%，农村投资 13.75 亿元，下降 9.8%。分投资主体看，国有经济投资 13.2 亿元，增长 9%，集体经济投资 3.6 亿元，增长 66.6%，外商、港澳台经济投资 0.25 万元，下降 53.3%。总体上看，一些大的固定资产投资施工项目和传统的重点项目，不仅对当地经济的稳定增长做出了重要贡献，而且增强了对外的市场竞争能力和人民的生活水平。房地产业也成为带动各自治县经济增长的重要行业之一。连山壮族瑶族自治县全年房地产投资 6915 万元，成为新的投资增长点。乳源瑶族自治县新增化成箔生产能力 400 万平方米，成为该县新增主要生产能力。

五、财政收入实现较快增长

2010 年，3 个自治县地方财政收入也实现了快速增长，创造了新的辉煌。3 个自治县完成地方财政总收入 19.94 亿元，比上年增长 55.2%；地方财政一般预算收入 5.86 亿元，比去年增长 35.3%。其中，连南 1.76 亿元，连山 1.01 亿元，乳源 3.09 亿元，分别比去年增长 40.8%、44.3%、29.8%。地方财政一般预算支出为 16.90 亿元，同比增长 26.9%。其中，一般公共服务和教育领域支出成为政府财政支出的大项，支出额分别达 2.88 亿元和 3.10 亿元，分别比上年增长 16.7%和 14.8%。金融流通运行平稳。3 个自治县年末各项存款余额 69.41 亿元，比上年增长 19.5%，年末各项贷款余额 2.71 亿元，比上年增长 18.9%。财政收入均达到了较高速度，有力的支持了民族地区经济建设。

六、居民消费领域价格走势平稳

从消费领域的七大类别商品或服务的价格变动来看，2010 年 3 个自治县城镇居民消费价格涨幅稍有回落，农村居民消费价格涨幅明显。城镇居民消费支出中食品所占比重为 49.6%，医疗保健所占比重为 8.2%，教育文化娱乐服务所占比重为 2.6%，居住所占比重为 17%。消费支出呈现“三升四降”态势：食品类价格下降 2.8%；衣着类下降 8.9%；家庭设备用品及服务下降 28.2%；娱乐教育文化服务下降 22.4%；医疗保健上涨 4.7%；居住上涨 6.4%；交通和通讯上涨 23.7%。农村居民消费支出呈现“六升一降”态势：食品类价格上涨 40.2%；衣着类价格上涨 72.9%；家庭设备用品及服务价格上涨 8.5%；娱乐教育文化服务价格下降 11.4%；医疗保健上涨 52.2%；居住上涨 8.6%；交通和通讯上涨 64.9%。

七、少数民族文化体育事业不断发展和繁荣

截至 2010 年末，广东省民族自治地方有各种艺术表演团体 5 个，公共图书馆 3 个，文化馆 3 个，博物馆 3 个，群众表演场所 6 个，群众艺术馆 1 个。

八、教育事业平稳发展

2010 年 3 个自治县实施“教育强县”战略，合理整合教育资源，优化学校布局，强化学校管理，教师队伍得到加强，教育质量稳步提高。3 个自治县学龄儿童入学率 100%，“三残”儿童入学率 100%，小学毕业生升学率 100%，职业教育学生推荐就业率 98%。2010 年末，民族自治地方共有普通中学 30 所，招生数 10036 人，在校学生 29496 人。普通小学 101 所，招生数 5439 人，在校学生 32272 人。

九、民生改善步伐加快

2010 年，各自治县在国家及省各项优惠政策措施的作用下，在改善民生方面继续增加投入力度，人民生活水平有所改善，城乡居民收入实现双增。年末在岗职工 35525 人，比上年增长 1.3%。全年城

镇居民人均可支配收入 11955 元，比上年增长 11.5%。在岗职工年人均工资 27912 元，比上年增长 17.1%。农民人均纯收入 4816 元，比去年增长 13.9%。城乡居民收入差距由 2009 年的 2.53: 1 下降为 2010 的 2.48: 1。城市人均住房面积 29 平方米，比上年增长 11.5%，农村人均住房面积 29 平方米，比上年增长 3.6%。

十、社会保障机制和救助体系更加完善

2010 年，3 个自治县全面开展新型合作医疗试点工作，实际参加农村合作医疗农民 38.6146 万人，比上年末增长 3.5%。新型农村合作医疗费用累计支出总额 6086 万元，累计受益 38 万人次。医疗卫生网络进一步完善。民族自治地方卫生机构 143 个，医疗机构床位数 1067 张，卫生机构人员 1927 人。医疗卫生基础设施得到进一步完善，医疗技术人员能力不断提高，处置突发性公共卫生事件的能力进一步增强。

（撰稿　方　莉　审稿　李秀英）

广西壮族自治区

2010 年，面对严峻复杂的经济形势，面对特大干旱和严重洪涝灾害，自治区党委、政府团结带领全区各族人民，以科学发展观统领经济社会发展全局，坚决贯彻胡锦涛总书记“保增长、保民生、保稳定，保持广西发展良好势头”的重要指示精神，全面贯彻落实《国务院关于进一步促进广西经济社会发展的若干意见》，继续以“四个非常”积极应对经济运行中的新情况新问题，全力加快经济发展方式转变，保持和扩大了经济发展的良好势头，为广西“十一五”经济社会发展划上了圆满的句号，为“十二五”开局谋篇打下了坚实的基础。

一、综合

初步核算，全年全区生产总值（GDP）9569.85 亿元，比上年增长 14.2%。其中，第一产业增加值 1675.06 亿元，增长 4.6%；第二产业增加值 4511.68 亿元，增长 20.5%；第三产业增加值 3383.11 亿元，增长 11.1%。第一、二、三产业增加值占地区生产总值的比重分别为 17.5%、47.1%和 35.4%。第一、二、三产业对经济增长的贡献率分别为 5.5%、64.8%和 29.7%。

全年居民消费价格比上年上涨 3.0%，其中食品价格上涨 7.1%。工业品出厂价格上涨 12.0%。原材料、燃料、动力购进价格上涨 11.2%。农产品生产价格上涨 7.59%。农业生产资料价格上涨 1.9%。固定资产投资价格上涨 3.0%。

年末全区就业人员 2903 万人，比上年增长 1.9%。城镇新增就业 45.61 万人，比上年增加 2.90 万人，增长 6.8%。年末城镇登记失业率 3.66%，比上年末下降 0.08 个百分点。城镇单位在岗职工年平均工资 31842 元，比上年增加 3540 元，增长 12.5%，扣除价格因素，实际增长 9.3%。

全年财政收入 1228.75 亿元，比上年增长 27.1%，其中一般预算收入 771.99 亿元，增长 24.4%。各项税收收入 533.87 亿元，增长 27.9%。一般预算支出 2007.59 亿元，增长 23.0%。

二、农业

全年粮食种植面积 3061.06 千公顷，比上年减少 6.45 千公顷；油料种植面积 192.90 千公顷，增加 11.75 千公顷；甘蔗种植面积 1069.28 千公顷，增加 9.17 千公顷；蔬菜种植面积 1007.60 千公顷，增加 29.63 千公顷；烤烟种植面积 11.96 千公顷，减少 4.37 千公顷；木薯种植面积 233.00 千公顷，增加 2.07 千公顷；果园面积 938.07 千公顷，增加 20.35 千公顷；桑园面积 159.70 千公顷，增加 14.38 千公顷。

全年粮食产量 1412.32 万吨，比上年减产 3.5%；油料产量 45.81 万吨，增产 8.9%；甘蔗产量 7119.62 万吨，增产 7.4%；蔬菜产量（含食用菌）2129.44 万吨，增产 3.2%；园林水果产量 841.77 万吨，增产 8.7%。

全年肉类总产量 387.77 万吨，比上年增长4.5%。其中，猪肉产量 241.50 万吨，增长 4.0%；牛肉产量 13.70 万吨，增长 2.5%；羊肉产量 3.30 万吨，增长 4.6%；禽肉产量 124.93 万吨，增长 5.6%。牛奶产量 8.20 万吨，增长 1.6%。蚕茧产量 26.47 万吨，增长 17.7%。水产品产量 275.09 万吨，增长 5.1%，其中海水产品产量 154.04 万吨，增长 3.7%。

全年木材采伐量 1743.02 万立方米，比上年增长 27.1%。松脂产量 49.58 万吨，增长 5.5%。

年末全区农业机械总动力 2767.67 万千瓦，比上年增长 8.5%。全年新增有效灌溉面积 5.90 千公顷，新增节水灌溉面积 23.82 千公顷。

三、工业和建筑业

全年全部工业增加值 3860.46 亿元，比上年增长 20.4%。规模以上工业增加值 3009.93 亿元，增长 23.7%；产品销售率 94.6%；工业新产品产值 991.20 亿元，增长 35.3%；工业品出口交货值 353.91 亿元，增长 37.4%。

全年规模以上工业中，农副食品加工业增加值 312.39 亿元，比上年增长 3.9%，其中制糖业增加值 144.10 亿元，下降 7.5%；电力、热力生产和供应业增加值 303.30 亿元，增长 16.7%；交通运输设备制造业增加值 303.15 亿元，增长 21.7%；黑色金属冶炼及压延加工业增加值 288.07 亿元，增长 17.0%；非金属矿物制品业增加值 219.05 亿元，增长 33.0%；有色金属冶炼及压延加工业增加值 203.95 亿元，增长 21.9%；化学原料及化学制品制造业增加值 169.41 亿元，增长 17.5%；木材加工及木、竹、藤、棕、草制品业增加值 104.14 亿元，增长 46.5%。

全年规模以上工业经济效益综合指数 261.58，比上年提高 42.85 点；主营业务收入 9235.85 亿元，增长 41.98%；利税总额 879.81 亿元，增长 50.6%；利润总额 771.59 亿元，增长 75.8%。

分行业看，农副食品加工业实现利润 89.71 亿元，比上年增长 99.8%；交通运输设备制造业实现利润 67.08 亿元，增长 61.3%；非金属矿物制品业实现利润 48.23 亿元，增长 104.6%；电力热力行业实现利润 46.55 亿元，增长 48.8%；专用设备制造业实现利润 27.90 亿元，增长 67.0%；有色金属冶炼及压延加工业实现利润 24.29 亿元，增长 744.5%；化学原料及化学制品制造业实现利润 20.53 亿元，增长 388.4%；黑色金属冶炼业实现利润 16.96 亿元。

全年全社会建筑业增加值 227.46 亿元，比上年增长 21.0%。全区具有资质等级的总承包和专业承包建筑业企业实现利润 22.98 亿元，增长 16.2%；上缴税金 43.71 亿元，增长 35.2%。

四、固定资产投资

全年全社会固定资产投资 7057.6 亿元，比上年增长 37.7%。其中，城镇固定资产投资 6383.3 亿元，增长 38.8%；农村固定资产投资 674.3 亿元，增长 27.4%。在城镇固定资产投资中，基本建设投资 3479.48 亿元，增长 33.1%；更新改造投资 2215.9 亿元，增长 42.7%；房地产开发投资 1206.22 亿元，增长 48.2%；其他投资 260.24 亿元，增长 45.7%。

在城镇固定资产投资中，分投资主体看，国有投资 2164.8 亿元，比上年增长 29.5%；非国有投资 4203.26 亿元，增长 46.2%，其中民间投资 3836.54 亿元，增长 49.0%。分产业看，第一产业投资 160.98 亿元，增长 13.3%；第二产业投资 2655.2 亿元，增长 38.4%，其中工业投资 2627.33 亿元，增长 38.7%；第三产业投资 4345.66 亿元，增长 40.2%。

全年商品住宅投资 878.89 亿元，比上年增长 52.3%。商品房施工面积 12050.65 万平方米，增长 44.4%，其中住宅 9768.56 万平方米，增长 45.4%。商品房竣工面积 1564.31 万平方米，增长 8.5%，其中住宅 1342.87 万平方米，增长 10%。商品房销售面积 2793.92 万平方米，增长 17.2%，其中住宅 2607.15 万平方米，增长 15.9%。商品房销售额 995.19 亿元，增长 28.1%，其中住宅 881.7 亿元，增长 25.1%。房地产业增加值 377.20 亿元，增长 3.6%。

全区年新增公路里程 1291 公里，公路总里程 101782 公里，其中新增高速公路里程 179 公里，高速公路总里程 2574 公里。新增港口泊位综合通过能力 1094 万吨，港口泊位综合通过能力 18217 万吨，其中新增沿海港口泊位综合通过能力 665 万吨，沿海港口泊位综合通过能力 12181 万吨。新增发电机组容量 17.24 万千瓦，发电机组总容量 2515 万千瓦。

五、国内贸易

全年社会消费品零售总额 3312 亿元，比上年增长19.0%。按经营地统计，城镇消费品零售额2858.47亿元，增长19.1%；乡村消费品零售额413.34亿元，增长18.2%。分行业看，批发和零售业实现零售额2966.83亿元，增长18.8%；住宿和餐饮业实现零售额304.98亿元，增长20.0%。

在限额以上企业商品零售额中，汽车类零售额240.85亿元，比上年增长33.8%；石油及制品类零售额200.77亿元，增长34.5%；家用电器和音像器材类零售额57.20亿元，增长33.4%；通讯器材类零售额增长9.8%，体育娱乐用品类零售额增长22.7%，文化办公用品类零售额增长13.3%，家具类零售额增长33.8%，建筑及装潢材料类零售额增长10.0%，日用品类零售额增长16.7%，食品、饮料、烟酒类零售额增长27.2%，服装、鞋帽、针纺织品类零售额增长23.0%，化妆品类零售额增长5.9%，金银珠宝类零售额增长36.3%。

六、对外经济

全年货物进出口总额177.39亿美元，比上年增长24.3%。其中，货物出口96.03亿美元，增长14.8%；货物进口81.35亿美元，增长37.8%。进出口差额（出口减进口）14.67亿美元。从出口企业性质看，国有企业出口12.61亿美元，增长24.8%；外商投资企业出口20.32亿美元，增长59.1%；私营企业出口61.42亿美元，增长3.7%。

全年批准项目合同外资额20.95亿美元，比上年增长30.5%。实际使用外商直接投资额9.12亿美元，下降11.9%。全年区外境内实际到位资金3491亿元，增长49.8%。

全年对外承包工程和劳务合作完成营业额5.66亿美元，比上年增长23.3%。

七、交通、邮电和旅游

全年交通运输、仓储及邮政业增加值458.67亿元，比上年增长16.9%。

全年港口完成货物吞吐量1.86亿吨，比上年增长25.0%，其中外贸货物吞吐量0.73亿吨，增长22.0%。

年末全区民用汽车保有量155.73万辆，比上年末增长26.3%，其中轿车62.81万辆，增长33.8%。年末私人汽车保有量111.71万辆，增长33.8%。

全年完成邮电业务总量821.89亿元，比上年增长16.0%。其中，邮政业务总量25.67亿元，增长20.4%；电信业务总量781.29亿元，增长15.9%。全年局用交换机（含接入网设备）总容量1380万门。年末固定电话用户达到708万户。其中，城市电话用户430万户，农村电话用户278万户。新增移动电话用户255万户，年末达到2215万户。年末全区固定及移动电话用户总数达到2923万户，比上年末增加175万户。电话普及率达到57.3部/百人。

全年入境旅游者人数250.24万人次，增长19.2%，国际旅游（外汇）收入8.06亿美元，增长25.5%。国内旅客14073.5万人次，增长19.2%，国内旅游收入898.1亿元，增长36.7%。旅游总收入952.95亿元，增长35.95%。

八、金融

全年金融业增加值380.94亿元，比上年增长10.0%。

年末银行业金融机构本外币存款余额11813.90亿元，比上年末增长22.6%；年末银行业金融机构本外币贷款余额8979.87亿元，比上年末增长22.0%。

年末上市公司（A股）数量27家，市价总值1521.95亿元，比上年末增长19.5%。

全年保险公司原保险保费收入190.94亿元，比上年增长28.5%。其中，财产险业务原保险保费收入65.76亿元，增长32.3%；寿险业务原保险保费收入110.08亿元，增长27.5%；健康险和意外险业务原保险保费收入15.10亿元，增长20.0%。支付各类赔款及给付45.13亿元，增长1.6%。其中财产险业务赔款25.73亿元，增长9.1%；寿险业务给付14.29亿元，下降12.3%；健康险和意外险业务赔款及给付5.11亿元，增长12.4%。

九、教育和科学技术

全年普通高等教育招生18.26万人，在校生56.75万人，毕业生13.81万人。普通高中招生27.07万人，在校生75.40万人，毕业生23.90万人。普通初中招生70.15万人，在校生200.39万人，毕业生62.66万人。普通小学招生74.11万人，在校生430.06万人，毕业生71.82万人。

自治区安排科学研究与技术开发计划项目1346项，资助经费28700万元。其中，技术研究与开发经费25000万元；自然科学基金3200万元；自治区主席科技资金500万元。取得省部级以上登记科技成果500项。其中，应用技术成果447项；软科学研究成果9项；基础理论成果44项。获广西科学技术进步奖142项，其中，科学技术特别贡献奖2项；科学技术进步一等奖5项，二等奖34项，三等奖76项；自然科学一等奖1项，二等奖7项，三等奖14项；技术发明二等奖1项，三等奖2项。专利申请量5117件，授权专利3647件。共签订技术合同258项，技术合同成交金额41361.65万元。

十、文化、卫生和体育

年末全区共有专业艺术表演团体141个，县级以上公共图书馆108个，文化馆122个，博物馆64个，各级各类档案馆149个。全区报纸出版量6.95亿份，期刊出版量0.43亿册，图书出版量2.48亿册。年末电视综合人口覆盖率97%，比上年末提高1.7个百分点；广播综合人口覆盖率95%，提高2.2个百分点。

年末全区共有卫生机构32741个。其中医院450个，疾病预防控制中心105个，卫生监督机构109个，妇幼保健院（所、站）103个，卫生院1278个，社区卫生服务中心（站）285个，诊所（室）其他卫生机构8011个。村卫生所（室）22405个。全区卫生技术人员18.95万人，其中执业（助理）医师7.08万人，注册护士6.99万人。全区医院和卫生院床位13.39万张，其中，医院床位8.89万张，卫生院床位4.50万张。开展新型农村合作医疗工作县（市）111个，实际参加农村合作医疗的农民3811.34万人，参合率93.11%，比上年提高1.89个百分点。全区甲乙丙类法定报告传染病453415例，报告发病率933.72/10万，报告死亡率4.58/10万，病死率0.49%。

广西体育健儿在世界三大赛中获5枚金牌，3枚银牌。在第16届亚运会中获金银铜牌9枚，其中金牌6枚；在第10届亚洲残疾人运动会中获金银铜牌3枚，其中金牌1枚。体育基础设施和群众运动场所增加，群众健身活动蓬勃开展，各族人民体质不断提高。

十一、人民生活和社会保障

全年农村居民人均纯收入4543元，剔除价格因素，比上年实际增长10.4%；城镇居民人均可支配收入17064元，实际增长7.2%。

农民人均生活消费支出3455元，比上年增长6.9%。其中，食品类支出1675元，增长6.5%；衣着类支出110元，增长20.3%；家庭设备用品及服务类支出193元，增长22.1%；医疗保健类支出229元，增长11.6%；交通和通讯类支出310元，增长12.6%；娱乐教育文化用品及服务类支出183元，下降5.2%；居住类支出693元，增长2.2%；其他商品和服务类支出62元，增长8.6%。城镇居民人均消费性支出11490元，增长11.0%。其中，食品类支出4373元，增长5.9%；衣着类支出926元，增长8.3%；家庭设备用品及服务类支出854元，增长13.1%；医疗保健类支出625元，增长16.2%；交通和通讯类支出1973元，增长23.4%；娱乐教育文化用品及服务类支出1244元，增长11.9%；居住类支出1167元，增长14.3%；杂项商品和服务类支出328元，下降4.4%。

农村居民家庭恩格尔系数（即居民家庭食品消费支出占家庭生活消费总支出的比重）为48.5%，城镇居民家庭恩格尔系数为38.1%。

城镇居民人均住房建筑面积29平方米，与上年持平。农村居民人均居住住房面积34平方米，比上年增加1平方米，增长3.0%。

年末全区参加城镇基本养老保险人数为449.29万人，比上年末增加37.97万人；失业保险238.4万人，增加1.4万人；城镇职工基本医疗保险413.52万人，增加24.72万人；工伤保险235.66万人，增加13.97万人；生育保险218.45万人，增加19.44万人。领取失业保险金人数6.21万人。有27个县（市、区）开展了新型农村社会养老保险试点，全区新型农村社会养老保险参保人数为220.36万人，领取新型农村社会保险养老金人数为59.56万人。

全年60.65万城镇居民得到政府最低生活保障，比上年减少2.02万人；316.52万农村居民得到政府最低生活保障，比上年增加44.38万人。

年末全区社团单位8685个，民办非企业单位4182个。城镇建立社区服务中心136个。各种社区服务设施1558个。各类收养性社会福利单位床位数5.27万张，收养各类人员3.56万人。接受社会捐赠款10389.7万元。

十二、资源、环境和安全生产

全区平均气温21.1℃，较常年偏高0.6℃。全年平均降水量1529.5毫米，比上年增加235.8毫米。全年水资源总量1793.1亿立方米，增长20.8%。年末全区大型水库蓄水总量231.65亿立方米，比上年末增加45.84亿立方米。全年总用水量301.17亿立方米，其中农田灌溉用水202.74亿立方米；工业用水53.93亿立方米；生活用水38.76亿立方米。万元生产总值用水量394立方米。万元工业增加值用水量176立方米。

全年完成植树造林面积27.74万公顷，比上年增长6.53%。全区已获批准的国家级生态示范区22个。全区建成各类自然保护区78个，其中国家级自然保护区16个。自然保护区面积145.10万公顷。森林覆盖率58%。活立木蓄积量6.0亿立方米。森林蓄积量5.90亿立方米。

全区设市城市和县城供水综合生产能力811.83万立方米/日，比上年增长0.7%。生活垃圾无害化处理率61.22%，提高9.41个百分点。燃气普及率83.3%，提高0.13个百分点。用水普及率90.29%，提高0.09个百分点。道路长度9774.19公里，增长5.6%。公园绿地面积12160.57公顷，增长15.0%。建成区绿化覆盖率30%，提高1.22个百分点。人均城市道路面积13.55平方米，增长9.9%。人均公园绿地面积8.99平方米，增长11.0%。

完成国家下达的“十一五”节能减排和淘汰落后产能目标任务。

在监测的14个城市中，有13个城市空气质量达到二级以上（含二级）标准，占监测城市数的92.9%；有1个城市为三级，占监测城市数的7.1%。

全年共发生各类地质灾害1210起，造成84人死亡，直接经济损失4931.91万元。全年因海洋灾害造成直接经济损失15268.8万元。

全年生产安全事故死亡2897人，比上年下降4.04%。亿元生产总值生产安全事故死亡人数为0.38人，下降16.0%；煤矿百万吨死亡人数为2.68人。全年共发生道路交通事故4351起，造成2342人死亡、5189人受伤，直接财产损失1605.8万元。道路交通万车死亡人数为2.84人，下降13.7%。

（撰稿　邓诗源　审稿　凌祥升）

海南省

海南省民族自治地方包括琼中黎族苗族自治县、保亭黎族苗族自治县、白沙黎族自治县、乐东黎族自治县、昌江黎族自治县、陵水黎族自治县等6个民族自治县。2010年，是海南国际旅游岛建设的开局之年，在海南省委、省政府的正确领导下，全省民族自治地方坚持以科学发展观统领全局，牢牢把握各民族共同团结奋斗，共同繁荣发展的主题，努力促进经济发展，区域经济建设成效显著，工业生产明显提速，固定资产投资快速增长，房地产业迅猛发展，消费品市场持续旺销，地方财政收入快速增长，区域经济发展整体呈现出速度与效益同步提升的良好态势，发展活力明显增强，超额完成了经济社会发展的各项目标任务，人民生活水平继续提高，各项社会事业加快发展。据统计，全年2010年，全省民族自治地方完成生产总值195.26亿元，按可比价格计算，比上年增长15.3%。

一、农业生产平稳较快发展

2010年，民族自治地方认真贯彻落实中央和全省农村工作会议精神，继续加大强农惠农政策力度，着力调整和优化农业结构，积极推广先进生产技术，大力发展热带特色现代农业，加快建设国家蔬菜水果生产基地，大力发展设施农业，积极推动农业生产规模化、基地化、专业化合作、产业化发展，成功处置豇豆质量事件，克服了特大洪涝灾害的影响，农业生产保持平稳较快发展。全年农业完成增加值

84.61 亿元，比上年增长 8%

二、工业生产明显提速

2010 年，随着世界经济走出衰退、复苏进程加快，外需不断回暖；国内经济明显回升，内需保持较快增长。在国内外市场需求较快增长的共同拉动下，全省民族自治地方坚持依托本地资源优势，集中布局、集约发展新型工业。昌江循环经济区等工业园区的配套基础设施不断完善，乐东气田扩建，昌江叉河水泥厂建成投产，工业产品销售状况明显好转，工业生产增速明显加快，增强了民族自治地方经济综合实力。2010 年民族地区规模以上工业增加值实现 32.27 亿元，比上年增长 24.7%。

三、旅游业较快发展

民族自治地方积极推动旅游业转型升级，加快海棠湾、清水湾、香水湾、神州半岛、铜鼓岭等一批高端旅游度假区建设，大力开发适应市场需求的度假旅游新产品，自驾游、会展游、高尔夫游、探险游、温泉游竞相发展，个性化、时尚化的旅游新业态受到游客欢迎。全年接待游客过夜人数 126.96 万人次，比上年增长 37.5%。

四、固定资产投资快速增长

民族自治地方狠抓项目扩大投资促发展，加大对基础设施的投入和建设力度，建成或加快推进了一大批支撑民族地区长远发展的重大基础设施项目，为民族地区的长远发展夯实了基础。东环铁路、华盛水泥三期等一批项目建成投产；大广坝二期、海南会展中心、解放军总医院海南分院、昌江核电、三亚绕城公路、三亚湾新城、洋浦港区深水航道及岸滩整治工程、三亚海棠湾旅游酒店建设等重点项目，神州半岛、石梅湾、铜鼓岭、海棠湾等开发区，一大批旅游房地产项目等加快建设，以及各市县保障性住房大规模开工建设，促进了投资快速增长。2010 年，全省民族地区全社会固定资产投资完成 159.9 亿元，比上年增长 51.1%。

五、社会消费品零售额

消费品市场繁荣活跃，持续旺销。全年全省民族自治地方社会消费品零售总额 35.66 亿元，比上年增长 15.1%。

六、地方财政收入实现快速增长

全年全省民族地区地方财政一般预算收入 22.74 亿元，增长 84%，高于 GDP 增速 68.7 个百分点。地方财政一般预算支出 83.68 亿元，增长 31.5%。

七、改善民生力度加大，城乡居民收入较快增长

2010 年，在政府大幅度提高困难群众生活补助标准和上调最低工资标准，实行事业单位绩效工资，企业效益好转、职工薪酬提高，以及国际旅游岛建设利好政策促进居民财产性收入明显增加等作用下，全年民族自治地方城镇居民人均可支配收入达 12724 元，比上年增长 18.9。全年农民人均纯收入 4182 元，比上年增长 14.7。农民收入较快增长的主要原因是经济形势好转，外出务工人数明显增加，加上企业增加薪酬，促使工资性收入快速增长；另一个原因是部分农产品市场需求旺盛，粮食、水果、橡胶等产品价格明显上升，促进了农民增收。2010 年省委、省政府把保障性住房建设作为改善民生的一号工程，保障性住房建设力度明显加大，居住条件和环境明显改善，民族自治地方城镇人均住房面积平方米，农村人均住房面积平方米。2010 年，全省全面完成少数民族地区茅草房改造 13209 户，危房 310 户，建成砖瓦房和平顶房面积 77.43 万平方米，少数民族受益人口约 5 万人。

八、继续坚持教育优先发展战略，推动各级各类教育全面发展

巩固九年免费义务教育成果，大力推进教育扶贫移民工程，新建 9 所教育扶贫移民工程学校，增加 5500 个优质学位，完成中西部农村 139 所初中校舍改造工程。全面实施中小学、职教和学前教育教师绩效工资。在全国率先对中职涉农专业实行免费教育；职业教育发展步伐加快，职业教育的规模、质量全面提升，建设了一批县级职教中心和一批示范职业学校。普通中学在校学生 10.29 万人，中等职业学校在校学生 5119 人，普通小学在校学生 14 万人。

九、医疗卫生事业稳健发展

加大卫生人才培训，医疗服务能力和诊疗技术水平不断提高。提前实现新型农村合作医疗、城镇居民医保和新型农村养老保险的覆盖，建成城镇和乡村基本医疗服务网络。有各类卫生机构 193 个，病床 3206 张，各类卫生技术人员 4053 人，其中执业（助理）医师数 1834 人，公共卫生与基本医疗服务体系建设得到加强，防病救治能力进一步提高。着力打造一小时高端医疗圈，建设省级惠民医疗定点单位，主要负责保亭、琼中、白沙、乐东和昌江等 6 个民族自治县特困人群的惠民医疗服务。

十、生态保护与建设力度大、环境质量保持优良

民族自治地方积极营造海防林，有效发挥防风固岸、涵养水源的作用。建立逐年增长的生态补偿机制，中部核心生态区得到有效保护，文明生态村建设成效显著。民族自治地方森林覆盖率达到 71%，空气质量总体优良，环境、大气、河湖和近海海域水体质量保持全国一流，尖峰岭、吊罗山、七仙岭、黎母山、霸王岭被列为国家级森林公园。

十一、文化

有艺术表演团体 9 个，艺术表演场所 9 个，群众艺术馆 1 个，文化馆 6 个，公共图书馆 6 个，博物馆 4 个。建成乡镇综合文化站 40 多个、农民书屋近 100 家，1 万多户边远山区农户开通广播电视。黎族纺染织绣技艺列入联合国非物质文化遗产保护项目。

（撰稿　云大杰　审稿　唐圣为）

重庆市

2010 年，在重庆市委、市政府的正确领导下，在国家民委的指导下，重庆民族自治地方坚持科学发展观为指导，以胡锦涛总书记“314”总体部署为总纲，认真贯彻落实市委三届八次全委会精神，把加快少数民族和民族地区经济社会发展切实摆到更加突出的位置，着力推进武陵山经济协作区建设，构建渝东南民族地区对外开放和招商引资平台，加快民族地区基础设施建设和公共服务体系建设，民族自治地方经济社会得到快速发展，人民生活水平进一步提高。

2010 年，民族自治地方地区生产总值（当年价格）达到 2652696 万元，地区生产总值比 2009 年（按可比价格计算）增长 15.8%。其中：第一产业增加值 515464 万元，增长 6.1%；第二产业增加值 1145729 万元，增长 21.8%：第三产业增加值 991503 万元，增长 14.4%。从三次产业的构成比为 19.4：43.2：37.4，非农产业比重大幅提高，工业化进程明显加快。

一、农村经济保持健康发展

2010 年，实现农林牧渔业总产值 845364 万元，同比增长 7.8%。其中：农业产值 447879 万元，同比增长 5.3%；林业 44426 万元。同比增长 12.8；牧业 301678，同比增长 4.6%；渔业 5866 万元，同比增长 10.2%。农作物总播种面积为 422.98 千公顷，粮食作物播种面积 274.99 千公顷，油料播种面积 43.14 千公顷。全年粮食总产量为 1242716 吨；油料产量 76279 吨；烟叶产量 28569 吨，比上年减少 8419 吨。全年肉类总产量达到 180638 吨。

二、工业进程明显加快

市委、市政府为民族自治地方工业园区各融资 3 亿元，民族自治地方工业化进程明显加快。2010 年，民族自治地方规模以上工业企业 331 个，比上年增加 73 个，实现工业总产值 1489280 万元，同比增长 32%。港澳台企业投资 32804 万元，同比增长 78.6%；外商投资实现零突破，达到 17845 万元。

三、固定资产投资力度有所放缓

随着国家房地产调控力度的进一步加大，房地

产占相当比重的民族自治地方固定资产投资有所放缓。2010 年，民族自治地方完成全社会固定资产投资达 2779783 万元，同比增长 9%。其中：城镇固定资产投资 2431141 万元，同比增长 15.6%；农村固定资产投资 348642 万元，同比减少 21.8%。全社会固定资产投资新增固定资产 1013192 万元，同比减少 7%。

四、地方财政收收入大幅增加，金融秩序良好

2010 年底，民族自治地方财政总收入达到 404951 万元，同比增长 47.6%。地方财政一般预算收入 205166 万元，比上年增长 36.6%，其中营业税与企业所得税同比增幅均达到 50%以上。地方财政支出 816486 万元，比上年增长 26.6%。

民族自治地方金融机构存贷款额稳定增长。全部金融机构各项存款总额 2975474 万元，同比增长 22.8%；全部金融机构各项贷款总额 1799824 万元，同比增长 30.2%；城乡居民储蓄存款年末余额 1864139 万元，同比增长 26.6%。

五、城乡贸易市场活跃

2010 年，民族自治地方全年实现社会消费品零售总额 1043841 万元，同比增长 18.4%。其中：批发零售贸易业实现 868975 万元，同比增长 16.3%；住宿和餐饮业实现 149767 万元，比上年增长 21.4%。进出口总额 25335 万美元，同比增长 51.8。其中：进口总额 167 万元，增长近 30 倍；出口总额 25168 万元，同比增长 50.9%。

六、城乡居民生活不断改善

2010 年，城镇居民可支配收入 13186 元，同比增长 8.9%。平均人均消费支出 9330 元，同比增长 13.6%。城市人均住房建筑面积 36 平米。农村居民人均纯收入达到 4107 元，同比增长 18.9%，农村人均住房面积 39 平方米。

七、交通运输快速发展

重庆民族自治地方加大基础设施建设力度，交通运输条件进一步改善。2010 年民族自治地方公路线路里程总计 11531 公里，比上年增加 7%。其中：等级公路 9510 公里，比上年增加 16.5%，高速公路 249 公里，比上年增加 39.4%。完成客运量总计 4141 万人次，同比增长 21.7%。完成货运量总计 1550 万吨，比上年增加 1.3%。

八、旅游业健康发展

黔江小南海、乌江画廊、黄水国家森林等一批旅游资源的进一步开发，旅游业发展迅猛。2010 年共接待游客 5151700 人次，同比增长 121%；创造旅游收入 195000 万元，同比增长 245%。

九、教育事业稳步发展

2010 年，民族自治地方加大教育投入，教育事业得到进一步发展。共有普通中学 116 所，职业中学 8 所，小学 895 所。年末在校学生：普通中学 179892 人；职业中学 9700 人；小学 220268 人。专任教师：普通中学 8815 人；职业中学 665 人；小学 13510 人。教育经费支出 185920 万元，同比增长 35.4%。

十、卫生事业进一步发展

2010 年末，民族自治地方拥有医院、卫生院 126 个，村卫生室 681 个，拥有医院、卫生院病床 3397 张，卫生技术人员 3944 人。其中：执业（助理）医生 2278 人。医疗卫生基础设施和医疗器械设备得到进一步完善，医疗技术人员能力不断提高，处置突发性公共卫生事件的能力进一步增强。

十一、社会保障体系进一步健全和完善，新型农村合作医疗覆盖面加大

2010 年，城镇居民最低生活保障支出资金 9953 万元，同比增长 3.4%；农村居民最低生活保障支出资金 10911 万元，比上年增长 13%。

2010 年民族自治地方参加新型农村合作医疗计 225 万人，同比增长 9.1%；新型农村合作医疗费用支出 25192 万元，同比增长 28.5%；新型农村合作医疗参合率达到 90%以上。

十二、生态环境保护和建设工作不断加强

在发展经济的同时，民族自治地方更加注重生态环境的保护和综合治理，水环境质量、声环境质量、大气环境质量有了明显改善，有力地促进了生

态环境质量的改善和经济、社会、环境的协调发展。安排工业当年施工污染治理项目 34 个，工业污染治理项目当年完成投资额 19718 万元，同比增长 300%。

（撰稿 陈 引 审稿 孔 刚）

四川省

2010 年，四川省委、省政府先后召开了四川藏区工作座谈会、深入实施西部大开发工作会议等，对推进藏区跨越式发展和长治久安、推进凉山跨越式发展、综合扶贫开发和安宁河谷综合开发、汶川特大地震灾区灾后产业振兴等做出重大决策部署，并组织编制出台了系列配套规划和特殊扶持措施。这些重大举措极大地激发了民族地方各族群众实现全面小康社会的强烈愿望，在紧紧抓住藏区、彝区跨越式发展和新一轮西部大开发的历史机遇的同时，加快完成民族地区"十一五"规划目标，深入实施藏区"三大民生工程"，尤其是牧民定居房建设取得突破性进展，"9+3"免费职业教育计划覆盖到彝区；彝区"三房"改造行动和汶川特大地震灾后恢复重建任务基本完成。民族自治地方呈现出经济快速发展、民生持续改善、民族团结进步、社会和谐稳定的良好发展态势。

2010 年，民族自治地方阿坝藏族羌族自治州、甘孜藏族自治州、凉山彝族自治州和北川羌族自治县、峨边彝族自治县、马边彝族自治县年末人口 734.1 万人，其中少数民族人口 437.5 万人。辖区面积 30.5 万平方公里，占全省土地面积 62.9%。经省统计局审定，全年实现地区生产总值 1102.6 亿元，增长 17.0%，增速比上年提高 0.1 个百分点，比全省平均水平高 1.9 个百分点。其中，第一产业增加值 240.3 亿元，增长 4.5%；第二产业增加值 504.1 亿元，增长 28.3%；第三产业增加值 358.2 亿元，增长 10.7%。三次产业结构由上年 24.5：40.1: 35.4 的调整为 21.8：45.7：32.5，其中第一产业比重下降 2.7 个百分点，第二产业比重上升 5.6 个百分点。

凉山州地区生产总值达到 784.19 亿元，增长 17.5%，增速比上年提高 1.8 个百分点，比全省增幅高 2.4 个百分点。其中: 第一产业完成增加值 172.06 亿元，增长 4.3%，对经济增长的贡献率为 5.1%；第二产业完成增加值 371.05 亿元，增长 29.6%，对经济增长的贡献率为 74.1%；第三产业完成增加值 241.08 亿元，增长 10.3%，对经济增长的贡献率为 20.8%。人均 GDP 达到 17561 元，比上年增长 15.3%。一、二、三产业占国内生产总值的比重，由上年的 25.1：40.8：34.1 调整为 21.9：47.3：30.8。"十一五"时期，凉山地区生产总值从全省第 8 位上升到第 7 位，年均增长 15.5%，比全省平均增速高 1.8 个百分点，成为全省增长最快的地区。甘孜州地区生产总值 122.83 亿元，增长 14.1%，增速比上年加快 5.1 个百分点。其中，第一产业增加值 28.77 亿元，增长 4.1%；第二产业增加值 44.92 亿元，增长 20.5%；第三产业增加值 49.14 亿元，增长 12%。一二三次产业对地区生产总值增长的贡献率分别为 0.27%、74.57%、25.16%，分别拉动地区生产总值增长 0.6 个、7.8 个和 5.7 个百分点。三次产业结构为 23.4：36.6：40.0，第二产业比重上升 2.7 个百分点。阿坝州地区生产总值 132.76 亿元，比上年增长 18.1%，增速居全省第一。其中，第一产业实现增加值 25.12 亿元，比上年增长 5.5%；第二产业实现增加值 58.53 亿元，比上年增长 31.2%；第三产业实现增加值 49.11 亿元，比上年增长 10.6%。三次产业对经济增长的贡献率分别为 4.9%、69.4%和 25.7%。三次产业增加值占国内生产总值的比重由上年的 21.0：39.4：39.6 调整为 18.9：44.1：37.0。第一产业下降 2.1 个百分点，第二产业提高 4.7 个百分点，其中工业提高 5.4 个百分点，建筑业下降 0.7 个百分点，第三产业下降 2.6 个百分点。

一、农业经济平稳发展

生态农牧业基础地位进一步巩固，农业基础设施明显改善，抵御自然灾害的能力得以增强。全年实现农林牧渔总产值 379.6 亿元。粮食作物播种面积69万公顷，增加1700公顷，增长2.6%，占农作物总播种面积72%；粮食总产量272.36万吨，增长2.8%。油料播种面积4.2万公顷，增长20.7%；产量6.12万吨，增长0.7%；水果产量87.56万吨，增长7.8%。全年肉类产量达89.88万吨，增长4.6%，其中猪牛羊肉产量84.84万吨，增长4.5%；年末大生畜存栏745.69万头，增长0.8%；生猪存栏增长2.3%；羊存栏增长4%。农田有效灌溉面积15.3万公顷，农用化肥施用量（折纯）16.65万吨，农业机械总动力371.39万千瓦小时，增长11.2%。天然林保护、退耕还林、退牧还草等重大生态工程建设取得新成效，水土流失治理、防沙治沙面积不断扩大，长江、黄河上游生态屏障初步建成，完成造林面积11.35万公顷，森林覆盖率达到33.5%。

二、工业经济增长速度加快

大力推进资源开发与保护，水电、电冶、钒钛、钢铁、建材、铜镍、铅锌、稀土、水泥、磷化工等优势产业有序发展，特色产业培育取得重大进展。全部工业实现增加值384.1亿元，增长26.4%。规模以上工业企业697个，工业增加值增长25.4%，实现销售产值825.3亿元。规模以上工业主要产品产量中，水泥产量790.66万吨，增长35.9%；发电量363亿千瓦小时，增长32.2%；原煤164万吨，增长37.0%。规模以上工业企业实现主营业务收入812.89亿元，增长52.3%；利润总额为104.78亿元，增长99.7%。建筑业稳步增长。全年建筑业实现增加值100.19亿元，完成建筑业总产值35.10亿元，建筑企业92个，房屋建筑竣工面积127万平方米，增长29.2%。

三、投资、交通运输、邮电通讯业快速增长

随着灾后重建的全面推进，固定资产投资保持较快增长，重大项目对投资增长支撑明显。全年完成全社会固定资产投资1373亿元，增长19.5%，新增固定资产739.6亿元。

年末公路通车里程达6.06万公里，其中等级公路4.5万公里。完成邮电业务总量31.39亿元，国际互联网络用户数26.25万户，固定电话年末用户60.29万户，移动电话用户354万户。邮政所343处，邮路总长度15615公里，农村投递路线总长度21813公里。

四、旅游业发展强劲

全年接待游客3089.9万人次，增长28.5%。接待国内游客3073.99万人次，增长28.5%；接待入境游客15.96万人次，增长22.0%。实现旅游总收入168.3亿元，增长46.4%。实现旅游外汇收入4147.53万美元，增长21.7%；实现国内旅游收入165.5亿元，增长46.9%。

五、消费品市场保持增长势头，财政增收，人民生活改善

全年自治地方社会消费品零售总额337亿元，增长20.7%。城乡居民储蓄存款余额587.8亿元，增长20.7%。

财政一般预算收入101.6亿元，增长39.2%，增幅比全省平均水平高6.3个百分点；一般预算支出586亿元，增长33.6%。

城镇在岗职工平均工资31575元，增长11.4%。城镇居民人均可支配收入达14797元，增长12.7%，农牧民人均纯收入4055元，比上年增加564元，增长15.9%。阿坝州城镇居民人均可支配收入达15939元，比上年增长14.1%，增速居全省第一。农牧民人均纯收入达3741元，较上年增收675元，增长22.0%，增速居全省第二。甘孜州城镇居民人均可支配收入达到14880元，比去年增加1677元，增长12.7%。农牧民人均纯收入达到2744元，比去年增加515元，增长23.1%。凉山州城镇居民人均可支配收入14879元，增长13.4%。农牧民人均纯收入4565元，比上年净增605元，增长15.3%。

2010年，甘孜州石渠县顺利通过了“普九”验收，至此，四川民族自治地方51个县全部实现了“普九”目标。民族地区教育发展十年行动计划扫尾工作任务全面完成。“9+3”免费中职教育计划在藏区大力实施的同时也覆盖到彝区，各地认真落实“两免一补”政策，深入推进农村初中校舍改造工程，教育教学质量和办学水平逐步提高。2010年，自治地方有普通高等学校3所，普通中学351所，中等职业学校26所，普通小学2982所。普通高等学校在校本科、专科学生2.7万人，普通中学在校学生37.4万人，中等职业学校在校学生2.7万人，普通小学在校学生78.1万人。各级各类学校教职工人数

6.7 万人。

公共卫生和基本医疗服务体系进一步健全，医疗服务体系、疾病预防控制体系和突发公共卫生医疗救治体系进一步完善，全民健身活动蓬勃开展。年末有医院、卫生院 1379 个，病床位 1.9 万张。有卫生技术人员 1.87 万人，其中：执业（助理）医师 8820 人。新型农村合作医疗制度不断推进，参合农民 554 万人，参合率达到 92%。

公共文化设施不断完善，有艺术表演团体 9 个，文化馆 54 个，文化站 110 个，公共图书馆 26 个。

在州府康定隆重举行了甘孜藏族自治州成立 60 周年庆典。成功举办了四川省第六届少数民族艺术节和第十三届少数民族体育运动会。艺术节上 2300 余名演职人员进行了 116 个剧（节）目的表演，有 560 件美术、书法、摄影精品和 78 个民族工艺博览会项目参加展演。有 12 个代表团参加了运动会，运动员、教练员人数近 1200 人，表演人员越过万人，成为历史上规模最大、内容创新最多、宣传力度最强的一届运动会，实现了“平等、团结、拼搏、奋进”的赛会宗旨。

（撰稿　刘康蓉　审稿　唐伯华）

云南省

2010 年省委、省政府团结带领全省各族人民，努力克服金融危机的后续影响和百年不遇特大干旱带来的重重困难，团结拼搏，克难奋进，全面做好稳增长、调结构、惠民生的各项工作，农业大灾之年保增长，工业平稳较快发展，金融运行良好，全省民族自治地方经济社会发展呈现平稳较快发展态势，民族团结边疆和谐的局面不断稳固。

一、民族地区综合经济实力逐步提升

据统计，2010 年云南民族自治地方地区生产总值为 2799.2 亿元，与上年同期相比增长 12.5%，高于全省 0.2 个百分点，连续八年保持两位数增长。其中，第一产业增加值 623.1 亿元，比上年同期增长 5.6%，高于全省 1.6 个百分点；第二产业增加值 1146.5 亿元，比上年同期增长 15.5%，其中：全部工业增加值 908.1，比上年同期增长 13.6%；第三产业增加值 1029.6 亿元，比上年同期增长 13.5%，高于全省 2 个百分点。产业结构进一步调整，三次产业结构从上年的 24.82: 38.95: 36.23 调整为 22.26: 40.96: 36.78，第三产业比重上升 1.4 个百分点。人均 GDP 为 12360 元，比上年增加 1765 元，为全省平均水平的 78.5%，较上年提升 1 个百分点。

二、农业生产大旱之年再夺丰收

2010 年，面对百年不遇特大干旱，民族自治地方与全省上下并肩作战，共同开展了一场“抗大旱，保民生，抓春耕，促发展”的攻坚战。在小春作物遭受重大损失的情况下，全年粮食产量达到 817.4 万吨，人均粮食产量 360 千克，比全省多 26 千克，与上年同期人均粮食产量 363 千克基本持平。全年实现农林牧渔总产值 1058.5 亿元，比上年同期增长 9%，高于全省 4.3 个百分点。

主要农产品生产再获丰收。2010 年水果产量 264.19 万吨，比上年同期增长 34.0%，高于全省 22.6 个百分点，人均水果产量 135 千克，比全省多 48 千克；人均蔬菜产量 249 千克，与去年同期基本持平；烤烟产量 49 万吨，比上年同期增长 9.8%，高于全省 1.5 个百分点；油料产量 16.85 万吨；甘蔗产量 1274.9 万吨。

畜牧业生产健康稳定发展。2010 年猪牛羊肉总产量 217.0 万吨，比上年同期增长 9.6%，高于全省 4 个百分点；人均猪牛羊肉产量 96 千克，比上年同期多 8 千克，比全省多 27 千克。年末大牲畜存栏数 738 万头，比上年同期增长 2.5%，高于全省 0.1 个百分点

三、工业保持平稳较快增长

2010 年，积极应对国际金融危机的后续不利影响，开发优势资源，紧抓平台建设，加快工业经济转型，积极推进工业经济结构调整，保持了平稳较

快增长的发展态势。民族自治地方实现全部工业增加值 908.1 亿元，增长 13.6%；规模以上工业企业发展到 1205 个，比上年新增 49 个，规模以上工业总产值 1994.7 亿元，增长 24.5%（不剔除价格因素，下同）；工业销售产值 1885.7，增长 26.3%；实现利润总额 232.6 亿元，增长 123.1%。

四、财政收支持续增长，金融运行良好

民族自治地方地方财政收入完成 226.7 亿元，增长 24.3%，人均地方财政收入 1001 元，比上年同期增加 193 元，增长 23.9%，高于全省 0.1 个百分点；完成地方财政支出 886.7 亿元，增长 24.1%，高于全省 7.0 个百分点，人均地方财政支出 3919 元，比上年同期增加 750 元，增长 23.7%，高于全省 7.3 个百分点。其中用于环境保护、教育支出分别为 30.8 和 161.5 亿元，比上年同期增长 36.9%和 24.0%，环境保护、教育支出力度的加大，使民族地区环境保护进一步加强，办学条件有所改善。

金融机构贷款较快增长，有力地支撑了民族地区经济持续向好。2010 年末，民族自治地方金融机构各项存款余额为 3804.7 亿元，比年初增 943.65 亿元，增长 33.0%，其中：城乡居民储蓄存款年末余额 1987 亿元，比年初增 445.6 亿元，增长 28.9%；金融机构各项贷款余额 2320.3 亿元，比年初增加 518.5 亿元，增长 28.8%。

五、投资拉动和项目建设取得明显成效

2010 年，民族自治地方全社会固定资产投资总额 2253.88 亿元，同比增长 59.9%，比上年高 27.3 个百分点，高于全省 37.8 个百分点。其中，城镇固定资产投资 1896.3 亿元，增长 35.0%，农村固定资产投资 357.6 亿元，比上年增长 23.4%。基础设施建设得到加强，新增等级公路 9957 公里，新增高速公路 17 公里。从投资的资金来源来看，非国家预算内投资 2406.5 亿元，占全社会固定资产投资总额的 88.8%，比上年高 3.7%，投资自主性不断增强。

六、农村生产生活条件进一步改善

2010 年，民族自治地方有 794 个乡镇，7369 个村委会，其中自来水受益村 6910 个，通公路村数 7295 个，通电话村数 7157 个，通电村数 7331 个，分别占村委会总个数的 93.8%、99.0%、97.1%、99.5%，与上年相比，分别上升了 0.7、0.4、0.4、0 个百分点。农业机械总动力为 1429 万千瓦，与上年相比增长 13.4%，农村用电量 373624 万千瓦小时，与上年相比增长 12.4%。农民人均纯收入 3400 元，同比增长 14.7%。

七、社会保障体系继续完善

社会保障覆盖范围逐步扩大，保障力度进一步增强。2010 年，城镇居民最低生活保障人数 51.4 万人，比上年增长 2%；城镇居民最低生活保障支出 9.1 亿元，比上年增长 15.2%；农村居民最低生活保障人数发展到 248.8 万人，比上年增长 11.7%；农村居民最低生活保障支出 19.5 亿元，同比增长 30.9%，新型农村合作医疗参保人数 1771 万人，新农合参合率达 96.0%，比上年提高 2.9 个百分点，新型农村合作医疗费用支出 23.1 亿元，同比增长 29.8%。

（撰稿　易永红　审稿　李红燕）

西藏自治区

2010 年，全区各级、各部门在自治区党委、政府的坚强领导下，坚持以邓小平理论、“三个代表”重要思想和中央第五次西藏工作座谈会精神为指导，深入贯彻落实科学发展观，紧紧围绕新时期西藏工作的指导思想，认真落实中央和区经济工作会议精神，坚持走有中国特色、西藏特点的发展路子，大力实施“一产上水平、二产抓重点、三产大发展”的经济发展战略，国民经济保持了平稳较快发展，民生状况不断改善，各项社会事业全面进步。

一、综合

2010 年，全区实现生产总值（GDP）507.46 亿

元，比上年增长 12.3%。其中：第一产业增加值 68.72 亿元，增长 3.2%；第二产业增加值 163.92 亿元，增长 14.1%；第三产业增加值 274.82 亿元，增长 13.7%。人均地区生产总值 17319 元，增长 11.2%。

在全区生产总值中，第一、二、三产业增加值所占比重分别为 13.6%、32.3%、54.1%，与上年相比，第一产业比重下降 1.1 个百分点，第二产业提高 1.4 个百分点，第三产业下降 0.3 个百分点。

全区居民消费价格总水平比上年上涨 2.2%。其中：城市上涨 2.2%，农村上涨 2.2%。服务项目价格上涨 1.5%，消费品价格上涨 2.3%。从居民消费价格构成大类看，食品类、烟酒及用品类、衣着类、家庭设备用品及维修服务类、医疗保健及个人用品类、居住，分别比上年上涨 4.5%、1.1%、2.1%、0.6%、1.2%和 2.8%；交通和通信类、娱乐教育文化用品及服务类，分别比上年下降 0.2%和 0.3% 。商品零售价格上涨 1.0%。农业生产资料价格上涨 0.6%。工业品出厂价格上涨 5.8%。

二、农牧业

全年农作物种植面积 240.2 千公顷，比上年增加 4.95 千公顷。其中：青稞面积 117.95 千公顷，比上年增长 0.1%；小麦面积 37.06 千公顷，增加 0.29 千公顷；油菜籽面积 23.92 千公顷，减少 0.50 千公顷；蔬菜面积 21.33 千公顷，增加 0.89 千公顷。全年实现粮食总产量 91.22 万吨，比上年增长 1.6%；油菜籽 5.80 万吨，增长 0.5%；蔬菜 55.78 万吨，增长 1.2%。年末牲畜存栏总数 2347.9 万头只匹，比上年末减少 3 万头只匹。其中：牛 654 万头，增加 1 万头；羊 1656.1 万只，减少 5 万只。全年猪牛羊肉产量达 24.8 万吨，比上年增长 3.0%；奶类产量 29.4 万吨，增长 2.9%。

三、工业和建筑业

全年全部工业实现增加值 39.73 亿元，比上年 14.0%。规模以上工业企业实现增加值 29.25 亿元，比上年 14.0%。其中：轻工业实现增加值 9.69 亿元，增长 8.2%；重工业实现增加值 19.57 亿元，增长 17.2%。国有及国有控股企业全年实现增加值 15.90 亿元，比上年增长 13.6%。按登记注册类型分，国有企业实现增加值 9.45 亿元，增长 19.1%；集体企业实现增加值 0.65 亿元，下降 3.3%；股份制企业实现增加值 14.51 亿元，增长 19.5%；股份合作企业实现增加值 0.03 亿元，下降 32.6%；外商及港澳台企业实现增加值 2.02 亿元，下降 2.1%；其他经济类型企业实现增加值 2.60 亿元，下降 7.7%。

全年规模以上工业企业实现利润总额 10.82 亿元，比上年增长 70.1%。其中：国有及国有控股企业实现利润 2.82 亿元，增长 3.0 倍；集体企业实现利润 0.18 亿元，下降 18.6%；股份制企业实现利润 5.88 亿元，增长 1.0 倍。规模以上工业企业产品销售率 96.5%。

全年规模以上工业企业完成水泥产量 219.12 万吨，比上年增长 15.4%；发电量 21.02 亿千瓦时，增长 9.7%；啤酒 13.33 万吨，增长 17.9%；中成药（藏医药）1249 吨，下降 8.5%；自来水 11778 万吨，增长 8.3%；瓶（罐）装饮用水 8.41 万吨，增长 27.7%；铬矿石 14.01 万吨，增长 12.5%。

全年建筑业实现增加值 27.69 亿元，比上年增长 14.4%。

四、固定资产投资

全年全社会完成固定资产投资总额 462.7 亿元，比上年增长 22.1%。其中：民间投资 118.02 亿元，增长 10.8%。

按产业分：第一产业 23.74 亿元，比上年增长 0.6%；第二产业 134.21 亿元，增长 45.9%；第三产业 305.31 亿元，增长 15.7%。按经济类型分：国有经济完成投资 333.7 亿元，比上年增长 25.9%；集体经济完成投资 3.03 亿元，下降 31.8%；其他各种经济类型完成投资 94.88 亿元，增长 32.9%；个体经济完成投资 20.94 亿元，下降 44.9%。按城乡分：城镇完成投资 405.43 亿元，比上年增长 23.4%；农村完成投资 57.26 亿元，增长 13.9%。在农村投资中：农户投资 19.90 亿元，下降 20.7%；农村集体投资 0.71 亿元，增长 64.4%。

在城镇固定资产投资中，农、林、牧、渔业投资完成 23.74 亿元，增长 1.0%；采矿业投资完成 20.27 亿元，增长 1.1 倍；制造业投资完成 35.51 亿元，增长 94.7%；电力、燃气及水的生产和供应业投资完成 56.00 亿元，增长 30.7%；建筑业投资完成 22.43 亿元，增长 6.4%；交通运输、仓储和邮政业投资完成 115.54 亿元，增长 40.1%；信息传输、计算机服务和软件业投资完成 11.14 亿元，增长 15.8%；批发和零售业投资完成 6.50 亿元，增长 9.1%；住宿和餐饮业投资完成 14.67 亿元，增长 64.5%；金融业投资完成 0.78 亿元，增长 1.1 倍；房地产业投资完成 36.85 亿元，下降 16.9%；租赁和商务服务业投资完成 1.81 亿元，增长 2.4 倍；科学研究、技术服务和地质勘查业投资完成 1.82 亿元，增长 1.8 倍；水利、环境和公共设施管理业投资完成 25.37 亿元，增长 27.7%；居民服务和其他服务业投资完成 1.35 亿元，增长 1.1 倍；教育投资完成 11.75 亿元，增长 16.3%；卫生、社会保障和社会福利业投资完成 3.73 亿元，与上年持平；文化、体育和娱乐业投资完成 6.89 亿元，增长 39.2%；公共管理和社会组织投资完成 58.16 亿元，增长 3.7%。

全年房地产开发投资 8.96 亿元，比上年下降 43.1%。房地产开发施工房屋面积 75.26 万平方米，比上年下降 46.5%；竣工房屋面积 12.18 万平方米，下降 73.5%；商品房销售面积 19.37 万平方米，下降 69.4%。

五、国内贸易

全年社会消费品零售总额 185.3 亿元，比上年增长 18.7%。分地域看，城镇消费品零售额 133.25 亿元，增长 17.3%；乡村消费品零售额 47.59 亿元，增长 22.6%。分行业看，批发和零售业零售额 157.51 亿元，增长 19.5%；住宿和餐饮业零售额 27.78 亿元，增长 18.7%。

在限额以上批发和零售业零售额中，增长较快的有：石油及制品类增长 28.3%，中西药类增长 68.2 %，化妆品类增长 15.9%，机电产品及设备类增长 61.8%，汽车类增长 26.6%。

六、对外贸易

全年进出口总额 83607 万美元，比上年增长 1.1 倍。其中：出口总额 77103 万美元，增长 1.1 倍；进口总额 6504 万美元，增长 1.4 倍。

在进出口贸易中，边境小额贸易实现进出口总额 50055 万美元，比上年增长 1.0 倍，占进出口贸易总额的 59.9%。其中：出口 49765 万美元，增长 1.0 倍；进口 290 万美元，下降 17.5%。

全年对亚洲进出口 61759 万美元，比上年增长 80.5%；对欧洲进出口 11222 万美元，增长 2.4 倍；对北美洲进出口 5451 万美元，增长 3.7 倍；对大洋洲进出口 290 万美元，增长 25.8%。

全年合同利用外商直接投资 2101.49 万美元，实际利用外商直接投资 2434.48 万美元，全年审批利用外商直接投资项目 2 家。

七、交通、邮电和旅游

全年完成货运量 983.37 万吨，比上年增长 3.9%。其中：公路运输完成 952 万吨，增长 3.5%；铁路运输完成 29.9 万吨，增长 31.1%；航空运输完成 1.47 万吨，增长 8.1%；管道运输完成 13 万吨，下降 13.9%。全年客运总量 8308.24 万人次，增长 4.3%，其中：公路运输完成 8066 万人次，增长 4.0%；铁路运输完成 88.20 万人次，增长 19.2%；航空运输完成 154.04 万人次，增长 16.9%。

年末公路总通车里程 58249 公里，比上年增加 4404 公里，其中：有铺装路面总里程 8195 公里，增加 4916 公里。

年末全区民用汽车拥有量达到 22.31 万辆，比上年末增长 14.4%。

全年完成邮电业务总量 63.34 亿元，比上年增长 22.5%。其中：邮政业务总量 1.84 亿元，增长 8.6%；电信业务总量 62 亿元，增长 22.9%。年末局用交换机总容量 42.30 万门。年末固定电话用户 43.90 万户，其中：城市电话用户 41.90 万户，乡村电话用户 2 万户。新增移动电话交换机 10 万门，总容量达 199 万门。新增移动电话用户 32.10 万户，年末达到 157.61 万户。年末全区固定及移动电话用户总数达到 201.50 万户，比上年末增加 22.06 万户。电话普及率达到 69 部/百人。

全年接待国内外旅游者 685.14 万人次，比上年增长 22.1%。其中：接待国内旅游者 662.31 万人次，增长 21.8%；接待入境旅游者 22.83 万人次，增长 30.5%。旅游总收入 71.44 亿元，增长 27.6%；旅游外汇收入 10400 万美元，增长 31.6%。

八、财政、金融和保险

全年完成地方财政收入 42.11 亿元，按同比口径计算，比上年增长 36.2%。其中：一般预算收入

36.65 亿元，增长 21.8%。

全年财政总支出 561.50 亿元，按同比口径计算，比上年增长 19.2%。其中：一般预算支出 551.04 亿元，增长 17.2%。在一般预算支出中，社会保障和就业支出 31.19 亿元，增长 26.2%；教育支出 60.79 亿元，下降 2.6%；医疗卫生支出 32.32 亿元，增长 46.4%；环保支出 11.77 亿元，增长 20.8%。

年末全部金融机构本外币各项存款余额 1295.54 亿元，比上年末增长 26.1%。其中：城乡居民储蓄存款 267.13 亿元，增长 18.0%。全部金融机构本外币各项贷款余额 301.49 亿元，增长 21.5%。金融机构累计现金收入 1025.52 亿元，增长 12.5%；累计现金支出 1071.75 亿元，增长 11.8%。现金净投放 46.23 亿元，比上年少投放 0.46 亿元。

全年保险公司保费收入 5.06 亿元，比上年增长 26.0%。其中：财产险保费收入 4.54 亿元，比上年增长 20.4%；人寿险保费收入 0.52 亿元，增长 1.1 倍；意外险保费收入 0.31 亿元，增长 42.1%；机动车辆险保费收入 3.14 亿元，增长 22.2%；健康险保费收入 0.21 亿元，增长 18.0%。全年共支付各类赔款 2.22 亿元，比上年增长 2.5%。

九、教育、科学技术

全区普通高等教育院校 6 所，年内招生 9512 人，其中：研究生 299 人，普通本专科 9213 人；在校生 31827 人，其中：研究生 718 人，普通本专科 31109 人；毕业生 8428 人，其中：研究生 162 人，普通本专科 8266 人。中等职业学校 6 所，招生 7319 人，在校生 22613 人，毕业生 7312 人；中学 122 所，其中：高级中学 20 所，完全中学 9 所，初级中学 93 所。高中招生 15057 人，在校生 40728 人，毕业生 12177 人；初中招生 47361 人，在校生 138992 人，毕业生 46093 人；小学 872 所，招生 50747 人，在校生 299408 人，毕业生 50642 人；特殊学校招生 42 人，在校生 257 人。年末幼儿园在园幼儿 23414 人，比上年增加 7346 人。全区小学学龄儿童入学率达 99.2%，比上年提高 0.4 个百分点。

2010 年西藏气象系统共有 127 个自动气象站，其中：有人值守气象台站 39 个，无人值守气象站 88 个。天气雷达站 7 个，其中：多普勒雷达站 5 个，数字化雷达站 2 个。地震监测台站（点）16 个。水文监测站 34 个，水位监测站 5 个。

十、文化、卫生和体育

年末全区共有各类文化机构 378 个，其中，艺术事业 51 个，群众文化事业 323 个。公共图书馆 4 个，群众艺术馆 8 个，其他文化事业 2 个。年末全区共有电视台 5 座，广播电视台 3 座。广播、电视人口综合覆盖率分别达 90.3%和 91.4%。出版报纸 140237 千印张，各类杂志 160.51 万册，图书 1446 万册。

年末全区共有卫生机构 4960 个，其中：医院、卫生院 773 个，疾病预防控制中心（卫生防治机构）81 个，妇幼保健院、所、站 55 个。实有病床床位 8838 张，其中：医院 5444 张。卫生技术人员 10083 人，其中：执业医师 4469 人。每千人病床数和卫生技术人员数分别达到了 3.02 张和 3.44 人。

年末全区共有健身路径器材 145 套、农民体育健身工程 500 个（每个工程包括：1 个篮球场和 2 个乒乓球台）。西藏运动员在国际国内各种体育竞技比赛中共取得金牌 1 枚、铜牌 5 枚，在登山及攀岩比赛中获得 2 个第二名、5 个第三名；组织群众体育活动 308 次，参加活动总人数达 125 万人次。本年度认证社会体育指导员 96 人，其中：一级体育指导员 40 人；二级体育指导员 25 人；三级体育指导员 26 人。全年销售体育彩票 1.3 亿元，筹集体育彩票公益金 2000 多万元。

十一、人民生活和社会保障

全区城镇居民人均可支配收入达 14980 元，比上年增长 10.6%；农牧民人均纯收入 4138.71 元，增长 17.2%。通过推进新农村建设、实施安居工程，年末已有 27.5 万户、140.21 万农牧民住上了宽敞明亮的新房。2010 年年末城镇居民人均居住面积 34.72 平方米，农牧民人均居住面积达到 25.0 平方米。

基本养老金按时足额支付率和社会化发放率均达到 100%。年末全区参加基本养老保险的职工 9.62 万人，参加失业保险 10.31 万人，参加工伤保险 8.46 万人，参加生育保险 14.71 万人。城镇职工参加基本医疗保险 23.52 万人，城镇居民参加基本医疗保险 15.12 万人。

全年农牧民每人医疗筹资 180 元。全区城镇居民共有 42040 人享受政府最低生活保障，发放低保救助金 11242 万元。农村居民有 23 万人享受政府最低生活保障，发放低保救助金 14678 万元。年末全区各类社会福利机构共有 236 个，公办儿童福利院 9 所，民办儿童福利院 4 所，集中收养 1042 人；供养五保户 15428 人，其中孤残儿童 713 人。全年销售社会福利彩票 2.51 亿元，筹集社会福利公益金 8168.99 万元。

十二、矿产资源、安全生产

2010 年度全年新发现矿产 10 处，重点评价 5 处具有开发价值的矿床。有 5 种矿新增储量，实施地质勘探项目 65 项，完成了钻探实物工作量 22403 米。

全年共发生各类安全事故 1047 起，比上年上升 14.8%；死亡 434 人，上升 6.1%；直接财产损失 948.26 万元。亿元 GDP 生产安全事故死亡人数 0.89 人，下降 5.3%；工矿商贸十万从业人员生产安全事故死亡人数 3.5 人，下降 20.5%。道路交通万车死亡人数 18.04 人，上升 8.9%。

（撰稿 达 娃 审稿 金 美）

甘肃省

2010 年，甘肃省民族自治地方在省委、省政府的正确领导下，以科学发展观统揽工作全局，牢牢把握“两个共同”的主题，采取切实有效措施，通过转变经济增长方式，着力保增长、保民生、保稳定，民族地区经济继续保持了快速、协调、健康发展的良好态势，取得了显著的成效，积极推进科技、教育、文化、卫生等各项社会事业全面发展，少数民族各项社会事业取得了新成绩。

一、国民经济保持快速增长势头，综合实力显著增强

2010 年民族自治地方实现生产总值 251.38 亿元，按可比价格计算，比上年增长 12.4%。其中，第一产业完成增加值 50.68 亿元，比上年增长 7.3%；第二产业完成增加值 90.77 亿元，比上年增长 14.5%；第三产业完成增加值 109.93 亿元，比上年增长 12.8%。人均生产总值 7575 元。三次产业结构从上年的 20：36：44 调整为 20：37：43，第二产业比重进一步提升，产业结构更趋合理。

二、农林牧渔业总产值稳步增长

全年民族自治地方实现农林牧渔业总产值 71.4 亿元，较上年增长 7.2%。粮食总产量为 88.79 万吨，比上年增长 6.9%。油料产量为 8.5 万吨，比上年增长 7.6%。年底大牲畜、羊的存栏数分别为 199.96 万头、547.99 万只，分别比上年增长 3.3%、3.5%。

三、固定资产投资力度加大，成效显著

全年民族自治地方全社会固定资产投资达 288.19 亿元，比上年增长 35.2%。其中，按城乡分：城镇固定资产投资完成投资 242.9 亿元，比上年增长 34.9%，农村固定资产投资完成投资 45.22 亿元，比上年增长 36.5%。

四、地方财政收入快速增长，金融保持平稳运行

全年民族自治地方实现地方财政收入 13.94 亿元，比上年增长 22.2%。地方财政支出 201.45 亿元，比上年增长 32.3%。金融机构存款 392.6 亿元，同比增长 27.04%。金融机构贷款 190.5 亿元，同比增长 32.8%。

五、消费品市场繁荣活跃

全年完成社会消费品零售总额 72.88 亿元，比上年增长 16.8%。按行业分，批发零售贸易业零售额 56.96 亿元，比上年增长 17.9%；住宿和餐饮业零售额 14.72 亿元，增长 16.6%。

六、城乡居民收入持续增加，人民生活水平稳步提高

2010 年，城镇居民可支配收入 9232 元，比上

年增加743元，增长8.9%。平均每人消费支出6289元，农牧民人均纯收入2492元，比上年增加272元。

2010年，甘肃省民族自治地方在省委、省政府的正确领导下，紧紧围绕“共同团结奋斗、共同繁荣发展”两大主题，认真贯彻落实党的民族政策和法律法规，积极推进科技、教育、文化、卫生等各项社会事业全面发展，少数民族各项社会事业取得了新成绩。

七、教育事业稳步发展

2010年年末民族自治地方共有普通高等学校1所，全年招收本专科生2866人，较上年增长22.7%，在校学生8667人，较上年增长22.1%。普通中学201所，招生74026人，在校学生225541人。普通小学2027所，招生64269人，在校学生364415万人。全年教育经费支出27.14亿元。

八、文化教育事业健康发展

会同教育部门开展了全省民族教育调研工作，提出了促进民族教育发展的有关政策建议。会同省体育局承办全省第七届少数民族传统体育运动会，展示了全省少数民族传统体育取得的成绩。认真做好少数民族语言文字和古籍整理工作，组织实施了《中国少数民族古籍总目提要·回族卷》书籍类、文书类和讲唱类的搜集、整理和提要的撰写工作。

九、卫生事业进一步发展

2010年末，民族自治地方拥有医院卫生院349个，其中卫生院293个，村卫生室2186个。拥有医院卫生院床位数9866张，卫生院床位数2912张。卫生机构人员数13460人，其中，卫生技术人员数10339人，执业（助理）医生数4076人。医疗卫生基础设施和卫生保健系统建设明显得到完善，处置突发性公共卫生事件的能力进一步增强。

十、民族团结进步事业健康发展

组织开展了全省第七个民族团结进步宣传月活动，组织编写了《甘肃省民族政策宣传教育提纲》和全省民族团结进步宣讲提纲，召开了全省第七个民族团结进步宣传月活动经验交流会，联合省教育厅对全省中小学贯彻落实《学习民族团结教育指导纲要（试行）》进行安排部署。对全省民族自治地方和省直各部门单位贯彻落实党的民族政策法规情况进行监督检查。指导三个自治县举行了隆重、热烈、节俭的庆祝活动，协调落实三个县县庆项目69个，项目资金约8亿元。

十一、社会保障体系进一步健全和完善

2010年末，民族自治地方城镇居民最低生活保障支出资金20201726万元，共有141737人享受城镇最低生活保障，农村居民最低生活保障支出资金55964万元，共有648321人享受农村最低生活保障。建立了城镇社区服务设施12个。

（撰稿　成自强　审稿　王学仁）

青海省

2010年，在省委省政府的坚强领导下，民族自治地方深入贯彻落实科学发展观，全面贯彻中央加强和改善宏观调控的各项政策措施，努力克服金融危机及玉树地震带来的不利影响，抢抓机遇，开拓进取，经济呈现速度加快、质量提高、民生改善的良好态势。

一、综合

经济总量：全年民族自治地方生产总值769.03亿元，按可比价格计算，比上年增长17.2%，是近三十年来最高增速，比全省高1.3个百分比。分产业看，第一产业增加值105.71亿元，增长6.1%；第二产业增加值484.38亿元，增长22.4%；第三产业增加值178.94亿元，增长9.9%。第一、第二和第三产业对生产总值的贡献率分别为14%、63%和23%。

财政：全年总收入80.57亿元，比上年增长93.07%。其中，地方一般预算收入48.73亿元，地

方财政一般预算支出 342.9 亿元，比上年增长近一倍；教育支出 47.04 亿元，增长 38.55%；农林水事务支出 41.77 亿元，增长 61.34%。

物价：全省居民消费价格总水平比上年上涨 5.4%。分城乡看，城镇居民消费价格上涨 5.1%，农村居民消费价格上涨 5.8%。

农业生产资料价格比上年上涨 3.5%。工业品出厂价格上涨 9.4%，其中生产资料价格上涨 9.7%，生活资料价格上涨 4.2%。原材料、燃料、动力购进价格上涨 8.6%。固定资产投资价格上涨 3.8%。

二、农业和畜牧业

全年农作物总播种面积 400.049 千公顷（604.35 万亩），比上年减少 3.78 千公顷（56.7 万亩）。全年粮食产量 80.15 万吨，比上年多产 5.9 万吨；油料产量 27.62 万吨，比上年减少 1.37 万吨；水产品产量 0.043 万吨，比上年增长 1.5 倍。

全年育活仔畜 720.85 万头（只），比上年增长 2.6%，仔畜成活率 90.7%，比上年提高 1.4 个百分点；成幼畜死亡 47.77 万头（只），比上年增长 18.5%，成幼畜死亡率 2.4%，比上年高 0.4 个百分点；年末草食畜存栏 1976.80 万头(只)，比上年末减少 0.1%；出栏 663.24 万头（只），比上年增长 2.1%，出栏率 33.5%，提高 0.7 个百分点；商品率 30.6%，比上年提高 1.1 个百分点。年末猪存栏 73.08 万头，比上年末增长 3.1%；出栏 78.93 万头，比上年减少 2.5%；商品率 102.9%，下降 8.1 个百分点。肉类总产量 27.8 万吨，比上年增长 2.2%。

三、工业和建筑业

全年全省全部工业增加值 356.54 亿元，比上年增长了 15.18%。规模以上工业总产值 716.52 亿元，比上年增长了 62.81%。在规模以上工业中，石油天然气开采业、电力工业、有色金属工业和盐化工业等四大支柱产业增加值 397.16 亿元，比上年增长 18.5%；畜产品加工业和建材业等四大优势产业增加值 65.92 亿元，增长 16.4%。从经济类型看，国有企业增长 42.8%，股份制企业增长 20.6%，外商及港澳台投资企业增长 14.1%，集体企业增长 0.6%。从轻冶金业、医药制造业、重工业看，轻工业增长 23.0%，重工业增长 20.4%。规模以上工业企业产品销售率为 97.8%，比上年提高 2.1 个百分点。

规模以上工业企业主营业务收入 660.63 亿元，比上年增长 25.71%，实现利润 142.41 亿元，比上年增长 14.6%。

全年全社会建筑业总产值 58.14 亿元，比上年增长 1.2 倍。具有资质等级的总承包和专业承包建筑企业 103 个，利润总额 3.08 亿元，比上年增加二倍。

四、固定资产投资与房地产开发

全年全社会固定资产投资 461.68 亿元，比上年增长 31.92%。分城乡看，城镇新增固定资产 368.72 亿元，增长一倍；农村固定投资 92.76 亿元，增长 70%。按资金来源分，国家预算内资金 107.05 亿元，增长 20.59%；国内贷款 43.95 亿元，减少 3.2 亿元；利用外资减少 0.14 亿元，自筹资金 221.56 亿元，增长 13.9%；发行债券 0.073 亿元。

在 50 万元以上（含 50 万元）固定资产投资中，四大支柱产业固定资产投资 319.94 亿元，比上年增长 19.2%。四大优势产业固定资产投资 57.11 亿元，比上年增长 6.6%。

全年房地产开发投资 8.43 亿元，比上年增长 52.43%。其中，住宅投资 7.15 亿元，比上年增长 29.2%。

五、国内贸易

全年全社会消费品零售总额 112.31 亿元，比上年增长 17.42%。按销售地区分，城镇消费品零售额 8.43 亿元，增长 15.89%；农村消费品零售额 26.97 亿元，增长 22.49%。按行业分，批发.零售贸易业 86.58 亿元，减少 2.9 亿元；餐饮业 22.7 亿元，增长 23.78%。

全年进出口总额 7.89 亿美元，比上年增长 34.7%。其中，出口额 4.66 亿美元，增长 85.8%；进口额 3.23 亿美元，下降 3.6%。主要出口产品中，硅铁出口 20655 万美元，增长 1.5 倍；服装及衣着附件出口 6701 万美元，增长 17.8%；纺织纱线、织物及制品出口 7423 万美元，增长 52.3%（其中地毯出口 3753 万美元，增长 48.7%）。主要进口产品中，金属加工机床进口 2621 万美元，增长 3.0 倍；纺织机械及零件进口 1930 万美元，增长 3.6 倍；氧化铝进口 13521 万美元，下降 23.9%。

全年批准外商直接投资项目 17 个，其中，农、林、牧、渔业 1 个，采矿业 1 个，制造业 4 个，电力、燃气及水的生产和供应业 3 个，租赁和商务服务业 1 个，住宿餐饮业 3 个，科学研究技术服务和地质勘查业 1 个，居民服务和其他服务业 1 个，卫生、体育和社会福利业 2 个。合同使用外商直接投资金额 3.17 亿美元，比上年增长 2.7%；实际使用外商直接投资金额 2.19 亿美元，比上年增长 2.0%。

六、交通、邮电和旅游

全年交通运输、仓储和邮政业增加值 61.26 亿元，比上年增长 9.7%。年末全省铁路营运里程达 1651 公里；公路通车里程 62185 公里，比上年末增加 2049 公里，其中高速公路里程 235 公里；民航通航里程 32602 公里，比上年末增加 1040 公里。

全年邮电业务总量达 9.9 亿元，比上年增长 36.0%。年末移动电话用户 166.19 万户，比上年末增长 28.0%；固定电话用户 37.7 万户，比上年末下降 5.6%。互联网用户 10.95 万户，比上年末增长 24.3%。

全年接待国内外旅游人数 3389.69 万人次，比上年增长 13%，其中，国内旅游人数 3378.68 万人次，增长 14%；境外人境人数 11 万人次，增长 29.4%，境外人数中外国人占 72.6%。全部旅游人数中，过夜旅游者占 41.3%。国际旅游外汇收入 5113.37 万美元，增长 32.6%，旅游总收入 20.02 亿元，增长 53.38%。

七、金融

年末金融机构人民币各项存款余额 668.4 亿元，比上年末增长 29.9%，其中，城乡储蓄存款年末余额 289.5 亿元。金融机构人民币各项贷款余额 300.98 亿元，比上年末增长 30.3%，

八、教育、文化、卫生和体育

全年全省学龄儿童入学率 99.6%，比上年提高 0.1 个百分点；普通初中毛入学率 103.6%，提高 3.2 个百分点。普通中学在校生 224431 人，增长 1.4%，其中，初中在校生 127900 人，毕业生增长 0.2%；普通小学在校生 383589 人，在校生下降 2.7%，其中，招生数 57765 人

中短波广播发射台和转播台 8 座，广播综合人口覆盖率达到 88.9%，比上年提高 0.4 个百分点；电视台 8 座，电视综合人口覆盖率达到 94.3%，比上年提高 0.3 个百分点。年末艺术表演团体 12 个，群众艺术团体 23 个，图书馆 30 个，博物馆 4 个。图书种类 25 种，发行图书 0.8 万册，期刊 5.62 万册。

年末全省拥有卫生机构 1048 个，床位数 0.91 万张。其中，医院卫生院 428 个，床位数 0.81 万张。卫生技术人员 0.94 万人，其中，执业医师 3550 人。全省突发公共卫生事件及时报告率和有效处置率均为 100%。举办环青海湖自行车赛，强渡黄河极限挑战赛等体育赛事，各类群众性体育竞赛，体育健身活动蓬勃发展。

九、人口、人民生活和社会保障

年末全省常住人口 358.84 万人，比上年增加 6.05 万人，少数民族人口 237.94 万人，占民族地区总人口的 66.2%，全年城镇居民人均可支配收入 14443 元（比全省高 1570 元），比上年增长 16.7%。城镇居民人均消费性支出 11927 元，比上年增长 18%，恩格尔系数为 39.4%。城镇居民人均住房建筑面积 20 平方米。全年农牧民人均纯收入 4384（比全省高 580 元），比上年增长 15.4%，农牧民人均生活消费支出 4101 元，比上年增长 19.0%，恩格尔系数为 39.6%。农牧民人均居住面积 22 平方米。参加农村新型合作医疗的农牧民 218.87 万人，新型农村合作医疗参合率达 96.8%，比上年提高 0.3 个百分点.享受城镇居民最低生活保障的农牧民 14.9 万人，享受农村最低生活保障的农牧民 29 万人。新型农村合作医疗参合率达 96.3%，

十、资源、环境和安全生产

年末全省森林面积 370.01 万公顷，森林覆盖率 5.23%。全省湿地面积 412.6 万公顷，占全省总面积的 5.7%，其中，自然湿地 408.8 万公顷。国家重点公益林管护面积 3067 千公顷，天然林保护面积 1983 千公顷。自然保护区 11 个，面积 2182.22 万公顷，其中，国家级自然保护区 5 个。当年全省治理水土流失面积 13.66 千公顷。全年全民义务植树 1391 万株。年末全省有各级环境监测站 17 个，环境监测人

员 207 人，全年完成环境污染限期治理项目 143 个，项目总投资 6145.52 万元，比上年增长 53.6%。

全年安全生产事故死亡 670 人，比上年下降 1.0%。道路交通事故 1206 起，死亡 576 人，比上年下降 0.3%。

（撰稿　金水平　审稿　桑　杰）

宁夏回族自治区

2010 年，宁夏回族自治区在党中央、国务院的正确领导下，自治区党委、政府团结带领全区各族干部群众，紧紧抓住国家深入推进西部大开发和国务院出台支持宁夏加快发展《意见》的重大机遇，奋力拼搏，务实创新，经济社会步入了持续快速健康发展轨道，总体呈现经济发展、民生改善、民族团结、社会和谐稳定的良好局面，圆满完成了全年确定的各项目标任务。

2010 年全区生产总值达到 1689.65 亿元，是 2005 年的 2.7 倍；地区财政一般预算收入达到 154 亿元，是 2005 年的 3.2 倍；全社会固定资产投资完成额 1444.2 亿元，是“十五”时期的 2.9 倍。综合经济实力的快速提升，为宁夏贯彻执行《规划》、统筹民族事业与各项事业协调发展奠定了坚实基础。

一、民族地区经济发展再上台阶

（一）加强基础设施建设

全区公路通车里程达到 22500 公里，全区 73% 的行政村通沥青（水泥）路。太中银铁路建成通车，铁路运营里程达到 1248.4 公里。银川河东机场二期改扩建工作全面完成，中卫香山、固原六盘山支线机场建设通航。大力实施沿黄城市带发展战略，千里滨河大道全线贯通。沙坡头水利枢纽、六盘山水系综合开发、扶贫扬黄灌溉、引扬黄及库井灌区节水改造、宁东基地供水、城乡饮水安全等一批重点水利工程建成投用，为经济社会发展提供了有力保障。

（二）发展特色优势产业

大力建设北部引黄灌区现代农业、中部干旱带旱作节水农业、南部山区生态农业三大示范区。在稳定粮食生产的基础上，着力培育壮大特色优势产业，马铃薯、硒砂瓜、枸杞、葡萄、苹果、红枣种植面积分别达到 411 万亩、100 万亩、78 万亩、40 万亩、76.3 万亩和 82.5 万亩，水产养殖面积累计达到 65 万亩，肉牛、肉羊饲养量达到 157 万头、896 万只，奶牛存栏 42.6 万头。着力培育和发展农产品加工龙头企业，形成公司+基地+农户的产业化发展模式。全区规模以上农产品加工企业达到 407 家，主要农产品加工转化率达到 50%，产业化水平显著提高。大力发展清真食品和穆斯林用品产业，自治区设立 5000 万元专项发展资金，目前全区清真食品和穆斯林用品产业近万家，个体经营户达 2 万户，实现产值 200 亿元。

（三）促进城乡居民增收

实施创业促就业工程，加大农村劳动力转移就业力度，不断完善医疗保险、养老保险、失业保险、城乡低保等社会保障体系，认真落实支农惠农、退耕还林等转移性支付政策，不断拓宽居民增收渠道，2010 年，城镇居民人均可支配收入达到 15344 元，年均增长 9.4%；农民人均纯收入达到 4675 元，年均增长 15.5%。

（四）实施特困少数民族解困工程

宁夏中南部地区是全国 18 个集中连片特殊困难地区之一，也是宁夏回族最集中、最贫困地区。全区 110 多万扶贫对象主要集中在这一地区。2010 年，中央财政投入少数民族发展资金 3950 万元，实施项目 147 个，主要用于中南部特困民族地区乡村道路、饮水、特色村寨建设及教育、文化、卫生等社会事业。自治区先后四次召开固原工作会议、两次召开中部干旱带工作会议，着力推动中南部地区发展。实施扶贫开发工程，中南地区 8 个国家扶贫工作重点县实现了乡乡通油路、村村通公路、通广播电视、通电话、通宽带；实施饮水安全工程，解决了 156 万人饮水安全问题；实施生态移民工程，先后组织实施了吊庄移民、“1236 工程”移民、易地扶贫搬迁移民，12.2 万人搬入生态移民新村；实施危房危窑改造工程，改造危房危窑 14.7 万户，62 万多困难群众受益；加大劳务输出，发展特色种养殖，全区 8 个国家扶贫开发工作重点县农民人均纯收入从 1678 元增加到 2196 元，连续五年增幅都在 10%以上，并高于全区平均水平。

（五）落实少数民族贸易政策

认真执行国家对民族贸易和民族用品定点生产企业制定的减免税收和贷款贴息政策，积极争取国家对民贸企业技改和流动贴息政策支持。目前，全区 85 家企业被确定为全国少数民族特需商品定点生产企业。截止 2010 年，民贸民品企业享受流动资金贷款贴息达 3.42 亿元，比“十五”期间增长 21 倍；技术改选贷款贴息 908 万元，比“十五”期间增长 10.4 倍，民贸企业减免增值税比“十五”期间增长了 2.3 倍。国家民贸民品优惠政策的落实，对宁夏的民族特色产业的发展起到了极大的扶持作用。六是不断扩大对外开放。2010 年成功举办了首届中国·阿拉伯国家经贸论坛，积极申请国务院批准宁夏永久承办“中阿经贸论坛”，全面推进面向中亚、中东国家和地区的开放进程。成立清真食品认证中心，与马来西亚等 4 个国家 HALAL(哈拉里)认证机构达成相互认证协议，为进一步推动自治区民族用品、清真产品走出宁夏、走向世界创造了条件。

二、民族团结进步事业蓬勃发展

（一）强化政策支持

认真贯彻党的民族政策和民族区域制度，结合近年来中央做出的一系列关于加强民族工作的重大决策部署，不断完善配套法规和政策措施，截止目前，全区各级人大共制定和批准了 150 多个地方法规，涉及到政治、经济、文化、教育等各个方面，为加快少数民族和民族地区各项事业健康发展，促进民族团结进步提供了强有力的政策法规保障。

（二）深入开展民族团结进步创建活动

召开全区民族团结进步工作会议，自治区党委、政府制定出台了《关于在全区深入开展民族团结创建活动意见》，结合开展“民族团结月”活动，在全区范围内广泛开展民族团结进步进机关、进校园、进乡村、进社区、进企业、进军营、进宗教场所活动，投入 1678 万元，对全区评选出的 24 个民族团结示范乡（镇）村、13 个民族团结进步示范社区、20 个清真食品示范企业、5 个少数民族人才培训基地、10 个民族文化联系点、10 个民族传统体育训练基地进行扶持，大力营造各民族和谐发展的社会环境。

（三）加强民族团结宣传教育

自治区党委专门举办了全区领导干部马克思主义民族理论专题学习班，加强对领导干部的政策教育。在全区持续开展了党的民族政策宣传教育活动，教育引导各族群众牢固树立民族大团结大发展的思想基础，进一步增强各族群众对伟大祖国、中华民族、中华文化和中国特色社会主义的高度认同。把各级党校作为民族区域自治区法的教育阵地，在大中专院校普遍开设了民族理论、民族政策教育课，广泛开展法律法规和党的民族政策进课堂活动。

（四）大力表彰民族团结进步模范

每五年举办一次民族团结进步表彰大会，组织民族团结进步模范代表进行巡回演讲，树立宣传民族团结进步先进典型。自治区累计表彰先进集体 742 个，先进个人 2149 个，134 个集体和 161 名先进个人受到国务院的表彰奖励。全区各市县也开展了相应的表彰活动。

三、少数民族社会事业全面提速

（一）提高民族教育水平

制定实施《自治区民族教育条例》，对义务教育阶段实施“两免一补”政策，按照“优先发展，重点扶持”的原则，认真实施“民族教育扶贫和百名优秀教师执教工程”、“百所回民中小学标准化建设工程”。目前，全区有回民中小学 217 所，民族高校 1 所，宁夏民族职业技术学院 1 所，少数民族预科教育学院 1 所，阿拉伯语言学校 5 所，基本形成从基础教育到高等教育较为完善的民族教育办学体系。全区各类学校回族在校生达 50.96 万人，高于全区回族人口的自然比例。投资 6 亿多元在首府银川创办六盘山高级中学和育才中学，通过免收学费、住宿费和提供生活补助，异地培养宁南山区少数民族贫困学生，为山区孩子提供了公平的受教育机会。

（二）继承和发展民族优秀文化

创作推出了《花儿》、《月上贺兰》、《回族婚礼》等50余部优秀舞台新剧目和8部文化旅游精品剧（节）目。成功举办了两届中国宁夏国际文化艺术旅游博览会，六届中国西部花儿歌会，四届国际剪纸艺术展等大型活动，与国家民委等部委联合举办了全国第二届少数民族戏剧会演，组织参加了三届全国少数民族文艺会演，举办了中国（宁夏）首届回族舞蹈、回族服饰展演活动，搭建起宁夏与国内外文化交流合作平台。坚持开展民族文化下乡活动，打造“清凉宁夏”、“湖城之夏”、“星海之夜”、“彩色周末”、农民文化节等品牌广场文艺演出活动，全区举办广场文化活动1000多场，观众达到100多万人次，丰富和活跃了各族群众的文化生活。全面启动了文化信息资源共享工程和非物质文化遗产保护工程。建成回族博物馆和各类行业专题博物馆42座，并向社会免费开放。申报确立了同心清真大寺等一批回族重点文物保护单位。申报建立了回族服饰、回族花儿、回族踏脚舞、口弦、穆民扇、张氏回医正骨、回族汤瓶八诊等40个国家和自治区级非物质文化遗产保护项目，并确定了传承保护基地和代表性传承人。

（三）积极推进少数民族体育、卫生事业

组团参加了第八届全国少数民族传统体育运动会，取得历史性突破。成功举办黄河金岸国际马拉松赛、第十三届全区运动会和第七届全区少数民族传统体育体育运动会，建立了10个少数民族传统体育训练基地，促进了少数民族传统体育项目的传承发展。率先在全国探索医疗改革，推行了药品采购“三统一”。加快完善县乡村三级医疗卫生服务体系，基本实现农村三级医疗卫生服务网络全覆盖，社区卫生服务覆盖率达到90%，每千人口卫生机构数0.26个，每千人拥有病床位数3.5张，均高于全国平均水平，进一步完善农村社会保障体系，“新农合”参保率达到92%，群众“看病难、看病贵”问题得到有效解决。鼓励民族企业开展回医回药理论研究和市场开发。

（四）少数民族合法权益得到保障

自治区十分重视维护社会稳定、加强民族团结的各项工作。充分尊重少数民族的风俗习惯，依法保护少数民族的合法权益。全区220万回族人口中，平均500多人拥有一座清真寺。将清真食品管理纳入食品安全管理体系，依法加强管理，严肃查处生产经营假冒清真食品的违法行为，全区有1万多家清真食品生产经营单位和清真商业网点，基本满足了回族群众日常生活和宗教生活的需要。在回族聚居地区建立回族公墓。开斋节、古尔邦节期间，全区各族干部职工放均假两天，自治区各级党政领导深入清真寺和民族宗教代表人士家中进行慰问，送去党和政府的温暖。加强新闻宣传、文艺创作、图书报刊、音像制品中关于民族习俗内容的审查，积极营造尊重少数民族风俗习惯的良好氛围。定期开展党和国家民族政策大检查，坚决防止发生伤害民族感情、损害民族利益的情况。对倾向性、苗头性的矛盾和问题早排查、早发现、早处理，把可能影响民族团结、社会稳定的因素消除在萌芽状态，为民族团结进步事业奠定坚实基础，为经济社会发展创造良好条件。

（五）少数民族干部人才队伍建设成效显著

坚持每年从全区选送一批少数民族干部到中央国家机关和经济发达地区挂职锻炼或参加各类培训机构培训。每年选拔一批高校应届毕业生到乡镇、村和街道、社区工作，经过培养锻炼后，择优录用到各级党政机关工作。连续多年选送35岁以下少数民族年轻干部任农村党支部书记或农村工作指导员。坚持在自治区党校举办少数民族干部经济管理大专班和本科班，每年录用100名少数民族中青年干部脱产培训。积极选拔任用少数民族干部。2000年，自治区党委、政府下发《关于进一步加强民族工作决定》明确规定，到2010年，全区少数民族干部比例从18.2%提高到24%，自治区各个工作部门和各级领导班子，都要配备一定数量的少数民族干部，招考录用国家公务员和机关工作人员时，对少数民族人员给予降低分数段、在同等条件下优先录用。到2009年底，全区各级党政机关共有少数民族干部3.8万人，占全区干部总数的24.7%。实施“人才强区”战略，制定了《自治区少数民族高层次骨干人才需求规划和年度培养计划》，全面实施“基层之光”人才培养计划、“牵手工程”人才培养计划，高级农村实用人才工程、阿语人才素质提升工程等，培养了一大批少数民族人才。

（撰稿　陈常国　审稿　任薇娜）

新疆维吾尔自治区

刚刚过去的2010年，是新疆受国际金融危机和“7 5”事件双重影响，发展和稳定面临复杂严峻形势，充满挑战的一年；也是中央召开新疆工作座谈会，提出实现新疆跨越式发展和长治久安战略决策，新疆面临历史性大机遇，各族人民群众充满期盼和坚定信心、团结奋斗的一年。新疆坚持以科学发展观为统领，认真贯彻落实中央新疆工作座谈会、全国对口援疆工作会议和自治区党委七届九次全委（扩大）会议精神，解放思想、凝聚力量、抢抓机遇、扎实工作，努力推进经济快速发展，着力改善民生，全力维护社会稳定，提振了各族人民实现科学跨越、后发赶超的信心，增强了全社会的凝聚力和向心力，形成了大建设、大开放、大发展的良好局面。全区生产总值5437.47亿元，增长10.6%；全社会固定资产投资完成3423.2亿元，增长25.2%；社会消费品零售总额1375.1亿元，增长17%；外贸进出口总额171.3亿美元，增长23. 9%；全口径财政收入6932.68亿元，增长34.7%；其中地方财政一般预算收入500.5亿元，增长28.8%；地方财政一般预算支出1698.9亿元，增长25.9%；城镇居民人均可支配收入13643.77元，增长10%；农民人均纯收入4642.67元，同比增长15.9%。

一、新型工业化进程加快

不断丰富完善新型工业化发展思路，加快以石油石化、煤电煤化工、有色金属、特色农产品深加工、高新技术等为主导的新型工业化步伐，提升了工业经济质量。工业增加值预计完成1950亿元，增长13.5%；规模以上工业企业实现利润852.42亿元，增长69%。积极推动进疆大企业大集团建设项目的立项、开工和建设工作。依托建设国家大型石油石化基地的有利条件，争取中央石油企业的支持，开展石化下游产业的深度合作，推动了克拉玛依、米东、库车及独奎等石化工业园区建设，促进了石化下游产业集群化发展。地方工业快速发展，增加值增长20.5%，占全部工业增加值34%。出台《关于促进中小企业发展的实施意见》。中小企业实力不断增强，涉足领域不断扩大，在吸纳就业、增加税收、优化经济结构、构建和谐社会等方面发挥了重要作用。信息化建设步伐加快，电子政务试点和“数字城市”建设取得初步成效。生态环保型工业园区建设、循环经济和低碳经济发展受到高度重视，产业集聚和产业升级得到普遍关注，新建工业项目基本实现了园区化。49家国家和自治区级园区已成为自治区新型工业化的重要载体。

二、三农工作成效显著

在自然灾害影响和市场波动较大的情况下，围绕发展六大产业，坚持以市场开拓为重点、加工增值为目标、农民增收为核心，大力推进现代农牧业发展。粮食总产1171万吨，创历史新高；棉花总产248万吨，棉农收益大幅提升；林果面积1700万亩，林果产品总产量1028.8万吨；现代畜牧业快速发展，规模养殖水平不断提高。主要农作物良种覆盖率90%，农业综合机械化率80%，设施农业面积100万亩，新增高效节水面积380万亩、绿色食品原料基地620万亩、农业标准化生产示范区62个。新增中国驰名商标、新疆著名商标和新疆品牌产品88个。加快北京、上海、广州等城市农产品展销中心建设，推动农产品营销模式的全面创新，实现了农产品网上交易，完善了农产品流通服务体系。龙头企业带动250万农户增收，实现销售收入516亿元。培训农村富余劳动力67万人次，转移农村劳动力210万人次，劳务创收80亿元。农村生产生活条件继续改善，解决了120万农村居民的安全饮水问题，新增12万沼气用户。新建和改造农村公路5503公里。投入扶贫资金8.7亿元，实施扶贫项目565个。投入移民安置资金11.4亿元，实施移民民生工程113个。

三、投资力度不断加大

着力加强重大基础设施和生态环境保护项目建

设。完成重点建设项目投资 1200 亿元，增长 20%。下坂地水利枢纽、吐鲁番机场、国道 314 线库尔勒—库车高速公路等 42 个重点项目建成投运，喀什—和田铁路开通运营，实现了新疆与西北 750 千伏电网联网。卡拉贝利水利枢纽、库车—阿克苏高速公路等 32 个重点项目开工建设。兰新铁路第二双线、国道 217 线独山子—乔尔玛公路等项目加快实施。新增前期费 10 亿元，一批重大项目前期工作加速推进。城乡通信网络建设不断加强。重点流域综合治理、天然林保护、平原绿化、荒漠植被恢复、土地整治、矿山地质环境恢复治理等生态工程建设全面加快。完成造林 295 万亩、退耕还林 39 万亩、退牧还草 1630 万亩。实施各类污染减排、环境综合整治项目 127 个。

四、人民生活明显改善

坚持民生优先，着力解决各族群众最直接、最关心、最紧迫的问题，财政用于民生支出 1198 亿元，占地方财政一般预算支出 71%，增长 26.4%。大力实施安居富民、定居兴牧工程，19.1 万户农牧民实现安居。大企业大集团以冠名方式无偿援建水库项目进展顺利。新建廉租住房 8.5 万套、公共租赁住房 1.2 万套，棚户区改造 7 万户。采取 24 小时动态清零措施，近 4 万户"零就业"家庭至少一人就业。出台《关于进一步促进大中专毕业生就业的意见》。80%以上应届大学毕业生实现就业。城镇五项社会保险参保人数 1370 万人次。城镇职工和城镇居民医保参保率 91.4%和 85.5%。30 万"五七工"、"家属工"等集体企业未参保人员纳入基本养老保险。新型农村养老保险试点扩大到 56 个县（市），参保 358 万人。新农合覆盖农牧业人口 1034 万，参合率 98.6%，住院报销比例增加 5 个百分点。提高城乡居民最低生活保障水平，实现了应保尽保、分类施保。增加了农村"四老"人员、村干部、企业离退休人员和干部职工的收入。突发应急救援体系建设不断完善，成功应急营救 4000 余人，最大限度地减少了事件造成的损失。市场持续繁荣，商品供给充足，满足了各族群众基本生活需求。

五、社会事业全面发展

义务教育普及成果进一步巩固提高，中高等职业教育规模进一步扩大，高中阶段教育比例进一步提高，高等教育内涵建设成效明显，各类教育办学条件继续改善。各类教育在校学生 443.93 万人，主要劳动年龄人口平均受教育达 9 年。"双语"教育进一步普及，农村学前"双语"幼儿园建设成效显著。内高班办班城市增加到 36 个，办班学校增加到 66 所，在校生规模 2.23 万人。高校和高中阶段贫困家庭学生资助面达 82%。科技兴新战略深入实施，区域创新体系进一步优化，科技创新能力不断提高，对经济社会发展的支撑引领作用明显增强。科技成果不断涌现，其中获得国家科技进步一等奖 3 项、二等奖 6 项。建成基层医疗卫生服务建设项目 391 个、农村计划生育服务站 168 个。计划生育利益导向政策取得明显成效。各类重大传染病、地方病得到有效防控。食品药品安全专项整治工作成效显著，确保了各族群众饮食用药安全。新建乡镇文化站、广播电视村村通项目 924 个和 8463 个，东风工程、农家书屋工程、送书下乡工程扎实推进。兴边富民计划深入实施，加大了对人口较少民族发展的扶持力度。推进"贫困残疾人康复救助关爱工程"、"阳光助行"工程、光明工程和"扶贫就业基地建设工程"，提高和改善了群众生活质量。维护老年人合法权益、老年优服活动成效显著。成功举办 2010 年跆拳道世界杯、自治区第十二届运动会和自治区第七届少数民族传统体育运动会。在国内外重大比赛中取得 21 枚金牌、18 枚银牌、15 枚铜牌的历史最好成绩，在第十六届亚运会、亚残会上实现了历史性突破。高质量完成了全国第六次人口普查的登记复查工作。

六、改革开放不断深入

乡财县管、农村土地流转、集体林权制度等农村改革深入推进。国有企业产权改革、资源整合力度不断加大，困难国有企业改制重组取得重大进展。非公有制经济快速发展，私营企业、个体工商户和外资企业注册资本分别增长 18%、22%和 7%。民间投资日趋活跃，增长 67%，占投资总额的 30%。资源税改革率先实施，矿产资源探矿权采矿权出让管理进一步规范，重大项目资源配置机制逐步形成。公共财政管理体制改革不断深化，县级基本财力保障机制和激励约束机制不断健全，财政保障能力不断增强，税收职能作用进一步发挥。金融体制改革继续深化，地方银行、村镇银行、小额贷款公司迅速发展。农村基础金融服务全覆盖工作当年部署、当年完成。金融机构人民币各项贷款新增余额1100亿元，增长30%，高于全国平均水平10个百分点。资本市场融资210亿元。农业保险保障能力不断提升，支持了受灾农牧民抗灾自救。医药卫生体制改革五项重点工作进展顺利。向西开放深入推进，能源资源大通道建设取得突破。中哈霍尔果斯国际边境合作中心建设步伐加快，喀什、霍尔果斯特殊经济开发区建设前期工作全面启动。开展了跨境贸易与投资人民币结算试点。第19届“乌洽会”成功举办，中国—亚欧首届博览会筹备工作扎实推进。与中亚、西亚及俄罗斯的经济技术合作日益深入。实际利用外资2.4亿美元，增长11.3%；引进区外到位资金1300亿元，增长30%。接待入境旅游者106万人次，创汇3.7亿美元，分别增长45.7%和40.8%；接待国内旅游者3038万人次，旅游收入280亿元，分别增长43%和58.4%，均创历史最好水平。

七、援疆工作扎实推进

认真落实全国对口援疆工作会议精神，成立对口援疆工作领导小组，积极主动做好与对口援疆省市的协调对接，19个省市援疆干部工作队领队提前到位，第七批援疆干部全部进疆。认真编制援疆工作总体规划及各类专项规划，制订工作实施方案，签订一批援建项目合同。按照试点先行、民生优先原则，启动棚户区改造、廉租房建设、新农村建设、医院学校建设以及特色产业基地建设等99个对口支援试点项目，投入资金36.5亿元，其中援疆省市援助资金20亿元。组建了一批以援疆省市命名的工业园区，产业援疆迅速兴起，呈现强劲发展势头。与30多个国家部委及国内大企业大集团在多个领域签署了战略合作协议，在疆投资进一步增大。

八、兵团建设不断加强

生产建设兵团认真贯彻落实中央新疆工作座谈会和全国对口援疆工作会议精神，以科学发展观为统领，全面推进经济建设、政治建设、文化建设、社会建设以及生态文明建设，经济社会呈现良好发展态势，为全区改革发展稳定做出了新的贡献。兵团生产总值预计完成751亿元，增长13.2%；固定资产投资420亿元，增长32%；外贸进出口总额56亿美元，增长20.2%；城镇居民人均可支配收入14500元，增长12.2%；农牧工家庭人均纯收入8680元，增长13.2%。

九、社会大局保持稳定

广泛开展“热爱伟大祖国、建设美好家园”主题教育活动和民族团结进步创建活动，增强了各族干部群众的国家意识、公民意识和法治意识。依法加强对宗教事务的管理，充分发挥宗教人士和信教群众在促进经济发展、维护社会稳定方面的积极作用。认真解决群众关心的热点难点问题，加强新形势下的信访工作，有效化解人民内部矛盾，促进了社会和谐。创新社会服务管理模式，加强社会治安综合治理，打牢了维护社会稳定的工作基础。坚持“反暴力、讲法制、讲秩序”，做到维稳工作常态化，增强突发事件处置和社情舆情研判能力，粉碎了境内外“三股势力”的一系列分裂破坏活动，全区形势总体稳定、总体可控、总体向好。严格落实安全生产责任制，深化隐患排查治理，确保了安全生产形势基本稳定。初步建立健全应急管理体制机制，应对自然灾害、事故灾难、公共卫生和社会安全等各类突发事件的能力全面加强。

一年来，新疆坚决贯彻中央决策部署，奋力推进科学跨越、后发赶超，体现了新时期新阶段的“新疆效率”，求发展、谋富裕、思稳定、盼和谐已经成为新疆的主旋律。在看到成绩的同时，也清醒地认识到存在的问题和矛盾。经济发展滞后，结构不合理，城乡区域发展差距较大；城乡居民收入水平偏低，民生改善任务繁重；政府职能转变和法治政府建设存在差距；维护社会稳定的任务十分艰巨。对于这些矛盾和问题，要高度重视，采取有效措施，认真加以解决。

（撰稿　裴海龙　审稿　王纯夫）

民族乡镇发展综述

北京市

北京市有 5 个民族乡，其中 2 个回族乡、2 个满族乡和 1 个满族蒙古族乡。2010 年，在市区党委、政府的领导下，在各相关部门和民族工作部门的大力支持下，北京市 5 个民族乡坚持以科学发展观统揽全局，深入贯彻落实党的路线方针政策，紧紧抓住“三个北京”和世界城市建设的有利契机，真抓实干，奋力拼搏，经济和社会各项事业继续保持平稳快速发展，群众生产生活条件得到进一步改善。

一、经济总量持续增加，农民收入不断提高

5 个民族乡实现乡镇企业总产值 49.00 亿元，增长 28.8%，其中工业企业总产值达 24.04 亿元，增长 37.9%；农林牧渔业总产值达 3.73 亿元，粮食产量 3.28 万吨，肉类总产量 3.49 万吨。5 个民族乡地方财政收入 3.15 亿元，增长 36.2%；农民人均纯收入达 13462.9 元，增长 15.3%，高于全市郊区居民人均纯收入 13262 元。朝阳区常营回族乡农民纯收入已达 17437 元。

二、稳步推进城市化建设，大力发展特色产业

5 个民族乡中，有 2 个民族乡增挂地区办事处牌子，行使双重管理职能，重点推进城乡一体的公共服务体系建设，统筹提高群众生活水平；2 个民族乡位于北部山区，每年举办“汤河川满族民俗风情节”，大力推进旅游设施建设，提升民俗户、景点景区接待档次，挖掘和发扬满族特色，推进“满族八旗”新村建设，将满族特色小吃和满族民俗文化与当地自然景观和人文景点建设相结合，逐步打造出了满族特色旅游品牌。2010 年，两乡共完成旅游接待 17 万人次，旅游综合收入 1481 万元。旅游业的大力发展，增强了 2 个民族乡的经济活力，各族群众实现了增收；1 个民族乡利用地域优势，大力打造聚富苑产业基地建设，2010 年签约引进哥伦比尼家具（中国）有限公司等 5 家企业，投资总额约 7.06 亿元，盘活国有土地 116 亩、闲置厂房 1.4 万平米，解决劳动力就业 1060 人。

三、社会事业取得进步，基础设施建设推进

5 个民族乡内建有学校 12 所，教师 818 人，在校学生 6514 人。5 个民族乡实现新型农村合作医疗制度全覆盖。除 1 个民族乡因城市化进程较快，其余 4 个民族乡均建有卫生院，辖区 62 个行政村中有卫生室 86 个。建有图书馆 4 个、村文化活动室 68 个。5 个民族乡基础设施建设得到重点推进，除对朝阳区常营回族乡参照一道绿隔政策做好基础设施建设外，对其他 4 个民族乡参照所在区县重点镇政策进行建设。按照“十二五”时期规划，4 个民族乡将建设市政道路 36.5 公里、公园绿地 3.9 公顷，新增集中供水能力 1.3 万吨/天，新增垃圾转运能力 30 吨/天，工程估算总投资约为 4 亿元。

（撰稿　沙海涛　审稿　马中璞）

天津市

天津是一个多民族聚居的国际港口城市，辖 16 个区县，总面积 1.19 万平方公里。全市有 52 个民族，总人口 1228 万，其中少数民族 30.38 万人，占全市人口的比重为 2.47%。有 2 个民族乡，分别是

东丽区幺六桥回族乡和蓟县孙各庄满族乡。2010 年，是实施“十一五”规划的收官之年，是天津民族乡面临挑战，奋力拼搏，取得显著成绩的一年，也是站在高起点上实现新发展，持续推进富民强乡至关重要的一年。一年来，民族乡在当地党委、政府的正确领导下，在市、区（县）有关部门和社会各界的大力支持下，以科学发展观统领经济社会发展全局，深入贯彻市委九届七、八次全会和区（县）三级干部会议精神，注重改善民计民生、建设团结和谐民族乡，带领民族乡各族人民，深挖区位优势，真抓实干，圆满完成了的各项任务。

一、各项经济指标实现较快增长

2010 年，孙各庄满族乡以“制定一个好规划、打造两个新亮点、实现三个新突破”为工作重点。团结带领全乡满汉群众，锐意进取，真抓实干，各项工作取得了可喜成绩，总结起来，可以说是：项目建设有了新突破，环境治理取得了新成效，新农村建设有了新亮点。在年中全县中期工作推动会中，该乡综合评价位居全县第六名，取得了历史上的最好成绩。完成国民生产总值 12680 万元，同比增长 26.7%；完成工业产值 4200 万元，同比增长 36%；实现工业销售收入 3960 万元，同比增长 32%；完成招商引资 7100 万元，同比增长 42%；完成固定资产投资 17100 万元，同比增长 115%；社会消费品零售总额 3135 万元，同比增长 33.6%；实现农民纯收入 9986 元，同比增长 11.4%，特别是财税收入完成较好，全年完成 96 余万元，占年计划的 358%，同比增幅列全县第一。幺六桥回族乡按照“创新思路、发挥优势、富民强乡”的发展思路，以发展航空现代服务业、加速全乡城市化进程、推进产权制度改革、改善民计民生、构筑生态宜居社区、建设和谐民族乡为重点任务，圆满完成了乡十六届四次会议确定的各项任务。全年实现地区生产总值 13.05 亿元，完成任务的 107.44%；三级财政收入 1.0085 亿元，增长 22.1%，乡域财政收入首次突破亿元大关；其中完成本级财政收入 3073 万元，完成任务的 128.9%；固定资产投资 15.46 亿元，完成任务的 101.5%；招商引资 14.32 亿元，完成任务的 102.6%；农民人均纯收入 13314 元，完成任务的 100.34%。超额实现了乡域经济社会发展的预期目标。

二、自主创新、项目拉动，经济和社会事业发展进一步加快

孙各庄满族乡发展情况：一是投资 18 万元，完成了高标准的规划提升。明确了与建设全国民族示范乡要求相适应的长远及近期目标，发挥民族优势，打造满族文化园区；依托皇家祭祀古迹，打造儒家孝道文化园区；发挥特色干鲜果品优势，发展现代特色农业园区的美好蓝图。二是环境综合整治工作效果明显。投资 300 万元，打造丈烟台社会主义新农村建设新亮点，带动了全乡的新农村建设步伐，形成了以点带面、多点开花、村村有动作的建设局面。目前，全乡 13 个村村容村貌都有了明显改观，各村基本实现了道路硬化、绿化、美化，垃圾无害化、能源清洁化程度不断提高。三是招商引资取得突破性进展。积极协助县政府与大通公司进行洽谈中华文明孝道园项目，促成了该项目在孙各庄满族乡的落地，相关手续已办理完毕。四是社会事业又好又快发展。积极协调社会各方面力量，投资近 300 万元，对三所中小学校进行了改造提升，有 2 所学校列入全县义务教育学校现代化标准建设首批学校，并已通过市专家组的初步验收，中学建设为样板校，得到了市县领导和有关部门的充分肯定。投资 100 万元的乡文体中心也将在近期完工，投资 15 万元出版了《走进满族乡》和满族风情画册，提高了满族乡的社会知名度。

幺六桥回族乡发展情况：一是中心镇区生活品位进一步提升。为提升镇区市容环境水平，投资 2160 万元，完成了镇区绿化、亮化、硬化、美化提升改造工程。完成了小区及道路绿化近 6 万平方米、路面硬化近 3 万平方米、照明设施安装 157 盏，通过实施市容环境整治，改善了社区环境，提升了生活质量，为居民营造了舒适健康和谐的氛围。二是新镇区及空客还迁房建设如期竣工。经与建设部门的积极协调配合，总投资 22.5 亿元，建筑面积 70.3 万平方米的空客还迁房和经营性用房，已完成装修、配套公建设施建设，空客五村已实现入住 1753 户。三是乡域综治环境进一步改善。按法定程序严格治理双违，拆除违法建筑 4.3 万平方米，复耕 1.8 万平方米；拆除违章棚亭 68 家。不断强化 13 个村队的环境卫生清洁工作的落实，在创建示范小区工程中，

出动清洁人员 3600 人次，清理乱堆乱放杂物 4000 余吨，提升了小区的环境水平。四是楼宇总部经济再创佳绩。深度挖掘招商资源，采取以商招商、中介招商、亲情招商、信息招商等多种方法手段，着眼有规模、带动强、潜力大、高质量的项目，实施了产业化、精准化招商，取得显著成效。全年引进企业 90 家，注册资金 2.35 亿元，正在洽谈中 11 家，实现税收 2000 万元。五是科技型中小企业培植力度加大。加快科技型中小企业发展是转变经济发展方式的需要，是实现么六桥回族乡进一步大发展的潜力和动力。按照市、区关于加快科技型中小企业发展的安排部署，建立完善了组织领导体系，科学编制了科技型中小企业发展规划，制定了具有针对性的扶持政策。严密实施企业筛选，组织乡域内符合条件的企业申报认定，引导企业通过技术改造、优化管理、挖掘市场，提升整体竞争力。以招商引资为抓手加快项目引进，从而逐步壮大科技中小企业的规模与实力，形成促进全乡经济加快发展的持续保证。

（撰稿　刘飞　审稿　马竞　从秀荣）

河北省

河北省 52 个民族乡共有 682 个行政村，因承德市平泉县蒙和乌苏蒙古族乡更名为北五十家子镇，比去年减少了 9 个行政村，沧州市沧县杜林回族乡有 4 个村划为高新区，共减少 13 个村。其中 680 个村通公路、541 个村通自来水、680 个村已经安装了电话、全部通电通邮，分别占行政村总的 99.7%、79.32%、99.7%、100%、100%；行政区划面积为 5474.8 平方公里，占河北省总面积的 2.91%，总人口 888483 人，其中少数民族人口 357562 人，占河北省少数民族总人口的 11.31%。

河北省民族乡乡镇企业总产值 356.15 亿元、比去年减少 37.9 亿元，农林牧渔业总产值 68.84 亿元；农作物总播种面积为 92908.33 公顷，其中粮食总播种面积为 77445.53 公顷，其中粮食产量为 535138.8 吨，肉类产量为 111679.9 吨。财政收入 94284.6 万元，比去年减少 3807.2 万元，其中滦平县小营满族乡完成财政收入 39421 万元，居全省 52 个民族乡之首，人均财政收入最多的是滦平县小营满族乡，为 29623 元；财政支出 75726.7 万元，比去年减少 10518.2 万元；河北省民族乡平均农民人均纯收入为 4091，同比增长 8.65%，是河北省平均水平（河北省为 5958 元）的 68.66%，比去年减少 4.44 个百分点。

河北省民族乡学校总数为 341 所，其中中学 38 所，小学 303 所，在校学生总数为 70847 人，教师 6195 人，建有 218 个图书馆、文化站，70 个医院、卫生院（所），医务人员 933 人，病床 1450 张，医生与病床数倒置问题基本得到解决。

（撰搞　张瑞强　审稿　张兴堂）

内蒙古自治区

内蒙古自治区有 18 个民族乡，其中鄂温克族民族乡 7 个、达斡尔族民族乡 2 个、达斡尔鄂温克民族乡 1 个、鄂伦春族民族乡 1 个、朝鲜族民族乡 1 个、回族民族乡 1 个、满族民族乡 4 个、俄罗斯族民族乡 1 个。2010 年底，18 个民族乡总人口为 23 万人，总面积 2.86 万平方公里。民族乡工作在全区工作中特别是民族工作中占有重要地位。近年来，特别是进入新世纪以来，随着自治区经济社会又好又快发展，各级党委、政府也加大了对民族乡的扶持力度，民族乡人民群众在各级党委、政府的领导下，因地制宜，发挥优势，发展特色经济富民强乡，经济社会事业有了长足的发展，人民生活水平有了较大提高，2010 年，18 个民族乡农牧民人均纯收入达到 5849 元，超过了全区平均水平。其中，呼伦贝尔市阿荣旗新发朝鲜族乡东光村人均收入达到 17410 元，额尔古纳市恩和俄罗斯族民族乡全乡生产总值为 4220 万元，人均产值 1.6 万元，人均收入 17647 元。

一、农牧业基础地位不断增强

各民族乡因地制宜，大力发展奶牛、玉米、大豆、马铃薯、白瓜籽、柞蚕等支柱产业。奶牛养殖业向规模化、集约化、产业化迈进。积极发展设施农业，建立现代农业园区，推广公司加基地加农户生产模式，发展集农业生产、科技示范、农业观光和生态保护功能于一体，形成集生产、销售、加工、旅游观光为一体的农业产业群，带动农牧民发展生产，增加收入。赤峰市当铺地满族乡全乡设施农业面积已达 1.5 万亩，成为全区最大的有机蔬菜基地。

二、旅游业迅速发展

各乡依托丰富的自然资源和民族文化优势，积极发展旅游产业，势头十分迅猛，成为支持民族乡经济社会发展的新支持和朝阳产业。呼伦贝尔市恩和俄罗斯族民族乡利用国家扶持人口较少民族政策，依托俄罗斯族民俗风情积极发展俄罗斯族家庭游项目，目前家庭游户年均旅游收入 5 万元以上，已成为当地经济发展的支柱产业。2008 年，根河市投入资金 1 亿多元，聘请芬兰—贝利集团专家对敖鲁古雅乡旅游景区基础设施进行整体设计改造，打造具有民族风格的敖鲁古雅景区，2010 年完成了国家级 3A 级景区申报工作，旅游收入达 7952 万元。

三、社会各项事业全面发展

国家、自治区和地方政府不断加大对民族乡的支持力度，在项目安排和资金扶持上优先倾斜，民族乡基础设施建设和农牧民生产生活条件得到很大改善。各民族乡坚持教育优先发展，整合教育资源，改善办学条件，不断提高教学质量，实现了“两基”达标。加大科技投入，重视科技人才培养，积极示范推广农牧业新品种，不断改良牲畜质量。努力改善乡村医疗服务条件，全面推行新型农村合作医疗，新农合参合率达 96%以上。文化、体育、广播电视事业快速发展，民生等社会事业不断改善，乡乡通油路和村村通广播电视工程基本完成。全面加强民主法制建设，强化村务公开制度，加强社会治安综合治理，有力维护了农村牧区社会稳定。

四、优秀民族文化得到保护和传承

大部分民族乡都有了民族博物馆。各民族乡积极开展民族语言传承工作，积极培养本民族语言教师，开展民族语言教学课程。有的民族乡有了自己的文化名片，如新发乡组建了朝鲜族专业文化团体；几个鄂温克民族乡在传统节日“瑟宾节”开展具有鲜明民族特色的文体活动；恩和俄罗斯民族乡利用俄罗斯族“巴斯克”节列入国家级非物质文化遗产、俄罗斯族民间舞蹈列入自治区首批非物质文化遗产的优势，将保护和弘扬民族文化与家庭旅游相结合，全力发展民俗旅游业，实现了双赢。

五、民族团结进步事业蓬勃发展

民族团结、社会稳定是国家长治久安、兴旺发达的保证，也是加快少数民族和民族地区发展的重要前提。各民族乡广泛深入开展民族团结宣传教育和民族团结进步创建活动，切实保障少数民族合法权益，涌现出一大批各级民族团结模范集体和模范个人，营造了民族团结的良好社会环境，为民族乡加快发展提供了坚强保证。

（撰稿　李日树　审稿　常 威）

辽宁省

2010 年，辽宁省有 72 个民族乡，其中满族乡 54 个、蒙古族乡 11 个、朝鲜族乡 2 个、民族联合乡 5 个。行政区划总面积为 10052.7 平方公里，年末总人口达到 122.9 万人，其中少数民族人口达到

74.6 万人，占民族乡总人口的 60.7%。

2010 年，全省民族乡镇经济社会得到进一步发展，基础设施不断改善，人民生活水平不断提高。全省民族乡共有 719 个村民委员会，其中已通公路的村有 708 个，占 98.5%；已通自来水的村有 323 个，占 44.9%；已通邮的村有 706 个，占 98.2%；719 个村全部通了电和电话。

2010 年，全省民族乡共有乡镇企业 5348 家，从业人员 82148 人，乡镇企业总产值 755.9 亿元，其中工业总产值 384.4 亿元，乡镇企业年净利润总额 33 亿元。

2010 年，全省民族乡年末实有耕地面积 313.6 万亩，有效灌溉面积 83.1 万亩。农作物总播种面积 346.5 万亩，其中粮食播种面积 263 万亩。2010 年，民族乡粮食产量达到 118.5 万吨，肉类总产量达到 31.4 万吨。民族乡实现农林牧渔业总产值 120.3 亿元。

2010 年，全省民族乡财政收入为 8.5 亿元，财政支出为 8 亿元；农民人均纯收入达到 6233 元，比上年增加 779 元。

2010 年，全省民族乡共有学校 406 所，在校学生总数 10.2 万人，教师总数 9272 人；图书馆 54 个，文化站 71 个，村文化活动室 502 个。医院卫生院 74 个，其中医生 935 人，病床 1861 张；村卫生室 843 个，医生 934 人。农业技术推广服务机构 304 个，从业人员 742 人。

（撰稿　李 珂　审稿　赵佐贤）

吉林省

2010 年吉林省各民族乡镇在当地党委和政府的领导下，抓住机遇，锐意进取，充分挖掘历史、区位、文化优势，着力发展工业、努力提升农业、大力推进旅游业、全面推进特色产业，经济及各项事业取得了长足发展，民族乡镇的快速发展，不仅有力地支持了全省的发展振兴，也极大地促进了全省的民族团结进步事业。

一、民族乡（镇）经济社会发展

吉林省共有 33 个民族乡镇和一个享受民族乡待遇的镇，分布在 8 个市（州）的 23 个县（市、区），其中蒙古族乡 10 个、满族乡（镇）10 个、朝鲜族乡（镇）6 个、满族朝鲜族乡 4 个、回族乡 2 个、朝鲜族满族乡 1 个。2010 年末，全省民族乡（镇）总人口 64.82 万人，其中少数民族人口 19.57 万人，占民族乡（镇）总人口的 30.19%。

2010 年，全省民族乡（镇）经济社会得到进一步发展，基础设施不断改善，人民生活水平不断提高。全省民族乡镇共有 395 个村民委员会。其中，已通公路的村有 383 个，占 97%；已通自来水的村 217 个，占 55%；已通电的村 395 个，占 100%；已通电话的村 392 个，占 99%；已通邮的村 395 个，占 100%。

2010 年全省民族乡（镇）企业共有 2977 个，从业人员 40917 人，乡（镇）企业总产值 103.58 亿元，其中工业总产值 62.59 亿元，乡（镇）企业年净利润总额 5.80 亿元。

2010 年，全省民族乡（镇）财政收入达到 3.4 亿元，财政支出 3.3 亿元，农民人均纯收入 5915.93 元，比上年增加 582.39 元。2010 年，有 15 个民族乡（镇）农民人均纯收入超过了全省平均水平。

2010 年，全省民族乡（镇）年末实有耕地面积 258.26 万亩，有效灌溉面积 96.53 万亩，农作物总播种面积 253.58 万亩，其中粮食播种面积 219.04 万亩，民族乡（镇）粮食产量达到 113.8 万吨，肉类产量 13.1 万吨，民族乡（镇）实现农林牧副渔业总产值 62.39 亿元。

二、民族乡（镇）经济发展中存在的主要问题

（一）民族乡（镇）农民人均收入增长缓慢

少数民族乡村的经济和社会事业有一定发展，但从总体上说，发展还比较缓慢，根据统计数据显示，2009 年农民人均纯收入 5333.54 元，2010 年农

民人均纯收入 5915.93，增长 582.39 元，民族乡（镇）人均收入达到或高于全省农民人均纯收入 6237.44 元的只有 15 个，占民族乡（镇）总数的 45.5%，不到半数，而且有 7 个民族乡农民人均纯收入不到 3000 元，有 3 个民族乡农民人均纯收入不到 5000 元。民族乡的总体实力和经济发展水平与全省其他乡镇比还有一定的差距。

（二）农村基础设施建设有待改善

目前，水渠、灌溉、道路等农田水利设施的投入虽然逐年增加，仍无法满足农业生产的需求，如，长春市双阳区双营子回族乡大营河上的一座村与村之间的公路桥缺乏建设资金，严重影响了群众的正常的生产生活和学生上学的安全；通化县大泉源满族朝鲜族乡，全乡 21 个行政村，虽然都通了公路，但公路质量不高，大都是等外公路，标准低，路况差，远不能适应发展的需要，道路建设普遍存在着资金缺口较大的困难。

（三）民族乡经济总量小，财政困难

部分民族乡村地处偏远，交通条件差，阻碍了民族乡经济的发展。缓解乡财政困难，从长远来说，是要大力发展乡村经济，以乡村经济的大发展带动乡财政的逐步振兴。从近期看，则要本着内部挖潜为主，上级支持为辅的原则，坚持乡财政自我发展与上级大力支持两手抓，进一步完善体制，加强管理，提高效益。

三、对 2011 年民族乡（镇）经济发展的几点建议

（一）建议加快发展农村第三产业，农闲季节多为农民创造外出务工的机会和条件，采取各种培训增加农民的致富水平。

（二）建议大力加强农业基础设施建设，在民族乡的交通、水利、农田、电力、通讯等设施建设上要重点考虑，加快少数民族群众的脱困步伐，促进民族乡村经济和社会事业的发展。

（三）进一步加强对民族乡（镇）的科技服务。民族乡（镇）在发展经济过程中，要努力增加科技含量，不断提高农民的科学文化素质，要多方协调，聘请农业专家深入农民中讲学，传授专业知识，为民族乡（镇）的发展提供智力支持。

（撰稿　李　颖　审稿　王喜年）

黑龙江省

黑龙江省有 69 个民族乡（镇），其中，有 27 个满族乡，22 个朝鲜族乡，6 个蒙古族乡，3 个赫哲族乡，1 个鄂温克族乡，5 个达斡尔族乡，5 个鄂伦春族乡。近年来，在中央政策的扶持下，在黑龙江省委、省政府的全力支持下，民族乡（镇）经济社会发展速度较快，民生事业得到较大改善。

一、经济实力显著增长

经过多年发展，黑龙江省民族乡（镇）得到长足发展，经济实力迅速提升。2010 年，69 个民族乡（镇）经济总收入实现 140.8 亿元，比 2005 年增长 55.3%；农村人均纯收入实现 7421 元，比 2005 年增长 98.1%；地区生产总值 200.2 亿元，比 2005 年增长 148.6%；其中第一产业 63.3 亿元，第二产业 87.8 亿元，第三产业 49.1 亿元，分别比 2005 年增长 126.7%、148.4%、184.7%。

二、基础设施条件日益改善

在推动民族乡（镇）发展方面，黑龙江省以加强民族乡（镇）基础设施建设为着力点，逐年加大投入，不断改善农民生产生活条件。“十一五”期间，全省民族乡镇共完成基础设施建设项目 769 个，新建、扩建、维修道路 5356 公里。697 个少数民族聚居村中，通公交车的有 642 个，占 92.1%；吃上自来水有 481 个，占 69%。通电的有 677 个，占 97.1%；通电话的有 642 个，占 92%；所有民族村都通邮。

三、产业结构逐年优化

在加快民族乡（镇）经济增长方面，黑龙江省以优化产业结构，实现少数民族群众快速致富为突

破口，全力推动民族乡（镇）产业结构向“固一产、促二产、强三产”的方向迈进。一是第一产业稳固提高。近年，黑龙江省民族乡（镇）在优化一产结构上，以大力发展特色种养殖业为抓手，在水稻种植、食用菌栽培、特色养殖等方面都形成了优势产业，确保农民收入增加。例如，海林市以龙头+基地+农户的新型产业化发展模式，建成了一批具有民族特色的民俗村，与韩国洪城郡合作进行稻田养鸭项目试点取得成功，全市推广面积达到4000亩，年可增收500多万元。东宁县着力挖掘得天独厚的“小江南”气候，深化农业结构调整，精于特色主导产业，构筑民族经济发展的竞争优势，实现了“特色农业兴边”。鸡东县大量引进先进的科学技术，全面推行水稻旱育超稀植，改良水稻品种，新建多家水稻加工厂进行精深加工。宁安市利用自身水稻种植历史优久，土壤肥沃，气候适宜的发展优势，全力深度开发水稻种植业，在响水米业、渤海集团、江西村米业等龙头企业的拉动下，实行“五统一”（统一选种、统一育苗、统一操作规程、统一销售、统一品牌）产业模式，增加了市场占有份额和知名度，叫响“响水”大米品牌，塑造“中华第一米”形象。杜尔伯特蒙古族自治县以专业化、规模化、集约化和标准化牧业养殖为牵动，大力推动多元化养殖格局形成，疫病防控、繁育改良、饲料供应等服务体系不断完善，被评为全省牧业强县、全国牛奶生产强县和全国优势奶牛产业带建设示范县。二是第二产业不断加快。民族乡（镇）以开发利用自身在土地、矿产、劳动力和血缘关系等方面的比较优势为着力点，积极对外开展招商引资，不断推动工业大项目落地，实现资本、土地和劳动力等生产要素的优化重组，推动民族乡（镇）工业经济快速发展。如宁安市充分发挥与韩国亲缘、族缘和地缘优势，不断强化对韩国的招商引资工作力度，引进东部韩农（黑龙江）化工有限公司等12家韩国企业，引资总额达到4亿元，为当地民族乡（镇）工业发展，打造工业强镇奠定深厚基础。三是第三产业迅速提升。近年来，黑龙江省民族乡（镇）在发展劳务经济、旅游产业、传统文化开发利用等环节上加快发展步伐，实现第三产业快速增长。鸡西市充分发挥民族优势，区位优势和语言优势，利用亲缘关系，大力开展农村剩余劳动力的转移工作，向韩国、俄罗斯、日本、美国等国家和国内沿海发达地方输出劳务，2010年，44个民族村外出劳务1.4万人，占劳动力总数的60%以上，劳务收入达4.5亿元人民币。宁安市结合民族区域实际，发挥朝鲜族亲缘关系优势，鼓励广大朝鲜族群众对韩劳务输出，每年外出劳务人员达7000多人次，劳务收入已经成为朝鲜民族村支柱产业之一。佳木斯市少数民族村民俗资源富集、风情浓郁、自然风光优美的资源优势和良好现代农业基础，树立科学经营理念，大力发展山水风光游、民俗风情游、生态度假游和农业科技示范观光游，正在兴建的敖其湾赫哲族旅游区项目总投资1.41亿元。同江市发挥民族文化、民俗优势，开发特色旅游业，在街津口民俗度假区新建了赫哲族印像文化餐饮中心，并引导赫哲族群众开办“渔家乐”民俗旅游、民族手工艺品制作等产业项目。塔河县鄂伦春民族乡大力开发鄂伦春族桦树皮特色制作，重点生产桦皮画、桦皮盒等特色手工艺品，扩大了鄂伦春族桦树皮手工艺制作产业。

四、对今后民族乡工作的几点建议

一是建议出台与民族乡（镇）发展相关的专项规划。目前，民族乡（镇）经济在民族地区经济中占有较大比重，但目前缺乏专项规划对民族乡（镇）给予指导和扶持。应把加快民族乡（镇）经济和社会发展摆上重要位置，列入议事日程，纳入到“十二五”规划中，加快民族乡（镇）结构调整、产业化和资源开发的步伐。二是建议中央在安排少数民族发展资金比重上，增大对民族乡（镇）的扶持力度。民族乡村经济基础较弱，主导产业不明显，缺乏造血功能，严重制约了民族乡经济社会发展，同时，尽管各级各部门十分重视民族乡（镇）的经济发展，出台了许多优惠政策，但实际运作上很难操作，具有泛泛性，难以把握，难以落实到位，中央能否在安排少数民族发展资金上，加大对民族乡（镇）的扶持力度，对财政困难的民族乡在农业、林业、水利等建设项目给予重点倾斜。

（撰稿　李彦龙　审核　刘烈军）

江苏省

高邮市菱塘回族乡是江苏省唯一的民族乡，2010年，该乡经济建设和社会发展实现了平稳较快提升，实现经济总量100亿元，地区生产总值19.5亿元，农民人均纯收入1.35万元，财政收入1亿元，一般预算收入2958万元。

一、工业经济快速发展

全年实现全部工业产值91.3亿元，其中规模工业实现产值73亿元，同比增长均在30%以上。当年实现工业开票销售30亿元，增幅达30%。光伏、灯具、轻纺等产业发展势头趋稳，服装企业订单不断、效益提升。电线电缆支柱产业稳健发展，曙光、光明、红旗、亚光等亿元企业继续发挥了重要的支撑作用。科技创新和品牌建设不断提升，重新确认国家级高新科技企业3家（全乡目前8家，占全市50%以上），产学研合作项目8个，国家级火炬星火计划项目12个，国家级创新基金项目1个，省级成果转化项目1个，新增扬州市级及其以上技术研发中心6家，喜获江苏省智能电网产业基地金字招牌。

二、招商引资和项目建设扎实推进

新增私营企业104户、个体工商户255家，新增民营注册资本金7亿元，合同利用外资460万美元，实际利用外资到账153万美元。不断加速项目建设推进力度，以重大项目的新突破带动了工业以及各项经济指标的全面跃升，全年落实22个重点工业项目实施了新开工，其中：亿元项目3个、5000万元项目5个、1000-3000万元项目14个，全乡工业项目累计投入在12.5亿元以上。

三、高效农业显亮点

紧紧围绕农民增收这一主线，以大力推进农业结构转型升级为重点，全面发展高效、生态、花木景观农业，与江苏省农科院合作新建良种繁育基地，新注册了“菱塘村心连心优质稻合作社”等15个“三大合作”组织，新增虾苗培育、花卉苗木等高效农业面积近3000亩。重视农业基础设施投入，实施了磨子桥区域整治和菱塘大圩部分圩堤块石护坡修复工程，整体推进村庄河塘和乡级河道疏浚。加大了秸秆禁烧和综合利用的推进力度。全年实现农业增加值1.36亿元。

四、建筑三产有突破

着眼开拓外埠市场，突出狠抓工程质量，完成建筑业产值近11亿元，实现服务业增加值3亿元。启动了全国特色旅游景观名镇创建工作，通过向上争取，菱塘回族乡的回族风情旅游已被扬州列为6条精品乡村游线路之一“北线风情一日游”。

五、民生工程取得新业绩

强势推进“十大惠民实事”和“十大建设工程”，兴菱路大修工程进入扫尾阶段，通湖路、通湖桥、新圩桥相继建成通车，民族大道前期准备工作正在紧张筹备推进之中，村村景点工程基本实施到位，交通客运站竣工投入使用，康居新苑三期建设工程已有40多户主体施工结束，菱塘桥老街环境整治工程有序推进，环湖大堤达标建设工程已争取列入到国家治淮项目（通过国家发改委审批，进入施工设计阶段），民族文化宫、民俗风情园和双庆河二期建设等工程规划方案已经制定，将通过争取上级项目和资金扶持有序推进实施。五保、社保、低保、医保等保障面有序提升，全面实施新型农村社会养老保险，参保人数达2300人，3000多人领取了基础养老补贴，参保率和领取率均在95%以上。“惠民十金”发放面进一步扩大，其中奖学金、助学金受益22人，救助金受益730户741人，帮扶金受益850户868人，定补金受益71人，敬老金受益231人，累计发放“惠民十金”近100万元。

六、环境整治新面貌

将其作为建设新农村、创建小康乡的重要内容，按照全面清、重点疏、强势推、长效管的要求，严格落实“五位一体”系列长效推进机制，扎实开展了省农村公路管养及安保工程示范乡镇和扬州市环境综合整治示范乡镇创建，高分通过了上级考核验收。

七、城镇化发展新变化

巩固提升了国家卫生镇和全国环境优美乡镇创建成果，加大了镇区绿化、硬化、亮化、美化建设力度，依法依规加大了精致精细管理力度，社区巷道硬质化面积3000平方米，配套了回民小区、杨庄小区、新东住宅小区等供排水、路道、绿化、路灯、环卫等设施，方便了居民生产生活。邀请了东南大学城市规划设计院专家教授来菱实地调研，启动修编集镇总体规划、详规和制定全乡民族旅游发展规划工作。被扬州市明确为11家重点中心镇之一，被命名为长三角城乡一体化范例乡镇。

八、各项事业新台阶

扎实推进成人教育和社区教育，义务教育入学率、巩固率均为100%，教育现代化进程有序推进，教育教学质量处于全市前列，创成扬州市减负增效先进学校，全面实施校舍安全工程，民族初级中学门楼改造工程和学生公寓投入使用。初级卫生保健工作不断巩固，卫生院环境和医疗设施得到进一步改善。加强人口与计划生育工作，实现计生优质服务体系乡村全覆盖，计生奖扶政策落实到位。用足用活土地政策，严守耕地红线，加大复垦整理力度，申报了城乡建设用地增减挂钩项目，净增耕地 136亩，“腾笼换鸟”盘活土地，全力保障项目建设用地。切实做好双拥和国防教育工作，圆满完成了征兵任务，工会工作成绩显著，通过省模范乡镇工会创建验收。重视残疾人、妇女、儿童、老龄工作，统计、审计、电力、邮政、电信、工商、物价、金融和关心下一代工作均取得了新进展。

九、精神文明建设有新发展

开展了一系列和谐创建活动，促进了家庭、邻里、民族和谐相处。大力实施文化共享和农家书屋提升工程，成功举办了第九届农民艺术节，承办了省少数民族传统体育项目定点选拔赛，组建了民俗艺术团。新增有线电视用户 170 户，新建光缆网络近 7 公里，新增光点 22 个，广播自办节目 60 档。编印了《记忆中的菱塘》一书，加大了全面小康和创先争优宣传力度，极大地丰富了全乡回汉群众的文化生活。

十、民主法治建设成效明显

“五五”普法圆满完成，突出强化乡村组大调解联动机制，调解率和成功率达 99%，认真做好风险评估预测工作，全面实施了社会面防控，强化信访“两员”制度建设，全乡信访和治安形势稳定，平安创建再创新绩，获扬州市“八连冠”。加强基层民主政治建设，村村基本建成运作了便民服务中心，顺利完成第九届村民委员会换届选举，和谐社区建设深入推进。牢牢把握“共同团结奋斗、共同繁荣发展”的民族工作主题，成立了少数民族服务中心，规范宗教场所管理，强化民族团结。

（撰稿　刘克元　审核　成　坚）

安徽省

安徽省现有 9 个民族乡（定远县二龙回族乡、风台县李冲回族乡、寿县陶店回族乡、宁国市云梯畲族乡、淮南市孤堆回族乡、肥东县牌坊回族满族乡、淮南市古沟回族乡、五河县临北回族乡、颍上县赛涧回族乡），2010 年，全省民族乡工作坚持以邓小平理论和“三个代表”重要思想为指导，全面贯彻落实科学发展观，解放思想、抢抓机遇，推动民族乡经济社会又好又快发展。

一、经济保持较快增长

2010 年通过全省民族乡不懈努力，经济保持较快增长，主要经济指标再上新台阶，9 个民族乡地区生产总值达20亿元，比上年增加2.6亿元，增长14.94%；农民人均纯收入达5788元，比上年增加783元，增长17.09%，财政收入达到2359.56万元，比上年增加463.58万元，增长24.45%，农林牧渔总产值达9.64亿元，粮食总产达169941吨，较好的完成了预定目标，有力地支持了乡域经济的发展。

二、基础设施条件明显改善

全省9个民族乡全部完成“村村通”工程，解决了民族乡族群众的出行难问题。肥东县牌坊回族满族乡建立村级道路养护机制，2010年对全乡120多公里的村级砂石路实行了责任养护制，荣获全县农村公路养护工作一等奖。民族乡农田水利建设明显加快。如定远县二龙乡2010年完成市县重点水利工程4处，其中，总投资1050万元小农水示范区建设项目，已完成测量、规划和前期施工。项目建成后将改变三苏村近6000亩农田的排灌状况。投资450万元对二龙水库进行了除险加固。宁国市云梯畲族乡千秋太子坑水库、红旗水库除险加固工程2010年纳入市水利重点工程并开工建设。

三、农业结构调整初见成效

围绕市场需求，民族乡以发展精品农业、生态观光农业、特色都市农业农产品加工业等现代农业为导向，继续加快农业结构调整步伐，推进农业产业化经营，大力发展各类农村合作经济组织。肥东县牌坊回族满族乡组织实施水稻产业提升行动，保持粮食、油菜大宗作物面积稳定，总产增加，效益提高。定远县二龙乡小岗村大棚蔬菜种植面积达到50多亩，岗镇村山羊养殖业、三苏村奶牛产业得到迅速发展，红卫村生猪养殖初具规模，规模养殖户和奶牛养殖企业成长迅速。2010年淮南市古沟回族乡被农业部授予“无公害农产品生产基地”（水稻、小麦）、“无公害大米加工生产基地”，全乡拥有米面加工企业达14家。宁国市云梯畲族乡培育发展特色主导产业，全乡经济林面积达5.4万亩，其中毛竹0.6万亩、笋用竹3.3万亩、山核桃1.5万亩。初步形成以竹笋、山核桃为主导产业的“一村一品”经济发展格局。早竹交易市场贸易红火；白鹿、毛坦、千秋组建的早笋、仔猪等3个农民专业合作社运营正常，建设山核桃标准化生产修复基地。新增市级专业合作社2家，家禽养殖初具规模。同时鼓励适度规模经营，完善土地流转措施。定远县二龙乡2010年全乡100亩以上种粮大户已发展至6户，50亩以上大户达32户。

四、社会事业稳步推进

民生工程更加完善。定远县二龙回族乡131位五保户得到供养，有30多名五保老人入住乡敬老院，受到了妥善照料；620名困难群众享受了最低生活保障，实现了全乡五保户和低保户应保尽保。组织群众开展救灾，及时足额发放救灾款物。五河县临北回族乡发放五保户生活费资金422780元，发放民政事业费（优待）资金571256元，农村特困群众生活救助资金118250元（其中发放各项救灾款物折合人民币64250万元）。肥东县牌坊回族满族乡“515”牌坊中心敬老院工程建设完工，并于2010年年初接收五保集中供养，目前入住率达70%。积极实施新型农村合作医疗，2010年定远县二龙回族乡参保人数达14000人。五河县临北回族乡参合率为93.4%。有183人次享受医疗救助，报销医疗费用134万元。教育布局进一步优化，办学条件明显改善。9个民族乡共有学校64所，在校学生19075人，教师1256人。9个民族乡共有乡卫生院11所，医生145人，病床279张。

五、小城镇和新农村建设步伐明显加快

大力推进小城镇和新农村建设是社会进步和城市化进程的需要，特别是对于民族乡而言，要突出地理优势，必须加强小城镇和新农村规划和建设。定远县二龙乡以“丰乐杯”为载体，打造民族乡新形象。2010年以来，按照“规划先行、彰显特色”的理念，邀请安徽省建筑设计院编制完成集镇建设总规和详规。先后投入3000多万元，新建了商业贸易、花生贸易两个市场，开辟了二龙东街，重建了中心街和虞姬路，并对中心街、龙湖路、蓝玉路等几条主干街道实现了硬化、绿化、亮化。加强集镇管理，集镇功能逐步完善，集镇人口增至4000多人，市场较为繁荣。肥东县牌坊回族满族乡投资1200万元的牌坊东街建设项目已完工，投资400万元的三王甲岗自然庄“缩村让地”房屋主体和配套设施工程基本完工，农民已入住新居。牌坊、新丰两村为

合肥市市级社会主义新农村示范项目，新丰村丰岗中心村已被列入安徽省级村庄整治示范村乡项目。

六、民族团结进步事业进一步加强

9个民族乡民族关系和谐。通过多年来宣传贯彻落实党的民族政策。始终围绕“两个共同”和“三个离不开”的主题，突出民族团结这个重点，现在民族乡各民族间平等、团结、互助、和谐、共建共荣的新型民族关系已经稳固，各民族间能够和睦相处、团结互助。每年开展民族团结进步宣传月活动，举办开斋节、古尔邦节等伊斯兰教传统节日。民族乡增强了团结意识，强化了共同进步的理念，民族和谐观念蔚然成风。2010年，淮南市凤台县李冲回族乡被市政府授予“全市民族团结进步模范集体”称号。

（撰稿　马欣旸　审核　白和平）

福建省

2010年，福建省共有19个民族乡，其中18个畲族乡和1个回族乡。民族乡年末人口42.16万人，占全省总人口3693万人的1.1%，其中少数民族人口为14.12万人，占全省少数民族人口79.69万人的17.7%。从业人员为21.60万人，其中少数民族人口从业人员6.94人，占从业人员的31.3%。从业人员中从事第一、二和三产业的人数分别为10.51万人、5.72万人和5.37万人，分别占从业人员的48.7%、26.5%和24.9%。

2010年，全省民族乡有耕地面积29.84万亩，茶园面积9.17万亩，果园面积12.84万亩，渔业养殖面积4.13万亩，林地面积191.93万亩。茶园面积、果园面积、渔业养殖面积和林地面积分别比上年增长1.3%、0.1%、0.3%和0.5%。乡办及其村办水电站65座，拥有农业机械总动力9.74万千瓦，比上年增长2.2%；农村用电量达4.26亿千瓦小时，人均用电量1009.8千瓦小时，分别比上年增长19.7%和17.5%。

一、农村经济总量继续提高

2010年，民族乡农村经济总收入106.49亿元，比上年增长11.4%，其中第一、二、三产业收入分别为17.37亿元、78.44亿元和10.68亿元，分别增长5.9%、12.8%和11.3%。乡财政收入2.06亿元，增长16.1%，其中预算内收入1.42亿元，增长33.7%，乡财政支出2.06亿元，增长11.8%。

二、农业生产稳定发展

2010年，农业生产稳定发展，民族乡实现农、林、牧、渔业总产值20.66亿元，按现行价计算比上年增长5.8%。其中农业产值10.41亿元，林业产值1.77亿元，，渔业产值4.38亿元，分别比上年增长5.9%、4.6%和10.7%。2010年，民族乡农作物总播种面积59.48万亩，其中粮食作物播种面积34.90万亩，与上年相比，分别增长5.0%和5.4%。粮食产量为12.15万吨，比上年增长3.0%。茶叶、油料产量、食用菌分别为0.51万吨、0.29万吨和0.93万吨，分别增长-0.5%、16.1%和3.0%。水产品产量为4.77万吨，其中淡水产品和海水产品产量分别为0.71万吨和4.06万吨，分别比上年增长4.7%和0.7%。

三、乡镇企业经济效益不断提高

乡镇企业从业人员5.06万人，比上年增加6.6%，占民族乡全部从业人员的23.4%。乡镇企业总产值110.11亿元，比上年增长13.9%，营业收入104.84亿元，比上年增长16.1%，净利润总额4.71亿元，比上年增长20.8%，实交税金总额分别为2.61亿元，比上年增长24.0%。

四、农民人均纯收入较快增长

2010年，民族乡农民人均纯收入达5693元，比上年增长12.9%，其中少数民族农民人均纯收入5304元，比上年增长14.4%。民族乡的居民储蓄存款余额增长较快，比上年增长26.2%，达到9.17亿元。

五、教育事业稳步发展

2010年共有完小学校95所，其中民族完小学校 33 所，占民族乡小学总数的 34.7%。完小教师数 1811 人，平均每所小学拥有 19 名教师。中学 20 所，平均每个乡都有 1 所中学，中学教师 1250 人。民族乡初中生入学率、巩固率、毕业率和升学率分别达到 98.7%、98.6%、97.9%和 82.9%，其中少数民族初中生入学率、巩固率、毕业率和升学率分别是 98.6%、98.0%、97.1%和 81.5%，与上年相比，基本持平。民族乡每万人平均拥有在校小学生 467 人，比上年减少 3 人，每万人平均拥有在校中学生 285 人，比上年减少 27 人；每万人少数民族人口平均拥有在校大学生 79 人，比上年增加 1 人。

六、文化卫生条件改善，社会保障制度稳步推进

至 2010 年底，全省民族乡已民族乡建有图书馆、文化站 28 个，建立乡卫生院 18 所，卫生院总建筑面积达 3.33 万平方米，比上年增长 13.4%。医疗设备条件也有较大的改善，2010 年民族乡医疗设备价值 982 万元，比上年增加 248 万元，增长 33.8%，拥有单台件 0.5 万元以上的设备 190 件，增长 18.8%。民族乡共有卫生技术人员 405 人，其中少数民族 66 人。全省民族村共有医疗站（室）626 个，卫生技术人员 831 人。新型农村合作医疗制度建设积极稳妥推进，2010 年，民族乡参加合作医疗的人数有 35.79 万人，少数民族参保人数为 11.84 万人。

七、基础设施建设逐步改善

2010 年，全省民族乡建有汽车站 16 个，供水站 18 个，垃圾处理站 20 个，银行、信用社 22 所，集贸市场 28 个，其中综合市场 25 个。所辖行政村，全部实现通电、通邮、通电话和通公路，公路里程达 1493 公里，比上年增加 44 公里，增长 3.0%。所辖的行政村有 293 个通自来水，316 个通电视，202 个通有线广播，通水、通电和通广播的村分别占行政村的 91.3%、98.4%和 62.9%。

（撰稿　蓝宗明　审稿　兰国秋）

江西省

2010 年，是江西省 8 个民族乡经济社会事业发展环境最优、速度最快、效益最好的一年，体现出四个明显特点：

一、主要经济指标大幅增长

2010 年，全省 8 个民族乡农民人均纯收入达到 5235 元，比 2009 年增加 1012 元，增长 23.96%。其中有 3 个乡农民人均纯收入达到全省平均水平，有 4 个达到所在县平均水平，有 1 个接近所在县平均水平；财政总收入达到 2.259 亿元，比 2009 年同期增长 43.59%；招商引资达到 16.63 亿元，实际引进资金 10.19 亿元，新办工业企业 32 家。

二、社会事业飞速发展

2010 年，民族乡解决了 10279 人的安全饮水问题，实施 6115 人深山移民搬迁计划，完成了 1341 户危旧房改造，建设寄宿制学校 3800 平方米，改造敬老院 12440 平方米，改厕 4266 个，新建村级标准卫生室 14 个，建设新农村示范点 54 个。民族乡学校校舍、卫生院、福利院和敬老院建设等均好于全省平均水平，社会基本公共服务达到所在县平均水平。

三、基础设施加快完善

2010 年，民族乡实施了 7600 亩基本农田建设项目，完成了 450 万元的小型农田水利建设、河堤加固工程；投入资金 4000 多万元，实施完成通组公路建设工程 310 公里；民族乡第二期农电改造项目全部完成，河堤修复加固项目全部纳入全省“十二五规划”重点项目。

四、发展后劲显著增强

2010 年，民族乡新增培训劳动力 7308 人次，发放小额担保贷款 435.5 万元，扶持创业 470 人次，培养“一村一品”带头人 271 人，带动农户 3473 户。同时，民族乡全年外出务工的人数达到 2.4 万多人，占民族乡总人口的比例达到 25%，比 2009 年度增加

5000多人。

2010年，江西省8个民族乡总人口达到10.2万人，其中少数民族人口2.8万人，占民族乡人口的27.45%。行政区划面积1083.29平方公里，有71个村民委员会。实有耕地面积6.4万亩，有效灌溉面积5.28万亩。农作物总播种面积13.34万亩，其中粮食播种面积10.15万亩，粮食产量3.65万吨，肉类总产量0.44万吨，农林牧渔业总产值达到3.47亿元。770个乡镇企业有从业人员1.18万人，总产值达37.43亿元，年净利润总额2.03亿元。

江西民族乡经济社会发展的良好态势源于江西省委、省政府的高度重视和大力支持，源于各族干部群众的艰苦创业。

——大决策促进大发展。2010年初，江西省委书记苏荣、时任省长吴新雄专程视察民族乡并发表重要讲话，省委常委扩大会专题研究部署加快民族乡发展工作，省委办公厅、省政府办公厅专门下发《关于促进民族乡经济社会又好又快发展的意见》（赣办发【2010】1号，即1号文件），做出集全省之力促进民族乡加快发展的重大决策部署。

——大项目带动大发展。2010年江西省仅省级投入民族乡的扶持资金超过1.5亿元，支持建设重大项目40多个类别近200个项目，涵盖农田基本建设、水利设施建设、公路硬化、移民搬迁、危房改造、安全饮水工程、卫生医疗改善、新农村建设和生产创业、新技术新品种推广、转移劳动力培训、一村一品发展等各方面，全方位推动了民族乡生产的发展、基础设施的改善和社会事业的发展，惠及8个民族乡10万多各族人民。

——大创业推进大发展。江西省委、省政府主要领导视察民族乡重要讲话精神发表后，全省民族乡干部群众的思想状态无比振奋，创业热情迅速高涨。据统计，通过一村一品带动和财政生产扶助资金、农民小额担保贷款的引导扶持，全省8个民族乡新提出创业项目和扩大创业规模的农户数量达到5000多户，带动实施农户占民族乡总农户数的比例达到20%，促进民族乡传统主导产业焕发了新的生机，一批新产业茁壮成长。

（撰稿　茅　黎　审稿　王希贤）

山东省

山东省共有四个回族镇，分别是淄博市金岭回族镇、德州市十里望回族镇、聊城市张鲁回族镇、菏泽市侯集回族镇。总人口14.48万人，其中少数民族人口2.57万人，总面积216.3平方公里，实有耕地面积174176亩。2010年乡镇财政收入8289万元，农民人均收入5796.46元。在各级党委、政府的领导下，民族乡镇坚持“共同团结奋斗、共同繁荣发展”的民族工作主题，开拓创新，锐意进取，有力地推动了经济社会各项事业的全面发展。

一、积极引导产业结构调整，推动民族经济健康发展

2010年金岭回族镇重点实施了四大战略：一是产业集群发展战略。全镇形成了塑料加工、石油化工、仓储物流、清真饮食四大优势产业。目前已聚集规模以上企业22家。二是大项目带动战略。2010年完成招商引资市外项目4个，完成投资2.06亿元。列入市、区新建、续建重点项目的有11个，总投资68.6亿元。三是现代物流业推动战略。建设齐鲁现代物流港，有效提升了现代物流业对全镇经济的贡献。四是科技创新引领战略。先后与山东理工大学签订技术合作协议，与大连理工大学合作成立了大连理工齐旺达化工科技有限公司，着力推进产学研结合。十里望回族镇以三产促二产、带一产，加快推进产业化进程，大力发展以商贸、大学、物流、旅游为特色的现代商贸服务业。山东国际商贸港项目，一期建材市场即将开业。共用型保税仓库中仁物流投入使用，德州科技职业技术学院正在申报国家本科招生验收，建主校区1个，分校区4个容纳2万人。投资4亿元的生态园旅游度假酒店项目已签约落地。侯集回族镇坚持以培植骨干企业为重点，围绕技改扩建加大投入力度，打造和培育市场前景

广阔、科技含量高的拳头产品，特别是电力变压器、皮毛和灯饰产业，已成为该镇主导产业。2010 年新上千万元以上技改项目 3 个，总投资 4.5 亿元。全镇共完成工业总产值 5.11 亿元，实现利润 780 万元。张鲁回族镇充分发挥资源优势、民族特色优势，大力开展招商引资活动，重点培植发展了胜达化工有限公司、马北油棉有限公司等，2010 年新上项目 11 个，招商引资实际到位资金 8500 万元，税收完成 580 万元。

二、加大民生投入，推动社会事业全面发展

十里望回族镇，紧紧围绕省政府重点帮扶工程，先后投资 9000 万元改选镇敬老院、建成福安康老年公寓、；投资 760 万元完成镇综合文化站、卫生院、计生服务站、民族小学改造；投资 160 万元建设民族中学教学楼等。全镇民生工作实现了年年有投入，月月有变化，群众幸福指数不断提升。金岭回族镇始终把改善民生作为工作重点，加大医疗卫生教育事业投入，对卫生院进行了病房改造和内配设施完善更新，建立个人健康信息电子档案；对中小学进行教学设备更新和优化校园环境。完善五保供养机制，实施“银龄安康”工程，新型农村合作医疗参合率达 100%。投资 400 万元对金岭大街进行升级改选，各村居新修道路 9560 平方米，排水沟 1090 米，完成危房改造 99 户。扎实开展环境卫生综合治理，完善垃圾处理机制，全镇环境面貌不断得到改善。张鲁回族镇按照突出民族特色，建环保城镇的要求，对中兴街进行了拓宽改造。筹资 100 余万元实施本斋广场绿化、亮化工程。加快推进农村新居建设，菜园新村一期工程即将竣工，建设楼房 36 栋，建筑面积 6000 平方米。侯集回族镇对全镇义务教育对象进行全面调查，确保适龄儿童入学率达 100%；建筑面积 1850 平方米的镇回民中学教学楼竣工并投入使用；高质量完成了新农合筹资工作，参合率达到 99%；健全和完善了最低生活保障机制，社会保障能力不断提高。完成“村村通硬化工程”10 公里，配合县交通局完成县道改造工程 15 公里。

三、优化农业产业结构调整，促进农业产业化发展

张鲁回族镇坚持把发展农村经济、增加农民收入作为首要任务，大力发展高效农业，走集约化经营的路子，全镇形成瓜菜生产、林果种植、畜牧养殖、植桑养蚕四大主导产业。目前，全镇冬暖式大棚达到 4000 多个，大拱棚 5000 余亩，露地菜 1000 亩；优质果园 2000 亩；发展鸡棚 800 多个，牛、羊年出栏量分别达到 2 万头和 4 万只，年生产种鸽、肉鸽 20 万对。十里旺回族镇依托物流服务项目，辐射带动畜牧、蔬菜、苗圃、花卉、瓜果生产和龙头企业，带动农村发展种、养殖合作社 16 个，种养基地 61 处，万亩农业综合开发项目已完成工程总量的 2/3。区内建成长 1000 米宽 18 米的苗圃带，新发展盖韭基地 1000 亩、“8518”无公害核桃种植 500 亩，全镇“南棚北菌中盖韭、渔果花卉做点缀、畜牧小区遍全镇”的农业产业化格局正在形成。

四、加大政策宣传力度，推动民族团结和谐发展

四个回族镇党委、政府，紧紧围绕民族团结进步这一主题，教育引导各族群众珍惜机遇，扩大交流，巩固和发展团结互助和谐的民族关系。一是建立完善人才管理机制。着重选拔少数民族干部，培养少数民族技术人才，在“两代表一委员”推选上向回族党员、教职人员和回族群众代表倾斜，使他们积极建言献策、参政议政，促进民族团结和社会稳定。二是建立调解网络，及时处置矛盾纠纷。在辖区内建立了覆盖面广、布局合理的信息网络。特别是涉及社会稳定和民族团结的信息，快速处置，有效避免了影响民族团结和稳定问题的发生。三是深化民族团结教育。每年开展一次民族团结宣传月活动，落实“三抓”措施，即“抓规划确定宣传内容；抓干部起到带头表率作用；抓督导将活动落到实处”，利用多种形式，推动民族法规、民族政策、民族常识的宣传教育活动，使“维护法律尊严，维护人民利益，维护民族团结，维护祖国统一”的思想深入人心。

（撰稿人　米　杨　审稿人　马　辉）

河南省

河南省有21个民族乡（镇），其中9个回族镇、12个回族乡。2010年，在当地党委、政府的领导下，在民族工作部门的大力支持下，河南省21个民族乡（镇）坚持以科学发展观为指导，认真贯彻落实党的路线方针政策，紧紧围绕实现中原崛起和全面建设小康社会的奋斗目标，各族群众同心同德、团结奋斗，开拓进取，经济社会持续健康发展，群众生产、生活条件进一步改善。

一、经济总量持续增加

21个民族乡（镇）实现生产总值85.24亿元，比上年增长13.58%。其中三次产业增加值分别为9.46亿元、37.75亿元、38.03亿元，分别比上年增长5.83%、13.26%、16.03%，三次产业结构为: 11.1: 44.3: 44.6。农林牧渔业总产值16.96亿元，粮食产量19.99万吨，亩均单产达到833斤，肉类总产量4.14万吨; 乡镇企业总产值实现168.85亿元，其中工业企业总产值105.27亿元，增长15.79%。21个民族乡（镇）地方财政一般预算收入2.34亿元，比上年增长18.22%; 人均收入达到5263.03元，与河南省农村居民人均纯收入5523.73元相比差距逐步缩小。其中淮阳县城关回族镇、太康县城关回族镇、沈丘县槐店回族镇、睢县城关回族镇、洛宁县王范回族镇和荥阳市金寨回族乡6个回族乡（镇）人均收入略高于所在县（市）人均水平。淮阳县城关回族镇、太康县城关回族镇、沈丘县槐店回族镇、睢县城关回族镇经济总收入、财政收入位居所在县前列。

二、民营经济发展较快

通过强化领导，加大投入，优化环境，政策驱动，积极引导等措施，民营经济在民族乡（镇）迅速发展，呈现出了皮革制品、交通运输、饮食服务、食品加工、畜牧养殖等产业格局。21个民族乡（镇）有乡镇企业3084家，其中97%以上为民营企业。民营企业呈规模化发展趋势，效益逐步提高。睢县城关回族镇年产值超百万元的民营企业有12家。方城县袁店回族乡流通、餐饮、加工等行业发展步伐加快，全乡社会消费品零售总额达到4385万元，较上年增长21%，非公有制经济占生产总值的比重达到71%。郏县姚庄回族乡发展民营饭店、茶馆32家，从业人员1300多人，每天接待2000多人次。

三、招商引资取得突破

通过改善招商引资环境，创新招商引资方式，开拓招商引资渠道，坚持“走出去”与“请进来”相结合，实现招商引资新突破。睢县城关回族镇完成招商引资9亿多元，进驻县产业聚集区亿元以上的项目3个。宁陵县城关回族镇依托传统优势，该镇新上1000万元以上项目12个，其中5000万元以上8个，招商引资实际到位资金3.2亿元。

四、基础设施不断改善

21个民族乡（镇）实现了乡乡通水泥路，所辖206个行政村全面完成道路“村村通”工程、电力、广播电视、邮政、电话“村村通”。有158个行政村吃上安全卫生自来水，占行政村总数的七成以上，其余已全部列入计划，正在分批实施。21个民族乡（镇）都建成乡级客运站。宁陵县城关回族镇政府投资200余万元改造背街小巷23条，极大地改善了居民群众的生活环境。临颍县繁城回族镇政府投资480万元建成了漯河市第一个乡镇级标准化安全饮用水厂，有效缓解了群众安全饮水难题。

五、加快农业结构调整

按照立足实际，因村制宜的原则，加快农业产业结构调整，强力发展农业经济支柱产业，不断拓宽农民增收渠道。21个民族乡（镇）年末实有耕地面积31.92万亩，有效灌溉面积占九成以上; 建有农技推广服务机构136个，服务从业人员335人; 农业机械总动力达到149.9万千瓦。方城县袁店回族乡辖9个行政村，耕地面积2.1万亩，发展专业植烟村 3 个，发展了万亩小杂果基地，养鸡总量达到 8 万只以上，常年存栏牛 5000 头，羊万余只。临颍县繁城回族镇流转土地近 2 万亩，发展烟叶连片种植区、苗圃花卉种植基地、无毒红薯、双孢菇种植基地、林苗繁育种植基地、无公害蔬菜种植基地等。新蔡县李桥回族镇发展畜牧养殖专业村，群众收入近 40%以上来自于畜牧养殖业。襄城县颍桥回族镇种植烟叶、辣椒、棉花、花生、瓜类等经济作物，粮经比例达到 3:7。

六、开展特色村寨保护

叶县马庄回族乡依托回族传统清真饮食业优势，建设清真食品一条街项目投资 600 万元。郏县姚庄回族乡对民族大道伊斯兰风格民居进行保护，并对部分民居进行全面改造维修，项目投资 1000 万元。

七、社会事业取得进步

21 个民族乡(镇)内建有学校 193 所，教师 9139 人，在校学生 15 万人。21 个民族乡（镇）全部实现“基本普及九年义务教育”和“基本扫除青壮年文盲”，少数民族适龄儿童入学率 99%，初等教育普及率 98%。民族乡村医疗卫生条件逐步改善。21 个民族乡（镇）均建有卫生院，辖区有医院、卫生院 49 所，有村级卫生室 191 个。21 个民族乡（镇）实现新型农村合作医疗制度全覆盖。敬老院、文化科技大院等一批少数民族公益事业在民族乡（镇）兴建。21 个民族乡（镇）建有图书馆 31 个、文化站 23 个、村文化活动室 131 个。城镇化建设步伐加快。6 个位于县城的回族镇，进一步铺修城镇化道路，加强沿街门面布局规划的，实施亮化、绿化、硬化和供、排水等附属设施建设。

八、民族团结、社会和谐

21 个民族乡（镇）加大民族宗教政策法规宣传力度，积极开展“民族宗教政策法规宣传月”活动，引导清真寺等创建和谐寺观教堂，开展共建“民族团结进步友好村”活动。2010 年，21 个民族乡（镇）在民族关系方面未发生矛盾纠纷，保持了长期的团结稳定。

九、扶贫开发任务较重

21 个民族乡（镇）有 3 个民族乡（方城县袁店回族乡、民权县伯党回族乡和胡集回族乡）是扶贫开发工作重点乡，另有 3 个民族乡（叶县马庄回族乡、封丘县荆乡回族乡、宁陵县城关回族镇）位于扶贫开发工作重点县。21 个民族乡（镇）中分布有 20 个扶贫开发工作重点村，有贫困人口 2.3 万人，其中少数民族贫困人口 6551 人。

（撰稿　刘　宾　审稿　郭瑞疆）

湖北省

2010 年，湖北省 12 个民族乡（镇）在地方各级党委、政府的正确领导下，坚持以邓小平理论、“三个代表”重要思想为指导，全面贯彻落实科学发展观，紧紧围绕“农业、农村、农民”和建设社会主义新农村的各项要求，改善民生等一系列支农惠农的重大政策和措施，坚持统筹城乡发展，深化农村改革，强化支农惠农政策，稳定粮食生产，努力改善经济发展环境，加快农村劳动力转移就业，促进了农村经济稳定发展，农民收入实现稳定增长。

湖北省 12 个民族乡（镇）分别是：荆门市钟祥市九里回族乡、荆州市洪湖市老湾回族乡、荆州市松滋市卸甲坪土家族乡、宜昌市宜都潘家湾土家族乡、十堰市郧西县湖北口回族乡、恩施州恩施市芭蕉侗族乡、恩施州宣恩县长潭河侗族乡、恩施州宣恩县晓关侗族乡、仙桃市沔城回族镇、神农架林区下谷坪土家族乡、咸宁市赤壁市周郎嘴回族镇、恩施州鹤峰县铁炉白族乡。截止 2010 年底，全省 12 个民族乡(镇)下辖 193 个村委会，人口共计 327652 人，其中少数民族人口 149485 人。

一、乡镇经济发展迅速

各民族乡（镇）围绕迅速壮大乡镇经济规模、

增强财税收入目标，坚持以工业化为龙头，以招商引资和发展民营经济为突破口，以发展资源型工业、培育特色经济和发展壮大园区经济为主要途径，因地制宜、分类指导、多管齐下，努力提高工业化、城镇化和农业产业化水平。截止 2010 年底，全省 12 个民族乡（镇）拥有企业 1222 个，增长 18.87%，从业人员 13815 人，增长 34.85%，乡镇企业总产值 183658 万元，增长 63.2%，其中工业企业产值 149322.8 万元，增长 56.75%，乡镇企业年净利润总额 13420 万元，增长 37.64%。

二、农业基础得到巩固

各民族乡（镇）大力推进农业结构战略性调整，积极树立人与自然和谐发展的观念，将农业结构调整同生态城市建设相融合，大力推进生态型现代农业的快速发展，为增加农民收入开拓了新的渠道。同时，在努力维持现有粮食产量，确保粮食安全的前提下，通过充分发挥地域比较优势，进一步发展壮大特色农产品基地，发展高附加值农作物，推进农业标准化生产，农产品品质和农民收入大幅提高。截止 2010 年底，全省 12 个民族乡（镇）年末实有耕地面积 378534.5 亩，增长 2.23%，年末有效灌溉面积 126590 亩，增长 9.21%，农业机械总动力 161011 千瓦时，增长 21.18%，农林牧渔业总产值 146333.07 万元，增长 3.09%，农作物总播种面积 916574 亩，其中粮食播种面积 470779 亩，粮食产量 15087.96 吨，增长 5.01%。

三、基础设施逐步改善

各民族乡（镇）争取整合开发、交通、国土、水利、电力、财政、民政、烟草等各部门项目资金，大力推进农村基础设施建设，城乡面貌发生了显著变化。尤其在村庄建设过程中，坚持“能依山的不占良田，能集中的不分散，能体现民族特色的不建洋房”三项原则，注重落实“规划、宣传、示范、引导、协调”五个环节，以调整区域村庄布局、集中建设中心村、改造农民住房、建设特色民居、治理村庄环境、改善村容村貌、完善公共基础设施、建立长效管理机制等为主要内容，积极探索集中建设居民点的新农村模式。截止 2010 年底，全省 12 个民族乡（镇）193 个行政村中，已通公路的有 191 个，增长 56.43%，已通自来水的有 93 个，已通电的有 193 个，已通电话的有 189 个，已通邮的有 190 个。

四、教育事业蓬勃发展

各民族乡（镇）把教育放在优先发展的战略地位，加大投入，改善办学条件，认真落实教育经费保障机制和“两免一补”政策，创新管理机制，实施教育综合改革，加强教师队伍建设，推行素质教育，教育教学质量稳步提高。截止 2010 年底，全省 12 个民族乡（镇）共有学校 63 所，在校生 27254 人，教师 1862 人。

五、卫生防疫工作成绩明显

各民族乡（镇）完善了镇村两级卫生体系，农村卫生基础设施进一步改善。截止 2010 年底，全省 12 个民族乡（镇）共有医院、卫生院 15 个，医生 462 名，444 个病床，村卫生室 165 个，医生 195 名；全面推行新型农村合作医疗工作，参合率达 96%以上，农民因病返贫、因病致贫的现象得到遏制；扎实开展疾病预防控制、妇幼保健、爱国卫生运动、艾滋病预防等工作，人民健康得到更加保障，卫生工作成绩明显。

六、民主法制建设进一步健全

各民族乡（镇）自觉接受人大的法律监督和工作监督，认真办理人大代表提出的建议、批评和意见，使人大代表在“三个文明”建设中的桥梁、纽带和模范带头作用得到较好发挥。积极推进村级财务管理体制改革，全面推行政务、村务、财务“三公开”，村民的“四权”得到全面落实，村民自治的民主化、法治化建设得到进一步加强。深入开展普法工作，不断增强干部群众的法律意识和依法行政能力。加大社会矛盾纠纷的排查调处力度，保障工作经费投入。认真开展社会治安综合治理工作，积极开展创建无毒社区活动，严厉打击邪教组织，维护了社会的稳定。

（撰稿　周　巍　审稿　唐启明）

广东省

2010年，广东省7个民族乡紧紧围绕“构建和谐社会，建设新农村”的主题，以生态资源为依托，以发展民族特色产业为抓手，坚持走“生态立乡，农业稳乡，工业稳乡，旅游旺乡”之路，经济社会保持了稳定发展的良好势头。

一、各项经济指标稳步增长，乡级综合实力不断增强

据统计，2010年，广东省阳山县秤架瑶族乡、始兴县深渡水瑶族乡、怀集县下帅壮族瑶族乡、龙门县蓝田瑶族乡、东源县漳溪畲族乡及连州市瑶安瑶族乡、三水瑶族乡等7个民族乡完成国内生产总值77360.19万元，比去年增长19.3%；工业生产总值54614.3万元，同比增长30.8%；农业生产总值42924万元，同比增长12.2%；地方财政一般预算收入3174.9万元，比去年下降15.3%；社会固定资产投资完成额37154万元，比去年增长37.5%；农民人均纯收入4884.43元，同比增长12.4%。

二、基础设施建设不断加强，重点项目稳步推进

一是交通道路建设成效显著。各民族乡全部实现了乡通行政村道路硬底化，部分通自然村公路也实现公路硬底化。龙门县蓝田瑶族乡积极筹措资金，修建了6.5公里的村内道路，解决了当地群众行路难问题。二是农田水利建设得到加强。怀集县下帅壮族瑶族乡投资100多万元进行农田水利设施建设。连州市瑶安瑶族乡开展小流域综合治理工程建设，争取上级资金1850万元，修复和修建河堤5000多米，新建沿河道路4000多米，改建拦河坝1座，完成了小流域应急工程80%的工程量。三是电力设施建设不断完善。连州市瑶安瑶族乡电网改造得到进一步加强。龙门县蓝田瑶族乡投资5150万元进行110千伏留洞输变电工程，目前工程项目综合楼首层柱的浇注和高支模架设等已完成，项目进展顺利。

三、立足本地资源优势，农业特色经济发展势头良好

2010年，各民族乡大力发展现代农业，注重培育特色产业。全年完成农林牧渔业总产值达39526万元，比上年增长8.7%。农作物总播种面积133710亩，比上年增长5.5%；粮食作物播种面积74612亩，同比下降2.5%；始兴县深渡水瑶族乡坚持现代农业发展方向，继续发挥林业支柱产业的优势，做大做强“灵芝、香菇、木耳、蜂蜜”等特色产业，积极引导农户成立专业合作组织，努力培育一批具有瑶乡特色的农业专业村。龙门县蓝田瑶族乡引进长荣科技有限公司投资2000万元扩建温室种植大棚生产高级花卉和精致农产品，引进瑶族风情园旅游公司发展农家乐特色旅游。东源县漳溪畲族乡积极打造甘蔗、沙糖桔、板栗、五指毛桃和山鸡养殖等产业基地，大力发展黄龙岩为代表的畲族风情特色旅游，农民收入显著提高。秤架瑶族乡重视发展广东第一峰万亩高山云雾茶及生态观光茶园项目和大蕙兰花基地建设，着力打造以太平洞为重点的绿色生态环境。瑶安瑶族乡着力调整粮经结构，组织群众种植反季节蔬菜，发展生态畜牧养殖。

四、社会事业协调发展，民生工程稳步推进

一是创建教育强镇，改善中小学教学环境。2010年末，民族乡共有学校29个，在校学生6865人。各乡小学学龄儿童入学率达100%，初中毛入学率达99%以上。怀集县下帅壮族瑶族乡投资800多万元进行教育设施建设，在民族学校新建1幢综合楼和实验楼，新增建筑面积2700平方米。深渡水瑶族乡、漳溪畲族乡不断加大教育投入，优化教育资源配置，力争在2011年和2014年前通过省的教育“创强”验收。二是积极挖掘保护少数民族文化，打造农家书屋等文化惠民工程。始兴县深渡水瑶族乡注重培养年轻一辈学习瑶族刺绣、纺织等瑶族手工艺，传承并弘扬瑶族文化。蓝田“瑶族舞火狗”、漳溪“畲族招兵节”、下帅“春牛舞”、三水“瑶族布袋木

狮舞”、和漳溪畲族“蓝大将军出巡”、下帅壮族“壮狮舞”分别被列入省级和市级非物质文化遗产名录；漳溪“黄龙岩畲族风情景区”被授予“全省民族团结进步教育基地”，三水瑶族乡被评为“广东最美丽乡村”。截至2010年末，民族乡有公共图书馆6个，文化站7个，村文化活动室33个。四是建立健全公共卫生和医疗服务等卫生监督体系。医疗卫生网络进一步完善。民族乡共有医院和卫生院7个，村卫生室49个，病床86张。继续巩固全覆盖式新型农村合作医疗和城镇居民医疗保险，切实解决农民看病贵的困难，民族乡医疗卫生服务网络进一步健全，医疗救护保障功能进一步提高。

（撰稿　方　莉　审稿　李秀英）

重庆市

2010年，重庆民族乡经济进一步发展，基础设施建设进一步加强，人民生活进一步得到改善，社会事业有了长足进步。

2010年，重庆市辖有民族乡14个，99个村民委员会。已通电的村100个；已通公路的村95个；已通电话的村88个；已通邮的村70个；已通自来水的村49个；民族乡行政区划面积1386平方公里。年末总人口166446人，其中少数民族人口66082人。

2010年，重庆市民族乡农林牧渔业总产值87550万元；农作物总播种面积为458828亩；全年粮食总产量为91684吨；全年肉类总产量达到13899吨；人均纯收入4466元，比去年增长866元。

2010年，重庆市民族乡有学校34个，在校学生总数12843人，教师总数872人；图书馆、文化站共21个；医院、卫生院17个，医生140人，病床178张；农业科技与服务单位17个，中高级农业技术人员69人。

（撰稿　陈　引　审稿　孔　刚）

四川省

2010年，四川民族乡经济社会进一步发展，基础设施不断改善，人民生活水平不断提高。全省有民族乡98个，年末总人口74万人，其中少数民族人口33万人，占民族乡总人口44.4%。行政区化面积1.67万平方公里。全省民族乡有村民委员会635个。其中，已通公路的村600个，占94.4%；已通自来水的村364个，占57.3%；已通电的村622个，占98.0%；已通电话的村529个，占83.3%；已通邮的村408个，占64.3%。

2010年，全省民族乡实现农林牧渔业总产值38.5亿元。财政收入4.2亿元，财政支出4.3亿元。农民人均纯收入4409元，比上年增加538元，增长13.9%。有乡镇企业1556个，企业从业人员2.7万人，乡镇企业总产值63.3亿元，其中工业总产值52.7亿元，乡镇企业年净利润6.3亿元。民族乡年末实有耕地面积117.2万亩，有效灌溉面积30.4万亩。农业机械总动力293.7万千瓦。农作物总播种面积174.5万亩，其中粮食播种面积132万亩。粮食产量38.7万吨，肉类总产量9.6万吨。

全省民族乡共有294所，在校学生8.7万人，教师4670人。图书馆49个，文化站59个，村文化活动室446个。农技推广服务机构127个，从业人员219人。

（撰稿　刘康蓉　审稿　唐伯华）

云南省

云南省先后建立了 197 个民族乡，后经过几次机构改革的调整和随着经济社会发展撤乡改镇，2010 年末云南省还有 148 个民族乡，纳入 2010 年统计范围的有 151 个民族乡（镇），151 个民族乡（镇）分布在云南省 16 个州市 70 个县，建乡民族达 20 个，国土面积 4.5 万平方公里，总人口为 297.1 万人，其中少数民族人口 179.3 万人。2010 年云南省民族乡在各级党委、政府的带领下，努力克服百年不遇特大干旱带来的重重困难，农业大灾之年保增长，社会事业不断进步，经济社会发展呈现平稳增长发展态势，民族团结和谐的局面不断稳固。

一、综合经济平稳较快发展

2010 年，实现农林牧渔总产值 120.8 亿元，同比增长 11.0%，在遭遇特大干旱小春作物遭受重大损失的情况下，全年粮食产量达到 119.1 万吨，同比减少 0.6%；人均粮食产量 401 千克，比全省多 67 千克，比上年同期人均粮食产量减少 8 千克。实现乡镇企业总产值 114.8 亿元，同比增长 11.0%，其中：工业企业实现总产值 84.6 亿元，同比增长 10.1%；完成财政支出 9.6 亿元，同比增长 14.3%；农民人均纯收入 2639 元，同比增长 11.8%。

二、农村生产生活条件进一步改善

2010 年，民族乡有 1158 个村委会，其中自来水受益村 1022 个，通公路村数 1130 个，通电话村数 1128 个，通电村数 1145 个，通邮村数 1127 个，分别占村委会总个数的 88.2%、97.6%、97.4%、98.9%、97.3%，与上年相比，分别上升了 2.5、2、2.8、0.1、4.1 个百分点。农业机械总动力为 2006.1 万千瓦，与上年相比增长 12.6%，农村用电量 26992 万千瓦小时，与上年相比增长 6.9%。耕地有效灌溉面积 116.6 万亩，占耕地总面积的 27.5%，比上年同期减少 0.5%

三、社会各项事业不断取得进步

教育事业稳步发展，2010 年有学校 2048 个，在校学生 42.8 万人，教师 2.6 万人；民族文化设施建设得到加强，有图书馆 40 个，文化站 150 个，村文化活动室 1039 个，分别比上年同期增加 5 个、1 个、191 个；医疗卫生条件不断改善，所有民族乡都有卫生院，共有卫生院 162 个，医生 1913 人，病床 3568 张，有村卫生室 1150 个，乡村医生 2279 人。拥有农技推广服务机构 393 个，农技推广服务从业人员 1272 人。

四、民族乡经济社会发展面临的主要压力

一是民族乡交通现状仍不能满足发展的需要。村村通工程只是把道路修到了村部，还没有通到各自然村，影响了农副产品外运和农用物资内运问题，相应制约着农民的收入和农村经济的发展。二是农田水利等基础设施薄弱。民族乡有效灌溉面积只占耕地总面积的 27.5%，抵御自然灾害能力弱，相当大程度上还处于“靠天吃饭”状态。三是剩余劳动力综合素质偏低。青壮年外出务工的多，留守村中大部分是老、弱、病残、妇，习惯于传统农业，对新品种技术接受慢，影响了农业产业化的发展。四是在产业发展上有差距。部分民族乡由于特殊地理环境，制约了部分产业的规模化发展，特色产业有基地、无规模；有产品、无产量。

（撰稿　易永红　审查　李红燕）

新疆维吾尔自治区

民族乡的发展是民族经济工作中的一项重要内容，自治区民委历来重视民族乡工作，把抓好民族乡工作作为一项重要内容，常抓不懈，在每年少数民族发展资金项目的安排上予以优先考虑，帮助扶持农牧民改善生产生活条件，支持民族乡文化产业的发展，帮助农牧民走致富之路。一年来在国家民委的大力支持下，在自治区党委、政府的坚强领导下，民族乡的社会经济各项事业取得了较快发展，民族乡农牧民收入水平和生活质量得到提高，民族乡的持续发展能力普遍增强，有力地促进了民族团结进步事业和边疆和谐稳定。

一、基本情况

新疆维吾尔自治区有42个民族乡，其中哈萨克民族乡13个、回族民族乡5个、塔吉克民族乡4个、塔塔尔族民族乡1个、克尔克孜民族乡6个，蒙古族民族乡10个、乌孜别克民族乡1个、达斡尔族民族乡1个、锡伯族民族乡1个，42个民族乡大多分布在少数民族聚居的贫困地区，其中有24个民族乡分布在17个边境县市里。2010年底，42个民族乡总人口为33.04万人（其中少数民族人口26.55万人），占全区总人口的1.51%。总面积11.57万平方公里，占自治区总面积的7.23%。随着中央新疆工作座谈会和19个省区援疆工作的深入落实和开展，各级党委政府引领当地群众团结一心谋发展，进一步推动了民族乡的发展，截止2010年底，新疆42个民族乡农民人均收入达6124元，高于自治区农村居民人均纯收入。人均收入超过7000元的17个民族乡，其中塔城地区乌苏市塔布勒合特蒙古族乡农民人均纯收入达到12180元。

2010年，新疆42个民族乡，共有246个行政村，其中已通公路的村239个、已通自来水的村191个、已通电的村246个、已通电话的村240个，共实现财政收入21303万元，农民纯收入6124元，分别较上一年度增长了46%和17.4%。全年实现农林牧渔业总产值394992万元，比上年增长6.3%；农作物总播种面积1578845亩，较上年增长22%；其中粮食播种面积910631亩，较上年增长8%，粮食总产量635117吨，增长7.8%。

二、民族乡工作实效

1. 牢牢把握“各民族共同团结奋斗，共同繁荣发展”这一新时期民族工作的主题，一面以民族乡为民族团结创建的窗口，一面积极创造条件帮助民族乡发展经济。2010年是新疆第28个民族团结教育月，全区以民族乡为重点，切实唱响“共产党好、社会主义好、祖国大家庭好、改革开放好、民族团结好”的主旋律，全面贯彻党的民族政策，认真落实中央新疆工作座谈会精神，2010年投入民族乡少数民族发展资金2368万元，农业、林业、水利、畜牧、安居房等各类项目68个。

2. 依托新疆民族文化的多样性，通过少数民族发展资金项目的支持，对少数民族文化的保护和传承进行支持，建立小型民族民俗文化博物馆对各民族文化进行保护，同时通过民族乡当地党委、政府的精心组织，开展农牧民喜闻乐见的传统体育运动会。如塔布勒合特蒙古民族乡每年6月份组织举办了农牧民运动会和传统的蒙古族赛马会，赛马会上举行了传统的赛马、蒙古族摔跤、鹿棋比赛及丰富多彩的牧民风采文艺汇演，节目内容有蒙古族长调、江格尔说唱及马头琴演奏等。一方面弘扬了民族文化，丰富了农牧民群众的业余生活，同时也于无形中促进了各民族的团结。

3. 通过少数民族发展资金的支持，帮助民族乡加速发展，一方面是在项目资金的投入上予以倾斜，另一方面是把国家相关政策和民族乡自身建设想结合，如吐鲁番地区鄯善县东巴扎回族乡被定为特色村寨保护试点，通过国家民委资金的定向扶持，帮助当地少数民族群众保护和发展自身文化，结合民族乡特点，突出民族歌舞，适时发展旅游业，进一步促进农牧民增收。木垒哈萨克自治县大南沟乌孜别克乡地处天山北麓东端，是全国唯一的乌孜别克族民族乡。过去那里的牧民为了生活无论冬夏都需要赶着羊群在天山中放牧，现在通过当地党委、政府的努力，通过兴边富民资金的带动，定居下来的牧民开始种植蔬菜大棚，生活条件得到了显著的改善，农民纯收入由 2009 年的 2561，增长到 2010 年的 3201 元，涨幅达 25%。随着国家综合实力的不断增强，不断加大对民族乡的扶持力度，在各级党委、政府的带领下，民族乡的社会经济各项事业得到了全面的发展，但同时新疆是多民族聚居的边疆地区，经济和社会发展相对滞后，民族乡的建设还面临着这样那样问题和困难。要加强针对民族乡发展中的问题和困难制定专门的政策进行扶持，增强民族乡自我发展的能力，加速民族乡经济社会各方面发展，促进新疆的民族团结，社会和谐。

（撰稿　裴海龙　审稿　王纯夫）

民族经济工作综述

国家民委

2010年，在党中央、国务院的坚强领导下，国家民委全面贯彻党的十七大和十七届三中、四中、五中全会以及西部大开发工作会议精神，深入学习实践科学发展观，牢牢把握各民族“共同团结奋斗、共同繁荣发展”这一主题，紧紧围绕“促进民族团结、实现共同进步”这一根本任务，努力促进民族经济工作又好又快发展，顺利完成了“十一五”3个专项规划和特色民族经济工作。

一、兴边富民行动大发展、大促进

1. 成功召开“全国兴边富民行动十年总结暨经验交流会”。2010年3月份，温家宝总理、李克强副总理和回良玉副总理三位中央领导同志对兴边富民行动作出重要批示。经国务院批准，11月20至21日，国家民委与发展改革委、财政部，在云南召开了全国兴边富民行动10年总结暨经验交流会，回顾总结10年来兴边富民行动取得的成绩和经验，深入分析边境地区经济社会发展面临的新情况新问题，研究谋划今后一个时期深入推进兴边富民行动的目标任务和政策措施。回良玉副总理出席会议并做重要讲话，国家民委、国家发展改革委、农业部、国务院研究室和边疆9省区、新疆生产建设兵团的领导同志出席了会议，会议取得圆满成功。

2. 做好兴边富民行动“十二五”规划编制工作。成立了杨晶主任为组长，中央国家机关26个部门有关司局为成员的兴边富民行动“十二五”规划编制工作领导小组；召开了规划编制工作领导小组第一次会议，部署了规划编制工作；规划编制工作领导小组成员分三个组，先后赴西北（新疆、内蒙古）、东北（黑龙江、辽宁、吉林）、西南（云南、广西）开展规划编制工作专题调研；联合大专院校开展规划编制专题研究；先后起草完成了兴边富民行动“十二五”规划大纲、兴边富民行动“十二五”规划文本草案及规划相关材料，并征求相关部门、边境省区意见；组织专家论证会，评审通过了规划，完成了规划报批稿。

3. 继续加强工作指导，加大对边境县扶持力度。2010年兴边富民补助资金达7亿元，较去年增加了2.16亿元。为了加快边境地区群众致富，国家民委联合财政部，按照“试点先行，积极探索”的原则，开展了兴边富民补助资金支持发展特色优势产业试点工作。国家民委在边境9省区选择12个边境县开展试点，选择具备一定的规模、带动性强、辐射面广、市场竞争力强的特色优势产业予以支持，带动边民致富。共支持了油茶、茶叶、马铃薯、黄牛等一批种养殖项目，安排扶持资金1.05亿元。

4. 落实中央领导关于中越边境地区兴边富民政策重要批示精神。国家民委组织梳理了国家现行边境地区特殊政策，涉及近30各国家部、委、办、局；联合发展改革委和财政部，组织外交部、教育部、公安部、民政部、人力资源社会保障部、农业部、卫生部赴广西云南边境地区调研；向国务院报告了相关情况，提出了相关政策建议。

二、扶持人口较少民族发展扎实推进，成效显著

1. 加大扶持力度，确保完成“十一五”规划确定的目标任务。协调有关部门不断加大扶持人口较少民族发展的投入力度，落实支持基础设施建设的中央预算内投资2亿元；落实支持改善民生、增加群众收入的少数民族发展资金3.27亿元，比2009年增加2000万元。在到2009年底有518个人口较少民族聚居村实现规划提出的“四通五有三达到”目标的基础上，2010年底有90个村实现规划目标，“十一五”期间95%以上的人口较少民族聚居村实现规划目标。

2. 认真编制《扶持人口较少民族发展“十二五”规划》。召开了委机关编制“十二五”规划工作会议和国家发展改革委等5部门编制“十二五”规划工作会议，部署编制规划工作。完成了“十一五”

规划实施的总结工作，对22个人口较少民族和拟增加的6个民族（景颇族、达斡尔族、柯尔克孜族、锡伯族、仫佬族、土族）共28个民族进行了摸底调查情况分析，筛选汇总了28民族“十二五”规划建设项目库。组织开展了国务院有关部门参加的编制扶持人口较少民族发展“十二五”规划联合调研工作，于2010年10底完成了规划文本初稿。在征求有关部委和省区意见基础上，召开了国务院有关部门参加的座谈会和专家论证会，形成最终规划文本送审稿。

三、参与国家宏观经济政策和区域发展改革研究

参与国家国民经济和社会发展“十二五”规划纲要的有关政策研究，起草了《国家民委关于“十二五”期间促进民族地区经济社会发展的意见》；参与国家西部大开发 2011——2020 年实施纲要的政策研究；参与中央支持新疆实现跨越式发展和长治久安政策文件的修改，积极落实中央新疆工作座谈会和西藏工作座谈会精神，起草《国家民委关于贯彻落实中央推进西藏跨越式发展和长治久安部署的意见》和《国家民委关于贯彻落实中央加快四川云南甘肃青海等省藏区经济社会发展部署的意见》；参与中办督查室牵头组织的四川藏区“三大民生工程”实施情况的调研；参与促进内蒙古自治区经济社会又好又快发展政策研究；参与促进我国牧区经济社会又好又快发展政策调研；参与国家支持云南省加快建设我国向西南开放桥头堡建设的调研和有关政策研究；参与国家支持甘肃省临夏回族自治州经济社会加快发展有关政策研究等等。

四、总结“十一五”民贸民品优惠政策，研究提出“十二五”优惠政策意见

国家民委在全国范围内进行多种方式的调研工作，组织召开了有关省区及有代表性的州、市民委负责同志参加的政策研讨会，形成了“十一五”期间民贸民品优惠政策落实情况和“十二五”期间优惠政策建议。积极协调财政部、国家税务总局、中国人民银行等相关部门，沟通情况、组织联合调研，共同研讨，就“十二五”期间民贸民品优惠政策的财政补助、优惠税收、优惠贷款基本达成一致意见。形成了上报国务院的《国家民委等四部委关于十二五期间进一步完善民族贸易和民族特需商品定点生产企业优惠政策的请示》。

完成了中国少数民族特需商品传统生产工艺和技术保护工程第三期（少数民族乐器、民族药）、第四期（少数民族体育用品）项目实施工作，其中第四期（少数民族体育用品）项目代表国家民委参加财政部绩效考核。

五、扶贫开发工作继续推进

落实中央领导有关批示，参与国家发展改革委牵头的扶贫大调研；与国务院扶贫办联合对云南山瑶、勒墨人和四川凉山彝区开展扶贫调研，提出相关扶持政策建议；参与国家新十年中国农村扶贫开发纲要、武陵山区发展、集中连片特殊困难地区“十二五”规划等提出了相关政策建议；继续开展民族自治地方2009年贫困监测工作，完成了“民族自治地方贫困监测结果报告”，并公布监测结果；指导国家民委联系的内蒙古巴林右旗和广西德保县两个扶贫点落实2010年扶持项目，选派2010年赴扶贫点挂职干部，组织开展对两扶贫点科级以上干部的培训工作。

六、加强民族统计监测，及时掌握民族地区经济形势

进一步修订和规范了《少数民族和民族自治地方国民经济和社会发展统计报表制度》。起草并与国家统计局联合下发了《关于填报2009年少数民族和民族自治地方国民经济和社会发展统计报表的通知》。收集整理《中国民族统计年鉴》（2010）文稿，下发了《国家民委办公厅关于印发中国民族统计年鉴2010编排大纲的通知》。根据“民族地区经济社会运行监测系统”目前试运行情况和各地反馈的意见，进一步完善“民族地区经济社会运行监测系统”。起草了2009年民族地区经济运行情况及存在的突出问题和政策建议。

筹备召开了2010年民族地区经济形势分析会。分片开展少数民族和民族自治地方统计数据审核汇总工作；编辑出版《中国民族统计手册》（2010）和《中国民族统计年鉴》（2010）；继续做好民族地区经济社会运行监测系统试运行工作。

七、少数民族特色村寨保护与发展取得新进展

梳理汇总 2009 年少数民族特色村寨保护与发展试点村情况。深入湖北、湖南、重庆和福建等地，调研少数民族特色村寨保护与发展试点工作进展情况，总结 2009 年实施试点工作以来的成效和主要做法，在湖北宜昌召开了全国少数民族特色村寨保护与发展试点工作现场经验交流会，27 个省区市民委分管副主任和经济处长参加了会议。下达 2010 年少数民族特色村寨保护与发展试点资金。组织赴台湾考察团，考察台湾少数民族村寨保护经验。

八、少数民族发展资金管理进一步强化

与财政部进行协商，落实少数民族发展资金 15.39 亿元，比上年度增加 2.99 亿元，增长 24%，有力地保障了《少数民族事业“十一五”规划》、《兴边富民行动“十一五”规划》和《扶持人口较少民族发展“十一五”规划》的实施。分别在银川、重庆、南昌召开了“少数民族发展资金管理工作调研座谈片会”，总结了“十一五”以来少数民族发展资金及项目管理、网络建设和使用经验，检查资金管理使用中存在的问题。启动了“少数民族发展资金绩效考评体系构建和应用研究”课题。会同有关部门对群众举报的个别省区少数民族发展资金使用管理中存在的问题，进行了调查处理。

九、参与青海玉树地震和甘肃舟曲泥石流等灾害的灾后重建工作

国家民委作为国务院玉树地震灾后重建规划编制领导小组、甘肃舟曲泥石流灾后重建规划编制领导小组等领导机构的组成部门，国家民委积极深入一线调查研究，多方听取各民族干部群众的意见和建议，积极反映实际情况，提出的多项政策建议得到了国务院及其有关部门的采纳。

（撰稿　胡学竞　审稿　乐长虹）

北京市

2010 年，北京市委市政府连续第二年召开全市少数民族乡村经济工作会议，总结和部署少数民族乡村经济发展工作，体现了对首都民族经济发展工作的关心和重视。北京市民委认真落实全市大会和领导讲话精神，紧密联系相关部门，科学管理和使用少数民族经济发展专项资金，通过服务、指导、管理、协调和培训，不断加强清真饮副食网点建设，积极促进民族乡村经济和民族特需商品定点生产企业加快发展，全市民族经济发展水平有了较大提高。

一、积极探索、完善机制，认真组织实施以奖代补考评工作

为落实北京市委常委、统战部部长牛有成同志在 2009 年北京市民族乡村经济工作会议上提出的少数民族乡村经济发展专项资金实施以奖代补，充分发挥专项资金作用的指示精神。北京市民委积极协调市农委、市财政局等相关部门进行专题研究，制定了《北京市少数民族乡村经济发展专项资金 2010 年以奖代补工作方案》。组成由市农委、市财政局、市科委相关人员及有关农业院校专家和部分区县代表组成两个考评组，在区县自查的基础上，集中对 12 个有民族乡村的区县政府关于促进本地区民族乡村经济发展情况和 2009 年专项资金扶持的 50 个经济发展项目完成情况进行了实地考评。参照北京市经管站获取的全市民族乡村经济发展数据，对考评结果进行了综合评定，6 个区县 40 个项目获得奖励。以奖代补机制充分调动了基层的积极性，区县乡镇政府和少数民族乡村农民的主体作用得到进一步发挥。民族乡村发展的步伐明显加快，经济发展实力有了明显增强。根据北京市经管站提供的数据，2009 年，北京市 5 个民族乡人均劳动所得达到 10844.7 元，同比增长 9.2%；117 个民族村人均劳动所得达到 11192.2 元，比北京市平均水平 10953.6 元高 238.6 元，同比增长 11.9%。农民人均

劳动所得最高的大兴区西红门镇五村和九村，已达到 27200 多元。达到北京市郊区农民人均劳动所得的民族村由 2008 年的 27 个增加到 41 个，达到所在区县农民人均劳动所得的民族村由 2008 年的 32 个增加到 42 个。

二、明确重点、慎重考察，合理安排少数民族经济发展专项资金

北京市民委紧紧抓住市委、市政府高度重视民族经济发展机遇，将充分发挥专项资金效能，合理分配专项资金作为工作的重点。明确 4000 万元少数民族经济发展专项资金扶持范围和重点，与相关部门和区县共同对项目进行严格审核、考察和筛选。

专项资金中 2400 万元用于扶持少数民族乡村经济发展项目。按照以奖代补考评工作方案和专项资金使用管理补充规定，根据当年以奖代补考评结果和民族乡村分布情况，将奖励资金与定额补助资金相加核算出各区县的专项资金分配额度，各区县按照重点扶持有产业发展规划，符合产业发展定位、基层主体作用发挥好、辐射带动面广、科技含量高的项目；重点扶持民族乡村种植业、养殖业、民俗旅游业等主导产业发展项目；重点扶持已经完成或是在建的经济发展项目等扶持原则，认真研究论证，提出本区县专项资金初步使用意见。在此基础上，由北京市民委、市农委、市财政共同审核，并根据财政要求，对扶持金额高于 50 万元的项目进行评审，最终形成资金的扶持意见。

1600 万元用于扶持清真食品与民族特需商品定点企业经济发展项目，明确将清真饮副食网点、食品配送加工中心新建、改造、节能开发项目；区县人大议案、政协提案中反映的“清真不便”地区增设清真饮副食网点的项目；清真超市、规范化清真食品经营专柜提升改造规模及档次项目；少数民族特需商品定点生产企业添置设备、扩大规模及贷款贴息项目；清真食品生产企业生产、加工、储备过程中升级改造项目作为扶持重点。

三、精心组织，认真筹备，召开全市少数民族乡村经济工作会议

5 月 18 日，北京市少数民族乡村经济工作会议在北京会议中心召开。北京市人大、市政协民族宗教专委会的有关领导，市委统战部、市发改委、市科委、市民委、市财政局、市交通委、市农委、市水务局、市统计局、市金融局、市银监局等部门主管领导，北京农学院、北京市农林科学院领导，12 个有少数民族乡村的区县统战部部长、主管民族工作的区县长和民委（民宗办）、财政局、农委等相关部门的负责同志，全市 5 个民族乡、49 个有少数民族村的乡镇领导以及 117 个少数民族村的支部书记或村主任参加了会议。会议由北京市政府副市长程红同志主持。北京市民委主任申建军同志作了全市少数民族乡村经济发展情况工作报告。北京市委统战部副部长张洋同志宣布了《关于表彰 2009 年度北京市少数民族乡村经济发展区县主体作用发挥优秀奖和专项资金扶持项目优秀奖的决定》。房山区政府、怀柔区长哨营满族乡、密云县太师屯镇太师庄村分别作了交流发言。北京市委常委、统战部部长牛有成同志出席大会并做了重要讲话，充分肯定了一年来北京市少数民族乡村经济发展取得的成绩；充分肯定了相关部门通力协作，发挥主导作用，共同推动少数民族乡村经济发展所做的工作；充分肯定了各区县乡镇政府发挥主体作用，为加快少数民族乡村经济发展所付出的努力。

四、深入实际、全面总结，完成了民族经济发展情况工作调研

2010 年，集中开展了“十一五”期间民族乡村经济发展、少数民族特需商品定点生产企业和老字号民族企业发展现状，以及民族经济发展专项资金使用和效益情况的调研，守成了《关于北京市少数民族企业发展情况报告》、《北京市少数民族乡村经济发展情况报告》、《关于北京市民族老字号及品牌企业发展情况的汇报》等材料，对“十一五”期间民族经济发展情况进行了全面回顾和总结，认清了形势，查找到了不足，对今后有针对性地开展工作提供了更加清晰的思路。少数民族乡村经济发展调研工作分为专业合作调研、市级工作调研和区县工作调研三个层次，通过多渠道、多角度的拉网式调研，全面总结了“十一五”少数民族乡村经济发展情况，重点对 76 个低于全市农民人均收入水平的少数民族村的发展现状和存在问题进行系统分析，立足实际、着眼长远，量化需求、科学测算，

对市、区、乡镇各级各部门的责任义务进行分解，为更好地指导和促进“十二五”期间本市民族乡村经济的发展奠定了基础。

五、精心策划、周密安排，成功举办第三届清真美食文化节活动

为进一步落实“人文北京、科技北京、绿色北京”和建设世界城市目标，弘扬首都清真饮食文化，充分展示民族团结进步创建活动成果，集中宣传党的民族政策，北京市精心策划、周密安排，成功举办了第三届清真美食文化节活动。此次美食节开幕式选在开斋节当天，主会场设在回族聚居的牛街地区举办，是历届规格最高、规模最大的一次，市区四套领导班子参加了开幕式，百家清真餐饮企业、清真食品生产加工企业、民族工艺品制造企业参加了美食节活动，近八万观众参观了主会场名优菜品展示活动。美食节立意高远、反响热烈，进一步显示了活动的品牌效应。通过组织“北京清真特色菜认定”；特色菜品现场展示、名厨进社区教授清真菜、编印《北京清真大众菜谱》等活动，提升了清真美食的社会认可度，提高了清真餐饮企业的经济效益，弘扬了清真美食文化深厚内涵，进一步促进了民族企业的繁荣与发展。

六、搭建平台、加强培训，为民族乡村、民族企业发展提供智力支撑

为进一步提高北京市少数民族乡村干部、民族企业负责人的政策水平、服务水平、管理水平，分别组织了北京市民族乡村基层干部和种植能手、全国少数民族特需商品定点生产企业负责人、清真餐饮企业经营管理实战培训班。培训班帮助民族乡村干部群众、民族企业负责人搭建了交流的平台、提供了信息传递渠道，帮助他们进一步了解了国家相关扶持政策，认清了形势，增长了技能，开阔了视野，转变了观念，统一了思想，振奋了精神，明确了目标。为做好“十二五”开局之年的少数民族经济工作创造了条件，奠定了基础。

七、完善服务、加强监管，进一步做好民族特需商品定点生产企业贷款审批工作

北京市严格执行国家扶持民族特需商品定点生产企业发展的相关优惠政策，不断完善民品企业流动资金及技术贷款审批工作，进一步改进和提高为民品企业服务的方式及水平。2010 年审核民族特需商品定点生产企业流动资金贷款额度 1.18 亿元，申请流动资金贷款贴息 340 万元；申请技术改造贷款贴息 50 万元；申请中央财政技术改造贷款补助 175 万元，为企业节约运行成本共计 565 万元。

（撰稿　沙海涛　审稿　马中璞）

天津市

2010 年天津市民族经济工作在市委、市政府的高度重视和国家民委的大力支持下，天津市民委坚持以“三个代表”重要思想和党的十七届四中、五全会、市委九届八次全会精神为指导，认真贯彻落实科学发展观，深入研究新时期民族工作的新特点，不断探索具有时代特征和民族特色的民族经济工作新思路、新方法和新举措，与时俱进，开拓创新，紧紧围绕委（局）中心工作，按照市委“解难题、促转变、上水平”的总要求，立足当前，着眼长远，坚持“以服务促管理、以管理保稳定、以协调保发展”工作思路，着力做好保稳定、保增长、保民生工作，找准切入点，选准突破点，打造新亮点，创造性地开展工作，努力开创民族经济工作的新局面。

一、服务民族乡村经济又好又快发展

加大指导、协调、服务、调研的力度，改善民生，办实事。2010 年以来，委党组高度重视天津市民族乡的经济发展，多次协调市有关部门为推进民族乡经济发展进行座谈并专题研究，委领导还多次带队深入到民族乡村进行实地调研，协调解决存在的实际问题，促进民族乡经济社会持续健康发展。一是加大指导力度。市委、市人大、市政府、市政

协领导同志率有关部门负责人赴蓟县孙各庄满族乡考察，对该项的整体发展规划提出指导意见，并协调有关部门筹资 1000 万元，用于帮助该乡修建公路，解决发展的瓶颈问题。按照“规划先行、项目推进”的工作思路，指导孙各庄满族乡做好 2010 年经济发展规划和《孙各庄满族乡中长期发展规划》，确立三个发展项目。1.突出特色，即：要借助民族优势挖掘满蒙文化；借助皇家祭祀古迹弘扬孝道文化；借助特色干鲜果品优势发展现代特色农业。2.进一步加强基础设施建设，加大乡村公路建设，拓宽马营路。3.进一步充实细化项目库，收集、筛选、储备、建设切合实际的新项目。二是加强协调力度。通过加强与有关部门协调，进一步改善民族乡基础设施条件。并多次协调相关部门优先考虑、重点支持民族村基础设施建设项目。委领导协调市自来水集团有限公司等有关部门多次深入到东丽区么六桥回族乡进行实地调研，听取乡负责人的工作汇报，就促进回族乡经济社会加快发展，推进城乡一体化建设，加大水利设施和该乡部分少数民族回族村在建的引水管网建设项目等情况进行专题研究、座谈。不断改善民族乡村民的生产生活条件。三是加大服务力度。积极整合资源，民族乡村新农村建设取得成效。市民委、市农委加强了与新农村建设领导小组综合办公室的协调，将民族乡村新农村建设纳入全市整体规划之中。市民委多次协调相关部门和单位，督促新农村建设各项工程向少数民族乡村倾斜。积极开展民族乡村生态示范创建工作。在“开展双创工作互观互检活动”创建活动中，蓟县孙各庄乡丈烟台村等少数民族村被列入天津市民族团结进步模范社区评选范围。四是加大调研力度。委领导多次率队深入到蓟县孙各庄满族乡和东丽区么六桥回族乡进行调研。实地考察了丈烟台满族村文明生态示范村建设、孙各庄满族乡中学教学楼改扩建工程等工作情况，并就回族乡和满族乡“十二五”建设规划及重点项目进展情况进行了专题研究。

二、继续实施做好暖心工程

为进一步贯彻党的十七届五中全会和市委九届八次全会精神，不断推进和谐社会建设，委党组切实把着力解决少数民族群众最关心、最直接、最现实的利益问题摆在突出位置。一是在 2010 年春节来临之际，筹措专款对天津市 54 个民族乡村 115 户少数民族特困户进行慰问活动，共发放慰问金 4.6 万元。二是新学年伊始，为贯彻市委九届七次全会关于加快和谐天津建设、实现民计民生更大改善的要求，市民委筹集专款扶贫济困。解决了民族乡村部分少数民族群众特困子女上学难问题，对东丽区么六桥回族乡、蓟县孙各庄满族乡和北辰区天穆村 47 户少数民族低保特困户家庭的 47 名学生发放了助学补贴，共计 6.75 万元。通过对少数民族特困户群众和贫困学生的慰问补贴，使少数民族群众深刻感受到了党的温暖和实实在在的关爱。

三、依法加强清真食品市场管理

第一，注重日常宣传培训，有效做到保护合法、打击非法。一是指导区县做好生产经营清真食品依法备案和投诉处理工作，配合区县处理好清真食品市场管理的日常工作。二是注重对清真食品生产经营单位和个人的宣传教育，增强其依法经营的意识和责任感。第二，做好排查和检查工作，确保世博会期间天津市清真食品市场繁荣稳定。一是依法加强天津市清真食品市场的监管，严格把关，把工作做细做实。按照市委、市政府和国家民委的要求，市民委认真开展隐患排查工作，深挖诱因，评估风险，制定预案，为世博会营造和谐稳定的社会环境。二是在全市清真食品企业开展自检自查，依法规范生产经营活动，特别是有产品进入上海及其周边地区的清真食品企业，确保不出问题。第三，建立清真牛羊肉储备库。近年一直将建立天津市清真牛羊肉储备作为为少数民族群众办实事的重点工作来抓，并做了大量深入细致的调研和协调工作。经市政府批准，民委与市财政局、市商务委共同深入企业调研论证，根据天津市目前实际情况，决定每年出资 300 万元、储备 1000 吨。第四，做好对清真食品零售企业的摸底调查，为国家调整相关优惠政策提供依据。按照国家民委的要求，天津市民委对全市依法备案、具有独立法人资格、从事零售行业的清真食品企业进行了一次摸底调查，详细了解企业的经营方式、经营状况和税收等情况，深入到 5 家有代表性的清真食品企业，与企业负责人进行座谈，为国家制定和完善少数民族特需商品相关政策提供了比较详实的情况与建议。

四、做好"十二五"定点生产企业的调研工作

完善与相关部门协调联动的工作机制，确保国家优惠政策用好用足，创新工作方法，推动管理更加规范，服务水平不断提高。一是抓紧做好政策落实和调研工作。按照国家民委《关于对十一五期间扶持民族贸易和民族特需商品生产政策落实情况进行检查并对十二五相关政策建议进行调研的通知》文件的要求，2010 年上半年，在全市 35 家定点企业进行了自查和调研，通过制发调查表和走访企业，全面了解、详细掌握全市 35 家定点企业相关的数据和情况，同时具体了解、重点掌握有关企业的经验做法和存在的问题。完成《关于天津市"十一五"期间民族特需商品生产政策落实情况的调研报告》。二是主动服务，为民族企业办实事解难题。天津市民委积极发挥职能优势和协调作用，为民族企业争取政策和支持，以推动全市民族经济健康发展。积极争取，协调市财政局和市经信委，落实定点企业技术改造项目争取市级财政贴息配套资金 35 万元，为企业发展注入了资金支持。此项工作取得了历史性的突破，并为今后工作奠定基础。三是用好用足优惠政策，为企业发展增活力。首先，用好国家技改补贴和技改贴息政策，鼓励企业进行技术改造。2010 年，天津市民委根据国家要求，与市财政局择优选报了 5 家企业技改项目申请国家补贴，总计 185 万元。为北辰区顺义清真牛羊肉加工厂申请技改配套贴息 27 万元。用好用足政策为企业进行技术改造提供了强有力的信心和动力。其次，做好优惠利率额度审批工作，保证流动资金贷款优惠政策落实到位。2010 年享受流动资金贴息贷款 47450 万元，全年贴息预计将达到 1100 万元。

五、做好对外交流合作工作

坚持充分利用各种交流机会，积极参加参展，通过对外交流，开阔思路和眼界，展示天津市清真食品和穆斯林用品产业的实力和发展前景，实现共赢。在天津市举办的由国家民委对外项目管理办公室主办、天士力集团有限公司承办的"少数民族和民族地区企业发展研讨暨宣传展示会"，吸引了来自吉林省延边朝鲜族自治州及辽宁等省市的少数民族和民族地区企业的代表和美国戴尔、波音、百事等跨国企业的国内外来宾 200 余人参加，不仅展示了天津城市的快速发展，也为天津民族企业的对外交流与合作提供了展示平台，更为部分省市少数民族特需商品定点企业的产品搭建了在津宣传展示的机会。天津市民委和国家民委对外合作项目办公室组织参会的美国商务部少数族裔企业发展局、美国少数族裔供应商发展协会及来自美国、沙特、台湾等国家、地区的 20 余家少数族裔企业全球采购负责人考察了天津市果仁张食品有限公司。

（撰稿　刘　飞　审稿　马　竞　从秀荣）

河北省

2010 年河北省民族经济工作在省委、省政府的高度重视和国家民委的大力支持下，河北省民宗厅认真贯彻落实科学发展观，深入研究新时期民族工作的新特点，不断时俱进，创造性地开展工作，努力开创民族经济工作的新局面。

一、现场办公活动取得圆满成功

河北省人民政府组织 46 个省民委成员单位和省直有关部门赴孟村和大厂两个回族自治县现场办公，共承诺支持两县各类项目 229 个，资金 4.27 亿元。其中，意向支持项目 43 个，资金 4539 万元；贷款项目 2 个，贷款额度 4400 万元。另外还支持一些车辆、器材等物资。

为保证这次现场办公取得圆满成功，河北省民宗厅作了大量充分、细致的前期准备和周密的组织工作。一是高度重视，形成合力。把现场办公作为全处工作的重中之重，多次召开会议，统一思想，理清环节，明确责任。提出要树立大局意识，齐心

协力，确保顺利完成。二是周密部署，强化沟通。超前安排，合理部署，减少盲目性和随意性。多次召集两县主管副县长、民宗局长部署工作，听取情况汇报，针对存在问题，提出落实意见，对急需解决的问题与有关部门及时联系和沟通。三是加强指导，协调对接。加强对项目谋划的指导，特别是对关系到两县长远发展的重点项目，先后多次进行实地考察，了解项目实施条件和前景，与有关部门进行反复对接，促进落实。四是抓好落实，跟踪问效。及时形成省政府专题会议纪要，印发省直有关部门，促进帮扶项目落实，资金如期到位。截止目前，大厂已到位资金 1.99 亿元，孟村已到位资金 2.47 亿元，贷款 4400 万元。

二、民族工作示范村创建活动有序展开

一是开展深入调研。赴张家口和承德等地试点村实地考察，与市、县、乡、村相关负责同志座谈，了解创建工作进展情况和现阶段存在的问题和困难，对下一步创建工作提出指导意见。二是制定推进意见。为把创建活动进一步推向深入，研究制定了《关于深入开展民族工作示范村创建活动的工作意见》，在创建思路、目标要求、工作步骤和推进措施等方面进一步明确和细化，为下一步工作制定了详细、明确的时间表。三是精心安排项目。根据调研结果和各试点村实际情况，以改善环境面貌、加强基础设施建设和打造特色产业为重点，帮助和指导试点村谋划创建项目，确保创建项目切实可行、重点突出、效益明显。四是开展观摩交流。赴唐山市相关试点村实地考察，了解创建情况，确定 3 个创建工作开展较好的试点村开展观摩交流。与市民宗局共同研究制定活动方案，部署各项筹备工作。利用召开重点工作推进会的有利时机，组织赴试点村参观考察，交流创建经验，促进示范村创建活动深入开展。

三、全省民族地区发展“十二五”规划初步形成

一是充分做好前期准备工作。成立了“全省民族地区发展十二五规划编制工作领导小组”，制订了《全省全省民族地区发展“十二五”规划编制工作方案》。多次召开专题会，梳理工作思路，明确基本框架，构建指标体系，研究工作措施和方法。二是加强学习和交流。少数民族专项规划编制在河北省尚属首次，在加强专业知识学习的同时，河北省民宗厅主动邀请省发改委有关人员座谈，请教工作方法，了解编制程序和步骤，并先后与十几个省份的民委联系沟通，交流经验，取长补短，相互促进。三是开展深入调研。围绕规划制定调研提纲，组成调研小组分赴 9 个自治县（民族县）开展调研和座谈，深入了解各县发展现状和存在问题，研讨发展思路，听取规划编制意见和建议，增强规划编制的针对性和可操作性，撰写的调研文章被评为 2010 年度调研成果一等奖。四是争列全省“十二五”规划工作取得实质性进展。通过与省政府、省发改委反复沟通和积极争取，“将承德市设立为国家民族文化和谐发展示范区项目”顺利列入全省“十二五”规划重点项目，加大对民族地区政策、财政和基础设施建设支持力度等内容首次写入全省“十二五”规划。

四、民贸民品工作取得新的突破

1. 定点生产企业享受优惠政策贷款额度取得了新突破。经过各有关部门的共同努力，河北省大部分定点生产企业利用国家优惠政策情况良好，2010 年全省定点生产企业共享受优惠政策贷款 39.3 亿元，贴息金额 1 亿元（分别比 2009 全年增加了 18.6% 和 20.4%）。其中常山纺织股份有限公司、今麦郎食品有限公司和金海食品工业有限公司三家定点生产企业享受贴息超过 1000 万元。

2. 会同人行石家庄中心支行组织全省七家民贸民品流动资金优惠利率贷款承办银行和部分少数民族特需商品定点生产企业召开了关于落实民贸民品企业贷款优惠政策座谈会，就落实贷款优惠政策的一些具体问题进行了沟通和协商。

3. 对各市、县上报的民族贸易企业网点改造和民族特需商品定点生产企业技术改造贷款财政贴息项目进行认真审核，确定 5 个民族贸易企业网点改造和民族特需商品定点生产企业技术改造贷款财政贴息资金项目上报国家民委，申请中央财政贴息资金 80 多万元。

（撰稿　张瑞强　审稿　张兴堂）

山西省

2010 年山西省民族经济工作紧紧围绕省委、省政府中心工作和国家民委的总体安排，牢牢把握各民族共同团结奋斗、共同繁荣发展这个民族工作主题，认真贯彻落实科学发展观，明确工作思路，把握工作大局，为山西保增长、保民生、保稳定，实现“转型发展、跨越发展”做出一定贡献。

一、在推动少数民族聚居村经济社会发展上打基础

山西省是个少数民族杂散居的省份，全省有少数民族约 12 万人，约占全省总人口的 0.35%。少数民族成份多达 54 个，其中人口最多的是回族，约 8 万人，满族、蒙古族人数均在万人以上。少数民族分布在全省的 119 个县（市、区），有 42 个少数民族聚居村。为全面掌握山西省少数民族聚居村发展情况，积极推进社会主义新农村建设，加快少数民族聚居村经济社会发展，2010 年，山西省民委组成调研组深入到 6 市对全省 42 个少数民族聚居村经济社会发展状况进行了专题调研。调研活动采取实地考察、座谈、入户等形式，对少数民族聚居村人口、民族、耕地、收入状况、村级组织建设、基础设施建设、项目建设、种植养殖、少数民族贫困状况、新农村建设等经济社会事业发展情况进行详实了解并登记备案，对亟待解决的困难和问题进行了深入的研判。指导和帮助少数民族聚居村做好“十二五”期间经济社会发展的规划，有计划、有步骤地改善生产生活条件，争取到“十二五”末达到本地区平均水平。

二、在管好用好少数民族发展资金上下功夫

近年来，国家民委对山西省的少数民族经济发展的支持力度不断加大，2010 年下拨山西少数民族发展资金 400 万元。山西省财政划拨 50 万元少数民族发展资金。省民委在年初召开的工作会议上就少数民族发展资金工作作出安排，下发《关于申报少数民族发展资金扶持项目的通知》，要求各市根据当地少数民族的实际情况，坚持“科学选项，择优扶持”原则，严格按照《少数民族发展资金管理办法》申报项目。在对各市上报项目进行实地考察、认真筛选的基础上，经局（委）党组研究确定了 49 个扶持项目，其中基础设施类项目 26 个、生产发展类项目 16 个，培训类项目 7 个，重点解决少数民族聚居村吃水、修路等基础设施建设和发展种植业、养殖业等与少数民族群众生产生活关系密切、意义重大、能使少数民族群众得到实惠的项目，改善了山西省少数民族的生产、生活条件，有力地促进了全省少数民族经济和社会事业的发展。

为加强对少数民族发展资金使用的监督管理，2010 年，山西省民委组成 5 个检查组于 5 月 26 日至 6 月 10 日分赴全省 11 个市，对 2007 年—2009 年 3 年少数民族发展资金的使用情况进行了全面检查。对检查中发现的问题要求有关市县及时改进，以求更加科学合理有效使用好资金。

2010 年山西省少数民族特色村寨项目以支持民居保护和改造、特色产业培育、民族团结进步活动创建为主要内容，经局（委）党组研究，确定吉县辛村、壶关县东黄野池村、大同县马家会村 3 个村为第二批少数民族特色村寨保护试点村寨。

三、指导少数民族特需商品的生产上做文章

2010 年山西省民委对少数民族特需商品定点生产企业进行了全面调研，加强了对少数民族特需商品定点生产企业的指导工作。认真落实“十一五”期间国家扶持民族特需商品定点生产企业的优惠政策，继续与省财政厅联系，共同向国家民委和财政部争取少数民族特需商品定点生产企业补助资金和企业技术改造贷款财政贴息资金。5 月，省民委专门召开了全省定点企业高层座谈会，交流经验，总结工作，寻找差距。协调有关方面落实好民族特需商品定点生产企业的政策到位的问题，组织这些企

业负责人，到兄弟省区进行考察学习，交流互动，为这些企业发展提供了新的发展契机，同时组织他们参加国家民委主办或协办的各类贸易洽谈会，通过参加活动，提高了企业知名度，扩大社会影响力，增强企业竞争力。

四、在规范清真食品生产经营管理、促进清真食品市场繁荣上求实效

山西省是全国清真食品生产经营大省，对清真食品生产经营的扶持、规范是全省民族经济工作的重要内容，2010 年继续深入贯彻落实《山西省清真食品监督管理条例》，严格按照《山西省清真食品监督管理条例》的规定，对清真食品生产经营单位和个体户的申报、认真审批，继续做好重新核发清真生产许可证和清真标志牌的工作。加强了清真食品管理监督员的队伍建设，如：长治市、运城市已将监督员补助列入当地财政预算。加强对清真食品企业的监督管理和扶持力度，着力培养能够带动全省清真食品业发展的龙头企业和品牌企业。山西省还组织 7 个企业参加了第四届中国（青海）国际清真食品及用品展览会，扩大了山西清真食品及穆斯林用品的影响。

2010 年 5 月 7 日，山西省民委召开了山西省清真食品监督管理工作座谈会。这次会议是近年来山西省首次就清真食品监管工作召开的专题会议。会议交流了各市开展清真食品监督管理工作的经验，通报了全省清真食品的基本情况及存在的突出问题，分析了有关典型案例，进一步提高认识、统一思想，增强深入贯彻落实《山西省清真食品监督管理条例》的自觉性，进一步规范和推动清真食品行业健康发展。

（撰稿　解全东　审稿　白　源）

内蒙古自治区

2010 年是不平凡的一年，也是“十一五”规划的收官之年。在这一年里，内蒙古自治区的民族经济工作任务十分繁重。一年来，在国家民委经济发展司的指导下，经过认真扎实的工作，圆满地完成了年度各项工作任务。总结起来，主要完成了以下一些工作。

一、继续深入推进兴边富民行动

2010 年是实施国家兴边富民行动“十一五”规划的重要一年，内蒙古自治区的 19 个边境旗市全部被列入了兴边富民行动全国重点县。从专项资金来看，财政部和国家民委在下达少数民族发展资金时，为内蒙古自治区下达了兴边富民行动专项资金总额达到了 8100 万元，实施了 47 个项目。

根据国家的统一部署，内蒙古自治区进一步抓好十九个边境旗市的兴边富民行动规划，按照全面建设小康社会和构建社会主义和谐社会的要求，进一步加大了对重点旗市的指导力度，进一步强化了工作手段和责任制度，通过兴边富民行动项目的安排和带动作用，使兴边富民行动取得了阶段性成果，为推进社会主义新农村新牧区建设打下坚实的基础。各重点旗市经济建设步伐明显加快；基础设施建设迈出新的步伐；生态环境得到明显改善；民族教育、民族医疗卫生等社会事业得到较快发展。此外，根据国家民委的部署，积极协调、陪同，认真做好了兴边富民行动“十二五”规划的调研工作。

二、继续抓好扶持人口较少民族发展工作

2010 年继续重点抓国家扶持人口较少民族发展“十一五”规划的实施，狠抓内蒙古自治区政府办公厅内政办发（2006）21 号文件精神的落实，积极协调呼伦贝尔市及相关旗市与有关厅局搞好扶持项目的对接。安排好国家民委和财政部下达的 2010 年扶持人口较少民族发展专项资金项目 2700 万元，实施了 115 个项目，并配合好自治区发改委专项资金的安排落实。根据国家民委的统一部署，对扶持人口较少民族发展工作进行考核验收，2010 年验收了 29 个嘎查（村），至此，内蒙古自治区“十一五”

期间扶持的61个嘎查（村）全部通过了验收。进一步做好了扶持人口较少民族工作动态监测系统工作。2010年，做了大量的扶持人口较少民族发展“十二五”规划的调研工作，对“十二五”期间国家拟纳入规划的四个民族的聚居情况和经济社会发展情况以及“十二五”项目库进行了大量的调研、数据整理、核对等工作，将内蒙古自治区的情况列入了国家拟出台的“十二五”规划当中。

三、抓好少数民族发展资金的使用管理

2010年，在各旗县和盟市两级民委、财政共同筛选、把关、上报的基础上，内蒙古自治区民委、财政厅按照国家《少数民族发展资金管理办法》和自治区《少数民族发展资金使用管理实施办法》的有关规定，严格程序、认真操作，经过专家评审的程序，共安排少数民族发展资金项目314个，其中经济类项目262个（占83%），社会事业类项目52个（占17%）。进一步要求各盟市按照国家《少数民族发展资金管理办法》和自治区《少数民族发展资金使用管理实施办法》的有关规定做好少数民族发展资金管理的规范化、制度化建设，及时做好项目反馈，总结好各地的资金管理工作。

四、继续抓好帮扶工作

根据内蒙古自治区党委、政府决定，从2009年至2011年，内蒙古自治区民委对扎赉特旗阿拉达尔吐工作部乌兰毛都嘎查开展为期三年的第二阶段帮扶。委党组高度重视，专门召开党组会进行研究安排，并按照自治区直属机关工委的要求，结合内蒙古自治区民委帮扶工作和乌兰毛都嘎查的实际情况，制定了2009-2011年帮扶规划。2010年，投入帮扶资金110万元，具体用于：一是解决贫困户危草房改建23户，投入资金46万元。二是资助贫困户学生80名，投入资金4万元。三是用于村屯绿化、村容村貌整治（两个自然屯）投入资金27万元。四是贫困户春耕生产及购买春耕物资，投入资金5万元。五是引进西门塔尔115头（只），补贴资金23万元。六是慰问嘎查贫困户，投入资金5万元。

2010年，是内蒙古自治区民委对鄂伦春自治旗、莫力达瓦达斡尔族自治旗进行区域重点帮扶的第三年。根据既定的三年帮扶规划，加大帮扶力度，向鄂伦春自治旗投入440万元帮扶资金，实施22个帮扶项目，向莫力达瓦达斡尔族自治投入440万元的帮扶资金，实施16个帮扶项目。

赤峰市巴林右旗作为国家民委的扶贫联系点，内蒙古自治区民委积极配合好国家民委做好了对该旗的帮扶工作。2010年，两级民委共同安排了170万元的帮扶资金。

五、抓好民贸工作

内蒙古自治区民委及时会同财政厅和人民银行共同做好了有关定点企业工作。认真做好民族贸易企业和少数民族生产生活必需品的确认工作，把党和国家的民族贸易优惠政策落到实处，更好地为少数民族群众服务。同时，认真做好“十一五”民贸工作的总结，及时发现问题，为“十二五”期间开展民贸工作提供政策依据。

六、认真完成民族统计、调研等其他工作

做好民族地区统计工作，认真做好各类报表填报和中国民族统计年鉴稿件的撰写工作。会同自治区发改委、经信委、统计局参加全国民族地区经济形势分析会的有关工作。在“兴边富民行动”、“扶持人口较少民族发展”等方面开展了大量的调研和数据分析整理工作，为国家有关专项规划的出台提供内蒙古自治区的情况。认真开展好联合国扶贫开发项目的有关工作，认真做好少数民族特色村寨保护与发展试点工作，做好特色产业、特困项目的实施。

（撰稿　李日树　审稿　常　威）

辽宁省

2010年，在省委、省政府的正确领导下，在国家民委的关心支持下，辽宁省民委认真贯彻落实全国民委主任会议和全省民族工作会议精神，紧紧围绕民族工作确定的目标任务，开拓进取，真抓实干，有力地推动了全省少数民族和民族地区经济社会又好又快发展。

一、以灾后重建为重点，确保受灾民族地区生产自救

2010年7—8月，辽宁省东部和北部民族地区遭遇强降雨袭击，造成50年一遇特大洪水灾害。辽宁东部6个满族自治县和4个民族聚居县受灾较重，有100多个乡镇受灾，灾害造成居民房屋倒塌、农田被淹、道路交通冲毁。灾情发生后，省民委领导带领有关处室第一时间赶赴灾区察看灾情，慰问灾民。及时召开党组会议，研究抗洪抢险，生产自救工作，确保受灾群众吃、穿、住和饮水安全。根据民族地区灾情状况，一方面，积极向有关部门反映民族地区受灾情况，积极帮助筹措救灾资金和物资。另一方面，与财政部门共同研究，安排少数民族发展资金和少数民族地区补助费向受灾民族地区倾斜，用于灾区生产自救项目。省民委共安排少数民族发展资金和地区补助费2054万元，用于民族地区灾后重建项目67个，为灾区各族群众恢复生产生活提供了资金保证。

二、以新农村建设为载体，推进少数民族特色村寨建设示范行动

2010年，是辽宁省民委实施“少数民族社会主义新农村建设示范行动”的最后一年。共投入300多万元资金，扶持21个试点村发展特色产业、改善基础设施条件、整治村容村貌、修建文化活动广场等项目。同时，对示范行动开展五年来的工作进行了全面总结。经过全省各级民委的精心组织，示范村各族干部群众的共同努力，全省少数民族社会主义新农村建设示范行动圆满结束，取得了明显成效。主要体现在：一是示范村经济实现了又好又快发展。21个示范村都立足本地资源优势，突出民族特色，按照现代农业发展要求，形成了设施农业、林果业、畜牧养殖业、民俗旅游业等致富主导产业，实现了一村一品，一村一业的发展格局。二是各族群众生活水平显著提高。到2010年末，21个示范村农民人均纯收入达到8000元，比2005年提高3200元。三是社会各项事业全面发展。21个示范村全部新建了文化活动广场、农家书屋、村卫生所、新建和维修了村部。四是村容村貌明显改观。21个示范村都按照“先洁后美”、“先清后改”的原则，狠抓了村容村貌整治工程，基本达到了生态文明村、环境优美村的标准。五是民主管理水平不断加强。通过开展示范行动，进一步增强了村党支部和村委会的凝聚力、战斗力和创造力，村民参政议政能力得到加强，为新农村建设提供了坚强保证。六是民族团结，社会稳定。各级民族工作部门在开展示范行动中，不仅指导各村发展特色经济，改善和提高农民生产生活水平，挖掘、弘扬民族特色文化，丰富群众文化生活，而且积极引导示范村开展形式多样的民族团结进步创建活动，实现了各民族团结互助、邻里和睦相处、社会和谐稳定的良好局面。21个示范村不仅成为民族地区新农村建设的典型，也成为全省社会主义新农村建设的领头雁。

在狠抓新农村建设的同时，按照国家民委的部署，投入275万元资金，选择了5个民族村（满族、蒙古族、朝鲜族、回族）开展了少数民族特色村寨保护与发展试点，以保护和发展民族特色民居、弘扬和繁荣民族传统文化为重点，结合旅游开发，发展民族特色产业，带动少数民族群众致富，为提高农民收入，促进民族乡村经济发展，建设新农村作了有益的尝试，目前，已有三个试点村取得明显成效。

三、以规划编制为契机，谋划民族地区发展未来

2010年是“十一五”收官之年，也是谋划下个

五年发展规划的关键之年。会同省发展改革委、省政协民族宗教委，深入10个民族县，对全省民族自治地方发展“十一五”专项规划实施情况和编制“十二五”规划进行了专题调研，深入研究民族地区发展面临的突出困难和问题，开展经济运行情况的监测和分析，推动规划和措施的落实。积极争取把民族地区发展纳入全省经济社会发展“十二五”总体规划予以支持。会同省发展改革委在深入调研的基础上，组织编制完成了辽宁省民族地区发展“十二五”专项规划，提出了民族地区“十二五”发展的总体目标、重点任务和保障措施。

认真组织沈阳、大连、铁岭、丹东、锦州、辽阳等市完成了 81 个锡伯族聚居村基本情况的调查统计，积极争取国家民委将全省81个锡伯族聚居村纳入全国扶持人口较少民族发展“十二五”规划扶持范围。

四、以发展优势特色产业为切入点，继续推进兴边富民行动

积极争取国家兴边富民行动补助资金 2400 万元，支持边境民族地区发展特色优势产业、基础设施建设、解决特困民生项目63个。积极争取将宽甸满族自治县列入国家民委、财政部“支持发展特色优势产业试点县”，投入800万元，大力培育发展食用菌、中药材等特色优势产业项目，食用菌、中药材产业已成为宽甸县重要的支柱产业，带动边境地区各族群众脱贫致富。

会同省财政厅、发改委和丹东市认真总结辽宁省开展兴边富民行动十年来取得的成果，编制了《辽宁省兴边富民行动“十二五”专项规划》，并列入全省“十二五”重点专项规划。还认真总结了在开展兴边富民行动中，大力培育特色优势产业、扶持边境民族地区群众脱贫致富的经验，在全国兴边富民行动10年总结暨经验交流会上作了介绍。

五、以强化资金管理为手段，充分发挥资金使用效益

2010年，省民委按照省委、省政府促进县域经济发展的部署和突破辽西北战略，把民族地区保增长、保稳定、保民生作为民委经济工作的重中之重，结合少数民族和民族地区发展实际，加大资金投入力度，大力扶持少数民族农民增收致富项目，抓典型、搞示范，引领少数民族群众发展生产，提高生活水平。2010年国家支持辽宁省少数民族发展资金4100万元，省财政少数民族发展资金配套400万元、安排少数民族地区补助费1800万元，资金总额达到6300万元，比上年增长23.5%。各市还加大了对民族地区和民族工作的资金扶持力度，安排民族专项资金1300万元。严格按照国家民委、财政部《少数民族发展资金管理办法》的规定，会同省财政厅进一步修订完善了少数民族发展资金管理实施办法，建立省、市、县三级项目库，严格实行项目报批制度和履行报批程序，进一步规范了资金的管理和使用。召开了民族经济工作座谈会，总结推广各地资金和项目管理的经验和做法，加强资金和项目管理的规范化建设。指导各地严格按照少数民族发展资金使用投向，扶持民族地区发展致富项目、推进兴边富民行动、支持少数民族特色村寨保护与发展以及改善少数民族生产生活条件项目198个。

六、以政策落实为动力，推动民贸民品企业发展

认真贯彻落实国家民贸民品优惠政策，深入5个民贸县和88家少数民族特需商品定点生产企业，开展调查研究，积极帮助民贸企业和民品企业解决政策落实中遇到的困难和问题，为民贸民品企业发展服务。引导和发挥民贸民品企业优势，与民族乡村产业对接，探索民族乡村与民贸民品企业合作共赢的路子，为做大做强民贸民品企业，促进民族地区经济发展，保障少数民族群众特殊生产生活需要做出了积极努力。认真总结辽宁省“十一五”期间扶持民族贸易和民族特需商品生产政策落实情况，提出了“十二五”期间加强民贸民品工作政策建议，为“十二五”期间民贸民品企业调整作了准备工作。成功承办了全国部分省区民贸民品工作座谈会。全年协调落实民贸企业免退增值税743万元，民族特需商品定点生产企业流动资金贷款贴息3484万元，落实民族特需商品生产补助资金及民贸企业网点改造和民品企业技术改造贷款贴息资金264万元，全年享受国家民贸民品政策资金总额达4491万元，有力地推动了民贸民品企业的发展。

七、以科技培训为抓手，大力提高少数民族群众致富本领

2010年，继续扶持民族地区开展了“少数民族农民万人科技培训行动”和“少数民族农民千村万户电脑致富示范行动”。投入100多万元资金，扶持各级民族工作部门开展多渠道、多种形式的少数民族农民技能培训。各级民委联合科技、妇联、科协、科研院校等有关部门，建立少数民族培训基地，采取集中培训，专家现场指导等多种形式举办种植业、养殖业培训班，为民族乡村培训科技致富带头人。葫芦岛市兴城南大满族乡开办了“农民大学堂”。省民委进一步加大了少数民族扶贫开发力度，在安排少数民族发展资金重点向贫困民族乡村倾斜的同时，积极协调扶贫部门，优先安排贫困少数民族村实施整村推进扶贫开发，2010年，省扶贫部门投入扶贫资金9000多万元，将155个少数民族贫困村列入全省整村推进扶贫开发计划给予重点扶持。

（撰稿　李　珂　审稿　李国华）

吉林省

2010年是全面完成“十一五”规划目标任务，谋划“十二五”宏伟蓝图的一年，也是民族经济工作与时俱进、科学发展的一年。一年来，省民委按照国家民委的总体要求和部署，紧紧围绕全省中心工作任务，努力改善少数民族群众和边境地区各族群众生产生活条件，着力为少数民族地区和边境地区经济社会发展服务，主要体现在以下几个方面。

一、抓规划，为民族地区和边境地区加快发展奠定基础

“十二五”是全面实现小康社会的关键时期。促进少数民族地区和边境地区加快发展，使之与其它地区同步进入小康社会，民族工作部门有着义不容辞的责任。为此，省民委积极协调有关部门将《吉林省少数民族事业“十二五”规划》和《吉林省兴边富民行动“十二五”规划》纳入省政府专项规划之中。成立了专项规划编制工作领导小组，加强对专项规划编制工作的领导。在深入开展调研，广泛征求意见的基础上，认真组织编制两个专项规划，确定了“十二五”期间民族地区和边境地区经济社会发展的总体目标，主要任务和具体措施，力争使更多的政策和项目向民族地区和边境地区倾斜，力求取得新突破。

二、抓民生，扎实推进兴边富民行动

坚持各级政府推动、相关部门联动、社会各方面参与的原则，合力推进兴边富民行动，促进民族地区和边境地区加快发展。以解决少数民族群众生产生活方面特殊困难为重点，扎实抓好边境地区和民族乡村泥草房改造、人畜安全饮水、农民增收致富为重点的“三项工程”建设。一年来，共投入“三项工程”建设资金3569万元，改造泥草房999户，解决安全饮水1029户，支持增收致富项目58个，带动7498个农户发展生产，直接受益人口达25970人，取得了良好的经济和社会效益。召开了全省民族乡（镇）长座谈会，进一步明确了“十二五”时期民族乡镇发展面临的形势和任务，认清了存在的差距和困难，增强了加快发展的紧迫感。按照省委、省政府的部署，积极参与民族自治地方和部分民族乡村抗洪救灾工作，在相关资金、项目的安排上进行倾斜，支援了灾区群众灾后重建。

三、抓特色，打造少数民族特色产业和特色文化

充分利用国家赋予的各项政策，从民族地区和边境地区的特色产业和特色文化入手，努力促进少数民族特色产业和特色文化的发展。借助国家民委将珲春市确定为特色优势产业试点县的有利时机，会同省牧业局帮助珲春市研究制定以延边黄牛为重点的特色产业发展规划和具体实施方案，并在资金上予以扶持。按照国家民委的总体要求和部署，历经两年的努力，一批集特色民居、特色民族文化等

为一体的特色村寨建设全面完成。深入人口较少民族村屯开展调研，帮助和指导人口较少民族村研究制定发展规划，为进一步做好扶持人口较少民族的发展奠定了基础。

四、抓政策，解决少数民族群众的特殊需求

切实抓好民贸民品优惠政策的落实，积极扶持民族贸易和民族商品生产企业的发展。在全省范围内开展了民贸民品优惠政策落实情况的调研，摸清民贸民品企业在政策落实中存在的困难和问题，为“十二五”期间更好地落实民贸民品企业的各项优惠政策奠定了基础。积极协调有关部门，大力扶持民族贸易和民族商品定点生产企业健康发展，全省民贸民品企业享受利率优惠的资金额度有了大幅度提升。在优惠政策的强力支持下，民贸民品企业数量和规模不断扩大，民族特需商品的产品结构进一步完善，生产的产品品种包括针纺织品、民族服装、皮革橡胶、少数民族日用品、医药、工艺美术、五金工具、家具、少数民族文字印刷品、清真食品等十大类，300 多个品种，有力保障了少数民族群众生产生活的特殊需求。

五、抓服务，推动少数民族群众创业就业

为推动少数民族群众创业就业，会同省劳动保障部门积极实施“民族情”创业就业援助工程，千方百计为少数民族群众就业创业服务。各级民委按照省民委的要求和部署，2010 年共举办少数民族创业就业培训班 48 期、就业洽谈会 16 期，培训人员 13000 多人，取得了良好社会成效。

（撰稿　李　颖　审稿　王喜年）

黑龙江省

2010 年，在国家民委指导下，在黑龙江省委省政府领导下，省民委结合全省少数民族经济发展实际，围绕增强民族经济发展实力及“分类指导、确保重点、统筹兼顾、梯次推进”原则和发展思路，突出重点，抓住关键，统筹安排，全面推进，有效促进了全省民族经济快速发展。据初步统计，2010 年全省民族地区生产总值 254.8 亿元，比上年增长 11.6%；财政收入 5 亿元，比上年增长 8.7%；农民人均收入 5900 元，比上年增长 15.7%。

一、以项目建设为载体，带动少数民族经济快速发展

2010 年国家民委下达黑龙江省少数民族发展资金 10200 万元，加上省财政配套资金 200 万元，共计 10400 万元。这些资金履盖到全省 89 个县（市、区），193 个乡（镇），其中有 67 个民族乡（镇），257 个少数民族村。审批立项 283 个项目，这些项目主要用于道路桥涵、农田基本建设、水利、自来水管线铺设、水渠修建和清淤、民生改善、特色产业发展、农业机械购置等，项目建设成后，将进一步改善少数民族及少数民族地区生产生活条件，促进少数民族经济又好又快发展。

二、加大工作力度，“兴边富民行动”取得显著成效

一是大力改善基础设施建设。黑龙江省共投入少数民族发展建设资金 5829 万元用于支持“兴边富民行动”，建设项目 76 个，这是兴边富民行动开展 10 年来，投入额度最大、项目建设最多、成效最为显著的一年。目前，18 个边境县（市、区）1207 个村中有 138 个民族村，75%通自来水，居民住房砖瓦化率达 80%，159 个乡（镇）全部通公路，边境民族地区旅游业、运输、劳务等第三产业都有较大发展，尤其是少数民族生产生活条件明显改善。

二是大力支持特色优势产业发展。根据国家民委《关于开展兴边富民补助资金支持发展特色优势

产业试点的通知》精神，确定了鹤岗市绥滨县为试点县，共投入资金 800 万元建立网箱养鱼基地，扶持 2 个乡 13 村发展网箱养殖野生鲤鱼，目前，建网箱 100 个。

三是大力改善住房条件。“十一五”期间，黑龙江省共投入 3000 多万元资金，集中改善了赫哲族、鄂伦春族聚居的 7 个边境县（市、区）的住房条件，新建 3 个赫哲族新村。

四是富民兴边成效明显。2010 年 6 月，国务院组成专门调研组来黑龙江省就兴边富民行动工作进行调研。通过听取汇报、实地考察，调研组一行对黑龙江省兴边富民行动工作的主要做法、取得的成绩、经验给予了高度评价。可以说，通过省民委所做的工作、取得的成绩使调研组进一步充分肯定了兴边富民工作开展的重要意义，进一步坚定了支持兴边富民工作的决心。

三、实施规划，圆满完成“十一五”扶持人口较少民族发展工作任务

一是完成《专项建设规划》任务。经过 2010 年的收尾工作，使《黑龙江省人口较少民族专项建设规划》中安排的 51 个项目全部完成，共投入资金 3996 万元。

二是完成《黑龙江省扶持人口较少民族发展“十一五”规划》中提出的目标任务。2010 年，黑龙江省为人口较少民族地区投入资金 3340 万元，占全年少数民族发展资金的 32%，共扶持 33 个项目，有力地促进了人口较少民族地区的全面发展。2010 年，全省 19 个人口较少民族村农业经济总收入达到 10231 万元，比上年增长 25.8%，粮食总产达到 5613 吨，比上年增长 12%，人均收入实现 4292 元，比上年增长 22.5%。认真做好《规划》实施情况的检查验收。按照“四通五有三达到”标准，2009 年底时黑龙江省列入国家规划的 16 个人口较少民族村有 13 个达到验收标准，2010 年，黑龙江省为三个未达标村投入 425 万元住房建设资金，使他们顺利达到了验收标准。为做好统计监测培训，举办了二期人口较少民族发展监测系统培训（汇总）班，进一步规范了扶持人口较少民族发展各项项目指标的数据管理，为做好扶持人口较少民族工作奠定良好基础。

四、统筹考虑，大力推进民族地区新农村建设

一是认真做好杜尔伯特蒙古族自治县巴彦查干乡王府新村帮建工作。两年来，共为自治县安排少数民族发展资金 855 万元，扶持项目 25 个，其中为王府新村安排资金 100 万元，建设项目 2 个，并积极协调解决王府新村发展中遇到的困难。据统计，2010 年该村农牧民人均纯收入达到 11058 元，比 2009 年增加 951 元。

二是以点带面全面促进少数民族和民族地区新农村建设。2010 年为民族地区新农村建设典型 10 乡 30 村，分别投入资金 710 万元和 1550 万元，有力地支持了新农村试点工作。同时，黑龙江省将民族乡村扶贫开发、整村推进工作与新农村建设结合起来，2010 年 90%的少数民族发展资金投入到了民族乡镇。

三是加大“千村试点”扶持力度。在全省新农村建设第二批“千村试点”中，有 63 个少数民族村，2010 年共为这些村投入资金 1565 万元，在特色产业发展，基础设施建设，安居房改造，群众增产增收等方面给予了大力支持。

四是积极协调，有力推进扶贫开发整村推进工作。通过积极协调，将已列入全省扶贫开发整村推进规划中未被扶持的民族村全部纳入整村推进工作范围，共安排扶贫资金 2659.7 万元，使列入到全省整村推进计划的 175 个少数民族重点村全部享受到政策扶持。

五是加强少数民族特色村寨保护与发展工作。按照国家民委的工作安排，结合黑龙江省实际，确定了宁安市江南朝鲜族乡明星村朝鲜族社区及齐齐哈尔市梅里斯达斡尔族区哈拉新村为黑龙江省少数民族特色村寨保护与发展试点村，2009 年以来，这两个村整合社会资金数千万元（其中黑龙江省民委向这两个试点村投入少数民族发展资金 200 万元），使其试点建设取得了突破性进展。

六是召开招商引资会，推进新农村建设。2010 年 4 月 14 日至 15 日，省民委在宁安市召开了全省民族地区招商引资现场经验交流会。会议总结提出了今后一个时期全省民族地区招商引资的主要任务和具体要求，要求各级政府要加大招商引资力度，

有效扩大民族乡村积累，增加民族乡村综合实力，为实现新农村建设“20”字目标努力奋斗。

同时，积极开展对口支援工作。2010 年黑龙江省民委制定了对口支援工作规划和方案，为新疆阿勒泰地区民委投入 8 万元，购置了电脑、打印机等办公设备。其它如民族贸易、民族统计等工作也得到扎实有效开展。

（撰稿　李彦龙　审核　刘烈军）

上海市

在上海市委、市政府的正确领导和国家民委的具体指导下，按照 2010 年国家民委民族经济工作会议精神要求，上海市民族和宗教事务委员结合上海城市少数民族经济工作的特点，上海少数民族经济工作，以“立足上海、面向全国、热情服务”，为工作思路，认真贯彻党的民族政策，充分调动社会各方面的积极性，整合各种社会资源，在不断满足少数民族特殊需求、积极支持少数民族和民族地区加快经济社会发展、巩固和发展平等、团结、互助的社会主义民族关系，促进上海各民族之间经济建设全面、协调、可持续发展方面取得了一定成绩：

一、主要成效

（一）圆满完成对口帮扶德昂族工作。

德昂族是一个历史悠久的跨境民族，也是云南省 7 个人口较少民族之一，总人口 1.78 万人。自 2006-2010 年上海市民委主要对聚居在云南省的德宏、临沧、保山 3 个州市的 80 个自然村实施整村帮扶。上海市共投入帮扶资金 3688. 908 万元（其中，上海民族宗教界共捐赠资金 1188.908 万元），云南省民委配套资金 1162 万元。共完成 457 个帮扶项目。通过五年辛勤付出，德昂族群众基本生活、基本生产、基本教育、基本医疗等方面得到了很大改善和发展，基本达到“三通五有四达到”的目标。使对口帮扶工作受到了广大德昂族群众一致赞扬，为帮扶工作划上完满句号。

（二）扎实有序推进对口帮扶独龙族工作。

按照上海市委、市府“十二五”对口援建工作总体部署，上海主要负责对口帮扶独龙族发展工作。共建造安房 323 户，实施 7 个整村推进，建设五个特色旅游村，投入资金 5000 万元。2010 年度已完成建造 46 户和 3 个整村推进项目。

（三）保障了“世博”会期间清真食品供应。

市民委认真贯彻落实中央和市委的指示精神，积极参与世博、服务世博，出色完成了世博会期间清真食品供应任务，使全市的清真食品供应做到了规范可靠，卫生安全、绿色环保、品种多样、供应有序，为参展者、参观者提供了安全便捷的周到服务，爱到了中央和市委市府领导的表扬，为世博会的成功、精彩、难忘作了贡献。

（四）加大对民族定点生产用品企业扶持力度。

为进一步增强少数民族，民族定点生产用品企业继续发展，提升市场竞争能力，充分利用政策优势，对 6 家民族定点企业 1.5 万元贷款进行利息补贴，贴息额 431 万元。

二、主要做法

（一）为加快独龙族经济和各项社会事业发展，早日实现脱贫致富，走上持续发展的轨道。市民委领导高度重视对口帮扶工作，把对口帮扶独龙族工作列入市民委重点工作，作为构建社会主义民族关系，贯彻“两个共同”民族工作重要内容来抓，认真组织、周密规划、全心投入、狠抓落实：一是抓好项目试点，稳步有序推进。在云南省有关综合扶持规划的总体框架下，本着“制定规划、试点先行、先易后难、实事求是、稳步推进”的发展思路，紧贴独龙族群众生活实际，以安居房建设、整村推进、民族文化旅游特色村为重点，着力改善独龙族群众的生产生活条件。2010 年在试点先行帮扶的基础上，认真总结经验，扎实稳妥推进帮扶项目建设。二是加强组织领导，建立运作机制。为使各项帮扶工作落到实处，扎实有力、有序、有效，市民委与云南省民委紧密配合，通力合作，成立了《沪滇对口帮扶独龙族领导小组》，主要领导亲自挂帅任组长，负责指挥决策、督促检查、沟通协调等帮扶工作的全过程。并签订《上海对口帮扶独龙族发展项目管理办法》，明确各自职责，确保各项帮扶项目顺利推进。为加强资金管理，充分发挥帮扶效益，把有限资金用好、用足、用实，市民委与云南省民委联合制定并下发《上海对口帮扶独龙族金管理办法》，严格遵守“专账储存、专户管理、封闭运行”的要求和项目跟着规划走，资金跟着项目走的原则，确保了帮扶资金安全使用。三是深入实地论证，制定项目规划。对项目选择既要立足当前，贴近群众急需、实用、受益，又要着眼长远，可持续发展。为此，市民委与云南省民委一起深入群众，实地调研并广泛听取了群众意见和建议的基础上达成共识，把帮扶重点放在改善群众的基本设施、基本生活、基本生产、优化扶持与群众利益息息相关的项目。在实地调研基础上，沪滇两地签署了《上海—云南对口帮扶独龙族“十二五”发展规划》。

（二）为全力保障世博期间清真食品供应，以满足中外穆斯林参展者、参观者饮食需求，确保清真食品的安全，圆满成功世博期间清真食品工作。一是认真组织规划，合理布局网点。在世博园区及世博村内设置 9 家清真餐厅和交通枢纽等窗口网点和人流密集的商业区、旅游景点规划清真食品网点设置，扩大了覆盖面。各清真餐厅接待顾客业约 21000 余人次，营业额约为 52.26 万元。目前，全市挂牌经营清真网点 268 家（比上年增加 25 家，增长 10.6%），其中副食品网点 137 家、饮食网点 111 家、食品网点 20 家。在各级领导的关心和支持下，市财政加大了对清真行业基本供网点的财政扶持力（2010 专项清真补贴费 934 万元），推动了上海清真食品行业网点迅速增长，使经营者高兴、少数民族满意，促进清真行业快速发展。二是改善经营环境，提升服务层次。世博会期间，更好地为中外穆斯林参展者、参观者提供优美舒心饮食环境。重点对 18 家指定服务世博清真饮食基本网点，按照标准规范、设施规范、服务规范的要求进行合理装修改造，改善店容店貌，增强经营规模和接待能力。并对各类营业人员进行了培训指导，先后举办了 12 场培训，培训人数达 1500 余人，提升服务质量服务，增强了市场竞争能力，经济效益和社会效益明显增强。据不完全统计，京城清真饭店，一心斋、宜红、梅岭、浦东清真饭店等营业额增长 40%以上。三是加强管理力度，确保安全放心。加大对清真食品供应网点的监督检查力度，特别是加强对世博园区内的清真餐厅的每日和园区外每周进行巡视检查，对清真食品采购、储运、加工、销售的各个环节进行全流程监控，在各个环节高标准、严要求，杜绝“清真不清”现象的发生。有力保障了世博期间的清真食品安全。

（三）加强沟通协调，确保资金。为解决了民族用品定点企业流动资金短缺的问题，扩大企业再生产和技术改造提供了保证，提升民族用品市场竞争能力，市民委积极运用国家对民族定点企业的财政优惠贷款利率政策，把优惠政策用好、用实，主动加强与有关部门沟通联系并得到了大力支持和帮助，对 6 家民族定点企业贷款进行利息补贴，贴息额的资金已全部到位。

（撰稿　窦　伟　审稿　张继富）

江苏省

一、进一步加强和规范少数民族发展资金项目的管理

近年来，在江苏省民委的积极争取和各级领导的关心、支持下，江苏省少数民族发展资金的数量得到逐步增加: 中央少数民族发展资金从 2005 年的 100 万元，逐年增加到 2010 年的 500 万元；省少数民族发展资金 2009 年由以前每年 150 万元增加到每年 300 万元。少数民族发展资金数量的增加，使每年扶持项目的数量得到增多、单个项目的扶持规模

也较以前得以扩大。为了进一步规范项目的申报和加强对发展资金的管理，提高少数民族发展资金的使用效益，2010 年江苏民委进一步加强了对资金和项目的监管工作：一是加强对项目实施情况的督查。上半年，先后对南京、镇江、常州、宿迁、扬州、泰州等地的部分少数民族发展资金项目的实施情况进行了督查，确保资金的专款专用和项目落实到位。二是举办“江苏省少数民族发展资金项目编制管理培训班”。5 月下旬，省民委在仪征市举办了专题培训班，培训对象为 11 个有发展资金项目的省辖市民宗局民族处长和县（市）民宗局项目负责人共 80 余人。为了提高培训质量，特别邀请国家民委经济司和省财政厅有关负责同志作了辅导讲座和现场答疑，就少数民族发展资金的有关政策规定、项目申报、使用管理等有关事项作了详尽的解答，并将规范文本刻录成光盘下发。三是制定了《进一步加强少数民族发展资金项目管理的意见》，以切实加强对少数民族发展资金的管理工作，增强各级民族工作部门的责任意识和管理意识，提高少数民族发展资金的使用效益。

二、深入开展帮扶活动，切实改善少数民族群众的生产生活

为了加快少数民族经济和社会发展步伐，江苏全省各地采取多种帮扶措施，为少数民族群众解决生产生活中的困难，受到少数民族群众的广泛好评。一是解决生活“难”。对生活困难的少数民族群众，对照各地低保标准优先帮助办理低保。二是解决生产“难”。各地民族工作部门组织县（市、区）街道，社区干部及辖区单位与特困家庭结成帮扶对子，落实帮扶项目。三是解决就业“难”。对无技术、无专长的少数民族群众及其家庭成员优先安排免费参加培训，帮助他们实现就业和再就业。四是解决上学、就医“难”。对在上学、就医方面存在特殊困难的少数民族家庭，在优先落实结对帮扶的同时，主动协调有关部门和发动社会力量帮助解决资金困难。另外，省民委还开展科技帮扶，积极协调致公党江苏省委在民族聚居地方推行“致福工程”，先后在镇江丹徒区世业镇卫星民族村和南京市六合区竹镇镇作为村乡级培训试点，各赠送了 20 台电脑，设置了培训中心，接通了网络，以拓宽少数民族群众创业致富渠道。春节前夕，江苏省民委拨出 10 万元专款并协调省级宗教团体捐资 40 万元共计 50 万元，送到苏北 5 市少数民族困难户家中，帮助他们度过一个愉快祥和的春节。

三、积极引导民贸和民族企业支持民族事业

2010 年，江苏省 52 家民贸定点企业年产值 100 多亿元，在各级民族工作部门的帮助协调下，全省民贸企业流动资金、技改、生产资金贷款 19.03 亿元，享受优惠利率贴息 2628 万元。企业在发展壮大的同时也积极回报社会、反哺民族事业。民贸和民族企业在各地民族工作部门的组织协调下，优先安排少数民族群众就业，提高少数民族职工的工资待遇，踊跃捐款捐物和结对帮扶少数民族困难户，成为江苏省少数民族扶贫工作的重要力量之一，发挥了不可或缺的重要作用。他们的足迹还遍布祖国的西部地区，每年都积极开展为中西部少数民族地区捐建校舍、为少数民族困难群众捐款捐物、资助少数民族困难学生入学等公益活动，受到各地民委和少数民族群众的高度评价。

四、指导竹镇镇做好十周年庆典的各项工作

2010 年是南京市六合区竹镇镇享受民族乡待遇十周年。十年来，竹镇镇在各级领导的直接关心下，在省有关部门和南京市的大力扶持下，经济社会事业取得了长足的进步，但由于基础薄弱，竹镇镇发展仍然相对滞后。年初，省民委利用竹镇镇享受民族乡待遇十周年的契机，隆重召开新闻发布会和举办十周年庆典等系列活动，邀请有关领导、社会各界代表人士和新闻媒体到场，进一步加大对民族镇的宣传力度，推介民族镇的自然资源和发展潜力，扩大招商引资和开发力度，推进竹镇镇的跨越式发展。省民委还有针对地将省民委兼职委员单位联络员会议放在竹镇镇召开，21 个兼职委员单位的联络员和省有关部门特邀代表出席了会议，在完成既定会议日程后，专门安排竹镇镇主要领导向会议代表介绍了竹镇镇的发展情况，并现场考察了镇有关经济和社会事业项目，积极争取省有关部门更多的扶持。庆典当日，竹镇首届鲜果采摘节同时隆重举行。竹镇镇正向着“建设华东地区规模最大的桃园，长

江流域规模最大的枣园，江苏省规模最大、单位产出率最高的种植基地，江苏省丘陵山区农业综合开发先行区，全国有影响的动禽养殖基地，江苏省规模最大的万顷良田工程暨新农村建设示范区”的目标迈进。

五、大力推介宣传菱塘回族乡扩大民族工作的社会影响

近年来，菱塘回族乡在社会各界的关心扶持下，在全乡各族干部群众的奋力拼搏下，回族乡经济社会事业突飞猛进，2010 年全乡实现经济总量 100 亿元，农民人均纯收入达 1.3 万元。菱塘回族乡已经成为江苏省民族工作对外展示的“窗口”。上半年，结合全国民族团结进步模范的宣传工作，省民委积极协调省委宣传部组织新闻媒体采访团赴菱塘回族乡进行采风，从不同的角度对菱塘回族乡经济社会事业发展成就予以的报到，大力宣传菱塘回族乡的民族团结进步模范事迹和发展成就，持续、深度的报道在全社会引起了强烈的反响，进一步扩大了菱塘回族乡和省民族工作的社会影响。3 月下旬，国家民委专职委员李文亮率领的来自全国 31 个省、自治区、直辖市及新疆生产建设兵团民（宗）委（厅、局）分管领导和经济处长参加的全国民族经济工作研讨班和 5 月底的国家民委财务管理这两个培训班，都专程考察了菱塘回族乡。两个考察团在听取了菱塘回族乡的介绍和实地考察乡经济社会事业发展情况后，对菱塘乡的发展赞不绝口。

六、启动对口支援新疆民族工作部门

江苏历来有参与和支持新疆发展的好传统，新中国成立后，江苏就有 30 多万优秀青年赴疆创业。1997 年中央确定江苏省对口支援新疆伊犁州以来，省委省政府从维护祖国统一、增进民族团结、实现国家全面繁荣和共同进步出发，坚持把对口援疆工作摆在重要位置，举全省之力推动对口援疆工作深入开展。全国民委系统对口支援新疆西藏民族工作部门工作座谈会召开后，江苏民委认真贯彻落实会议精神，迅即启动对口支援工作，把对口支援列入重要议事日程，结合自身实际，以促进经济发展、维护稳定、增进交流为己任，认真拟定与新疆、西藏民委对接计划，确保对口支援工作落到实处。按照国家民委统一部署，江苏负责对口支援新疆伊犁州。国庆假期刚过，省民委分管副主任即率领全省民委系统 10 个市、县（市、区）民宗局负责人组团赴伊犁州进行了工作对接。赴疆次日，考察团与伊犁州民宗委及州直 8 县 2 市民宗局在伊宁市举行了座谈会。省民委王在郑副主任与伊犁州民宗委居曼主任签订了江苏省民委系统与伊犁州民宗系统对口支援工作协议，并现场赠给伊犁州民宗委 10 台笔记本电脑。这次对口支援协议的签署，标志着江苏省民委系统对口支援工作正式展开，也为推动两地民族工作科学发展，开创了新局面。江苏省其他对口市、县（市、区）也分别为伊犁受援县、市民宗局捐赠了笔记本电脑。会后，江苏省民委系统分别到各对口支援县、市调研考察，商讨具体对接工作。10 月底，伊犁州民族工作考察团对江苏省对口支援市、县进行工作回访，就 2011 年的对口支援工作进行了商定。

七、进一步加大对清真饮食业的扶持力度，确保全省少数民族群众及上海世博会举办期间的清真食品供应

“十一五”期间，江苏省财政每年拿出 100 万元用于扶持各地清真饭店的发展，各地党委政府也采取多种举措给予大力支持，使全省的清真饮食业驶入一个稳步健康发展轨道，涌现出一批社会影响大、经济效益好的清真企业，基本满足了少数民族群众各种层次的清真饮食需要。为保证上海第 41 届世博会期间清真食品的生产供应工作，在世博会前夕，省民委发出通知，要求各地民族工作部门严格按照国家和省有关规定要求，积极协调工商、商贸、卫生、环保等部门，切实加强对清真行业的规范化管理，认真做好上海世博会和传统节日期间清真食品的生产供应工作，组织专门力量，对清真食品厂（店）的生产、经营、管理和清真标志牌悬挂等情况进行一次执法检查，确保做好清真食品的生产供应工作，杜绝了个别清真网点销售非清真食品、非清真网点经营清真食品等“清真不清”现象的发生。

八、无锡市举办第二届少数民族专场招聘会

2010 年，无锡市民宗局紧密围绕市委、市政府

提出的“幸福市（县）区建设”工作，将“围绕发展民族团结进步事业，开展民族团结促进年”列入全年的重点工作，全力推动在全市形成民族团结、经济发展、社会和谐、各民族群众共享改革发展成果的良好局面。3 月 8 日，无锡市民宗局、市人力资源和社会保障局和市少数民族联谊会在无锡市人力资源市场交流大厅联合举办了“无锡市少数民族专场招聘会”。无锡市民宗局协同有关部门联系了近百家招工企业，并通过报纸和电视台等新闻媒体发布招聘信息，各区民宗局组织辖区内失业、下岗的少数民族群众参加应聘求职。本次招聘会共提供外企工程师、市场销售人员、技术工人、操作工、餐厅服务员、仓库保管员、保安等不同层次就业岗位近 4000 个。招聘会现场设立了咨询服务台，为少数民族群众提供政策咨询、技能培训和创业培训报名等服务，并向到场的每一位少数民族群众发放各类宣传手册。据统计，当天有 600 余名少数民族群众成功应聘。

九、苏州青田公司累计为少数民族和民族地区捐款 1000 余万元

苏州青田企业发展有限公司是一家少数民族特需商品定点生产企业，在江苏省民委和地方民委的积极协调下，青田公司在享受国家民贸政策扶持的同时，大力资助少数民族和民族地区的教育慈善事业，先后援建了西藏林周县、云南丽江市、新疆温泉县、四川黑水县、河南夏邑县等十多所希望小学。2007 年捐资 400 万元与联合国儿童基金会一起在中国少数民族地区启动“儿童伤害干预”项目，2008 年在汶川大地震的第二天即向灾区捐助物资 180 万元。十年来，青田企业累计向少数民族和民族地区捐资达 1000 余万元。

十、扬州市举行新增少数民族特需商品定点生产企业授牌仪式

3 月 26 日扬州市为扬州玉器厂、扬州漆器厂新增为“十一五”期间全国少数民族特需商品定点生产企业举行了授牌仪式，省民委主任王军受国家民委委托主持授牌仪式。

十一、宿迁市民贸企业积极安置少数民族群众就业

在各级民委的积极协调下，宿迁市 9 家民贸企业共安置了当地 1000 余名少数民族群众进厂就业，其中江苏玖久丝绸股份有限公司在长期结对帮扶当地 2 个民族村的基础上，还在云南禄劝彝族苗族和寻甸苗族回族自治县投资 8000 万元建立了 7 万亩优质蚕桑养殖基地、上马了 24 组自动缫丝机，解决了当地 3000 多名少数民族群众就业，招收了 200 多名云南当地的少数民族群众进厂上班。

十二、江苏省民贸民品企业享受优惠利率流动资金贷款额及优惠利率再创新高

江苏省现有少数民族特需商品定点生产企业 52 家。2010 年，全省民贸民品企业共享受优惠利率流动资金贷款 19.03 亿元，享受优惠利率贴息 2628 万元。

十三、江苏省民委研究部署对口支援新疆西藏工作

为贯彻落实中央新疆工作座谈会、中央第五次西藏工作座谈会和全国民委系统对口支援新疆西藏民族工作部门工作座谈会精神，江苏省民委就全省民委系统认真做好对口支援新疆西藏民族工作部门工作进行部署：一是加强领导，建立健全对口支援新疆西藏民族工作部门工作的组织机制。成立了对口支援新疆、西藏民族工作部门工作领导小组，委主要领导同志担任领导小组组长，其余委领导担任副组长，委机关各处室负责人作为领导小组成员；领导小组办公室设在民族处。同时，要求各市和相关县（市、区）局根据江苏省对口支援新疆、西藏的任务划分，并从实际出发建立相应的领导机构，明确职责、协调配合、共同参与，切实做好对口支援新疆、西藏民族工作部门的工作。二是合理安排，认真做好对口支援新疆西藏民族工作部门工作的责任分工。江苏省具体负责援助新疆伊犁哈萨克自治州的 10 个县（市）和一个口岸、克孜勒苏柯尔克孜自治州的 3 个县（市）、新疆建设兵团的 2 个师、西藏拉萨市的 4 个县，分别交给了 12 省辖市、4 个县（市、区）。为了便于全省对口支援工作的统一协调和开展工作，省民委系统总体上与省委、省政

府的安排相一致，省民委对口支援伊犁州、拉萨市民委，各市、县（市、区）民宗局对口支援对应的县（市）、口岸和兵团师的民族工作部门。三是明确任务，着力突出对口支援新疆西藏民族工作部门工作的援助重点。大力加强民族团结宣传教育工作，积极协助新疆、西藏民族团结进步创建活动，切实做好新疆、西藏在苏少数民族流动人员服务管理工作；大力扶持特色优势产业的发展，加大对兴边富民行动和人口较少民族发展的支持力度，积极支持民族贸易和民族特需商品生产供应工作，支持教育、文化、卫生等社会事业加快发展，加强信息沟通，支持和协调新疆、西藏少数民族富余劳动力输出就业的相关工作；重点加强新疆、西藏对口民族工作部门能力建设的工作支持力度，帮助提升硬件水平。四是狠抓落实，坚决完成对口支援新疆西藏民族工作部门的光荣任务。迅速将全国民委系统对口支援新疆西藏民族工作部门工作座谈会精神进行传达学习，并及时召开专题会议进行研究部署，确保国家民委会议精神的贯彻落实；积极与各地负责对口支援工作部门取得联系，了解受援地区的具体情况、工作任务、援助重点；主动与受援单位进行工作对接，抓住对口支援工作机遇，逐步建立和完善与伊犁州、克州和拉萨市及所属县（市）民族工作部门的跨地区对口支援和工作协调机制；受援地区和单位的工作特点、工作任务和工作重点，结合自身工作实际，着手制定对口支援五年工作规划和具体工作方案；充分调动社会各界力量，特别是要发挥民族企业、宗教团体、慈善机构等作用，多渠道、全方位的筹集资金，真正把对口支援工作落到实处。

十四、江苏省委省政府制定对口支援西藏工作方案

根据中央决定，江苏继续对口支援西藏拉萨市及所属的墨竹工卡、林周、达孜、曲水四个县，为更加扎实地做好新一轮对口支援拉萨的工作，8 月初，省委省政府制定了工作方案。方案明确提出援藏工作必须坚持以科学规划为引导、以改善民生为重点、以干部援藏为关键、以项目建设为抓手。实行干部援藏与项目援藏相结合，经济援藏与智力援藏相结合，政府主导与企业参与、社会支持相结合。同时要始终遵循统筹兼顾、综合援藏；突出重点、民生优先；规划先行、有序推进；发挥优势、加强合作的基本原则。方案提出了援藏工作的四项主要任务：一是以支援民生项目建设为重点，加快改善拉萨各族群众的生产生活条件。二是以实施拉萨城市总体规划为重点，促进拉萨统筹城乡发展。三是以支持工业园区建设为重点，推动拉萨经济加快发展。四是以提升干部队伍素质为重点，加大人才智力援藏力度。成立由梁保华书记为第一组长、罗志军省长为组长的对口援藏工作领导协调小组。安排省级部门和单位对口支援拉萨市区，安排南京、苏州、镇江、泰州 4 个省辖市与拉萨市所属的墨竹工卡、林周、达孜、曲水四个县结对帮扶。并根据中央布置江苏的负担比例、筹资规模和本省区域经济财政发展状况，分地区、分比例确定了援藏资金的筹措和管理办法。方案明确提出了援藏资金必须向民生领域倾斜、向公益性项目倾斜、向农牧区倾斜的要求。方案提出了江苏对口支援拉萨工作的两步走目标：力争通过 5 年的努力，到 2015 年，使拉萨市特别是 4 个受援县经济发展明显加快、各族群众生活明显改善、城乡面貌明显改观、公共服务水平明显提高、基层组织建设明显加强、经济社会发展综合实力明显增强。经过 10 年的不懈努力，到 2020 年，最大程度地缩小与内地差距，确保实现全面建设小康社会的奋斗目标。

十五、江苏省委省政府专题部署对口支援新疆工作

根据中央决定，江苏对口支援新疆的范围扩大到伊犁州的所有 10 个县（市）、克州的 3 个县（市）、新疆生产建设兵团 2 个农师以及霍尔果斯口岸共 16 个单位，为集全省之力做好对口援疆工作，8 月 8 日，省委省政府进行了部署。会议明确提出援疆工作必须遵循统筹兼顾、突出重点；民生优先、全面支持；规划先行、有序推进；优势互补、深化合作的基本原则。会议强调了援疆工作的四项重点：一是以支援城乡居民住房建设为重点，加快改善受援地各族群众的基本生活条件。二是以发展教育医疗为重点，支持受援地区发展社会公共事业。三是以推进企业合作为重点，积极支持受援地区发展经济。四是以人才援疆为重点，选优配强援疆干部。会议

明确成立由梁保华书记为第一组长、罗志军省长为组长的对口援疆工作领导协调小组。安排 12 个省辖市和昆山、江阴、张家港及南京江宁区共 16 个单位与新疆 16 个受援单位结对帮扶。并根据中央布置江苏的负担比例、筹资规模和本省区域经济财政发展状况，分地区、分比例确定了援疆资金的筹措和管理办法。会议提出今后 10 年援疆工作的目标是：到 2015 年，使受援地区经济发展明显加快、各族群众生活明显改善、城乡面貌明显改观、公共服务水平明显提高、基层组织建设明显加强、经济社会发展综合实力明显增强。再经过 5 年不懈努力，到 2020 年，最大程度地缩小受援地区与内地差距，确保受援地区实现全面建设小康社会目标。

（撰稿　刘克元　审稿　王在郑）

浙江省

2010 年是实施中央“2001-2010”年扶贫开发纲要的最后一年，也是胜利完成“十一五”国民经济发展规划之年。这一年，在内外形势复杂多变、不可确定因素增多的情况下，各级党政及民族工作部门，在省委、省政府的正确领导下，坚持以科学发展观为指导，认真贯彻执行中央有关指示精神和省委“八八战略”、“双创”总战略，进一步加大对民族地区的扶持力度，不断完善扶持措施、政策和机制，民族经济继续实现健康较快发展，贫困人口减少，收入水平提高，基础设施改善，社会事业进步。民族经济的不断发展，为浙江省民族团结、社会和谐、建设全面小康社会发挥了重要作用。回顾一年来的工作，民族经济发展成绩显著，主要体现在以下几个方面：

一、各级党委政府高度重视民族工作

民族工作是党和政府的一项十分重要的工作，民族问题始终是建设中国特色社会主义必须处理好的一个重大问题，民族工作始终是关系党和人民事业发展全局的一项重大工作。针对浙江省民族经济发展中存在的问题和民族地区经济发展现状，各级党委政府始终把加快少数民族和民族地区经济发展列入党委、政府的议事日程，明确任务，突出重点。坚持以邓小平理论和“三个代表”重要思想为指导，以科学发展观统领经济社会发展全局，紧紧围绕全面建设小康社会的宏伟目标，牢牢把握各民族“共同团结奋斗、共同繁荣发展”的主题，全面贯彻执行党和国家的民族政策和民族法律、法规，巩固和发展平等、团结、互助、和谐的社会主义民族关系，全面落实党对少数民族、民族地区的各项帮扶措施，加快少数民族和民族地区经济社会发展，推进全省物质文明、政治文明和精神文明与平安浙江、和谐社会建设再上新台阶。使少数民族和民族地区群众享受更多的改革发展的成果。

二、少数民族和民族地区生产生活条件明显改善

首先，大力加强基础设施建设和生态建设。对能带动少数民族地区经济社会发展起重大作用的集镇、交通、水利、能源、通讯等基础设施建设，优先安排少数民族乡村和少数民族聚居点，努力改变这些地区基础设施薄弱状况，着力规划和建设一批对少数民族聚居地区具有较强辐射带动作用的城镇乡村，强化综合服务功能。加强公共卫生设施建设，建立健全医疗卫生服务体系。高度重视并切实维护好少数民族群众的基本生活权利，加大对少数民族特困群众的基本生活救助和基本医疗救助。充分改善了浙江省民族地区的环境和生活条件。

其次，民族地区的特色产业得到大力发展，这为浙江省进一步加快民族地区发展，奠定了一定的基础。推广现代科技技术，调整优化产业结构，提高科技成果转化率，延长产业链条。加大对具有资源比较优势的生物资源开发、农特产品加工、民族文化产业的扶持力度，做大做强优势特色产业，带动和促进民族地区经济和社会发展。在资金、技术、人才、社会服务等方面给予大力扶持，培育多个特

色显著、优势突出的支柱产业。

最后，教育是少数民族和民族地区发展的根本大计。把全面贯彻党的教育方针与落实党的民族政策结合起来，重视发展民族教育，加快民族地区“普九”和“扫盲”步伐，积极发展高中教育、职业教育。认真落实加快少数民族贫困地区教育事业发展的有关规定和政策措施，切实解决民族教育中的特殊困难和问题，落实好“两免一补”政策，使少数民族贫困家庭的孩子都能完成义务教育。加快文化事业和文化产业发展，为各族人民提供丰富的精神文化产品。努力提高少数民族人口素质，更好地为发展民族地区经济提供有力的服务。

三、加大资金扶持的力度

浙江省的少数民族和民族地区地处偏远的山区，基础设施建设比较差，建设难度大。各地政府根据当地情况，加大资金扶持的力度，因地制宜的引导少数民族群众下山脱贫，把相对分散的少数民族群众集聚在一起，设立少数民族中心村并加快基础设施建设，充分改善少数民族的生活环境。

省委、省政府高度重视浙江省民族地区的发展，针对民族地区发展基础还十分薄弱，发展水平还比较低等实际情况，继续加大资金扶持力度。浙江省省级少数民族发展资金从 2009 年 1000 万元增加到 2000 万元，同比增长 2.2 倍。重点用于对民族地区人畜饮水、交通、通电、广播电视、安居、基本农田等基础设施的改善和建设，通过开展民族团结进步小康村创建活动，努力改善少数民族和民族地区的生产生活条件；着力调整经济结构，立足发挥当地资源优势，引导发展特色产业，促进少数民族群众增收致富；省财政设立少数民族教育专项资金（每年 1000 万元）和畲族文化专项资金（每年不少于 200 万元）主要用于发展少数民族地区的科技、教育、卫生、文化等社会事业，促进社会进步；加大人才培训力度，加强科普工作，提高群众的科学文化素质和健康水平等。

在国家、省级财政扶持资金的带动下，各地政府也根据实际情况，制定各自的扶持细则，扶持经费列入当地财政预算。以景宁畲族自治县为例，主要做法如下：一是实行民族教育券制度，通过设立民族教育专项资金，积极配合教育部门做好抓好民族教育工作，对少数民族学生实行困难补助，每学年给予在本县就读的少数民族学生补助，小学 200 元，初中 300 元、职高 2000 元，高中 1800 元；另外，为考上大学的民族学生设立奖学金，重点大学 5000 元，其他 1000 元；2010 学年第一学期共有 2012 名少数民族学生得到补助，共发放资金 539250 元。二是落实医疗保险补助政策，配合县人事局做好少数民族群众参加城乡医疗保险，对享受低保待遇的少数民族群众参加城乡医疗保险，其个人缴费部分给予 100%补助，其他少数民族群众给予 50%的补助，并对参加城乡医疗保险的少数民族农村困难居民，给予住院经费 5%的医疗补助。三是全县每年从少数民族发展资金中安排少数民族农户政策性农村住房保险费项目，为少数民族的日常生活提供安全保障。此外，温州市文成县为促进民族地区加快发展，专门设立扶贫专项资金，县财政每年按照地方财政收入千分之三的比例提取少数民族扶贫专项资金，大力扶持少数民族发展经济和社会事业。

四、不断加大对低收入民族乡村结对帮扶的力度

浙江省民族地区的经济发展滞后的现状，对民族团结、社会和谐产生了一定的阻力，浙江省通过开展系列结对帮扶的措施，加快浙江省少数民族地区发展，促进区域协调发展、全面建设小康社会，推进生态文明建设、转变经济发展，促进民族团结进步、维护社会和谐稳定。从 2008 年起开始，省级各单位和人均收入低于 2500 元的 224 个民族村进行结对帮扶。在当地市、县有关部门和单位的大力支持下，深入贯彻落实科学发展观，坚持以“加快发展、富民强村”为主题，凝心聚力促发展，扎实推进社会主义新农村建设，民族村的经济社会发展进一步取得实效。到 2010 年，结对帮扶民族村生产生活条件有了明显改善，少数民族低收入群众基本实现了脱贫。

与此同时，浙江省还继续发动社会各界通过帮扶推动少数民族和民族地区加快经济发展步伐。2010 年在衢州举行“少数民族低收入群众增收帮扶行动计划”工作推进会暨“光彩事业衢州行”项目签约仪式，加大结对帮扶的力度。在省级机构扶持的基础上，政府号召社会各界积极参与，以项目帮扶为主导，以实施“百家民营企业帮扶百村工程”、

“百名华侨华人帮助工程”为载体，通过“结对帮扶”、“医疗帮扶”、“科技帮扶”、“产业帮扶”、“素质帮扶”、“救济帮扶”等多种方式，为贫困的民族村脱贫致富增强“输血造血”功能。

2010年，浙江省对民族地区继续实施结对帮扶的同时，各级党委、政府还进一步完善民族工作领导体制和工作机制，各有关部门密切配合，社会各界积极参与，加快形成推进少数民族和少数民族地区发展的合力。就省民宗委结对帮扶的凤阳畲族乡顶堡、凤楼、鹤峰三个行政村和岱岭畲族乡云遮、坑门、福掌、富源、大厝基五个行政村，在委资金比较困难的情况下，仍然为8个民族村投入资金87万元，实施帮扶项目10个（其中重点项目1个），共发展特色产业基地930亩，带动低收入农户132户，举办劳动技能培训班3期，185人次，组织劳务输出1390人，慰问贫困农户20户，到户资金2万余元。

五、加大产业结构调整转型的力度

转型升级是经济发展的规律，也是浙江省民族地区发展阶段变化的内在要求和实现经济快速发展的现实需要。2010年，国内外经济形势发生了急剧变化，党中央、国务院审时度势，采取了一系列措施，扩大内需，促进经济平稳较快增长，浙江省经济发展已进入调整转型期。2010年针对浙江省民族地区经济发展的实际状况，在调研的基础上，省民委认为尽管浙江省少数民族地区转型升级的难度更大，困难更多，矛盾更为复杂，但省民委必须按照科学发展观的要求，充分发挥工业与服务业相互作用、共同发展的互补协作关系，坚持走新型工业化道路，化挑战为机遇，化被动为主动，化压力为动力，把民族地区经济转型升级放在全省经济发展方式转变的大格局中，放在促进人口集聚、产业集聚和发展新型城市经济的大背景下，深刻认识，周密谋划，扎实推进，着力促进民族地区经济增长。

（一）搞好生态建设，加快产业转型升级

1. 大力发展生态农业。浙江省民族地区主要分布在偏远山区，依托民族乡山地农副、林产品等资源丰富的优势，按照“基地化、规模化、标准化、品牌化、市场化”的“五化”要求，大力发展生态农业。

一是重点发展竹木、茶叶、油茶、食用菌、水（干）果、高山蔬菜、畜禽、水产养殖、中药材和花卉苗木等名、特、优、新特色农产品基地。2010年浙江省民族地区的生态农业发展迅速，如温州市苍南县新建福掌村把发展油菜产业作为有效利用国土资源、繁荣山区经济的重要途径来大力推进，规划油茶种植基地300余亩，已发展150亩；云遮村利用优良山地资源，发展高山水果种植，甜桔柚基地逐步扩展到200亩，预计2年后可摘果，投入60万新建300亩甜菊柑基地；在丁堡村投资20万元新建山羊养殖基地，建成200平方米的棚房，目前基地存栏山羊300多只。浙江省民族乡村到处显现出生态农业新景象，还因地制宜发展生态休闲观光农业，进一步带动农户增收致富。

二是以当地农业龙头企业和农产品基地为载体，培育生态农业科技创新基地。例如，温州市苍南县鹤峰村通过公司加农户形式，2010年投入17万元种植茶油200亩，并计划兴建油茶基地；组建凤阳畲旺终止合作社，引进瓯柑苗种35万元，开荒种植159亩的瓯柑基地；大厝基村运用现代科技建成大棚蔬菜基地30亩，西红柿已投入种植生产、销售，取得良好经济效益；富源村500多亩的温州特早熟蜜柑基地实现管理规范有序，2010年已进入采摘阶段，蜜柑品质大众反应良好，明年将通过加强市场信息的掌握，推进蜜柑基地；浙江省民族地区民众以农业龙头企业和农产品基地为载体，合力打响无公害、绿色、有机农产品民族地区的品牌。

三是围绕特色主导产业，鼓励和引导城乡资本，参与投资开发农产品精深加工、储运购销，重点培育农业产业化主导产业及以农产品为基础原料的食品加工与制造业，发展一批以农产品基地为基础、加工为核心、贸易为龙头、科技为先导的食品加工企业和产业群体，延伸农业产业链，提高附加值。

2. 大力发展生态工业。2010年浙江省在生态工业战略指导下，特色工业的规模不断壮大。

一是着力推进传统产业技术改造。围绕传统优势产业的转型升级，引导和扶持企业加大技术改造力度，加快实施一批投资规模和产业关联度大、技术水平高、市场前景好的重点技术改造项目，实现主要行业的技术装备水平达到国内先进行列。鼓励民族企业利用现有厂房、土地或通过淘汰落后生产

能力腾出空间开展技术改造。

二是着力推进现有民族地区工业转型升级。按照重点突破，跨越发展的原则，完善和落实相关政策，努力调动民族地区发展工业的积极性。努力打造一批农产品加工龙头企业、一批品牌龙头企业、一批大型现代服务型企业为重点，加快推进中小企业成长培育工作。

三是着力推进园区生态化建设，加快循环经济发展。坚决关停民族地区大的污染企业，加快淘汰落后产能和装备，利用现有技术进行生态化改造；按照生态产业链的发展要求，加强环境基础设施的配套完善，促进重污染项目合理布点、集中治理、达标排放，推行清洁生产，建立环保、高效的资源循环利用体系和机制，最大限度地消除污染源。

3. 大力发展生态旅游业为主的现代服务业。发展服务业是产业转型升级的重要内容，发展生态旅游业为主的生态服务业是民族地区建设生态文明对产业的必然选择，是完全符合当前浙江省民族地区经济发展阶段要求的。加快发展生态服务业，理清服务业发展思路，明确服务业发展目标、任务和工作重点、空间功能定位。突出重点，形成合力，做好民族地区服务业的统筹布局、谋划重大活动项目，切实推进服务业发展。积极做好文化与旅游的结合文章，丰富旅游产业内涵。

（二）做好产业集聚，调整浙江省民族经济布局

浙江省民族地区相对落后的重要根源就是要素分散，治穷必须先治散，核心就是要做好集聚的文章，这是推进民族地区经济转型升级的重大举措。由于浙江省民族地区产业长期处于低层次低水平粗放型的发展格局，产业布局极为分散。促进生产力布局调整，加快经济转型升级，必须加快产业集聚。开发区（园区）是提高区域产业集聚、推进产业结构调整、提高经济发展水平的重要载体，是加快工业发展的重要平台。2010 年，景宁通过产业集聚，调整经济布局，以民族工业园区的形式发展民族地区经济，取得较好的效果。为浙江省其他民族地区发展产业集群奠定了基础，为民族地区经济发展提供了参考蓝图。

2010 年是全面实现“十一五”规划目标之年，虽然浙江省的民族经济取得了较好的业绩，但是省民委将一如既往地做好浙江省民族地区工作，促进民族地区的经济快速发展，提高少数民族群众幸福指数，实现各民族共同繁荣。

（撰稿　王晓跃　审稿　钟建文）

安徽省

2010 年，在安徽省委、省政府正确领导和国家民委的关心支持下，安徽省民委坚持以科学发展观为统领，认真贯彻落实党的十七大和十七届五中全会精神，锐意进取，扎实工作，全省少数民族和民族聚居地区经济社会发展取得了长足进步，经济持续较快发展，社会民生事业稳步推进，少数民族群众的生产生活条件得到明显改善；全省民族乡、村农民人均纯收入分别达到 5788 和 5372 元，双双超过全省平均水平。《安徽省“十一五”少数民族和民族聚居地区经济社会发展规划》中所确定的农民人均纯收入、扶贫工作、交通状况、安全饮水、民族教育、卫生、文化、清真饭店等 8 项量化分解目标均如期顺利完成。

一、多措并举，确保民族乡村如期实现“十一五”赶超目标

安徽省委、省政府于 2010 年 4 月召开加快少数民族聚居地区经济社会发展推进会，会议确定增加少数民族发展资金、实行民委委员单位对口扶持和市县领导包保责任制等一系列措施，人均纯收入低于全省平均水平的民族乡村基本明确了市县领导进行包保，同时进一步加大对民族乡村的投入。从 2010 年起，省财政将少数民族发展资金由每年每个民族乡 50 万元增加到 80 万元，将主要用于民族村的扶贫资金由每年 200 万元增加到 600 万元。中央及省级财政一年投入民族乡村的扶持资金达 2470 万元。

省民委委员单位认真履行职责，在资金和项目上对民族乡村给予倾斜。赶超任务较重的市、县（市、区）也相继设立或大幅增加少数民族发展资金。文海英、唐承沛、刘光复等省领导以召开代表建议督办会、实地检查调研等多种形式，指导推动市、县及有关部门落实加快民族乡村发展的各项措施。进一步落实对口扶持制度。全省9个民族乡和87个民族村被列为省民委委员单位对口扶持对象。辖有民族乡、村和少数民族人口较多的市、县（市、区）层层推进，使得对口扶持制度基本实现全覆盖。9月，中央政治局常委、全国政协主席贾庆林在省部级领导干部民族工作专题研讨班上，对安徽省加大扶持力度、推进少数民族聚居地区加快发展的做法予以肯定。扶持带来发展，2010年，全省民族乡和民族村农民人均纯收入分别达 5634 元、5372 元，顺利完成省"十一五"规划纲要确定的争取到2010年少数民族乡村赶上或超过全省平均水平的目标。

二、加强调研，认真编制《安徽省"十二五"少数民族和民族聚居地区经济社会发展规划》

1. 安徽省民委通过对2009年全省民族聚居地区经济发展情况进行详细统计和分析，全面掌握民族乡村经济运行状况和发展态势。完成全省民族乡、西藏（新疆）班统计报表填写以及民族地区经济社会运行监测系统数据上报工作。同时提供调研基础材料，草拟调研工作初步方案，陪同省政府唐承沛副省长和省人大文海英副主任及自行组织赴 9 个民族乡和近 40 个民族村开展经济社会发展情况专题调研。

2. 开展全省少数民族聚居地区农民专业合作社和农业产业化龙头企业专项调研。通过调研摸清安徽省少数民族农民专业合作社和农业产业化龙头企业的发展现状和存在问题，总结经验，提出切实可行的推动全省少数民族农民专业合作社和农业产业化龙头企业健康发展的新办法和新措施。

3. 在认真总结安徽省"十一五"规划实施取得的成绩、经验以及存在问题的基础上，安徽省民委对"十二五"规划前期重要问题组织专题调研，并以多种形式多次向各市党委政府、省民族宗教工作领导小组成员单位和省民委委员单位、各市民委就相关指标征求意见，完善规划编制思路，在与安徽省"十二五"规划纲要、省有关部门规划多次衔接后，完成了规划（初稿）的起草工作。

三、加强监管，提高少数民族发展资金使用效益

1. 完善少数民族发展资金分配机制，科学分配使用少数民族发展资金。安徽省民委结合少数民族发展资金使用规定和当前安徽省少数民族聚居地区发展现状，制定规范的发展资金项目审批流程。组织草拟、下发《少数民族发展资金项目申报指南》。采取多种形式组织开展项目论证。严格按照分配原则分配资金，确保资金使用安全、有效。

2. 加强对资金使用的监督检查。以办理省人大文海英副主任领衔督办的第十一届人大三次会议258号"关于加强少数民族发展资金监管"重点建议为契机，认真贯彻省人大重点建议督办会精神，聘请安徽华安会计师事务所对部分民族乡2006-2009年发展资金使用情况进行审计，对发现的问题及时责令整改并上报整改结果。

3. 举办少数民族发展资金（财政扶贫资金）监测信息系统培训班。组织对使用少数民族发展资金的地方民委（民宗局）有关人员近百人进行实务操作培训，推动少数民族发展资金管理规范化、信息化。

四、积极探索，切实做好少数民族特色村寨保护与发展试点工作

安徽省民委立足于本省少数民族村寨的现状以及现有自然资源，指导合肥市蜀山区南岗镇瓦屋回族村、宁国市云梯畲族乡千秋民族村准确定位、做好 2009 年度少数民族特色村寨保护与发展规划报批；完善基础设施建设，做好民居保护工作；发展特色产业，带动经济发展，并协调相关部门及时下拨资金。同时积极组织淮南市谢家集区李郢孜镇赖山民族村做好 2010 年度少数民族特色村寨保护与发展试点项目申报工作。

五、搞好服务，促进民族特需商品定点生产企业和其他民族企业发展

1. 通过对安徽省"十一五"以来国家扶持民族特需商品生产政策落实情况及"十二五"期间制定相关优惠政策进行自查和调研，及时有效地为定点企业

传达省委省政府有关方针政策和文件精神，为安庆市清怡针纺织品有限公司、合肥桂和农牧渔发展有限公司、安徽中祝农业发展有限公司等多个定点生产企业和民族企业做好技改项目申报、国家开发银行中长期贷款申请、安徽名牌农产品申报等服务工作。

2. 配合人民银行合肥中心支行指导全省定点企业在申请流动资金贷款时享受国家优惠利率政策，2010 年定点企业共享受流动资金优惠利率贷款贴息 677 万元；分别推荐 5 家民族企业申请 2010 年度技改贴息及 2010、2011 年度中央财政民族特需商品生产补助资金，共为民族企业争取技改贷款贴息 54 万，民族特需商品生产补助资金 220 万。

（撰稿　马欣旸　审核　白和平）

福建省

2010 年，福建省民族经济工作牢牢把握“共同团结奋斗、共同繁荣发展”主题，以提高少数民族群众收入、改善民族地区生产生活水平为主要目的，多头并进、多方举措，着力培育新的经济增长点，扎实促进少数民族和民族地区经济加快发展。

一、加强项目扶持，逐步完善民族乡村基础建设

加大力度扶持民族乡村惠农项目建设，积极筹措民族经费 3170 万元，带动各级政府配套投入 1.2 亿元，支持民族乡村道路硬化、安全饮用水改造、卫生院建设、科技培训、茶叶种植等项目 590 多个，进一步完善民族乡村基础设施建设，提高少数民族生产生活水平。加大力度补助“造福工程”少数民族搬迁项目，投入资金 2577 万元，帮助 1770 户 8316 名少数民族群众完成异地搬迁，使这些少数民族群众过上安居生活。目前全省 19 个民族乡交通路网通达、移动电话畅通、闭路电视联网、学校、卫生院齐全，各项基础设施日趋完善。全省 562 个民族村全部实现通水、通电、通路、通电话、通广播电视，95%民族村实现村道硬化。

二、加大协调力度，推动挂钩帮扶落到实处

召开全省挂钩帮扶民族乡工作会议，传达学习湖北省对口帮扶民族地区经济发展经验。组织挂钩帮扶单位领导到省外学习考察，加强沟通联系。健全挂钩帮扶机制，推动挂钩帮扶工作向纵深开展。2010 年各挂钩帮扶单位累计投入资金 1236 万元，扶持民生和基础设施等方面项目 60 多个。除资金支持外，各挂钩帮扶单位还注重发挥职能部门优势，开展对口专业帮扶，努力推动民族乡经济社会各项事业加快发展。

三、积极引导推动，扎实开展民族特色村寨建设

根据《国家民委、财政部关于做好少数民族特色村寨保护与发展试点工作的指导意见》和“湖北宜昌会议”精神，组织人员深入调研，确定宁德上金贝畲族村、蓝廷珍府第等 11 个民族村（寨）作为试点单位。加强组织引导，深入探索特色村寨保护与发展的有效模式和途径。召开全省少数民族特色村寨现场推进会，总结推广上金贝村民族特色村寨保护与发展经验。一年来，福建省特色村寨的保护与发展工作在上金贝村的示范带动下取得了显著成绩，各试点单位的少数民族特色建筑得到了有效保护，特色产业也得到了较大发展。打造一批民族乡村品牌、推出一些民族乡村特色产品，民族乡村魅力得到初步体现，民族乡村的知名度得到显著提高，特色村寨村少数民族群众收入得到较快增长。

四、坚持“一户一策”，继续扶持高山族发展

继续贯彻落实“一户一策，扶持到户”方针，加大对高山族同胞的帮扶力度，安排专项资金 550 万元从生产帮扶、就业帮扶、教育帮扶、住房帮扶、就医帮扶、困难补助、社保医保等方面帮助高山族群众发展生产和改善民生。对“十一五”期间扶持

人口较少民族的情况和《规划》实施情况进行了考核验收、总结评估，对“十二五”规划进行了论证，并开始着手编制“十二五”规划。目前全省高山族同胞生产得发展、生活有保障、得病有医保、教育有资助、困难得补助，大部分高山族同胞收入与当地持平，有部分收入还略高于当地汉族水平。

五、切实提高资金使用效率

为进一步推动各项政策的落实，提高各种资金使用效率，省民宗厅多次联合省财政、农办等部门对少数民族发展资金、“造福工程”补助资金、扶持人口较少民族资金的使用情况进行专项检查。了解各挂钩单位的实际帮扶情况和帮扶成效，及时向省委、省政府汇报。不断总结经验、剖析问题、提出对策、抓好落实，确保民族经济工作出实绩、见成效。

六、认真统筹兼顾，各项工作齐头并进

一是在民族乡村举办各种各类实用技术培训，丰富少数民族群众的劳动技能，提高就业能力。一年来，省民委配合各地在民族乡村举办村电子、服装、茶业、养殖等各种实用技术培训班50多期，培训人员达3万人次。二是深入民族定点企业调研指导，协调解决各项问题，落实好民族贸易和民族特需商品生产优惠政策。三是做好民族统计工作。完成19个民族乡及西藏、新疆班统计报表，并通过“民族地区监测系统”及时上报。加强数据核查与校对，完成《中国民族统计年鉴》（福建部分）及《2009年福建少数民族乡村社会经济统计资料》编纂工作，为各级部门决策提供有效、准确依据。

（撰稿　蓝宗明　审稿　兰国秋）

江西省

2010年，江西省民族经济工作紧紧围绕贯彻落实省委、省政府关于促进民族乡经济社会又好又快发展的重大决策部署，全力营造重视和支持加快民族地区发展的良好环境，积极推动各项政策措施落实到位，形成了全方位、立体化促进民族地区科学发展、赶超发展的新态势，努力开创了工作新局面。

一、抢抓历史机遇，为民族地区加快发展营造更优环境

2010年初，省委书记苏荣、时任省长吴新雄亲赴民族乡视察并发表重要讲话，省委常委扩大会议专题研究部署促进民族乡加快发展工作，省委办公厅、省政府办公厅专门印发《关于促进民族乡经济社会又好又快发展的意见》（赣办发[2010]1号文件）。省委、省政府主要领导亲自抓民族工作，对江西的民族工作和民族地区的发展都是一个难得的历史性机遇。江西省民族宗教局紧紧抓住这个历史性机遇，采取了一系列措施：首先，派出8个工作组常驻民族乡宣讲省委、省政府主要领导讲话精神和1号文件政策要点，动员和组织各民族乡干部群众把思想和行动统一到省委、省政府的决策部署上来，形成再创新业的热潮；其次，推动省少数民族地区建设工作领导小组迅速把省委、省政府主要领导讲话精神和1号文件确定的任务落实、分解到省直各部门、各市、县（市、区），争取各级党委、政府和各有关部门出台配套政策措施，形成促进民族乡赶超发展的合力；第三，不断加强舆论宣传和信息沟通，组织中央和省级新闻媒体专题宣传报道江西各级党委、政府促进民族地区加快发展的做法和措施，编发各类工作专报、简报30多期及时通报情况和掌握各项工作的进展，在各级、各部门中形成你追我赶的竞争态势。

二、狠抓政策落实，以大投入促进民族地区大发展

江西省委常委会议专题研究民族工作，省委、省政府两办以1号文件形式下发文件，这在江西民族工作的历史上都是第一次。这个文件全文20条，每一条都非常具体详实，含金量很高。比如“2010年-2012年，每年安排农业综合开发资金1200万元，

用于民族乡农田基本建设和高产示范农田开发”；“对民族乡招商引资落户县（市、区）工业园区的项目，以2009年为基数，新增税收除上缴中央财政部分外，全部返还给民族乡使用”；“民族乡参照全省示范镇建设标准，全部享受国家优惠政策扶持”，等等。狠抓文件确定的政策到位，是江西省民族宗教局全年的核心工作。首先是督促协调到位；江西民宗局领导亲自与各省直单位、各市、县（市、区）党委政府主要领导联系、沟通，多次到各民族乡所在的市、县（市、区）督促、检查工作，并争取省政府分管领导两次到民族乡视察、督查；其次是确保投入到位，江西民宗局派驻民族乡工作组根据1号文件和任务分解情况，到各省直部门逐条逐款落实，确保文件确定的资金和项目投入及时到位，使全年省级投入民族乡的资金超过1.5亿元，民族乡人均获得的年投入就达到1万元；第三是做到项目到位，江西民宗局明确要求各民族乡组建专门的项目对接和实施领导小组，并明确局派出工作组对项目实施的指导责任，确保资金到位后项目实施到位，发挥预期效益。

三、努力实施五年规划，提高民族地区共享发展成果水平

编制和实施民族地区发展规划，是江西省民族工作的重要内容和促进民族地区发展的重要抓手。2010年，是《江西省民族地区经济和社会发展“十一五”规划》实施的最后一年，又是“十二五”规划编制的开局之年。以贯彻1号文件为契机，江西省民族宗教局狠抓“十一五”规划项目的收尾工作，使五年对民族地区的总投入超过4亿元，促进了民族地区继续保持又好又快乃至实现赶超发展的势头。同时，根据全省“十二五”规划编制工作的总体部署，江西民宗局成立民族地区“十二五”发展规划编制工作组，一方面，积极争取将民族地区发展纳入全省总体发展规划和扶贫等有关专项发展规划，争取将江西人口较少民族发展纳入国家人口较少民族发展专项规划；另一方面，编制完成了全省民族地区发展“十二五”规划草案，确定了“十二五”期间江西民族地区发展的总体目标：到2012年，8个民族乡、50%的民族村农民人均纯收入和社会基本公共服务赶上或超过全省平均水平，已经达到全省平均水平的民族乡村农民人均纯收入增幅高于全省平均水平。到2015年，把民族乡建设成为“绿色产业基地，生态文明样板，科学发展先锋，民族团结模范”，民族地区农民人均纯收入和社会基本公共服务基本赶上或超过全省平均水平，所有民族乡村实现整体脱贫，进入全面建设小康社会新阶段。

四、抓好对口支援，不断完善民族工作社会化机制

各级政府有关部门对口支援民族乡村活动是江西民族工作社会化新机制的重要组成部分，为江西民族地区加快发展提供了强大的项目和资金支持。2010年，是江西省开展的第三轮省直有关部门对口支援民族乡村活动的最后一年，在做好2006—2010年第三轮对口支援总结工作的基础上，江西省民族宗教局继续争取省政府开展第四轮对口支援工作。在第三轮对口支援工作中，各部门坚持支持帮扶和政策宣传相结合，项目扶持和技术培训相结合，产业发展和民生改善相结合，省、市、县、民族乡村紧密配合，形成了对口支援工作的网络化、立体化格局。“十一五”期间，省直各对口支援部门累计帮助制定发展规划31个，筹措资金8000多万元，扶持项目300多个，涵盖了产业发展、技术培训、基础设施、民生工程、新农村建设等各个方面。一对一、一帮一，省直部门的行政职能和社会责任充分发挥，全省受援的8个民族乡、23个受援民族村逐步形成“山水含秀、产业成带、村寨整洁、民族和谐、生活幸福”的生态友好型发展新模式。

五、抓好资金管理，确保管好用好少数民族发展资金

2010年，国家少数民族发展资金继续加大对江西民族地区的投入。本着每一分钱都是责任状、每一分钱都是少数民族发展的希望的原则，江西全省上下把效益作为资金管理使用的第一目标，把项目作为资金管理使用的第一载体，把监管作为资金管理使用的第一保证，不断发挥和提升少数民族发展资金的内在效益与边际效用，有力地推动了江西省民族地区经济社会事业的全面快速协调发展。首先是围绕江西省民族地区发展“十一五”规划的实施抓好项目库建设，切实把少数民族发展资金管理使

用的着力点放到项目建设上来。其次是项目紧贴民生，把解决群众的民生需求作为重中之重。三是项目力争特色，把产业扶持的重点转到大力倡导一村一品、生态经济，引导和扶持群众发展能参与、有效益、干得成的生态型特色产业项目上来。第四是发挥信息公开效用，严把项目申报关、实施关、监督关，强化资金监管实现预期效益。一年来，在国家民委的大力指导和有力支持下，在江西省委、省政府的正确领导和高度重视下，通过国家少数民族发展资金的引领和使用，通过全省广大少数民族干部群众的创业奋斗，江西民族地区经济发展健康快速，基础设施明显改善，社会事业显著进步，生态建设进展顺利，文明素质明显提高。2010 年，江西省 8 个民族乡财政收入达到 2.26 亿元，比上年增长 43.59%；民族乡农民人均纯收入达到 5235 元，比上年增长 23.96%，都呈现加速发展势头。

2011 年是"十二五"规划的开局之年，是江西推进全省民族地区实现"两个达到"目标最关键的一年。江西省将继续坚持以党的民族政策为指引，继续强化贯彻落实赣办发[2010]1 号文件精神工作，把政策落实到位，让项目落地生根，使工作进村入户，增加民族地区农民收入，改善民族地区生产条件，加强民族地区基本公共服务建设，改善民族地区民生，全面促进民族地区经济社会发展再上新台阶，推动民族团结进步事业再上新水平。

（撰稿　茅　黎　审稿　王希贤）

山东省

山东省是少数民族散杂居省份，55 个少数民族成分齐全，少数民族人口 67 万人，占全省总人口的 0.73%。少数民族人口过 5 万人的市 6 个，过 1 万人的县（市、区）24 个，有 4 个民族乡镇和 119 个民族工作重点乡镇办。近年来，山东省民族工作紧紧把握"共同团结进步、共同繁荣发展"的主题，按照"抓发展、促团结、保稳定、强队伍"的总体思路，努力推动少数民族经济和各项社会事业发展，全省呈现民族团结、经济发展、社会稳定的良好局面。

一、抓和谐，民族团结进步事业实现新突破

2010 年 11 月，山东省委、省政府召开了第六次全省民族团结进步表彰大会和民族团结进步创建经验交流会，省委书记、省人大常委会主任姜异康出席并讲话，国家民委党组书记、副主任杨传堂专程参加会议并讲话，省委副书记、省长姜大明主持，在济省委常委出席会议。大会表彰模范集体 86 个、模范个人 125 个，这次会议规模大、规格高、影响远，对于巩固和发展全省民族团结进步事业具有重要意义。一年来，山东省民委认真贯彻落实中央关于开展民族团结进步创建工作的指示精神，制定下发了深入开展民族团结宣传教育和民族团结进步创建活动的实施意见，与省委宣传部联合召开了电视电话会议进行部署。以"发展推动团结、创建促进和谐"为主题，深入开展了全省第十次民族团结进步宣传月活动，各市也开展了各具特色的宣传教育活动。

二、抓落实，帮扶工程和发展资金实现新突破

2010 年是山东省民协委集中帮扶禹城十里望回族镇、曹县侯集回族镇的最后一年，重在抓好落实工作，为此山东省民委对三年来帮扶两个民族乡镇的项目资金落实情况，向省政府领导做了汇报。协调召开了省民协委帮扶十里望回族镇工作座谈会，并以会议纪要形式明确了项目完成进度、部门职责等事项。帮助落实商业集团对民族乡镇扶持资金 70 万元，协调山东省华鲁集团、淄博矿业集团到十里望回族镇现场调研，落实帮扶资金 130 万元。2010 年以来山东省民委深入两个民族乡镇，就山东省民协委开展集中帮扶情况进行了专题调研，对下一步协调各部门具体帮扶事项进行了部署。目前，各委

员单位已经帮扶十里望回族镇项目资金 1173 万元，帮扶侯集回族镇项目资金 863 万元。在此基础上形成了山东实施立体帮扶大力推进民族乡村发展的汇报材料上报国家民委。管好用好少数民族发展资金，根据全省少数民族人口分布及各地经济发展的实际情况，研究确定了“宏观控制、严格审报、效率优先、兼顾公平、效能评估、突出项目”的原则，在体现政策上保持相对稳定，在资金投向上更加注重效能，使有限的资金发挥最大作用。2010 年下发少数民族发展资金 1250 万元，比 2009 年增加 150 万元，涉及 12 个市 55 个县（市、区）的 85 个种植、养殖、基础设施和特色村寨项目，项目覆盖少数民族群众 12.3 万人。此外，积极开展对少数民族群众发展经济基本能力的培训，分别在济南、临沂、菏泽等市举办了 9 期少数民族农业种植、养植等实用技术培训班，培训农业技术人员及少数民族群众 2000 多人。结合培训发放了民族政策宣传提纲，做到技术培训和民族团结宣传教育相结合，切实提高了少数民族的科学文化素质和民族团结意识。

三、抓管理，民品工作实现新突破

“十一五”期间，山东省民委紧密围绕落实民品政策和谋求拉动少数民族经济社会事业发展两条主线做文章，坚持以服务为前提，以政策为导向，以帮扶为动力，使全省民品企业生产规模不断培育壮大，民品民贸工作质量明显提升。截至 2010 年，全省 77 家民品企业生产总值达 2600 多亿元，其中民族特需商品产值 1260 亿元，上缴利税 136 亿余元。民品企业的较快发展不仅有力地保障了民族地区和少数民族群众生产生活需求，也为促进民族地区和山东省少数民族经济社会事业发展，维护民族团结与社会和谐发挥了重要的作用。在民品工作中，山东省民委一方面要求各有关市、县民族工作部门，积极向当地党委政府汇报，协调当地财政、银行等部门，做好各项政策的落实；另一方面加强与省财政厅和中国人民银行济南分行及有关商业银行的联络和沟通，争取支持。山东省民委与中国人民银行济南分行联合下发了《山东省民族用品生产贷款利差补贴管理办法实施细则》，对山东民品企业流动资金贷款和贴息贷款的程序等有关问题，提出指导性意见，使各地相关商业银行为民品企业办理流动资金贷款手续有章可循，走在了全国前列。山东省民委积极引导民品企业参与“兴边富民”活动。引导民品企业加强与西部合作，民品企业坚持从西部民族地区采购原材料，积极吸收少数民族群众就业，加快了当地少数民族群众的脱贫致富步伐，有力地拉动了当地的经济发展。同时，大力推动民品企业实施“龙头拉动”工程，引导民品企业通过产业链、资金链和信息链带动周边民族村经济社会发展，积极吸纳少数民族群众就业，拉动中小企业发展。

2010 年，山东省民委按照国家民委和省委、省政府工作部署，认真开展援疆、援藏工作，省民族工作系统援疆工作领导小组副组长、省民委副主任马传凯，带领山东部分少数民族特需商品定点生产企业，到新疆喀什地区就援疆工作进行了项目对接和工作调研。经协调联系，促成了两家企业达成对喀什地区的投资意向，为把援疆工作推向深入打下了基础。

四、抓创新，少数民族合作社建设实现新突破

山东省各级民族工作部门积极引导少数民族群众适应市场经济发展需求，以市场为导向，以特色产业为主导，大力发展少数民族经济专业合作社，有力地促进了少数民族农民专业合作社的健康快速发展。目前，全省形成规模的少数民族农民专业合作社已达 118 家，共吸纳 5000 多家农户参与，促进少数民族增收达 1.4 亿元，涉及肉食品加工、畜牧养殖、果蔬种植、农产品加工、运输等多个领域，并逐步呈现出合作方式多样，合作规模、合作领域不断扩大，兴办主体多元的趋势，带动了民族企业和农户的共同发展。山东省的少数民族农民专业合作社可分为三种模式：一是通过政府帮扶和引导，组织成立的少数民族农民专业合作社。二是以民品企业为依托，形成的“企业+农户+合作社”模式。三是在原有经济组织形式上转化升级的少数民族农民专业合作社。

五、抓服务，城市民族工作实现新突破

2010 年 8 月份山东省民委举办了党组理论学习中心组读书会，专题研讨城市民族工作，通过分析形势和交流经验，确立了“突出重点，抓住核心，

搭建平台，强化措施，完善机制”做好城市民族工作的新思路，建立了齐抓共管、宣传教育、创建表彰、矛盾排查、应急处置、协调联动、联谊走访、监督检查八项工作机制。各市认真贯彻国家民委“推广北京牛街民族工作经验视频会”精神，加强服务和管理，打造了一批城市民族工作品牌。济南市“三位一体”建设民族和谐社区、枣庄滕州市对少数民族流动人口进行“相互沟通有感情、跟踪服务更热情、排忧解难显温情、动态管理用真情”的做法得到国家民委领导的充分肯定，青岛市开展城市民族工作的做法，在全国城市民族工作座谈会上作了典型发言，潍坊市出台了关于做好新疆等地少数民族群众来本市经商务工的实施意见，加强了服务和管理。

（撰稿　米　杨　审稿　马　辉）

河南省

在国家民族事务委员会的精心指导和大力支持下，河南省民族事务委员会坚持以科学发展观为指导，进一步研究散居地区民族经济工作的特点和规律，紧紧围绕实现中原崛起和全面建设小康社会的奋斗目标，把握中心、突出重点，完成了年度工作目标任务，有力推动民族聚居地方经济持续健康发展。

一、用好发展资金，严格项目管理

河南省民族事务委员会健全一系列比较完善的项目上报、审批和监督制度，推进了管理工作的科学化、规范化。一是制发项目申报指南。指导各地明确资金使用范围和项目类型，做到“项目论证科学合理，资金使用恰如其分”；二是要求各级民族工作部门加强项目考察论证工作，要求县级民族工作部门必须走访当地群众，对所报每一个项目进行现场考察，市级应对本级所报项目进行实地考察，凡申报少数民族发展资金 30 万元以上项目，必须报送详尽的可行性报告；三是向贫困地区倾斜，优先解决群众迫切的，急需的民生项目。河南省民族事务委员会 2010 年共安排少数民族发展资金项目 126 个，全部用于解决少数民族吃水难、行路难以及解决群众生产、生活困难、保障人民生命财产安全等项目；四是河南省民族事务委员会严格把关，对所报项目逐一严格审查筛选，对不符合政策规定，不合理的项目进行淘汰，保证了项目质量，保障了项目资金的科学合理使用。4 月份，河南省民族事务委员会举办了全省民族工作系统财政扶贫资金（少数民族发展资金）监测管理信息系统操作应用培训班，强化基层实务操作。

二、多策并举促进民族聚居地方农民增收，农业发展

一是抓培训，促进农民增收。河南省民族事务委员会在开封、焦作、济源市安排了 2 期农村实用技术培训班，培训人员 120 人，定向安排了 3 期少数民族技工培训班，培训了 240 名农民工，安排了 1 期厨师培训班，培训厨师 50 名。二是抓农业结构调整，促进新农村建设。河南省民族事务委员会积极推动民族聚居地方加快农业结构调整，促进民族聚居地方经济发展。南阳市方城县汉山回族村是一穷二白的贫穷村，利用背靠大山的优势，大力发展小杂果业，建成了十几万亩的小杂果基地，人均收入大幅增加；南阳市宛城区黄池陂回族村利用群众懂养殖，会养殖的特点，发展养牛业，年出栏肉牛 2 万头，年产值上亿元，带动了周边屠宰业、运输业、加工业的发展；沁阳市北鲁村利用滩地、山地种植山药三千多亩，人均收入 6000 多元；孟州市桑坡村发展皮毛深加工产业，全村规模以上企业 135 家，其中焦作隆丰皮草企业有限公司已发展为年出口额 1 亿多美元的企业，在同行业中成为“世界冠军”。三是多方协调，支持农村经济发展。河南省民族事务委员会协调省直有关部门资金共同支持民族聚居地方道路、水利等基础设施建设，累计投入资金 1.5 亿多元，修建乡村道路 600 多公里，兴修农田水利工程 260 多处，解决了一大批少数民族群

众饮水和农田灌溉问题。

三、突出重点，支持民族区、乡（镇）加快发展

一是举办了第三、四届全省民族区、乡（镇）工作座谈会，会议交流了清真食品管理和民族区、乡（镇）工作经验，征求了各地对民族工作的意见和建议，讨论如何进一步落实十七届四中、五中全会精神和胡锦涛总书记关于民族工作重要讲话精神，传达了全国民族事务委员会主任会议精神。增进了民族区、乡（镇）之间的了解和联系，探讨了民族区、乡（镇）加快发展的新路子。第四届民族区、乡（镇）工作座谈会上邀请国家民族事务委员会经济司、政法司领导就经济和政策法规问题进行专题讲座。二是向 21 个民族乡（镇）安排少数民族发展资金，改善基础设施；三是在民族乡（镇）实施少数民族特色村寨保护项目。选取叶县马庄回族乡李庄村、郏县姚庄乡三郎庙村为第二批少数民族特色村寨保护试点。叶县马庄回族乡依托回族传统清真饮食业优势，建设清真食品一条街项目投资 600 万元。郏县姚庄回族乡对民族大道伊斯兰风格民居进行保护，并对部分民居进行全面改造维修，项目投资 1000 万元。

四、强化服务，帮助民族企业加快发展

河南省民族事务委员会开展面向少数民族企业和民族特需商品生产企业的“企业服务行动计划”活动，探索建立服务企业长效机制。一是帮助企业学习和掌握民族特需商品生产优惠政策和操作程序。协调少数民族特需商品定点生产企业流动资金优惠利率贷款，落实了中国人民银行利差补贴，为企业提供政策优惠资金支持；二是推进企业和省内科研院校技术合作，帮助企业采用先进适用技术，推进技术工艺改造和产业优化升级，落实民族特需商品生产技改贷款财政贴息和补助资金项目；三是帮助企业开拓市场。组织河南省 50 多家企业赴青海参加“2010 中国青海（国际）清真食品及穆斯林用品展览会”，高标准统一装修展区，免费为企业提供展位，举行河南省企业的产品推介会、说明会，河南企业参会成果显著，会上签订意向协议 2 亿多元，还签订了一批合作、代理意向；为方便清真食品企业面向伊斯兰国家的出口，河南省民族事务委员会积极向马来西亚申报清真食品（HALAL）认证，已经获得马来西亚官方机构（JAKIM）的认证授权。四是应邀组织对外商贸交流活动。4 月份，河南省民族事务委员会领导带队，组团赴南非、埃及、阿联酋进行商贸交流活动。了解当地市场需求，经济政策，推荐河南产品，并和当地政府和商会建立了联系，为河南省民族企业开拓国际市场建立渠道。五是加强行业管理服务。河南省民族事务委员会健全清真食品市场监管队伍，开展经常性的执法检查，保障良好的清真食品市场秩序，培育知名的清真食品生产经营企业和清真食品品牌。大用集团、永达集团和华英集团“公司+基地+农户”的生产模式，有力推进了当地农业产业化和带动了少数民族群众增收。

五、扎实开展民族统计工作，提升综合服务水平

一是按质按量完成国家民族事务委员会年报、文稿编撰工作，开展河南省少数民族经济社会发展统计调查。二是组织各省辖市撰写经济统计分析，编印《河南省民族经济统计汇编（2010）》，使统计数据“活起来”；撰写民族经济概况文稿，为各级领导决策提供依据。三是推广应用民族地区经济社会运行监测系统。协助国家民族事务委员会组织在郑州市召开了民族地区经济社会运行监测系统试运行工作座谈会，取得了圆满成功。四是召开年度统计工作会议。12 月份，河南省民族事务委员会召开全省民族统计工作会，总结并安排年度全省民族统计工作；采取以会代训的形式，培训统计员，讲解了民族统计指标、民族经济统计分析、民族经济工作概况文稿写作知识。

（撰稿　刘　宾　审稿　郭瑞疆）

湖北省

2010年，在国家民委的具体指导下，湖北省民族经济工作坚持以邓小平理论和“三个代表”重要思想为指导，全面落实科学发展观，紧紧围绕促进少数民族地区经济又好又快发展的目标，深化改革，开拓创新，民族地区经济保持了稳定、协调、健康、持续发展的良好态势。

一、“616”对口支援工程工作取得重大突破

一是完善了工作机制。建立了“616”工程统筹协调机制、互动对接机制、项目推进机制和目标管理工作机制。二是制定了工作制度。制定了《湖北省“616”对口支援工程工作联席会议制度》、《“616”对口支援工程支援单位职责》、《受援单位职责和牵头单位职责》等。三是建立了项目数据库。对“616”工程实施3年来（2007-2009年）的项目和投入资金以及拉动的项目投入资金进行了汇总，编印了《湖北省“616”工程对口支援民族地区项目资金汇总表》。四是出色承办了“全国推广湖北省对口支援民族地区发展经验交流会”。为贯彻贾庆林等中央领导的指示精神，按照国家民委和省领导的要求，湖北省民宗委精心筹备，认真组织，确保了“全国推广湖北省对口支援民族地区发展经验交流会”于2010年8月在武汉和恩施土家族苗族自治州顺利召开。五是积极谋划“援恩办”的体制机制建立工作。积极配合恩施州争取湖北省委、省政府出台了《中共湖北省委 湖北省人民政府关于支持恩施州建设全国先进自治州的决定》（鄂发〔2010〕13号文件），并按照13号文件精神和省委省政府的要求，认真开展了“湖北省支援恩施州建设全国先进自治州领导小组办公室”的体制机制建立工作。

二、民族特色村寨保护与发展试点取得重大成效

一是民族特色村寨保护与发展试点工作取得新突破。截止2010年底，湖北省民族特色村寨保护与发展试点工程项目建设已累计投入资金5247万元。目前，各试点民族特色村寨的示范效益相当明显，它不仅广泛调动了少数民族群众的积极性，更重要的是引起并得到了各级党委和政府的高度重视。二是成功举办了“全国少数民族特色村寨保护与发展试点工作现场经验交流会”。为确保全国少数民族特色村寨保护与发展试点工作现场经验交流会顺利召开，湖北省民宗委精心选点，认真组织，成功举办了“全国少数民族特色村寨保护与发展试点工作现场经验交流会”。

三、落实民族贸易优惠政策创历史最高水平

一是民贸政策落实贴息和生产补助资金创历史新高。2010年湖北省民贸政策落实贴息和生产补助资金达5111万元，实现了民贸优惠政策贴息和补助资金连续4年大幅增长，并创历史新高。二是认真做好民贸工作经验总结。2010年9月，湖北省民宗委联合人民银行武汉分行在黄石市召开了落实民贸政策工作座谈会，总结和交流了各地落实民贸优惠政策的工作经验，讨论了并通过了《湖北省民族贸易和民族特需商品优惠利率管理暂行办法》（讨论稿）。

四、“武陵山少数民族经济社会发展试验区”申报工作取得新成果

一是加强了舆论宣传。为争取中央领导和国家有关部委的高度重视，2010年5月，在湖南、贵州、重庆等省市的大力配合和支持下，联合新华社记者对武陵山民族地区经济社会发展现状进行了深层次调研，形成的多篇调研报告分3期在新华社《国内动态清样》（第3017-3019期）刊发，得到了中央政治局常委、全国政协主席贾庆林同志重要批示。二是加强了争取力度。为争取国家有关部委支持，2010年上半年，向国家民委上报了《关于申请设立“武陵山少数民族经济开发试验区”建议的请示》和《关于民族部门参与武陵山少数民族地区经济开

发试验区建设的意见和建议》，。下半年，又代省政府向国家民委起草了《关于设立“武陵山少数民族经济开发试验区”的函》，从而为湖北率先启动武陵山少数民族经济社会发展试验区建设奠定了坚实基础。

五、电脑农业推广应用工作取得新进展

一是加强了特色产业专业技术人员培训。8 月，在恩施州鹤峰县首次开展了以茶叶产业为主要内容全省民族地区第 19 期电脑农业培训班，对全省民族地区 10 县市的电脑农业办公室专技人员和电脑农业茶叶中心示范户等 60 余名学员进行了培训，邀请省农科院茶叶专家陈福林教授和中科院电脑农业专家张建教授等进行了专题辅导讲座，取得了较好效果。二是加强了电脑农业专家系统的提档升级。根据湖北省民族地区生猪养殖规模大和茶叶种植面积广的实际，协调中科院合肥智能研究所对生猪和茶叶两个专家系统软件进行了全面提档升级，进一步提高了软件的实用性、先进性和针对性，使电脑农业技术更贴近民族地区的实际和农户的需要。

六、民族专项资金管理取得新成果

一是制定了《湖北省少数民族专项资金管理办法》。年初，为加强民族专项资金的管理，省民宗委在充分调查研究的基础上，起草了《湖北省少数民族专项资金管理办法》，在征求多方意见，反复修改后，并于 2 月以鄂民宗规〔2010〕1 号文件下发到各地实施。二是对“十一五”以来中央少数民族发展资金的使用情况进行了检查。按照国家民委的统一部署和要求，对“十一五”以来湖北省中央少数民族发展资金的使用管理情况进行了认真检查，并向国家民委上报了《湖北省民宗委关于“十一五”以来中央少数民族发展资金管理和使用情况的报告》。从检查情况来看，由于湖北省思路明确，重点突出，集中使用，国家民委“十一五”分配湖北省的 1.095 亿元中央少数民族发展资金使用效果十分明显，得到了国家民委的充分肯定。

（撰稿　周　巍　审稿　唐启明）

湖南省

2010 年，在省委、省政府的正确领导和国家民委的关心与具体指导下，湖南省各级民委认真贯彻落实科学发展观，围绕“共同团结进步、共同繁荣发展”的主题，以民族地区扶贫攻坚为重点，扎实推进民族经济工作。

一、资金管理工作

积极争取少数民族发展资金规模。湖南省民委多次向国家民委汇报，积极争取发展资金规模，得到了国家民委的理解和支持，2010 年安排湖南省少数民族发展资金规模在去年基础上增加 400 万元，自国家设立少数民族发展资金以来，湖南省得到国家安排的少数民族发展资金规模首次突破 3000 万元。

结合省和民委工作实际，及时研究部署 2010 年少数民族发展资金管理使用工作。召开了少数民族发展资金使用管理座谈会，传达了财政省管县有关精神，通报了 2009 年全省使用少数民族发展资金检查情况，布置了 2010 年少数民族发展资金使用管理工作，同时，结合国家民委经济司和全委 2010 年工作安排，就 2010 年全省民委经济业务有关工作进行了部署。

二、民族统计工作

认真做好年度统计监测工作。完成《中国民族统计年鉴》（2009 湖南部分）组稿；做好 2009 年度湖南省《民族自治地方统计报表》、《民族乡（镇）统计报表》、《国家定点边销茶统计报表》、《内地西藏班和新疆班统计报表》的数据收集、审核及上报工作；积极指导基层运行《民族地区经济社会运行监测系统》，及时上报湖南省民族地区经济社会发展有关信息；完成 2009 年度湖南省 18 个县市

区的民族自治地方农村贫困监测数据统计汇总工作，向国家民委报送2009年全省民族地区扶贫工作情况及监测数据。

做好统计资料的分析和研究。撰写并发布《2009年湖南省民族自治地方经济社会发展统计公报》。

三、民族贸易和民族特需用品生产供应工作

组织开展对全省“十一五”期间扶持民族贸易和民族特需商品生产政策落实情况的检查和调研工作。撰写《湖南省“十一五”期间民族贸易和民族特需商品生产政策落实情况调查报告》，为国家有关部门研究制定“十二五”期间相关政策提供依据和参考。

主动协调相关部门落实民贸政策。与省财政厅联合对湖南省民贸民品生产供应和优惠政策落实情况进行调研，形成了调研报告，提出了政策建议。争取在“十二五”期间落实民族贸易企业网点改造和民族特需商品定点生产企业技术改造贷款财政贴息资金的省级配套资金，并争取设立湖南省民贸民品省级补助专项资金，为推动湖南省“十二五”期间民贸工作取得新的突破作出努力。

努力推动民族经济政策贯彻落实。认真落实民贸民品企业流动资金贷款贴息政策，审核上报了2010年民族贸易企业网点改造和民族特需商品定点生产企业技术改造贷款财政贴息资金项目，贴息对应贷款总规模1.82亿元，申请财政贷款贴息986.9万元。

四、扶贫开发工作

召开了武陵山少数民族地区贫困状况调查报告定稿会。根据国家民委的要求和布置，2009年，湖北、湖南、贵州、重庆4省市民委和中南民族大学联合开展了武陵山少数民族地区现状的调研，并形成了调查报告。为了充分听取各方面的意见，使调研报告更加符合武陵山区民族地区的实际，为国家制定出台支持该地区扶持政策提供依据，湖南省牵头召开了武陵山少数民族地区贫困状况调查报告定稿会，4省市民委分管经济工作的负责同志、经济处长和中南民大有关领导和专家教授近20人出席会议。经会议修改审定的调研报告已上报国家有关部门。同时，还向国家民委民研中心提供了武陵山湖南民族地区有关情况。

争取国家的政策支持及资金投入。依据邵阳市城步苗族自治县、绥宁县和常德市的石门县的请示，按照省民委领导指示，经济处向国家民委起草了《湖南省民委关于请求将邵阳市的城步苗族自治县绥宁县和常德市的石门县纳入武陵山经济协作区的请示》（湘族报[2010]68号），恳请国家民委将三县纳入武陵山经济协作区规划范围。以加强三县和“武陵山区”省市县的交流与合作，加快发展步伐，改变贫困落后局面。

五、少数民族特色村寨保护与发展工作

加强全省少数民族特色村寨保护与发展工作的检查指导。对2009年以来少数民族特色村寨保护与发展工作开展情况、项目实施情况、专项资金落实情况进行了检查落实，并对如何进一步做好全省少数民族特色村寨保护与发展工作提出了明确要求。

在“全国少数民族特色村寨保护与发展试点工作现场经验交流会”上介绍经验。7月底国家民委在湖北省宜昌市召开了“全国少数民族特色村寨保护与发展试点工作现场经验交流会”，湖南省使用PPT课件的发言——《蓬勃开展的湖南省少数民族特色村寨保护与发展试点工作》，因经验鲜活、资料丰富、图片精美，在会上引起反响，得到了国家民委领导和参会各省市区代表的高度赞扬。

协同国家民委对湖南省少数民族特色村寨保护与发展工作进行调研。为进一步做好少数民族特色村寨保护与发展试点工作，国家民委经济司于6月7日至10日在湖南省湘西土家族苗族自治州和怀化市进行了调研。先后赴湘西州龙山县的捞车河村、花垣县的隘门村、凤凰县的早岗村、冬就村，怀化市麻阳县的溪口村等特色村寨进行了调研。国家民委经济司少数民族特色村寨保护与发展工作调研组一行对湖南省少数民族特色村寨工作开展情况给予了充分肯定。

召开“全省少数民族特色村寨保护与发展试点工作现场经验交流会”。12月4日—7日，在怀化市靖州县和湘西州花垣县召开了“全省少数民族特色村寨保护与发展试点工作现场经验交流会”，会议传达了“全国少数民族特色村寨保护与发展试点

工作现场经验交流会”精神；总结、交流和推介前段全省少数民族特色村寨保护与发展工作的工作经验和做法；安排部署下阶段全省少数民族特色村寨保护与发展工作。13个少数民族特色村寨分别作了典型发言和书面交流。期间，会议代表还参观考察了靖州县三锹乡地笋苗寨、龙山县捞车河村、花垣县隘门村等3个省级少数民族特色村寨保护与发展试点工作联系点，考察学习了贵州省黔东南州雷山县西江苗寨开展少数民族特色村寨保护和发展试点工作的作法和先进经验。

六、对口支援工作

认真落实全国民委系统对口支援新疆西藏民族工作部门座谈会精神。根据会议精神和《21个省市民族工作部门对口支援新疆西藏民族工作部门合作协议》，起草了《湖南省民委对口支援新疆西藏民族工作部门工作方案》，明确了工作责任和职责。

（撰稿　陈春建　审稿　曹承明）

广东省

2010年，在国家民委的指导和省委、省政府的正确领导下，广东省紧紧围绕各民族“共同团结奋斗、共同繁荣发展”的民族工作主题，坚持解放思想，改革创新，深入贯彻落实科学发展观，大力转变经济发展方式，全省民族地区经济运行呈现较快发展态势。

一、加大民族地区经济扶持力度

全年共投入中央和省级少数民族发展资金1250万元，一般民族地区补助资金100万元，用于支持民族地区开展基础设施建设，改善群众生产生活条件和民族地区民生。省财政按照比非扶贫开发重点县高两个百分点的年递增比例加大对民族地区的财政转移支付力度，各项专项资金的分配向民族地区倾斜，全年省财政下拨给民族自治地方的各项扶持资金达7亿多元。

二、加强民族地区基础设施建设

一是提高民族地区公路建设省投资补助标准。2010年省交通厅出台新的广东省公路、桥梁投资补助标准，进一步提高少数民族地区国省道、县乡公路（桥梁）建设等项目的省投资补助标准。按照新标准，3个自治县的国省道新改建省投资补助标准范围为路线工程120－400万元/公里、桥梁工程1000－2000元/平方米，国省道路面大修省投资补助标准范围为90－250万元/公里，县乡公路建设省投资补助标准范围为路线工程45－60万元/公里、桥梁工程600－1000元/平方米。民族地区的县乡公路建设补助标准平均高出山区10%，高出东西两翼地区23.5%，高出平原地区40%。二是优先规划民族地区高速公路。乳源、连南已通高速公路。其中京珠高速公路从乳源县县城边穿过，清远公路高速化改造工程途经连南县。为尽快结束连山不通高速公路的历史，在《广东省高速公路网络规划（2004－2030年）》中增加了连州至怀集高速公路项目（二连浩特至广州国家高速公路重要组成部分，途经连南县城三江镇和连山太保、吉田、福堂、小三江4镇），并得到国家发展改革委核准，其初步设计也已获得交通运输部批复，二广高速公路粤境连州至怀集段控制工程怀集南至岗坪段及九嶷山隧道工程已于2010年11月25日开工，预计连州至怀集高速公路将于2014年建成通车。三是加大对民族地区公路交通的投入力度。2010年，省级交通基本建设资金安排连南、连山、乳源3个自治县国省道建设补助2225万元，建设规模30.26公里；县乡公路（桥梁）建设补助2173.9万元，涉及项目里程85.9公里，桥梁539.04延米；安排连山、乳源县社会主义新农村公路建设补助1240.95万元，涉及项目里程约82.73公里。此外，省还下达连南县高寒山区移民安居工程村道公路建设资金1200万元，由地方整合统筹用于社会主义新农村公路建设。四是将3个自治县纳入省级补助范围和规模的水利建设项目，均享受现行最高比例的省级补助政策。实施城乡水利防灾减灾工程建设以来，省级补助标准进一步提高，水库、水闸等项目的省级补助额度为项目概算的 80%（对中央投资补助的项目，省级以上补助按项目概算 85%控制）。五是减半上交水资源费。3 个自治县上交市 10%（其他县区上交市 20%）。六是帮助解决机电排灌工程、防洪河堤工程和小农水工程建设。2010 年，中央和省两级共投入 1560 万元，帮扶 3 个自治县解决 5.05 万人的饮水安全问题；投入 1708 万元，帮扶 3 个自治县的小农水工程建设，累计新增、改善、恢复灌溉面积 1.3076 万亩，捍卫产值 1.44 亿元，受益人口 6.52 万人。七是足额下达 3 个自治县城防洪工程财力性奖补资金。2010 年下达 3 个自治县财力性奖补资金 1337 万元。

三、指导民族地区加快转变经济发展方式

一是指导民族地区走科学发展之路，支持民族地区把传统的产业发展方式转到高质量、优结构、可持续、惠民生的路径上来，促进产品结构由初级产品向附加值高的产品及其终端产品转变，产业层次从资源导向型向市场导向型转变，经济发展由粗放型向集约型转变。其中，乳源自治县引进东阳光公司增资扩产项目 18 亿元，主要包括生物制药产业、民族体育基地和南岭国家森林公园建设，为乳源经济持续发展提供强大动力。二是大力帮助民族地区发展优势产业和特色经济、支持民族地区发展优质稻米、水果、蔬菜、油菜、蚕桑等特色农业，加快无公害、绿色、有机食品生产基地建设。三是支持民族地区大力发展生态旅游和民族风情游，推动将连南瑶族生态博物馆、连山活生态壮瑶民俗村、乳源世界过山瑶民族文化风情园等一批重点项目纳入全省“十二五”发展重点规划。乳源 4 个项目列入广东省现代产业 500 强，争当全国少数民族自治县科学发展排头兵的“乳源模式”已见成效。

四、积极推进扶贫开发工作

一是优先将 3 个自治县纳入省、市、县整村推进的扶贫开发规划，加快实施对缺乏基本生存条件的少数民族群众移民搬迁，并解决搬迁后配套问题。省财政按 1 万元/户的补助标准，帮助 1 万户少数民族群众解决住房难问题，同时，省民族宗教委还发动佛教界筹集 300 万元资金，按每户 1 万元的标准支持连南 300 户高寒山区少数民族贫困户移民搬迁。二是加大对口帮扶力度。安排省直、中直驻粤单位和珠江三角洲发达地区对口帮扶 3 个自治县，仅佛山顺德区每年帮扶连南公益事业的资金就超过 1000 万元。省民族宗教委组织开展佛教“百寺扶千户”活动，发动全省 549 个寺院投入近千万元资金帮扶的 1674 户农村贫困户中，民族地区有 420 多户。

（撰稿　方　莉　审稿　李秀英）

广西壮族自治区

2010 年，自治区民委坚持以科学发展观为统领，紧紧围绕“各民族共同团结奋斗，共同繁荣发展”的主题，积极开展民族经济工作。民族经济工作与少数民族群众的生产生活紧密相连，也是一项政治很强的工作，是落实党和国家民族政策的具体体现。为促进少数民族和民族地区加快发展，自治区民委努力争取扩大经济发展规模，2010 年经济发展处管理的资金增加到 1.185 亿元，其中，争取国家民委安排自治区少数民族发展资金达 9850 万元，比 2008 年增加了 1750 万元，比 2008 年增加 2050 万元。区民委以高度的责任心和使命感，尽职尽责工作，努力争取更大的成绩。

一、促进人口较少民族加快发展，如期实现阶段性目标

2005 – 2010 年，民委和财政扶持人口较少民族发展资金 4.02 亿元，京族 5826.61 万元，毛南族 3.44 亿元。为加快进度，区民委提早 2 个月于 6 月 21 日下达资金项目计划，并及时组织自治区发改委等 5 个部门，分别于 3 月中旬对 2009 年 44 个毛南族聚

居行政村，11 月底对 2010 年 7 个毛南族聚居行政村进行项目验收。在人口较少民族广大干部群众及自治区民委、发改委等部门的共同努力下，圆满完成“十一五”期间扶持人口较少民族加快发展的工作任务，全区 77 个人口聚居的行政村，全部实现了《扶持人口较少民族发展规划（2005-2010 年）》“四通五有三达到”的阶段性目标。

二、促进边境地区经济发展，努力实现兴边富民行动规划目标

一是认真总结十年来兴边富民行动成功经验，为 2010 年工作打下基础。2000 年以来，自治区民委利用国家民委和财政部安排的兴边富民行动专项资金 15800 万元，地方配套资金 2556 万元（不含投劳折款），实施了 1194 个兴边富民行动项目，使边境地区基础设施条件显著改善。其中，基础设施建设项目 877 个，投入资金 12571 万元，科教文卫项目 138 个，投入资金 2533 万元，发展生产项目 48 个，投入资金 1691 万元，科技培训项目 62 个，投入资金 557 万元，其他项目 69 个，投入资金 1004 万元。在国家兴边富民行动政策的大力支持下，自治区先后组织实施了三次规模巨大的边境兴边富民行动基础设施建设大会战，共投入资金 37.9 亿元，实施项目 79361 个，使边境地区发生了巨大的变化。广西边境县（市、区）地区生产总值从 2000 年的 9.12 亿元，增加到 2009 年的 303.36 亿元，翻了 5.1 番；财政收入从 6.14 亿元，增加到 33.25 亿元，增长 441.5%。广西实施兴边富民行动，投入规模之大，建设内容之广，取得成绩巨大，是前所未有的，为边境的安宁，人民的富裕，边防的巩固，祖国的统一作出了应有的贡献。

二是抓紧时间组织实施 2010 年兴边富民行动项目。会同自治区财政厅及时落实资金项目，于 8 月 31 日下达了《2010 年少数民族发展资金项目计划》，要求各边境县抓紧实施。2010 年共兴边富民行动资金 3700 万元，实施项目 228 个。其中：饮水项目（包括水利）137 个 1740 万元，占 47%；道路项目 50 个 624 万元，占 17　%；产业项目 3 个 812 万元；教育项目 4 个 55 万元；培训项目 8 个 59 万元；桥梁项目 4 个 42 万元；特色村寨项目 5 个 130 万元；危房改造项目 4 个 60 万元；文化项目 10 个 139 万元；其他 3 个 39 万元。

三是着力抓好兴边富民补助资金支持发展特色优势产业试点工作，并初见成效。为起好步，开好头，自治区民委会同自治区财政厅编制了《兴边富民行动补助资金支持靖西县发展田七烤烟特色优势产业试点建设实施方案》，采取“公司+基地+农户”的模式，计划通过三年的试点带动，使靖西县田七标准化种植面积达 3 万亩、产值规模达 12 亿元，烤烟标准化种植面积达 5 万亩、产值规模达 1.2 亿元，总受益人口达 8.2 万人。2010 年完成种植 1300 亩的目标，试种田七长势喜人，许多农民纷纷前来参观，跃跃欲试。据保守估算每亩产值达 5000 万元，纯收入达 30000 万元，发展潜力巨大。

四是组织项目验收，保证项目实施的进度和质量。为确保实效，2010 年 3 月，自治区民委组织对 2009 年边境 3-20 公里兴边富民行动基础设施建设大会战的 82 个项目资金 900 万元人畜饮水项目进行验收，全部项目按期竣工交付使用，抽查验收合格达 100%。这为完成 2010 年全部大会战项目打下了良好基础，这些项目的实施，在抵御百年不遇的大旱中发挥的重要作用。

三、突出重点，帮助少数民族和民族地区发展民族经济

自治区人民政府越来越高度重视民族工作，在 2010 年政府工作报告明确要求：“加强民族工作，继续实施人口较少民族发展和兴边富民行动规划，切实加大对民族自治县，民族乡的扶持力度，不断改善少数民族民族生产生活条件。”自治区民委紧紧围绕自治区党委、政府的中心工作，力所能及地开展民族经济工作。

一是重点帮助少数民族群众解决饮水难的问题。针对 2009 年底 2010 春以来的罕见旱灾，区民委在自治区本级少数民族发展资金中重点安排实施了一批人饮项目，其中全区 58 个民族乡每个乡安排了 1 个以上人饮项目，在 3800 万元的人口较少民族发展资金中，安排实施人饮项目 224 个、资金 2718 万元，占资金总量的 76.6%；在第二批国家少数民族发展资金 6300 万元中，安排人畜饮水项目 196 个 2238 万元，占资金总额的 35.52%，使自治区少数民族聚居村屯人畜饮水问题得到明显改善。灾情无情

人有情，通过少数民族发展资金的投入，体现党和国家的民族政策的重要性，体现自治区党委政府对少数民族的关心和温暖。

二是切实加大对少数民族自治县、民族乡的扶持力度，安排扶持资金所占的比例是历年来最高的。在1000万元自治区本级少数民族发展资金中，共安排全区12个自治县项目27个，资金242万元，安排58个民族乡项目60个，资金380万元，分别占自治区本级资金的24.2%、38%。在9850万元国家少数民族发展资金中，共安排全区12个自治县项目325个，资金3913万元，安排58个民族乡项目27个，资金304万元，分别占国家少数民族发展资金的39.73%、3.09%。通过实施这些项目，使少数民族和民族地区生产生活条件得到明显改善。

三是积极支持自治县县庆活动。根据自治区人民政府关于加大自治区对自治县逢十周年县庆支持力度的精神，区民委积极筹措资金，保证恭城瑶族自治县县庆项目资金200万元及时到位，体现民族经济政策在民族自治地方的落实，受到少数民族同胞的热烈欢迎。

四是合理安排民族工作经费，进一步增强基层民委工作手段。综合考虑自治县、民族乡和少数民族人口、贫困程度等因素，合理安排各县（市、区）民族局工作经费。还为21个县（市、区）民族局安排补助交通工具购置费，改善了基层民委工作条件，调动基层民族工作者的积极性。

五是参与自治区城乡风貌改造二期工程，圆满完成180万元6个少数民族特色村寨保护与发展的建设项目，参与边境3-20公里兴边富民行动基础设施建设大会战，完成自治区为民办实事的人畜饮水项目。

四、勇于创新，积极为加快少数民族和民族地区发展提建议

一是向自治区计划编制28个“十二五”重点规划提出建议书，这是多年来民委没有做过的事情，为谋划好“十二五”民族经济社会发展，区民委根据少数民族和民族地区的实际情况，主动向有关部门提建议，反映少数民族和民族地区加快发展的呼声，大多数建议得到好评和采纳，收到了良好的效果，为民族经济工作社会化打下良好的基础。

二是向国家民委编制《兴边富民行动“十二五”规划》和《扶持人口较少民族发展“十二五”规划》、《少数民族事业“十二五”规划》提出建议。自治区民委及时报送有关人口较少民族和兴边富民行动有关十二五规划的大量基础材料和建设项目，积极争取国家政策资金大力扶持。向国家民委增报京族和毛南族人口占总人口20%以上的20个行政村；请示将自治区仫佬族人列入国家扶持人口较少民族发展十二五规划，其中仫佬族人口占20%的行政村65个，据悉已得到国务院的同意；请示将自治区5个享受边境县待遇的县列入国家兴边富民行动十二五规划，加以重点扶持，国家民委正在研究中。通过区民委积极建议，为加快少数民族和民族地区建设，作出了应有的努力。

五、探索特殊性，民族特色经济工作初见成效

一是继续安排资金进行每个世居民族建设1个以上的民族特色村寨，民族特色村寨建设初露仪容，这在当地产生了良好的影响。如：通过保护发展建设后，隆林仡佬族仡基村的卫生整洁变美了，容貌焕然一新，在生态环境优良的古朴山村里，人们和睦自在生活，该村成为生态旅游的新的亮点，是了解广西仡佬族的唯一的好地方。二是特色优势产业试点工作进展顺利，拓宽农民增收渠道，靖西县田七烤烟特色优势产业发展试点取得较大进展，大多数民委同志充分认识到发展特色产业的支撑作用。三是进一步加强民族工作示范点建设，一批以建设新农村为目标，以保护和发展特色民居为基础建设，发展特色产业为支撑，传承和发展民族文化为灵魂，促进民族团结为目的的民族工作示范点得以正式命名。充分发挥其示范带动作用，体现少数民族群众勤劳、勇敢、智慧、百折不挠地追求新生活的精神风貌。

六、促进民贸民品优惠政策落实，企业贴息大幅度增长

采取“走出去，请进来”的办法，组织相关人员到江苏省学习民贸民品先进工作经验，增强利用优惠政策的意识，与银行紧密合作，请专家到民品企业进行业务指导，加强民委、银行和企业的联系，

使企业得到较大的实惠。2010 年全区民贸民品企业共获得贷款 30 亿元（预计），比 2009 年增加　亿元，比 2008 年增加　亿元；共获得贴息 6000 万元，比 2009 年的增加 3300 万元；有 5 个民品企业共得到生产补助资金 195 万元，比 2009 年的增加 35 万元；全区共获得技术改造贷款 190 万元。民贸民品企业发展不望回报社会，资助建设　学校所，　万元，招收少数民族工人　名，解决他们的就业难的问题，促进当地经济社会发展，促进民族团结。

七、进一步加强项目资金监督管理，发展资金使用效益

严格执行两项资金管理办法，通过资金审计、项目验收、组织交叉检查和日常督促检查等方式，加强监督管理。协同纪检室开展对自治区边境县（市、区）2008-2009 年资金使用和项目实施情况进行检查，促进加强项目设计、招投标、邀标、公示、工程质量、项目验收和审计、财务档案、项目后续管理等工作，发现问题及时纠正，发挥少数民族发展资金效益。

八、科学分配民族资金，进一步增强透明度

自治区民委坚持突出重点，兼顾一般，统筹安排和公开、公正、透明的原则，认真按程序做好资金分配方案。根据当前发展需要和委领导的指示，坚持在广泛听取基层和机关处室意见的基础上，研究制定项目计划方案，经过集体会议讨论，统筹安排项目资金，使资金安排更趋合理，在资金管理使用上取得了较好的效果。

九、全面兼顾，努力完成其他工作任务

一是民族统计工作得到进一步加强，及时准确了解民族地区、自治地方、边境县、人口较少民族经济社会发展运行情况，为制定民族经济发展政策措施提供科学依据。二是积极开展民族关系监测评价处置机制工作，目前已收集到 107 名少数民族金融、企业知名人士的信息。三是圆满完成定点扶贫工作，在人少工作多的情况下，遵照委领导的指派，经济发展处副处长挂职靖西，委领导多次带队到扶贫点检查指导工作，使区民委定点扶贫扎实有效地开展。四是帮助广西民族语文印刷厂维护稳定和发展生产，及时落实资金，使该厂生产管理正常运行，促进社会稳定，目前该厂没有发生职工不满而上访的现象。

（撰稿　邓诗源　审稿　凌祥升）

海南省

2010 年，是海南岛解放 60 周年，海南国际旅游岛建设上升为国家战略，在省委、省政府的坚强领导下，在国家民委的大力支持下，海南省民族经济工作认真贯彻落实中央和省委、省政府的重大决策部署，以科学发展观为统领，牢牢把握民族工作“两个共同”的主题，不断创新工作机制和强化工作手段，广泛开展民族团结进步创建活动，积极促进党和国家各项民族政策的贯彻落实，为增进民族团结，维护社会稳定，促进少数民族和民族地区经济社会又好又快的发展，为国际旅游岛建设做出了积极贡献。

一、全面完成茅草房改造

由于自然、历史、环境和传统观念等原因，海南 1988 年建省初期，民族地区少数民族群众居住条件恶劣，从县城至乡村，清一色的茅草房村庄随处可见。为贯彻落实党的民族政策，切实改善少数民族群众的居住条件，自 1992 年至 2009 年的 18 年间，海南省财政累计投入茅草房改造补助资金 3 亿多元，社会各界支持投入 13 亿多元，帮助 16 万户少数民族群众改造茅草房，使近 80 万黎苗族同胞告别茅草房，住进明亮、坚固的砖瓦房或平顶房，居住率从 1992 年的 21.7%上升到 2009 年的 93%，广大

少数民族群众的居住条件得到极大改善。截至 2009 年底，海南还有乐东、东方、五指山、白沙、保亭、琼中和儋州等 7 个市县最后 13209 户没有完成茅草房改造。按照省政府出台的五年民生规划，民族地区茅草房改造将持续到 2012 年底才全面完成。2010 年是海南国际旅游岛建设的开局之年，全省上下全力推进国际旅游岛建设，省委、省政府将保障性住房建设列为一号民生工程，为尽快让剩余的最穷困、居住条件最差的 1 万多户少数民族群众告别阴暗、低矮、破旧的茅草房，使他们生活得更有尊严，省委、省政府决定于 2010 年全面完成茅草房改造。省政府采取与市县政府签订责任状、提高改造补助标准、主要领导亲自视察听汇报等方式，一方面激发起群众建房的主动性和积极性，另一方面调动全社会的力量合力推进茅草房改造工作。很快，各有关市县、省直相关部门迅速行动起来，形成齐抓共管的局面。同时，各市县机关、企事业单位等社会各界纷纷行动，在人力、物力等方面对茅草房改造工作给予支持和帮助。44 个省直联手扶贫单位从服务农村经济发展、维护社会和谐稳定大局出发，深入联手扶贫工作点，帮助少数民族群众改善住房条件，受到少数民族群众普遍欢迎。2010 年省级联手扶贫单位扶持茅草房改造资金共 382 万元、水泥 677 吨、钢筋 35 吨、沙河 380 立方米，完成 3514 户茅草房改造任务。海南军区、武警海南总队、海南边防总队，积极响应省委、省政府的号召，以实际行动来支持茅草房改造工作，出动军用车辆 134 次，为少数民族群众运送 670 吨水泥。一些企业单位纷纷伸出援助之手，从资金和物资方面给予帮助。海南华盛天涯水泥厂无偿捐助 5500 吨水泥；中石化海南分公司捐赠 50 万元油卡；三亚和利实业发展有限公司、乐东滨海城市建设开发有限公司、海南金光助学与环保基金会等企业捐款 5613 万元，支持茅草房改造工作。此次茅草房改造将中央财政下拨的部分农村危房改造资金、少数民族发展资金及省财政安排的民族地区民房改造资金共 1.62 亿元进行整合，作为农户建房补助资金投入到茅草房改造之中，全面完成民族地区茅草房改造 13209 户，危房改造 310 户，建成砖瓦房和平顶房面积 77.43 万平方米，少数民族受益人口约 5 万人，取得了显著的成绩。

二、管好用好少数民族发展资金

根据省政府的工作部署，把解决民族地区少数民族群众行路难、饮水难、用电难、生产难作为重点，组织 2010 年少数民族发展资金项目申报、筛选、报批等工作。利用国家民委安排的少数民族发展资金，按照《少数民族发展资金管理办法》，在民族地区安排实施 49 个建设项目。其中，道路桥梁等基础设施项目 16 个，饮水项目 8 个，农田水利设施项目 1 个，农业实用技术培训项目 20 个，教育体育项目 1 个，养殖业项目 2 个。这些项目的实施，解决了 18 个村庄 1.5 万人行路难、饮水难问题，恢复和稳定农田灌溉面积 1000 亩。通过科学管理，使少数民族发展资金的使用效益得到充分发挥，民族地区和少数民族群众得到更多实惠。

（撰稿　云大杰　审稿　唐圣为）

四川省

2010 年，四川民族经济工作坚持以邓小平理论和“三个代表”重要思想为指导，深入贯彻落实科学发展观，紧紧围绕“两个共同”的主题和省委“一条主线、三个加强”的民族工作总体思路，全力推进民族地区“两个加快”，促进了少数民族和民族地区经济加快发展、民生不断改善、社会和谐稳定、民族团结进步。

一、围绕中心、服务大局、深入基层、搞好调查研究

一年来，党中央、国务院十分关心、关怀四川民族地区发展和各族群众民生改善。2010 年 1 月中央召开了第五次西藏工作座谈会，出台了加快四川等四省藏区经济社会发展的《意见》。温家宝总理

深入凉山州视察，对推进民族地区经济社会加快发展、综合扶贫开发、改善民生等作出了重要指示。国家民委领导、全国政协民宗委领导分别率国务院专题调研组、全国政协专题调研组来川调研牧区生活设施情况、自治地方经济发展和扶贫开发情况。四川省委、省政府对推进民族地区跨越式发展和长治久安作出系列重大决策部署。省委书记刘奇葆等省领导先后深入三州等民族地区调研指导、慰问 20 余次，多次主持召开省委常委会、省政府常务会专题研究民族工作，多次对民族工作作出重要批示。省委、省政府先后召开了四川藏区工作座谈会、深入实施西部大开发工作会议等，对推进藏区跨越式发展和长治久安，对推进凉山跨越式发展、大小凉山综合扶贫开发和安宁河谷综合开发，对汶川特大地震灾区灾后产业振兴等作出重大决策部署。对此，全省各级民族工作部门认真贯彻落实中央、省委关于民族工作的重大决策部署，围绕中心，服务大局、深入基层、搞好调查研究，为党委、政府科学决策服务。省民委领导带领工作组先后多次深入到民族地区调研督导，广泛听取少数民族群众和民族地区的意见和建议，为党委、政府出台推进民族地区跨越式发展系列配套规划、大小凉山综合扶贫开发和特殊扶持措施提供决策依据，努力推进一系列加快民族地区发展的政策措施落实，促进了民族地区经济社会事业加快发展，民生不断改善，社会和谐稳定，民族团结进步。

二、民族地区经济发展取得新进展

深化推进党中央、国务院出台的加快四川等四省藏区经济社会发展的《意见》，并进行细化分解，同时要求全省民族工作部门要切实把思想和行动统一到党中央、国务院和省委、省政府关于民族工作的部署和要求上来，始终把促进少数民族和民族地区加快发展作为中心工作来抓，积极协调相关部门合力推进一系列加快民族地区发展的政策措施落实，促进了民族地区灾后恢复重建步伐加快，经济平稳较快发展，人民群众生活水平不断提高。2010 年，民族自治地方实现生产总值跨千亿（1102.6 亿元），与“十五”末相比，总量翻一番；地方财政一般预算收入过百亿（101.55 亿元），是 2005 年的四倍；农牧民人均纯收入超四千元（4124 元），比 2005 年增加近 2000 元。

三、民族地区重大民生工程实施取得新突破

认真落实省委书记刘奇葆“民生是核心内容、抓住民生就抓住了民族团结进步的牛鼻子”的指示，坚持把“以民为本、民生优先”作为民族经济工作的出发点和落脚点，按照党委、政府关于民族地区帮扶工程的部署，以实施藏区“三大民生工程”和彝区“三房”改造为重点，着力推动各项惠民工程，努力解决少数民族和民族地区住房难、行路难、饮水难、照明难、增收难、上学难等问题，确保农牧民群众直接受益。

一是继续实施富民安康工程。2010 年在四川藏区实际投入各类资金 150.12 亿元，占计划的 141.86%，实施基础设施、民生改善等六方面的项目 176 个。其中，以公路交通为主的基础设施项目 58.88 亿元，以改善民生为主的社会建设项目 52.6 亿元，以资源开发为主的特色经济项目 3456 万元，以生态保护为主的环境建设项目 20.72 亿元，以政权建设为主的社会稳定项目 17.41 亿元，以智力支持为主的对口支援项目 1623 万元。由于资金到位好，措施有力，督导加强，富民安康工程取得很好的经济、社会、政治效益。

二是实施牧民定居行动计划取得重大突破。牧民定居行动计划是四川省委、省政府立足藏区长远发展和长治久安而做出的一项具有重大意义和深远影响的战略工程。2010 年，按照省委、省政府的部署和要求，省民委精心组织，强化督导，扎实推进藏区牧民定居行动计划。全年政府性投入达 31.66 亿元，570 个定居点开工建设，共开工建设定居房 46988 户，开工率 107%，比省下达的建设任务超出 3076 户；完成定居房建设 46347 户，完成率 105.55%，比省下达的建设任务超出 2435 户。至此，牧民定居房建设已完成 68647 户，占行动计划总量的 69.15%，建成村民活动中心 416 个，并完成大量配套设施的建设。“四年任务三年基本完成”的目标完全有信心实现。积极协调成都军区帮助甘孜州免费运输水泥 2 万吨，解决了实施牧民定居行动计划最困难的甘孜州的急难问题，得到了省委、省政府及受益地群众的高度评价。中宣部、广电总局落实中央政治

局常委李长春重要批示，赠送本省藏区牧民手提电视机 2 万台，全部发放到户。完成了新型帐篷科技攻关任务和生产环节监管方案的制订，配套生活设备技术参数得到提升和完善，2011 年可完成 10 万顶帐篷生产任务，并在 2011 年 5 月底全部发放到牧民群众手中。

三是扎实实施彝区“三房”（茅草房、石板房、瓦板房）改造行动。按省委、省政府目标要求，落实资金 5500 万元，完成彝区三房改造 1.1 万户，为任务的 110%，全面完成了彝区“三房”改造行动计划任务，使彝区广大彝族农民群众告别了“人畜混居”的居住状况，住上了宽敞明亮的大瓦房，改善了居住条件，受到广大彝族群众的高度称赞，称之为“德政工程”、“惠民工程”。

四是实施“四小工程”，大力加强民族地区农村基础设施建设。四川省在项目实施上坚持以改善民生为核心，以改善农村群众生产生活条件和助农增收为重点，切实解决自然环境差，基础条件薄弱民族地区群众急盼解决的小水利、小水电、小桥小路、照明等问题。2010 年，落实资金 5623 万元，实施民族地区甘泉计划和光明计划，解决 100 个村饮水困难问题和 1 万户农牧民照明取暖难问题；落实资金 2186 万元，为农牧区修建了便民桥梁 36 座；落实资金 3340 万元，重点支持种植业、畜牧业、林果业、中药材等项目，带动 4 万余农牧民群众人均增收 300 多元。协调组织省内 20 多家清真食品企业赴青海西宁参加国际清真食品博览会；积极配合相关部门抓好边销茶等民贸民品的生产，保证了少数民族群众生活需求。

四、认真做好民族经济统计等业务工作

一是确保民族地区专项资金安全。加强了少数民族发展资金项目管理、监管和督查工作。按照《少数民族发展资金项目管理监管督查办法》，注重抓好管理工作中的半年报、年报制度。将少数民族发展资金项目管理由“分配管理”形式向“绩效管理”形式转变，并形成制度化管理体系。会同省财政厅、省扶贫办、省以工代赈办、省纠风办、省审计厅等五家单位组成联系会议制度，加强对财政扶贫资金的监管监督工作，形成了多家联动机制，为少数民族发展资金项目监管监督工作奠定了良好的基础。

二是圆满完成民族统计等相关工作。2010 年，完成了四川《民族地区经济手册》的资料收集、整理、编印工作；按时完成国家民委下达的《中国民族统计年鉴》（2010）有关全省民族经济工作的组稿编辑工作；完成了民族地区经济运行监测系统四川 2009 年度统计数据录入、审核和上报工作，对四川省试运行监测系统以来的工作进行了总结并向国家民委提出意见和建议；完成了 2010 年四川民族地区经济发展季度报表和经济运行情况分析报告，相关运行报告省委省政府等部门采用，起到了很好的参谋作用；按时完成了国家民委、国家统计局布置的《民族自治地方统计报表制度》、《民族乡乡（镇）统计报表制度》、《内地西藏班和新疆班报表制度》、《边销茶统计报表制度》等 100 多个基层报表任务的下达、收集、审核以及 4 个制度汇总表的复核和上报工作；召开了全省民族地区统计工作会议，通报了 2009 年度四川省民族统计工作绩效考核情况和布置了 2010 年民族统计任务；积极协助统计局、发改委等部门制定了藏区统计监测方案（征求意见稿），为促进藏区加快发展提供统计保障。

（撰稿　刘康蓉　审稿　唐伯华）

贵州省

2010 年，贵州省民族经济工作坚持以邓小平理论、“三个代表”重要思想为指导，深入贯彻落实科学发展观，紧紧围绕中央和省民族工作会议精神，扎扎实实地抓落实，较好地推动贵州省少数民族和民族地区经济社会的发展，圆满地完成了全年职能绩效目标任务。

一、积极做好《贵州省少数民族事业发展

“十二五”规划》编制

根据《贵州省人民政府办公厅转发省发展改革委关于贵州省国民经济和社会发展十二五规划编制工作方案的通知》的通知（黔府办发[2009]146 号），明确《贵州省少数民族事业发展“十二五”规划》为省重点专项规划，《规划》由省民委牵头，省发展改革委、省经济和信息化委、省农委、省财政厅等 22 个省直单位共同编制。按照省委、省政府的要求，省民委高度重视，协同有关部门认真研究，并制定了《贵州省少数民族事业发展“十二五”规划》编制工作方案，成立了《规划》编制领导小组；组织召开专家座谈会等，听取部门、地方对规划《基本思路》的意见和建议，起草形成了规划《基本思路》并征求各方意见；深化对重大专题研究，认真进行了《规划大纲》的起草，在征求多方意见和调研的基础上，正在抓紧实施《贵州省少数民族事业发展“十二五”规划》文本草案的起草。

二、认真抓好人口较少民族的发展工作

1. 为编写扶持人口较少民族“十二五”专项建设规划做了相关准备工作。

2010 年初，根据国家民委相关精神要求，贵州省民委对全省人口较少民族开展了深入调研，完成编写调研报告，开展摸底调查等前期工作，为编写全省“十二五”扶持人口较少民族发展规划做好准备。

2010 年 4 月，省民委向国家民委上报了贵州省毛南族聚居区基本情况表、新增毛南族聚居区行政村情况表、扶持毛南族发展十二五规划拟申请项目汇总表。“十二五” 期间，在原有 46 个行政村基础上，贵州省申请新增 4 个乡镇的 15 个行政村纳入专项规划扶持，涉及毛南族人口 5586 人。在项目资金方面，全省共上报项目 773 个，申请资金 186684 万元。其中农村经济发展类项目 198 个，申请资金 60050 万元；能源类项目 9 个，资金 1903 万元；交通类项目 161 个，申请资金 55665 万元；社会公益事业类项目 151 个，资金 20333 万元；安居房项目 34 个，资金 16441 个；种养业及其加工类项目 165 个，资金 27005 万元，第二三产业项目 10 个，资金 1950 万元；培训类项目 33 个，资金 2295 万元。

根据国家民委指示，为争取将仫佬族列入国家扶持人口较少民族发展工作“十二五”规划，省民委对全省仫佬族的主要情况进行了调研。贵州省仫佬族主要分布在黔东南、黔南自治州。其中仫佬族人口占本行政村人口总数 20%以上的，涉及麻江县、黄平县、凯里市、福泉市的 8 个乡（镇）、24 个行政村，共有仫佬族人口 15773 人。2010 年 8 月，省民委在认真开展摸底调查的基础上，收集汇总了仫佬族聚居村的基本情况、经济社会发展生活等指标数据并上报国家民委，为争取将全省仫佬族纳入国家“十二五”扶持人口较少民族发展规划积极努力。

2. 配合有关部门完成《贵州省“十一五”扶持人口较少民族发展专项建设规划》实施。

为配合有关部门完成《贵州省“十一五”扶持人口较少民族发展专项建设规划》，省民委根据《规划》所制定的总体要求，主要从帮助农户增产增收方面安排实施项目，配合省发改委所实施的基础设施和社会事业项目，以达到从整体上促进全省人口较少民族加快发展。此外，省民委对全省扶持毛南族发展阶段验收工作进行了认真部署，确保年内完成国家民委制定的验收 6 个村的目标。目前各验收村项目实施进展顺利，省、州检查组目前已经完成对 6 个村的考核验收工作。

3. 落实中央、省级少数民族发展资金扶持人口较少民族专项，确保本年度项目顺利实施。

为确保扶持毛南族发展专项资金真正落到实处，用出效果，2010 年上半年，省民委多次深入毛南族聚居区进行调研，对 2009 年实施的部分项目进行了检查，同时针对 2010 年的发展目标，对扶持毛南族发展提出了指导意见和建议。

在项目扶持方面，省民委通过黔财农[2010]144、239、241 号文下达中央、省级少数民族发展资金扶持人口较少民族专项 2110 万元，较 2009 年增加 360 万元，实施各类项目 78 个。

三、抓好扶持民族贫困地区发展

根据贵州省民族地区基础设施落后的实际情况，省民委每年将绝大部分中央少数民族发展资金投入到各地，用于实施水、电、路等项目，以推动少数民族地区加快发展。2010 年，贵州省共获得中央少数民族发展资金 6010 万元，较上年增长 660 万

元；省级少数民族发展资金2500万元，较2009年增加500万元。在资金用途方面，除继续帮助主渠道资金无法覆盖的少数民族地区加快基础设施建设和促进群众增产增收，还对全省各地少数民族特色村寨、少数民族文化村、民族团结进步示范村、全省特别贫困少数民族地区等给予重点帮扶。

1. 整村推进项目。2010年在铜仁地区沿河县黑水乡杨寨村、松桃县太平营乡芭蕉村、安顺市紫云县白石岩乡岩上村、黔东南州台江县台盘乡龙井村、黔西南州望谟县新屯镇纳林村、毕节地区威宁县牛棚镇新山村等6个州、市、地13个贫困村实施扶贫整村推进项目建设。建设项目涉及道路修建硬化、人畜饮水、排洪渠水利设施、输电线路改造、种植业、养殖业、农业实用技术培训及建民族文化表演队等19类项目。项目实施后将有效地解决农村群众的生产生活困难，改善生活环境，为少数民族地区脱贫致富打下了良好基础，为推进少数民族地区新农村建设起到了推动作用。

2. 科技农业项目。2010年省民委将在黔东南州凯里市湾水镇长坡村、黔南州龙里县羊肠镇走马村、黔西南州晴龙县光照镇东方村、毕节地区黔西县绿化乡大海子村、贵阳市花溪区党武乡摆门村等14个县市实施科技农业示范项目的扶持。省民委对如何抓好科技农业的示范推广，对开展科技农业工作的指导思想、目标任务、组织机构、主要措施等方面提出了具体的要求。明确规定各地要把科技农业工作纳入全年民族经济工作年度计划，列入政府年终目标考核内容之一，实行领导责任与工作目标挂钩。实施种、养殖，机耕道、小水窖、蓄水池建设等10类项目，项目实施将有效地促进民族地区农业产业结构调整，促进农民增产增收；与此同时，省民委要求各示范点要与科技、扶贫、水利、农业等部门密切配合，形成合力，保证科技农业项目的有效实施，达到预期效果。

3. 推进民族团结进步示范基地建设。根据《省民委关于实施“民族团结进步示范村”重点项目的意见》要求，各民族团结进步示范村制定了三年总体规划及分年度实施规划。

2010年，省民委下达全省各地中央、省级少数民族发展资金共1300万元，专项用于全省各民族团结进步示范村的项目实施工作。配合有关部门和地区抓好20个民族文化村的保护与开发。为落实好此项工作，2010年从省级少数民族发展资金中列出200万元，专项用于全省20个民族文化村的保护与开发工作。该资金已下达各地，正在组织实施当中。

四、搞好政策调研和普查，为民贸企业搞好服务

2010年来，省民委抓民贸定点企业工作中主要是搞好服务，引导企业发展特色产业为主要目的，针对性地搞好政策宣传、调研，搞好企业普查和项目的申报工作。

1. 搞好民贸政策调研和普查。2010年1月，根据《国家民委关于对十一五期间扶持民族贸易和民族特需商品生产政策落实情况进行检查并对十二五相关政策建议进行调研的通知》（民委发[2010]3号）精神，省民委及时将通知转发各州市地，并及时组织检查和调研组，赴安顺市、黔西南州等地对政策执行情况进行检查和调研。于4月形成了《贵州省十一五期间扶持民族贸易和民族特需商品生产政策落实情况及十二五相关政策建议的调研报告》（黔族函〔2010〕29号）上报国家民委。2月，为了进一步了解特需商品企业的情况，为十二五企业的申报打基础，省民委、省财政厅、中国人民银行贵阳中心支行下发了《关于做好“十二五”民族特需商品定点生产企业普查的通知》（黔族发〔2010〕5号），普查工作于年底完成。省民委组织了清真食品企业参加2010中国（宁夏）国际投资贸易洽谈会，学习陕西、宁夏清真企业发展的经验，为企业的发展提供交易和交流的平台。

2. 认真做好项目的推荐申报工作。按照财政部、国家民委关于印发《民族贸易企业网点改造和民族特需商品定点生产企业技术改造贷款财政贴息资金管理暂行办法》的通知（财建[2006]699号）和财政部关于印发《民族特需商品生产补助资金管理暂行办法》的通知（财建[2007]640号）文件的规定，省民委与省财政厅联合下发了《关于民族特需商品生产补助资金2010年项目申报指南的通知》（黔财企[2010]35号）和《关于民族贸易企业网点改造和民族特需商品定点生产企业技术改造贷款财政贴息资金2010年项目申报指南的通知》（黔财企[2010]46号）。依据通知精神，完成民族特需商品定点生产

企业生产补助资金 390 万元的申报工作，财政部批复下达 205 万元；完成技术改造贷款财政贴息项目资金 356 万元（中央财政 178 万、省财政 178 万）申报工作（暂未下达），完成流动资金贷款 2.88 优惠利率贴息 2748.57 万元（前 3 个季度）。此项工作较好地扶持了企业的发展。

五、开展新农村建设调研，推进民族地区经济建设

为了进一步做好新农村建设工作，落实好 2010 年的目标。2010 年 3 月至 4 月，省民委组成两个调研组，分别到黔东南州、贵阳市、黔西南州、安顺等地新农村建设项目点进行了调研。经过实地考察、走访群众、召开座谈会，对 2010 年新农村建设项目急需解决的问题有了全面的了解。根据调研掌握的情况，在黔东南州台江县南宫乡交宫村、黔南州贵定县落北河乡长江村、黔西南州顶效开发区顶效镇楼纳村、六盘水市水城县鸡场乡坪地村、毕节地区毕节市长春堡镇干堰村等 9 个村安排 21 个项目；按照“生产发展、生活宽裕、乡风文明、村容整洁、管理民主”社会主义新农村建设标准，着重解决以水、路、沼气为主的基础设施建设，以建猕猴桃种植基地、茶叶基地、山羊、鱼养殖基地为主的多种经营发展，以建生态博物馆、民族文化场地、民族特色房屋修缮和“一池三改”等项目，推动乡风文明、村容整洁；有效地推动民族地区的新农村建设。

六、抓好民族建房工作

少数民族住房困难是民族地区贫困的重点。2010 年，按照省政府危房改造任务和省农村减灾安居工程的统一部署，以推动实施民族自治地方和民族乡茅草房改造工程，落实一批农村少数民族住房困难户建设项目，做好项目实施的指导工作。省民委安排 300 万元专项建房资金，在全省 9 个州市地集中打造 8 个世居民族 10 个民族特色村寨和 20 个县（市、区）实施农村少数民族危房改造，按照户均 5000 元的补助标准解决 600 户少数民族群众的危房改造任务。在工作中，省民委始终注重调查研究，按照少数民族群众住房困难的实际，按照轻重缓急，做到公平、公正合理安排补助资金。

七、做好人口计生工作

在开展人口与计划生育综合治理暨“三结合”工作中，认真贯彻落实与省委省政府签订的《2010 年人口与计划生育综合治理目标管理责任书》的目标任务，充分发挥成员单位的职能优势，配合人口计生部门抓好人口计生工作。为完成 2010 年人口与计划生育综合治理暨“三结合”工作的目标任务，下发了《省民委关于认真做好 2010 年人口与计划生育工作综合治理目标管理的通知》（黔族发[2010]8 号）和《省民委二〇一〇年人口与计划生育综合治理工作计划》（黔族发[2010]9 号）。按照目标责任要求，及时将帮扶任务指标分解下达给州、市、地民委，明确规定各地抓好 1 个计生“三结合”重点示范点，认真完成本单位帮扶 100 户少数民族计生贫困户，并督促各县（市、区）认真完成帮扶 20 户计生贫困户的目标任务，通过抽查了解，各地按照要求较好地完成了全年的目标任务。在具体落实目标任务的帮扶措施中，省民委安排 60 万元专项资金，帮扶计生贫困户 500 户，按照每户补助资金 1200 元的标准进行帮扶；组织养殖技术培训、开展就业指导、科技信息和农用技术辅导等多种措施来帮助计生贫困户脱贫致富。从专项工作经费中安排了 8 万元支持贵定县落北河乡长江村建立计生服务室网络建设、开展计生政策理论培训和宣传工作及贫困户帮扶。以“三结合”示范点、帮扶贫困计生户带动一般计生户进行广泛宣传，让计生群众从中受到教育，真正感受到党的政策的温暖，促使少数民族群众认识到稳定低生育水平、提高人口素质的重要性，并自觉参与人口与计生综合治理工作之中。

八、做好农村妇女培训工作

2010 年安排 5 万元专项资金，开展农村妇女实用技能培训工作，用于培训 1 期少数民族农村妇女；安排了 15 万元资金，培训农村妇女 1000 名（双学双比妇女培训）。通过科技、农技、卫生、计生等文化知识的培训，较好地提高了少数民族农村妇女的综合素质。

九、做好民族统计工作

2010 年，省民委联合省统计局组织召开了全省少数民族和民族自治地方国民经济和社会发展统计

年报工作会议。根据国家民委、国家统计局工作的部署，及时协调省统计局下达了3州11个自治县、252个民族乡国民经济和社会发展统计任务，圆满地完成了数据收集整理、分析、报送等具体工作。同时，汇编了《2009年贵州省民族经济工作手册》。

（撰稿　张发刚　审稿　黄家逊）

云南省

2010年，云南省紧紧抓住中央深入实施西部大开发战略、云南省“两强一堡”建设和编制“十二五”规划等重要机遇，结合民族地区实际，研究提出加快少数民族和民族地区经济社会科学发展的政策措施。在省委、省政府和国家有关部委的领导和支持下，省民委2010年落实的民族专项资金总量达3.8亿元，较2009年增长了27.3%，有力地保障了各项重点工作任务顺利完成。

一、圆满完成省政府重点工作任务

根据《云南省人民政府关于推进实施2010年全省重点督查20个重大建设项目和20项重要工作的通知》要求，省民委将“实施400个自然村整村推进”和“全面抓好7个人口较少民族和少数民族中深度贫困群体的重点帮扶，进一步加大对景颇、拉祜、佤、傈僳4个特困民族的扶持力度，着力改善其生产生活条件”摆在重要位置抓紧抓好，全年共实施整村推进自然村421个，投入资金14780万元，完成村数和落实资金量分别是计划的105.3%和405.7%。

二、兴边富民行动深入实施

全年争取到国家投入兴边富民行动重点县建设资金11000万元，较2009年增长44.7%，共安排资金7590万元实施了201个兴边富民示范村建设，并在边境县中选择富宁、澜沧两个县实施了每县每年900万元连续三年扶持的特色产业发展项目。协助国家民委、国家发改委、财政部在云南省成功召开了全国兴边富民行动10年总结暨经验交流会，云南省开展兴边富民行动10年来取得的成绩得到国家的充分肯定。

三、扶持人口较少民族发展工作取得新进展

省民委安排资金10670万元，建设了109个人口较少民族发展示范村，为7个人口较少民族各建设了1个特色村寨，启动了基诺族、普米族、独龙族三个人口较少民族特色博物馆建设项目，全省175个人口较少民族聚居村实现了“四通五有三达到”的扶持目标。

四、继续推进扶持特困民族发展

共落实资金1665万元，加大对特困民族和少数民族深度贫困群体的扶持力度，其中，投入570万元实施了17个扶持特困民族发展试点整村推进项目；投入900万元扶持瑶族山瑶支系10个自然村实施整村推进发展项目和产业发展项目；投入120万元重点对新归属傣族、布朗族的八甲人、老品人聚居的两个特困自然村实施整村推进扶持。同时，进一步落实和巩固对彝族支系𡌶人、白族支系勒墨人、布朗族支系莽人、克木人的扶持成效。

五、大力推进少数民族特色村寨保护与发展

省民委和省财政厅联合下发了《关于做好云南少数民族特色村寨保护与发展试点工作的实施意见》，并进一步加大对民族特色村寨建设项目的试点探索，在2009年实施了3个特色村寨试点建设的基础上，进一步选择11个村寨进行试点探索，补助1100万元实施了通过专家评审选择的11个民族特色村寨建设，使白族、哈尼族、纳西族、布朗族、普米族、阿昌族、怒族、基诺族、德昂族、独龙族、藏族、布依族、彝族、壮族等世居少数民族都有了

具有民族特色、地域特点和时代特征的标志性村寨。

六、民贸企业扶持力度进一步加强

与省财政厅联合组织2010年扶持民族地区企业贴息贷款项目申报评审工作，争取到国家民贸网点建设和民族特需商品定点生产企业技术改造财政贴息资金补助36万元扶持3个民贸项目建设，争取省级财政专项安排300万元财政贴息资金扶持民贸和定点企业发展。

七、开展少数民族优秀民营企业家评选

经省人民政府批准，2010年云南省民委牵头组织了“云南省首届少数民族优秀民营企业家”评选活动，评选出50位少数民族优秀民营企业家，代表了21个世居少数民族。评选活动为期3个月，引起了社会的广泛关注，使少数民族企业家作为一个特殊群体第一次受到省政府的授权表彰，为他们的成长创造了有利的环境，促进少数民族企业家队伍发展壮大。

八、国际合作项目结出硕果

全年培训省、州、县、乡、村项目管理人员和手工艺人100余人，争取村级培训资金20余万元，完成少数民族地区综合扶贫示范项目8个示范点的村级培训，培训群众近1000人次，提高了项目区群众的自我发展能力，为民委经济工作拓展了新领域，培训了一批熟悉国际项目的组织者和实施者。中国文化与发展伙伴关系框架项目开展了入村督导和培训活动，联合国驻华机构、西班牙驻华使馆官员和项目国际、国内专家等10余人亲临两个项目点指导工作。

九、对口帮扶工作有效开展

2010年是上海对口帮扶德昂族发展的第五年，也是对口帮扶独龙族发展的第一年。两省市投入帮扶德昂族发展资金1089万元（上海年度帮扶824万元，云南配套265万元）。对17个德昂族聚居自然村实施整村推进、特色产业建设和人才培养等100个项目。自2009年上海市决定把对口帮扶独龙族发展列入沪滇合作内容以来，云南省民委积极协调，2010年争取到上海投入帮扶独龙族发展资金760.6万元，正式启动对口帮扶独龙族发展试点项目，试点实施整村推进和安居房建设项目。

十、电脑农业推广应用工作成效显著

推广应用专家系统52个，全省电脑农业种植业推广面积达394万亩，项目辐射350个乡镇，近320万农民受益。

十一、扎实开展绩效评价检查工作

根据省政府建立效能政府的规定和要求，与省财政、审计等部门密切配合，制定绩效评价工作方案，提出工作要求，指导各州市认真开展自评和检查工作，先后完成了《云南省民委关于2009年度少数民族发展资金项目绩效评价的报告》、《云南省民委关于2009年省级民族机动金项目支出绩效评价情况的报告》及《云南省民委关于2010年整村推进项目组织实施情况绩效评价的自查报告》，财政部门也对一些专项资金开展了绩效考核，认为民族专项资金管理科学、效益明显，为促进民族团结和民族地区发展发挥了积极作用。

（撰稿　易永红　审稿 徐畅江）

陕西省

2010年，在国家民委的指导支持下，在省委、省政府的正确领导下，陕西省民族经济以科学发展观为统领，认真学习贯彻党的十七届五中全会和省十一届六次会议精神，牢牢把握民族工作“共同团结奋斗、共同繁荣发展”主题，坚持服务于全省工作大局，开拓进取，真抓实干，取得了积极地成效。主要有以下几个方面：

一、科学编制《陕西省少数民族经济和社会发展“十二五”规划》

2010年，陕西省民委在深入调研的基础上，广泛征求各市和相关部门意见，负责起草了《陕西省

少数民族经济和社会发展“十二五”规划》。《规划》涉及全省少数民族经济社会发展的各个方面，是全省今后五年民族工作的指导性文件。《规划》已上报省政府，其中部分内容已经纳入《陕西省国民经济和社会发展第十二个五年规划纲要》。《陕西省国民经济和社会发展第十二个五年规划纲要》要求“加大对少数民族聚居地方的支持力度，加快城市少数民族聚居区改造力度，启动省级少数民族综合培训及展示基地和西部清真食品产业园等工程。”

二、努力加快陕西省城市少数民族经济发展，积极为民族企业的发展创造条件，搭建平台

2010年，陕西省主要是围绕城市少数民族企业的品牌创建、扩大交流、提供融资平台和加强对企业领导人的培训来做好服务工作。一是进一步落实好国家对少数民族企业的优惠政策，加强同少数民族企业的联系，协调督促各市从少数民族企业项目申报、招工融资、企业纳税、企业维权等多方面入手，确保少数民族企业优惠政策落到实处；二是主动为少数民族企业提供法律服务，特别是清真食品生产经营企业，及时为企业发放有关清真食品管理方面的法律手册和民族知识读本；三是积极组织民族企业参与会展经济，着力提升少数民族企业的市场竞争力，支持发展优势传统产业，引导清真食品加工、牛羊屠宰等少数民族企业的经营者提升产品质量和层次，增强市场竞争力。四月，由国家民族事务委员会和陕西省政府联合主办，陕西省民族事务委员会、西安市穆斯林企业商会具体承办的“陕西民族经济对外发展交流合作洽谈会”在西安举行，全国十五个省市区以及沙特、马来西亚的百名企业家和部分新闻媒体的代表参加会议。共有六个合作项目在大会上集中签约，签约资金共计65.5亿元。这次陕西民族经济对外发展交流合作洽谈会是陕西省第十四届“中国东西部合作与投资贸易洽谈会”中的一个分项活动。在“第十四届中国东西部合作与投资贸易洽谈会”总结表彰大会上，陕西省民委被省政府授予“第十四届中国东西部合作与投资贸易洽谈会先进单位”荣誉称号。9月陕西委受省政府委托与省会展中心、商务厅一起成功的组织陕西省有影响的民族企业15家赴宁夏银川参加了首届中国阿拉伯国家经贸论坛暨宁夏经贸洽谈会，实现销售收入760万元，签约金额3200元，取得了良好的效果，获得大会颁发的最佳组织奖和全国清真名小吃金奖。四是省民委在广泛征求各有关市区的基础上同省商务厅共同研究修改了《陕西省牛羊肉定点屠宰十二五规划》，对保障陕西省广大少数民族的生活需求提出了具体意见；五是积极同省发改委联系，争取发改委的支持，在陕西省民族系统内统一征集上报了全省少数民族2011年度重大项目，这在陕西省尚属首次。

三、积极为少数民族特需商品定点生产企业做好服务

2010年陕西省民委对全省少数民族特需用品定点生产企业基本情况进行了一次系统的摸底调查，全面地掌握特需用品23家定点生产企业的发展情况，根据陕西省少数民族企业实际情况，计划对定点企业进行增补、调整；协调人民银行西安分行对民族特需商品定点生产企业优惠政策的概念、特殊性、申报程序及如何用好用活国家的优惠政策进行培训；帮助民族企业向开发银行申报了优惠贷款；三是就进一步解决好定点生产企业发展中存在的问题，积极向省政府和国家部委提出建议，为促进民族经济的快速健康发展争取政策性支持。

四、积极做好农村民族聚居地方扶贫开发工作

一是协调落实景俊海副省长2010年9月25日带领省发展改革、民委、建设、财政、扶贫、畜牧等厅局，深入到镇安县西口回族镇调研少数民族地区经济社会发展情况召开的座谈会精神和省政府办公厅下发的《关于加快镇安县西口回族镇等民族地区经济社会发展的会议纪要》。会议提出：要以项目为载体，采取各个厅局重点支持、对口细化等措施，按照“项目向民族乡镇倾斜、资金向民族乡镇集中”的要求，坚持支持项目在原有的规模上翻一倍，与其他地区相比高一倍的“双倍增”原则，力争用三五年时间，实现陕西民族地区基础设施、村容村貌以及社会事业发生根本性变化。10月26日，陕西省民委协调召开镇安宁陕两县、茅坪、西口、

江口三个回族镇负责人参加的协调会，细化发展项目，协调与省上职能部门的项目对接。二是指导三个回族镇编制“十二五”规划。2010年，陕西省民委指导镇安县完成了“镇安县西口回族镇程家川民族和谐示范小区建设规划”，目前该规划已进入实施阶段。陕西省民委计划继续指导镇安县茅坪回族镇、宁陕县江口回族镇编制好“十二五”规划，实现民族地区三五年有一个大变样的目标。

五、做好全省少数民族发展资金项目的管理工作

一是指导各市做好申报2010年度少数民族发展资金项目工作，根据2010年陕西省陕南安康、汉中等地遭遇较大洪水自然灾害的情况，有针对性的对安康、汉中受灾地区资金项目上予以倾斜，二是加大对各市申报的少数民族发展资金项目考查审核力度，对部分发展资金项目执行情况进行了检查；三是根据国家民委在湖北宜昌召开的少数民族特色村寨发展与保护现场会精神，在加大对陕西省四个少数民族特色村寨项目资金扶持力度的同时，又向国家民委申报了三个少数民族特色村寨；四是积极同国家民委联系，争取国家民委加大对陕西的扶持。

六、依法做好全省清真食品管理工作

2010年在全省各市对清真食品生产经营情况进行自查的基础上，陕西省民委对渭南、咸阳、宝鸡、安康、汉中五个市进行了抽查，针对发现的情况，及时查处了9起涉及清真食品的问题，有效的维护了陕西省民族宗教领域的稳定。根据各市民族工作部门的推荐和陕西省民委认真考核评比，于2010年11月底，对全省11个清真食品先进单位和19名先进个人进行了表彰。

七、筹备成立了陕西省外来少数民族群众权益保障服务中心

为贯彻中央《关于进一步做好新疆少数民族群众到内地务工经商服务管理工作的意见》的通知和中央新疆工作座谈会、中央做好新疆少数民族群众到内地务工经商服务管理工作专题会议精神，陕西省民委从2010年3月份开始着手筹备成立“陕西外来少数民族群众权益保障服务中心”，于2010年8月在全省民族宗教系统维稳会议上，“陕西省外来少数民族群众权益保障服务中心”正式挂牌成立并已开始运作。

八、继续落实“全国民委系统对口支援新疆西藏民族工作部门工作座谈会”和“全国推广湖北省对口支援民族地区发展经验交流会”精神

根据陕西省民委关于《贯彻落实“全国民委系统对口支援新疆西藏民族工作部门工作座谈会”精神的意见》，明确了陕西省民委对口支援新疆、西藏民族工作部门的工作领导机构、职能、工作措施及对口支援计划、目标，提出了陕西省对口支援民族地区经济社会发展的具体意见。

（撰稿　海建宇　审稿　海西安）

甘肃省

2010年，在甘肃省委、省政府的正确领导下，在国家民委的具体指导下，甘肃省民族经济工作坚持以科学发展观为指导，正确处理改革、发展、稳定的关系，通过转变经济增长方式，推动民族地区经济社会又好又快发展，实现民族地区发展的新跨越。主要做法：

一、认真贯彻落实国办发〔2010〕29号文件精神

国办发〔2010〕29号文件下发后，成立了“甘肃省民委贯彻国办发〔2010〕29号文件领导小组”，在充分调研分析的基础上，制定了《甘肃省民委贯彻国办发〔2010〕29号文件实施方案》，对省委、省政府分解民委牵头和配合的有关任务逐条进行梳理，对涉及民族工作和民族地区经济社会发展15条

任务，逐条进行了细化分解，委领导到国家民委相关司进行了专题汇报，并将汇报情况向省政府领导进行了专题汇报。

二、编制“十二五”民族事业规划

根据省政府安排，会同省发改委编制了《甘肃省民族地区经济和社会发展“十二五”规划》，会同省财政厅编制了《甘肃省兴边富民行动发展特色优势产业试点项目规划方案》。根据国家民委要求，会同省发改委、财政厅联合编制《甘肃省少数民族事业“十二五”规划》、《甘肃省扶持人口较少民族发展“十二五”规划》、《甘肃省兴边富民行动“十二五”规划》、《甘肃省少数民族特色村寨保护与发展规划（2010-2015）》。

三、进一步加大对人口较少民族发展的支持

2010年，省民委和财政厅安排扶持人口较少民族发展资金3650万元，省发改委安排扶持人口较少民族发展建设项目投资2951万元，两项合计6601万元。通过共同努力，116个人口较少民族行政村全部实现“四通五有三达标”的奋斗目标，通过国家考核验收。建立和完善了全省“扶持人口较少民族发展动态监测系统”，以111项监测指标为基础，省、市、县三级联网，实现了网上传输报送各项监测统计数据，并建立了一支动态监测工作队伍。采用多种形式，动员各种力量，加大了对扶持人口较少民族发展工作的宣传力度，营造了全社会关心和支持扶持人口较少民族发展事业的良好氛围。

四、认真开展兴边富民行动

根据国家民委和财政部要求，会同省财政厅编制了《肃北县兴边富民行动发展特色优势产业试点项目规划（2010-2012）》，按规划安排肉羊基地建设、育草基地建设、畜种调引三个项目，落实资金900万元。

为了编制好《甘肃省兴边富民行动“十二五”规划》，省民委对肃北县经济社会发展进行了深入调查研究，全面系统地回顾总结了兴边富民行动开展十年来取得的成绩和经验，向国家民委和省政府分管领导报告了甘肃省开展兴边富民行动的基本情况。参加了全国兴边富民行动经验交流会。

五、启动民族特色村寨保护与发展工程

按照《国家民委办公厅财政部办公厅关于做好少数民族特色村寨保护与发展试点工作的指导意见》(民办(经济)发〔2009〕315号)精神，2010年启动了少数民族特色村寨保护与发展试点工作。在各地申报的基础上，选定了积石山县大河家镇大敦村、临夏市枹罕镇拜家村、夏河县拉卜楞镇王府村、卓尼县尼巴乡尼巴村为首批试点村，每个试点村各安排启动补助资金100万元。同时，第二批试点村选点工作也已经展开，有关市州民族工作部门正在做初步规划。

六、严格管理各项民族专项资金

2010年，省民委共安排的民族专项资金为7300万元，其中国家民委安排的少数民族发展资金为5900万元（包括扶持人口较少民族发展资金3650万元，兴边富民行动补助资金900万元，少数民族特殊困难补助资金400万元，贫困地区民族特色村寨保护试点补助资金200万元，项目管理费88万元）；省财政安排的民族专项资金为1400万元（包括少数民族地区补助费240万元，少数民族生产生活补助资金100万元，民族自治县扶贫开发资金700万元，民族乡发展资金360万元）。共安排各类项目250个，重点安排民族地区乡村道路、人畜饮水、小型防洪堤坝等基础设施项目，也适当安排了少数民族实用技术培训、法律法规培训等方面的项目，项目安排中体现了适当集中的原则，尽量向民族自治州、县集中，数额最大的项目安排了450万元，100万元以上的项目有6个，70%以上的项目在20-100万元之间。对于在项目管理中出现资金不到位、监管不力、发生挪用等现象的，除根据有关规定予以纠正和批评教育外，在2010年的安排中比以往有所扣减。另外，对张掖市平山湖蒙古族乡人畜饮水困难问题进行了实地考察，并将该项目作为民委的办实事重点项目。

七、认真贯彻民族贸易和少数民族特需商品生产优惠政策

上半年，对全省民族贸易和民族特需商品生产

优惠政策贯彻落实情况进行了督查，向国家民委上报了《甘肃省贯彻民族贸易和少数民族特需商品定点生产优惠政策情况的报告》，提出了“十二五”期间的民贸政策意见和建议。向国家民委和财政部申报贴息项目10个，已下达资金174万元。针对甘南州贯彻落实民族贸易和少数民族特需商品优惠政策相对较差，大多数民族贸易和民族特需商品生产企业没有享受应有的扶持和照顾，省民委与相关部门进行了多次协调、衔接、沟通，在各方面努力下，甘南州政府出台了《甘南州民族贸易和少数民族特需商品定点生产企业享受优惠政策的实施方案》，从根本上扭转了甘南州贯彻落实不力的局面。

八、认真做好民族统计与信息报送工作

完成了《民族统计年鉴》、《甘肃省统计年鉴》等书刊中文稿的撰写工作，按时给国家民委上报了《甘肃省民族自治地方统计报表》、《甘肃省民族乡镇统计报表》、《甘肃省陆地边境县统计报表》，开展了《甘肃省3000人以上少数民族统计报表》、《甘肃省民族地区经济社会发展一览表》数据统计，为省委、省政府及省发改委、教育厅、统计局等部门提供了大量的有关民族地区和少数民族的各类统计数据及开展扶持人口较少民族发展工作信息。及时报送民族地区经济发展方面的信息，其中有3条被国家民委采用，有1条得到国家民委主要领导批示。

（撰稿　成自强　审稿　王学仁）

宁夏回族自治区

2010年，宁夏民委紧紧围绕自治区跨越式发展大局，始终把关注民生、改善民生、推动发展作为民族工作的第一要务，千方百计加快少数民族和民族地区经济社会发展，为实现自治区跨越式发展目标作出了积极贡献。

一、抓调研，为制定各项政策提供依据

认真贯彻国家民委《关于贯彻<国务院关于进一步促进宁夏经济社会发展的若干意见>的意见》，配合国家民委深入民族聚居地区、革命老区、集中连片贫困地区开展调研，提出“十二五”期间促进少数民族经济社会发展的基本思路，积极参与制定自治区“十二五”规划。参与制定《加快宁夏清真产业发展的意见》，推动自治区建立5000万元基金，扶持宁夏清真产业发展。对全区“十一五”期间国家扶持民族贸易和民族特需商品生产政策的落实情况进行了调研，为“十二五”政策调整提出意见和建议。开展集中连片贫困地区少数民族发展情况调研，制定特困民族扶贫试点工作规划，计划用3年时间，以实施设施农业和特色养殖为重点，对宁夏海原县东乡族聚集的3个村进行帮扶。定期对民族经济政策落实情况进行检查，召开经委、发改委、财政、银行等部门参加的座谈会，及时沟通情况，交流信息，使各项民族优惠政策措施落到实处，这样既突出了民委在经济工作中的重要地位，又强化了各部门做好民族工作的意识，促进各部门共同推进民族经济发展。

二、抓项目，为加快民族地区发展增强动力

一是认真实施少数民族发展资金项目。与自治区财政厅联合制定下发了《少数民族发展资金管理实施细则》，加强了对少数资金项目的监管。2010年，共安排少数民族发展资金3950万元，实施项目147个。在安排项目时，本着“因地制宜，突出特色，发挥优势，以点带面，加快发展”的原则，坚持把有限的资金用于在改善少数民族地区生产生活条件上；用在培训少数民族群众实用技术上；用在发展地方特色种植养殖和清真食品、穆斯林用品产业发展上；用在民族地区公益事业和扶贫开发上。有力地改善了少数民族地区基础设施和生产、生活条件，加快了脱贫致富的步伐，增强了民族经济发展后劲，推动了民族地区经济社会的发展。二是积极做好民贸民品工作。对全区“十一五”期间（前

四年）国家扶持民族贸易和民族特需商品生产政策的落实情况进行了全面检查，同时向各级主管部门和企业征集了“十二五”完善调整相关政策的意见和建议。做好民贸民品清真产品企业协会工作，积极帮助民贸企业拓宽市场，组织各民族企业参加各类展会，扩大对外宣传。目前，宁夏 85 家企业被确定为全国少数民族特需商品定点生产企业。 2010 年，宁夏民贸民品企业获得流动资金贷款贴息达到 1.73 亿元。国家贴息资金的大力扶持，降低了企业经营成本，减少了企业贷款利息支出，为企业发展增添了后劲、提升了竞争力。三是大规模开展实用技术人才培训。安排少数民族发展资金 190 万元，用于银川、石嘴山、吴忠、中卫、固原五市等地少数民族培训基地建设。同时，依托这些少数民族培训基地，开展大规模、多层次的回族厨师、劳务经纪人等少数民族技能人才培训工作，培训人员 3500 多人，提高了少数民族群众劳动技能。

三、抓活动，为促进特色优势产业发展注入活力

一是举办了“欢庆开斋节•清真美食文化活动”。以“繁荣节日文化、促进节日经济”为主题，举办清真美食文化广场活动，组织了 30 多家知名清真食品企业，制作了 150 多种清真食品到场参展，数万名群众到场品尝购买，参展企业现场交易额达到 30 多万元。同时在银川市各大商场进行商品促销活动，为期四天的活动，商品销售额比平时增长 20%。二是举办回族传统名小吃评比暨清真饮食文化论坛。中阿经贸论坛期间，自治区民委主办了回族传统名小吃评比活动和清真饮食文化论坛，来自河南、陕西、甘肃、青海等区内外 27 家餐饮企业现场制作推出菜品 115 道。银川东宇民族海鲜楼的香葱羊羔肉、河南开封新生饭庄的灌汤包子等 30 道菜品获得金奖。来自区内外的专家、学者和工商精英共 160 多人参加了论坛。国家民委经济发展司、中国烹饪协会等 7 个部门、企业的领导和负责同志作了精彩演讲。这次活动，对于深入探讨清真饮食文化内涵，提高宁夏清真饮食知名度和美誉度，推动宁夏清真产业做大做强，具有十分重要的意义。国家民委和中国烹饪协会领导高度评价了此次活动的组织工作和成效。三是召开清真食品认证标准互认机制对接会。中阿经贸论坛期间，举办认证对接会，阿盟驻华代表处和阿盟国家驻华使节、商务参赞以及新西兰、澳大利亚、阿根廷等国家的 50 多名外宾出席会议，国家民委、国家认监委、中国伊协有关负责人应邀出席，60 多名区内清真产品企业代表参加对接会。5 名代表作了精彩演讲。自治区民委所属的清真食品国际贸易认证中心分别与新西兰清真食品认证机构和阿拉伯国家—中国经济文化联合会签署了《清真产业标准互认合作协议》和《清真（HALAL）食品合作谅解备忘录》，为宁夏清真食品和穆斯林用品进入中东国家市场搭建了的平台。

（撰稿　陈常国　审稿　任薇娜）

新疆维吾尔自治区

2010 年，在自治区党委、人民政府的正确领导下，在国家民委和各部委的帮助支持下，新疆民委系统坚持以科学发展观为指导，牢牢把握“共同团结奋斗，共同繁荣发展”的民族工作主题，全面贯彻执行党和国家的民族政策、民族法律法规，坚持和完善民族区域自治制度，巩固和发展平等、团结、互助、和谐的社会主义民族关系，加快少数民族和民族地区经济社会协调发展，大力推进新疆维吾尔自治区民族团结进步事业。通过新疆民委系统各级干部职工的共同努力，新疆民族经济和社会各项事业快速健康协调发展，各族人民生活水平显著提高，社会主义民族关系更加巩固，民族团结进步事业不断向前发展，民族经济工作成效显著。

一、认真做好两个规划

2010 年是“十一五”最后一年，同时又是“十二五”的开局之年。自治区民委按照国家民委要求，积极起草编制规划方案，成立了以委局主要领导为

组长的自治区民委“十二五”规划编制工作组，并召开了有关处室参加的自治区民委编制“十二五”规划工作会议。收集各地州、各有关厅局扶持人口较少民族、兴边富民行动“十一五”规划实施情况工作总结和“十二五”编制规划概要，由委局领导带队分赴南北疆深入边境县市和人口较少民族聚居县市进行专题调研。为编制规划做好基础资料准备。

组织召开了自治区民委“十二五”规划编制工作领导小组会议，各地州民宗系统主要领导参加了会议。5 月 6 日，由自治区民委具体筹办，自治区人民政府召开了自治区编制兴边富民行动、扶持人口较少民族“十二五”规划的启动会议，会议由自治区贾帕尔副主席主持，吐尔干• 皮达主任对“十一五”规划进行了全面汇报，贾主席对各有关厅局进行了编制规划安排布置。

5 月 24 日，国家民委罗黎明副主任带队，联合国家发改委、人民银行、国务院扶贫办等 10 多个部门，在新疆维吾尔自治区喀什、和田、塔城等地进行实地调研编制“十二五”规划执行情况。自治区党委肖开提常委，人民政府贾帕尔副主席做了汇报，全面总结了实施“十一五”规划取得的成效及经验、存在的困难和问题，对今后“十二五”规划提出了建议。

二、扎实做好特色优势产业试点工作

特色优势产业试点工作是兴边富民行动的重要组成部分，是项目资金支持民族地区发展的新途径，新思路。为扎实做好此项工作，自治区民委会同自治区财政厅聘请有关项目专家赴特色产业试点县进行专项调研，实地考察试点县特色产业项目，对项目可行性进行论证，并指导各地如何做好特色产业项目实施方案。

三、抓好扶持人口较少民族发展工作

根据国家民委《关于印发落实<扶持人口较少民族发展规划（2005-2010 年）>考核验收办法的通知》（民委发[2008]138 号）要求，自治区扶持人口较少民族发展考核验收工作在自治区扶持人口较少民族发展工作领导小组成员单位的大力配合下，人口较少民族聚居地区各级民委于 2010 年 10 月至 11 月对 95 个人口较少民族聚居村实施《扶持人口较少民族发展规划（2005-2010）年》进行了检查考核，有 15 个村完成了达标验收。目前 95 个村已达标 81 个，占聚居村总数的 86.3%。所有达标村数据录入人口较少民族动态监测系统。

四、召开自治区少数民族特色村寨保护与发展试点工作现场交流会。

9 月，巴州和硕县召开自治区少数民族特色村寨现场会，会议总结交流了少数民族特色村寨保护与发展试点工作的做法和成效，现场参观了巴州和硕县少数民族特色村寨保护与发展工作示范点，研究部署了下一步少数民族特色村寨保护与发展工作。10 月，联合财政厅对巴州尉犁县、焉耆县、和硕县，吐鲁番地区鄯善县等少数民族特色村寨试点县工作调研，检查试点工作的进度，项目建设情况，资金使用是情况，并形成调研报告。

五、积极做好民族统计工作

按照国家民委要求，积极做好民族统计工作，完成了新疆区 12 个自治地方、32 个边境县市、42 个民族乡的数据统计、审核工作，并录入民族地区经济社会运行监测系统。

六、强化少数民族发展资金项目管理

积极做好少数民族发展资金使用管理工作。协调财政厅确定了 2010 年项目组织原则，与财政厅共同确定了扶持人口较少民族资金、兴边富民重点县补助资金以及项目管理费分配控制数方案，组织各地上报了 2010 数民族发展资金项目，下达了各地 2010 少数民族发展资金项目计划。进一步加强了资金项目管理，推行项目上报“两上两下”，即兴边富民项目上报后，由自治区民委、财政初审反馈意见后，按照规定时间修改后正式上报，通过此种形式，有效的提高了各地申报项目的质量，提升了资金使用效益。

（撰稿　裴海龙　审稿　王纯夫）

新疆生产建设兵团

2010年是全面落实总结“十一五”规划任务，开启“十二五”的关键之年，也是贯彻中央新疆工作座谈会精神的开局之年。一年来，在国家民委的关心指导下，在新疆生产建设兵团（以下简称‘兵团’）党委的正确领导下，兵团民宗局民族经济工作坚持以科学发展观为指导，牢牢把握“共同团结奋斗、共同繁荣发展”的主题，认真贯彻落实中央新疆工作座谈会精神，围绕加快民族经济又好又快发展的目标，深入调查研究，强化政策扶持，着力项目推动，使兵团民族经济工作取得了新进展。

一、深入调研，为科学规划提供依据

2010年兵团民宗局组织开展了四次大规模的调研，一是对37个少数民族聚居团场经济社会发展状况进行调研，对少数民族群众承包土地、收入、就业、医疗、教育、欠款等方面情况进行了全面摸底调查。二是组织10个师的民宗局、财务局对58个边境团场兴边富民行动进行了专题调研。三是对兵团“十一五”期间扶持民族贸易和民族特需商品生产政策落实情况和十二五相关政策建议进行了调研。四是对农三师托云牧场经济社会发展状况进行了全面调研，为托云牧场柯尔克孜族纳入“十二五”期间人口较少民族扶持范围奠定了基础。深入细致的调研工作，为领导决策、指导基层，为“十二五”规划的制定，提供了可靠的依据。

二、抓好项目，推进兴边富民行动

2010年兵团兴边富民行动项目资金从5800万元增加到了8700万元，为确保这一惠民行动发挥最大效益，兵团民宗局建立了完善的项目申报、审批和监督制度。一是向各师下发项目申报指南，要求提供项目申请、可行性研究报告、实施方案、专家评审意见等基本材料，各师要组织项目专家评审，向师兴边富民行动领导小组提出评审意见；二是加强项目的考察论证，要求各师民宗局必须走访项目团场职工群众，听取他们的意见，以职工群众得实惠为前提，职工受益人数多的项目优先立项，要对每个项目现场进行前期考察摸底，调研核实。师兴边富民行动领导小组将项目汇总修改上报后，兵团民宗局、财务局组织专家综合论证提出具体修改建议，再经兵团兴边富民行动领导小组认真讨论后会同财务局确定，编制《新疆生产建设兵团“兴边富民行动”项目实施方案》上报备案；三是加强资金监管，坚持文件和资金同步到位，做到资金到项目、管理到项目、核算到项目，专款专用、专帐核算，同时定期不定期的组织民宗、财务、纪委、发改委等部门进行检查，发现问题及时纠正，年终会同财务局对项目实施绩效评估。2010年6月农四师、农九师实施的绩效考核，22个项目全部达到良好以上。2010年的8700万元对58个边境团场的61个项目进行了补助扶持，总投资13614万元，带动团场自筹资金4914万元。兴边富民行动项目在改善了边境团场少数民族职工群众的生产、生活条件，促进了少数民族经济和社会事业的发展起到的了积极的推动作用。

三、用好资金，为职工群众办实事

兵团民宗局紧紧围绕兵团党委提出的“加大对边境团场、南疆团场和少数民族聚居团场的倾斜力度，进一步做好扶贫开发工作”的要求，坚持“适度集中、突出重点、关注民生、提高效益”的原则，进一步加强兵团少数民族发展资金项目管理。2010年3月，按照国家财政部、国家民委《少数民族发展资金管理办法》和《兵团扶持少数民族发展资金项目管理暂行办法》及相关政策要求，对2009年批准实施的21个少数民族发展资金项目进行了检查验收，经济效益和社会效益已初步显现。这些项目不仅加快了团场经济结构调整步伐，而且提高了少数民族职工收入，解决了少数民族青年就业难题。2010年经严格审查、充分论证并征求财务局意见后，六大类 32 个项目批准立项实施，涉及 8 个师 37 个少数民族团场，近 3 万名职工群众受益。

四、落实政策，促进民贸民特发展

根据国家民委的要求,对“十一五”期间国家扶持民族贸易和民族特需商品生产政策的落实情况进行了全面检查，对“十二五”相关政策建议进行了深入调研。据不完全统计，全年民贸民特企业享受优惠利率流动资金贷款约为 32 亿元，享受优惠利率贴息约为 3478 万元，民贸企业享受增值税免征约为 434 万元（不含边销茶）。

五、多措并举，做好扶贫工作

一是挂钩扶贫。为切实帮助少数民族职工群众脱贫致富，在全兵团开展了兵、师、团三级机关与少数民族聚居团场的对口挂钩帮扶工作，从思想、劳力、资金、技术、信息等方面对少数民族单位和少数民族职工群众进行帮扶。全年兵、师、团三级机关民族工作部门帮扶资金 300 余万元。为突出帮扶效果，各师将少数民族劳均收入年增加 500 元作为一项硬性指标纳入到对团场领导年底考核指标中，有力地推动了少数民族经济发展。

二是减负让利。针对少数民族职工群众历史欠账多等问题，采取欠款分年减免的优惠政策，对少数民族职工发展庭院养殖头数达 50（只）头以上的进行奖励政策，对少数民族群众实行承包费减半政策，承包两座以上大棚可申请加入职工队伍的优惠政策，保证他们轻装上阵发展生产。

三是开展培训。2010 年，先后两次协同兵团劳动局、兵团技校在农三师、农八师、农十四师举办少数民族实用技术培训。同时按照年初制定的培训计划，组织各师开展各种形式的培训，全年培训少数民族职工群众达 5000 多人次。

（撰稿　田惠敏　审稿　李卫强）

政策法规篇

收集了2010年国务院、国家民委及有关部委和各省（自治区、直辖市）颁发的关于民族工作方面的文件、制度、法规、规划等文献。

中共江西省委办公厅　江西省人民政府办公厅关于促进民族乡经济社会又好又快发展的意见

（2010 年 2 月 8 日）

加快民族地区经济社会发展是巩固民族团结的重要基础，是构建社会主义新型民族关系的基本条件，是全省民族工作的主要任务。为进一步加强新时期、新阶段的民族工作，全面贯彻胡锦涛总书记在国务院第五次民族团结进步表彰大会上的重要讲话精神和省政府第六次民族团结进步表彰大会精神，经省委、省政府同意，现就进一步加快全省民族乡经济社会事业发展，提出如下意见：

一、主要发展目标。2010 年实现全省 8 个民族乡农民人均纯收入和社会基本公共服务达到当地平均水平，2012 年实现 8 个民族乡农民人均纯收入和社会基本公共服务达到或超过全省平均水平。已达到全省平均水平的民族乡，实现农民人均纯收入增幅高于全省平均水平。扶持民族乡以农民增收为核心，以加快基础设施和社会事业建设为重点，显著加快特色产业发展，显著加快保障和改善民生的进程，做到经济与社会、开发与保护、发展与团结相统一，努力使全省民族乡成为民族团结进步的模范乡，成为经济快速发展、财力显著增强、民生明显改善的示范乡，成为生态环境友好、人民安居乐业的和谐乡。

二、加大投入力度。2010—2012 年，每年安排农业综合开发资金 1200 万元，用于民族乡农田基本建设和高产示范农田开发。进一步改善民族乡农业生产条件，提高抵御自然灾害能力。加大农田水利基本建设力度，按照全省农田灌溉规划，优先安排民族乡小型水库、山塘建设。2010 年安排 2400 万元专项资金，扶持民族乡发展特色优势产业、农业生态经济、农民创业致富和困难户发展生产，专项资金按“有偿使用，无息扶持，定期周转，按期偿还”的原则使用。委托农村信用金融机构通过无息贷款等方式支持农民创业和发展生产。

三、实施财政优惠政策。鼓励民族乡“出门创业”发展园区工业和新兴产业经济。对民族乡招商引资落户县（市、区）工业园的项目，以 2009 年为基数，新增税收除上交中央财政部分外，全部返还给民族乡使用，不断培植民族乡财政增收新来源。

四、推广和发展“一村一品”。从 2010 年起，在民族乡每年安排 30 个自然村发展“一村一品”产业，建设一批“一村一品”示范村，经省级认定的“一村一品”示范村，减免所得税中属地方分成部分。帮助民族乡引进新技术、新品种，培养一批“一村一品”带头人。到 2012 年，8 个民族乡 50%以上的自然村形成“一村一品”、“一村多品”和“多村一品”产业体系。对农业生产者销售自产农产品免征增值税。支持发展农业专业合作经济组织，为农业产业化、集约化、专业化夯实基础。

五、大力发展高效生态农业。扶持民族乡发展优质水稻、有机果业、丰产林业、苗木、油茶、有机茶叶、食用菌和沼气、畜牧业生产。加大农业产业化建设和农业新技术推广工作力度。鼓励和引导农业产业化龙头企业在民族乡建立原料生产基地，到 2012 年每个民族乡都建有 1-2 个优质、高效、安全、生态农业项目和基地。

六、扶持发展乡村旅游。支持有条件的民族乡搞好民族旅游发展规划编制和评审，2010 年起把民族乡旅游资源开发计划纳入全省旅游开发项目规划。

七、推进小城镇建设。到 2012 年，民族乡参照全省示范镇建设标准，全部享受国家优惠政策扶持。民族乡小城镇建设规划和土地使用开发等方面享受财税优惠政策。

八、加快新农村建设步伐。2010 年-2012 年，对民族乡政府所在地的行政村、民族乡内 30 户左右的自然村，全部纳入省级新农村建设计划。市、县两级政府对民族乡新农村建设优先安排配套资金，积极创造条件把新农村建设同少数民族特色村寨建设结合起来。

九、加强劳动保障平台建设，开展劳动技能培训。2010 年扶持民族乡建立就业和社会保障基层平台，完善民族乡便民服务体系建设。2010—2012 年，每年安排资金对民族乡开展转移劳动力千人劳动技能培训。民族乡所在县（市、区）工业园要带头做好转移劳动力园区就业对接工作。

十、推进困难群众危房改造。2010 年完成国定贫困县民族乡困难群众危房改造任务。到 2012 年，对其它民族乡困难户新建（重建）和维修住房，按照农村困难群众危房改造资助标准给予资助。着力帮助危房改造户扩大增收来源，提高致富本领。

十一、实施深山移民搬迁。2010 年完成民族乡的深山移民搬迁计划，着力帮助深山移民改善生产条件，逐步解决搬迁后部分移民生活不便和生产困难等问题，做到搬得下、稳得住、富得起。

十二、完善民族村小组公路建设。到 2012 年，在优先安排资金、优先安排计划和适当提高补助标准基础上，完成 500 公里民族乡内通村小组公路建设。市、县（区）政府与交通、民族等工作部门一道积极筹集专项资金，逐步解决“十五”、“十一五”期间民族乡村公路建设遗留债务问题。

十三、优先安排农村电网改造。2010 年在全省二期农网改造规划中，优先启动民族乡农村电网改造工程，改善供电质量，服务家电下乡，提高生产生活用电水平。

十四、改善安全饮水和卫生福利条件。到 2011 年，完成民族乡内所有行政村、村小组的安全饮水工程建设和 50%以上行政村、村小组改厕任务；民族乡卫生院建设全部达到全省乡（镇）卫生院建设考核标准。除实施搬迁计划的行政村外，民族乡内所有的行政村都建有卫生所，并达到省级卫生室（所）建设考核标准。进一步改善民族乡敬老院（光荣院、福利院）建设水平，对条件较差的民族乡敬老院（光荣院、福利院），继续完善附属设施和配套工程建设。

十五、改善办学条件，发展民族乡基础教育。到 2012 年，基本完成民族乡寄宿制学校建设，加快民族乡中小学校图书室、实验室、多媒体教学室建设，分别达到国家和省颁标准。

十六、繁荣少数民族文化。全面落实省政府《关于进一步繁荣发展少数民族文化事业的实施意见》。省财政逐步增加少数民族文化建设专项资金额度，开展优秀少数民族文化遗产挖掘、整理和保护工作，支持少数民族文化创新和民族团结教育基地建设，开展少数民族文化各类专业人才培训。到 2012 年，完成民族乡内 20 户以上自然村“村村通”广播电视工程和乡级综合文化站、民族村文化活动室建设，并全部达到省颁标准。

十七、建设乡村农家书屋。2010 年扶持民族乡所有行政村建有农家书屋。省直机关工委牵头组织省直各有关单位开展捐赠书籍、衣物、旧家用电器等活动，重点用于民族乡农家书屋建设，重点安排到乡村困难群众家庭。

十八、坚持开展对口支援工作。在 2010 年完成第三轮对口支援的基础上，从 2011 年起继续开展以省少数民族地区建设工作领导小组成员单位为主的新一轮对口支援民族乡村经济社会发展工作，对口支援为期 5 年。

十九、加强队伍建设。进一步加强民族乡领导班子建设，选拔优秀年轻干部和少数民族干部，充实民族乡领导班子，采取集中培训和机关干部挂职锻炼等方式提高班子建设水平。加大民族乡专业人才培养力度，加强民族乡干部和专业人才队伍建设，政治上关心成长，生活上解决困难，工作上创造条件。对在民族乡工作的行政事业单位工作人员实行上浮一档级别工资或薪级工资待遇，浮动工资满八年后固定并继续上浮一档级别工资或薪级工资。民族乡广大干部群众要在当地党委、政府的领导下，振奋精神，乘势而上，用自己的双手把民族乡建设得更加美好，共同谱写各民族和谐、团结、发展、繁荣的新篇章。

二十、加强组织领导。各级党委、政府和各有关部门要牢固树立“民族工作无小事，功夫关键在平时”的思想，加强组织领导，切实做好加快民族地区经济社会发展的各项工作。要结合实际探索扶持民族乡、民族村和民族村小组加快发展的新路子、新方法，尽快制订扶持民族村和民族村小组经济社会发展的优惠政策和措施，加快制订民族地区“十二五”经济社会发展规划，全力推进民族地区全面、协调、可持续发展，为实现我省进位赶超、跨越发展作出新的更大贡献。

统计资料篇

分“民族自治地方”、“陆地边境县”、“全国少数民族发展情况”、“政府民族工作部门”、“其他资料”等5部分。涉及到的全国性统计数据均不包括台湾省和香港特别行政区、澳门特别行政区的资料。统计资料主要来源于国家政府主管部门、各级统计和民族工作部门。部分数据合计数或相对数由于单位取舍不同而产生的计算误差均未作机械调整。全部统计资料均经国家统计局国民经济综合统计司审核。

民族自治地方

一、行政区划

1-1 民族自治地方行政区划（2010年末）

省级		地级		县级		乡级
合计	行政区划单位	合计	行政区划单位	合计	行政区划单位	行政区划单位
5	5 自治区	77	31 地级市 13 地区 30 自治州 3 盟	698	75 市辖区 66 县级市 389 县 49 旗 117 自治县 3 自治旗	7794
河北				6	6 自治县	117
内蒙古		12	9 地级市 3 盟	101	21 市辖区 11 县级市 17 县 49 旗 3 自治旗	642
辽宁				8	8 自治县	153
吉林		1	1 自治州	11	6 县级市 2 县 3 自治县	111
黑龙江				1	1 自治县	11
浙江				1	1 自治县	22
湖北		1	1 自治州	10	2 县级市 6 县 2 自治县	102
湖南		1	1 自治州	15	1 县级市 7 县 7 自治县	299
广东				3	3 自治县	23
广西		14	14 地级市	109	34 市辖区 7 县级市 56 县 12 自治县	1126

*乡级行政区划单位不包括街道办事处。

1-1 续表

省级	地级		县级		乡级
行政区划单位	合计	行政区划单位	合计	行政区划单位	行政区划单位
海南			6	6 自治县	60
重庆			4	4 自治县	141
四川	3	3 自治州	51	1 县级市 46 县 4 自治县	1220
贵州	3	3 自治州	46	4 县级市 31 县 11 自治县	726
云南	8	8 自治州	78	7 县级市 42 县 29 自治县	794
西藏	7	1 地级市 6 地区	73	1 市辖区 1 县级市 71 县	684
甘肃	2	2 自治州	21	2 县级市 12 县 7 自治县	265
青海	6	6 自治州	35	2 县级市 26 县 7 自治县	306
宁夏	5	5 地级市	21	8 市辖区 2 县级市 11 县	191
新疆	14	2 地级市 7 地区 5 自治州	98	11 市辖区 19 县级市 62 县 6 自治县	801

1-2 民族自治地方县(旗)、市分布(2010年末)

<table>
<tr><th>地 区</th><th>数 量</th><th>县（旗）、市名称</th></tr>
<tr><td>河 北</td><td>6 自治县</td><td>秦皇岛市：青龙满族自治县
廊坊市：大厂回族自治县
承德市：宽城满族自治县、丰宁满族自治县、围场满族蒙古族自治县
沧州市：孟村回族自治县</td></tr>
<tr><td>内蒙古</td><td>9 地级市
3 盟
21 市辖区
11 县级市
17 县
49 旗
3 自治旗</td><td>* 呼和浩特市：新城区、回民区、玉泉区、赛罕区、土默特左旗、托克托县、和林格尔县、清水河县、武川县
* 包头市：昆都仑区、东河区、青山区、石拐区、白云鄂博矿区、九原区、土默特右旗、固阳县、达尔罕茂明安联合旗
* 乌海市：海勃湾区、海南区、乌达区
* 赤峰市：红山区、元宝山区、松山区、阿鲁科尔沁旗、巴林左旗、巴林右旗、林西县、克什克腾旗、翁牛特旗、喀喇沁旗、宁城县、敖汉旗
* 通辽市：科尔沁区、霍林郭勒市、科尔沁左翼中旗、科尔沁左翼后旗、开鲁县、库伦旗、奈曼旗、扎鲁特旗
* 呼伦贝尔市：海拉尔区、满洲里市、扎兰屯市、牙克石市、根河市、额尔古纳市、阿荣旗、莫力达瓦达斡尔族自治旗、鄂伦春自治旗、鄂温克族自治旗、新巴尔虎右旗、新巴尔虎左旗、陈巴尔虎旗
* 鄂尔多斯市：东胜区、达拉特旗、准格尔旗、鄂托克前旗、鄂托克旗、杭锦旗、乌审旗、伊金霍洛旗
* 乌兰察布市：集宁区、丰镇市、卓资县、化德县、商都县、兴和县、凉城县、四子王旗、察哈尔右翼前旗、察哈尔右翼中旗、察哈尔右翼后旗
* 巴彦淖尔市：临河区、五原县、磴口县、乌拉特前旗、乌拉特中旗、乌拉特后旗、杭锦后旗
兴安盟：乌兰浩特市、阿尔山市、科尔沁右翼前旗、科尔沁右翼中旗扎赉特旗、突泉县
锡林郭勒盟：二连浩特市、锡林浩特市、阿巴嘎旗、苏尼特右旗、苏尼特左旗、东乌珠穆沁旗、西乌珠穆沁旗、太仆寺旗、镶黄旗、正镶白旗、正蓝旗、多伦县
阿拉善盟：阿拉善左旗、阿拉善右旗、额济纳旗</td></tr>
<tr><td>辽 宁</td><td>8 自治县</td><td>鞍山市：岫岩满族自治县
抚顺市：新宾满族自治县、清原满族自治县
本溪市：本溪满族自治县、桓仁满族自治县
丹东市：宽甸满族自治县
朝阳市：喀喇沁左翼蒙古族自治县
阜新市：阜新蒙古族自治县</td></tr>
<tr><td>吉 林</td><td>1 自治州
6 县级市
2 县
3 自治县</td><td>四平市：伊通满族自治县
白山市：长白朝鲜族自治县
松原市：前郭尔罗斯蒙古族自治县
延边朝鲜族自治州：延吉市、图们市、敦化市、珲春市、龙井市、和龙市、汪清县、安图县</td></tr>
<tr><td>黑龙江</td><td>1 自治县</td><td>大庆市：杜尔伯特蒙古族自治县</td></tr>
<tr><td>浙 江</td><td>1 自治县</td><td>丽水市：景宁畲族自治县</td></tr>
<tr><td>湖 北</td><td>1 自治州
2 县级市
6 县
2 自治县</td><td>宜昌市：长阳土家族自治县、五峰土家族自治县
恩施土家族苗族自治州：恩施市、利川市、建始县、巴东县、宣恩县、咸丰县、来凤县、鹤峰县</td></tr>
</table>

注：1. 内蒙古行政区划中的旗相当于县。
2. 表中有*号的为民族自治地方所辖地级市。

1-2 续表 1

地 区	数 量	县（旗）、市名称
湖 南	1 自治州 1 县级市 7 县 7 自治县	邵阳市：城步苗族自治县 永州市：江华瑶族自治县 怀化市：麻阳苗族自治县、新晃侗族自治县、芷江侗族自治县、靖州苗族侗族自治县、通道侗族自治县 湘西土家族苗族自治州：吉首市、泸溪县、凤凰县、花垣县、保靖县、古丈县、永顺县、龙山县
广 东	3 自治县	韶关市：乳源瑶族自治县 清远市：连山壮族瑶族自治县、连南瑶族自治县
广 西	14 地级市 34 市辖区 7 县级市 56 县 12 自治县	* 南宁市：青秀区、兴宁区、江南区、西乡塘区、良庆区、邕宁区、武鸣县、横县、宾阳县、上林县、隆安县、马山县 * 柳州市：柳北区、城中区、鱼峰区、柳南区、柳江县、柳城县、鹿寨县、融安县、三江侗族自治县、融水苗族自治县 * 桂林市：象山区、叠彩区、秀峰区、七星区、雁山区、阳朔县、临桂县、灵川县、全州县、兴安县、永福县、灌阳县、龙胜各族自治县、资源县、平乐县、荔浦县、恭城瑶族自治县 * 梧州市：长洲区、万秀区、蝶山区、岑溪市、苍梧县、藤县、蒙山县 * 北海市：海城区、银海区、铁山港区、合浦县 * 防城港市：港口区、防城区、东兴市、上思县 * 钦州市：钦南区、钦北区、灵山县、浦北县 * 贵港市：港北区、港南区、覃塘区、桂平市、平南县 * 玉林市：玉州区、北流市、容县、陆川县、博白县、兴业县 * 崇左市：江州区、凭祥市、扶绥县、大新县、天等县、宁明县、龙州县 * 来宾市：兴宾区、合山市、象州县、武宣县、金秀瑶族自治县、忻城县 * 贺州市：八步区、昭平县、钟山县、富川瑶族自治县 * 百色市：右江区、田阳县、田东县、平果县、德保县、靖西县、那坡县、凌云县、乐业县、田林县、隆林各族自治县、西林县 * 河池市：金城江区、宜州市、罗城仫佬族自治县、环江毛南族自治县、南丹县、天峨县、凤山县、东兰县、巴马瑶族自治县、都安瑶族自治县、大化瑶族自治县
海 南	6 自治县	白沙黎族自治县、昌江黎族自治县、乐东黎族自治县、陵水黎族自治县、保亭黎族苗族自治县、琼中黎族苗族自治县
重 庆	4 自治县	石柱土家族自治县、秀山土家族苗族自治县、酉阳土家族苗族自治县、彭水苗族土家族自治县
四 川	3 自治州 1 县级市 46 县 4 自治县	绵阳市：北川羌族自治县 乐山市：峨边彝族自治县、马边彝族自治县 阿坝藏族羌族自治州：汶川县、理县、茂县、松潘县、九寨沟县、金川县、小金县、黑水县、马尔康县、壤塘县、阿坝县、若尔盖县、红原县 甘孜藏族自治州：康定县、泸定县、丹巴县、九龙县、雅江县、道孚县、炉霍县、甘孜县、新龙县、德格县、白玉县、石渠县、色达县、理塘县、巴塘县、乡城县、稻城县、得荣县 凉山彝族自治州：西昌市、木里藏族自治县、盐源县、德昌县、会理县、会东县、宁南县、普格县、布拖县、金阳县、昭觉县、喜德县、冕宁县、越西县、甘洛县、美姑县、雷波县

1-2 续表 2

地 区	数 量	县（旗）、市名称
贵 州	3 自治州 4 县级市 31 县 11 自治县	遵义市：道真仡佬族苗族自治县、务川仡佬族苗族自治县 铜仁地区：玉屏侗族自治县、印江土家族苗族自治县、沿河土家族自治县、松桃苗族自治县 毕节地区：威宁彝族回族苗族自治县 安顺地区：关岭布依族苗族自治县、镇宁布依族苗族自治县、紫云苗族布依族自治县 黔西南布依族苗族自治州：兴义市、兴仁县、普安县、晴隆县、贞丰县、望谟县、册亨县、安龙县 黔东南苗族侗族自治州：凯里市、黄平县、施秉县、三穗县、镇远县、岑巩县、天柱县、锦屏县、剑河县、台江县、黎平县、榕江县、从江县、雷山县、麻江县、丹寨县 黔南布依族苗族自治州：都匀市、福泉市、荔波县、贵定县、瓮安县、独山县、平塘县、罗甸县、长顺县、龙里县、惠水县、三都水族自治县
云 南	8 自治州 7 县级市 42 县 29 自治县	昆明市：石林彝族自治县、禄劝彝族苗族自治县、寻甸回族彝族自治县 玉溪市：峨山彝族自治县、新平彝族傣族自治县、元江哈尼族彝族傣族自治县 丽江市：玉龙纳西族自治县、宁蒗彝族自治县 普洱市：宁洱哈尼族彝族自治县、墨江哈尼族自治县、景东彝族自治县、景谷傣族彝族自治县、镇沅彝族哈尼族拉祜族自治县、江城哈尼族彝族自治县、孟连傣族拉祜族佤族自治县、澜沧拉祜族自治县、西盟佤族自治县 临沧市：双江拉祜族佤族布朗族傣族自治县、耿马傣族佤族自治县、沧源佤族自治县 楚雄彝族自治州：楚雄市、双柏县、牟定县、南华县、姚安县、大姚县、永仁县、元谋县、武定县、禄丰县 红河哈尼族彝族自治州：个旧市、开远市、蒙自县、屏边苗族自治县、建水县、石屏县、弥勒县、泸西县、元阳县、红河县、金平苗族瑶族傣族自治县、绿春县、河口瑶族自治县 文山壮族苗族自治州：文山县、砚山县、西畴县、麻栗坡县、马关县、丘北县、广南县、富宁县 西双版纳傣族自治州：景洪市、勐海县、勐腊县 大理白族自治州：大理市、漾濞彝族自治县、祥云县、宾川县、弥渡县、南涧彝族自治县、巍山彝族回族自治县、永平县、云龙县、洱源县、剑川县、鹤庆县 德宏傣族景颇族自治州：瑞丽市、潞西市、梁河县、盈江县、陇川县 怒江傈僳族自治州：泸水县、福贡县、贡山独龙族怒族自治县、兰坪白族普米族自治县 迪庆藏族自治州：香格里拉县、德钦县、维西傈僳族自治县
西 藏	1 地级市 6 地 区 1 市辖区 1 县级市 71 县	* 拉萨市：城关区、林周县、当雄县、尼木县、曲水县、堆龙德庆县、达孜县、墨竹工卡县 昌都地区：昌都县、江达县、贡觉县、类乌齐县、丁青县、察雅县、八宿县、左贡县、芒康县、洛隆县、边坝县 山南地区：乃东县、扎囊县、贡嘎县、桑日县、琼结县、曲松县、措美县、洛扎县、加查县、隆子县、错那县、浪卡子县 日喀则地区：日喀则市、南木林县、江孜县、定日县、萨迦县、拉孜县、昂仁县、谢通门县、白朗县、仁布县、康马县、定结县、仲巴县、亚东县、吉隆县、聂拉木县、萨嘎县、岗巴县 那曲地区：那曲县、嘉黎县、比如县、聂荣县、安多县、申扎县、索县、班戈县、巴青县、尼玛县 阿里地区：普兰县、札达县、噶尔县、日土县、革吉县、改则县、措勤县 林芝地区：林芝县、工布江达县、米林县、墨脱县、波密县、察隅县、朗县

1-2 续表 3

地 区	数 量	县（旗）、市名称
甘 肃	2 自治州 2 县级市 12 县 7 自治县	天水市：张家川回族自治县 酒泉市：肃北蒙古族自治县、阿克塞哈萨克族自治县 张掖市：肃南裕固族自治县 武威市：天祝藏族自治县 临夏回族自治州：临夏市、临夏县、康乐县、永靖县、广河县、和政县、东乡族自治县、积石山保安族东乡族撒拉族自治县 甘南藏族自治州：合作市、临潭县、卓尼县、舟曲县、迭部县、玛曲县、碌曲县、夏河县
青 海	6 自治州 2 县级市 26 县 7 自治县	西宁市：大通回族土族自治县 海东地区：民和回族土族自治县、互助土族自治县、化隆回族自治县、循化撒拉族自治县 海北藏族自治州：门源回族自治县、祁连县、海晏县、刚察县 黄南藏族自治州：同仁县、尖扎县、泽库县、河南蒙古族自治县 海南藏族自治州：共和县、同德县、贵德县、兴海县、贵南县 果洛藏族自治州：玛沁县、班玛县、甘德县、达日县、久治县、玛多县 玉树藏族自治州：玉树县、杂多县、称多县、治多县、囊谦县、曲麻莱县 海西蒙古族藏族自治州：格尔木市、德令哈市、乌兰县、都兰县、天峻县
宁 夏	5 地级市 8 市辖区 2 县级市 11 县	* 银川市：兴庆区、金凤区、西夏区、永宁县、贺兰县、灵武市 * 石嘴山市：大武口区、惠农区、平罗县 * 吴忠市：利通区、青铜峡市、盐池县、同心县 * 固原市：原州区、西吉县、隆德县、泾源县、彭阳县 * 中卫市：沙坡头区、中宁县、海原县
新 疆	2 地级市 7 地 区 5 自治州 11 市辖区 19 县级市 62 县 6 自治县	* 乌鲁木齐市：天山区、沙依巴克区、新市区、水磨沟区、头屯河区、达坂城区、米东区、乌鲁木齐县 * 克拉玛依市：克拉玛依区、独山子区、白碱滩区、乌尔禾区 自治区直辖县级市：石河子市、阿拉尔市、图木舒克市、五家渠市 吐鲁番地区：吐鲁番市、鄯善县、托克逊县 哈密地区：哈密市、巴里坤哈萨克自治县、伊吾县 阿克苏地区：阿克苏市、温宿县、库车县、沙雅县、新和县、拜城县、乌什县、阿瓦提县、柯坪县 喀什地区：喀什市、疏附县、疏勒县、英吉沙县、泽普县、莎车县、叶城县、麦盖提县、岳普湖县、伽师县、巴楚县、塔什库尔干塔吉克自治县 和田地区：和田市、和田县、墨玉县、皮山县、洛浦县、策勒县、于田县、民丰县 昌吉回族自治州：昌吉市、阜康市、呼图壁县、玛纳斯县、奇台县、吉木萨尔县、木垒哈萨克自治县 博尔塔拉蒙古自治州：博乐市、精河县、温泉县 巴音郭楞蒙古自治州：库尔勒市、轮台县、尉犁县、若羌县、且末县、焉耆回族自治县、和静县、和硕县、博湖县 克孜勒苏柯尔克孜自治州：阿图什市、阿克陶县、阿合奇县、乌恰县 伊犁哈萨克自治州：奎屯市、伊宁市、伊宁县、察布查尔锡伯自治县、霍城县、巩留县、新源县、昭苏县、特克斯县、尼勒克县 塔城地区：塔城市、乌苏市、额敏县、沙湾县、托里县、裕民县、和布克赛尔蒙古自治县 阿勒泰地区：阿勒泰市、布尔津县、富蕴县、福海县、哈巴河县、青河县、吉木乃县

主要统计指标解释

行政区划 指国家对行政区域的划分。根据宪法规定，民族自治地方的行政区域划分如下：（1）自治区分为地区（市、自治州）、县、自治县、市；（2）自治州分为县、自治县、市；（3）自治县分为乡、民族乡、镇。

二、综 合

2-1 民族自治地方国民经济与社会发展主要指标

指 标	总量指标					
	1990年	1995年	2000年	2005年	2009年	2010年
人口与就业						
人口 （万人）						
年底总人口	15296	16044	16818	17499	18318	18531
#少数民族人口	6880	7232	7767	8239	8714	8814
就业						
单位从业人员数 （万人）	1543	1672	1733	1202	1257	1297
宏观经济						
地区生产总值 （亿元）		**4901**	**7486**	**15706**	**32015**	**38989**
第一产业		1629	2022	3300	5243	6198
第二产业		1747	2834	6419	14644	18809
第三产业		1526	2629	5987	12129	13982
人均地区生产总值 （元）		**3055**	**4451**	**8991**	**18091**	**22060**
固定资产 （亿元）						
全社会固定资产投资总额		1444	2477	8358	23263	29876
#国有单位	259.4	983	1553	3767	9397	12046
财政 （亿元）						
地方财政收入	166.7	248	476	1026	2548	3256
地方财政支出	304.4	595	1173	3050	8369	10512
产 业						
农业						
耕地面积 （万公顷）	1763	1508	2086	2033	2307	2380
灌溉面积 （万公顷）	764	838	936	1027	1114	1156
农林牧渔总产值 （亿元）		2537	3200	5349	8671	10374
主要农产品产量						
粮食产量 （万吨）	5373	5801	6381	7187	8006	8308
棉花产量 （万吨）	47	95	146	188	253	248
油料产量 （万吨）	208	264	353	372	397	422
大牲畜年底头数(万头)	5286	5618	5566	6153	5684	6068
羊年底头数 （万只）	11362	11906	13076	16391	14806	14885
猪年底头数 （万头）	5668	7240	8201	8526	7944	8141
工业						
工业总产值 （亿元）			3923	10654	29145	38474
主要工业产品产量						
布 （亿米）	7.4	6.9	5.0	3.5	3.1	3.6
机制纸及纸板 （万吨）	94	191	175	273	500	385
成品糖 （万吨）	223	240	498	678	1047	907
原煤 （亿吨）	1.2	1.7	1.5	3.8	8.3	10.4
原油 （万吨）	1265	1610	2292	2833	4649	3059
发电量 （亿千瓦小时）	739	1187	1712	3052	5911	6730
粗钢 （万吨）	368	700	647	1846	3469	4005
生铁 （万吨）	417	555	725	2087	3946	4447
水泥 （万吨）	1958	4296	5703	10156	21376	21653
木材 （万立方米）	1761	3257	1052	169	401	417

速度指标(%)							
指数（2010年为以下各年）					平均增长速度		
1990年	1995年	2000年	2005年	2009年	1991－2010年	1996－2010年	2001－2010年
121.1	115.5	110.2	105.9	101.2	1.0	1.0	1.0
128.1	121.9	113.5	107.0	101.1	1.2	1.3	1.3
84.0	77.5	74.8	107.9	103.2	-0.9	-1.7	-2.9
	524.4	**340.0**	**195.4**	**114.0**		**11.7**	**13.0**
	228.8	174.2	132.1	105.6		5.7	5.7
	823.8	489.2	234.7	118.2		15.1	17.2
	515.0	320.2	186.6	112.1		11.5	12.3
	722.2	**495.6**	**245.4**	**121.9**		**14.1**	**17.4**
	2069.0	1206.1	357.5	128.4		22.4	28.3
4643.7	1225.9	775.9	319.7	128.2	21.2	18.2	22.7
1952.9	1312.2	684.6	317.2	127.8	16.0	18.7	21.2
3453.2	1766.3	896.2	344.6	125.6	19.4	21.1	24.5
135.0	157.9	114.1	117.1	103.2	1.5	3.1	1.3
151.3	138.0	123.6	112.5	103.8	2.1	2.2	2.1
347.8	249.5	190.0	139.5	106.8	6.4	6.3	6.6
154.6	143.2	130.2	115.6	103.8	2.2	2.4	2.7
528.6	262.6	169.9	132.2	98.2	8.7	6.6	5.4
203.1	160.0	119.6	113.5	106.3	3.6	3.2	1.8
114.8	108.0	109.0	98.6	106.8	0.7	0.5	0.9
131.0	125.0	113.8	90.8	100.5	1.4	1.5	1.3
143.6	112.4	99.3	95.5	102.5	1.8	0.8	-0.1
49.1	52.6	72.5	103.8	117.6	-3.5	-4.2	-3.2
409.4	201.5	219.6	141.2	77.0	7.3	4.8	8.2
407.4	378.7	182.0	133.7	86.6	7.3	9.3	6.2
858.6	625.9	710.5	273.4	124.7	11.4	13.0	21.7
241.8	190.0	133.5	108.0	65.8	4.5	4.4	2.9
910.9	567.2	393.0	220.5	113.9	11.7	12.3	14.7
1087.4	572.4	618.9	216.9	115.5	12.7	12.3	20.0
1066.5	801.8	613.6	213.1	112.7	12.6	14.9	19.9
1106.0	504.0	379.7	213.2	101.3	12.8	11.4	14.3
23.7	12.8	39.6	246.2	104.1	-6.9	-12.8	-8.8

2-1 续表

指 标	总量指标					
	1990年	1995年	2000年	2005年	2009年	2010年
建筑业						
建筑业企业人数 (万人)			132	142	184	194
建筑业总产值 (亿元)			754	1656	3962	5203
施工房屋面积 (万平方米)			9232	15964	28156	35052
竣工房屋面积 (万平方米)			5326	8072	13167	15418
邮电运输						
铁路营业里程 (万公里)	1.31	1.70	1.43	1.69	2.09	2.12
公路通车里程 (万公里)	29	33	42	59	88	91
邮电业务总量 (亿元)	9	78	297	892	2142	2456
邮路及农村投递						
线路总长度 (万公里)	88	107	110	110	123	127
国内商业						
社会消费品零售总额(亿元)	682	1692	2570	4874	9857	11685
对外经济贸易						
进出口总额 (亿美元)			86	222	416	533
出口额			50	126	266	331
进口额			36	95	150	202
国际旅游						
国际旅游人数 (万人次)			348	532	965	50441
旅游外汇收入 (亿美元)			8	13	27	5
金融						
金融机构各项存款 (亿元)			7906	16324	37098	46622
金融机构各项贷款 (亿元)			6548	11300	24494	30579
教育、文化、卫生						
教育						
在校学生数 (万人)						
普通高等学校	13.6	18.6	34.2	100.0	148.5	161.9
普通中学	610	632	873	1082	1050	1050
普通小学	1853	1889	1886	1668	1581	1536
专任教师数 (万人)						
普通高等学校	2.8	3.7	3.6	6.3	8.7	9.5
普通中学	41.5	41.5	47.9	61.1	66.2	67.4
普通小学	84.8	85.8	89.9	88.1	90.6	90.7
文化						
出版数量						
图书 (万册)	30166	42275	42310	41958	47690	43099
杂志 (万册)	7866	7881	8332	10280	7366	8276
报纸 (万份)	79120	94985	123277	169518	165395	174848
卫生						
医院、卫生院数 (万个)	1.06	1.23	1.25	1.18	1.18	1.20
医院、卫生院床位 (万张)	33.2	35.7	36.1	38.4	51.6	55.7
社会服务						
福利类收养单位床位数 (万张)					24.26	1677.8
城镇社区服务设施数 (个)					1795.0	6188.0
城乡最低生活保障人数 (万人)					1677.8	1907.4

注：1. 工业总产值为全部国有和年销售收入500万元以上的非国有工业企业的工业总产值。

速度指标(%)							
指数（2010年为以下各年）					平均增长速度		
1990年	1995年	2000年	2005年	2009年	1991－2010年	1996－2010年	2001－2010年
		147.6	137.1	105.6			4.0
		689.8	314.2	131.3			21.3
		379.7	219.6	124.5			14.3
		289.5	191.0	117.1			11.2
		148.7	125.7	101.4			4.1
310.5	274.6	215.3	154.7	103.6	5.8	7.0	8.0
28562.4	3149.2	827.4	275.4	114.7	32.7	25.9	23.5
144.0	118.6	115.7	115.5	103.0	1.8	1.1	1.5
1713.9	690.5	454.7	239.7	118.5	15.3	13.7	16.4
		622.7	240.8	128.2			20.1
		667.2	262.2	124.7			20.9
		561.2	212.2	134.5			18.8
		14486.2	9481.4	5227.2			64.5
		65.6	38.7	18.5			-4.1
		589.7	285.6	125.7			19.4
		467.0	270.6	124.8			16.7
1190.3	870.3	473.3	161.9	109.0	13.2	15.5	16.8
172.3	166.2	120.3	97.0	100.0	2.8	3.4	1.9
82.9	81.3	81.5	92.1	97.2	-0.9	-1.4	-2.0
338.2	255.9	260.2	150.3	108.9	6.3	6.5	10.0
162.5	162.6	140.8	110.4	101.9	2.5	3.3	3.5
107.0	105.7	100.9	103.0	100.2	0.3	0.4	0.1
142.9	101.9	101.9	102.7	90.4	1.8	0.1	0.2
105.2	105.0	99.3	80.5	112.4	0.3	0.3	-0.1
221.0	184.1	141.8	103.1	105.7	4.0	4.2	3.6
113.1	97.0	95.7	101.0	101.0	0.6	-0.2	-0.4
167.9	156.1	154.3	145.0	108.0	2.6	3.0	4.4
				6916.0			
				344.7			
				113.7			

2-2 民族自治地方国民经济与社会发展主要指标占全国的比重

指　标	1990年	1995年	2000年	2005年	2010年
人口与就业					
年底总人口	13.38	13.25	13.27	13.36	13.82
单位从业人员	10.98	11.22	14.29	10.79	9.94
地区生产总值		**8.52**	**7.70**	**7.94**	**8.92**
第一产业		13.68	13.62	14.35	15.29
第二产业		6.50	6.19	6.62	8.55
第三产业		8.14	7.19	7.69	7.92
人均地区生产总值		60.54	56.65	63.98	67.00
全社会固定资产投资		**7.21**	**7.52**	**9.41**	**10.74**
国有单位固定资产投资	8.70	9.02	9.41	12.70	14.46
财政					
地方财政收入	8.60	8.31	7.42	6.80	8.02
地方财政支出	14.60	12.33	11.31	12.13	14.23
农业					
农业总产值	12.80	12.47	12.84	13.56	17.89
耕地面积	18.40				
灌溉面积	16.12	17.00	17.40	18.67	19.16
主要农牧产品					
粮食	12.00	12.43	15.75	14.85	15.20
棉花	10.40	19.84	33.11	32.89	41.68
油料	12.90	11.73	11.95	12.09	13.08
大牲畜年末头数	40.60	35.40	36.74	39.09	49.58
羊年末只数	54.10	43.00	45.04	43.98	53.00
猪年末头数	15.60	16.40	18.35	16.94	17.52
工业					
工业总产值	5.40	4.60	4.59	4.23	5.51
主要工业产品					
布(混合数)	3.90	2.70	1.81	0.74	0.45
机制纸及纸板	6.86	6.80	7.06	5.05	3.92
成品糖	38.25	42.84	71.17	75.09	81.15
原煤	11.20	12.20	14.65	17.37	32.12
原油	9.10	10.70	14.06	15.66	15.07
发电量	11.90	11.80	12.63	12.33	16.00
粗钢	5.60	7.30	5.04	5.24	6.28
生铁	6.68	5.27	5.53	6.32	7.45
水泥	9.34	9.03	9.55	9.55	11.51
木材	31.60	48.10	22.28		

2-2 续表

指　标	1990年	1995年	2000年	2005年	2010年
建筑业					
建筑业总产值			4.50	4.77	5.42
运输					
铁路营业里程	24.50	31.10	24.30	22.41	23.28
公路线路里程	28.40	28.70	30.20	17.63	22.75
国内商业					
社会消费品零售总额	9.40	8.20	7.50	7.26	7.44
对外经济贸易					
进出口贸易			1.81	1.56	1.79
出口额			1.99	1.91	2.10
进口额			1.60	1.25	1.45
国际旅游					
国际旅游人数			4.17	4.42	522.22
旅游外汇收入			4.65	4.37	0.95
教育					
在校学生					
普通高等学校	6.59	6.40	6.15	6.40	7.25
普通中学	13.29	11.76	11.85	14.88	13.64
普通小学	15.14	14.32	14.49	15.35	15.45
专任教师					
普通高等学校	7.09	9.23	7.86	6.48	7.05
普通中学	13.68	12.44	11.96	12.82	13.38
普通小学	15.19	15.15	15.35	15.75	16.15
卫生					
医院卫生院数	17.00	18.10	18.78	19.68	19.84
医院卫生院床位数	12.70	12.60	12.25	11.96	11.77
卫生技术人员	12.50	12.40	7.91	10.66	10.85

注：1. 本表中涉及民族自治地方GDP占全国的比重，分母为全国31个省(区、市)相加的合计数。
2. 财政收支占全国的比重是指占全国地方财政收支的比重。
3. 2000年后工业总产值指全部国有和年销售收入500万元以上非国有工业企业的工业总产值。

2-3 按区域分的国民经济和社会发展主要指标（2010年）

指 标	全国总计	民族自治地方		东部地区	
		绝对数	占全国比重(%)	绝对数	占全国比重(%)
自然资源					
土地面积 (万平方公里)	960.0	613.3	63.9	91.6	9.5
人口					
总人口(年末) (万人)	134091.0	18531.0	13.8	50663.7	38.0
国民经济核算					
国内(地区)生产总值 (亿元)	437042.0	38988.8	8.9	232030.7	53.1
第一产业	40532.8	6198.2	15.3	14626.3	36.1
第二产业	220064.8	18808.9	8.5	114553.3	52.1
#工业	193317.8	15932.1	8.2	102307.6	52.9
第三产业	176444.4	13981.7	7.9	102851.0	58.3
人均国内(地区)生产总值 (元)	32927.7	22060.3	67.0	46354.1	140.8
固定资产投资					
全社会固定资产投资总额(亿元)	278121.9	29875.9	10.7	115854.0	42.7
财政					
地方财政收入 (亿元)	40613.0	3255.6	8.0	23005.4	56.6
地方财政支出 (亿元)	73884.4	10511.5	14.2	30182.2	40.9
对外贸易					
货物进出口总额 (亿美元)	29740.0	533.3	1.8	26056.5	87.6
出口额	15777.5	331.4	2.1	13784.3	87.4
进口额	13962.4	201.8	1.4	12272.3	87.9
农业					
主要农产品产量 (万吨)					
粮食	54647.7	8307.9	15.2	13869.9	25.4
棉花	596.1	248.5	41.7	165.0	27.7
油料	3230.1	422.4	13.1	802.7	24.8

中部地区		西部地区		东北地区	
绝对数	占全国比重（%）	绝对数	占全国比重（%）	绝对数	占全国比重（%）
102.8	10.7	686.7	71.5	78.8	8.2
35696.6	26.8	36069.3	27.0	10954.9	8.2
86109.4	19.7	81408.5	18.6	37493.5	8.6
11221.1	27.7	10701.3	26.4	3984.1	9.8
45130.3	20.5	40693.9	18.5	19687.2	8.9
39334.7	20.3	34348.7	17.8	17326.9	9.0
29758.0	16.9	30013.3	17.0	13822.1	7.8
24241.8	73.6	22475.9	68.3	34302.7	104.2
62890.5	23.2	61892.2	22.8	30726.0	11.3
6371.4	15.7	7873.4	19.4	3362.8	8.3
15062.3	20.4	21403.6	29.0	7236.3	9.8
1168.9	3.9	1283.9	4.3	1230.7	4.1
634.6	4.0	720.1	4.6	638.6	4.0
534.3	3.8	563.7	4.0	592.2	4.2
16720.7	30.6	14436.4	26.4	9620.7	17.6
166.2	27.9	264.2	44.3	0.6	0.1
1400.6	43.4	829.3	25.7	197.6	6.1

2-3 续表

指 标		全国总计	民族自治地方		东部地区	
			绝对数	占全国比重(%)	绝对数	占全国比重(%)
工业						
主要工业产品产量						
原油	(万吨)	20301.4	3059.2	15.1	8219.1	40.5
发电量	(亿千瓦小时)	42071.6	6729.9	16.0	17443.6	41.5
粗钢	(万吨)	63723.0	4004.8	6.3	34631.9	54.3
水泥	(万吨)	188191.2	21652.6	11.5	76027.3	40.4
交通运输业						
铁路营业里程	(公里)	91178	21235.3	23.3	20351	22.3
公路里程	(公里)	4008229	911878.7	22.8	995002	24.8
旅客周转量	(亿人公里)	27894.3	1504.6	5.4	9316.5	39.1
货物周转量	(亿吨公里)	141837.4	3875.2	2.7	72153.4	55.3
邮电通信业						
邮电业务总量	(亿元)	31978.5	2456.4	7.7	16671.2	52.1
国内商业						
社会消费品零售总额	(亿元)	156998.4	11685.3	7.4	83904.5	53.4
教育						
普通高等学校						
学校数	(个)	2358	196	8.3	934	39.6
招生数	(万人)	661.8	50.3	7.6	262.8	39.7
在校学生数	(万人)	2231.8	161.9	7.3	902.8	40.5
毕业生数	(万人)	575.4	40.4	7.0	237.0	41.2
卫生						
医院、卫生院数	(个)	59683	11961	20.0	16507	27.7
卫生技术人员	(万人)	587.6	63.8	10.9	237.4	40.5
医院、卫生院床位数	(万张)	440.2	55.7	12.7	161.8	36.8
人民生活						
城镇居民可支配收入	(元)	19109	12532.8	65.6	23273	121.8
农村居民人均纯收入	(元)	5919	4232.5	71.5	8143	137.6

注：本表中涉及分地区数据相加不等于全国总计的指标，在计算东、中、西和东北地区占全国的比重时，分母为31个省(区、市)相加的合计数。

中部地区		西部地区		东北地区	
绝对数	占全国比重(%)	绝对数	占全国比重(%)	绝对数	占全国比重(%)
584.4	2.9	5840.7	28.8	5657.2	27.9
9720.4	23.1	12230.6	29.1	2677.1	6.4
13698.8	21.5	8359.4	13.1	7032.9	11.0
47314.1	25.1	53391.7	28.4	11458.0	6.1
20774	22.8	35965	39.4	14088	15.5
1100921	27.5	1568378	39.1	343927	8.6
7010.9	29.4	5643.8	23.7	1884.0	7.9
25939.5	19.9	20280.5	15.5	12137.4	9.3
5885.9	18.4	6890.9	21.5	2530.4	7.9
31329.7	20.0	27332.4	17.4	14431.8	9.2
613	26.0	564	23.9	247	10.5
186.4	28.2	153.4	23.2	59.1	8.9
611.9	27.4	502.7	22.5	214.4	9.6
161.4	28.0	123.4	21.5	53.6	9.3
15314	25.7	22778	38.2	5084	8.5
146.1	24.9	146.8	25.0	56.3	9.6
112.9	25.7	121.8	27.7	43.7	9.9
15962	83.5	15806	82.7	15941	83.4
5510	93.1	4418	74.6	6434	108.7

2-4 民族自治地方地区生产总值

年 份	地区生产总值（亿元）	第一产业	第二产业	第三产业	地区生产总值构成（%）	第一产业	第二产业	第三产业
1992	2182.62	822.51	750.34	609.77	100	37.7	34.4	27.9
1993	2762.41	938.13	1072.35	751.93	100	34.0	38.8	27.2
1994	3976.93	1294.45	1450.44	1232.04	100	32.5	36.5	31.0
1995	4901.14	1628.55	1746.52	1526.07	100	33.2	35.6	31.2
1996	5658.35	1876.61	2208.18	1753.56	100	33.2	35.8	31.0
1997	6333.26	2047.92	2320.2	1965.14	100	32.3	36.6	31.1
1998	6589.84	2055.62	2381.01	2153.21	100	31.2	36.1	32.7
1999	6886.17	2007.83	2528.18	2350.16	100	29.2	36.7	34.1
2000	7486.15	2022.30	2834.43	2629.41	100	27.0	37.8	35.2
2001	8179.19	2088.98	3085.54	3004.67	100	25.5	37.7	36.8
2002	9015.06	2200.28	3438.70	3376.08	100	24.4	38.1	37.5
2003	10381.02	2455.72	4163.54	3761.76	100	23.7	40.1	36.2
2004	12518.62	2919.70	5347.60	4251.32	100	23.3	42.7	34.0
2005	15705.93	3300.20	6419.02	5986.71	100	21.0	40.9	38.1
2006	18659.12	3622.87	8089.54	6946.71	100	19.4	43.4	37.2
2007	22852.78	4311.54	10265.37	8275.88	100	18.9	44.9	36.2
2008	27940.20	5002.01	13202.16	9736.03	100	17.9	47.3	34.8
2009	32015.43	5243.11	14643.71	12128.61	100	16.4	45.7	37.9
2010	38988.79	6198.21	18808.87	13981.72	100	15.9	48.2	35.9

2-5 民族自治地方地区生产总值指数

(上年=100)

年 份	地区生产总值	第一产业	第二产业	第三产业
1993	111.7	104.7	121.8	113.8
1994	113.8	107.1	118.8	114.7
1995	109.4	106.3	112.4	109.3
1996	110.6	110.1	112.3	109.1
1997	110.7	108.4	112.7	110.6
1998	108.8	105.7	111.3	109.0
1999	107.3	102.5	109.5	109.4
2000	107.9	101.7	109.2	111.8
2001	108.3	103.1	109.2	111.4
2002	110.2	105.4	112.4	111.3
2003	111.9	105.9	117.2	110.2
2004	113.4	106.7	119.0	111.7
2005	114.9	107.3	121.7	112.4
2006	114.4	106.2	119.7	113.3
2007	115.4	105.4	120.2	114.8
2008	113.8	106.4	117.1	112.9
2009	114.0	105.0	117.9	113.3
2010	114.0	105.6	118.2	112.1

2-6 民族自治地方分地区生产总值(2010年)

单位：亿元

地区	地区生产总值	第一产业	第二产业			第三产业
				工业	建筑业	
合计	**38988.79**	**6198.21**	**18808.87**	**15932.12**	**2876.75**	**13981.72**
河北	447.72	78.29	245.81	223.14	22.67	123.62
内蒙古	11672.00	1095.28	6367.69	5618.40	749.29	4209.03
辽宁	889.26	171.17	428.71	399.16	29.55	289.38
吉林	1010.35	147.29	462.04	427.47	34.58	401.01
黑龙江	56.27	16.64	27.93	26.71	1.22	11.70
浙江	26.65	4.39	10.17	6.99	3.18	12.09
湖北	435.73	134.08	123.79	105.64	18.15	177.86
湖南	526.91	104.04	201.67	176.83	24.84	221.19
广东	74.71	12.33	33.55	27.59	5.96	28.83
广西	9569.85	1675.06	4511.68	3860.46	651.22	3383.11
海南	195.38	84.61	51.78	32.28	19.50	58.99
重庆	265.27	51.55	114.57	82.39	32.18	99.15
四川	1102.59	240.33	504.08	384.11	119.97	358.18
贵州	1261.89	296.97	419.74	333.57	86.17	545.19
云南	2799.22	623.15	1146.53	908.12	238.40	1029.54
西藏	507.46	68.72	163.92	39.73	124.19	274.82
甘肃	251.38	50.68	90.77	72.45	18.32	109.93
青海	769.03	105.71	484.38	402.64	81.74	178.95
宁夏	1689.65	159.29	827.91	643.05	184.86	702.45
新疆	5437.47	1078.63	2592.15	2161.39	430.76	1766.69

2-7 民族自治地方分地区生产总值指数和人均地区生产总值(2010年)

地区	地区生产总值(以2009年为100)	第一产业	第二产业	第三产业	人均地区生产总值(元)
合计	**114.0**	**105.6**	**118.2**	**112.1**	**22060**
河北	114.5	113.1	116.3	112.1	21906
内蒙古	115.0	106.1	118.2	112.4	47347
辽宁	121.4	112.1	127.3	118.3	26595
吉林	115.8	108.7	119.8	113.4	30260
黑龙江	138.5	110.0	168.7	124.4	21980
浙江	112.2	104.9	116.4	111.3	15582
湖北	113.1	105.8	120.3	114.0	10925
湖南	110.6	104.1	112.1	112.1	11447
广东	117.1	105.2	122.9	116.4	15716
广西	114.2	104.6	120.5	111.1	20219
海南	115.3	108.0	124.7	121.1	13939
重庆	115.8	106.1	121.8	114.4	13005
四川	117.0	104.5	128.4	110.7	15799
贵州	113.5	106.8	119.6	112.7	8090
云南	112.5	105.7	115.5	113.5	12360
西藏	112.3	103.2	114.1	113.7	17319
甘肃	112.4	107.3	114.5	112.8	7575
青海	117.2	106.1	122.4	109.9	21314
宁夏	113.5	107.4	116.0	111.6	26860
新疆	110.6	104.5	112.6	110.8	25034

2-8 民族自治地方分地区生产总值构成(2010年)

单位: %

地　区	地区生产总值	第一产业	第二产业	工　业	建筑业	第三产业
合　计	**100**	**15.9**	**48.2**	**40.9**	**7.4**	**35.9**
河　北	100	17.5	54.9	49.8	5.1	27.6
内蒙古	100	9.4	54.6	48.1	6.4	36.1
辽　宁	100	19.2	48.2	44.9	3.3	32.5
吉　林	100	14.6	45.7	42.3	3.4	39.7
黑龙江	100	29.6	49.6	47.5	2.2	20.8
浙　江	100	16.5	38.2	26.2	11.9	45.4
湖　北	100	30.8	28.4	24.2	4.2	40.8
湖　南	100	19.7	38.3	33.6	4.7	42.0
广　东	100	16.5	44.9	36.9	8.0	38.6
广　西	100	17.5	47.1	40.3	6.8	35.4
海　南	100	43.3	26.5	16.5	10.0	30.2
重　庆	100	19.4	43.2	31.1	12.1	37.4
四　川	100	21.8	45.7	34.8	10.9	32.5
贵　州	100	23.5	33.3	26.4	6.8	43.2
云　南	100	22.3	41.0	32.4	8.5	36.8
西　藏	100	13.5	32.3	7.8	24.5	54.2
甘　肃	100	20.2	36.1	28.8	7.3	43.7
青　海	100	13.7	63.0	52.4	10.6	23.3
宁　夏	100	9.4	49.0	38.1	10.9	41.6
新　疆	100	19.8	47.7	39.7	7.9	32.5

2-9 全国民族自治区、自治州、自治县(旗)基本情况(2010年)(一)

地　　区	年　末 总人口 (万人)	#少数民族	少数民族 占总人口 (%)	地　　区 生产总值 (亿元)	第一产业 (亿元)	第二产业 (亿元)
5个自治区合计	**10745.43**	**4278.18**	**39.81**	**28876.43**	**4076.98**	**14463.35**
内蒙古自治区	2472.18	505.56	20.45	11672.00	1095.28	6367.69
广西壮族自治区	5159.00	1957.00	37.93	9569.85	1675.06	4511.68
西藏自治区	300.21	275.69	91.83	507.46	68.72	163.92
宁夏回族自治区	632.71	233.21	36.86	1689.65	159.29	827.91
新疆维吾尔自治区	2181.33	1306.72	59.90	5437.47	1078.63	2592.15
30个自治州合计	**5806.16**	**3353.57**	**57.76**	**8506.19**	**1807.26**	**3702.31**
吉林省						
延边朝鲜族自治州	219.08	87.60	39.99	534.11	52.48	251.14
湖北省						
恩施土家族苗族自治州	397.61	220.24	55.39	351.13	107.65	100.92
湖南省						
湘西土家族苗族自治州	285.23	222.81	78.11	303.44	49.37	121.21
四川省						
阿坝藏族羌族自治州	89.88	70.62	78.57	132.76	25.13	58.53
凉山彝族自治州	478.94	253.26	52.88	784.19	172.06	371.05
甘孜藏族自治州	106.06	90.29	85.13	122.83	28.77	44.92
贵州省						
黔东南苗族侗族自治州	453.50	370.50	81.70	312.57	76.74	94.11
黔南布依族苗族自治州	403.79	231.98	57.45	356.68	70.13	142.48
黔西南布依族苗族自治州	339.81	142.61	41.97	307.13	55.83	110.94
云南省						
西双版纳傣族自治州	94.21	73.02	77.51	160.99	44.47	47.67
文山壮族苗族自治州	348.39	197.99	56.83	329.85	73.11	122.15
红河哈尼族彝族自治州	440.87	261.37	59.29	650.42	104.38	345.15
德宏傣族景颇族自治州	121.38	58.34	48.07	140.63	37.24	47.62
怒江傈僳族自治州	53.43	46.83	87.65	54.00	6.63	21.61
迪庆藏族自治州	39.00	31.51	80.81	77.10	7.34	29.51
大理白族自治州	352.57	180.18	51.10	474.87	108.96	188.29
楚雄彝族自治州	261.51	90.40	34.57	400.05	86.11	171.81

第三产业（亿元）	地区生产总值增长速度（%）	人均地区生产总值（元）	地方财政收入（亿元）	地方财政支出（亿元）	农民人均纯收入（元）	规模以上工业企业数（个）	规模以上工业总产值（亿元）
10336.10	**13.75**	**27748**	**2532.74**	**7088.57**	**4747**	**14731**	**30378.75**
4209.03	15.00	47347	1069.98	2273.50	5530	4611	13406.11
3383.11	14.20	20219	771.99	2007.59	4543	6583	9644.13
274.82	12.30	17319	36.65	551.04	4139	97	62.22
702.45	13.50	26860	153.55	557.53	4675	975	1924.39
1766.69	10.60	25034	500.58	1698.91	4643	2465	5341.90
2996.61	**13.31**	**14901**	**641.15**	**2942.04**	**3706**	**5041**	**6187**
230.49	13.80	24448	41.26	151.18	5416	493	550.51
142.56	13.80	10356	22.16	129.79	3255	573	201.85
132.87	8.30	12033	17.78	104.11	3173	339	259.93
49.11	18.10	14662	16.67	203.83	3741	87	78.86
241.08	17.50	17561	62.69	190.70	4565	425	683.44
49.14	14.10	11660	16.30	131.98	2744	70	43.55
141.72	14.20	6892	26.18	144.47	3164	254	178.34
144.08	14.20	9509	27.15	129.36	3760	362	330.42
140.36	12.10	10940	28.78	103.83	3246	238	278.90
68.85	12.10	14500	11.26	42.43	4354	60	47.57
134.60	13.00	9491	22.03	113.99	2806	141	180.79
200.88	11.00	14547	61.22	169.42	3922	207	693.85
55.76	15.10	11681	13.24	58.11	3368	92	76.51
25.76	13.10	10266	5.84	34.04	2005	15	25.66
40.25	19.50	20051	5.97	42.52	3347	22	27.50
177.61	13.00	13519	37.62	124.24	3902	208	329.04
142.14	11.30	14949	30.70	108.58	3896	183	299.47

2-9(一) 续表 1

地区	年末总人口(万人)	#少数民族	少数民族占总人口(%)	地区生产总值(亿元)	第一产业(亿元)	第二产业(亿元)
甘肃省						
临夏回族自治州	210.33	117.38	55.81	106.38	24.06	31.55
甘南藏族自治州	72.79	44.69	61.40	67.69	15.89	16.04
青海省						
海北藏族自治州	28.32	18.54	65.46	54.53	10.42	27.49
黄南藏族自治州	25.40	24.11	94.91	43.68	12.81	17.62
海南藏族自治州	44.68	33.20	74.30	69.89	18.73	30.86
果洛藏族自治州	18.17	16.97	93.43	20.43	4.40	8.52
玉树藏族自治州	37.34	36.68	98.21	31.86	17.98	7.28
海西蒙古族藏族自治州	39.07	16.63	42.57	365.49	10.28	288.97
新疆维吾尔自治区						
昌吉回族自治州	159.43	34.50	21.64	557.99	166.27	234.14
巴音郭楞蒙古自治州	132.30	57.31	43.32	640.14	108.15	413.17
克孜勒苏柯尔克孜自治州	53.98	50.02	92.65	38.88	7.80	9.12
博尔塔拉蒙古自治州	48.26	16.43	34.03	131.45	49.47	25.78
伊犁哈萨克自治州	450.79	257.54	57.13	885.03	254.61	322.67
120个自治县(旗)合计	**3215.95**	**1994.10**	**62.01**	**4807.26**	**1104.39**	**1857.50**
河北省						
大厂回族自治县	11.77	2.81	23.84	50.20	8.41	28.09
孟村回族自治县	20.17	5.03	24.95	52.64	5.04	31.84
青龙满族自治县	54.59	37.99	69.59	77.61	16.85	35.38
丰宁满族自治县	39.68	28.12	70.88	52.08	14.90	18.42
围场满族蒙古族自治县	53.49	31.06	58.07	56.18	23.45	14.74
宽城满族自治县	24.68	16.18	65.55	159.01	9.65	117.34
内蒙古自治区						
鄂伦春自治旗	27.75	3.30	11.90	38.03	14.33	3.90
莫力达瓦达斡尔族自治旗	34.06	6.83	20.06	67.51	32.71	14.86
鄂温克族自治旗	14.44	5.88	40.76	65.15	5.95	41.98
辽宁省						
阜新蒙古族自治县	72.87	15.87	21.78	105.04	49.40	24.30
喀喇沁左翼蒙古族自治县	42.65	9.35	21.93	85.08	21.76	39.25
岫岩满族自治县	51.86	46.84	90.30	154.63	19.84	85.93

第三产业（亿元）	地区生产总值增长速度（%）	人均地区生产总值（元）	地方财政收入（亿元）	地方财政支出（亿元）	农民人均纯收入（元）	规模以上工业企业数（个）	规模以上工业总产值（亿元）
50.77	11.06	5058	5.55	80.12	2375	67	52.12
35.76	13.20	9882	3.83	86.30	2689	47	41.22
16.62	19.50	19358	2.21	29.16	4813	61	41.01
13.25	12.64	17827	1.21	14.30	3032	8	4.26
20.30	17.70	15641	3.03	37.69	4490	25	13.33
7.51	17.40	12547	0.85	21.76	2629	13	12.17
6.60	20.40	8531	0.81	116.08	3663	8	0.38
66.24	18.30	78180	34.49	61.82	5434	94	443.01
157.58	15.90	35554	32.72	86.13	8806	385	380.91
118.81	7.00	46955	35.18	88.01	7432	149	524.62
21.96	13.10	7202	3.26	41.97	1902	18	10.47
56.20	11.40	27374	6.30	31.52	7130	47	24.01
307.75	13.20	19479	64.85	264.61	5405	350	353.79
1529.25	**15.86**	**16782**	**266.46**	**1243.02**	**4538**	**3959**	**3438.40**
13.70	16.10	42514	2.92	7.01	7696	55	78.05
15.77	18.20	26268	3.61	6.14	4700	115	68.70
25.39	15.30	14259	3.90	14.39	3908	66	60.91
18.75	3.00	13125	2.51	11.79	3057	37	35.90
17.99	17.40	10531	1.88	13.32	3097	38	13.33
32.02	15.60	64549	4.32	12.03	5431	48	284.54
19.81	11.40	13705	0.91	13.62	4829	14	6.39
19.94	9.10	19891	2.79	14.05	6372	20	27.38
17.22	20.20	45130	7.43	11.73	9067	18	76.09
31.34	15.30	14395	4.63	16.78	6690	73	49.76
24.07	19.00	19951	5.04	13.70	6001	160	127.26
48.86	20.30	29744	6.64	18.65	7343	268	215.25

2-9(一) 续表 2

地　　区	年　末 总人口 (万人)	#少数民族	少数民族 占总人口 (%)	地　　区 生产总值 (亿元)	第一产业 (亿元)	第二产业 (亿元)
新宾满族自治县	30.14	22.36	74.20	76.61	15.24	30.32
清原满族自治县	33.68	21.89	65.00	94.03	15.27	49.11
本溪满族自治县	29.29	19.26	65.77	118.36	15.21	66.36
桓仁满族自治县	30.18	17.81	59.00	113.65	16.23	58.17
宽甸满族自治县	43.48	25.70	59.11	141.86	18.22	75.27
吉林省						
长白朝鲜族自治县	8.54	1.47	17.17	23.63	4.35	9.74
前郭尔罗斯蒙古族自治县	59.34	7.05	11.88	340.80	61.12	181.66
伊通满族自治县	48.20	18.35	38.07	111.80	29.34	19.51
黑龙江省						
杜尔伯特蒙古族自治县	25.52	5.28	20.70	56.27	16.64	27.93
浙江省						
景宁畲族自治县	17.19	1.88	10.94	26.65	4.39	10.17
湖北省						
长阳土家族自治县	40.61	20.55	50.60	56.18	16.93	15.10
五峰土家族自治县	20.64	17.49	84.77	28.42	9.50	7.77
湖南省						
城步苗族自治县	27.32	17.09	62.56	18.70	6.54	6.65
通道侗族自治县	22.84	20.12	88.10	18.21	3.88	6.26
江华瑶族自治县	48.59	35.94	73.97	47.03	14.71	12.38
新晃侗族自治县	27.00	23.41	86.70	25.10	3.62	12.17
芷江侗族自治县	39.07	27.78	71.10	47.75	10.94	20.11
靖州苗族侗族自治县	26.89	19.63	73.00	34.36	6.98	12.19
麻阳苗族自治县	38.83	31.07	80.00	32.32	8.02	10.70
广东省						
连南瑶族自治县	16.42	8.86	53.94	18.89	3.39	8.30
连山壮族瑶族自治县	11.85	7.27	61.30	17.12	4.36	5.35
乳源瑶族自治县	21.70	2.40	11.05	38.70	4.58	19.90
广西壮族自治区						
都安瑶族自治县	70.22	68.20	97.13	27.21	9.11	6.98
融水苗族自治县				41.84	11.69	18.50

第三产业（亿元）	地区生产总值增长速度（%）	人均地区生产总值（元）	地方财政收入（亿元）	地方财政支出（亿元）	农民人均纯收入（元）	规模以上工业企业数（个）	规模以上工业总产值（亿元）
31.05	29.20	25419	5.22	12.89	6483	237	95.13
29.65	29.20	27916	7.21	14.81	6612	225	151.80
36.80	23.40	40415	9.00	16.90	7915	92	113.00
39.25	23.50	37655	7.10	15.33	6922	80	54.46
48.36	16.80	32625	10.34	18.90	7537	174	122.03
9.54	17.30	27864	1.51	9.04	5922	36	23.03
98.03	18.80	57960	8.07	23.46	6622	147	232.20
62.95	15.90	23225	2.52	14.30	6270	43	73.58
11.70	38.50	21980	2.35	10.98	7819	25	50.64
12.09	12.20	15582	2.24	12.50	5024	77	14.48
24.15	11.30	13833	2.21	13.48	3610	71	27.60
11.15	7.80	14842	0.80	9.39	3265	23	19.11
5.51	11.30	7268	0.92	7.05	2518	24	16.27
8.07	13.50	8777	0.81	6.19	2501	28	17.92
19.94	14.10	11445	1.65	10.30	2400	37	20.60
9.32	14.80	9026	0.83	6.86	2380	38	33.89
16.69	14.30	14077	1.85	9.36	3513	54	56.38
15.19	14.70	14016	1.25	6.87	3980	44	35.63
13.61	13.90	9415	1.02	8.71	2600	36	27.32
7.20	20.10	12717	1.76	5.70	4295	20	13.33
7.41	13.80	14996	1.01	4.53	4801	11	8.82
14.22	17.20	20064	3.09	6.66	5335	53	69.73
11.12	13.40	4974	1.64	9.62	4009	21	8.03
11.65	14.00	10051	1.85	12.50	3368	40	0.83

2-9(一) 续表 3

地　　区	年末总人口（万人）	#少数民族	少数民族占总人口（%）	地区生产总值（亿元）	第一产业（亿元）	第二产业（亿元）
三江侗族自治县	37.51	31.97	85.24	28.54	8.40	12.48
龙胜各族自治县	17.69	14.12	79.84	31.69	6.33	16.62
金秀瑶族自治县	15.39	12.59	81.82	17.61	5.26	5.24
隆林各族自治县	40.02	32.42	81.00	42.26	6.58	24.54
巴马瑶族自治县	26.98	23.50	87.10	24.50	6.59	10.69
罗城仫佬族自治县	37.96	27.87	73.41	31.03	10.19	10.76
富川瑶族自治县	32.41	15.38	47.45	32.73	10.66	12.91
大化瑶族自治县	46.15	43.44	94.14	33.05	5.72	18.28
环江毛南族自治县	37.82			30.25	11.79	9.01
恭城瑶族自治县	29.85	18.26	61.18	47.85	15.11	20.61
海南省						
白沙黎族自治县	20.28	12.72	62.70	15.16	8.11	2.56
昌江黎族自治县	26.50	10.00	37.72	54.33	13.42	30.60
乐东黎族自治县	53.78	20.52	38.17	49.09	29.17	5.00
陵水黎族自治县	37.02	20.46	55.28	50.17	22.06	9.99
琼中黎族苗族自治县	22.90	13.69	59.80	12.89	6.49	1.86
保亭黎族苗族自治县	17.04	11.35	66.61	13.75	5.36	1.77
重庆市						
石柱土家族自治县	53.96	38.98	72.24	64.81	13.31	26.35
秀山土家族苗族自治县	64.98	36.16	55.65	75.91	11.11	38.98
酉阳土家族苗族自治县	83.59	70.22	84.00	58.16	13.94	22.75
彭水苗族土家族自治县	68.28	42.61	62.40	66.39	13.19	26.49
四川省						
北川羌族自治县	23.96	8.72	36.41	23.44	6.05	9.71
木里藏族自治县	13.49	10.87	80.56	15.09	3.27	6.65
马边彝族自治县	20.47	9.21	45.02	18.43	5.21	7.68
峨边彝族自治县	14.81	5.40	36.49	20.94	3.11	12.20
贵州省						
松桃苗族自治县	69.91	35.08	50.18	40.00	13.95	11.97
镇宁布依族苗族自治县	37.49	22.12	59.00	25.10	4.59	6.44
紫云苗族布依族自治县	36.78	24.29	66.04	15.13	6.84	2.28

第三产业（亿元）	地区生产总值增长速度（%）	人均地区生产总值（元）	地方财政收入（亿元）	地方财政支出（亿元）	农民人均纯收入（元）	规模以上工业企业数（个）	规模以上工业总产值（亿元）
7.65	19.40	9427	1.12	10.24	3562	22	6.79
8.75	12.20	18045	1.28	7.67	3441	26	20.58
7.11	13.10	12353	0.66	6.15	3299	19	6.16
11.14	2.20	101819	1.78	7.72	2900	10	11.20
7.22	15.60	10541	0.98	8.98	2975	24	14.12
10.08	11.52	7728	0.86	8.74	2695	30	14.80
9.15	13.60	10099	1.72	9.44	3861	32	18.53
9.05	9.79	8862	2.72	11.65	3387	16	17.89
9.45	13.18	8265	1.23	10.04	3398	23	15.86
12.13	16.80	16217	1.43	9.34	5120	32	37.77
4.48	11.50	10714	0.86	11.08	3656	6	3.75
10.31	18.00	23265	5.54	15.39	4423	20	54.05
14.92	12.30	11223	3.66	18.21	4691	6	4.47
18.12	18.40	15009	10.09	18.29	4214	3	2.16
4.53	11.00	8648	1.03	11.50	3341	5	1.42
6.62	13.90	12973	1.56	9.23	3453	3	0.76
25.15	17.80	15319	3.90	17.99	4765	61	36.21
25.81	16.20	15192	7.70	21.85	4088	118	59.79
21.48	15.20	10112	4.44	22.27	3655	105	22.93
26.71	14.00	12253	4.47	19.54	4182	47	30.00
7.68	22.50	10014	1.82	45.91	3980	32	15.14
5.17	22.50	11492	1.86	8.41	3045	2	4.03
5.54	14.10	10171	2.15	7.49	3088	46	14.92
5.63	8.30	15042	1.92	6.08	2735	37	29.69
14.08	13.00	6245	1.86	15.81	2956	33	26.34
14.07	12.00	8858	1.76	9.35	3116	24	7.52
6.02	12.40	5130	1.00	8.74	3124	9	4.06

2-9(一) 续表 4

地　　区	年末总人口（万人）	#少数民族	少数民族占总人口（%）	地区生产总值（亿元）	第一产业（亿元）	第二产业（亿元）
威宁彝族回族苗族自治县	139.21	32.64	23.45	61.29	21.59	16.65
关岭布依族苗族自治县	36.88	23.87	64.72	24.05	6.21	6.29
三都水族自治县	35.71	34.53	96.70	15.87	5.28	2.61
玉屏侗族自治县	15.22	12.16	79.91	25.04	3.74	13.53
道真仡佬族苗族自治县	34.02	27.65	81.30	17.43	5.65	2.71
务川仡佬族苗族自治县	43.13	41.00	95.06	20.01	7.21	2.97
印江土家族苗族自治县	43.46	30.92	71.15	25.28	11.62	4.23
沿河土家族自治县	65.37	40.14	61.40	32.16	12.87	5.13
云南省						
峨山彝族自治县	15.17	10.39	68.46	33.17	5.19	15.78
石林彝族自治县	24.26	8.52	35.11	36.81	10.39	10.46
沧源佤族自治县	17.26	16.18	93.73	13.33	3.77	4.14
耿马傣族佤族自治县	28.18	15.57	55.24	32.66	13.96	8.23
玉龙纳西族自治县	21.89	18.76	85.72	22.34	5.91	6.32
宁蒗彝族自治县	26.20	21.80	83.21	15.00	4.20	4.26
江城哈尼族彝族自治县	12.15	9.88	81.30	12.70	3.62	5.83
澜沧拉祜族自治县	50.00	39.66	79.32	26.39	8.71	8.28
孟连傣族拉祜族佤族自治县	13.55	11.72	86.47	10.60	4.00	2.36
西盟佤族自治县	9.06	8.48	93.57	4.55	1.35	0.89
河口瑶族自治县	8.95	6.06	67.78	18.42	4.78	3.77
屏边苗族自治县	15.62	10.21	65.37	12.32	3.61	4.00
贡山独龙族怒族自治县	3.60	3.47	96.41	3.92	0.84	1.57
巍山彝族回族自治县	31.48	14.17	45.02	22.79	8.89	5.51
南涧彝族自治县	22.16	11.01	49.70	17.67	6.70	3.03
寻甸回族彝族自治县	53.90	12.21	22.66	38.32	11.60	11.12
元江哈尼族彝族傣族自治县	20.38	16.42	80.56	31.02	9.01	8.28
新平彝族傣族自治县	27.27	19.66	72.11	53.79	7.33	31.79
墨江哈尼族自治县	36.91	28.12	76.20	24.63	7.25	8.93
双江拉祜族佤族布朗族傣族自治县	17.00	7.65	44.99	14.28	5.37	4.67
兰坪白族普米族自治县	21.02	19.92	94.76	23.34	2.33	13.48
维西傈僳族自治县	15.38	13.28	86.33	18.27	3.15	5.75

第三产业（亿元）	地区生产总值增长速度（%）	人均地区生产总值（元）	地方财政收入（亿元）	地方财政支出（亿元）	农民人均纯收入（元）	规模以上工业企业数（个）	规模以上工业总产值（亿元）
23.05	14.70	5667	3.95	28.73	2845	35	24.16
11.54	12.40	7360	1.34	9.83	3163	13	5.38
7.97	13.00	5842	0.79	9.02	3478	22	5.12
7.77	15.50	18411	1.51	5.89	4254	33	41.70
9.08	12.20	5125	1.03	8.74	2893	12	3.67
9.83	15.50	4923	1.41	7.95	2830	8	3.30
9.43	13.50	7421	1.19	10.93	3026	30	8.05
14.16	12.00	4920	2.11	13.84	3047	19	4.12
12.20	12.60	20410	2.72	7.52	5231	26	39.68
15.97	15.00	15020	3.51	9.34	5704	33	14.83
5.42	13.20	7448	0.80	8.43	2768	8	4.77
10.47	11.90	11050	1.23	11.69	3559	9	10.35
10.11	15.00	10206	2.13	9.44	3586	6	5.01
6.54	16.00	5726	1.08	10.35	2387	12	3.95
3.26	14.00	10479	0.60	5.36	2624	6	6.96
9.40	8.60	5364	2.22	17.52	2101	9	10.58
4.24	14.10	7895	0.52	5.62	2675	5	2.47
2.31	10.20	4922	0.27	5.09	1949	2	0.78
9.87	13.20	17767	1.03	5.96	3436	5	2.28
4.71	10.10	8165	0.54	5.68	2112	9	4.80
1.52	16.70	10814	0.26	5.25	1502	1	0.33
8.39	12.90	7299	1.34	8.25	2532	13	4.28
7.94	12.90	7990	1.63	6.93	2518	9	3.08
15.60	11.30	7901	3.42	13.04	3497	21	32.74
13.73	12.60	14241	1.74	7.99	5074	19	13.07
14.66	14.50	18860	5.41	13.79	4797	18	103.37
8.45	10.20	6476	1.64	11.58	2658	12	9.11
4.24	11.50	7993	0.63	6.73	2928	8	6.72
7.52	13.30	10935	2.80	9.33	2201	5	18.84
9.37	20.20	11849	1.01	10.67	3269	4	1.15

2-9(一) 续表 5

地　　区	年　末 总人口 （万人）	#少数民族	少数民族 占总人口 （%）	地　　区 生产总值 （亿元）	第一产业 （亿元）	第二产业 （亿元）
景东彝族自治县	36.19	17.81	49.22	28.82	12.81	6.46
景谷傣族彝族自治县	30.43	14.41	47.34	40.74	16.70	14.46
宁洱哈尼族彝族自治县	19.31	10.45	54.15	22.42	6.04	7.82
漾濞彝族自治县	10.31	7.11	68.99	10.70	2.96	5.43
禄劝彝族苗族自治县	47.25	14.84	31.40	32.62	10.82	8.63
金平苗族瑶族傣族自治县	37.57	32.62	86.83	19.89	4.98	9.38
镇沅彝族哈尼族拉祜族自治县	21.11	11.52	54.60	17.12	6.88	4.00
甘肃省						
张家川回族自治县	34.81	24.82	71.30	14.99	3.95	3.49
天祝藏族自治县	21.48	8.42	39.21	21.72	3.70	10.76
肃南裕固族自治县	3.69	2.08	56.46	14.54	2.40	9.23
肃北蒙古族自治县	1.15	0.47	41.08	19.39	0.38	15.66
阿克塞哈萨克族自治县	0.86	0.32	37.77	6.67	0.31	4.05
东乡族自治县	31.20	25.41	81.44	7.94	2.83	2.30
积石山保安族东乡族撒拉族自治县	24.04	12.91	53.70	6.94	2.24	1.10
青海省						
互助土族自治县	38.27	10.09	26.37	46.16	11.93	17.17
化隆回族自治县	27.61	22.43	81.24	22.41	4.03	13.09
循化撒拉族自治县	14.09	12.68	90.00	11.23	2.81	3.27
河南蒙古族自治县	3.68	3.58	97.13	6.56	4.10	0.96
门源回族自治县	15.52	9.66	62.21	16.05	4.43	5.35
大通回族土族自治县	45.30	22.24	49.10	80.77	8.51	61.47
民和回族土族自治县	41.40	24.36	58.85	22.58	3.80	8.63
新疆维吾尔自治区						
巴里坤哈萨克自治县	10.26	3.81	37.11	21.89	6.22	9.17
塔什库尔干塔吉克自治县	3.75	3.47	92.49	3.88	0.79	1.54
木垒哈萨克自治县	8.87	3.11	35.03	13.81	6.72	2.06
焉耆回族自治县	15.22	8.61	56.61	31.90	9.14	10.67
察布查尔锡伯自治县	19.41	12.78	65.83	22.04	11.00	5.09
和布克赛尔蒙古自治县	5.17	3.33	64.35	21.61	4.33	11.91

第三产业（亿元）	地区生产总值增长速度（%）	人均地区生产总值（元）	地方财政收入（亿元）	地方财政支出（亿元）	农民人均纯收入（元）	规模以上工业企业数（个）	规模以上工业总产值（亿元）
9.55	12.30	7584	2.29	11.49	3491	11	7.19
9.58	14.70	13117	2.97	10.47	3903	25	20.80
8.57	11.10	11545	1.61	7.64	3362	15	8.97
2.30	13.70	10439	0.78	5.09	3232	14	8.83
13.17	13.30	7364	2.92	12.20	3205	22	8.73
5.53	10.00	5617	1.63	10.55	2128	21	15.61
6.23	14.20	8143	1.10	8.06	3138	10	4.24
7.55	12.10	4997	0.55	10.90	2480	16	2.79
7.26	14.40	12411	1.03	12.58	2752	35	17.81
2.92	15.40	41424	1.11	5.01	7009	25	19.26
3.36	14.10	161622	1.50	4.02	8408	24	
2.32	7.60	77856	0.36	2.51	8919	14	12.06
2.81	10.80	2816	0.23	9.91	1814	3	1.63
3.60	10.60	2887	0.21	8.68	2011	2	0.82
17.06	16.60	11988	1.10	14.51	4864	29	29.53
5.29	12.90	8968	0.60	9.79	4229	11	27.02
5.15	11.00	8378	0.36	7.19	4651	7	3.77
1.50	9.20	19645		4.20	4012		
6.27	13.00	10340	0.49	7.91	4313	26	5.78
10.79	15.60	18038	3.01	16.29	5547	41	149.75
10.15	11.50	5454	1.06	14.32	4458	17	10.87
6.50	25.40	21357	1.19	7.13	5014	20	11.11
1.55	8.00	10791	0.45	5.87	2990		
5.03	15.20	15534	1.04	6.63	5618	12	3.73
12.09	12.20	22501	1.42	6.47	9007	10	5.65
5.95	9.50	11485	1.31	9.42	6168	18	6.91
5.37	24.00	35349	5.73	10.01	5857	8	9.16

2-9 全国民族自治区、自治州、自治县(旗)基本情况(2010年)(二)

地　　区	农林牧渔业总产值(亿元)	农林牧渔业总产值增长速度(%)	农业机械总动力(万千瓦特)	粮　食总产量(万吨)	肉　类总产量(万吨)	全社会固定资产投　资(亿元)	社　会消费品零售总额(亿元)	进出口总　额(亿美元)
5个自治区合计	**6817.45**	**5.3**	**8552.60**	**5188.96**	**798.92**	**21314.20**	**8659.99**	**185.48**
内蒙古自治区	1843.57	6.2	3034.00	2158.20	238.71	8926.50	3384.00	53.95
广西壮族自治区	2720.99	4.7	2767.70	1412.32	387.77	7057.60	3312.00	81.36
西藏自治区	100.77	3.5	378.10	91.23	25.00	462.70	185.30	0.65
宁夏回族自治区	305.94	7.8	729.10	356.51	25.70	1444.20	403.59	7.90
新疆维吾尔自治区	1846.18	4.9	1643.70	1170.70	121.74	3423.20	1375.10	41.61
30个自治州合计	**2746**	**6.4**	**3420.55**	**2486.13**	**522.79**	**6817.47**	**2340.83**	**39.41**
吉林省								
延边朝鲜族自治州	95.02	5.0	139.10	100.08	11.69	739.82	257.67	2.83
湖北省								
恩施土家族苗族自治州	174.25	7.0	175.56	167.18	41.66	244.38	132.00	0.01
湖南省								
湘西土家族苗族自治州	81.81	4.1	125.60	87.90	9.86	208.51	116.99	0.07
四川省								
阿坝藏族羌族自治州	36.47	6.0	65.00	17.18	9.69	362.41	33.06	0.06
凉山彝族自治州	282.79	4.3	212.10	219.04	66.09	660.51	244.88	
甘孜藏族自治州	37.25	4.1	73.00	20.30	9.19	211.11	37.42	
贵州省								
黔东南苗族侗族自治州	118.72	7.4	206.13	147.81	16.81	271.80	120.89	
黔南布依族苗族自治州	123.46	7.3	226.00	152.88	18.52	325.86	97.19	0.23
黔西南布依族苗族自治州	88.64	6.1	171.79	100.41	14.79	204.21	88.28	0.02
云南省								
西双版纳傣族自治州	76.16	9.0	114.72	37.11	3.14	111.16	50.60	2.52
文山壮族苗族自治州	120.07	5.5	163.45	127.58	41.25	271.03	143.64	0.23
红河哈尼族彝族自治州	175.84	8.3	243.84	141.57	57.40	520.55	153.47	3.82
德宏傣族景颇族自治州	58.00	8.2	104.45	60.30	7.85	131.32	54.36	2.88
怒江傈僳族自治州	10.57	6.4	17.53	17.74	3.35	57.90	14.87	0.07
迪庆藏族自治州	11.72	8.8	33.15	14.67	2.43	133.96	20.99	
大理白族自治州	198.69	6.5	208.63	126.90	43.80	282.80	142.10	0.77
楚雄彝族自治州	152.50	3.6	191.66	96.03	33.28	280.62	131.93	0.05

普通中学在校学生数（万人）	小学在校学生数（万人）	医院、卫生院数（个）	医院、卫生院卫生技术人员数（人）	医院、卫生院床位数（张）	文化馆（个）	图书馆（个）	城镇居民最低生活保障人数（人）	城镇居民最低生活保障支出（万元）	农村居民最低生活保障人数（人）	农村居民最低生活保障支出（万元）
145.92	**34.05**	**6405**	**479485**	**358119**	**457**	**348**				
27.04	13.85	1802	125831	83451	116	113	853678	270772.7	1155667	156428.0
70.15		1728	189554	133887	122	108	601935	113688.6	3156789	231731.9
4.74	1.93	773	10083	8439	82	4	42040	12412.3	230000	15202.1
10.38	3.38	390	29962	22491	26	20	206563	38550.9	331854	25941.2
33.61	14.89	1712	124055	109851	111	103	970748	201498.2	1334065	118298.0
75.22	**27.82**	**4290**	**163492**	**158533**	**350**	**255**	**1486191**	**296673**	**5878381**	**421768**
1.57	1.07	137	13050	9029	8	9	154726	40902.7	90865	8878.2
4.70	1.41	114	12009	12277	9	9	50687	11564.0	263292	20815.5
3.70	1.33	238	10303	8773	8	9	86683	15502.0	139546	9206.0
1.28	0.65	250	3190	2898	14	9	50985	9542.6	170980	13327.3
7.11	2.47	693	10220	11883	18	12	80586	14717.9	384407	25571.8
1.21	0.65	369	4170	2682	19	3	28010	6001.0	234701	16302.1
7.20	2.11	235	7168	9460	17	17	47796	8375.6	889494	45725.3
6.86	1.94	279	8882	8475	12	13	67627	12078.1	572743	34147.8
0.15	1.87	168	6651	6776	8	9	28567	6051.6	490123	28319.3
1.44	0.59	54	4783	4649	4	4	27708	5847.3	85900	7983.7
5.94	2.57	138	7916	8528	104	9	57037	10987.3	404500	32629.6
6.76	2.45	225	13337	16602	13	14	115663	20610.8	420061	33887.4
1.69	0.71	78	4486	4182	7	7	45628	6949.4	159661	12104.5
0.77	0.38	59	1756	1483	5	5	12967	2449.5	163500	12460.8
0.59	0.25	37	1444	757	4	4	11848	2154.0	102500	8579.0
4.79	1.50	159	9107	10174	12	13	74227	11328.4	233419	19533.6
3.49	1.37	169	10805	9400	11	11	76210	12173.4	139180	11960.5

2-9(二) 续表 1

地　　区	农林牧渔业总产值（亿元）	农林牧渔业总产值增长速度（%）	农业机械总动力（万千瓦特）	粮　食总产量（万吨）	肉　类总产量（万吨）	全社会固定资产投　资（亿元）	社　会消费品零售总额（亿元）	进出口总　额（亿美元）
甘肃省								
临夏回族自治州	37.83	6.42	75.29	62.08	4.82	100.85	34.29	
甘南藏族自治州	15.89	7.40	33.39	8.55	5.62	90.51	19.65	
青海省								
海北藏族自治州	14.98	4.5	40.66	4.15	3.98	39.48	9.50	
黄南藏族自治州	15.54	31.1	12.74	2.91	3.47	22.53	4.37	
海南藏族自治州	26.58	4.9	36.65	11.30	5.28	69.17	14.37	
果洛藏族自治州	5.20	2.5	3.49	0.15	0.04	16.60	3.49	
玉树藏族自治州	20.31		1.80	1.73	3.49	50.10	3.41	
海西蒙古族藏族自治州	15.50	21.8	37.12	10.08	2.31	178.23	43.17	
新疆维吾尔自治区								
昌吉回族自治州	210.38	8.1	174.22	207.16	45.25	264.66	112.79	1.59
巴音郭楞蒙古自治州	161.05	8.1	112.52	38.97	8.37	315.98	56.13	0.13
克孜勒苏柯尔克孜自治州	15.91	1.1	25.96	23.70	3.48	31.41	8.33	0.48
博尔塔拉蒙古自治州	54.43	14.7	46.70	53.67	2.06	66.42	18.31	3.61
伊犁哈萨克自治州	310.68	4.3	348.30	427.00	43.85	553.58	172.67	20.05
120个自治县(旗)合计	**1878.67**	**10.9**	**2171.85**	**1782.29**	**313.68**	**3519.51**	**1199.09**	**4.18**
河北省								
大厂回族自治县	14.32	4.4	27.40	9.40	2.93	41.17	9.89	0.06
孟村回族自治县	9.53	24.1	28.70	15.13	2.60	48.85	12.95	0.02
青龙满族自治县	31.35	8.5	27.00	12.41	6.10	50.03	18.29	
丰宁满族自治县	25.70	3.1	43.90	13.27	4.29	72.26	19.38	
围场满族蒙古族自治县	38.53	24.0	56.88	22.99	4.61	52.06	21.23	
宽城满族自治县	15.80	13.9	17.50	7.50	1.90	81.69	19.28	
内蒙古自治区								
鄂伦春自治旗	16.97		1.23	35.11	0.64	8.03	15.70	
莫力达瓦达斡尔族自治旗	53.28	21.0		146.97	3.22	23.83	17.65	
鄂温克族自治旗	9.70		16.30	2.97	1.77	100.59	8.54	
辽宁省								
阜新蒙古族自治县	96.59	20.0	123.70	145.10	21.18	85.20	25.31	
喀喇沁左翼蒙古族自治县	40.72	17.9	20.50	28.00	12.84	73.28	21.40	
岫岩满族自治县	37.51	22.0	27.30	21.31	9.85	103.47	58.77	

普通中学在校学生数（万人）	小学在校学生数（万人）	医院、卫生院数（个）	医院、卫生院卫生技术人员数（人）	医院、卫生院床位数（张）	文化馆（个）	图书馆（个）	城镇居民最低生活保障人数（人）	城镇居民最低生活保障支出（万元）	农村居民最低生活保障人数（人）	农村居民最低生活保障支出（万元）
3.11	0.98	144	5080	5642	9	9	92012	18805.9	420307	31588.2
1.23	0.56	120	3346	1837		9	37810	7625.2	156930	13202.7
0.41	0.17	41	841	734	4	5	16298	4319.6	19800	1928.5
0.42	0.19	44	741	570	4	5	11595	2722.4	26830	3225.5
0.63	0.30	50	1156	1598			1219	302.3	3860	463.3
0.40	0.12	56	726	515	7	7	8881	2354.9	18300	2241.7
0.41	0.18	60	1013	711	7	6	11221	3439.2	40180	4891.0
0.59	0.21	52	2078	1356	8	3	29213	7935.7	14080	1688.4
0.50		112	7701	7072	8	8	16683	4934.2	18780	1823.2
1.48	0.93	131	7151	5990		10	49402	9427.9	39186	3562.7
0.80	0.55	43	2235	2986	4	5	37734	7035.0	53421	4397.1
0.47	0.32	35	2147	1494	2	4	31515	5904.7	14073	1388.4
5.51					24	27	125653	24630.7	107762	9935.2
48.13	**18.22**	**2159**	**74721**	**69002**	**111**	**110**	**718491**	**154455**	**3763466**	**279370**
0.09	0.06	8	476	387	1	1	819	210.0	3297	308.2
0.26	0.12	8	489	251	1		2210	416.3	4438	297.0
0.39	0.23	27	1051	932	1	1	9622	1376.0	34195	2476.5
0.47	0.20	30	1310	850	1	1	8517	1770.1	26539	2495.8
0.61	0.21	43	1192	1190	1	1	8238	1475.3	23006	1563.0
0.21	0.13	21	670	773	1	1	4844	1093.4	15141	1268.5
0.26	0.20	15	1124	734	1	1	46003	12159.0	4989	682.3
0.31	0.19	25	863	799	1	3	17277	4892.7	29020	3620.7
0.12		16	843	491	1	1	10940	3036.0	2321	263.6
0.81	0.39	38	1596	1213	1	1	3558	677.1	37898	3271.5
0.47	0.27	29	1710	1050	1	1	11669	2411.0	16558	1641.2
0.52	0.26	27	1457	1278	1	1	5420	1064.6	17050	1861.0

2-9(二) 续表 2

地　　区	农林牧渔业总产值（亿元）	农林牧渔业总产值增长速度（%）	农业机械总动力（万千瓦特）	粮　食总产量（万吨）	肉　类总产量（万吨）	全社会固定资产投　资（亿元）	社　会消费品零售总额（亿元）	进出口总　额（亿美元）
新宾满族自治县	29.25	17.0	21.10	16.19	3.94	83.41	19.81	
清原满族自治县	29.31	6.2	15.59	16.37	4.45	79.33	20.50	
本溪满族自治县	27.80	14.7	19.87	8.09	3.75	101.16	28.46	0.20
桓仁满族自治县	30.99	9.8	15.20	9.99	3.40	52.39	24.31	
宽甸满族自治县	30.33	6.1	46.13	9.53	4.54	106.28	37.98	
吉林省								
长白朝鲜族自治县	6.43	15.4	4.58	1.70	0.53	55.82	5.50	0.07
前郭尔罗斯蒙古族自治县	129.31	32.9	137.60	166.74	26.08	147.85	94.84	
伊通满族自治县	54.28	3.0	20.20	100.50	15.19	48.05	28.77	
黑龙江省								
杜尔伯特蒙古族自治县	33.60	11.4	65.00	50.40	2.33	43.69	9.38	
浙江省								
景宁畲族自治县	6.91	5.0	7.60	4.39	0.48	18.08	12.58	0.04
湖北省								
长阳土家族自治县	28.00	12.2	15.99	11.63	5.43	26.73	23.05	
五峰土家族自治县	16.01	9.2	11.77	9.26	2.88	13.48	10.10	
湖南省								
城步苗族自治县	10.41	4.3	10.51	7.79	1.58	20.31	8.78	
通道侗族自治县	6.55	4.3	22.15	8.31	1.08	8.68	5.61	
江华瑶族自治县	25.47	3.9	29.42	22.18	3.93	41.34	17.51	
新晃侗族自治县	7.37	3.3	8.78	8.00	2.14	12.05	6.49	
芷江侗族自治县	17.24	4.7	31.00	21.12	3.80	28.23	15.71	
靖州苗族侗族自治县	11.52	4.0	17.00	12.47	2.10	11.82	11.85	
麻阳苗族自治县	12.56	4.3	9.88	10.97	2.32	17.53	11.71	
广东省								
连南瑶族自治县	5.00	8.4	3.70	3.50	0.46	10.89	4.65	0.50
连山壮族瑶族自治县	7.12	8.7	3.50	4.16	0.68	13.92	3.76	
乳源瑶族自治县	7.33	6.6	4.90	5.62	0.57	24.51	11.04	0.44
广西壮族自治区								
都安瑶族自治县	15.38	6.0	36.00	11.25	3.78	22.37	11.12	
融水苗族自治县	19.26	6.0	16.80	10.99	2.66	42.44	12.54	

普通中学在校学生数（万人）	小学在校学生数（万人）	医院、卫生院数（个）	医院、卫生院卫生技术人员数（人）	医院、卫生院床位数（张）	文化馆（个）	图书馆（个）	城镇居民最低生活保障人数（人）	城镇居民最低生活保障支出（万元）	农村居民最低生活保障人数（人）	农村居民最低生活保障支出（万元）
0.28	0.16	17	799	803	1	1	9827	2088.3	11785	1211.7
0.27	0.15	18	1320	878	1	1	9379	2435.0	16945	1591.0
0.25	0.16	14	1050	1042	1	1	8075	2342.5	6800	1036.5
0.24	0.15	18	865	950	1	1	9794	3715.9	8608	1299.6
0.46	0.22	28	1291	1641	1	1	9003	2496.3	10679	1092.2
0.07	0.08	12	443	317	1	1	12153	2662.9	4969	572.3
0.55	0.38	27	1771	1069	1	1	10096	2139.0	27417	1862.0
0.44	0.28	23	2012	1347	1	1	12766	2906.1	26890	1637.0
0.26	0.14	14	396	354		1	8295	1678.7	9817	766.1
0.13	0.07	23	684	280	1	1	366	102.3	5165	1038.8
0.31	0.11	13	1261	963	1	1	5137	1515.0	29335	2315.0
0.14	0.06	10	689	420	1	1	1528	518.2	13393	1227.0
0.29	0.13	13	734	281	1	1	6693	1223.5	11901	747.0
0.21	0.10	24	501	593	1	1	3669	717.0	8124	786.5
0.58	0.20	28	1196	1262	1	1	5718	1320.5	25956	1762.2
0.19	0.10	26	664	649	1	1	5110	978.1	12642	880.4
0.42	0.14	32	1312	658		3	4489	1213.5	18171	834.0
0.30	0.12	21	755	758	1	1	6911	1370.5	9016	535.0
0.37	0.14	31	975	1075	1	1	6698	1704.9	18067	1117.2
0.28	0.09	10	393	396	1	1	910	112.4	14757	1165.1
0.17	0.06	11	351	150	1	1	508	67.2	10296	809.3
0.30	0.11	16	880	353	1	1	525	59.5	7383	523.9
		25	1294	974			6549	1176.0	99156	7901.3
0.61	0.24	21	1059	1097	1	1	3678	773.3	46417	3008.6

2-9(二) 续表 3

地 区	农林牧渔业总产值（亿元）	农林牧渔业总产值增长速度（%）	农业机械总动力（万千瓦特）	粮 食总产量（万吨）	肉 类总产量（万吨）	全社会固定资产投 资（亿元）	社 会消费品零售总额（亿元）	进出口总 额（亿美元）
三江侗族自治县	13.15	6.8	15.08	6.22	1.83	42.61	10.04	
龙胜各族自治县	9.68	2.5	18.50	5.40	1.08	28.39	4.89	
金秀瑶族自治县	8.14	6.1	9.52	4.40	0.82	14.72	4.27	
隆林各族自治县	10.69	6.1	21.82	8.14	1.85	14.41	7.08	
巴马瑶族自治县	10.63	5.0	11.60	5.37	1.73	23.07	5.94	
罗城仫佬族自治县	16.95	6.9	20.40	10.76	2.03	24.02	8.78	
富川瑶族自治县	16.72	4.5	14.30	11.86	2.31	55.28	7.34	
大化瑶族自治县	9.62	5.3	16.60	6.74	2.61	20.29	8.36	
环江毛南族自治县	16.89	6.9	29.74	11.18	2.15	22.46	9.65	
恭城瑶族自治县	22.83	4.3	42.00	7.34	1.65	39.27	13.71	
海南省								
白沙黎族自治县	12.73	9.7	7.40	3.64	1.16	5.17	3.17	
昌江黎族自治县	21.16	8.5	12.10	4.76	1.19	43.74	6.30	
乐东黎族自治县	45.94	7.4	49.00	14.64	2.18	19.34	12.05	
陵水黎族自治县	35.08	8.2	8.50	9.29	1.45	68.77	7.21	
琼中黎族苗族自治县	10.35	9.1	6.69	4.40	0.96	7.60	2.62	
保亭黎族苗族自治县	8.56	10.0	3.33	2.95	0.76	15.33	4.31	
重庆市								
石柱土家族自治县	24.05	13.0	23.50	25.98	3.56	48.27	24.91	
秀山土家族苗族自治县	17.17	6.2	25.90	31.20	3.93	60.78	26.52	
酉阳土家族苗族自治县	22.39	6.7	39.10	37.07	5.84	95.27	25.15	
彭水苗族土家族自治县	20.93	4.6	23.28	30.02	4.74	73.66	27.80	
四川省								
北川羌族自治县	9.86	5.3	9.59	4.61	1.76	106.03	9.09	
木里藏族自治县	5.35		7.70	5.30	1.57	42.67	3.54	
马边彝族自治县	8.77	9.6	3.60	6.94	1.90	21.84	5.42	
峨边彝族自治县	4.48	5.8	8.10	4.29	1.26	11.08	7.17	0.36
贵州省								
松桃苗族自治县	21.91	6.2	24.10	27.11	3.34	22.75	9.87	0.25
镇宁布依族苗族自治县	6.91	6.6	18.00	11.65	1.09	7.47	8.37	
紫云苗族布依族自治县	10.37	7.3	12.80	11.58	2.97	6.55	6.53	

普通中学在校学生数（万人）	小学在校学生数（万人）	医院、卫生院数（个）	医院、卫生院卫生技术人员数（人）	医院、卫生院床位数（张）	文化馆（个）	图书馆（个）	城镇居民最低生活保障人数（人）	城镇居民最低生活保障支出（万元）	农村居民最低生活保障人数（人）	农村居民最低生活保障支出（万元）
0.38	0.15	16	811	664	1	1	7709	1775.3	34981	2737.3
0.15	0.10	12	585	349	1	1	3218	740.2	23589	1720.8
0.14	0.09	16	506	565	1	1	1616	290.9	19294	976.5
0.52	0.18	22	411	468	1	1	7301	1245.2	67236	3982.4
0.28	0.16	15	382	343	1	1	3605	707.7	33379	2362.0
0.44	0.18	15	762	696	1	1	5588	1283.9	45037	2214.4
0.45	0.17	14	821	559	1	1	7356	1326.7	14857	894.0
0.57	0.25	18	853	670	1	1	11663	2188.4	52218	3672.1
0.40	0.22	13	656	549	1	1	2614	868.8	31434	3112.7
0.28	0.15	11	881	571	1	1	5853	1129.8	29177	1850.4
0.24	0.14	24	344	201	1	1	9469	2086.9	3804	478.0
0.41	0.30	17	899	672	1	1	8836	1787.0	8921	908.9
0.88	0.33	22	987	703	1	1	9135	2049.2	18253	2400.0
0.55	0.22	22	618	600	1	1	6578	2688.1	9454	2209.1
0.26	0.15	30	891	713	1	1	7672	1540.7	4310	432.3
0.21	0.14	13	314	299	1	1	4654	1223.0	5899	972.3
0.86	0.27	39	967	1356	1	1	10590	2342.0	25630	2255.6
1.13	0.33	4	812	903	1	1	12463	2368.6	37680	2802.0
1.42	0.41	41	1057	1454			17765	3205.4	45652	3824.5
1.29		42	1108	1052	1	1	12570	2342.6	33914	2626.8
0.31	0.11	24	352	893	1	1	7616	1447.8	21456	1486.0
0.16	0.09	34	309	297	1		4161	737.1	20725	1454.8
0.24	0.14	22	304	357	1	1	1577	325.6	11946	831.9
0.21	0.09	21	426	349	1		1506	323.9	10745	924.6
0.99	0.40	30	1093	969	1	2	6899	1164.2	149918	8985.2
0.60	0.18	18	485	532	1	1	2509	434.4	67266	3775.8
0.88	0.19	14	440	471	1	1	3067	505.0	77354	3405.1

2-9(二) 续表 4

地区	农林牧渔业总产值（亿元）	农林牧渔业总产值增长速度（%）	农业机械总动力（万千瓦特）	粮食总产量（万吨）	肉类总产量（万吨）	全社会固定资产投资（亿元）	社会消费品零售总额（亿元）	进出口总额（亿美元）
威宁彝族回族苗族自治县	35.40	9.5	29.40	37.27	7.05	43.20	12.53	
关岭布依族苗族自治县	9.49	7.7	16.50	11.04	1.62	7.15	9.31	
三都水族自治县	8.04	7.0	12.80	11.69	1.42	6.20	5.62	
玉屏侗族自治县	5.93	4.6	11.10	4.18	0.90	21.03	4.14	
道真仡佬族苗族自治县	9.14	1.7	18.56	14.92	1.80	11.33	5.64	
务川仡佬族苗族自治县	11.98	5.4	14.90	1.84	2.16	12.79	6.31	
印江土家族苗族自治县	17.15	8.1	15.20	15.19	0.00	17.28	5.40	
沿河土家族自治县	19.85	3.1	24.00	21.19	3.17	29.60	7.70	
云南省								
峨山彝族自治县	8.33	6.6	34.00	4.78	2.21	26.62	6.66	
石林彝族自治县	18.71	11.5	24.00	12.36	2.33	43.29	15.18	
沧源佤族自治县	9.14	12.5	5.04	5.76	0.90	15.81	4.66	
耿马傣族佤族自治县	20.64	13.7	20.00	9.11	1.35	30.84	8.47	
玉龙纳西族自治县	10.81	10.5	10.00	10.26	2.90	30.69	4.90	
宁蒗彝族自治县	6.24	28.8	5.00	7.30	1.36	13.65	4.49	
江城哈尼族彝族自治县	5.64	5.9	6.20	3.72	0.53	10.42	3.08	0.06
澜沧拉祜族自治县	13.05	0.9	25.32	18.66	2.12	34.02	8.39	0.24
孟连傣族拉祜族佤族自治县	6.73	9.7	11.03	4.87	0.53	4.81	4.27	0.40
西盟佤族自治县	2.30	10.0	7.33	3.43	0.27	3.75	1.26	0.05
河口瑶族自治县	6.60	7.0	1.90	1.91	0.49	16.01	2.69	1.87
屏边苗族自治县	5.56	11.2	3.40	6.24	2.11	10.01	4.59	
贡山独龙族怒族自治县	1.37	6.9	1.20	1.01	0.19	6.45	1.31	
巍山彝族回族自治县	14.93	13.1	13.34	11.27	3.82	9.42	7.70	
南涧彝族自治县	11.74	7.0	7.20	6.46	3.27	6.75	6.35	
寻甸回族彝族自治县	20.33	8.0	30.95	19.57	8.36	41.23	12.81	0.05
元江哈尼族彝族傣族自治县	14.39	7.8	12.03	6.66	1.79	21.24	10.52	
新平彝族傣族自治县	14.22	1.6	20.85	8.67	3.56	38.93	9.04	
墨江哈尼族自治县	11.42	12.6	17.47	12.09	1.74	27.64	5.47	
双江拉祜族佤族布朗族傣族自治县	8.43	5.3	11.99	7.45	1.31	15.56	3.69	
兰坪白族普米族自治县	3.73	6.2	6.50	7.78	1.14	26.01	5.19	
维西傈僳族自治县	5.52	6.8	12.00	6.00	0.89	31.25	3.24	

普通中学在校学生数（万人）	小学在校学生数（万人）	医院、卫生院数（个）	医院、卫生院卫生技术人员数（人）	医院、卫生院床位数（张）	文化馆（个）	图书馆（个）	城镇居民最低生活保障人数（人）	城镇居民最低生活保障支出（万元）	农村居民最低生活保障人数（人）	农村居民最低生活保障支出（万元）
3.28	1.00	47	1074	1481	1		6111	1076.0	239769	14767.0
0.52	0.17	19	540	548	1		1955	326.7	67074	3948.1
0.63	0.17	23	437	436	1	1	7422	1242.9	84280	4500.0
0.19	0.07	9	392	390	1	1	4228	795.0	21123	1372.8
0.49	0.17	16	479	854	1	1	3324	433.4	56277	3465.8
1.23	0.25	18	586	946	1		3369	479.7	71063	3900.6
0.70	0.24	23	620	500	1	1	4813	888.2	81000	4156.0
1.33	0.33	24	741	650	1		9042	1743.0	147149	7887.2
0.24	0.10	13	534	588	1	1	2300	495.0	5277	385.0
0.40	0.16	11	816	777	1	1	1890	457.2	9368	1218.5
0.28	0.13	16	257	200	1	1	5516	1101.1	62664	4284.9
0.48	0.17	18	686	669	1	1	6496	902.1	63115	4792.6
0.32	0.15	17	595	554	1	1	4233	587.0	12000	1013.2
0.45	0.17	19	415	390	5	1	9678	1137.0	57550	4877.0
0.16	0.06	10	371	250	1	1	2995	532.0	44654	3540.5
0.59	0.28	24	770	789	1	1	10745	1989.6	165545	12626.6
0.22	0.08	8	325	191	1	1	3035	524.7	42271	2882.2
0.15	0.06	8	216	189	1	1	2945	571.7	36384	3084.2
0.15	0.08	14	526	755	1	1	10950	1996.1	10920	1184.6
0.20	0.09	10	232	263	1	1	5678	1039.5	21700	1719.4
0.05	0.02	6	182	103	1	1	1221	255.0	17000	1354.0
0.48	0.12	11	542	657	1	1	4855	728.2	20400	1356.9
0.31	0.09	11	366	346	1	1	3836	626.8	24100	1911.1
1.00	0.24	24	619	1093	1	1	4973	952.4	23336	2107.0
0.31	0.14	14	435	378	1	1	4940	989.0	11880	1083.0
0.36	0.17	14	673	838	1	1	4873	804.0	19233	1300.0
0.35	0.15	18	706	668	1	1	5616	1133.8	65880	5394.8
0.25	0.11	10	267	373	1	1	5893	1015.4	45238	3778.3
0.30	0.15	11	584	445	1	1	5090	927.1	50970	4095.0
0.26	0.09	12	365	199	1	1	2891	545.6	48505	3908.6

2-9(二) 续表 5

地　　区	农林牧渔业总产值（亿元）	农林牧渔业总产值增长速度（%）	农业机械总动力（万千瓦特）	粮食总产量（万吨）	肉类总产量（万吨）	全社会固定资产投资（亿元）	社会消费品零售总额（亿元）	进出口总额（亿美元）
景东彝族自治县	19.07	9.8	25.42	13.68	2.56	10.43	7.10	
景谷傣族彝族自治县	25.02	9.5	20.28	13.53	1.54	23.23	9.50	
宁洱哈尼族彝族自治县	9.43	8.1	18.62	7.05	1.36	20.22	5.50	
漾濞彝族自治县	4.80	28.5	5.80	4.60	1.45	9.43	2.89	
禄劝彝族苗族自治县	20.31	8.7	27.40	18.23	4.47	42.55	13.77	
金平苗族瑶族傣族自治县	8.49	4.5	12.50	11.99	2.33	20.03	4.45	0.03
镇沅彝族哈尼族拉祜族自治县	10.76	8.6	19.11	8.35	1.52	9.61	5.05	
甘肃省								
张家川回族自治县	6.65	12.1	9.58	10.93	0.52	23.51	3.42	
天祝藏族自治县	6.23	7.4	23.73	4.27	1.35	26.12	11.40	
肃南裕固族自治县	3.54	7.7	6.80	2.21	0.89	23.41	2.24	
肃北蒙古族自治县	0.82	2.9	3.11	0.56	0.17	17.03	0.96	
阿克塞哈萨克族自治县	0.45	4.3	2.12	0.19	0.14	6.76	0.94	
东乡族自治县	5.21	18.5	12.20	6.98	1.18	8.14	1.07	
积石山保安族东乡族撒拉族自治县	4.31	6.4			0.35	7.66	2.14	
青海省								
互助土族自治县	18.93		41.10	13.41	3.14	21.98	7.24	
化隆回族自治县	6.74	6.0	25.37	6.97	1.08	10.32	3.69	
循化撒拉族自治县	4.34	42.0	8.57	3.20	0.57	8.81	3.70	
河南蒙古族自治县	4.81				1.31	4.12	0.63	
门源回族自治县	6.90	4.2	29.90	3.34	1.10	13.02	4.13	
大通回族土族自治县	16.95	9.0	43.00	7.82	3.07	25.00	8.97	
民和回族土族自治县	11.15	9.7	31.30	18.45	1.38	19.27	10.41	
新疆维吾尔自治区								
巴里坤哈萨克自治县	10.15	14.4	12.79	8.44	1.82	18.32	3.01	
塔什库尔干塔吉克自治县	1.53	12.0		1.05	0.19	11.52	0.86	
木垒哈萨克自治县	12.77	8.0	13.72	17.07	3.05	4.83	3.73	
焉耆回族自治县	14.70	9.1	14.54	9.85	0.98	15.44	3.88	
察布查尔锡伯自治县	14.20	6.0	15.12	36.23	1.75	17.20	1.64	
和布克赛尔蒙古自治县	5.78	15.5	3.35	0.70	0.91	21.88	1.57	

普通中学在校学生数（万人）	小学在校学生数（万人）	医院、卫生院数（个）	医院、卫生院卫生技术人员数（人）	医院、卫生院床位数（张）	文化馆（个）	图书馆（个）	城镇居民最低生活保障人数（人）	城镇居民最低生活保障支出（万元）	农村居民最低生活保障人数（人）	农村居民最低生活保障支出（万元）
0.47	0.18	15	537	634	1	1	4088	841.2	36620	4189.9
0.35	0.15	16	446	690	1	1	2546	523.2	22655	1924.0
0.21	0.14	14	551	459	1	1	4043	783.1	12711	947.0
0.10	0.06	11	226	399	1	1	3156	497.5	10350	868.2
0.70	0.25	19	1137	1523	1	6	1826	730.0	20243	1911.7
0.56	0.18	19	579	463	1	1	5517	1052.0	110500	8812.0
0.22	0.12	10	407	323	1	1	4171	775.4	19170	1531.6
0.71	0.21	25	670	620	1	1	7502	1365.7	68596	4200.4
0.22	0.16	28	840	680	1	1	8788	1881.0	67341	4726.8
0.05	0.03	23	206	354	1	1	2200	566.9	4880	485.9
0.01		5	104	88			1000	219.8	890	72.0
0.01	0.01	4	93	82	1	1	695	235.7	217	14.3
0.63	0.11	26	297	114	1	1	9286	1890.6	98800	8306.6
0.48	0.18	19	321	607	1	1	4161	975.3	60085	4182.8
0.45	0.19	24	675	663	1	1	4192	835.3	34800	2648.3
0.25	0.11	22	272	299	1	1	7438	1652.4	25200	3135.9
0.18	0.07	12	230	281	1	1	4372	969.8	8550	969.8
0.05	0.02	9	171	143	1	1	1219	302.3	3860	463.3
0.23	0.07	17	203		1		5815	1717.6	11493	1117.7
0.73	0.20	36	1455	1162	1	1	16137	3794.3	33220	4283.4
0.55	0.19	31	245	278			10068	2546.8	37100	4497.6
0.09	0.08	16	306	178	1	1	4034	918.8	9354	695.0
0.08	0.04	17	248	210	1	1	2614	612.8	12035	1110.3
0.08	0.10	11	390	350	1	1	2690	620.4	2500	249.2
0.13	0.10	14	543	621	1	1	8361	1620.0	3396	308.0
0.23		18	438	294	1	1	8800	1816.7	9204	968.4
0.05	0.07	14	380	372	1	1	5565	1136.0	4881	368.0

主要统计指标解释

国内（地区）生产总值 是按市场价格计算的国内生产总值的简称。它是一个国家（地区）所有常驻单位在一定时期内生产活动的最终成果。国内生产总值有三种表现形态：价值形态、收入形态和产品形态。从价值形态看，它是所有常驻单位在一定时期内生产的全部货物和服务价值超过同期投入的全部非固定资产货物和服务价值的差额，即所有常驻单位的增加值之和；从收入形态看，它是所有常驻单位在一定时期内所创造并分配给常驻单位和非常驻单位的初次分配收入之和；从产品形态看，它是最终使用的货物和服务减去进口货物和服务。在实际核算中，国内生产总值的三种表现形态表现为三种计算方法即生产法、收入法和支出法。三种方法分别从不同的方面反映国内生产总值及其构成。

当年价格 指报告期的实际价格如工厂的出厂价格农产品的收购价格商业的零售价格等。使用当年价格计算的数字，是为了使国民经济各项指标互相衔接，便于考察当年社会经济效益，便于对生产和流通、生产和分配、生产和消费进行经济核算和综合平衡。

按当年价格计算的价格指标在不同年份之间进行对比时，因为包含有各年间价格的因素，不能确切地反映实物量的增减变动，必须消除价格动都按可比价格计算的数字。

不变价格 指用同类产品的年平均价格作为固定价格来计算各年产品价值。按不变价格计算的产品价值消除了价格变动因素，不同时期对比可以反映生产的发展速度。新中国成立后，随着工农业产品价格水平的变化，国家统计局先后五次制定了全国统一的工业产品不变价格和农业产品不变价格，1949-1957 年使用 1952 年工（农）业产品不变价格，1957-1971 年使用 1957 年不变价格，1971-1981 年使用 1970 年不变价格，1981-1990 年使用 1980 年不变价格，1990 年开始使用年不变价格。

平均每年增长速度 在我国计算平均增长速度有两种方法：一种是习惯上经常使用的“水平法”，又称几何平均法，是以间隔期最后一年的水平同基期水平对比来计算平均每年增长（或下降）速度；另一种是“累计法”，又称代数平均法或议程法，是以间隔期内各年水平的总和同基期水平对比来计算平均每年增长（或下降）速度。

三次产业 三次产业的划分是世界上较为常用的产业结构分类，但各国的划分不尽一致。我国的三次产业划分是：

第一产业是指农、林、牧、渔业。

第二产业是指采矿业，制造业，电力、煤气及水的生产和供应业，建筑业。

第三产业是指除第一、二产业以外的其他行业。

三、人 口

3-1 民族自治地方年末总人口及构成

单位：万人

年份	民族自治地方总人口	农业人口	非农业人口	比重(以自治地方总人口为100) 农业人口	非农业人口	民族自治地方少数民族人口	少数民族人口占民族自治地方总人口的比重(%)
1952	5600.95	4967.73	633.22	88.59	11.31		
1957	6464.90	5663.04	801.86	87.60	12.40		
1965	7739.20	6618.05	1121.15	85.51	14.49		
1975	10441.43	8873.60	1567.83	84.98	15.02		
1978	11077.22	9376.34	1700.88	84.65	15.35	4342.36	39.2
1979	11333.94	9534.45	1799.49	84.12	15.88		
1980	11586.35	9717.60	1868.75	83.87	16.13	4714.31	40.7
1981	11767.29	9864.52	1902.77	83.83	16.17		
1982	12127.26	10161.43	1965.83	83.79	16.21	5007.50	41.3
1983	12659.05	10601.55	2057.50	83.75	16.25	5339.10	42.2
1984	12899.98	10769.19	2130.79	83.48	16.52	5491.20	42.6
1985	13547.71	11263.66	2284.05	83.14	16.86	5852.87	43.2
1986	13927.03	11567.63	2359.40	83.06	16.94	6072.23	43.6
1987	14246.65	11794.22	2254.43	82.79	17.21	6252.58	43.9
1988	14579.84	12037.74	2542.10	82.56	17.44	6442.79	44.2
1989	15060.57	12382.47	2678.10	82.22	17.78	6688.63	44.4
1990	15295.71	12580.41	2715.30	82.24	17.76	6879.58	45.0
1991	15462.71	12660.58	2802.13	81.88	18.12	7044.32	45.6
1992	15630.06	12768.95	2861.11	81.69	18.31	7125.20	45.6
1993	15776.06	12808.13	2967.93	81.49	18.51	7179.08	45.5
1994	15974.68	12890.12	3084.56	80.69	19.31	7286.83	45.6
1995	16044.41	12878.06	3166.35	80.27	19.73	7232.13	45.1
1996	16230.41	12941.79	3288.72	79.74	20.26	7393.99	45.6
1997	16407.92	13054.47	3353.45	79.56	20.44	7451.12	45.4
1998	16615.95	13155.42	3460.53	79.17	20.83	7577.45	45.6
1999	16678.00	13169.40	3508.60	78.96	21.04	7571.34	45.4
2000	16817.70	13246.25	3570.45	78.76	21.24	7766.76	46.2
2001	16870.10	13256.90	3613.20	78.59	21.41	7799.47	46.2
2002	17051.24	13287.33	3763.91	77.93	22.07	7930.39	46.5
2003	17214.12	13384.84	3829.28	77.75	22.25	8016.96	46.6
2004	17311.28	13407.54	3903.74	77.45	22.55	8114.66	46.9
2005	17498.65	13426.44	4072.21	76.73	23.27	8238.95	47.1
2006	17679.86	13365.71	4314.16	75.60	24.40	8367.37	47.3
2007	17947.89	13570.29	4310.46	75.61	24.02	8501.22	47.4
2008	18135.33	13723.48	4351.91	75.92	24.08	8616.02	47.5
2009	18317.90	13670.06	4647.84	74.63	25.37	8713.71	47.6
2010	18531.02	13489.35	4968.88	72.79	26.81	8813.76	47.6

注：1. 本表未扣除区域变动因素，年度之间不可比。下同。
2. 有些年份因部分省区农业人口与非农业人口数据不全，因此合计数不等于总人口数。

3-2 民族自治地方分地区年末总人口和少数民族人口(2010年)

地　区	年末总人口（万人）	#少数民族人口	少数民族占总人口的比重（%）
合　计	**18531.02**	**8813.76**	**47.56**
河　北	204.38	121.19	59.29
内蒙古	2472.18	505.56	20.45
辽　宁	334.15	179.09	53.59
吉　林	335.16	114.47	34.15
黑龙江	25.52	5.28	20.70
浙　江	17.19	1.88	10.94
湖　北	458.86	258.28	56.29
湖　南	515.77	397.84	77.14
广　东	49.98	18.52	37.06
广　西	5159.00	1957.00	37.93
海　南	177.51	88.75	49.99
重　庆	270.81	187.96	69.41
四　川	734.12	437.52	59.60
贵　州	1718.57	1034.97	60.22
云　南	2238.82	1253.70	56.00
西　藏	300.21	275.69	91.83
甘　肃	345.10	198.19	57.43
青　海	359.66	237.94	66.16
宁　夏	632.71	233.21	36.86
新　疆	2181.33	1306.72	59.90

3-3 民族自治地方分地区人口构成(2010年)

单位：万人

地区	按性别分		按城乡分		按农业非农业分	
	男	女	城镇人口	乡村人口	农业人口	非农业人口
合计	**9574.39**	**8883.85**	**7371.14**	**11087.09**	**13489.35**	**4968.88**
河北	106.57	97.81	58.05	146.33	170.15	34.23
内蒙古	1283.92	1188.26	1372.90	1099.28	1461.96	1010.22
辽宁	170.90	163.26	100.26	233.89	255.42	78.73
吉林	168.45	166.71	238.03	97.13	160.92	174.23
黑龙江	12.93	12.59	6.57	18.95	18.26	7.26
浙江	9.11	8.08	8.17	9.01	14.08	3.11
湖北	239.55	219.31	128.77	330.09	393.66	65.19
湖南	268.06	247.71	156.83	358.95	425.97	89.81
广东	25.75	24.23	12.28	37.70	41.07	8.91
广西	2708.00	2451.00	2398.00	2761.00	4321.00	838.00
海南	92.99	84.52	53.21	124.30	116.33	61.19
重庆	142.15	128.66	60.42	210.39	216.09	54.72
四川	377.25	356.87	210.36	523.76	265.31	468.81
贵州	898.29	820.28	542.10	1176.46	1536.12	182.45
云南	1150.78	1088.04	613.07	1625.75	1707.63	531.19
西藏	154.26	145.95	68.06	232.15	232.15	68.06
甘肃	140.67	131.64	34.45	237.86	225.83	46.48
青海	183.90	175.76	116.16	243.50	283.22	76.44
宁夏	321.84	310.87	291.97	340.74	396.17	236.54
新疆	1119.02	1062.31	901.47	1279.86	1248.01	933.32

注：甘肃分项数据不全，故分项数据之和不等于总数。

主要统计指标解释

人口数 指一定时点、一定地区范围内的有生命的个人的总和。年度统计的年末人口数指每年 12 月 31 日 24 时的人口数。

市镇总人口和乡村总人口 一般是按常住人口划分。

市镇总人口 指市、镇辖区的全部人口。

乡村总人口 指县（不含镇）的全部人口。

市 指经国家批准成立“市”建制的城市。

镇 指经省、自治区、协调批准的镇。1963 年以前为常住人口在 2000 人以上，非农业人口占 50%以上的人口聚居地。1964 年起改为常住人口在 3000 人以上，非农业人口占 70%以上或常住人口在 2500 人以上，不满 3000 人，非农业人口占 85%以上的。1984 年后又调整为凡县级地方国家机关所在地；或总人口在 20000 人以下的乡，乡政府驻地非农业人口超过 2000 人的；或总人口在 20000 人以上的乡，乡政府驻地非农业人口占全乡 10%以上；或少数民族地区、人口稀少的边远地区、山区和小型工矿区、小港口、风景旅游地、边境口岸等地，非农业人口虽不足 2000 人，都可建镇。

四、就业人员和劳动报酬

4-1 民族自治地方单位就业人员年平均工资

单位：元

年 份	合 计	国有单位	城镇集体单位	其他单位
1981	816	848	650	
1982	845	827	686	
1983	884	917	711	
1984	1026	1077	810	
1985	1142	1202	899	
1986	1320	1392	1011	
1987	1465	1535	1156	
1988	1739	1815	1396	
1989	1850	1931	1420	
1990	2040	2150	1525	2033
1991	2214	2318	1718	2284
1992	2527	3006	1949	2538
1993	3074	3210	2363	3652
1994	3970	4092	3185	4205
1995	4559	4857	3492	4801
1996	5268	5436	4033	5513
1997	5593	5799	4102	6077
1998	6243	6414	4580	6739
1999	6822	6979	5093	7234
2000	7802	7976	5716	8165
2001	9548	9839	6762	9385
2002	10990	11303	7277	11042
2003	12471	12877	8365	12164
2004	14583	15235	10161	13370
2005	15481	15869	10966	15201
2006	17766	18323	12375	17041
2007	21374	22334	15163	19603
2008	25232	26034	18600	23854
2009	28187	29351	21439	25994
2010	32218	33258	27263	30111

注：1．本表未扣除区域变动因素，年度之间不可比。下同。
　　2．1998年以后为人均劳动报酬。

4-2 民族自治地方分地区年末单位就业人员(2010年)

单位：万人

地　区	合　计	国有单位	城镇集体单位	其他单位
合　计	**1296.67**	**907.93**	**44.10**	**344.64**
河　北	9.57	7.15	0.32	2.10
内蒙古	249.10	169.40	8.90	70.80
辽　宁	14.87	11.67	1.41	1.79
吉　林	32.40	23.17	0.94	8.28
黑龙江	1.11	0.82	0.12	0.18
浙　江	0.93	0.68	0.05	0.20
湖　北	17.10	12.85	0.16	4.09
湖　南	22.55	18.50	1.34	2.71
广　东	3.60	2.04	0.19	1.37
广　西	316.68	203.32	17.27	96.09
海　南	7.47	6.67	0.29	0.52
重　庆	8.81	7.30	0.33	1.18
四　川	37.46	30.04	0.89	6.52
贵　州	57.98	47.99	2.12	7.86
云　南	132.82	88.46	3.99	40.37
西　藏	22.21	20.73	0.48	1.01
甘　肃	18.35	16.47	0.70	1.19
青　海	29.38	19.35	0.65	9.38
宁　夏	59.31	37.18	0.81	21.33
新　疆	254.96	184.15	3.14	67.67

4-3 民族自治地方分地区单位就业人员劳动报酬(2010年)

单位：亿元

地区	合计	国有单位	城镇集体单位	其他单位
合计	**4177.61**	**3019.62**	**120.24**	**1037.75**
河北	26.03	20.53	1.24	4.26
内蒙古	888.24	629.86	26.68	231.70
辽宁	82.48	65.44	11.30	5.74
吉林	77.91	60.51	2.19	15.21
黑龙江	2.49	2.02	0.14	0.33
浙江	3.56	2.86	0.14	0.57
湖北	43.68	35.23	0.51	7.94
湖南	58.24	49.45	2.55	6.24
广东	9.99	6.47	0.52	3.01
广西	952.74	658.24	36.47	258.02
海南	22.58	20.94	0.53	1.10
重庆	24.88	20.76	0.77	3.36
四川	131.20	108.09	2.80	20.32
贵州	161.64	136.58	6.19	18.87
云南	349.57	256.89	10.40	82.28
西藏	108.95	105.11	0.79	3.05
甘肃	51.46	48.09	1.01	2.35
青海	105.29	83.55	1.43	20.31
宁夏	225.90	131.50	3.70	90.70
新疆	850.80	577.50	10.90	262.40

4-4 民族自治地方分地区单位就业人员平均劳动报酬(2010年)

单位: 元

地区	合计	国有单位	城镇集体单位	其他单位
合计	**32218**	**33258**	**27263**	**30111**
河北	27198	28725	38590	20264
内蒙古	35658	37182	29979	32726
辽宁	55450	56064	80257	31981
吉林	24048	26112	23280	18361
黑龙江	22418	24711	11932	18730
浙江	38451	42299	25704	28721
湖北	25537	27409	32173	19405
湖南	25830	26734	19077	23001
广东	27714	31693	26649	21936
广西	30085	32375	21122	26852
海南	30209	31416	18425	21276
重庆	28244	28459	23017	28388
四川	35023	35976	31264	31147
贵州	27879	28458	29163	24001
云南	26319	29041	26035	20384
西藏	49050	50711	16433	30356
甘肃	28037	29199	14532	19821
青海	35835	43190	21934	21640
宁夏	38085	35370	45690	42530
新疆	33370	31360	34728	38779

4-5 民族自治地方分地区年末在岗职工人数(2010年)

单位: 万人

地区	合计	国有单位	城镇集体单位	其他单位
合计	**1223.40**	**862.00**	**38.55**	**322.85**
河北	9.18	6.87	0.32	1.99
内蒙古	244.88	166.70	8.58	69.60
辽宁	14.32	11.33	1.35	1.63
吉林	30.80	22.25	0.90	7.65
黑龙江	1.07	0.78	0.12	0.18
浙江	0.86	0.61	0.05	0.19
湖北	16.49	12.28	0.16	4.05
湖南	21.59	17.91	1.14	2.54
广东	3.55	2.02	0.17	1.37
广西	291.98	187.53	13.57	90.87
海南	7.06	6.28	0.27	0.51
重庆	8.28	7.01	0.24	1.03
四川	35.65	28.54	0.88	6.23
贵州	53.31	44.18	1.78	7.35
云南	122.49	82.51	3.62	36.36
西藏	19.46	18.42	0.48	0.56
甘肃	17.62	15.83	0.68	1.10
青海	24.69	18.59	0.55	5.54
宁夏	54.65	33.97	0.68	20.00
新疆	245.48	178.40	3.00	64.08

4-6 民族自治地方分地区在岗职工工资总额(2010年)

单位: 亿元

地区	合计	国有单位	城镇集体单位	其他单位
合计	**4008.39**	**2917.45**	**104.56**	**986.38**
河北	25.50	20.13	1.24	4.14
内蒙古	879.80	625.28	26.11	228.41
辽宁	38.04	30.75	3.03	4.27
吉林	75.57	59.59	2.15	13.83
黑龙江	2.44	1.97	0.14	0.33
浙江	3.42	2.72	0.14	0.56
湖北	43.15	34.67	0.50	7.98
湖南	53.31	45.59	2.21	5.51
广东	9.92	6.43	0.48	3.01
广西	912.60	636.10	30.65	245.85
海南	22.06	20.49	0.49	1.08
重庆	24.33	20.44	0.67	3.23
四川	128.31	105.97	2.74	19.60
贵州	154.85	130.98	7.02	16.84
云南	336.84	250.48	10.04	76.32
西藏	105.83	102.35	0.78	2.70
甘肃	50.65	47.43	1.00	2.22
青海	96.57	81.91	1.28	13.38
宁夏	216.50	127.19	3.36	85.96
新疆	828.69	566.98	10.54	251.17

4-7 民族自治地方分地区在岗职工平均工资(2010年)

单位: 元

地 区	合 计	国有单位	城镇集体单位	其他单位
合 计	**32764**	**33845**	**27127**	**30552**
河 北	27797	29312	38886	20798
内蒙古	35928	37508	30446	32818
辽 宁	26566	27130	22390	26107
吉 林	24533	26784	23802	18075
黑龙江	22876	25464	11907	18730
浙 江	39854	44436	25705	29081
湖 北	26176	28233	32469	19701
湖 南	24691	25456	19318	21712
广 东	27913	31874	29113	21936
广 西	31256	33920	22579	27054
海 南	31256	32648	17834	21311
重 庆	29390	29171	28012	31189
四 川	35997	37128	31293	31474
贵 州	29044	29646	39395	22918
云 南	27499	30358	27719	20989
西 藏	54397	55581	16447	47721
甘 肃	28755	29966	14664	20108
青 海	39107	44052	23070	24130
宁 夏	39614	37442	49122	42977
新 疆	33758	31781	35138	39196

主要统计指标解释

单位就业人员 指在各级国家机关、政党机关、社会团体及企业、事业单位中工作，取得工资或其他形式的劳动报酬的全部人员。包括在岗职工和其他就业人员，不包括离开本单位仍保留劳动关系的职工。

乡村劳动力 指乡村人口中实际参加各种行业劳动并取得实物或货币收入的劳动力人数。包括劳动年龄内实际参加劳动的人数和不足或超过劳动年龄实际参加劳动的人数。

城镇登记失业人员 指有非农业户口，在一定的劳动年龄内，有劳动能力，无业而要求就业，并在当地就业服务机构进行求职登记的人员。

城镇登记失业率 指城镇登记失业人数同城镇就业人数与城镇登记失业人数之和的比。计算公式:

城镇登记失业率=城镇登记失业人数/（城镇就业人数+城镇登记失业人数）×100%

就业人员劳动报酬 指各单位在一定时期内直接支付给本单位就业人员的劳动报酬总额。

工资总额的计算原则应以直接支付给职工的全部劳动报酬为根据。各单位支付给职工的劳动报酬以及其他根据有关规定支付的工资，不论是计入成本的还是不计入成本的，不论是按国家规定列入计征资金税项目的还是未列入计征资金税项目的，不论是以货币形式支付的还是以实物形式支付的，均包括在工资总额内。

五、固定资产投资

5-1 民族自治地方全社会固定资产投资和新增固定资产完成情况

单位：亿元

年　份	全社会固定资产投资	#国有经济固定资产投资	新增固定资产
1980			40.03
1981		61.62	29.25
1982		74.20	45.56
1983		93.24	63.21
1984		115.00	75.72
1985		161.94	118.88
1986		171.84	131.72
1987		200.17	241.92
1988		246.86	176.40
1989		230.99	193.15
1990		259.45	226.34
1991		340.84	251.00
1992	675.39	531.01	354.29
1993	978.51	791.44	543.07
1994	1271.46	994.16	603.75
1995	1444.03	982.60	924.65
1996	1611.37	1078.76	950.21
1997	1791.29	1198.37	1000.95
1998	2077.93	1342.49	1226.82
1999	2230.47	1411.56	1445.81
2000	2477.00	1552.59	1803.97
2001	2928.36	1610.05	1718.51
2002	3542.10	2187.80	2058.52
2003	4733.93	2652.59	2582.59
2004	6259.40	2923.32	
2005	8357.69	3767.48	5006.48
2006	10564.01	4642.16	5795.57
2007	13517.34	5198.81	7729.66
2008	17285.35	6655.11	7595.31
2009	23262.59	9397.21	14512.25
2010	29875.92	12045.84	16149.52

5-2 民族自治地方分地区全社会固定资产投资和新增固定资产(2010年)

单位：亿元

地　区	全社会固定资产投资	城镇固定资产投资	农村固定资产投资	新增固定资产
合　计	**29875.92**	**26927.02**	**2948.90**	**16149.52**
河　北	346.05	291.35	54.70	149.33
内蒙古	8926.50	8688.00	238.50	5742.80
辽　宁	684.54	558.33	126.20	482.85
吉　林	991.54	785.39	206.14	852.01
黑龙江	43.69	40.01	3.68	43.69
浙　江	18.08	10.59	7.49	4.52
湖　北	284.59	239.85	44.74	198.32
湖　南	348.46	305.65	42.80	175.83
广　东	49.32	35.57	13.75	31.98
广　西	7057.60	6383.30	674.30	3145.90
海　南	159.93	149.90	10.04	52.57
重　庆	277.98	243.11	34.86	101.32
四　川	1372.98	1086.09	286.89	739.64
贵　州	981.03	838.54	142.49	388.42
云　南	2253.88	1896.32	357.56	1204.57
西　藏	462.70	405.43	57.27	254.30
甘　肃	288.19	242.97	45.22	146.04
青　海	461.48	368.72	92.76	216.23
宁　夏	1444.20	1292.80	151.40	570.90
新　疆	3423.20	3065.10	358.10	1648.30

5-3 民族自治地方分地区按经济类型分的全社会固定资产投资(2010年)

单位: 亿元

地区	全社会固定资产投资	#国有经济	#集体经济	#外商港澳台经济
合　计	**29875.92**	**12045.84**	**517.17**	**807.81**
河　北	346.05	36.86	9.12	3.80
内蒙古	8926.50	3345.90	108.74	162.00
辽　宁	684.54	127.02	23.33	12.56
吉　林	991.54	388.67	17.65	33.83
黑龙江	43.69	15.39	0.55	27.75
浙　江	18.08	11.63	4.02	
湖　北	284.59	128.22	17.28	1.56
湖　南	348.46	265.25	9.05	1.41
广　东	49.32	13.23	3.57	0.25
广　西	7057.60	2164.80	145.50	344.90
海　南	159.93	51.88	4.83	19.43
重　庆	277.98	181.64	0.22	0.28
四　川	1372.98	915.35	3.36	21.49
贵　州	981.03	705.05	67.54	5.52
云　南	2253.88	1162.85	77.15	98.68
西　藏	462.70	333.70	3.03	2.60
甘　肃	288.19	94.29	1.77	
青　海	461.48	218.01	6.86	16.24
宁　夏	1444.20	464.70	2.80	17.90
新　疆	3423.20	1421.40	10.81	37.60

5-4 民族自治地方分地区按资金来源分的全社会固定资产投资(2010年)

单位：亿元

地　区	国家预算内资金	国内贷款	利用外资	自筹资金
合　计	**3032.89**	**4485.88**	**182.75**	**16149.52**
河　北	23.47	59.15	1.94	149.33
内蒙古	378.75	1090.30	7.50	5742.80
辽　宁	40.24	65.17	2.35	482.85
吉　林	128.24	20.03	21.95	852.01
黑龙江	15.26	0.58	27.85	43.69
浙　江	1.11	1.63	0.21	4.52
湖　北	46.87	53.37	1.21	198.32
湖　南	86.17	21.16	1.31	175.83
广　东	6.42	1.67	1.66	31.98
广　西	331.10	1050.30	68.60	3145.90
海　南	25.58	35.04		52.57
重　庆	46.17	40.00	0.35	101.32
四　川	298.35	277.96	3.24	739.64
贵　州	173.02	355.42	15.77	388.42
云　南	302.95	402.09	10.71	1204.57
西　藏	321.50	9.88	1.44	254.30
甘　肃	32.84	14.58		146.04
青　海	107.05	43.95	0.53	216.23
宁　夏	89.00	410.90	4.10	570.90
新　疆	578.80	532.70	12.04	1648.30

5-5 民族自治地方国有经济基本建设投资

单位：亿元

年　份	基本建设投资	年　份	基本建设投资
1950—1952	5.60	1976—1980	237.58
1953—1957	40.78	1981—1985	344.71
1958—1962	119.93	1986—1990	662.88
1963—1965	45.06	1991—1995	2399.00
1966—1970	90.05	1996—2000	4876.74
1971—1975	152.12	2001—2003	5169.67

主要统计指标解释

全社会固定资产投资 固定资产投资是社会固定资产再生产的主要手段。通过建造和购置固定资产的活动，国民经济不断采用先进技术装备，建立新兴部门，进一步调整经济结构和生产力的地区分布，增强经济实力，为改善人民物质文化生活创造物质条件。这对我国的社会主义现代化建设具有重要意义。

固定资产投资额是以货币表现的建造和购置固定资产活动的工作量，它是反映固定资产投资规模、速度、比例关系和使用方向的综合性指标。全社会固定资产投资包括国有经济单位投资、城乡集体经济单位投资、各种经济类型的单位投资和城乡居民个人投资。按照我国现行计划管理体制，国有经济单位固定投资总额分为基本建设、更新改造、商品房屋建设投资和其他固定资产投资四个部分；城乡集体经济单位投资包括城镇集体所有制单位投资和农村集体所有制单位投资；各种经济类型的单位投资包括联营经济、股份制经济、中外合资经营、中外合作经营、外资、港澳台与大陆合资经营、港澳台与大陆合作经营、港澳台独资及其他经济类型的单位投资。

基本建设投资 基本建设是企业、事业单位以扩大生产能力或工程效益为主要目的的新建、扩建工程及有关工作。包括工厂、矿山、铁路、桥梁、港口、农田水利、商店、住宅、学校、医院等工程的建造和机器设备、车辆船舶、飞机等的购置。

基本建设投资额是以货币表现的基本建设完成的量，是反映一定时期内基本建设规模和建设进度的综合性指标。它是根据工程的实际进度按预算价格（预算价格是编制施工图预算时所用的价格）计算的工作量，没有形成工程实体的建筑材料和没有开始安装的设备都不计算投资完成额。

更新改造投资 更新改造是指企业、事业单位对原有设施进行固定资产更新和技术改造，以及相应配套的工程和有关工作（不包括大修理和维护工程）。更新改造投资是以货币表现的更新改造完成的工作量。根据我国现行统计制度基本建设和更新改造的划分是:（1）列入基本建设计划的项目作为基本建设投资，列入更新改造计划的项目作为更新改造投资。（2）更新改造计划与基本建设计划结合安排的项目以及未列入计划的项目，根据工程性质作为基本建设投资或更新改造投资。属于对企业、事业单位原有设施进行技术改选或更新的项目和增建主要生产车间、分厂等，其新增生产能力或效益尚未达到大中型标准的项目，以及由于城市环境保护和安全生产的需要而进行的迁建工程，作为更新改造投资。

其他固定资产投资 指通过投资活动所形成的新的固定资产价值。包括已经建成投入生产或交付使用的工程价值和达到固定资产标准的设备、工具、器具的价值及有关应摊入的费用。它是以价值形式表示的固定资产投资的综合性指标，可以综合反映不同时期、不同部门、不同地区的固定资产投资成果。

六、财　政

6-1 民族自治地方财政收支情况

单位：亿元

年 份	收 入			支 出			收支差额
	合 计	五个自治区	自治州、县	合 计	五个自治区	自治州、县	
1952	4.96	3.81	1.15	4.39	3.34	1.05	0.57
1957	11.48	8.91	2.57	12.43	9.58	2.85	-0.95
1960	29.19	21.92	7.27	42.87	35.12	7.75	-13.68
1961	16.58	12.54	4.04	21.36	16.54	4.82	-4.78
1962	13.23	9.93	3.30	14.15	11.10	3.05	-0.92
1963	15.71	11.57	4.14	16.69	12.60	4.09	-0.98
1964	17.62	13.22	4.40	20.55	16.09	4.46	-2.93
1965	19.67	15.09	4.58	23.06	18.48	4.58	-3.39
1966	21.18	16.65	4.53	26.07	21.00	5.07	-4.89
1968	10.68	8.74	1.94	17.02	13.12	3.90	-6.34
1972	22.05	15.94	6.11	43.12	31.55	11.57	-21.07
1973	22.72	15.13	7.59	47.83	34.91	12.92	-25.11
1974	22.87	15.31	7.56	49.66	36.90	12.76	-26.79
1975	23.49	15.80	7.69	50.63	38.01	12.62	-27.14
1976	24.41	16.24	8.17	55.70	41.24	14.46	-31.29
1977	28.46	19.26	9.20	59.97	43.35	16.62	-31.51
1978	40.79	30.18	10.61	83.35	62.02	21.33	-42.56
1979	34.00	25.88	8.12	87.97	69.93	18.04	-53.97
1980	31.07	22.44	8.63	81.20	62.45	18.75	-50.13
1981	29.67	19.77	9.90	76.13	56.17	19.96	-46.46
1982	36.31	23.86	12.45	86.81	63.42	23.39	-50.50
1983	41.48	27.81	13.67	100.62	73.11	27.51	-59.14
1984	45.33	30.65	14.68	131.58	96.28	35.30	-86.25
1985	63.45	42.32	21.13	156.98	112.67	44.31	-93.53
1986	80.66	55.04	25.62	198.62	142.22	56.40	-117.96
1987	97.51	65.62	31.89	210.43	147.92	62.51	-112.92
1988	119.39	78.74	40.65	241.10	167.49	73.61	-121.71
1989	147.65	96.49	51.16	273.26	182.62	90.64	-125.61
1990	166.74	109.28	57.46	304.37	202.37	102.00	-137.63
1991	204.35	136.28	68.07	342.70	227.70	115.00	-138.35
1992	210.00	135.17	74.83	367.52	239.11	128.41	-157.52
1993	302.69	199.59	103.10	462.31	301.48	160.83	-159.62
1994	201.49	139.97	61.52	516.96	338.52	178.44	-315.47
1995	248.13	172.56	75.57	595.12	397.04	198.08	-346.99
1996	313.01	211.19	101.82	720.15	464.65	255.50	-407.14
1997	355.66	246.98	108.68	774.97	512.39	262.58	-419.31
1998	399.31	284.16	115.15	868.54	605.10	263.44	-469.23
1999	437.18	314.86	122.32	1003.77	693.84	309.93	-566.59
2000	475.54	347.35	128.19	1172.90	817.34	355.56	-697.36
2001	544.92	406.88	138.04	1608.60	1132.38	476.22	-1063.68
2002	594.66	449.83	144.83	1926.50	1426.71	499.79	-1331.84
2003	673.97	508.78	165.19	2109.30	1511.01	598.29	-1435.34
2004	825.78	637.72	188.06	2467.73	1749.48	718.25	-1641.95
2005	1026.35	800.56	225.79	3050.44	2158.08	892.36	-2024.08
2006	1281.04	981.34	299.70	3732.88	2613.53	1119.35	-2451.84
2007	1660.89	1297.14	363.75	4898.51	3461.27	1437.24	-3237.61
2008	2099.88	1650.05	449.83	6496.73	4635.88	1860.85	-4396.85
2009	2548.23	2002.30	545.93	8368.64	5798.07	2570.57	-5820.41
2010	3255.56	2532.74	722.82	10511.53	7088.57	3422.95	-7255.97

注：表列五个自治区，系指内蒙古自治区、广西壮族自治区、西藏自治区、宁夏回族自治区和新疆维吾尔自治区。
自治州、县系指除上述五个自治区以外各省所属的民族自治州、自治县。

6-2 民族自治地方分地区财政收入情况(2010年)

单位：亿元

地区	财政总收入	#地方财政一般预算收入	#各项税收
合计	**6037.23**	**3255.56**	**2374.87**
河北	46.30	19.13	15.97
内蒙古	1738.14	1069.98	752.81
辽宁	124.92	55.19	40.85
吉林	108.97	53.36	35.03
黑龙江	11.06	2.35	1.92
浙江	3.80	2.24	1.96
湖北	61.48	25.17	19.03
湖南	58.55	26.10	17.09
广东	19.94	5.86	3.51
广西	1228.75	771.99	533.87
海南	93.24	22.74	19.42
重庆	40.50	20.52	13.31
四川	153.48	101.55	64.44
贵州	181.82	99.26	71.21
云南	509.75	226.66	168.79
西藏	567.65	36.65	25.28
甘肃	28.23	13.94	9.41
青海	80.57	48.73	37.96
宁夏	286.83	153.55	126.79
新疆	693.27	500.58	416.23

6-3 民族自治地方分地区各项税收情况(2010年)

单位：亿元

地　　区	各项税收	#增值税	#营业税	#企业所得税	#个人所得税
合　　计	**2374.87**	**398.87**	**840.93**	**259.26**	**122.69**
河　　北	15.97	3.64	5.89	1.04	0.62
内 蒙 古	752.81	135.95	234.57	101.27	39.34
辽　　宁	40.85	5.43	11.59	3.89	1.68
吉　　林	35.03	6.19	10.98	3.73	1.88
黑 龙 江	1.92	0.83	0.40	0.18	0.04
浙　　江	1.96	0.23	0.66	0.14	0.44
湖　　北	19.03	2.58	5.41	1.06	0.58
湖　　南	17.09	2.89	5.23	0.65	0.90
广　　东	3.51	0.85	0.68	0.42	0.13
广　　西	533.87	77.48	207.44	58.95	25.84
海　　南	19.42	1.41	9.18	2.41	0.40
重　　庆	13.31	2.04	4.95	1.01	0.55
四　　川	64.44	10.48	25.03	5.19	2.91
贵　　州	71.21	8.07	23.63	5.90	6.51
云　　南	168.79	33.94	60.71	7.47	3.66
西　　藏	25.28	3.50	11.96	4.53	1.98
甘　　肃	9.41	2.18	3.99	0.83	0.67
青　　海	37.96	5.62	11.14	6.51	1.61
宁　　夏	126.79	20.25	56.24	14.08	5.57
新　　疆	416.23	75.31	151.27	40.02	27.38

6-4 民族自治地方分地区财政支出情况(2010年)(一)

单位: 亿元

地区	地方财政支出	#一般公共服务	#教育	#科学技术
合计	**10511.53**	**1243.57**	**1696.60**	**87.59**
河北	64.69	9.75	13.05	0.27
内蒙古	2273.50	254.53	322.11	21.39
辽宁	127.96	14.60	21.68	0.92
吉林	197.98	25.47	27.51	0.89
黑龙江	10.98	1.80	2.16	0.01
浙江	12.50	1.76	1.50	0.12
湖北	152.67	20.18	24.54	0.82
湖南	159.47	21.81	24.57	0.76
广东	16.90	2.88	3.10	0.22
广西	2007.59	268.76	366.84	21.66
海南	83.69	10.71	15.74	0.65
重庆	81.65	9.65	15.56	0.49
四川	585.98	53.72	61.76	1.80
贵州	497.49	74.29	106.85	2.34
云南	886.67	98.11	161.49	4.76
西藏	551.04	72.35	60.80	2.71
甘肃	201.45	23.75	24.89	0.59
青海	342.90	32.14	47.04	1.03
宁夏	557.53	51.77	81.59	5.97
新疆	1698.91	195.57	313.84	20.19

6-4 民族自治地方分地区财政支出情况(2010年)(二)

单位: 亿元

地区	#环境保护	#交通运输	#文化体育与传媒	#农林水事务	#工业商业金融等事务
合计	**405.79**	**520.78**	**205.01**	**1442.56**	**408.24**
河北	4.51	2.14	0.83	10.77	0.77
内蒙古	107.99	121.05	52.96	281.00	
辽宁	5.72	1.85	1.72	25.79	2.59
吉林	10.54	5.46	4.67	28.59	15.16
黑龙江	0.66	0.23	0.23	2.44	0.42
浙江	0.19	2.31	0.31	1.62	0.27
湖北	8.20	13.71	1.85	25.00	3.73
湖南	8.20	7.86	3.05	22.78	4.93
广东	0.74	0.30	0.38	2.24	0.33
广西	63.99	93.71	32.77	260.26	216.70
海南	1.92	1.17	2.05	15.63	0.59
重庆	5.08	3.27	1.13	15.09	3.01
四川	22.56	34.47	8.43	49.49	5.73
贵州	16.74	8.48	5.57	94.11	11.25
云南	30.84	40.32	27.93	136.12	21.96
西藏	11.77	64.06	1.25	89.11	8.39
甘肃	7.22	4.32	3.63	26.02	1.93
青海	17.12	2.72	6.25	41.77	97.67
宁夏	30.79	21.80	16.09	94.23	12.84
新疆	51.02	91.54	33.92	220.50	

主要统计指标解释

财政收入 指国家财政参与社会产品分配所取得的收入，是实现国家职能的财力保证。财政收入所包括的内容几经变化，目前主要包括:

1. 各项税收: 包括增值税、营业税、消费税、土地增值税、城市维护建设税、资源税、城市土地使用税、印花税、固定资产投资方向调节税、个人所得税、企业所得税、关税、农牧业税和耕地占用税。

2. 专项收入: 包括征收排污费收入、城市水资源费收入、教育费附加收入等。

3. 其他收入: 包括基本建设贷款归还收入、基本建设收入、捐赠收入等。

4. 国有企业计划亏损补贴: 此项为负收入，冲减财政收入。

财政支出 指国家财政将筹集起来的资金进行分配使用，以满足经济建设和各项事业的需要。主要包括:

1. 一般公共服务: 指政府提供基本公共管理与服务的支出。

2. 教育: 指政府教育事务支出。

3. 科学技术: 指用于科学技术方面的支出。

4. 文化体育与传媒: 指政府在文化、文物、体育、广播影响、新闻出版等方面的支出。

5. 社会保障和就业: 指政府在社会保障与就业方面的支出。

6. 医疗卫生: 指政府医疗卫生方面的支出。

7. 环境保护: 指政府环境保护支出。

8. 农林水事务: 指政府农林水事务支出。

9. 交通运输: 指政府交通运输和邮政业方面的支出。

10. 工业商业金融等事务: 指政府对工业、商业及金融等方面的支出。

地方财政收入 指按现行分税制财政体制划分的中央本级收入和地方本级收入。属于地方财政的收入包括营业税（不含铁道部门、各银行总行、各保险公司总公司集中交纳的营业税)、地方企业上缴利润、城市维护建设税（不含铁道部门、各银行总行、各保险公司总公司集中交纳的部分)、房产税、城镇土地使用税、土地增值税、车船税、耕地占有税、契税、烟叶税、印花税、增值税 25%部分、纳入共享范围的企业所得税 40%部分、个人所得税 40%部分、证券交易印花税 3%部分、海洋石油资源税以外的其他资源税、地方非税收入等。

地方财政支出 指根据政府在经济和社会活动中的不同职责，划分中央和地方政府的责权，按照政府的责权划分确定的支出。地方财政支出包括一般公共服务支出、公共安全支出、地方统筹的各项社会事业支出等。

七、人民生活

7-1 民族自治地方农村经济收益分配

单位：万元

年 份	总收入	总费用	纯收入	农村居民人均纯收入（元）
1980	1150891	340849	810042	76
1981	1185423	306249	879174	85
1982	1469052	325352	1143700	121
1983	2365174	523817	1841357	196
1984	2934551	664198	2270353	213
1985	4374432	1197661	3176771	272
1986	4659810	1475707	3184103	282
1987	5612773	1843054	3769719	390
1988	7269734	2614861	4654873	357
1989	8384964	3310070	5074719	316
1990	9808134	3557847	6250287	402
1991	11103900	4257723	6846177	508
1992	14516956	6839613	7677343	568
1993	17647399	9213249	8434150	629
1994	26941170	15745332	12395140	820
1995	39168900	24476400	14634500	945
1996	58982800	30164200	16527500	1300
1997			19025038	1489
1998			20493461	1633
1999			21238277	1653
2000			18513508	1626
2001			18771435	1726
2002			20097149	1771
2003			21630125	1895
2004			23661775	2113
2005			26373410	2287
2006			29105425	2517
2007			33292764	2900
2008			38672130	3369
2009			22860767	3656
2010			46926039	4232

7-2 民族自治地方分地区城镇居民生活水平情况(2010年)(一)

单位：元

地区	城镇居民可支配收入	城镇居民人均生活费支出合计	#食品	#衣着	#居住
合计	**15605.52**	**11231.05**	**4017.20**	**1326.16**	**1092.46**
河北	14766.62	8896.55	2693.30	1467.71	1195.37
内蒙古	17698.00	13995.00	4211.00	2204.00	1384.00
辽宁	12532.82	8094.54	2954.42	1141.99	1040.99
吉林	15052.98	11140.74	3531.12	1603.99	1269.89
黑龙江	9129.00	5178.00	1700.00	1038.00	825.00
浙江	17901.00	11893.00	5652.00	390.00	6202.00
湖北	11386.78	8462.68	3257.65	1100.61	1074.33
湖南	11553.55	8111.24	2892.79	883.73	859.62
广东	11954.81	8234.75	3614.18	687.99	937.00
广西	17064.00	11490.00	4373.00	926.00	1167.00
海南	12724.02	7799.73	4100.15	438.64	749.07
重庆	13186.21	9329.73	3629.37	1102.38	1163.36
四川	14797.42	10453.22	4547.64	1284.93	828.43
贵州	14231.67	10349.26	3549.66	1045.85	825.00
云南	13683.35	9613.62	4019.41	1105.27	644.70
西藏	14980.00	9686.00	4848.00	1159.00	727.00
甘肃	9231.70	6289.27	2861.16	742.51	668.46
青海	14442.53	11926.90	3733.05	1387.34	1575.78
宁夏	15344.49	11334.43	3768.09	1417.47	1181.71
新疆	13643.77	10197.09	3694.81	1513.42	898.36

7-2 民族自治地方分地区城镇居民生活水平情况(2010年)(二)

单位: 元

地区	#家庭设备及服务	#医疗保健支出	#交通和通讯	#娱乐教育文化服务
合计	**770.21**	**771.40**	**1578.11**	**1208.19**
河北	576.03	665.34	1216.48	731.77
内蒙古	949.00	1126.00	1769.00	1641.00
辽宁	444.01	693.86	682.66	790.28
吉林	544.12	1490.19	1137.84	1063.02
黑龙江	478.00	138.00	329.00	201.00
浙江	892.00	1475.00	1204.00	973.00
湖北	618.23	659.33	714.70	833.71
湖南	756.27	528.09	672.15	1107.17
广东	527.71	489.85	1009.07	899.51
广西	854.00	625.00	1973.00	1244.00
海南	514.48	541.72	680.37	637.06
重庆	731.02	726.85	908.18	827.49
四川	579.34	509.89	1159.31	1104.94
贵州	813.00	773.34	1070.41	1136.67
云南	491.53	582.48	1759.18	938.12
西藏	376.00	386.00	1231.00	478.00
甘肃	342.61	386.18	552.29	519.90
青海	1016.93	841.34	1312.47	1269.10
宁夏	716.22	890.05	1574.57	1286.20
新疆	669.87	708.16	1255.87	1012.37

7-3 民族自治地方分地区农村居民生活水平情况(2010年)(一)

单位：元

地　　区	农村居民人均纯收入	农村居民人均生活费支出合计	#食　品	#衣　着	#居　住
合　　计	**4232.49**	**3283.31**	**1489.51**	**190.75**	**589.53**
河　　北	3915.74	3553.75	1290.33	211.02	740.50
内 蒙 古	5530.00	4461.00	1675.00	318.00	752.00
辽　　宁	6973.70	4369.43	1913.65	314.40	775.14
吉　　林	6312.47	4013.08	1314.31	324.75	856.95
黑 龙 江	7819.00	3321.00	1531.00	783.00	287.00
浙　　江	5024.00	4269.00	1308.00	213.00	895.00
湖　　北	3294.02	3042.85	1542.93	170.80	396.20
湖　　南	2968.70	2564.77	1477.24	119.83	301.52
广　　东	4816.42	4205.96	2088.14	210.51	717.41
广　　西	4543.00	3455.00	1675.00	110.00	693.00
海　　南	4182.47	2748.51	1536.18	125.22	291.21
重　　庆	4107.24	3374.60	1650.23	186.02	512.30
四　　川	4055.38	3000.26	1672.76	198.25	381.82
贵　　州	3202.04	2278.56	1053.01	110.38	484.40
云　　南	3400.01	2887.84	1460.52	156.33	446.86
西　　藏	4139.00	2666.92	1325.71	326.65	352.88
甘　　肃	2492.32	1820.99	621.14	130.44	161.26
青　　海	4383.58	4101.07	1364.40	247.93	939.80
宁　　夏	4674.89	4013.17	1541.77	302.61	776.44
新　　疆	4642.67	3457.88	1394.38	303.66	695.17

7-3 民族自治地方分地区农村居民生活水平情况(2010年)(二)

单位: 元

地 区	#家庭设备及服务	#医疗保健支出	#交通和通讯	#娱乐教育文化服务
合 计	**13743.06**	**21251.17**	**27201.97**	**14351.15**
河 北	217.54	376.45	379.81	275.88
内蒙古	178.00	468.00	599.00	374.00
辽 宁	184.43	416.51	454.51	336.24
吉 林	180.13	408.06	348.23	446.89
黑龙江	112.00	241.00	236.00	131.00
浙 江	465.00	506.00	387.00	495.00
湖 北	211.18	209.45	275.22	164.36
湖 南	138.53	151.61	169.62	143.64
广 东	190.79	344.07	489.91	109.01
广 西	193.00	229.00	310.00	183.00
海 南	135.58	97.32	220.34	302.50
重 庆	265.43	195.21	291.53	214.52
四 川	130.18	162.10	265.83	151.32
贵 州	112.35	121.35	192.10	163.35
云 南	132.47	197.75	278.64	175.99
西 藏	181.27	71.16	282.43	51.00
甘 肃	96.98	160.16	183.42	165.96
青 海	237.76	476.13	519.20	275.49
宁 夏	188.12	417.92	444.02	241.08
新 疆	137.69	314.73	382.14	170.15

7-4 民族自治地方分地区居民住房情况(2010年)

地　区	城镇人均使用面积（平方米）	农村人均住房面积（平方米）
合　计	**29.4**	**28.0**
河　北	32.8	22.4
内蒙古	29.8	22.0
辽　宁	23.8	23.4
吉　林	28.2	24.6
黑龙江	34.0	25.0
浙　江	26.0	40.0
湖　北	42.3	41.9
湖　南	33.1	25.2
广　东	28.6	29.3
广　西	28.9	34.0
海　南	19.3	23.2
重　庆	36.2	38.6
四　川	29.9	27.1
贵　州	32.0	26.0
云　南	40.2	26.9
西　藏	34.7	25.3
甘　肃	22.1	26.9
青　海	20.0	22.1
宁　夏	29.1	24.9
新　疆	20.5	24.0

7-5 民族自治地方城乡居民储蓄存款年末余额

单位：亿元

年 份	城乡居民储蓄存款	城镇储蓄	农户储蓄
1980	38.33	24.19	14.14
1981	48.87	31.68	17.19
1982	62.88	40.51	22.37
1983	82.46	60.30	22.16
1984	105.73	78.40	27.33
1985	151.03	110.92	40.11
1986	209.48	155.74	53.74
1987	282.22	217.81	64.41
1988	350.60	271.30	79.30
1989	452.80	364.29	88.51
1990	623.43	506.11	117.32
1991	791.09	644.34	146.75
1992	1007.72	819.57	188.15
1993	1316.27	1078.18	238.09
1994	1798.84	1475.18	323.66
1995	2390.94	1996.03	394.91
1996	2906.20	2439.79	466.41
1997	3473.46	1817.66	1655.80
1998	3932.65	2098.71	1833.94
1999	4351.35	2504.78	1846.57
2000	4765.37		
2001	5299.30		
2002	6131.85		
2003	7353.07		
2004	8162.68		
2005	9665.26		
2006	11180.18		
2007	12124.58		
2008	14955.75		
2009	18086.29		
2010	21538.04		

7-6 民族自治地方分地区城乡居民储蓄存款年末余额(2010年)

单位: 亿元

地　区	城乡居民储蓄存款年末余额
合　计	**21538.04**
河　北	261.35
内蒙古	4618.11
辽　宁	392.39
吉　林	632.80
黑龙江	23.62
浙　江	17.15
湖　北	307.73
湖　南	395.37
广　东	43.95
广　西	5702.40
海　南	131.58
重　庆	186.41
四　川	587.78
贵　州	597.07
云　南	1987.01
西　藏	267.13
甘　肃	212.97
青　海	289.50
宁　夏	1170.25
新　疆	3713.47

主要统计指标解释

城镇家庭可支配收入 指城镇家庭成员得到可用于最终消费支出和其他非义务性支出以及储蓄的总和，即居民家庭可以用来自由支配的收入。它是家庭总收入扣除交纳的所得税、个人交纳的社会保障支出以及记账补贴后的收入。

城镇家庭消费性支出 指城镇家庭用于日常生活的支出，包括食品、衣着、家庭设备用品及服务、医疗保健、交通和通信、娱乐教育文化服务、居住、杂项商品和服务八大类支出。

农村居民家庭纯收入 指农村常住居民家庭总收入中，扣除从事生产和非生产经营费用支出、缴纳税款和上交承包集体任务金额以后剩余的，可直接用于生产性、非生产性建设投资、生活消费和积蓄的那一部分收入。农村居民家庭纯收入包括从事生产性和非生产性的经营收入，取自在外人口寄回、带回和国家财政救济、各种补贴等非经营性收入；既包括货币收入，又包括自产自用的实物收入。但不包括向银行、信用社和亲友借款等属于借贷性的收入。

农村居民家庭生活消费支出 指农村常住居民家庭用于日常生活的全部开支，是反映和研究农民家庭实际生活消费水平高低的重要指标。

城乡居民储蓄存款余额 指某一时点城乡居民存入银行及农村信用社的储蓄金额，包括城镇居民储蓄存款和农民个人储蓄存款，不包括居民的手持现金和工矿企业、部队、机关、团体等单位存款。

八、城市概况

8-1 民族自治地方分地区城市情况(2010年)

地　区	城市数（个）	#地级市	#县级市
合　计	**97**	**31**	**66**
河　北			
内蒙古	20	9	11
辽　宁			
吉　林	6		6
黑龙江			
浙　江			
湖　北	2		2
湖　南	1		1
广　东			
广　西	21	14	7
海　南			
重　庆			
四　川	1		1
贵　州	4		4
云　南	7		7
西　藏	2	1	1
甘　肃	2		2
青　海	2		2
宁　夏	7	5	2
新　疆	22	2	20

8-2 民族自治地方分地区城市市区情况（2010年）

地区	市区面积（平方公里）	市区人口（万人）	市区暂住人口（万人）
合计	**240068.23**	**4873.54**	**538.75**
河北			
内蒙古	120308.54	831.56	142.05
辽宁			
吉林	27325.01	177.84	10.68
黑龙江			
浙江			
湖北	8645.00	169.05	8.40
湖南	1076.00	29.20	3.00
广东			
广西	55978.91	1881.07	164.12
海南			
重庆			
四川	2655.20	61.85	5.11
贵州	8188.50	212.90	10.40
云南	22979.00	310.07	32.73
西藏	5134.18	31.30	23.08
甘肃	2774.33	31.55	1.00
青海	146615.55	19.75	10.90
宁夏	15464.47	262.41	29.03
新疆	240068.23	854.99	98.25

8-3 民族自治地方分地区城市城区面积和人口情况(2010年)

地　区	城区面积（平方公里）	城区人口（万人）	城区暂住人口（万人）
合　计	**19857.88**	**2541.34**	**454.51**
河　北			
内蒙古	7655.44	658.68	124.93
辽　宁			
吉　林	699.38	109.31	8.55
黑龙江			
浙　江			
湖　北	178.00	34.47	5.50
湖　南	40.80	18.50	2.50
广　东			
广　西	5656.72	701.58	145.54
海　南			
重　庆			
四　川	36.20	24.90	5.10
贵　州	486.14	79.12	5.98
云　南	875.13	121.10	26.35
西　藏	782.00	25.68	19.28
甘　肃	39.94	23.15	0.88
青　海	132.28	14.53	3.99
宁　夏	2008.23	181.20	24.15
新　疆	1267.62	549.12	81.76

8-4 民族自治地方分地区城市用地情况(2010年)

单位: 平方公里

地 区	建成区面积	城市建设用地	本年征用土地面积
合 计	**3667.05**	**3588.39**	**166.91**
河 北			
内蒙古	929.88	982.47	13.88
辽 宁			
吉 林	111.20	99.99	2.52
黑龙江			
浙 江			
湖 北	38.06	35.80	0.24
湖 南	20.00	24.89	
广 东			
广 西	940.47	908.64	101.44
海 南			
重 庆			
四 川	30.18	28.81	
贵 州	89.79	75.96	3.26
云 南	199.01	175.64	13.65
西 藏	84.88	82.51	2.94
甘 肃	23.18	24.78	6.72
青 海	47.11	46.68	0.01
宁 夏	315.08	249.87	4.60
新 疆	838.21	852.35	17.65

8-5 民族自治地方分地区城市供水情况(2010年)

地区	城市供水综合生产能力(万立方米/日)	供水管道长度(公里)	供水总量(万立方米)
合计	**1680.04**	**36059.04**	**358736.38**
河北			
内蒙古	312.28	7799.26	59313.70
辽宁			
吉林	54.17	1229.77	8882.29
黑龙江			
浙江			
湖北	16.70	530.00	3763.00
湖南	12.00	472.00	1562.00
广东			
广西	604.35	12842.54	147291.33
海南			
重庆			
四川	21.20	381.38	2683.00
贵州	35.50	1285.20	5889.09
云南	61.75	1705.38	12762.49
西藏	31.20	753.19	7680.58
甘肃	6.52	158.70	937.20
青海	34.20	554.01	6170.60
宁夏	117.06	1840.47	24538.02
新疆	373.11	6507.14	77263.08

8-6 民族自治地方分地区城市液化气供气情况(2010年)

地　区	城市液化石油气储气能力(吨)	液化石油气供气管道长度(公里)	液化石油气供气总量(吨)
合　计	**104519.90**	**462.41**	**535756.79**
河　北			
内蒙古	14765.00	108.26	72594.50
辽　宁			
吉　林	3303.50	2.00	23531.00
黑龙江			
浙　江			
湖　北	615.10		1323.00
湖　南	300.00		2500.00
广　东			
广　西	65379.25	44.00	305621.92
海　南			
重　庆			
四　川	650.00	77.00	8698.00
贵　州	2038.00	26.90	9925.43
云　南	3270.05	121.44	15582.87
西　藏	527.00		5655.00
甘　肃	383.00	1.00	2444.00
青　海	756.00		2175.00
宁　夏	3583.00		5721.84
新　疆	8950.00	81.81	79984.23

8-7 民族自治地方分地区城市道路情况(2010年)

地　区	城市道路长度（公里）	城市道路面积（万平方米）
合　计	**23079.8**	**41930.4**
河　北		
内蒙古	5902.6	11520.9
辽　宁		
吉　林	847.3	1228.7
黑龙江		
浙　江		
湖　北	272.8	298.7
湖　南	158.0	276.0
广　东		
广　西	6439.3	12118.1
海　南		
重　庆		
四　川	164.9	274.8
贵　州	448.2	785.0
云　南	1380.7	2274.0
西　藏	340.6	595.6
甘　肃	107.8	219.4
青　海	277.8	620.3
宁　夏	1562.0	3396.3
新　疆	5177.8	8322.6

8-8 民族自治地方分地区城市绿化面积(2010年)

地 区	绿化覆盖面积（公顷）	建成区	绿地面积（公顷）	建成区
合 计	**193949**	**127816**	**37686**	**114678**
河 北				
内蒙古	38472	32142	35756	29616
辽 宁				
吉 林	4914	4515	4170	4053
黑龙江				
浙 江				
湖 北	2128	1220	1679	977
湖 南	554	528	439	307
广 东				
广 西	65692	32875	60225	28630
海 南				
重 庆				
四 川	1152	1149	1039	1039
贵 州	5813	2711	2708	1977
云 南	9566	6428	8327	5606
西 藏	2778	2156	2090	2067
甘 肃	377	377	157	124
青 海	1064	1001	1072	1009
宁 夏	17768	12184	15588	11500
新 疆	43671	30530	37686	27773

8-9 民族自治地方分地区城市公园情况(2010年)

地　区	公园绿地面积（公顷）	公园个数（个）	公园面积（公顷）
合　计	**31916**	**690**	**22105**
河　北			
内蒙古	9767	149	7186
辽　宁			
吉　林	1259	23	503
黑龙江			
浙　江			
湖　北	307	7	196
湖　南	153	5	146
广　东			
广　西	8331	146	5842
海　南			
重　庆			
四　川	190	17	199
贵　州	1097	21	941
云　南	1588	58	1302
西　藏	260	75	681
甘　肃	75	5	86
青　海	117	4	50
宁　夏	3342	49	1817
新　疆	5430	131	3156

8-10 民族自治地方分地区城市环境卫生情况(2010年)

地区	生活垃圾处理量(万吨)	垃圾无害化处理厂(场)数(座)	公厕数(座)
合计	**1118.11**	**76**	**9567**
河北			
内蒙古	288.02	15	3573
辽宁			
吉林	72.41	2	606
黑龙江			
浙江			
湖北	12.86	2	100
湖南	10.80	1	5
广东			
广西	227.92	20	1487
海南			
重庆			
四川	16.00	1	111
贵州	37.08	3	102
云南	58.93	7	400
西藏	14.23		187
甘肃	12.52	2	33
青海	9.20	1	70
宁夏	71.69	5	858
新疆	286.45	17	2035

8-11 民族自治地方分地区城市市政公用设施水平情况(2010年)(一)

地　区	人口密度 (人/平方公里)	人均日生活 用水量 (升)	用水普及率 (%)	燃气普及率 (%)
合　计	**2541**	**164.00**	**93.65**	**85.44**
河　北				
内蒙古	1024	86.57	88.41	82.11
辽　宁				
吉　林	1685	146.77	90.71	90.96
黑龙江				
浙　江				
湖　北	2246	148.97	80.06	59.79
湖　南	5147	142.47	85.71	50.00
广　东				
广　西	1498	249.70	94.65	92.35
海　南				
重　庆				
四　川	8287	218.73	81.67	70.50
贵　州	1751	114.41	93.49	60.12
云　南	1685	170.72	95.38	51.26
西　藏	575	218.86	97.42	79.83
甘　肃	6017	75.30	81.61	33.29
青　海	1400	196.46	100.00	74.95
宁　夏	1023	179.72	98.34	88.76
新　疆	4977	150.79	99.17	95.80

8-11 民族自治地方分地区城市市政公用设施水平情况(2010年)(二)

地　区	建成区供水管道密度（公里/平方公里）	人均道路面积（平方米）	建成区排水管道密度（公里/平方公里）	人均公园绿地面积（平方米）
合　计	**9.83**	**471.01**	**6.54**	**467.07**
河　北				
内蒙古	8.39	14.70	8.34	12.46
辽　宁				
吉　林	11.06	10.43	5.97	10.68
黑龙江				
浙　江				
湖　北	13.93	7.47	6.41	7.68
湖　南	23.60	13.14	12.60	7.29
广　东				
广　西	13.66	14.31	6.82	9.83
海　南				
重　庆				
四　川	12.64	9.16	9.48	6.33
贵　州	14.31	9.22	6.53	12.89
云　南	8.57	15.42	7.85	10.77
西　藏	8.87	13.25	3.45	5.78
甘　肃	6.85	9.13	3.28	3.12
青　海	11.76	33.49	8.38	6.32
宁　夏	5.84	16.54	3.48	16.27
新　疆	7.76	13.19	5.22	8.61

8-11 民族自治地方分地区城市市政公用设施水平情况(2010年)(三)

地　区	建成区绿化覆盖率(%)	建成区绿地率(%)	生活垃圾处理率(%)	生活垃圾无害化处理率(%)
合　计	**34.86**	**31.27**	**93.63**	**80.7**
河　北				
内蒙古	34.57	31.85	92.98	82.00
辽　宁				
吉　林	40.60	36.45	96.33	69.04
黑龙江				
浙　江				
湖　北	32.05	25.67	100.00	100.00
湖　南	26.40	15.35	100.00	100.00
广　东				
广　西	34.96	30.44	93.01	91.14
海　南				
重　庆				
四　川	38.07	34.43	94.12	94.12
贵　州	30.19	22.02	99.65	83.53
云　南	32.30	28.17	89.74	89.74
西　藏	25.40	24.35	87.30	
甘　肃	16.26	5.35	96.16	96.16
青　海	21.25	21.42	76.03	51.24
宁　夏	38.67	36.50	94.34	94.34
新　疆	36.42	33.13	94.45	70.58

主要统计指标解释

供水管道长度 指从送水泵至用户水表之间所有管道的长度。在同一条街道埋设两条或两条以上管道时，应按每条管道的长度计算。

供水总量 指报告期供水企业（单位）供出的全部水量。包括有效供水量和漏损水量。有效供水量指水厂将水供出厂外后，各类用户实际使用到的水量。包括售水量和免费供水量。售水量指收费供应的水量。免费供水量指无偿供应的水量。漏损水量指在供水过程中由于管道及附属设施破损而造成的漏水量、失窃水量以及水表失灵少计算的水量。

城市道路 指城市供车辆、行人通行的，具备一定技术条件的道路、桥梁、隧道及其附属设施。城市道路由车行道和人行道等组成。在统计时只统计路面宽度在 3.5 米（含 3.5 米）以上的各种铺装道路，包括开放型工业区和住宅区道路在内。

道路长度 指道路长度和与道路相通的桥梁、隧道的长度，按车行道中心线计算。

道路面积 指道路面积和与道路相通的广场、桥梁、隧道的面积（统计时，将人行道面积单独统计）。人行道面积按道路两侧面积相加计算，包括步行街和广场，不含人车混行的道路。

建成区面积 城市行政区内实际已成片开发建设、市政公用设施和公共设施基本具备的区域。对核心城市，它包括集中连片的部分以及分散的若干个已经成片建设起来，市政公用设施和公共设施基本具备的地区组成。因此建成区范围，一般是指建成区外轮廓线所能包括的地区，也就是这个城市实际建设用地所达到的范围。

绿地面积 指报告期末用作园林和绿化的各种绿地面积。包括公园绿地、生产绿地、防护绿地、附属绿地和其他绿地的面积。

公园绿地 城市中向公众开放的、以游憩为主要功能，有一定的游憩设施和服务设施，同时兼有健全生态、美化景观、防灾减灾等综合作用的绿化用地。它是城市建设用地、城市绿地系统和城市市政公用设施的重要组成部分。

人口密度 指地区内的人口疏密程度。

人均日生活用水量 指每一用水人口平均每天的生活用水量。

用水普及率 指报告期末城区内用水人口与总人口的比率。

燃气普及率 指报告期末城区内使用燃气的人口与总人口的比率。

人均公园绿地面积 指报告期末城区内平均每人拥有的公园绿地面积。

建成区绿化覆盖率 指报告期末建成区内绿化覆盖面积与区域面积的比率。

建成区绿化率 指报告期末建成区内绿地面积与建成区面积的比率。

生活垃圾处理率 指报告期内生活垃圾处理量与生活垃圾产水量的比率。

生活垃圾无害化处理率 指报告期内生活垃圾无害化处理量与生活垃圾产水量的比率。

九、资源和环境

9-1 民族自治地方自然资源及状况(2010年)

项　　目		2010年	民族自治地方占全国比重(%)
土地资源			
土地总面积	(万平方公里)	613	63.9
耕地面积	(万公顷)	2307	
草原面积	(万公顷)	30027	75.1
#可利用草原面积		21700	69.3
#牧区、半农半牧区草原面积		30000	75.0
草山草坡面积	(万公顷)	3560	32.5
森林资源			
森林面积	(万公顷)	5648	21.8
森林蓄积量	(亿立方米)	52	46.6
水利资源			
淡水面积	(万公顷)	407	24.5
水力资源蕴藏量	(万千瓦)	44568	65.9
主要矿产资源保有储量			
煤	(亿吨)	3732	37.1
铁矿石	(亿吨)	112	24.4
磷矿石	(亿吨)	54	40.7
甲盐	(亿吨)	4	95.9
稀土	(亿吨)	1	
石油	(亿吨)	3	
天然气	(亿立方米)	3375	
铜矿	(亿吨)	1	
铝土矿	(亿吨)	5	

注：除总面积和耕地面积外，其它资源为1994年清查数，有待进一步勘测。

9-2 民族自治地方分地区面积(2010年)

地　　区	* 总面积（平方公里）	#民族自治地方面积	民族自治地方面积占总面积(%)	民族自治地方人口密度（人/平方公里）
全国总计	**9600000**	**6133277**	**63.89**	
合　　计	**8362920**	**6133277**	**73.34**	**0.54**
河　　北	187700	24005	12.79	139.62
内 蒙 古	1183000	1183000	100.00	0.22
辽　　宁	145900	34200	23.44	5.03
吉　　林	187400	54849	29.27	83.66
黑 龙 江	454600	6054	1.33	851.96
浙　　江	101800	1950	1.92	256.30
湖　　北	185900	29444	15.84	1752.14
湖　　南	211800	30946	14.61	57.36
广　　东	177900	4622	2.60	585.91
广　　西	236000	236000	100.00	31.11
海　　南	33920	11462	33.79	1499.36
重　　庆	82400	14629	17.75	1530.40
四　　川	485000	303813	62.64	9.88
贵　　州	176000	97844	55.59	35.27
云　　南	394000	275547	69.94	13.05
西　　藏	1228400	1228400	100.00	5.15
甘　　肃	454000	171459	37.77	127.22
青　　海	721200	709053	98.32	
宁　　夏	66000	66000	100.00	
新　　疆	1650000	1650000	100.00	

注：1. 合计为全国民族自治地方面积合计数。
　　2. 总面积为全省区面积数。

9-3 流经民族自治地方主要河流及流域面积

流域名称	流域面积（平方公里）
外流河	
黑龙江及绥芬河	875342
辽河、鸭绿江及沿海诸河	345207
黄河	752443
长江	1808500
元江及澜沧江	240652
怒江及滇西诸河	157156
雅鲁藏布江及藏南诸河	396258
藏西诸河	57340
额尔齐斯河	50000
内陆河	
内蒙内陆河	300067
河西内陆河	488301
准噶尔内陆河	316530
中亚细亚内陆河	93130
塔里木内陆河	1074810
青海内陆河	316285
羌唐内陆河	721182
松花江、黄河、藏南闭流区	90353

9-4 民族自治地方主要山脉基本情况

名　称	山峰高程（米）	雪线高程（米）	冰川面积（平方公里）
阿尔泰山	4374	3000—3200	287
天山	7435	3600—4400	9548
祁连山	5826	4300—5240	2063
帕米尔	7579		2258
昆仑山			11639
喀喇昆仑山	8611	5100—5400	3265
唐古拉山	6137		2082
羌塘高原	6596		3566
念青唐古拉山	7111	4500—5700	7536
横断山	7556	4600—5500	1456
喜玛马拉雅山	8844	4300—6200	11055
冈底斯山	7095	5800—6000	2188

9-5 民族自治地方主要城市气候情况(2010年)

城　市	年平均气温（摄氏度）	年平均相对湿度（%）	年降水量（毫米）	年日照时数（小时）
呼和浩特	7.6	46	469.5	2516.5
南　宁	21.8	77	1376.9	1601.5
拉　萨	10.0	33	359.8	3134.2
银　川	10.3	51	206.3	2759.3
乌鲁木齐	7.4	56	282.4	2815.7

9-6 民族自治区水资源总量和总供水量(2010年)

地　区	水资源总量（亿立方米）	#地表水资源量	#地下水资源量	人均水资源量（立方米/人）	总供水量（亿立方米）	地表水	地下水	其　他
全　国	**30906.4**	**29797.6**	**8417.0**	**2310.4**	**6022.0**	**4881.6**	**1107.3**	**33.1**
内蒙古	388.5	253.4	227.6	1576.1	181.9	92.6	88.6	0.7
广　西	1823.6	1823.6	355.8	3852.9	301.6	289.3	11.1	1.1
西　藏	4593.0	4593.0	1033.6	153681.9	35.2	32.4	2.8	
宁　夏	9.3	7.0	22.8	148.2	72.4	67.0	5.4	
新　疆	1113.1	1051.2	624.3	5125.2	535.1	439.2	95.2	0.7

注：水资源总量等于地表水资源量加地下水资源量减两者之间的重复计算水量。

9-7 民族自治区总用水量和人均生活用水量(2010年)

地　区	总用水量（亿立方米）	农　业	工　业	生　活	生　态	人均生活用水量（立方米/人）
全　国	**6022.0**	**3689.1**	**1447.3**	**765.8**	**119.8**	**450.2**
内蒙古	181.9	134.5	22.6	15.0	9.8	737.9
广　西	301.6	194.6	55.2	46.5	5.3	637.2
西　藏	35.2	31.7	1.5	2.0		1177.7
宁　夏	72.4	65.0	4.1	1.8	1.4	1150.4
新　疆	535.1	484.6	11.2	12.8	26.5	2463.7

9-8 民族自治地方分地区工业废水排放及处理情况和工业固体废物产生和综合利用情况(2010年)

单位: 万吨

地　区	工业废水排放总量	工业废水排放达标量	工业固体废物产生量	工业固体废物综合利用量
合　计	**27220**	**16369**	**6353**	**2410**
河　北	1807	1800	2439	534
内蒙古	39536	35675	16996	9562
辽　宁	1690	1336	1633	338
吉　林	3537	2991	892	704
黑龙江				
浙　江	108	103	6	6
湖　北	2212	1795	66	50
湖　南	3424	2778	423	155
广　东	543	461	26	7
广　西	165211	160139	6232	4231
海　南	845	836	42	85
重　庆	1769	1237	465	299
四　川	1120	832	70	40
贵　州	4914	3129	3918	1522
云　南	20191	16421	4533	2525
西　藏	736	217	11	
甘　肃	1241	944	255	61
青　海	2006	1773	432	194
宁　夏	21977	17304	2465	1422
新　疆	25413	14569	3914	1877

主要统计指标解释

自然资源 指人类可以直接从自然界获得，并用于生产和生活的物质资源。自然资源一般可以分成可再生资源和非再生资源两大类。可再生资源是指在较短时间内可以再生、可以循环利用的资源，包括土地资源、水资源、气候资源、生物资源和海洋资源等。非再生资源是指在使用后不能再生的资源，包括矿产资源和地热资源。

土地资源 土地指陆地的表层部分主要由岩石、岩石的风化物和土壤构成。土地资源按利用类型可以分为农用地、建筑用地和未利用地。

森林资源 指森林、林木、林地以及依托森林、林木、林地生存的野生动物、植物和微生物。

森林面积 指由乔木树种构成，郁闭度 0.2 以上（含 0.2）的林地或冠幅宽度 10 米以上的林带的面积，即有林地面积。

森林蓄积量 指一定森林面积上存在着的林木树干部分的总材量。它是反映一个国家或地区森林资源总规模和水平的基本指标之一，也是反映森林资源的丰富程度、衡量森林生态环境优劣的重要依据。

水利资源 水在自然界中以固态、液态和气态三种聚集状态存在，分布于海洋、陆地（包括土壤）以及大气之中，通过水循环形成水利资源。水利资源包括经人类控制并直接可供灌溉、发电、给水、航运、养殖等用途的地表水和地下水，以及江河、湖泊、井、泉、潮汐、港湾和养殖水域等。水利资源是发展国民经济不可缺少的重要自然资源。

矿产资源 矿产指由地质作用形成，富集于地壳中或出露于地表达到工农业利用要求的有用矿物。矿产是一种人类需要的自然资源，是社会发展的重要物质基础。

矿产保有储量 指探明的矿产储量（包括工业储量和远景储量），扣除已开采部分和地下损失量后的年末实有储量反映国家矿产资源现状的重要指标。

气温 指空气的温度，我国一般以摄氏度（℃）为单位表示。气象观测的温度表是放在离地面 1.5 米处通风良好的百叶箱里测量温度的，因此，通常所说的气温指的是离地面 1.5 米处百叶箱中的温度。其统计计算方法为:

月平均气温是将 12 个月的月平均气温累加后除以 12 而得。

降水量 指从天空降到地面的液态或固态（经融化后）水，未经蒸发、渗透、流失而在地面上积聚的深度。

耕地面积 指经过开垦用以种植农作物并经常进行耕耘的土地面积。包括种有作物的土地面积、休闲地、新开荒地和抛荒未满三年的土地面积。

相对温度 指空气中实际所含水蒸气密度的百分比值。其统计计算方法与气温相同。

日照时数 指太阳实际照射地面的时间。其统计方法与降水量相同。

流域 每条河都有自己的干流和支流，干支流共同组成这条河流的水系。每条河流都有自己的集水区域，这个集水区域就称为该河流的流域。

外流河 指直接或间接流入海洋的河流。供给外流河河水的区域称为外流区。

内陆河 指在陆地内部干燥地区，河水沿途消失于沙漠或注入内陆湖泊的河流。供给内陆河河水的区域称为内陆区。

十、农　业

10-1 民族自治地方农村基层组织情况

年 份	乡镇个数（个）	乡村户数（万户）	乡村人口（万人）
1983	10129	2024.28	10269
1984	17742	2083.79	10444
1985	18429	2189.20	10968
1986	19165	2303.86	11198
1987	18776	2361.84	11794
1988	11594	2451.26	12034
1989	11792	2575.50	12998
1990	11295	2591.42	12358
1991	11149	2700.09	12446
1992	11031	2741.34	12511
1993	10501	2750.84	12602
1994	10645	2865.33	12652
1995	10491	2869.52	12677
1996	9660	2803.80	12495
1997	9943		12782
1998	9972		12544
1999	9630		12856
2000	9534		11414
2001	9045		12959
2002	8916		13027
2003	8747		13104
2004	8737		13243
2005	8275		13331
2006	7796		9193
2007	7743		13262
2008	7802		13362
2009	7757		11853
2010	7794		11087

10-2 民族自治地方分地区农村基层组织情况(2010年)

地　区	乡镇个数(个)	村民委员会(个)	乡村人口(万人)
合　计	**7794**	**86084**	**11087.09**
河　北	117	1453	146.33
内蒙古	642	11251	1099.28
辽　宁	153	1516	233.89
吉　林	111	1548	97.13
黑龙江	11	79	18.95
浙　江	22	254	9.01
湖　北	102	2787	330.09
湖　南	299	4095	358.95
广　东	23	222	37.70
广　西	1126	14354	2761.00
海　南	60	602	124.30
重　庆	141	993	210.39
四　川	1220	8496	523.76
贵　州	726	9105	1176.46
云　南	794	7369	1625.75
西　藏	684	5409	232.15
甘　肃	265	2383	237.86
青　海	306	3053	243.50
宁　夏	191	2319	340.74
新　疆	801	8796	1279.86

10-3 民族自治地方农、林、牧、渔业总产值及指数

年份	绝对数(亿元)				
	农林牧渔业总产值	#农业	#林业	#牧业	#渔业
1981					
1982					
1983					
1984					
1985					
1986					
1987					
1988	733.21	422.84	50.37	171.42	7.48
1989	653.47	372.19	45.26	156.61	7.11
1990					
1991	1070.63	612.22	71.14	291.41	19.88
1992	1208.49	675.72	85.39	336.87	27.51
1993	1400.64	859.91	92.13	412.92	35.68
1994	1994.17	1210.66	111.28	615.86	56.37
1995	2536.60	1538.41	124.65	795.14	78.40
1996	2947.22	1796.40	137.89	918.38	94.55
1997	3175.11	1911.99	138.79	1014.52	109.81
1998	3210.06	1990.68	145.76	951.34	122.28
1999	3159.95	1898.60	157.68	974.90	128.77
2000	3199.77	1853.04	165.19	1038.43	143.12
2001	3327.71	1899.61	170.36	1110.98	146.77
2002	3501.22	1981.90	187.22	1179.83	152.26
2003	4014.59	2136.46	264.58	1342.09	166.64
2004	4803.39	2509.73	277.23	1708.31	193.54
2005	5349.47	2830.56	290.25	1900.65	210.20
2006	5905.76	3148.31	327.92	2073.17	229.49
2007	7104.18	3693.64	399.90	2552.73	263.07
2008	8260.45	4157.44	470.71	3103.73	306.18
2009	8670.89	4470.73	521.74	3118.90	331.07
2010	10374.44	5647.96	586.69	3506.11	379.30

注：1992年以前农业总产值包括副业，2003年执行新国民经济行业分类标准，总产值包括农林牧渔服务业产值。下表同。

指数(上年=100)				
农林牧渔业总产值	#农业	#林业	#牧业	#渔业
107.4	105.1	120.1	111．4	115.3
107.8	106.7	111.9	106.4	114.6
109.4	107.1	122.7	108.4	108.2
110.8	108.1	114.2	116.3	120.2
103.5	101.7	95.5	107.5	114.7
105.7	106.1	99.4	105.4	113.4
105.8	105.2	102.7	105.7	111.8
106.1	104.8	107.1	108.7	113.0
110.2	115.3	105.8	104.6	146.8
105.9	99.5	130.2	124.0	145.4
107.6	107.6	107.0	108.4	115.4
105.1				
107.1	104.9	106.2	109.8	134.2
108.7	106.1	102.6	114.2	126.2
109.0	108.2	102.2	111.2	118.4
105.7	105.0	99.2	107.2	115.0
106.9	110.4	105.1	99.7	114.1
104.6	104.0	102.9	105.5	109.1
101.9	99.1	103.7	106.6	106.1
104.5	104.1	99.1	106.3	104.8
105.4	105.2	108.7	105.5	104.0
105.8				
108.2				
108.1	106.9	102.6	110.7	106.5
107.4	106.4	109.0	108.0	107.5
106.9	105.9	104.3	105.3	101.0
107.6	107.1	111.8	108.1	105.5
105.8	104.6	103.7	106.6	107.2
106.8	106.3	98.7	106.9	106.0

10-4 民族自治地方分地区农、林、牧、渔业总产值及指数(2010年)

地区	绝对数(亿元)				
	农林牧渔业总产值	#农业	#林业	#牧业	#渔业
合计	**10374.44**	**5647.96**	**586.69**	**3506.11**	**379.30**
河北	135.24	60.04	10.43	59.95	2.58
内蒙古	1843.57	900.45	76.57	822.42	15.86
辽宁	322.50	144.19	31.69	117.83	23.61
吉林	285.04	132.98	23.05	120.27	3.66
黑龙江	33.60	10.08	0.30	21.85	1.34
浙江	6.91	4.69	1.23	0.85	0.08
湖北	218.26	127.63	6.75	77.92	4.25
湖南	172.93	98.66	18.35	51.56	2.81
广东	19.45	10.86	4.04	3.60	0.39
广西	2720.99	1339.58	173.47	870.73	247.16
海南	133.81	80.68	10.82	16.65	21.42
重庆	84.54	44.79	4.44	30.17	0.59
四川	379.61	171.12	12.85	177.91	3.81
贵州	478.95	272.68	28.75	158.00	7.08
云南	1058.52	528.01	131.22	356.23	22.62
西藏	100.77	46.28	2.46	48.86	0.23
甘肃	71.40	38.62	2.46	28.40	0.18
青海	156.23	64.58	3.88	84.99	0.94
宁夏	305.94	195.14	8.68	82.13	8.04
新疆	1846.18	1376.89	35.27	375.79	12.67

注：本表绝对数按当年价格计算，指数按可比价格计算。

指数(上年=100)				
农林牧渔业总产值	#农业	#林业	#牧业	#渔业
106.8	**106.3**	**98.7**	**106.9**	**106.0**
112.5	119.0	125.7	111.4	156.7
106.2	106.9	95.1	106.5	111.1
115.4	125.4	88.6	114.0	112.7
115.8	106.0	111.7	130.2	92.3
111.4	91.9	108.7	122.8	122.0
105.0	101.3	124.0	106.6	120.0
107.8	105.8	114.0	109.1	135.6
104.1	104.1	105.6	113.2	103.7
107.8	109.0	104.1	107.4	105.4
104.7	103.0	115.8	105.1	105.8
108.3	108.5	109.1	106.3	109.2
107.8	105.3	112.8	104.6	110.2
104.6	104.7	103.0	104.9	103.8
106.8	105.0	102.1	108.2	110.2
111.0	112.5	80.8	104.8	88.7
103.5	113.3	33.1	105.9	105.6
107.2	105.9	113.8	109.0	106.4
112.0	112.4	119.8	104.7	117.5
107.8	109.9	103.6	103.7	111.2
104.9	104.7	106.4	105.1	105.5

10-5 民族自治地方农、林、牧、渔业总产值构成

单位：%

年 份	农、林、牧、渔业总产值	农业	林业	牧业	副业	渔业
1980	100	65.94	4.82	22.17	6.62	0.45
1981	100	64.53	5.38	22.99	6.62	0.48
1982	100	62.11	6.78	22.02	8.37	0.72
1983	100	61.49	7.04	21.75	8.96	0.76
1984	100	60.20	7.90	21.56	9.59	0.75
1985	100	58.77	8.15	22.62	9.65	0.81
1986	100	57.75	7.51	23.49	10.35	0.90
1987	100	57.99	7.06	23.41	10.57	0.97
1988	100	57.67	6.87	23.38	11.06	1.02
1989	100	56.96	6.92	23.97	11.06	1.09
1990	100	59.60	6.65	22.75	9.55	1.45
1991	100	55.99	8.19	26.64	7.19	1.99
1992	100	56.02	8.13	26.84	6.68	2.15
1993	100	61.61	8.09	27.84		2.46
1994	100	60.03	8.03	28.55		3.08
1995	100	58.87	7.58	29.98		3.57
1996	100	58.43	7.11	30.58		3.88
1997	100	60.22	4.37	31.95		3.46
1998	100	62.01	4.54	29.64		3.81
1999	100	60.08	4.99	30.85		4.08
2000	100	57.91	5.16	32.45		4.47
2001	100	57.08	5.12	33.39		4.41
2002	100	56.60	5.35	33.70		4.35
2003	100	53.22	6.59	33.43		4.15
2004	100	52.25	5.77	35.56		4.03
2005	100	52.91	5.43	35.53		3.93
2006	100	53.31	5.55	35.10		3.89
2007	100	51.99	5.63	35.93		3.70
2008	100	50.33	5.70	37.57		3.71
2009	100	51.56	6.02	35.97		3.82
2010	100	54.44	5.66	33.80		3.66

注：1. 本表按当年价格计算。
2. 2003年后，总产值包括农林牧渔业服务业。

10-6 民族自治地方分地区农、林、牧、渔业总产值构成(2010年)

(以农、林、牧、渔业和农林牧渔服务业总产值为100)

地　区	农业	林业	牧业	渔业
合　计	**54.44**	**5.66**	**33.80**	**3.66**
河　北	44.40	7.71	44.32	1.91
内蒙古	48.84	4.15	44.61	0.86
辽　宁	44.71	9.83	36.54	7.32
吉　林	46.65	8.09	42.20	1.28
黑龙江	29.99	0.90	65.02	3.98
浙　江	67.79	17.74	12.23	1.15
湖　北	58.48	3.09	35.70	1.95
湖　南	57.05	10.61	29.82	1.62
广　东	55.83	20.76	18.52	2.00
广　西	49.23	6.38	32.00	9.08
海　南	60.29	8.09	12.44	16.01
重　庆	52.98	5.26	35.69	0.69
四　川	45.08	3.38	46.87	1.00
贵　州	56.93	6.00	32.99	1.48
云　南	49.88	12.40	33.65	2.14
西　藏	45.93	2.44	48.49	0.23
甘　肃	54.09	3.44	39.78	0.25
青　海	41.34	2.48	54.40	0.60
宁　夏	63.79	2.84	26.85	2.63
新　疆	74.58	1.91	20.35	0.69

注：本表按当年价格计算。

10-7 民族自治地方耕地面积、总播种面积和粮食播种面积

单位：万公顷

年 份	耕地面积	总播种面积	#粮食播种面积	粮食播种面积占总播种面积比例
1952	1347.97	1548.56	1344.16	86.80
1957	1536.43	1846.69	1568.33	84.93
1962	1629.33	1770.48	1531.27	86.49
1965	1672.33	1897.81	1637.43	86.28
1975	1635.47	1962.02	1659.29	84.57
1978	1639.60	2018.10	1674.34	82.97
1980	1657.56	1939.90	1583.71	81.64
1981	1650.33	1898.34	1544.39	81.35
1982	1651.91	1933.57	1561.88	80.78
1983	1685.61	1972.06	1609.35	81.61
1984	1661.42	1965.80	1576.22	80.18
1985	1747.06	2022.08	1542.37	76.28
1986	1697.07	2061.43	1579.60	76.63
1987	1698.51	2084.79	1622.16	77.81
1988	1725.04	2139.69	1619.59	75.69
1989	1751.54	2231.22	1685.37	75.54
1990	1763.39	2274.08	1717.69	75.53
1991	1743.00	2266.62	1666.78	73.54
1992	1766.25	2352.48	1697.90	72.17
1993	1776.09	2424.17	1341.07	55.32
1994	1805.89	2410.23	1281.97	53.19
1995	1508.00	2439.00	1726.78	70.80
1996	1804.98	2469.04	1742.38	70.57
1997	2069.84	2620.54	1832.01	69.91
1998	2068.50	2667.96	1862.78	69.82
1999	2095.99	2684.13	1831.14	68.22
2000	2086.44	2660.02	1754.33	65.95
2001	2062.60	2645.44	1721.52	65.07
2002	2006.63	2691.71	1719.73	63.89
2003	1967.68	2624.32	1614.21	61.51
2004	2048.18	2699.24	1660.58	61.52
2005	2033.13	2766.88	1695.65	61.28
2006	2087.60	2797.27	1696.06	60.63
2007	2287.60	2802.92	1718.69	61.32
2008	2302.55	2866.25	1746.29	60.93
2009	2306.86	2964.58	1854.66	62.56
2010	2380.48	3051.75	1911.16	62.63

10-8 民族自治地方分地区耕地面积和农作物播种面积(2010年)

单位: 千公顷

地 区	年末实有耕地面积	农作物总播种面积	#粮 食	#油 料	#棉 花
合 计	**23804.76**	**30517.47**	**19111.59**	**2261.95**	**1467.40**
河 北	252.79	246.83	196.98	5.21	1.26
内蒙古	7147.20	7003.00	5499.00	694.00	0.90
辽 宁	636.11	900.31	686.87	94.43	0.01
吉 林	695.09	715.22	616.57	40.73	
黑龙江	137.30	137.30	133.78	2.04	
浙 江	7.30	16.30	9.10	0.30	
湖 北	359.51	858.18	494.58	74.71	0.02
湖 南	263.61	645.21	354.53	97.74	0.73
广 东	31.31	53.08	30.23	5.43	
广 西	4217.50	5896.90	3061.10	193.00	2.20
海 南	129.40	186.01	92.64	6.92	
重 庆	214.01	422.98	274.99	43.14	
四 川	533.59	955.35	689.94	42.23	
贵 州	1065.60	2061.20	1252.95	205.39	1.46
云 南	1730.83	3475.23	2274.09	168.50	0.22
西 藏	361.60	240.20	170.15	24.02	
甘 肃	276.79	297.57	212.08	38.04	
青 海	513.56	400.05	189.32	153.96	
宁 夏	1107.10	1247.90	844.10	98.80	
新 疆	4124.56	4758.64	2028.60	273.37	1460.60

10-9 民族自治地方主要农产品产量

单位：万吨

年 份	粮 食	棉 花	油 料	烟 叶	#烤 烟	糖 料	甜 菜	甘 蔗
1949	1155.50	1.02						
1952	1581.50	3.14	21.47	1.90	1.90	109.52	0.16	109.36
1957	1882.50	5.98	28.79	3.68	3.68	156.86	24.48	132.38
1962	1717.50	3.02	13.03			62.13	12.41	49.72
1965	2217.00	8.87	27.49	5.47	5.47	271.99	39.43	232.56
1975	3069.50	5.39	32.01	10.62	10.62	417.70	56.83	360.87
1978	3123.50	5.97	36.15	12.29	12.29	578.46	65.68	512.78
1980	3300.10	8.33	36.68	8.53	8.53	694.20	133.14	561.06
1981	3371.00	11.73	106.79	17.33	13.51	855.15	127.21	727.94
1982	3744.15	15.21	129.40	27.58	21.51	1208.71	196.50	1012.21
1983	4026.64	16.83	140.51	17.72	13.61	1227.15	207.68	1019.47
1984	4114.67	20.92	153.95	26.22	20.79	1338.80	235.36	1103.44
1985	4006.33	19.36	192.82	46.40	33.72	1780.68	243.59	1537.09
1986	4065.04	22.40	198.79	31.32	23.15	1954.26	270.50	1683.76
1987	4338.74	28.58	175.58	35.14	26.66	2008.29	306.06	1702.23
1988	4361.40	28.26	174.16	51.67	41.43	2335.47	397.04	1938.43
1989	4662.37	29.80	169.33	53.65	42.29	2139.35	335.89	1803.46
1990	5372.98	47.37	208.13	48.76	39.30	2673.98	532.30	2141.68
1991	5516.37	65.24	230.06	63.69	51.96	3404.49	655.32	2749.17
1992	5612.34	67.89	235.23	85.11		3840.06	652.16	3187.90
1993	5157.09	68.93	226.29	90.50	77.08	3657.16	571.25	3085.91
1994	5092.17	89.14	242.91	60.79	49.36	4211.21	1080.18	3131.03
1995	5800.83	94.60	264.09	65.32	55.34	3317.69	613.93	2703.76
1996	6799.13	94.99	252.63	89.82	75.01	4560.67	722.92	3837.75
1997	6640.68	115.85	255.21	158.62		5190.36	822.67	4367.69
1998	7150.42	141.05	290.60	85.92				
1999	6873.84	136.14	332.87	68.57				
2000	6381.36	146.24	353.16	69.19				
2001	6492.55	157.66	313.36	63.34				
2002	6586.77	148.20	355.39	66.94		6656.91		
2003	6480.24	160.81	359.22	65.63		7972.26		
2004	6764.42	179.94	397.36	70.40		6446.32		
2005	7186.78	187.93	372.02	80.30		6511.64		
2006	7202.07	219.46	359.47	82.49		8074.50		
2007	7321.31	302.14	286.54	77.02		9905.47		
2008	7925.39	303.34	396.60	94.68		10427.56		
2009	8005.93	252.97	397.31	103.40		9389.06		
2010	8307.91	248.46	422.40	104.38		9118.30		

10-10 民族自治地方分地区主要农产品产量(2010年)

单位: 万吨

地　区	粮　食	油　料	棉　花	麻　类	糖　料	烟　叶	茶　叶	水　果
合　计	**8307.91**	**422.40**	**248.46**	**3.95**	**9118.30**	**104.38**	**25.82**	**3772.02**
河　北	80.70	0.69	0.11					38.64
内蒙古	2158.20	128.10	0.10	0.10	161.00	1.50		278.20
辽　宁	254.59	26.32			0.01	0.81		44.93
吉　林	369.02	10.71			1.76	1.33		12.55
黑龙江	50.40	0.22						0.62
浙　江	4.39	0.04				0.02	0.07	0.78
湖　北	188.06	10.36			0.03	9.35	6.33	28.00
湖　南	178.73	14.11	0.04	0.04	2.02	3.64	0.18	128.86
广　东	13.28	0.99			0.01	0.16	0.05	2.63
广　西	1412.32	45.81	0.20	1.22	7119.62	2.68	3.92	1094.41
海　南	39.69	2.11			98.45			62.99
重　庆	124.27	7.63		0.13	0.05	2.86	0.41	8.87
四　川	272.36	6.12		0.01	33.25	12.99	0.58	87.56
贵　州	557.06	22.83	0.10	0.04	50.35	16.07	1.92	51.24
云　南	817.45	16.85	0.02	0.44	1164.48	52.75	12.36	264.19
西　藏	91.23	5.90						397.90
甘　肃	88.79	8.51		0.08	0.29			10.24
青　海	80.16	27.63				0.01		1.67
宁　夏	356.51	20.85			0.01	0.22		228.90
新　疆	1170.70	66.62	247.90	1.90	486.97			1028.85

10-11 民族自治地方牲畜年末头(只)数及比重

年 份	牲畜总头数(万头(只))				比重(%)		
		大牲畜	猪	羊	大牲畜	猪	羊
1949	4108.00	1646.00	796.00	1666.00	40.07	19.38	40.55
1952	7606.50	2439.20	1136.90	4030.00	32.07	14.95	52.98
1957	9914.20	2926.30	1589.00	5398.90	29.52	16.03	54.45
1962	10424.60	2560.60	1255.30	6605.70	24.57	12.05	63.38
1965	14119.70	3372.90	2151.40	8595.40	23.89	15.24	60.87
1975	16226.95	3848.53	3031.85	9346.57	23.72	18.68	57.60
1978	16656.50	3807.20	3256.70	9579.60	22.87	19.58	57.55
1980	17168.30	3928.32	3286.26	9983.72	22.88	18.97	58.15
1981	17713.95	4057.86	3314.11	10314.98	22.91	18.71	58.38
1982	18026.93	4244.84	3635.67	10146.42	23.55	20.17	56.28
1983	17983.04	4339.77	3970.58	9672.69	24.13	22.08	53.79
1984	18198.34	4462.62	4047.20	9688.52	24.52	22.24	53.24
1985	19038.77	4748.79	4532.86	9757.12	24.94	23.81	51.25
1986	19808.61	4950.94	4869.33	9988.34	24.99	23.58	50.43
1987	20260.96	5046.00	4968.82	10246.14	24.91	24.52	50.57
1988	20938.16	5130.19	5085.00	10722.97	24.50	24.29	51.21
1989	21948.68	5229.87	5434.73	11284.08	23.83	24.76	51.41
1990	22312.78	5285.92	5668.05	11361.81	23.69	25.39	50.92
1991	22151.91	5308.61	5564.71	11278.59	23.96	25.12	50.91
1992	23039.85	5391.81	6726.06	10921.98	23.40	29.19	47.41
1993	22779.51	5429.58	6443.30	10926.63	23.81	28.26	47.93
1994	23449.37	5480.15	6729.43	11239.79	23.37	28.70	47.93
1995	24763.73	5618.25	7239.62	11905.86	22.69	29.23	48.08
1996	24891.68	5545.03	7138.86	12207.79	22.28	28.68	49.04
1997	25884.50	5636.80	7517.70	12690.00	21.81	29.09	49.10
1998	25455.63	5564.79	7046.73	12844.11	21.86	27.68	50.46
1999	26015.82	5688.57	7291.72	13035.53	21.87	28.03	50.10
2000	26842.63	5565.95	8200.84	13075.84	20.74	30.55	48.71
2001	27039.50	5549.57	8251.87	13238.06	20.52	30.51	48.97
2002	27572.94	5570.19	8062.49	13940.26	20.20	29.24	50.56
2003	28326.20	5797.61	7728.94	14799.65	20.47	27.29	52.25
2004	30155.18	5973.76	7955.65	16225.77	19.81	26.38	53.81
2005	31069.89	6152.63	8526.44	16390.83	19.80	27.44	52.75
2006	30868.69	6265.13	8143.88	16459.68	20.30	26.38	53.32
2007	29010.23	5744.65	7972.45	15293.12	19.80	27.48	52.72
2008	27762.38	5598.60	7696.79	14467.00	20.17	27.72	52.11
2009	28433.52	5683.81	7943.70	14806.01	19.99	27.94	52.07
2010	29094.29	6067.84	8141.22	14885.23	20.86	27.98	51.16

10-12 民族自治地方大牲畜、猪、羊年末头(只)数占全国的比重

单位：%

年 份	牲畜总头数	大牲畜	猪	羊
1949	25.66	27.42	13.78	39.34
1952	33.36	31.90	12.66	65.24
1957	30.20	34.91	10.89	54.77
1962	34.19	36.48	12.56	49.06
1965	36.20	40.05	12.89	61.82
1975	30.75	39.63	10.78	57.21
1978	28.71	60.55	10.82	56.37
1980	29.20	41.24	10.66	53.30
1981	30.58	41.56	11.28	55.09
1982	30.89	41.17	13.19	61.16
1983	31.61	41.93	13.30	57.94
1984	31.73	41.17	13.19	61.16
1985	31.67	41.72	13.67	62.48
1986	31.83	41.64	14.45	60.23
1987	32.16	41.39	15.16	56.82
1988	31.34	31.04	14.87	53.35
1989	31.69	40.84	15.40	53.32
1990	31.76	40.59	15.63	54.10
1991	31.30	40.23	15.05	54.69
1992	31.72	39.98	17.51	52.68
1993	30.39	38.82	16.40	50.30
1994	29.12	36.70	16.20	46.70
1995	30.81	38.20	17.40	49.50
1996	28.67	43.50	15.60	40.10
1997	27.87	33.85	16.44	41.83
1998	30.32	37.59	16.68	47.74
1999	30.26	37.90	16.90	46.70
2000	30.20	36.74	18.35	45.04
2001	29.86	37.01	18.04	44.38
2002	29.61	36.60	17.42	44.03
2003	29.46	37.40	16.59	43.45
2004	29.99	37.96	16.51	44.29
2005	30.90	39.09	17.69	44.74
2006	30.23	39.74	16.47	44.61
2007	34.18	46.67	18.12	53.54
2008	32.05	45.70	16.63	51.51
2009	32.82	46.40	17.16	52.72
2010	33.59	49.53	17.59	53.00

10-13 民族自治地方分地区牲畜出栏数和年底存栏数(2010年)

单位：万头(只)

地区	牲畜当年出栏数			牲畜年末存栏数		
	大牲畜	猪	羊	大牲畜	猪	羊
合　计	**2050.46**	**10187.31**	**12320.40**	**6067.84**	**8141.22**	**14885.23**
河　北	42.76	121.50	115.48	53.31	81.59	58.96
内蒙古	450.67	913.90	5397.90	883.40	684.40	5277.20
辽　宁	55.20	311.97	263.60	81.79	191.36	242.38
吉　林	99.88	276.71	108.96	142.61	164.81	112.84
黑龙江	5.06	7.94	11.66	22.40	9.76	16.31
浙　江	0.59	4.19	1.12	0.96	3.45	1.32
湖　北	9.81	525.90	105.08	38.92	490.14	93.16
湖　南	23.27	283.70	58.66	79.92	256.25	45.26
广　东	0.57	15.97	0.44	4.05	12.68	0.77
广　西	146.00	3230.00	212.30	495.60	2344.00	193.40
海　南	33.84	78.66	14.79	48.16	66.11	16.41
重　庆	16.13	192.21	32.94	42.94	166.33	35.60
四　川	168.36	717.10	524.53	745.69	635.43	860.90
贵　州	52.80	752.06	130.99	303.73	747.57	223.81
云　南	227.89	2226.86	411.99	738.06	1887.17	615.76
西　藏	136.89	15.00	525.11	662.20	29.60	1656.10
甘　肃	63.27	51.76	271.23	199.96	51.88	547.99
青　海	248.67	78.93	761.29	884.30	73.08	1400.60
宁　夏	52.09	120.24	425.11	103.00	73.66	473.10
新　疆	216.69	262.72	2947.22	536.82	171.96	3013.37

10-14 民族自治地方主要畜产品产量

单位：万吨

年 份	猪 肉	牛 肉	羊 肉	牛羊奶	羊 毛
1980	131.04	14.30	19.66	43.78	10.70
1981	124.29	19.34	20.56	54.41	11.66
1982	136.55	15.30	23.14	61.08	12.18
1983	135.20	18.58	29.08	65.02	12.59
1984	151.09	20.46	28.54	76.37	12.64
1985	179.85	27.41	31.13	86.76	15.76
1986	191.05	29.60	35.35	111.18	13.00
1987	212.84	30.18	36.32	123.15	13.86
1988	217.22	33.94	35.37	119.51	14.57
1989	235.76	39.12	43.31	126.07	15.62
1990	245.99	40.59	31.33	135.06	17.96
1991	301.63	45.97	51.21	129.32	15.82
1992	304.09	51.50	53.44	150.90	15.45
1993	336.61	56.56	37.20	159.31	15.15
1994	390.88	66.29	57.06	173.76	15.44
1995	454.16	78.77	65.07	185.79	19.34
1996	501.72	87.60	74.09	201.04	16.86
1997	506.74	101.14	84.34	216.85	17.89
1998	536.96	105.56	91.16	230.70	18.05
1999	583.74	111.47	97.72	243.49	18.19
2000	554.17	120.89	110.78	260.52	18.37
2001	616.96	125.44	111.71	304.57	18.66
2002	579.99	131.58	118.54	397.36	18.92
2003	589.18	152.46	138.54	595.35	20.95
2004	607.72	167.04	165.05	830.12	23.43
2005	672.40	185.08	189.69	1071.01	25.71
2006	717.14	204.48	209.96	1301.53	25.70
2007	696.04	194.50	203.38	1385.04	25.89
2008	705.04	199.44	188.94	1377.67	25.59
2009	752.96	208.68	196.13	1363.29	25.58
2010	801.87	220.45	216.09	1405.83	27.89

10-15 民族自治地方分地区畜产品和水产品产量(2010年)(一)

单位：万吨

地　　区	肉类总产量	#猪　肉	#牛　肉	#羊　肉	牛羊奶产量
合　　计	**1486.44**	**801.87**	**220.45**	**216.09**	**1405.83**
河　　北	22.43	9.77	6.83	1.48	11.26
内 蒙 古	238.71	71.87	49.73	89.24	945.66
辽　　宁	63.95	28.73	7.70	4.25	14.33
吉　　林	53.48	20.97	13.53	1.69	9.49
黑 龙 江	2.33	0.63	0.73	0.17	45.01
浙　　江	0.48	0.40	0.03	0.02	
湖　　北	49.98	44.70	1.60	1.78	0.06
湖　　南	26.81	19.87	2.17	0.92	5.13
广　　东	1.71	1.26	0.05	0.01	
广　　西	387.77	241.50	13.70	3.30	8.20
海　　南	7.70	5.67	0.42	0.17	
重　　庆	18.06	14.11	2.06	0.42	0.03
四　　川	89.88	55.54	18.57	10.73	26.39
贵　　州	74.22	59.64	5.98	2.13	1.00
云　　南	235.18	184.83	24.20	8.13	49.66
西　　藏	25.00	1.30	14.80	8.70	29.40
甘　　肃	13.50	3.63	4.76	4.71	10.99
青　　海	27.80	5.90	10.62	23.99	31.90
宁　　夏	25.70	8.50	7.50	7.30	84.50
新　　疆	121.74	23.05	35.47	46.95	132.82

10-15 民族自治地方分地区畜产品和水产品产量(2010年)(二)

单位：万吨

地区	羊毛	山羊毛	绵羊毛	羊绒	水产品
合计	**27.89**	**3.24**	**24.65**	**1.21**	**373.34**
河北	0.13	0.04	0.09	0.01	2.70
内蒙古	12.00	1.26	10.75	0.81	11.38
辽宁	0.29	0.09	0.20	0.06	11.33
吉林	0.45		0.45		2.42
黑龙江	0.06		0.06		2.35
浙江					
湖北					2.62
湖南					3.27
广东					0.45
广西					275.09
海南					11.41
重庆					0.53
四川	0.73	0.04	0.69		3.15
贵州	0.07		0.07		3.47
云南	0.17	0.10	0.07		23.74
西藏	0.95	0.13	0.82	0.11	0.05
甘肃	1.96	1.14	0.82	0.01	0.22
青海	1.65	0.10	1.56	0.04	0.04
宁夏	0.74	0.05	0.69	0.04	9.00
新疆	8.69	0.29	8.40	0.13	10.11

10-16 民族自治地方人均农业总产值和主要农产品人均占有量

年 份	农林牧渔业总产值（元）	粮 食（公斤）	棉 花（公斤）	油 料（公斤）	大牲畜（头）	猪（头）	羊（只）
1980	139.27	287.96	0.73		0.34	0.28	0.87
1981	146.86	288.69	1.01	9.15	0.35	0.28	0.89
1982	225.09	313.39	1.28	10.83	0.36	0.30	0.85
1983	233.81	324.91	1.36	11.34	0.35	0.32	0.78
1984	248.10	321.97	1.64	12.05	0.35	0.32	0.76
1985	265.61	302.96	1.47	14.58	0.36	0.34	0.74
1986	264.63	295.91	1.63	14.47	0.36	0.35	0.73
1987	272.78	308.00	2.03	12.46	0.36	0.35	0.73
1988	282.05	302.60	1.96	12.08	0.36	0.35	0.74
1989	290.99	314.60	2.01	11.43	0.35	0.37	0.76
1990	303.10	342.70	3.00	13.30	0.34	0.36	0.72
1991	692.39	356.75	4.22	14.88	0.34	0.36	0.73
1992	773.18	359.10	4.30	15.00	0.34	0.40	0.70
1993	887.83	330.90	4.40	14.60	0.35	0.40	0.70
1994	1248.33	317.25	5.55	15.14	0.34	0.42	0.73
1995	1580.99	374.97	5.91	16.14	0.35	0.45	0.74
1996	1815.86	426.20	5.95	15.84	0.46	0.45	0.77
1997	1935.11	406.93	7.10	15.64	0.44	0.46	0.78
1998	1931.91	430.75	8.50	17.51	0.34	0.42	0.77
1999	1894.68	412.15	8.16	19.96	0.34	0.44	0.78
2000	1902.62	379.44	8.70	21.00	0.33	0.49	0.78
2001	1972.55	389.29	9.45	18.79	0.33	0.49	0.79
2002	2053.35	386.29	8.69	20.84	0.34	0.49	0.82
2003	2332.15	376.45	9.34	20.87	0.34	0.45	0.86
2004	2774.72	390.75	10.39	22.95	0.35	0.46	0.94
2005	3090.16	411.43	10.76	21.30	0.35	0.49	0.94
2006	3340.39	407.36	12.41	20.33	0.35	0.46	0.93
2007	3958.22	407.92	16.83	15.97	0.32	0.44	0.85
2008	4570.00	438.46	16.78	21.94	0.31	0.43	0.80
2009	4733.56	437.05	13.81	21.69	0.31	0.43	0.81
2010	5598.42	448.32	13.41	22.79	0.33	0.44	0.80

注：人均农林牧渔业总产值1980年、1981年按1970年不变价格计算，1982-1990年按1980年不变价格，1991年至现在按当年价格计算。

10-17 民族自治地方农业机械总动力和大中小型拖拉机拥有量

年 份	农业机械总动力	大中农用拖拉机		小型拖拉机	
		万台	万千瓦	万台	万千瓦
1980		12.08	410.0	20.75	183.2
1981		12.28	428.2	21.33	188.2
1982		12.45	452.5	23.25	207.1
1983	1869.9	13.07	454.1	27.85	245.8
1984	1964.5	13.25	480.5	33.83	301.3
1985	2144.4	14.37	492.7	40.27	360.3
1986	2468.7	15.25	501.0	51.46	478.0
1987	2643.8	15.27	473.0	58.15	568.8
1988	2908.4	16.41	562.2	75.53	668.6
1989	3329.5	16.10	564.3	84.86	783.8
1990	3817.1	15.89	646.0	90.74	1019.6
1991	3569.0	15.21	570.0	99.74	975.0
1992	3675.7	15.01	551.7	105.37	983.9
1993	4104.7	13.97	540.2	95.22	1049.1
1994	4137.4	12.89	529.1	107.78	1210.3
1995	4563.3	13.00	463.3	125.80	974.1
1996	5053.4	13.80	503.6	131.85	1394.4
1997	5166.3				
1998	5353.7				
1999	5857.5				
2000	6206.5				
2001	6547.2				
2002	7117.7				
2003	7369.8				
2004	7871.7				
2005	8611.3				
2006	9088.1				
2007	9900.2				
2008	11323.0				
2009	12186.7				
2010	13239.3				

10-18 民族自治地方机耕地面积、有效灌溉面积、农村用电量和化肥施用量

年 份	机耕地面积（万公顷）	有效灌溉面积（万公顷）	农村用电量（万千瓦小时）	化肥施用量(折纯)（万吨）
1980	538.73	684.39	237400	99.90
1981	439.34	677.29	260443	98.30
1982	411.99	672.67	278432	116.37
1983	393.42	689.30	292538	138.72
1984	424.71	673.01	328503	140.87
1985	377.02	685.53	335832	154.74
1986	399.10	705.20	422109	179.52
1987	456.23	717.61	463331	197.23
1988	529.07	723.44	485995	209.46
1989	577.02	736.79	568346	245.69
1990	700.36	764.37	702621	266.86
1991	732.08	749.85	691599	307.51
1992	798.16	825.83	927593	323.79
1993		821.52	991140	363.87
1994		841.44	947083	396.92
1995		837.80	1109215	458.42
1996		898.62	1146385	508.59
1997		879.69	1238268	501.17
1998		899.28	1230817	551.10
1999		918.00	1248000	528.40
2000		935.70	1273827	545.08
2001		962.36	1405697	572.80
2002		982.97	1438346	597.60
2003		975.49	1500085	623.23
2004		988.74	1645652	656.61
2005		1027.41	1892751	724.86
2006		1050.00	2059616	813.06
2007		1096.53	2191476	865.09
2008		1114.16	2506820	980.54
2009		1139.28	2712534	919.87
2010		1156.22	3085795	961.73

10-19 民族自治地方分地区农业机械总动力、化肥施用量及农村用电量(2010年)

地　区	农业机械总动力（万千瓦）	化肥施用量(折纯)（万吨）	农村用电量（万千瓦小时）
合　计	**13239.28**	**961.73**	**3085794.70**
河　北	201.38	6.59	173943.00
内蒙古	3034.00	177.24	484138.00
辽　宁	289.39	15.16	236884.00
吉　林	301.48	35.35	101913.30
黑龙江	65.00	1.62	4513.00
浙　江	7.60	0.35	2908.00
湖　北	203.32	30.23	45223.31
湖　南	254.34	30.35	40636.89
广　东	12.10	5.35	8996.00
广　西	2767.70	237.16	502200.00
海　南	87.02	7.64	7936.52
重　庆	111.78	10.13	37067.00
四　川	371.39	16.65	91951.00
贵　州	788.48	41.65	141508.80
云　南	1429.47	111.00	373624.00
西　藏	378.10	4.74	7623.00
甘　肃	154.02	3.87	45950.42
青　海	409.91	15.60	25889.46
宁　夏	729.10	43.50	110000.00
新　疆	1643.70	167.57	642889.00

10-20 民族自治地方分地区有效灌溉面积和当年造林面积(2010年)

地　　区	有效灌溉面积（千公顷）	当年造林面积（千公顷）
合　　计	**11562.20**	**2038.38**
河　　北	96.30	32.88
内 蒙 古	3027.50	655.18
辽　　宁	117.78	31.50
吉　　林	218.18	9.86
黑 龙 江	74.33	3.68
浙　　江	6.20	1.10
湖　　北	70.63	40.30
湖　　南	188.53	27.16
广　　东	15.35	2.45
广　　西	1523.00	143.30
海　　南	36.55	3.87
重　　庆	57.53	52.66
四　　川	153.01	113.48
贵　　州	435.62	103.80
云　　南	890.70	369.13
西　　藏	237.00	62.30
甘　　肃	82.92	14.58
青　　海	144.88	24.62
宁　　夏	464.60	94.93
新　　疆	3721.60	251.60

主要统计指标解释

实用耕地面积 指种植农作物并经常进行耕锄的田地。包括热地、当年新开荒地、连续撂荒未满三年的耕地和当年的休闲地（轮歇地），也包括以种植农作物为主，附带种植桑、茶、果树和其他林木的土地以及沿海、沿湖地区已围垦利用的“海涂”、“湖田”等和小于 1 米宽的渠、路、田埂。不包括专业性的桑园、茶园、果园、果木苗圃、林地、芦苇地、天然草原等。

农业机械总动力 指主要用于农、林、牧、渔业生产经营活动的各种动力机械的动力总和。包括耕地机械、农用排灌机械、收获机械、植保机械、林业机械、畜牧机械、渔业机械、农用机械等。

农村用电总量 指调查年度内农村范围内所有企业、事业、行政单位和住房从事生产经营活动、工作和日常生活用电总量。

农用化肥施用量 指调查年度内实际用于农业生产的化学肥料数量。包括氮肥、磷肥、钾肥和混合肥。施用量要求按折纯法计算，即各类化学肥料的实施施用量按其含氮、五氧化二磷、氧化钾的比例折成 100% 计算。其计算公式为：折纯量=实物量 × 某种化肥有效成分含量的百分比。

地膜覆盖面积 指农作物播种面积中覆盖塑料薄膜的面积。包括地膜本身覆盖的面积和操作畦间的未覆盖面积。

农药使用量 指在农业生产过程中为防治病虫害使用的化学药物数量，按实物量计算。包括购买的和自产自用的杀虫剂、杀菌剂、除草剂等，不包括兽药、渔业用药以及土农药。

有效灌溉面积 指具有一定水源、地块比较平整、灌溉工程或设备已经配套、在一般年景下能够进行正常灌溉的耕地面积。

农作物总播种面积 指应该在调查年度内收获农作物产品的播种面积之和。其计算公式为：

本年农作物总播种面积=上年秋冬播种物面积+本年春播作物面积+本年夏播作物面积=本年夏收作物播种面积+本年秋收作物播种面积

农作物产量 指调查年度内全社会生产农产品的数量，不论耕地上与非耕地上的农作物产量，都应该统计在内。各种主要作物产量按国家的统一规定计算。谷物一律按脱粒后原粮计算（玉米按脱粒后的粒子计算）；薯类产量按五斤折一斤计算；豆类按去豆荚后干豆计算；棉花按去籽后的皮棉计算；麻类除亚麻以麻秆计算、苎麻以刮皮后的干麻计算、苘麻和线麻以熟麻皮计算外，其余一律以生麻计算；烤烟和晒烟均以干烟叶计算；花生以带壳的干花生计算；甘蔗以蔗秆计算；甜菜以根块计算。城市交警按蔬菜计算的薯类和豆类产量按鲜品统计。

粮食产量 指全社会的产量。包括国有经济经营的、集体统一经营的和农民家庭经营的粮食产量，还包括工矿企业办的农场和其他生产单位的产量。粮食除包括稻谷、水麦、玉米、高粱、谷子及其他杂粮外，还包括薯类和豆类。

油料产量 指全部油料作物的生产量。包括花生、油菜子、芝麻、向日葵子、胡麻子（亚麻子）和其他油料。不包括大豆、木本油料和野生油料。花生以带壳干花生计算。

茶叶产量 指调查年度内生产的全部茶叶数量。包括从成片茶园和荒芜未垦土地上种植的以及零星种植的茶树上所采摘的全部产量，不论自食的或出售的，都应统计在内。茶叶产量按经过初步加工后的干毛茶计算。

水果产量 指调查年度内从果树上收获的全部水果数量。不论自食的或出售的，都应统计在内。但不包括果用瓜，如西瓜、甜瓜、白兰瓜、哈密瓜、脆瓜等以及主要作蔬菜用的藕、西红柿等；也不包括采集的野生水果。水果产量按鲜果计算，干枣、葡萄干、柿饼、橘饼等应统一折成鲜果计算。

造林面积 指在荒山、荒地、沙丘等一切可以造林的土地上，采用人工播种、植苗、飞机播种等方法新植的成片乔木林和灌木林，经验收符合“造林技术规程”要求株数，成活率达 85%以上的面积。四旁植树如一侧在 4 行以上，连续面积 0.0667 公顷（1 亩以上），应统计在造林面积内。不包括补植面积、治沙种草面积、经济林垦复面积、迹地更新面积和低产林改造面积。

禽畜出栏数 指报告期内各种类型生产单位和住户饲养的已屠宰或出售的全部畜禽数量。包括交售给国家、集市上出售以及自食的部分但出售或食用的仔畜不包括在内。

禽畜存栏数 指报告期初、期末各种类型生产单位和住户饲养的全部畜禽存栏量。

肉产量 指报告期内出栏并已屠宰的畜禽肉产量。畜禽肉产量按除去头、蹄、下水后的带骨肉重量计算。

水产品产量 指调查年度内捕捞的水产品（包括人工养殖并捕获的水产品和捕捞天然生长的水产品）数量。

农林牧渔业总产值 指以货币表现的农、林、牧渔业全部产品的总量，它反映一定时期内农业生产总规模和总成果。农林牧渔业总产值的计算方法通常是按农林牧渔业产品及其副产品的产量分别乘以各自单位产品价格，少数生产周期较长，当年没有产品或产品产量不易统计的则采用间接方法匡算其产值，然后将四业产品产值相加即为农业总产值。

1957 年以前，农业总产值中包括了厩肥和农民自给性手工业产值（如农民自制衣服、鞋、袜，自己从事粮食初步加工等）。1958 年及以后的农业总产值，林业中增加了村及村以下竹木采伐产值；牧业中取消了厩肥产值；副业中取消了农民自给性手工业产值，增加了村及村以下办的工业产值；渔业中增加了海洋捕捞水产品产值。1980 年及以后的农业总产值，在副业中增加了农民家庭兼营工业商品部分的产值。从 1984 年起，村及村以下工业产值划归工业。从 1993 年起取消副业，将野生动物的捕猎划入牧业，将野生植物采集和农民家庭兼营商品性工业划归农业。从 2003 年起，农业总产值中增加了农林牧渔服务业产值。

农林牧渔业中间消耗 指各种经济类型的农业生产单位在农业生产经营过程中投入（或消耗）的各种物质产品和劳务价值的总和。包括中间物质消耗和中间劳动消耗两部分。计入中间消耗必须具备以下两个条件：一是与总产出相对应的生产过程中消耗的物质产品和劳务活动；二是本期投入并一次性消耗的不属于固定资产的非耐用品。

十一、工　业

11-1 民族自治地方年末工业企业单位数和工业总产值及指数

年 份	工业企业单位数（个）	工业总产值（亿元）	轻工业	重工业	工业总产值指数（上年=100）	轻工业	重工业
1980	37881						
1981	35526						
1982	37184						
1983	36838						
1984	39769						
1985	43762						
1986	46588						
1987	46435						
1988	53495						
1989	57443	1097.57					
1990	53451						
1991	48784	1521.60					
1992	48938	1880.17	841.46	1038.71	118.5	118.7	118.3
1993	50340	2757.41	1086.60	1670.81	122.3	112.8	131.1
1994	53191	3776.85	1639.59	2137.26	128.1	135.6	122.2
1995	59217	4248.39	1848.49	2399.90	105.1	102.3	107.6
1996	58419	4857.79	2078.64	2779.15	116.7	118.2	115.4
1997	55413	5119.40	2138.18	2981.22	111.6	99.8	121.4
1998	917410	5312.62	2177.41	3135.22	108.4	102.5	113.3
1999	974754	5450.45	2243.97	3206.48	105.8	113.4	100.0

注：1. 工业总产值按当年价格计算。
2. 指数按可比价格计算。

11-2 民族自治地方工业总产值

单位：亿元

年 份	工业总产值	国有经济	集体经济	私营经济	联营经济	城乡个体经济	其他经济
1980	240.14						
1981	245.24				11.27		
1982	296.01	238.75	56.52		12.06		0.74
1983	331.51	267.06	62.92		14.18		1.53
1984	364.63	283.58	75.96	12.11	15.02	2.59	2.50
1985	449.72	343.02	96.31	17.30	21.15	5.62	4.77
1986	508.84	378.07	125.70	23.02	33.51	3.72	1.35
1987	585.92	428.89	126.24	26.28	20.47	27.99	2.80
1988	685.93	487.73	154.15	31.21	25.74	35.73	8.32
1989	772.93	531.13	186.43	40.66	33.20	44.42	10.93
1990	814.99	558.24	193.00	42.95	33.96	53.62	10.13
1991	1548.96	1108.70	326.39	82.58	37.27	94.24	19.63
1992	1835.50	1266.64	401.67	111.72	51.37	141.15	26.04
1993	2245.70	1381.41	517.54	151.09	80.62	262.97	83.78
1994	2876.52	1422.95	766.83	166.80	14.02	410.25	22.43
1995	3024.36	1558.91	709.81	255.92	15.34	449.12	35.26
1996	3528.43	1323.68	1375.34	271.34	15.57	713.51	171.01
1997	3686.82	1430.52	897.91	33.46	13.27	987.39	314.27

注：1. 工业总产值1980年、1981年按1970年不变价格计算；1982-1990年按1980年不变价格计算，1991-1997年按1990年不变价格计算。

2. 1994-1997年工业总产值按新口径统计。

11-3 民族自治地方工业总产值构成

单位：%

年　份	工业总产值	国有经济	集体经济	#乡办工业	#村办工业	城乡个体工业	其他经济类型工业
1980	100						
1981	100				4.60		
1982	100	80.66	19.09		4.07		0.25
1983	100	80.56	18.98		4.28		0.46
1984	100	77.77	20.83	3.32	4.12	0.71	0.69
1985	100	76.27	21.41	3.85	4.70	1.26	1.06
1986	100	74.30	24.70	4.52	6.58	0.73	0.27
1987	100	73.20	21.54	4.49	3.49	4.78	0.48
1988	100	71.11	22.47	4.55	3.75	5.21	1.21
1989	100	68.72	24.12	5.26	4.30	5.75	1.41
1990	100	68.50	23.68	5.27	4.17	6.58	1.24
1991	100	71.58	21.07	5.33	2.41	6.08	1.27
1992	100	69.01	21.88	6.09	2.80	7.69	1.42
1993	100	69.51	23.05	6.73	3.59	11.71	3.73
1994	100	55.28	24.43	7.40	3.88	14.33	5.96
1995	100	54.20	23.47	10.20	3.77	14.85	7.48
1996	100	46.13	14.47	7.42	5.77	21.86	4.25
1997	100	38.80	24.35	7.73	7.05	27.05	9.79

注：1990年以前的村办工业中包括城乡合作经营工业，比重偏大。

11-4 民族自治地方分地区规模以上工业企业单位数(2010年)

单位: 个

地区	总计	#国有企业	#集体企业	#股份合作企业	#港、澳、台商投资企业	#外商投资企业	#亏损企业
合计	**22459**	**1450**	**602**	**850**	**550**	**671**	**3795**
河北	359	7	4	37	5	14	69
内蒙古	4611	228	82	29	80	141	591
辽宁	1309	20	102	13	16	32	72
吉林	719	34	6	5	6	83	83
黑龙江	25	4	2	17	2		3
浙江	77	2		54		2	7
湖北	667	37	17	88	5	3	82
湖南	600	49	6	74	9	1	88
广东	84	9	3	16	14	4	13
广西	6583	384	256	50	293	251	1022
海南	43	14	3	17			5
重庆	331	13	4	97	2	1	49
四川	697	62	19	84	3	7	146
贵州	1070	121	20	87	19	12	300
云南	1205	109	26	90	45	24	308
西藏	97	33	6	1		3	24
甘肃	228	18	2	50			36
青海	314	95	14	20	11	7	83
宁夏	975	41	4	2	7	34	262
新疆	2465	170	26	19	33	52	552

11-5 民族自治地方分地区规模以上工业企业总产值(2010年)

单位：亿元

地区	总产值	#国有企业	#集体企业	#股份合作企业	#港、澳、台商投资企业	#外商投资企业	#亏损企业
合计	**38473.86**	**4605.42**	**460.23**	**984.14**	**1108.43**	**2708.25**	**1585.22**
河北	541.43	8.64	1.23	34.30	8.53	13.00	23.36
内蒙古	13406.11	1393.64	98.84	147.75	281.24	899.45	733.01
辽宁	928.68	9.77	111.35	4.63	19.40	41.17	32.05
吉林	879.31	56.71	4.66	13.48	5.37	97.79	52.46
黑龙江	50.64	10.51	19.44	19.40	1.28		0.03
浙江	14.48	2.16		9.30		0.60	0.06
湖北	248.56	54.36	3.60	42.56	1.63	1.01	37.65
湖南	467.95	51.27	1.42	60.63	12.46	1.49	34.51
广东	91.89	16.05	0.33	9.74	20.41	9.86	6.75
广西	9644.13	1281.20	117.65	108.66	569.94	1405.91	
海南	66.62	17.24	0.73	44.56			0.48
重庆	148.93	4.67	0.83	78.35	3.28	1.78	12.67
四川	865.59	177.96	15.96	45.29	29.57	16.77	21.88
贵州	915.97	278.82	11.73	40.22	26.01	23.71	148.79
云南	1994.71	443.83	12.46	102.70	78.78	31.41	160.17
西藏	62.22	19.95	1.24	0.05		5.46	12.77
甘肃	145.26	32.96	22.04	4.02			
青海	735.10	82.27	13.26	203.36	7.30	17.06	36.30
宁夏	1924.39	296.40	2.27	4.45	6.54	60.71	272.29
新疆	5341.90	367.00	21.20	10.68	36.67	81.07	

11-6 民族自治地方分地区规模以上工业企业主要财务指标(2010年)(一)

单位: 亿元

地区	工业销售产值	本年应交增值税	主营业务收入	资产合计
合计	**37106.09**	**1647.05**	**37394.85**	**45254.74**
河北	536.43	28.92	554.33	485.76
内蒙古	13095.32	586.32	13387.83	14691.38
辽宁	892.88	28.14	887.63	434.65
吉林	857.02	18.16	807.18	645.24
黑龙江	45.87	2.11	50.93	26.94
浙江	13.08	0.64	14.22	22.33
湖北	239.37	7.10	236.23	429.41
湖南	432.05	18.79	442.53	274.83
广东	87.09	2.86	90.28	99.95
广西	9150.03	320.65	9235.85	8667.45
海南	65.74	0.45	66.27	166.98
重庆	144.11	36.15	143.05	295.88
四川	825.33	52.82	812.89	1365.50
贵州	826.61	32.51	591.94	1225.27
云南	1885.68	106.66	1872.06	3136.89
西藏	60.06	5.01	59.71	315.24
甘肃	93.09	6.25	108.70	257.07
青海	769.43	60.87	660.63	1508.87
宁夏	1860.24	71.12	1879.99	3293.16
新疆	5226.66	261.52	5492.61	7911.97

11-6 民族自治地方分地区规模以上工业企业主要财务指标(2010年)(二)

单位: 亿元

地　区	负债合计	所有者权益合计	利润总额	亏损企业亏损总额
合　计	**26814.78**	**18296.19**	**4278.74**	**247.64**
河　北	313.80	171.73	103.14	3.28
内蒙古	8642.76	5982.08	1688.44	51.23
辽　宁	205.79	227.84	66.62	1.93
吉　林	350.95	294.30	47.82	2.64
黑龙江	12.68	14.26	1.87	0.03
浙　江	11.94	10.39	1.55	0.06
湖　北	268.58	160.82	16.54	2.14
湖　南	157.27	117.56	15.52	1.21
广　东	63.01	37.07	8.26	0.39
广　西	5413.29	3211.63	771.59	41.96
海　南	71.86	94.99	17.93	0.08
重　庆	210.33	80.11	13.30	1.75
四　川	911.32	454.17	104.78	4.80
贵　州	871.11	354.16	33.72	23.44
云　南	1978.85	1158.04	232.57	17.55
西　藏	91.89	223.22	10.82	3.13
甘　肃	172.47	55.96	11.42	2.45
青　海	908.63	606.16	142.41	11.12
宁　夏	2139.47	1153.29	138.00	18.02
新　疆	4018.78	3888.40	852.43	60.42

11-7 民族自治地方主要工业产品产量(一)

年份	纱(吨)	布(万米)	机制纸及纸板(万吨)	成品糖(万吨)	卷烟(亿支)	原煤(万吨)	原油(万吨)
1952	483	3500	1.31		2.58	178	5
1957	4785	8100	3.97		3.57	545	10
1962	11521	8000	5.86			1631	101
1965	29278	18200	7.86	22.20	7.70	2029	97
1975	45542	25700	20.97	32.72	36.28	4561	441
1978	66554	37300	30.90	43.57	51.43	6081	578
1980	79400	44300	32.07	65.62	89.39	5418	624
1981	91907	45789	31.65	78.99	107.05	5430	617
1982	103619	52136	34.56	82.30	131.60	5799	625
1983	105025	52995	45.30	101.16	150.99	6521	672
1984	98992	47414	44.51	107.32	174.47	6993	705
1985	121984	54183	59.21	126.91	209.89	8597	805
1986	146097	67766	64.33	174.52	257.20	8875	862
1987	170916	67210	72.68	187.81	323.60	9261	899
1988	173602	69419	79.68	180.75	371.08	10995	973
1989	187615	77916	93.16	198.65	413.84	13924	1113
1990	220499	73705	94.10	222.62	443.10	12077	1265
1991	262900	71433	109.52	249.06	441.27	12227	1402
1992	272100	69287	131.85	372.82	444.05	13064	1405
1993	220850	66505	151.27	373.94	479.78	14157	1637
1994	316616	70072	153.00	280.20	491.60	14860	1466
1995	371319	69306	191.21	239.54	353.63	16639	1610
1996	328504	61689	172.84	312.42	271.45	17205	1813
1997	365347	69246	168.99	312.42	458.85	19038	2003
1998	334036	52548	155.82	519.48	446.28	17570	2047
1999	416571	52191	153.07	567.20	434.76	15361	2058
2000	457689	50096	175.46	498.22	376.49	14623	2292
2001	452315	47197	178.51	437.68	395.74	15930	2229
2002	428472	37000	177.95	669.09	417.34	15727	2460
2003	446235	29969	219.68	823.95	444.73	20614	2597
2004	407111	23135	224.94	813.02	1756.45	27127	2843
2005	481145	34786	272.85	678.09	2105.57	38038	2833
2006	471856	47193	258.73	758.48	2042.46	42931	2914
2007	613969	44604	283.39	1005.39	2077.56	50991	3033
2008	543640	32091	358.32	1174.42	1684.40	65284	3055
2009	542573	30885	500.22	1047.41	2620.44	83287	2975
2010	563125	36326	385.27	906.89	2672.64	103894	3059

注：卷烟2003年及以前计量单位为万箱。

11-7 民族自治地方主要工业产品产量(二)

年 份	发电量（亿千瓦小时）	生 铁（万吨）	粗 钢（万吨）	水 泥（万吨）	木 材（万立方米）	农用化肥(折纯)（万吨）
1952	0.81	0.90			233	
1957	0.43	4.50			645	
1962	23.40	41.70	10.30	11.92	220	1.03
1965	33.40	55.80	39.40	91.01	858	36.43
1975	125.65	89.90	66.20	334.98	1034	48.67
1978	173.99	168.20	128.50	554.00	1212	
1980	193.36	177.52	166.60	576.09	1619	57.10
1981	202.24	190.02	166.15	587.12	1493	61.95
1982	221.25	182.76	167.59	699.87	1545	67.11
1983	239.30	195.66	173.38	843.38	1565	74.55
1984	260.90	214.98	197.82	940.78	1665	80.18
1985	389.01	258.12	232.45	1222.08	1826	85.72
1986	400.81	295.08	248.06	1343.15	2049	100.03
1987	518.97	346.23	291.09	1538.03	1903	131.85
1988	553.34	328.60	291.36	1667.50	1931	128.64
1989	675.57	362.88	320.04	1714.40	1763	153.93
1990	738.80	417.03	368.25	1957.83	1761	197.05
1991	712.72	376.86	414.14	2372.10	1808	203.59
1992	847.62	450.92	435.21	2828.96	1863	213.31
1993	992.09	515.34	489.40	3210.18	2008	205.37
1994	1107.87	536.70	493.48	3952.47	2042	205.25
1995	1186.46	554.68	699.57	4295.92	3257	218.75
1996	1228.93	663.67	722.14	4181.51	3453	189.47
1997	1230.44	841.30	663.72	4454.00	1895	227.50
1998	1356.79	701.73	632.76	4905.98	1637	299.79
1999	1428.87	696.44	643.34	5271.35	1230	314.57
2000	1712.00	725.00	647.05	5703.15	1052	388.65
2001	1777.00	853.00	738.45	5896.53	1155	431.86
2002	1957.00	988.00	899.82	6552.63	1023	517.24
2003	2243.24	1156.93	1082.34	7828.52	1097	554.61
2004	2363.18	1409.66	1321.02	8394.46	276	636.55
2005	3052.23	2086.77	1846.25	10155.90	169	717.29
2006	3740.15	2384.34	2150.20	11752.67	464	862.66
2007	4903.37	2907.68	2660.04	14011.36	131	932.08
2008	5500.95	3021.32	2980.87	15779.76	385	950.32
2009	5910.84	3945.56	3468.61	21375.54	401	1159.96
2010	6729.86	4447.49	4004.81	21652.56	417	1294.62

11-8 民族自治地方分地区主要工业产品产量(2010年)(一)

地 区	纱（万吨）	布（万米）	机制纸及纸板（万吨）	原 盐（万吨）	成品糖（万吨）	卷 烟（亿支）
合 计	**56.31**	**36326.00**	**385.27**	**700.92**	**906.89**	**2672.64**
河 北		155.00				
内蒙古	2.06	9813.00	28.84	278.42	12.04	265.00
辽 宁	0.91	3806.00				
吉 林	0.57	679.00	3.56			240.00
黑龙江			1.76			
浙 江			0.07			
湖 北	0.60	714.00	4.54			193.63
湖 南	0.88	144.00	8.92			
广 东						
广 西	10.16	4633.00	199.02	8.80	705.46	716.50
海 南				11.04	9.52	
重 庆		208.00				
四 川			1.12	0.69	1.73	140.00
贵 州	0.81	130.00	4.36		0.66	20.00
云 南	0.33	344.00	22.17	4.64	132.37	947.51
西 藏		100.00				
甘 肃				55.00		
青 海	0.37			167.65		
宁 夏	0.10		78.92			
新 疆	39.53	15600.00	31.98	174.67	45.10	150.00

11-8 民族自治地方分地区主要工业产品产量(2010年)(二)

地 区	原 煤（万吨）	原 油（万吨）	天然气（万立方米）	发电量（亿千瓦小时）	生 铁（万吨）
合 计	**103894.28**	**3059.18**	**5111826**	**6729.86**	**4447.49**
河 北	2.57			5.20	211.03
内蒙古	78913.14	182.91	2028700	2489.28	1358.97
辽 宁	113.78			30.64	130.23
吉 林	927.19	115.14		65.15	
黑龙江					
浙 江				6.23	4.95
湖 北	435.42		3946	79.69	
湖 南	21.90			32.95	10.55
广 东				17.47	
广 西	757.57	2.70		1032.15	1113.46
海 南				2.84	
重 庆	166.10			79.11	
四 川	163.61			363.02	104.26
贵 州	929.60	0.95		217.71	41.77
云 南	2715.08	10.09		587.03	464.49
西 藏				21.02	
甘 肃	256.32			168.55	27.53
青 海	1951.67	186.13	580084	265.34	
宁 夏	6613.61	3.10		587.16	39.13
新 疆	9926.73	2558.16	2499096	679.32	941.12

11-8 民族自治地方分地区主要工业产品产量(2010年)(三)

地　区	粗　钢 (万吨)	水　泥 (万吨)	平板玻璃 (箱)	木　材 (万立方米)	农用化肥(折纯) (万吨)
合　计	**4004.81**	**21652.56**	**2369.73**	**417.01**	**1294.62**
河　北	162.40	82.85		4.44	
内蒙古	1232.84	3592.25	1214.12		123.47
辽　宁	0.09	220.84	13.17	35.35	1.63
吉　林	10.62	312.28	2.39	173.50	16.91
黑龙江					1.84
浙　江				6.21	
湖　北		473.33			4.55
湖　南	3.05	233.41	35.52	53.65	18.79
广　东	9.26	26.00	8.22	9.29	
广　西	1204.57	7516.51	518.60		86.91
海　南		187.36			
重　庆		362.99		10.18	3.78
四　川	95.18	790.66		6.00	19.30
贵　州		982.76	101.07		273.74
云　南	420.84	2367.77	141.22	118.39	125.13
西　藏		219.12			
甘　肃		82.06			24.66
青　海	7.38	309.17			340.11
宁　夏	33.03	1422.31	0.83		95.17
新　疆	825.54	2470.90	334.60		158.63

主要统计指标解释

工业 指从事自然资源的开采，对采掘品和农产品进行加工和再加工的物质生产部门。具体包括:（1）对自然资源的开采，如采矿、晒盐、森林采伐等（但不包括禽兽捕猎和水产捕捞)。(2)对农副产品的加工、再加工，如粮油加工、食品加工、轧花、缫丝、纺织、制革等。(3）对采掘品的加工、再加工，如炼铁、炼钢、化工生产、石油加工、机器制造、木材加工等以及电力、自来水、煤气的生产和供应等。(4）对工业品的修理、翻新，如机器设备的修理、交通运输工具（包括小卧车）的修理等。

轻工业 指主要提供生活消费品和制作手工工具的工作。按其使用的原料不同，可分为两大类:（1）以农产品为原料的轻工业，是指直接或间接以农产品为基本原料的轻工业。主要包括食品制造饮料制造烟草加工、纺织、缝纫、皮革和皮毛制作、造纸以及印刷等工业。(2）以非农产品为原料的轻工业，是指以工业品为原料的轻工业。主要包括文教体育用品、化学药品、合成纤维、日用化学制品、日用玻璃制品、日用金属制品、手工工具、医疗器械、文化和办公用机械制造等工业。

重工业 指为国民经济各部门提供物质技术基础的主要生产资料的工业。按其生产性质和产品用途，可以分为下列三类:（1）采掘（伐）工业，是指对自然资源的开采，包括石油开采、煤炭开采、金属矿开采、非金属矿开采和木材采伐等工业。(2）原材料工业，指向国民经济各部门提供基本材料、动力和燃料的工业。包括金属冶炼及加工、炼焦及焦炭化学、化工原料、水泥、人造板以及电力、石油和煤炭加工等工业。(3）加工工业，是指对工业原材料进行再加工制造的工业。包括装备国民经济各部门的机械设备制造工业，金属结构、水泥制品等工业以及为农业提供生产资料如化肥、农药等工业。

1984 年以前农村的村及村以下办工业归属农业，1984 年以后划归工业。

工业总产值 指以货币表现的工业企业在报告期内生产的工业产品总量。

工业总产值包括: 生产成品价值、对外加工费收入以及自制半成品、在产品期末期初差额价值。

工业总产值不包括: 非本企业生产的工业产品价值、本企业工业生产过程中产生的废料（如锯末、切屑、矸石等）的出售价值。

工业总产值计算价格:

（1）不变价格: 又称固定价格，指在计算不同时期的总产值时，采用同一时点的工业产品出厂价格。采用不变价格计算工业总产值，主要是为消除不同时期价格变动影响，以保证计算工业发展速度时可比。

新中国成立以来，我国已编制过 5 次工业产品不变价格: 1952 年不变价格，1957 年不变价格，1970 年不变价格，1980 年不变价格，1990 年不变价格。目前采用的是 1990 年不变价格。

（2）当年价格: 指计算工业总产值时，采用的报告期内的产品实际销售价格。报告期的产品销售价格前后有变动，或同一种产品在同一时期有几种销售价格的，应分别按不同价格计算总产值，如生产完成时还不能确定按哪一种价格销售，可按报告期实际平均销售价格计算。实际销售价格指产品销售时的实际出厂价格不含增值税销项税额)。工业总产值中有些项目，如自制设备、提供本企业基本建设和生活福利部门的产品和工业性作业等，没有出厂价格，可以把它们的实际成本作为当年价格。

工业增加值 指工业企业在报告期内以货币表现的工业生产活动的最终成果。工业增加值有两种计算方法: 一是生产法，即工业总产值减去工业中间投入加上应交增值税; 二是收入法，即从收入的角度出发，根据生产要素在生产过程中应得到的收入份额计算，具体构成项目有固定资产折旧、劳动者报酬、生产税净额、营业盈余。

生产法: 工业增加值=工业总产值-工业中间投入+应交增值税

工业中间投入 指工业企业在工业生产活动中消耗的外购物质产品和对外支付的服务费用。服务费用包括支付物质生产部门（工业、农业、批发零售贸易业、建筑业、运输邮电业）的服务费用和支付给非物质生产部门（保险、金融、文化教育、科学研究、医疗卫生、行政管理等）的服务费用。

工业中间投入包括外购材料、燃料、动力的消耗以及向外单位支付的运输费、邮电费、修理费、仓储费、利息支出、保险费、职工教育费等各种服务费。不包括外购产品和服务时支付的增值税进项税额。工业中间投入按购买价格计算。

固定资产折旧 指固定资产在使用过程中，通过逐渐损耗（包括有形损耗和无形损耗）而转移到产品成本的部分价值，即为补偿生产中所耗用的固定资产而提取的价值。固定资产折旧由两部分组成，一部分是按规定比率提取的基本折旧，另一部分是为恢复固定资产在使用过程中已损耗部分的价值而发生的大修理费用。

工业销售产值 指以货币表现的工业企业在一定时间内销售的本企业生产的工业产品总量。包括已销售的成品、半成品价值，对外提供的工业性作业价值。工业销售产值按现行价格计算。

产品销售收入 指企业销售产品的销售收入和提供劳务等主要经营业务取得的收入总额。

资产 指企业拥有或控制的能以货币计量的经济资源，包括各种财产、债权和其他权利。资产按其流动性（即资产的变现能力和支付能力）划分为：流动资产、长期投资、固定资产、无形资产、递延资产和其他资产。

负债 指企业所承担的能以货币计量，将以资产乏劳务偿还的债务。偿还形式包括货币、资产或提供劳务。负债一般按偿还期长短分为流动负债和长期负债。

所有者权益 指企业投资人对企业净资产的所有权。企业净资产为企业全部资产与企业全部负债的差额，包括实收资本、资本公积、盈余公积、未分配利润等。

利润总额 指企业实现的利润。

全员劳动生产率 指根据产品的价值量指标计算的平均每一个从业人员在单位时间内的产品生产量，是考核企业经济活动的重要指标，是企业生产技术水平、经营管理水平、职工技术熟练程度和劳动积极性的综合表现。目前我国的全员劳动生产率是将工业企业的工业增加值除以同一时时期全部从业人员的平均人数来计算的。计算公式为:

全员劳动生产率=工业增加值 ÷ 全部从业人员平均人数

十二、建筑业

12-1 民族自治地方分地区建筑业基本情况

年份 地区	单位数 （个）	建筑业 总产值 （亿元）	房屋建筑 施工面积 （万平方米）	房屋建筑 竣工面积 （万平方米）	年末 从业人数 （万人）
1998	5333	584.72	8587.33	4573.54	130.04
1999	5092	639.67	9148.76	5408.04	133.80
2000	4828	754.30	9231.85	5325.88	131.59
2001	4587	916.49	10448.20	6149.86	133.77
2002	4148	1064.46	11547.41	6480.94	138.67
2003	4108	1227.17	13420.09	7221.96	138.10
2004	4361	1358.38	14100.68	6893.58	132.56
2005	4508	1610.27	15964.37	8072.09	141.73
2006	4694	1927.93	18543.61	9183.23	151.85
2007	4945	2500.49	22694.59	11234.59	162.61
2008	5198	3082.89	24600.04	11857.88	165.28
2009	5250	3961.73	28156.47	13167.00	183.97
2010	5380	5202.99	35052.18	15418.48	194.24
合计	**5380**	**5202.99**	**35052.18**	**15418.48**	**194.24**
河北	79	37.05	231.32	176.05	2.63
内蒙古	787	1125.58	7577.89	3805.24	43.56
辽宁	119	136.93	557.37	395.92	3.51
吉林	190	76.88	576.16	404.47	4.43
黑龙江	9	3.88	23.10	23.10	0.20
浙江	7	2.94	12.50	9.00	0.22
湖北	114	48.59	453.62	210.20	3.23
湖南	80	33.17	257.73	118.32	1.79
广东	5	4.40	54.17	40.05	0.35
广西	977	1222.31	10742.00	4094.00	59.00
海南	4	1.66	152.20	62.00	0.07
重庆	51	31.76	285.00	85.20	1.84
四川	92	35.10	309.36	127.05	2.10
贵州	152	49.89	914.99	283.27	4.20
云南	1069	623.80	2518.12	1141.53	24.15
西藏	175	122.07	272.42	128.25	4.49
甘肃	91	282.41	279.71	169.71	4.13
青海	99	58.14	617.45	177.28	2.06
宁夏	474	342.69	2596.93	1076.40	9.70
新疆	806	963.72	6620.14	2891.45	22.57

12-2 民族自治地方分地区建筑业主要财务指标(2010年)

单位：亿元

地区	企业资产合计	企业负债合计	企业所有者权益	企业利润总额	建筑业增加值
合计	**3729.17**	**2388.84**	**1340.33**	**200.48**	**1368.06**
河北	21.43	9.24	12.19	3.86	19.50
内蒙古	973.60	605.45	368.15	82.67	326.08
辽宁	85.25	43.58	41.67	6.28	26.42
吉林	67.28	34.25	33.03	4.44	34.38
黑龙江	1.31	0.41	0.90	1.00	1.21
浙江	2.83	1.59	1.24	0.07	0.91
湖北	38.69	18.01	20.67	2.07	18.15
湖南	24.20	12.66	11.54	2.43	11.93
广东	2.13	1.29	0.83	0.58	0.34
广西	776.55	516.29	260.25	25.76	227.47
海南	0.77	0.04	0.73	0.08	0.20
重庆	20.53	7.89	12.64	2.42	16.09
四川	52.12	33.83	18.29	0.79	100.19
贵州	75.93	53.71	22.21	1.80	35.00
云南	310.65	170.61	140.04	22.84	227.12
西藏	90.61	40.93	49.68	9.15	27.69
甘肃	23.22	8.33	14.89	1.40	7.07
青海	86.13	59.75	26.38	2.96	23.92
宁夏	296.16	197.98	98.18	8.92	71.56
新疆	779.79	572.97	206.82	20.97	192.82

主要统计指标解释

建筑业统计单位 指从事房屋、构筑物建造和设备安装活动的法人企业。建筑业法人企业应同时具备的条件是：（1）依法成立，有自己的名称、组织机构和场所，能够承担民事责任。（2）独立拥有和使用资产，承担负责，有权与其他单位签订合同。（3）独立核算盈亏，能够编制资产负债表。

建筑业总产值（自行完成施工产值） 是以货币表现的建筑安装企业在一定时期内生产的建筑业产品的总和。建筑业总产值包括：

1. 建筑工程产值：指列入建筑工程预算内的各种工程价值。

2. 设备安装工程产值：指列入建筑工程预算内的各种工程价值。

3. 房屋、构筑物修理产值：指房屋、构筑物修理所完成的价值，但不包括被修理房屋、构筑物本身的价值和生产设备的修理价值。

4. 非标准设备制造产值：指加工制造没有定型的、非标准的生产设备的加工费和原材料价值以及附属加工厂为本企业承建工程制作的非标准设备的价值。

房屋建筑施工面积 指在报告期内施工的全部房屋建筑面积，包括本期新开工的房屋面积、上期停缓建在本期恢复施工的房屋面积、本期竣工的房屋面积以及本期施工后又停缓建的房屋面积。

房屋建筑竣工面积 指在报告期内房屋建筑按照设计要求全部完工，达到住人和使用条件，经验收鉴定合格，正式移交使用单位的房屋建筑面积。

十三、运输和邮电

13-1 民族自治地方运输、邮电情况

年 份	铁路营业里程（万公里）	公路里程（万公里）	全年铁路货运量（万吨）	全年公路货运量（万吨）	邮电局、所（个）	邮路及农村投递线路（万公里）
1949	0.35	1.14				
1952	0.38	2.59		355	3499	13.13
1957	0.55	6.27		1425	4452	39.72
1962	0.72	12.57			5174	45.73
1965		12.55		4165	5272	36.37
1975		17.71		10695		
1978	0.90	20.80		13448	7222	94.75
1980	0.20	21.16		10266	7136	88.68
1981	1.22	21.21		12059	7121	84.61
1982	1.23	21.65	9999	14960	7226	86.19
1983	1.21	23.00	11014	11885	7482	88.11
1984	1.21	23.54	12066	12864	7578	87.04
1985	1.25	25.41	13101	22013	8075	90.40
1986	1.26	25.09	13212	31628	8809	88.37
1987	1.27	27.57	12283	38566	8219	87.27
1988	1.27	27.68	14045	53937	8276	86.61
1989	1.29	30.05	15599	61385	8443	95.10
1990	1.31	29.37	18078	58371	8436	88.02
1991	1.33	28.67	17066	76352	9589	90.51
1992	1.35	28.30	17651	68366	8509	84.25
1993	1.45	30.84	27038	122362	8422	85.61
1994	1.67	31.19	23117	128162	8814	83.29
1995	1.70	33.21	20385	111060	9076	106.82
1996	1.76	36.33			9082	108.00
1997	1.69	36.49	22250	113947	9836	100.38
1998	1.71	37.64	18909	110164	12664	102.56
1999	1.75	40.26	19294	120064	13564	106.07
2000	1.42	42.36	21248	181784	10893	109.52
2001	1.43	49.57	22734	136983	12574	109.04
2002	1.44	52.70	23045	119536	7855	100.37
2003	1.51	54.78	24246	133128	8812	108.53
2004	1.68	55.67	35285	154040	9049	108.06
2005	1.69	58.96	34170	171842	9321	109.67
2006	1.80	77.28	39932	333614	9110	114.23
2007	1.83	84.25	45027	214636	9171	112.29
2008	2.00	86.35	58892	264528	8814	115.59
2009	2.09	88.01	65509	292338	9124	123.06
2010	2.12	91.19	81690	343776	9083	125.74

注：1. 本表未扣除区域变动因素，年度之间不可比。
2. 2000年后铁路营业里程指国有铁路营业里程。
3. 2002年后邮电局、所数据仅指邮政局所数。

13-2 民族自治地方分地区运输条件(2010年)

单位：公里

地　区	公路线路里　程	#等级路	国有铁路营业里程	内河航道里　程	民用机场数（个）
合　计	**911879**	**644637**	**21235**	**14505**	**55**
河　北	9625	5549	77		
内蒙古	157994	144395	8947	2403	12
辽　宁	14285	12447	233	281	
吉　林	14924	11404	650		1
黑龙江	1062	148	50	146.7	
浙　江	1792	1762		93.7	
湖　北	27398	20417		728.47	1
湖　南	19525	5349	494	751	1
广　东	3622	1170		12	
广　西	101782	81239	3205	5433	6
海　南	4401	2990			
重　庆	11531	9510	183	158.1	
四　川	60571	45059	407	453	4
贵　州	44437	37869	802	3339.6	3
云　南	139329	79611	49	295	5
西　藏	60810	36229	532		4
甘　肃	12815	5877	91	293	
青　海	50615	23854	39		2
宁　夏	22518	21198	1248	117	3
新　疆	152843	98560	4229		13

13-3 民族自治地方分地区公路、铁路旅客、货物运输量(2010年)

地　区	客运量合计(万人)	#公　路	#铁　路	货运量合计(万吨)	#公　路	#铁　路
合　计	**339757**	**273566**	**63274**	**441267**	**343776**	**81690**
河　北	576	535	41	2982	2952	30
内蒙古	24043	19830	4213	137231	85162	52069
辽　宁	4741	4741		12244	12244	
吉　林	13008	12461	453	5303	4368	933
黑龙江	314	241	73	227	218	9
浙　江	213	209		106	105	
湖　北	7036	6890		2950	2691	
湖　南	8667	8012	568	19333	18710	584
广　东	1024	1024		365	365	
广　西	75751	72208	3148	115476	93552	9092
海　南	21295	21263		2276	2276	
重　庆	4141	4073	33	1550	1396	25
四　川	10936	10891		10829	10829	
贵　州	77594	26167	51427	14557	9403	5148
云　南	27445	27359	80	23029	22946	83
西　藏	8165	8066	99	982	952	30
甘　肃	3404	3404		2143	2143	
青　海	5907	2860	1077	8901	6329	37
宁　夏	13560	12919	539	32325	25453	6872
新　疆	31937	30413	1524	48459	41682	6777

13-4 民族自治地方分地区公路、铁路旅客、货物周转量(2010年)

地区	旅客周转量（亿人公里）	#公路	#铁路	货物周转量（亿吨公里）	#公路	#铁路
合计	**2500.15**	**1893.46**	**584.99**	**10745.35**	**5467.74**	**4381.91**
河北	3.18	2.28	0.90	11.16	10.17	0.99
内蒙古	388.50	218.20	170.30	4712.90	2261.12	2451.80
辽宁	22.14	22.14		25.35	25.35	
吉林	53.53	53.53		68.57	68.57	
黑龙江	2.07	1.33	0.75	1.74	1.12	0.63
浙江	1.00	1.00		1.26	1.26	
湖北	49.20	47.13		50.13	38.36	
湖南	49.21	40.50	2.70	70.52	64.58	1.74
广东	3.32	3.32		2.00	2.00	
广西	879.10	695.30	182.00	2926.80	1173.40	891.30
海南	15.73	15.73		15.82	15.82	
重庆	19.89	19.34	0.26	16.54	12.14	0.25
四川	60.94	59.23		105.68	105.67	
贵州	135.16	101.17	33.99	128.51	93.39	35.12
云南	227.11	225.52	1.58	263.19	261.55	1.63
西藏	32.20	22.80	9.40	38.50	26.60	12.00
甘肃	14.84	14.84		24.16	24.16	
青海	23.43	13.70		105.02	91.19	0.14
宁夏	98.80	65.30	33.40	818.60	538.30	280.40
新疆	420.80	271.10	149.70	1358.90	653.00	705.90

13-5 民族自治地方分地区邮电业情况(2010年)(一)

地区	邮电业务总量（亿元）	邮政局所（处）	邮路总长度（万公里）	农村投递线路（万公里）	移动电话年末用户（万户）	国际互联网用户（万户）
合计	**2456.37**	**9083**	**58.87**	**66.87**	**9727.53**	**2482.04**
河北	4.52	50	0.42	0.88	102.80	8.25
内蒙古	601.37	1733	9.24	11.45	2034.00	191.00
辽宁	14.71	198	1.38	1.57	113.00	16.30
吉林	17.19	187	1.15	0.87	260.58	40.91
黑龙江	0.18	15	0.03	0.02	11.82	1.06
浙江	0.91	6	0.10	0.05	11.60	0.95
湖北	15.20	157	0.35	2.35	296.92	15.56
湖南	37.91	246	1.04	1.54	182.21	20.05
广东	1.47	29	0.26	0.20	22.19	1.78
广西	821.89	1739	15.99	11.27	2214.50	1579.60
海南	1.95	106	0.21	0.28	53.88	4.32
重庆	6.01	159	0.35	0.53	113.72	6.46
四川	31.39	343	1.56	2.18	354.00	26.25
贵州	18.33	638	1.72	2.94	559.91	37.68
云南	108.20	973	5.04	10.43	1133.12	100.01
西藏	64.34	302	2.01	11.76	157.60	81.00
甘肃	9.75	180	0.49	1.23	142.28	3.80
青海	9.90	97	0.70	0.93	166.19	10.95
宁夏	135.20	462	3.41		437.30	175.00
新疆	555.95	1463	13.44	6.41	1359.90	161.10

13-5 民族自治地方分地区邮电业情况(2010年)(二)

单位：万户

地区	固定电话年末用户	城市电话用户	#住宅电话	农村电话用户	#住宅电话
合计	**2662.10**	**1716.02**	**1045.96**	**946.07**	**781.80**
河北	22.15	9.44	7.84	12.71	11.39
内蒙古	414.00	354.00	238.00	60.00	52.00
辽宁	82.91	26.43	18.46	56.48	53.27
吉林	79.92	59.68	48.90	20.24	19.03
黑龙江	5.21	2.53	2.53	2.69	2.69
浙江	2.50	1.75	0.94	0.75	0.64
湖北	48.01	18.84	10.53	29.17	28.18
湖南	51.48	25.94	11.81	25.54	10.61
广东	5.93	3.19	2.14	2.74	2.38
广西	708.90	430.30	243.40	278.60	250.30
海南	16.66	7.65	3.50	9.01	1.87
重庆	20.56	9.13	7.35	11.43	11.66
四川	60.29	33.92	21.13	26.37	19.46
贵州	152.07	74.40	55.33	77.67	60.80
云南	239.95	111.48	59.64	128.47	99.60
西藏	43.90	41.90	22.20	2.00	0.80
甘肃	30.05	13.28	5.65	16.77	7.48
青海	37.70	18.36	5.11	19.34	10.64
宁夏	111.90	77.90	44.20	34.00	29.80
新疆	528.00	395.90	237.30	132.10	109.20

主要统计指标解释

铁路营业里程 又称营业长度，指办理客货运输业务的铁路正线总长度。凡是全线或部分建成双线及以上的线路，以第一线的实际长度计算；复线、站线、段管线、岔线和特殊用途以及不计算运费的联络线都不计算营业里程。铁路营业里程是反映铁路运输业基础设施发展水平的重要指标，也是计算客货周转量、运输密度和机车车辆运用效率等指标的基础资料。

公里里程 指在一定时期内实际达到《公路工程（WTBZ）技术标准 JTJ00-88》规定的等级公路，并经公路主管部门正式验收交付使用的公路里程数。包括大中城市的郊区公路以及通过小城镇街道部分的公路里程，包括桥梁、渡口的长度，不包括大中城市的街道和厂矿、林区生产用道的里程。两条或多条公路共同经由同一路段，只计算一次，不得重复计算里程长度。它是反映公路建设发展规模的重要指标，也是计算运输网密度等指标的基础资料。

内河航道里程 也称内河通航里程，指在一定时期内，能通航运输船舶及排筏的天然河流、湖泊、水库、运河及通航渠道的长度。包括全年季节性通航累计三个月以上的航道，不包括仅供零散流放竹、木排的河道。它是反映内河水运网规模、水平和发展情况的主要指标。

铁路旅客运量 指一定时期内使用铁路客车运送的旅客人数。铁路旅客运量的计算方法：不论票价多少或行程长短，均按单程计算为一人次；不足购票年龄免购客票的儿童不计算运量；月、季票按每月往返各 25 人次计算。

铁路旅客周转量 指一定时期内使用铁路客车运送的旅客人数与运输距离的乘积之总和。

铁路货物运量 指使用铁路货车实际运送的货物数量。

铁路货物周转量 指一定时期内使用铁路货车完成的货物运量与运送距离的乘积之总和。

公路货运量 指在一定时期内由各种公路运输工具实际运送到目的地并卸完的货物数量。反映公路货运量的指标有发送货物吨数、到达货物吨数和运送货物吨数。

公路货物周转量 指一定时期内由各种公路运输工具实际完成运送过程的货物总运输量。

公路客运量 指公路运输企业及由其组织的其他单位在一定时期内实际运送的旅客人数。公路客运量的计算方法：不论乘车路程远近和票价多少，以客票为依据，“人”为计量单位；不足购票年龄的免票儿童不计算客运量。

公路旅客周转量 指在报告期内实际运送的旅客人数与其相应的旅客运送距离的乘积。

邮电业务总量 指以价值量形式表现的邮电通信企业为社会提供各类邮电通信服务的总数量。

移动电话用户 指通过移动电话交换机进入移动电话网、占有移动电话号码的各类电话用户。

国际互联网用户 国际互联网是一个连接计算机的网络，范围遍及全世界，包括局域网、城域网和广域网，旨在实现计算机资源共享。

城市电话用户 指直辖市、省辖市、地级市、县级市的市区、市郊区及县城（包括县人民政府所在地的县城关区或行政建制相当于县人民政府所在地的镇）范围内接入局用交换机的电话用户数，包括分布在农村地区的独立工矿区、林区、驻军等接入局用交换机的电话用户数。

邮路 指各邮电局、所、代办所之间，邮电局、所与代办所、车站、码头、机场、转运站、报刊社之间，有自编或委办人员按固定班期规定路线交换邮件、报刊的路线。包括农村地区运邮兼投递的路线，不包括城市、农村地区纯投递路线。

农村投递路线 指农村局、所自编或委办人员按固定班期、规定路线至农村乡（镇）、行政村等收件单位投递邮件、报刊的路线。

十四、国内贸易

14-1 民族自治地方社会消费品零售总额、国内纯购进总额

单位：亿元

年 份	社会消费品零售总额	国内纯购进总额	#农副产品购进
1952	17.10	4.80	4.46
1957	37.35	24.00	14.37
1965	58.79	42.90	24.51
1975	102.70	82.20	36.74
1978	125.07	103.30	41.97
1980	176.67	131.23	58.09
1981	196.75	145.87	63.73
1982	217.43	163.57	75.05
1983	247.39	185.50	85.55
1984	290.28	199.69	87.16
1985	370.45	237.74	94.31
1986	415.45	277.65	105.92
1987	476.60	360.12	133.50
1988	607.27	497.83	185.76
1989	633.72	554.74	197.82
1990	681.84	618.58	227.01
1991	762.96	696.60	260.52
1992	890.41	744.32	258.28
1993	1205.10	1056.60	153.29
1994	1356.42	2027.85	280.86
1995	1169.29	2541.73	394.75
1996	1867.40	2535.08	385.49
1997	2063.72	2470.81	296.82
1998	2332.10	1406.92	
1999	2378.23	1173.70	
2000	2569.84	1321.45	
2001	2809.35	1420.59	
2002	2832.01	1479.99	
2003	3108.98	1919.62	
2004	3677.93		
2005	4874.17		
2006	5665.30		
2007	6712.45		
2008	8243.07		
2009	9857.15		
2010	11685.76		

注：1998年以后国内纯购进总额为限额以上社会商品购进总额。

14-2 民族自治地方分地区社会消费品零售总额(2010年)

单位: 亿元

地区	社会消费品零售总额	批发零售贸易业	餐饮业	其他
合计	**11685.76**	**10075.53**	**1454.19**	**156.05**
河北	101.02	89.96	11.06	
内蒙古	3384.00	2897.31	439.99	46.70
辽宁	236.54	213.02	23.31	0.21
吉林	386.79	309.18	77.60	
黑龙江	9.38	8.42	0.96	
浙江	12.58	11.00	1.38	0.20
湖北	165.15	148.87	15.57	0.71
湖南	194.66	169.17	25.49	
广东	19.45	15.96	2.14	1.34
广西	3312.00	2967.00	305.00	40.00
海南	35.67	27.24	8.43	
重庆	104.38	86.90	14.98	2.51
四川	337.04	278.97	58.07	
贵州	382.16	354.30	27.79	0.07
云南	855.77	702.99	143.32	9.46
西藏	185.30	157.52	27.78	
甘肃	72.88	56.96	14.72	1.20
青海	112.32	86.58	22.70	3.04
宁夏	403.59	337.57	66.02	
新疆	1375.10	1156.62	167.86	50.62

14-3 民族自治地方分地区限额以上批发零售贸易业商品购进、销售、库存总额(2010年)(一)

单位: 亿元

地　区	法人企业（个）	年末从业人员（人）	购进总额（亿元）	年末库存总额（亿元）
合　计	**6277**	**505852**	**11215.61**	**1165.10**
河　北	63	4559	25.54	1.65
内蒙古	1353	134440	2710.10	241.20
辽　宁	132	5133	204.47	5.22
吉　林	153	9391	116.87	18.25
黑龙江	4	372		0.26
浙　江	8	328	2.22	0.21
湖　北	185	12153	82.28	15.97
湖　南	95	6686	66.25	7.23
广　东	7	95	0.27	0.04
广　西	1465	122788	2439.30	188.80
海　南	15	373	4.30	0.24
重　庆	147	9100	57.01	5.59
四　川	142	10782	181.09	20.79
贵　州	148	11025	156.77	27.23
云　南	626	43217	613.17	149.07
西　藏	60	6152	77.30	14.60
甘　肃	31	1809	102.88	13.14
青　海	76	2197	54.10	3.09
宁　夏	392	30061	614.90	57.20
新　疆	1175	95191	3706.80	395.30

14-3 民族自治地方分地区限额以上批发零售贸易业商品购进、销售、库存总额(2010年)(二)

单位: 亿元

地 区	销售总额	批发合计	零售合计
合 计	**12579.72**	**9252.13**	**3327.59**
河 北	27.76	16.06	11.70
内蒙古	2951.50	1953.40	998.10
辽 宁	335.60	73.11	262.49
吉 林	168.49	93.47	75.01
黑龙江	99.18	97.73	1.45
浙 江	3.13	2.79	0.34
湖 北	100.63	68.07	32.56
湖 南	88.90	56.62	32.28
广 东	0.34		0.34
广 西	2589.30	1938.90	650.40
海 南	4.63		4.63
重 庆	73.86	38.75	35.11
四 川	236.48	190.89	45.59
贵 州	233.31	144.61	88.70
云 南	756.36	525.56	230.80
西 藏	92.10	40.40	51.70
甘 肃	163.39	90.21	73.18
青 海	61.25	41.73	19.52
宁 夏	652.40	462.30	190.10
新 疆	3941.10	3417.50	523.60

14-4 民族自治地方分地区限额以上批发零售贸易业企业财务状况(2010年)

单位: 亿元

地　区	资产合计	负债合计	企业所有者权益
合　计	**4593.63**	**3158.52**	**1435.11**
河　北	13.86	8.44	5.43
内蒙古	961.00	666.90	294.10
辽　宁	48.99	14.06	34.93
吉　林	85.10	55.49	29.61
黑龙江	22.11	17.43	4.69
浙　江	23.69	11.46	12.23
湖　北	44.21	31.48	12.73
湖　南	31.06	17.95	13.11
广　东	0.16	0.07	0.09
广　西	1016.50	728.20	288.30
海　南	1.27	0.76	0.51
重　庆	54.72	29.15	25.57
四　川	85.27	41.47	43.80
贵　州	45.11	27.78	17.33
云　南	388.03	176.79	211.25
西　藏	41.50	18.20	23.30
甘　肃	38.39	16.45	21.94
青　海	32.25	19.04	13.21
宁　夏	250.20	175.90	74.30
新　疆	1410.20	1101.50	308.70

主要统计指标解释

社会消费品零售总额 指批发和零售业、餐饮业、新闻出版业、邮政业和其他服务业等，售与城乡居民用于生活消费的商品和社会集团用于公共消费的商品之总量。社会消费品零售总额包括:

一、批发和零售业企业（单位）。

1. 售与城乡居民的各种生活消费品。

2. 售与入境旅游的外国人、华侨、港澳台同胞的各类商品。

3. 售与行政事业单位、社会团体、军队和武警等机构的商品以及以零售方式售与各类企业的商品。具体包括: 用于非生产和社会交往的办公用品，如通信设备、计算器具和设备、电信网络设备、文印设备、音像视听器材和设备、纸张、本册、文具及装订文印材料、家具、日用电器、针纺织品、清洁卫生用品、文体用品、奖品、纪念品、礼品等; 供内部人员使用的交通工具和燃料; 用于办公设施修缮的各类配件、材料、工具等; 用于取暖和防暑降温的设备、燃料、材料及食品等; 专用于教学的用品和设备; 非盈利医疗机构的中、西药品、中药材和医疗设备器材; 非专用的劳动保护用品; 不对外营业的内部食堂用的餐具、炊具、设备、清洁卫生工具和食品、燃料等; 军队、武警用于其人员生活的衣着品和个人用品; 其他各类非生产性设备和用品。

二、餐饮业出售的主食、菜肴、烟酒饮料和其他商品。

三、新闻出版业、邮政业售与城乡居民、企事业单位、军队和武警等机构的书报杂志、音像制品、邮品等。

四、其他服务业出售的食品、烟酒饮料、服装鞋帽、日常生活用品、医药保健用品、艺术品、工艺美术品、玩具、殡葬用品以及其他消费品。

批发零售贸易业商品购、销、存总额 指各种登记注册类型的批发、零售业企业（单位）以本企业（单位）为总体的，从国内、国外市场购进的商品总量、销售和出口的商品总量、库存商品总量等情况。该指标可以反映商品流转过程中商品的购进、销售、库存之间的比例关系和存在的问题。

商品购进总额 指从本企业（单位）以外的单位和个人购进（包括从境外直接进口）作为转卖或加工后转卖的商品总额。它反映批发零售贸易业从国内、国外市场上购进商品的总量。商品购进总额包括:（1）从工农业生产者购进的商品;（2）从出版社、报社的出版发行部门购进的图书、杂志和报纸;（3）从各种登记注册类型的批发零售贸易企业（单位）购进的商品;（4）从其他单位购进的商品，如从机关、团体、企业等单位购进的剩余物资，从餐饮业、服务业购进的商品，从海关、市场管理部门购进的缉私和没收的商品，从居民手中收购的废旧商品等;（5）从国（境）外直接进口的商品。不包括企业（单位）为自身经营用和未通过买卖行为而收入的商品以及销售退回、商品升溢等。

商品销售总额 指对本企业（单位）以外的单位和个人出售（包括对境外直接出口）的商品总额。它反映批发零售贸易业在国内市场上销售商品以及出口商品的总量。商品销售总额包括:（1）售给城乡居民和社会集团消费用的商品;（2）售给工业、农业、建筑业、运输邮电业、批发零售贸易业、餐饮业、服务业等作为生产、经营使用的商品;（3）售给批发零售贸易业作为转卖或加工后转卖的商品;（4）对国（境）外直接出口的商品。不包括出售本企业（单位）自用的废旧包装用品; 未通过买卖行为付出的商品经本单位介绍，由买卖方直接结算，本单位只收取手续费的业务; 购货退回的商品以及商品损耗和损失等。

批发和零售贸易业库存 指报告期末各种登记注册类型的批发零售贸易企业（单位）已取得所有权的商品。它反映批发零售贸易企业（单位）的商品库存情况和对市场商品供应的保证程度。期末库存包括:（1）存放在批发零售贸易业经营单位（如门市部、批发站、经营处）仓库、货场、货棋局和货架中的商品;（2）挑选、整理包括装中的商品;（3）已记入购进而尚未运到本单位的商品，即发货单或银行承兑凭证已到而货未到的部分;（4）寄放他处的商品，如因购货方拒绝承付而暂时存放在购货方的商品和已办完加工成品收回手续而未提回的商品;（5）委托其他单位代销（未作销售或调出）尚未售出的商品；（6）代其他单位购进尚未交付的商品。不包括所有权不属于本单位的商品、拨付除批发零售贸易业以外的其他行业所属独立核算加工厂等加工生产尚未收回成品的商品、代国家物资储备部门保管的商品等。

库存总额采用的计算价格是：农副产品采购单位按购进价计算；批发单位按进货价计算；零售单位按核算价格计算，即按什么价格核算就按什么价格计算。

餐饮业商品零售额 指餐饮企业、产业活动单位或个体户直接对居民和社会集团零售的各种商品。包括：（1）经烹饪、调制加工后出售的各种食品，如主食、炒菜、凉拌菜等；（2）不经加工直接转卖的各种外购商品，如卷烟、酒、饮料、熟食、水果等；（3）附设非独立核算的专门销售商品的小卖部出售的各种食品及其他商品。

限额以上批发零售贸易业、餐饮业统计限额标准 批发业，年末从业人员 20 人及以上，年销售额 2000 万元及以上；零售业，年末从业人员 60 人及以上，年销售额 500 万元及以上；餐饮业，年末从业人员 40 人及以上，年销售额 200 万元及以上。

十五、对外经济贸易

15-1 民族自治地方分地区对外贸易和利用外资情况

单位：万美元

年份 地区	进出口总额	进口总额	出口总额	当年新签利用外资协议(合同)项目(个)	本年实际利用外资额	年末实有外商投资企业(户)
1997	670200	213000	457200	1132	164000	6416
1998	613000	211800	401200	874	130600	7503
1999	621900	245000	376900	775	141100	6029
2000	856410	359631	496779	1137	150441	5942
2001	757372	354831	402541	1162	164514	5366
2002	1010576	460291	550285	794	167082	5252
2003	1357730	573371	784359	1036	200541	3203
2004	1733122	809524	923599	1002	185468	5310
2005	2214873	951257	1263616	969	265772	5637
2006	2752293	1035358	1718724	753	340745	2931
2007	3818965	1353481	2465484	1009	416601	5520
2008	5313640	1634242	3679399	669	693933	5073
2009	4158091	1500897	2657194	903	547223	5618
2010	5332648	2018237	3314412	871	679044	12919
合计	**5332648**	**2018237**	**3314412**	**871**	**679044**	**12919**
河北	11516	793	10723	6	5424	42
内蒙古	872974	539532	333442	71	355876	3693
辽宁	17003	1992	15011	18	26660	102
吉林	162424	29017	133407	72	20350	724
黑龙江	1249		1249			
浙江	1291	444	847	1	2068	1
湖北	13128	119	13009	22	1847	46
湖南	31346	676	30670	11	4372	24
广东	17074	9414	7660	6	2123	15
广西	1773891	813583	960308	190	91200	5327
海南						
重庆	25335	167	25168	4	3240	1
四川	10165	4193	5972	4	11673	41
贵州	13198	4960	8238	6	8588	22
云南	385625	111697	273927	376	98705	337
西藏	83607	6504	77103			264
甘肃	3812		3812			
青海						
宁夏	195999	78999	117000	25	23176	529
新疆	1713011	416146	1296865	59	23742	1751

注：进出口总额按经营单位所在地分。

主要统计指标解释

进出口总额 指实际进出我国国境的货物总金额。包括对外贸易实际进出口货物，来料加工装配进出口货物，国家间、联合国及国际组织无偿援助物资和赠送品，华侨、港澳台同胞和外籍人员捐赠品，租赁期满归承租人所有的租赁货物，进料加工进出口货物，边境地方贸易及边境地区小额贸易进出口货物（边民互市贸易除外），中外合资经营企业、中外合作经营企业、外商独资经营企业进出口货物和公用物品，到、离岸价格在规定限额以上的进出口货样的广告品（无商业价值、无使用价值和免费提供出口的除外），从保税仓库提取在中国境内销售的进口货物以及其他进出口货物。进出口总额用以观察一个国家在对外贸易方面的总规模。我国规定出口货物按离岸价格统计，进口货物按到岸价格统计。

进口 指直接从国外进口的商品和委托外贸部门代理进口的商品，不包括从国内有关单位（包括对外贸易部门和其他单位）购进的进口商品。对外贸易企业只统计自主经营进口的商品，不包括受托代理进口的商品。

出口 指直接向国（境）外出口商品和委托外贸部门代理出口的商品，不包括售给外贸部门出口或加工后出口的商品以及在国内市场以外币销售的商品。

商品经营单位所在地进出口额 指所在地海关注册登记的有进出口经营权的企业实际进出口额。

利用外资 指我国各级政府、部门、企业和其他经济组织通过对外借款、吸收外商直接投资以及用其他方式筹措的境外现汇、设备、技术等。

十六、旅　游

16-1 民族自治地方分地区世界遗产情况(2010年)

单位: 个

地区	世界自然遗产	世界文化遗产	世界自然与文化遗产	人类口述和非物质遗产
全国	**7**	**26**	**4**	**4**
合计	**5**	**2**		**2**
河北				
内蒙古				1
辽宁				
吉林				
黑龙江				
浙江				
湖北				
湖南				
广东				
广西				
海南				
重庆				
四川	3			
贵州	1			
云南	1	1		
西藏		1		
甘肃				
青海				
宁夏				
新疆				1

16-2 民族自治地方分地区重点文物保护单位(2010年)

单位：个

地区	全国重点文物保护单位	古遗址	古墓葬	古建筑及历史纪念建筑物	近现代重要史迹及代表性建筑	石窟寺石刻及其他
合计	**363**	**115**	**40**	**127**	**55**	**26**
河北						
内蒙古	78	41	9	21	5	2
辽宁	6	5	1			
吉林	10	6	3	1		
黑龙江						
浙江	1			1		
湖北	8	4		2	1	1
湖南	10	1		4	3	2
广东						
广西	42	8	1	12	18	3
海南					1	
重庆	1				1	
四川	17	2	1	10	3	1
贵州	14		1	9	4	
云南	42	6		22	10	4
西藏	35	3	4	27	1	
甘肃	8	3		1	1	3
青海	14	4	1	5	3	1
宁夏	18	7	1	7	1	2
新疆	58	25	18	5	3	7

16-3 民族自治地方分地区国家A级旅游区(2010年)

单位：个

地区	国家AAAAA级旅游区	国家AAAA级旅游区	国家AAA级旅游区	国家AA级旅游区	国家A级旅游区
合计	**12**	**180**	**146**	**212**	**43**
河北		3	3	4	
内蒙古		28	29	48	6
辽宁		10	3	10	3
吉林		4	6	10	1
黑龙江				3	
浙江				2	
湖北		3	2	9	
湖南		3	5	2	
广东					
广西	2	46	36	5	
海南		1			
重庆		1		3	1
四川	1	8	1	1	
贵州	2	4		3	
云南	2	25	11	45	7
西藏		8	1	2	1
甘肃		6	13	7	1
青海		7		1	
宁夏	2	6	3	8	1
新疆	3	17	33	49	22

16-4 民族自治地方分地区国家级重点风景名胜区和全国历史文化名城、名镇、名村(2010年)

单位：个

地　区	国家级重点风景名胜区	全国历史文化名城	全国历史文化名镇	全国历史文化名村
合　计	**61**	**17**	**25**	**17**
河　北				
内蒙古	3	1	2	2
辽　宁	2		1	
吉　林	2			
黑龙江				
浙　江			1	
湖　北			1	2
湖　南	3	1	3	
广　东				
广　西	3	2	3	3
海　南				
重　庆			2	
四　川	4			1
贵　州	11	1	2	3
云　南	9	4	5	3
西　藏	4	3	2	
甘　肃			1	
青　海	1	1		1
宁　夏	1	1		
新　疆	18	3	2	2

16-5 民族自治地方分地区国家重点自然保护区(2010年)

地 区	国家重点自然保护区(个)	面 积(千公顷)
合 计	**121**	**81421.85**
河 北	3	77.97
内蒙古	23	3924.88
辽 宁	3	33.69
吉 林	7	508.18
黑龙江		
浙 江		
湖 北	4	183.70
湖 南	1	24.80
广 东		
广 西	15	286.19
海 南	4	81.97
重 庆		
四 川	11	1730.60
贵 州	5	152.31
云 南	12	951.48
西 藏	9	37153.10
甘 肃	4	2015.12
青 海	5	20252.50
宁 夏	6	439.20
新 疆	9	13606.15

16-6 民族自治地方分地区旅行社单位数和旅游人数(2010年)

地区	旅行社数（个）	旅游人次合计（万人次）	国际旅游	国内旅游
合计	**2392**	**50441.2**	**941.8**	**49499.3**
河北	13	239.1		239.1
内蒙古	716	4620.4	142.8	4477.6
辽宁	45	2386.0	15.5	2370.5
吉林	120	949.1	37.7	911.4
黑龙江	5	75.0	0.1	74.9
浙江	5	175.5	5.0	170.5
湖北	56	1310.1	30.6	1279.5
湖南	35	1557.7	5.9	1551.9
广东	10	253.3		253.3
广西	448	14323.7	250.2	14073.5
海南		100.8	5.1	95.7
重庆	11	515.2		515.2
四川	86	3089.9	16.0	3074.0
贵州	67	4991.4	19.1	4972.3
云南	164	7094.5	247.8	6846.7
西藏		685.1	22.8	662.3
甘肃	17	519.5	24.1	495.4
青海	35	3389.7	11.0	3378.7
宁夏	97	1020.6	1.6	1019.0
新疆	462	3144.5	106.5	3038.0

16-7 民族自治地方分地区旅游收入(2010年)

地　区	国际旅游收入（万美元）	国内旅游收入（亿元）
合　计	**297995.7**	**3433.8**
河　北		14.4
内蒙古	60200.0	692.9
辽　宁	5200.8	165.0
吉　林	11381.8	93.4
黑龙江	13.8	2.5
浙　江	227.1	7.2
湖　北	3308.9	59.4
湖　南	64.1	76.2
广　东		13.4
广　西	80600.0	898.1
海　南	493.4	5.9
重　庆		19.5
四　川	4147.5	165.5
贵　州	4534.3	318.9
云　南	91979.6	455.9
西　藏	10400.0	64.4
甘　肃	1231.0	16.2
青　海	5113.4	16.4
宁　夏	600.0	67.4
新　疆	18500.0	281.1

主要统计指标解释

旅游人数 包括入境国际旅游者人数、出境居民人数和国内旅游者人数。

1. 入境国际旅游者人数：指来中国参观、访问、旅行、探亲、访友、休养、考察、参加会议和从事经济、科技、文化、教育、宗教等活动的外国人、华侨、港澳同胞和台湾同胞的人数。不包括外国在我国的常驻机构，如使领馆、通讯社、企业办事处的工作人员，以及来我国常住的外国专家、留学生、在岸逗留不过夜人员。

2. 出境居民人数：指我国大陆居民因公务活动或私人事务短期出境的人数。公务活动出境居民人数包括在国际交通工具上的中国服务员工，因私出境居民人数不包括在国际交通工具上的中国服务员工。

3. 国内旅游者人数：指我国大陆居民和在我国常住 1 年以上的外国人、华侨、港澳台同胞离开常住地在境内其他地方的旅游设施内至少停留 1 夜、最长不超过 6 个月的人数。

国际旅游（外汇）收入 指入境旅游的外国人、华侨、港澳同胞和台湾同胞在中国内地旅游过程中发生的一切旅游支出，对于国家来说就是国际旅游（外汇）收入。

国际旅行社 指经营对外招徕并接待外国人、华侨、港澳同胞和台湾同胞来中国、归国或回内地旅游业务的旅行社。

国内旅行社 指负责经营招徕、组团、接待国内旅客的旅游业务，以及不对外招徕，负责经营接待国际旅行社或其他涉外部门组织的外国人、华侨、港澳同胞和台湾同胞来中国、归国或回内地旅游业务的旅行社。

十七、银行和金融

17-1 民族自治地方金融机构存贷款年末余额

单位：亿元

年 份	各项存款	各项贷款
1989	824.19	1041.28
1990	1048.99	1449.71
1991	1226.48	1525.62
1992	1671.64	2012.49
1993	2048.81	2451.69
1994	2654.01	2961.95
1995	3865.71	4035.72
1996	4483.19	4728.59
1997	5325.62	5770.71
1998	5975.78	6188.96
1999	6918.26	6738.41
2000	7905.79	6548.01
2001	8954.49	7288.37
2002	10238.64	8039.72
2003	11749.93	9339.76
2004	13545.97	10613.63
2005	16323.84	11299.73
2006	19897.89	13419.65
2007	24208.78	15696.98
2008	30144.33	19318.35
2009	37097.90	24493.96
2010	46621.78	30578.95

注：1997年以前的信贷数为国家银行信贷数，1998年以后为全部金融机构数。

17-2 民族自治地方分地区金融机构信贷(2010年)

单位: 亿元

地　区	各项存款	各项贷款
合　计	**46621.78**	**30578.95**
河　北	364.91	300.50
内蒙古	10278.69	7919.47
辽　宁	565.01	272.15
吉　林	964.77	437.81
黑龙江	43.56	19.94
浙　江	42.05	24.35
湖　北	547.86	289.47
湖　南	578.40	253.05
广　东	69.41	27.11
广　西	11813.90	8979.87
海　南	327.68	63.37
重　庆	297.55	179.98
四　川	1513.69	699.03
贵　州	1608.67	627.66
云　南	3804.74	2320.33
西　藏	1295.54	301.49
甘　肃	392.59	190.52
青　海	668.40	300.98
宁　夏	2573.64	2398.70
新　疆	8870.72	4973.16

17-3 民族自治地方上市公司股本结构及主要财务指标(一)

指　　标	2000年	2001年	2002年	2003年	2004年
上市公司数目(家)	**77**	**84**	**87**	**95**	**98**
A股上市公司	76	83	86	94	96
B股上市公司	1	1	1	1	2
A、B股上市公司					
总股本(亿股)	**171.42**	**207.76**	**237.09**	**266.15**	**305.73**
主要财务指标(亿元)					
资产总额	865.32	1130.03	1394.94	1740.22	2084.15
所有者权益合计	474.28	562.33	640.89	711.40	790.75
营业收入	331.63	468.72	598.93	808.65	1061.60
利润总额	92.91	109.76	145.12	185.04	234.23
净利润	41.48	31.06	32.06	26.82	32.19
每股收益(元)					
净资产收益率(%)					

17-3 民族自治地方上市公司股本结构及主要财务指标(二)

指　　标	2006年	2007年	2008年	2009年	2010年
上市公司数目(家)	**100**	**102**	**106**	**111**	**111**
A股上市公司	98	101	104	109	109
B股上市公司	2	1	2	2	2
A、B股上市公司					
总股本(亿股)	**488.97**	**431.47**	**525.52**	**437.25**	**729.95**
主要财务指标(亿元)					
资产总额	2706.59	3499.36	4166.06	3839.89	4146.09
所有者权益合计	928.46	1220.79	1447.81	1288.68	1345.76
营业收入	1609.15	2088.04	2706.37	2231.63	2729.53
利润总额	328.23	221.12	152.17	147.67	779.22
净利润	70.24	141.55	97.78	92.90	263.42
每股收益(元)	0.32	0.33	15.30	0.24	0.62
净资产收益率(%)	16.69	11.60	3.30	8.06	33.51

17-4 民族自治地方分地区上市公司数(2010年)

地区	总计(个)	A股上市公司	B股上市公司
合计	**111**	**109**	**2**
河北			
内蒙古	21	19	2
辽宁			
吉林	1	1	
黑龙江			
浙江			
湖北			
湖南	1	1	
广东			
广西	26	26	
海南			
重庆			
四川	1	1	
贵州			
云南	3	3	
西藏	9	9	
甘肃			
青海	1	1	
宁夏	11	11	
新疆	37	37	

17-5 民族自治地方分地区上市公司主要财务指标(2010年)(一)

地　区	总股本（亿股）	资产总额（亿元）	所有者权益合计（亿元）	营业收入（亿元）
合　计	**729.95**	**4146.09**	**1345.76**	**2729.53**
河　北				
内蒙古	192.75	1708.46	539.93	1218.91
辽　宁				
吉　林	4.11	13.79	-0.68	4.55
黑龙江				
浙　江				
湖　北				
湖　南	3.03	12.90	7.56	5.60
广　东				
广　西	211.45	985.13	325.36	744.87
海　南				
重　庆				
四　川	3.65	16.84	5.80	5.11
贵　州				
云　南	7.60	35.97	9.37	28.91
西　藏	3.84	46.60	18.88	17.93
甘　肃				
青　海	15.91	106.60	38.57	49.52
宁　夏	34.78	303.50	93.96	168.08
新　疆	252.83	916.30	307.00	486.05

17-5 民族自治地方分地区上市公司主要财务指标(2010年)(二)

地　区	利润总额（亿元）	净利润（亿元）	每股收益（元）	净资产收益率（%）
合　计	**779.22**	**263.42**	**0.62**	**33.51**
河　北				
内蒙古	192.75	94.87	0.37	13.32
辽　宁				
吉　林	4.11	0.07	0.02	
黑龙江				
浙　江				
湖　北				
湖　南	3.03	0.86	0.26	10.50
广　东				
广　西	211.45	54.78	0.63	41.22
海　南				
重　庆				
四　川	3.65	1.98	0.48	30.13
贵　州				
云　南	7.60	1.84	0.19	7.73
西　藏	53.11	15.67	0.48	26.05
甘　肃				
青　海	15.91	21.91	1.44	28.72
宁　夏	34.78	10.92	0.29	10.78
新　疆	252.83	60.52	0.81	67.07

17-6 民族自治地方上市公司总股本及财务指标(2010年)(一)

上市公司名称	总股本 (亿股)	资产总额 (万元)	所有者权益合计 (万元)	营业收入 (万元)
内蒙古	**192.75**	**17084584.89**	**5399299.71**	**12189118.32**
金宇集团	2.81	158 878.37	83 808.82	67 033.07
内蒙华电	19.81	2 357 891.75	407 775.17	673 899.17
伊利股份	15.99	1 536 232.41	421 851.92	2 966 498.73
时代科技	3.22	93 166.27	63 122.96	34 762.33
包钢股份	64.24	4 204 398.71	1 260 472.38	4 054 638.07
*ST明科	3.37	153 759.19	72 025.76	836.34
包钢稀土	12.11	878 958.12	241 624.38	525 793.73
华资实业	4.85	246 743.05	186 791.69	14 313.79
平庄能源	10.14	519 028.32	366 238.79	322 624.38
福瑞股份	1.25	79 566.03	68 742.24	21 024.64
北方股份	1.70	317 397.56	77 924.99	190 149.81
富龙热电	3.81	162 582.77	111 790.98	39 780.52
北方创业	1.73	237 813.42	93 726.36	289 139.93
西水股份	3.84	466 002.97	216 707.11	78 418.05
亿利能源	9.02	1 298 910.11	549 631.23	794 325.39
鄂尔多斯	10.32	2 587 418.67	468 473.25	1 173 295.77
伊泰B股	14.64	2 566 982.53	1 354 766.29	1 429 270.27
远兴能源	7.68	567 130.52	220 756.80	233 336.17
兰太实业	3.59	472 350.82	110 261.27	142 015.45
露天煤业	13.27	746 355.84	377 573.62	567 232.99
鄂资B股	10.32	2 587 418.67	468 473.25	1 173 295.77
吉　林	**4.11**	**137 917.46**	**-6 751.07**	**45 496.80**
*ST石岘	4.11	137 917.46	-6 751.07	45 496.80
湖　南	**3.03**	**129 034.98**	**75 607.46**	**56 048.73**
酒鬼酒	3.03	129 034.98	75 607.46	56 048.73
广　西	**211.45**	**9 851 331.62**	**3 253 567.72**	**7 448 653.78**
桂冠电力	22.80	1 820 829.23	302 508.40	421 864.11
五洲交通	5.56	983 735.76	233 081.29	35 839.65
*ST南化	2.35	247 407.53	46 430.91	109 180.35

17-6(一) 续表 1

上市公司名称	总股本（亿股）	资产总额（万元）	所有者权益合计（万元）	营业收入（万元）
南宁百货	2.60	108 827.20	33 000.00	185 768.80
阳光股份	7.50	646 214.30	236 168.40	304 234.70
*ST南方	1.78	83 469.91	29 398.87	42 170.23
南宁糖业	2.87	431 276.58	142 956.28	387 501.90
两面针	4.50	330 759.82	220 480.68	93 639.36
柳化股份	3.99	440 942.21	143 426.54	208 773.54
莱茵生物	1.30	54 809.98	22 687.29	8 629.95
广陆数测	0.85	38 002.50	25 865.49	13 439.01
柳钢股份	25.63	1 852 179.38	528 970.82	3 711 500.71
柳工	11.25	1 859 492.62	844 288.17	1 536 612.99
国海证券	17.92	40 965.72	21 346.66	13 237.47
桂林旅游	3.60	223 647.93	143 311.84	51 032.24
中恒集团	10.92	296 745.16	133 257.44	142 569.73
索芙特	2.88	127 740.50	80 678.99	46 049.73
*ST河化	2.94	111 828.95	14 572.87	59 702.22
*ST国发	2.79	70 675.67	17 675.51	36 329.86
北海港	1.42	81 704.68	33 385.28	40 501.21
银河科技	6.99	291 501.05	103 295.41	97 670.42
桂东电力	2.76	361 418.08	116 557.54	199 642.09
皇氏乳业	2.14	92 266.83	74 792.78	41 102.26
桂林三金	5.90	198 127.17	179 181.86	98 346.04
贵糖股份	2.96	138 882.74	82 589.19	134 974.94
恒逸石化	5.77	29 745.13	18 989.60	22 311.45
国海证券	7.17	40 965.72	21 346.66	13 237.47
四　川	**3.65**	**168 417.98**	**57 950.82**	**51 074.92**
西昌电力	3.65	168 417.98	57 950.82	51 074.92
云　南	**7.60**	**359 706.45**	**188 796.86**	**179 258.32**
文山电力	4.79	196 155.51	100 205.08	135 021.94
丽江旅游	1.51	95 062.98	60 222.18	19 044.68
景谷林业	1.30	68 487.96	28 369.59	25 191.70

17-6(一) 续表 2

上市公司名称	总股本（亿股）	资产总额（万元）	所有者权益合计（万元）	营业收入（万元）
西　藏	**53.11**	**2 602 821.75**	**985 540.75**	**1 069 199.91**
西藏药业	1.46	73 546.94	31 945.16	111 072.93
西藏天路	5.47	215 055.83	105 980.51	113 087.35
ST珠峰	1.58	52 479.11	-2 570.58	103 808.32
西藏旅游	1.89	61 052.78	30 355.03	12 460.78
西藏城投	5.76	887 496.44	80 808.98	86 465.17
梅花集团	27.08	940 226.00	492 889.43	501 505.40
奇正藏药	4.06	132 003.68	118 769.53	52 364.52
西藏发展	2.64	118 979.19	58 439.81	41 550.96
西藏矿业	3.17	121 981.78	68 922.88	46 884.50
青　海	**15.91**	**1 065 974.14**	**385 720.98**	**495 162.75**
盐湖股份	15.91	1 065 974.14	385 720.98	495 162.75
宁　夏	**34.78**	**3 034 975.40**	**939 642.91**	**1 680 809.59**
大元股份	2.00	43 767.35	28 042.64	7 210.53
宁夏恒力	2.74	180 739.24	43 334.86	161 811.35
赛马实业	1.95	616 438.31	259 483.40	242 786.36
新华百货	2.07	224 903.75	102 197.20	398 504.34
ST广夏	6.86	12 451.50	-27 947.00	
美利纸业	3.17	386 456.32	83 053.45	116 549.46
中银绒业	2.78	222 442.32	40 858.35	117 699.81
银星能源	2.36	370 251.25	27 567.63	102 379.94
英力特	1.77	367 863.55	93 463.89	246 762.55
东方钽业	3.56	353 515.31	126 135.78	163 737.48
*ST西轴	2.17	74 227.16	20 633.56	38 160.60
青龙管业	3.35	181 919.34	142 819.14	85 207.18
新　疆	**252.83**	**9 162 970.51**	**3 070 038.05**	**4 860 514.20**
新疆天业	4.39	458 906.80	171 140.01	343 739.66
啤酒花	3.68	104 598.23	36 164.72	99 052.01
广汇股份	19.47	1 268 261.72	386 702.37	378 944.65
美克股份	6.33	370 773.50	232 459.18	241 518.81
新疆城建	6.76	431 024.84	168 720.35	201 807.26
八一钢铁	7.66	1 218 067.04	338 043.92	2 366 600.26

17-6(一) 续表 3

上市公司名称	总股本（亿股）	资产总额（万元）	所有者权益合计（万元）	营业收入（万元）
百花村	2.69	407 655.83	85 783.68	69 656.43
友好集团	3.11	287 776.86	103 973.14	291 653.31
新疆众和	4.11	379 751.47	216 442.89	160 586.23
国际实业	4.81	324 459.13	172 078.31	74 693.45
渤海租赁	12.69	128 180.21	25 837.46	31 965.62
宏源证券	14.61	2 683 409.52	729 880.08	
天山纺织	3.63	63 931.26	41 188.74	29 663.37
天山股份	3.89	1 036 019.11	361 468.20	570 478.14
新中基	4.82	554 038.11	134 219.28	151 196.36
中泰化学	11.54	966 796.92	659 242.54	408 112.35
天康生物	2.95	190 579.70	104 334.99	236 904.60
北新路桥	2.14	285 326.11	75 322.37	240 901.51
ST天宏	0.80	29 920.56	13 799.24	34 461.38
天富热电	6.56	772 111.06	195 448.39	187 995.98
天利高新	5.78	359 003.11	143 499.54	212 792.17
伊力特	4.41	181 468.62	103 279.47	108 512.90
新农开发	3.21	320 554.83	103 254.80	87 183.35
特变电工	26.36	2 361 576.16	1 179 721.58	1 777 028.84
中粮屯河	10.06	797 585.14	263 139.02	293 658.37
新赛股份	3.03	253 629.78	92 600.18	188 626.88
冠农股份	3.62	229 615.03	81 512.49	82 093.54
ST香梨	1.48	33 199.24	28 262.90	6 138.65
青松建化	4.79	444 380.35	241 760.59	175 395.69
金风科技	26.95	2 806 158.35	1 328 898.78	1 759 552.06
国统股份	1.16	146 129.21	84 146.22	54 275.74
准油股份	0.99	66 672.97	35 490.36	36 106.19
西部建设	2.10	154 858.55	98 800.02	136 451.19
*ST中葡	8.10	312 033.08	111 059.44	48 787.10
光正钢构	1.81	69 256.61	46 788.02	38 173.74
西部牧业	1.17	73 628.38	51 875.63	29 463.36
新研股份	0.90	92 516.97	82 425.87	25 318.19

17-6 民族自治地方上市公司总股本及财务指标(2010年)(二)

上市公司名称	利润总额 (万元)	净利润 (万元)	每股收益 (元)	净资产收益率 (%)
内蒙古	**948682.29**	**603740.01**	**0.37**	**13.32**
金宇集团	13 189.45	11 518.90	0.41	13.74
内蒙华电	125 849.88	65 367.43	0.33	16.03
伊利股份	85 362.36	77 719.66	0.97	18.42
时代科技	3 826.85	2 258.08	0.07	3.58
包钢股份	25 987.40	19 409.85	0.03	1.54
*ST明科	1 412.49	1 412.49	0.04	1.96
包钢稀土	184 211.74	75 073.88	0.93	31.07
华资实业	-8 124.25	-7 249.65	-0.15	-3.88
平庄能源	76 073.68	64 775.41	0.64	17.69
福瑞股份	6 195.98	4 685.31	0.50	6.82
北方股份	8 266.27	7 309.08	0.43	9.38
富龙热电	-4 996.49	-5 074.19	-0.13	-4.54
北方创业	7 837.29	5 749.37	0.33	6.13
西水股份	4 578.73	1 687.55	0.04	0.78
亿利能源	46 984.81	32 833.37	0.36	5.97
鄂尔多斯	161 876.98	84 065.21	0.81	17.94
伊泰B股	631 181.90	505 137.65	3.45	37.29
远兴能源	22 485.54	11 108.15	0.14	5.03
兰太实业	7 607.97	5 531.05	0.15	5.02
露天煤业	180 055.62	145 559.06	1.10	38.55
鄂资B股	161 876.98	84 065.21	0.81	17.94
吉　林	**740.05**	**740.05**	**0.02**	
*ST石岘	740.05	740.05	0.02	
湖　南	**8 626.63**	**7 941.79**	**0.26**	**10.50**
酒鬼酒	8 626.63	7 941.79	0.26	10.50
广　西	**547 758.13**	**441 750.24**	**0.63**	**41.22**
桂冠电力	102 825.77	66 291.22	0.29	21.91
五洲交通	21 017.50	21 382.53	0.38	9.17
*ST南化	-2 227.67	1 170.67	0.05	2.52
南宁百货	11 134.87	9 759.95	0.37	29.58

17-6(二) 续表 1

上市公司名称	利润总额（万元）	净利润（万元）	每股收益（元）	净资产收益率（%）
阳光股份	65 067.10	43 539.20	0.58	18.44
*ST南方	17 721.77	16 198.85	0.91	55.10
南宁糖业	18 875.50	18 385.74	0.64	12.86
两面针	1 108.86	1 082.94	0.02	0.49
柳化股份	6 483.35	5 669.57	0.14	3.95
莱茵生物	-2 687.93	-2 461.07	-0.19	-10.85
广陆数测	603.91	541.32	0.06	2.09
柳钢股份	70 203.48	63 116.12	0.25	11.93
柳工	185 726.51	154 382.13	2.37	18.29
国海证券	-1 874.40	-1 849.43	-0.09	-8.66
桂林旅游	8 282.58	7 044.16	0.21	4.92
中恒集团	47 431.50	39 857.50	0.74	29.91
索芙特	-8 709.14	-8 612.76	-0.30	-10.68
*ST河化	546.01	546.01	0.02	3.75
*ST国发	1 722.88	1 640.31	0.06	9.28
北海港	4 429.68	3 989.29	0.28	11.95
银河科技	-6 831.80	-6 059.04	-0.09	-5.87
桂东电力	22 345.68	16 560.48	0.96	14.21
皇氏乳业	5 925.13	5 692.97	0.53	7.61
桂林三金	31 663.69	25 875.80	0.57	14.44
贵糖股份	11 577.43	9 162.99	0.31	11.09
恒逸石化	122.88	241.63	0.02	1.27
国海证券	-1 874.40	-1 849.43	-0.09	-8.66
四　川	**19 842.02**	**17 459.59**	**0.48**	**30.13**
西昌电力	19 842.02	17 459.59	0.48	30.13
云　南	**18 375.02**	**14 483.49**	**0.19**	**7.73**
文山电力	15 239.56	12 670.03	0.26	12.64
丽江旅游	2 167.15	1 008.69	0.09	1.67
景谷林业	968.31	804.77	0.06	2.84

17-6(二) 续表 2

上市公司名称	利润总额（万元）	净利润（万元）	每股收益（元）	净资产收益率（%）
西　藏	**156 728.55**	**123 353.66**	**0.48**	**26.05**
西藏药业	2 997.40	2 355.66	0.16	7.37
西藏天路	12 137.89	7 462.18	0.14	7.04
ST珠峰	-215.48	-927.37	-0.06	
西藏旅游	2 072.60	2 123.47	0.13	7.00
西藏城投	15 399.11	11 522.72	0.20	14.26
梅花集团	96 942.78	79 000.20	0.78	16.03
奇正藏药	17 392.80	17 046.15	0.42	14.35
西藏发展	7 002.97	1 510.45	0.06	2.58
西藏矿业	2 998.49	3 260.20	0.12	4.73
青　海	**219 081.60**	**110 793.48**	**1.44**	**28.72**
盐湖股份	219 081.60	110 793.48	1.44	28.72
宁　夏	**109 160.37**	**80 312.76**	**0.29**	**10.78**
大元股份	400.64	400.64	0.02	1.43
宁夏恒力	-5 271.74	-5 385.66	-0.28	-12.43
赛马实业	69 933.11	56 178.53	2.88	21.65
新华百货	29 861.72	21 521.80	1.04	21.06
ST广夏	-9 195.30	-9 154.14	-0.13	
美利纸业	-11 386.54	-11 779.08	-0.37	-14.18
中银绒业	7 891.77	7 676.89	0.31	18.79
银星能源	4 184.78	3 172.35	0.13	11.51
英力特	14 735.80	12 779.69	0.72	13.67
东方钽业	8 389.40	8 218.54	0.23	6.52
*ST西轴	-15 632.47	-15 576.32	-0.72	-75.49
青龙管业	15 249.20	12 259.52	1.03	8.58
新　疆	**605 200.55**	**454 679.17**	**0.81**	**67.07**
新疆天业	15 258.75	11 143.65	0.25	6.51
啤酒花	14 742.59	3 935.82	0.11	10.88
广汇股份	91 583.72	68 837.85	0.56	17.80
美克股份	13 858.17	9 158.31	0.18	3.94
新疆城建	17 863.71	18 028.61	0.27	10.69
八一钢铁	60 523.25	52 520.13	0.69	15.54
百花村	12 242.14	4 103.88	0.25	4.78

17-6(二) 续表 3

上市公司名称	利润总额（万元）	净利润（万元）	每股收益（元）	净资产收益率（%）
友好集团	12 640.96	10 510.69	0.34	10.11
新疆众和	31 896.49	29 172.36	0.83	13.48
国际实业	80 015.69	64 998.93	1.35	37.77
渤海租赁	1 154.40	302.17	0.01	1.17
宏源证券	175 015.01	130 637.96	0.89	17.90
天山纺织	598.09	632.28	0.02	1.54
天山股份	77 652.56	50 541.53	1.39	13.98
新中基	-43 765.29	-34 896.53	-0.76	-26.00
中泰化学	35 179.74	29 127.26	0.27	4.42
天康生物	12 572.51	10 742.51	0.48	10.30
北新路桥	7 828.48	6 303.06	0.33	8.37
ST天宏	997.85	994.24	0.12	7.21
天富热电	19 881.78	14 544.08	0.22	7.44
天利高新	24 879.52	25 297.39	0.48	17.63
伊力特	22 330.84	13 413.11	0.30	12.99
新农开发	3 167.27	1 349.86	0.04	1.31
特变电工	184 822.45	161 130.47	0.86	13.66
中粮屯河	-4 214.01	-5 514.94	-0.05	-2.10
新赛股份	4 459.05	6 224.03	0.27	6.72
冠农股份	538.48	592.96	0.02	0.73
ST香梨	350.25	311.79	0.02	1.10
青松建化	36 527.85	30 481.00	0.75	12.61
金风科技	279 971.56	228 952.03	0.99	17.23
国统股份	8 390.93	5 200.79	0.52	6.18
准油股份	294.69	-59.23	-0.01	-0.17
西部建设	13 232.54	10 742.80	0.51	10.87
*ST中葡	9 511.25	7 637.54	0.09	6.88
光正钢构	2 745.92	2 229.62	0.33	4.77
西部牧业	3 420.93	3 415.70	0.35	6.58
新研股份	5 374.10	5 166.63	1.70	6.27

主要统计指标解释

信贷资金　指金融机构以信用方式积聚和分配的货币资金。金融机构信贷资金的来源有各项存款、金融债券、对国际金融机构负债、流通中现金、其他项目等；信贷资金的运用有各项贷款、有价证券及投资、金银占款、外汇占款、财政借款以及在国际金融机构中的资产等。

存款　指企业、机关、团体或居民根据资金必须收回的原则，把货币资金存入银行或其他信贷机构保管并取得一定利息的一种信用活动形式。根据存款对象或性质的不同可划分为企业存款、财政存款、机关团体存款、城乡储蓄存款、农业存款、信托及委托类存款、其他存款等科目。它是银行信贷资金的主要来源。

贷款　指银行或其他信贷机构根据资金必须归还的原则，按一定利率，为企业、个人等提供资金的一种信用活动形式。我国银行贷款分为短期贷款、委托及信托类贷款、其他类贷款等。

十八、教育和科技

18-1 民族自治地方各类学校

单位：所

年 份	高等学校	中等学校	#中等专业学校	#普通中学	小 学
1952	11	531			59597
1957	14	1115			57480
1965	37	4777			140056
1975	35	8353			121110
1978	56	14277			142865
1979	63	12249	545	11704	139256
1980	63	11765	588	11177	131123
1981	67	11072	563	10509	117581
1982	68	11056	586	10470	114164
1983	76	11493	516	10977	119418
1984	74	11406	567	10839	117643
1985	86	11644	560	11084	121712
1986	93	11677	547	11130	119874
1987	100	11849	541	11308	119879
1988	101	12038	583	11455	119614
1989	106	14441	815	11626	120118
1990	105	12273	648	11625	117717
1991	104	12882	571	11563	103139
1992	102	12148	560	11588	99916
1993	101	12051	570	11481	97858
1994	104	12677	559	11880	99160
1995	105	13550	584	11606	97650
1996	96	13460	570	11484	90982
1997	92	13466	579	11486	90704
1998	94	13323	578	11364	88869
1999	95	13034	554	11209	87150
2000	97	12841	515	11208	84710
2001	105	12926	472	11433	75386
2002	116	13196	450	11862	73577
2003	135	13094	419	11711	70497
2004	149	12975	425	11653	66757
2005	155	12771	384	11559	67056
2006	167	12469	647	11247	63149
2007	171	12220	721	10885	58223
2008	192	11925	738	10622	55374
2009	196	11334		10261	52283
2010	209	11063		9944	49367

注：本表未扣除区域变动因素，年度之间不可比，下同。中等学校包括职业中学，下同。

18-2 民族自治地方各类学校专任教师

单位：万人

年 份	高等学校	中等学校	#中等专业学校	#普通中学	小 学
1952	0.06	1.02			
1957	0.26	2.22			
1965	0.62	5.30			
1975	0.79	27.47			
1978	1.49	37.70			
1979	1.68	34.78	1.63	33.15	61.25
1980	1.51	35.10	1.94	33.16	73.01
1981	1.51	31.87	1.93	29.94	72.29
1982	1.67	32.05	2.02	30.03	74.23
1983	1.90	32.41	2.09	30.32	77.12
1984	2.03	31.08	2.17	28.91	75.85
1985	2.18	33.53	2.39	31.14	60.03
1986	2.39	35.66	2.58	33.09	80.58
1987	2.55	37.39	2.78	34.61	80.71
1988	2.67	39.86	3.20	36.66	83.21
1989	3.40	47.57	10.36	37.21	84.01
1990	2.77	41.55	3.30	38.25	84.78
1991	2.70	43.09	3.24	38.90	83.96
1992	2.71	42.53	3.19	39.34	83.39
1993	2.69	42.92	3.17	39.75	83.68
1994	2.80	43.96	3.28	40.67	86.11
1995	3.69	48.90	4.07	41.47	85.83
1996	2.92	49.41	3.47	42.40	83.83
1997	2.95	52.29	3.57	44.65	88.55
1998	3.01	52.79	3.56	45.65	87.77
1999	3.10	54.29	3.59	46.97	89.89
2000	3.64	54.50	3.33	47.89	89.94
2001	3.87	55.74	3.12	49.32	86.43
2002	4.22	60.14	4.91	53.73	89.68
2003	4.88	61.54	2.67	55.51	87.69
2004	5.76	63.06	2.40	57.46	86.80
2005	6.26	66.80	2.49	61.15	88.05
2006	7.12	68.33	3.32	62.57	88.23
2007	7.59	71.55	5.29	63.66	89.21
2008	8.22	72.50	5.15	64.73	89.98
2009	8.70	71.52		66.19	90.59
2010	9.47	74.19		67.44	90.73

18-3 民族自治地方各类学校在校学生

单位：万人

年 份	高等学校	中等学校	#中等专业学校	#普通中学	小 学
1952	0.45	20.94			467.31
1957	1.20	49.39			599.45
1965	3.05	95.41			1124.44
1975	3.11	362.46			1416.10
1978	5.65	682.00			1705.24
1979	6.20	628.39	7.50	610.19	1685.50
1980	7.08	601.14	18.56	582.57	1701.73
1981	7.79	509.15	15.38	493.76	1629.57
1982	7.18	469.15	13.75	455.41	1645.07
1983	7.76	486.41	14.52	471.89	1711.15
1984	8.73	508.38	17.62	490.76	1752.13
1985	10.44	573.29	20.65	516.64	1836.90
1986	11.61	595.60	21.83	573.77	1875.90
1987	12.38	608.72	22.83	585.89	1840.70
1988	13.23	610.86	25.64	585.22	1833.20
1989	13.98	707.17	27.33	579.84	1997.00
1990	13.55	509.64	25.25	584.40	1852.90
1991	13.16	665.44	27.39	589.30	1877.44
1992	14.17	627.99	28.37	599.62	1913.65
1993	16.11	606.52	32.04	574.48	1844.30
1994	18.06	643.52	35.89	607.62	1998.69
1995	18.60	721.09	39.14	631.88	1889.49
1996	18.66	767.21	48.16	667.66	2014.76
1997	20.47	819.15	43.40	721.75	2061.79
1998	22.13	867.75	47.75	763.75	2030.69
1999	26.00	918.84	51.31	809.76	1927.46
2000	34.23	978.33	52.71	872.97	1886.01
2001	44.89	999.89	49.03	901.20	1806.05
2002	56.70	1093.22	48.89	996.11	1813.33
2003	69.54	1134.98	46.62	1036.74	1738.25
2004	83.53	1169.83	49.71	1064.90	1692.94
2005	100.00	1386.97	52.38	1082.39	1667.69
2006	113.02	1218.80	85.74	1092.61	1653.10
2007	123.46	1254.29	122.80	1081.43	1645.80
2008	137.47	1231.45	115.90	1061.57	1615.53
2009	148.51	1224.75		1050.15	1580.89
2010	161.88	1248.64		1050.35	1536.29

18-4 民族自治地方各类学校毕业生

单位：万人

年 份	高等学校	中等学校			小 学
			#中等专业学校	#普通中学	
1952	0.03	2.93			22.56
1957	0.14	7.44			69.43
1965	0.82	15.70			60.82
1975	0.76	103.71			158.30
1978	1.06	182.31			254.10
1979	1.05	219.68	3.49	216.19	224.69
1980	0.74	183.56	6.66	176.90	222.16
1981	1.21	132.36	8.17	124.19	217.55
1982	2.57	142.33	6.90	135.44	203.81
1983	2.04	143.89	5.33	129.56	214.51
1984	1.77	127.88	4.97	122.92	215.58
1985	2.04	143.00	5.40	137.60	228.02
1986	2.37	152.17	6.56	145.61	243.31
1987	3.54	162.64	7.26	155.38	251.29
1988	3.64	175.96	7.65	168.31	244.39
1989	3.63	185.75	41.33	144.42	283.60
1990	4.04	182.76	9.06	173.70	218.97
1991	3.98	177.71	8.98	161.98	237.50
1992	3.81	173.80	8.39	165.41	306.08
1993	3.65	178.64	8.80	169.84	261.09
1994	4.07	170.43	8.71	161.73	258.53
1995	5.29	193.86	9.94	171.16	257.68
1996	5.32	201.74	11.12	176.89	262.93
1997	4.99	213.64	11.26	187.72	278.73
1998	5.39	234.91	12.01	207.31	294.22
1999	5.58	244.89	13.73	215.24	313.09
2000	5.99	225.31	14.81	193.85	324.57
2001	6.69	255.77	14.27	227.53	314.90
2002	8.38	286.18	15.06	368.12	325.85
2003	12.00	312.38	16.77	281.22	315.90
2004	14.69	330.09	14.25	302.14	300.02
2005	19.26	357.83	14.01	327.41	289.12
2006	23.92	372.13	19.44	341.66	276.14
2007	28.33	384.38	26.65	346.46	271.21
2008	30.96	373.97	29.53	332.14	274.46
2009	32.98	377.46		336.00	269.58
2010	40.01	377.37		330.75	264.95

18-5 民族自治地方分地区高等学校基本情况(2010年)

单位：人

地区	学校数(所)	在校研究生数	在校本、专科学生数	招生数	毕业生数	教职工数	#专任教师数
合计	**209**	**55381**	**1563425**	**490787**	**400109**	**148539**	**94695**
河北							
内蒙古	44	13964	371388	112546	94704	36439	23332
辽宁							
吉林	1	3725	21238	5568	5742	2593	1483
黑龙江							
浙江							
湖北	2		22666	7022	7323	2041	1175
湖南	3	612	29685	9378	9609	2247	1352
广东							
广西	70	20823	567516	182635	138089	50701	31650
海南							
重庆							
四川	3		27494	8982	7895	1971	1470
贵州	16		96818	36364	31780	8388	6222
云南	11	373	55478	17629	11401	4377	3055
西藏	6		31109	9213	8266	3312	2195
甘肃	1		8667	2866	2539	526	389
青海							
宁夏	15	3209	80206	25008	19218	9174	5866
新疆	37	12675	251160	73576	63543	26770	16506

18-6 民族自治地方分地区各类中等学校基本情况(2010年)

单位：人

地区	学校数(所)	在校学生数	招生数	毕业生数	教职工数	#专任教师数
合计	**11063**	**12486410**	**4447941**	**3773728**	**892134**	**741944**
河北	119	107070	36433	34131	9183	7911
内蒙古	1261	1648686	560952	529089	143718	110223
辽宁	188	168658	56844	59850	16980	13146
吉林	247	143597	45514	52913	16997	13595
黑龙江	17	14880	4677	4915	1358	1212
浙江	8	6486	2354	2053	554	451
湖北	225	270470	90964	88857	16216	14285
湖南	385	279022	98429	93820	22231	19276
广东	33	33439	11505	9998	2547	2199
广西	2794	3567408	1353108	1029157	221359	181309
海南	139	108075	36941	38426	7706	6807
重庆	124	189592	68570	52244	10537	9480
四川	377	400794	148586	114688	23969	21462
贵州	1098	1225956	442962	351182	72816	62363
云南	1295	1419938	514565	421492	101401	84008
西藏	128	202333	69737	65582	13504	12635
甘肃	222	238986	79638	67966	16243	14158
青海	299	254257	44225	59578	15316	13422
宁夏	373	551025	193687	158188	33884	29928
新疆	1731	1655738	588250	539599	145615	124074

18-7 民族自治地方分地区普通中学基本情况(2010年)

单位：人

地区	学校数(所)	在校学生数	招生数	毕业生数	教职工数	#专任教师数
合计	**9944**	**10503548**	**3587885**	**3307463**	**795715**	**674421**
河北	114	97860	33614	31641	8423	7314
内蒙古	1123	1313966	436725	443793	123092	95570
辽宁	179	154622	51558	55225	15939	12516
吉林	234	136862	42692	50509	16124	13064
黑龙江	16	13403	4045	4571	1206	1080
浙江	7	5562	1836	1830	476	389
湖北	203	224711	74714	77317	14521	12916
湖南	341	244466	84065	83018	20055	17890
广东	30	29496	10036	9040	2326	2018
广西	2437	2757900	972200	865600	190125	160840
海南	133	102956	33640	37732	7341	6447
重庆	116	179892	62823	49855	9815	8815
四川	351	373724	135565	108895	22496	20237
贵州	1023	1136958	406668	327716	69450	59616
云南	1151	1229912	426532	380961	91759	76748
西藏	122	179720	62418	58270	12773	12044
甘肃	201	225541	74026	64233	14593	12951
青海	281	224431	34206	54346	14078	12492
宁夏	337	449147	151166	129695	30496	27484
新疆	1545	1422419	489356	473216	130627	113990

18-8 民族自治地方分地区职业中学基本情况(2010年)

单位：人

地　区	学校数(所)	在校学生数	招生数	毕业生数	教职工数	#专任教师数
合　计	**1119**	**1982862**	**860056**	**466265**	**96419**	**67523**
河　北	5	9210	2819	2490	760	597
内蒙古	138	334720	124227	85296	20626	14653
辽　宁	9	14036	5286	4625	1041	630
吉　林	13	6735	2822	2404	873	531
黑龙江	1	1477	632	344	152	132
浙　江	1	924	518	223	78	62
湖　北	22	45759	16250	11540	1695	1369
湖　南	44	34556	14364	10802	2176	1386
广　东	3	3943	1469	958	221	181
广　西	357	809508	380908	163557	31234	20469
海　南	6	5119	3301	694	365	360
重　庆	8	9700	5747	2389	722	665
四　川	26	27070	13021	5793	1473	1225
贵　州	75	88998	36294	23466	3366	2747
云　南	144	190026	88033	40531	9642	7260
西　藏	6	22613	7319	7312	731	591
甘　肃	21	13445	5612	3733	1650	1207
青　海	18	29826	10019	5232	1238	930
宁　夏	36	101878	42521	28493	3388	2444
新　疆	186	233319	98894	66383	14988	10084

18-9 民族自治地方分地区小学基本情况(2010年)

单位：人

地 区	学校数(所)	在校学生数	招生数	毕业生数	教职工数	#专任教师数
合 计	**49367**	**15362948**	**2531443**	**2649514**	**748949**	**907285**
河 北	406	121572	20382	19687	9440	8727
内蒙古	2767	1430751	221764	269753	138473	113564
辽 宁	639	180185	28340	33143	17637	15803
吉 林	549	151938	26822	23568	17931	15365
黑龙江	51	13693	2552	2421	1447	1312
浙 江	18	8409	1516	1277	749	686
湖 北	787	262730	46836	50561	15737	15004
湖 南	1530	366236	63631	64885	22572	21467
广 东	101	32272	5439	7342	2597	2413
广 西	13942	4300598	741123	718164		220183
海 南	583	140419	17790	25804	12875	12120
重 庆	895	220268	36269	47433	10105	13510
四 川	2982	781008	136035	112778	41086	38326
贵 州	6051	1739403	284409	328781	89283	85073
云 南	8049	1976587	312397	337291	128289	120540
西 藏	872	299408	50747	50642	19289	18901
甘 肃	2027	364415	64269	63281	19470	18908
青 海	1493	383589	57765	48683	19257	18208
宁 夏	2027	653669	101496	109658	33849	33212
新 疆	3598	1935798	311861	334362	148863	133963

18-10 民族自治地方分地区教育经费支出情况(2010年)

地　区	教育经费支出 (万元)
合　计	**16928788**
河　北	133413
内蒙古	3187733
辽　宁	228716
吉　林	278939
黑龙江	17854
浙　江	21751
湖　北	295207
湖　南	271233
广　东	38201
广　西	3873253
海　南	125419
重　庆	185921
四　川	618102
贵　州	1063178
云　南	1665773
西　藏	597448
甘　肃	271378
青　海	282935
宁　夏	813071
新　疆	2959264

18-11 民族自治地方分地区县及县以上政府部门所属研究与开发机构及情报文献机构和人员(2010年)

地　区	机构数(个)	从业人员(人)	#从事科技活动人员	#大学本科及以上学历
合　计	**683**	**43488**	**30155**	**18435**
河　北				
内蒙古	130	9409	6848	4004
辽　宁	10	189	154	37
吉　林	10	182	159	113
黑龙江				
浙　江	3	38	15	6
湖　北	20	329	222	107
湖　南	12	232	149	56
广　东	4	50	25	
广　西	207	15087	9218	5709
重　庆	2	11	8	
四　川	14	761	577	286
贵　州	19	613	387	201
云　南	44	2418	1951	961
西　藏	21	1434	1016	565
甘　肃	8	447	350	129
青　海	9	218	185	84
宁　夏	46	4163	2205	1317
新　疆	124	7907	6686	4860

18-12 民族自治地方分地区县及县以上政府部门所属研究与开发机构及情报文献机构经费(2010年)

单位：万元

地区	经费收入	#科技活动收入	经费支出	#科技经费支出
合计	**10798339**	**5173604**	**10074530**	**4802822**
河北				
内蒙古	3018730	1038978	2883242	928260
辽宁	16748	12949	16748	12805
吉林	26751	16619	26577	16745
黑龙江				
浙江	6896	692	3024	1779
湖北	34320	24677	36960	19545
湖南	9746	7448	9127	8398
广东	1841	425	1789	468
广西	4213147	1871902	3895283	1707406
重庆	533	475	413	455
四川	76157	62986	72086	55444
贵州	60759	39638	49414	29536
云南	375845	265507	363620	261546
西藏	261442	174819	257463	205310
甘肃	35015	27857	37305	30045
青海	32054	25226	32581	28242
宁夏	642740	238131	686344	265054
新疆	1985615	1365275	1702554	1231784

18-13 民族自治地方分地区县及县以上政府部门所属研究与开发机构及情报文献机构科技活动成果情况(2010年)

单位：篇

地区	发表科技论文	#国外发表	出版科技著作	有效发明专利总数（项）	专利申请数	#发明专利	专利授权数	#发明专利
合计	**8225**	**442**	**242**	**448**	**551**	**315**	**304**	**152**
河北								
内蒙古	834	21	24	47	61	26	37	19
辽宁	37		3					
吉林	20			6	5		1	
黑龙江								
浙江								
湖北	92		1		23	16	3	
湖南	10		2					
广东								
广西	3104	149	72	106	96	66	66	41
重庆	1							
四川	213		15	3			3	3
贵州	162	3	2		9		4	
云南	416	92	8	20	23	18	12	8
西藏	266	7	40	2	12	8	4	2
甘肃	67		2					
青海	55	8						
宁夏	472	1	20	47	53	24	29	12
新疆	2476	161	53	217	269	157	145	67

18-14 民族自治地方分地区开发区高新技术企业主要经济指标(2010年)

开发区	企业数（个）	从业人员（人）	总产值（万元）	总收入（万元）	出口总额（万美元）
全　国	**51764**	**8590060**	**757502707**	**971809299**	**24763404**
合　计	**1710**	**326857**	**22971003**	**24388513**	**299706**
包　头	501	110563	11267608	10915613	98810
南　宁	684	110907	5466733	6800532	82245
桂　林	296	70921	4300998	3894519	58775
乌鲁木齐	229	34466	1935664	2777850	59876

主要统计指标解释

普通高等学校 指按照国家规定的设置标准和审批程序批准举办，通过国家统一招生教育，招收高中毕业生为主要培养对象，实施高等教育的全日制大学、独立设置的学院和高等专科学校、短期职业大学。

独立研究与开发机构 指有明确的任务和研究方向，有一定学术水平的业务骨干和一定数量的研究人员，具有研究、开发、开展学术工作的基本条件，主要进行科学研究与技术开发活动，并且在行政上有独立的组织形式，财务上独立核算盈亏，有权与其他单位签订合同，在银行有单独户头的单位。包括国务院各部门、中国科学院、中国社会科学院和各省、自治区、协调以及地（市）以上[含地（市）]各部门所属的国有科学研究与技术开发机构。

独立研究与开发机构职工 指在独立研究与开发机构工作，并由其支付工资的人员。包括长期职工、临时职工和招聘人员，不包括编制以外的离休、退休人员和停薪留职人员。

研究与发展经费支出 指用于研究与发展课题活动（基础研究、应用研究、实际发展）的全部实际支出，包括用于研究与发展课题活动的直接支出和间接用于研究与发展活动的支出[如研究院（所）管理费、维持研究院（所）正常运转的必需费用和与研究发展有关的基本建设支出]。

科学家和工程师 指具有大学本科及以上学历和不具备上述学历但有高、中级职称的人员。

十九、文化和出版

19-1　民族自治地方艺术事业机构

单位：个

年　份	合　计	艺术表演团体	#少数民族歌舞团	艺术表演场馆	#剧场、影剧院	艺术创作机构
1979	645	589	24		56	
1980	672	603	37		69	
1981	682	603	34		79	
1982	690	600	43		90	
1983	703	608	39		95	
1984	709	614	43		95	
1985	726	630	46		96	
1986	887	616	56		180	91
1987	889	607	64		184	98
1988	923	592	67		182	149
1989	843	565	52		177	101
1990	846	557	54		184	105
1991	843	545	59		182	113
1992	828	540	59		175	111
1993	820	530	60		179	109
1994	821	535	62		176	108
1995	827	535	63		179	113
1996	834	516	61		183	135
1997	856	526	59		188	142
1998	825	534	58		194	97
1999	831	511	58		180	140
2000	829	510	58		182	137
2001	819	508	55		167	144
2002	846	512	55		193	141
2003	845	513	69		188	144
2004	761	501	59		173	81
2005	764	525	55		166	67
2006	773	538	73		164	66
2007	859	651	127		157	25
2008	866	651	127		163	24
2009	953	748	122	186	145	19
2010	1066	806	137	177	134	23

注：本表未扣除区域变动因素，年度之间不可比。下同。

19-2 民族自治地方艺术事业机构职工

单位：人

年 份	合 计	艺术表演团体	#少数民族歌舞团	艺术表演场馆	#剧场、影剧院	艺术创作机构
1979	28466	27883	2322		583	
1980	29516	28661	3861		855	
1981	30291	29319	3504		972	
1982	29665	28590	4528		1075	
1983	29013	27909	4053		1104	
1984	28967	27821	4411		1146	
1985	27961	26831	4168		1130	
1986	32299	28429	4855		2702	1168
1987	32370	28216	5214		2798	1356
1988	31047	26518	5098		2848	1681
1989	29237	24930	3770		2931	1379
1990	29419	25105	3790		2996	1308
1991	29528	24650	4753		3151	1663
1992	28836	24097	4728		3099	1599
1993	28196	23323	4762		3174	1653
1994	27491	22881	4908		2972	1601
1995	27160	22470	4786		3044	1646
1996	26307	21240	4401		3261	1806
1997	27197	21729	3801		3472	1996
1998	26410	21573	3711		3594	1243
1999	25758	20705	3897		3277	1776
2000	24818	20456	4125		2671	1691
2001	25519	21139	4022		2694	1686
2002	25697	21230	3882		2840	1627
2003	24990	20849	4550		2445	1696
2004	24065	20760	3430		2313	902
2005	24193	21012	3052		2272	811
2006	24417	21169	3349		2319	819
2007	34021	30131	5598		2571	188
2008	29393	25912	5912		2272	187
2009	31144	28201	5557	2809	1798	134
2010	32492	29328	5825	3000	1881	164

19-3 民族自治地方群众文化事业、图书馆事业机构

单位：个

年 份	群众文化机构	群众艺术馆	文化馆	文化站	图书馆
1979	2568		544	2024	
1980	3158		568	2590	
1981	3436		582	2854	331
1982	3974		562	3412	332
1983	5008		566	4442	407
1984	7169		856	6313	469
1985	7699		579	7120	494
1986	8164	73	614	7476	533
1987	8030	77	620	7333	547
1988	7980	77	623	7280	549
1989	7866	80	670	7114	551
1990	7994	79	637	7278	556
1991	8295	79	626	7590	561
1992	7531	78	635	6818	573
1993	8231	79	629	7523	573
1994	8222	81	630	7511	577
1995	8323	79	639	7605	584
1996	7624	79	653	6892	573
1997	7867	80	658	7129	596
1998	8079	82	679	7318	661
1999	7847	79	645	7123	670
2000	7812	79	655	7078	563
2001	7671	84	637	6950	563
2002	7698	83	633	8082	567
2003	7617	81	642	6894	566
2004	7925	80	632	7213	575
2005	7757	83	630	7044	591
2006	7423	82	631	6710	602
2007	7429	96	618	6715	605
2008	7582	80	643	6859	604
2009	7945		738	7207	619
2010	8618		776	7842	636

19-4 民族自治地方群众文化事业、图书馆事业机构职工

单位：人

年 份	群众文化事业				图书馆事业
	合 计	群众艺术馆	文化馆	文化站	
1979	7101		4896	2205	
1980	8436		5441	2995	
1981	9408		6147	3261	2853
1982	10655		6282	4373	3031
1983	11928		6527	5401	3722
1984	14682		7153	7529	4278
1985	15198		6657	8541	4698
1986	18717	1702	7495	9517	5411
1987	19162	1837	7392	9933	5775
1988	19058	1858	7451	9749	6124
1989	19180	1973	7814	9393	6241
1990	19934	1949	8221	9764	6507
1991	20313	2001	8264	10048	6794
1992	19651	1995	8182	9474	7024
1993	20425	1971	8176	10278	7088
1994	20076	1970	8106	10000	7052
1995	22305	1991	8159	12155	7165
1996	16459	1855	7614	6990	7002
1997	17556	1897	7746	7913	7311
1998	17873	1957	7771	8145	7363
1999	16969	1881	7157	7931	7202
2000	17429	1839	7183	8407	7065
2001	19072	2017	7152	9903	7204
2002	19602	2020	7083	10499	7177
2003	19734	1799	6904	11031	7024
2004	20317	1829	6894	11594	6993
2005	20215	1891	7039	11285	9598
2006	20496	1939	7047	11510	7256
2007	20458	1890	7093	11475	7432
2008	21107	1725	7314	12068	7285
2009	21982		9179	12803	7439
2010	22525		9131	13394	7499

19-5 民族自治地方文物事业机构和职工

单位：个、人

年 份	文物事业机构		#文物保护管理机构		#博物馆	
	机构数	职工人数	机构数	职工人数	机构数	职工人数
1983	122	1379	95	665	27	714
1984	156	1504	115	701	41	803
1985	201	1919	152	1004	49	915
1986	263	2692	204	1605	59	1087
1987	311	3020	244	1886	67	1134
1988	333	3376	256	1966	77	1410
1989	367	3478	284	2060	83	1418
1990	418	3534	327	2032	91	1502
1992	337	2959	269	1775	68	1184
1993	315	3390	243	2118	72	1272
1994	334	3349	259	2067	75	1282
1995	398	4217	317	2776	81	1441
1996	544	6884	401	2189	121	1945
1997	571	8988	415	2349	134	2099
1998	607	10461	430	2474	155	2344
1999	602	9598	435	2312	144	2183
2000	617	12240	444	2422	151	2206
2001	622	9486	441	5159	156	2417
2002	644	5652	458	2774	162	2310
2003	630	6139	445	3291	163	2391
2004	636	8896	438	5126	175	2724
2005	659	9598	456	5717	184	2808
2006	678	7176	471	3399	190	2821
2007	701	9310	467	5217	212	3219
2008	732	7943	470	3417	240	3567
2009	833	8495	499	3113	312	4437
2010	1056	12755	689	7021	344	4765

19-6 民族自治地方分类别按登记注册类型分的主要文化事业机构(2010年)

单位：个

类别	合计	文化部门				其他部门
		小计	国有经济	集体经济	其他经济	
总计	**53923**	**12475**	**12393**	**52**	**30**	**41448**
艺术事业	1006	727	708	6	13	279
1.艺术表演团体	806	568	554	4	10	238
#少数民族歌舞团	137	84	84			53
2.艺术表演场馆	177	136	131	2	3	41
#剧场、影剧院	134	117	115	2		17
3.艺术创作机构	23	23	23			
图书馆事业	636	636	636			
群众文化事业	8618	8618	8618			
文化馆	776	776	776			
文化站	7842	7842	7842			
文物事业机构	1056	1035	988	46	1	21
#文物保护管理机构	689	676	631	45		13
#博物馆	344	336	335	1		8
网络文化服务	2					2
文化休闲娱乐服务	33165					33165
1.娱乐场所	15479					15479
2.其他计算机服务(网吧)	17686					17686
动漫企业	37	15	1		14	22
其他文化产业及相关产业	9403	1444	1442		2	7959

19-7 民族自治地方分类别按登记注册类型分的主要文化事业机构职工(2010年)

单位：人

类　别	合　计	文化部门				其他部门
		小　计	国有经济	集体经济	其他经济	
总计	**263461**	**84926**	**83893**	**326**	**707**	**178535**
艺术事业	32492	25618	25100	169	349	6874
1.艺术表演团体	29328	23825	23397	148	280	5503
#少数民族歌舞团	5825	4531	4531			1294
2.艺术表演场馆	3000	1629	1539	21	69	1371
#剧场、影剧院	1881	1362	1341	21		519
3.艺术创作机构	164	164	164			
图书馆事业	7499	7499	7499			
群众文化事业	22525	22525	22525			
文化馆	9131	9131	9131			
文化站	13394	13394	13394			
文物事业机构	12755	12615	12448	157	10	140
#文物保护管理机构	7021	6984	6842	142		37
#博物馆	4765	4662	4647	15		103
网络文化服务	272					272
文化休闲娱乐服务	153866					153866
1.娱乐场所	92599					92599
2.其他计算机服务(网吧)	61267					61267
动漫企业	914	372	52		320	542
其他文化产业及相关产业	33138	16297	16269		28	16841

19-8 民族自治地方分地区按登记注册类型分的主要文化事业机构(2010年)

单位：个

地区	合计	文化部门				其他部门
		小计	国有经济	集体经济	其他经济	
合计	**53923**	**12475**	**12393**	**52**	**30**	**41448**
河北	457	156	154	2		301
内蒙古	9844	1668	1664		4	8176
辽宁	934	201	201			733
吉林	1646	231	231			1415
黑龙江	59	21	21			38
浙江	58	31	31			27
湖北	595	174	174			421
湖南	2451	520	520			1931
广东	116	45	43	1	1	71
广西	10279	1964	1953		11	8315
海南	564	124	124			440
重庆	563	202	202			361
四川	2454	1343	1342		1	1111
贵州	2166	769	768	1		1397
云南	5588	1343	1335		8	4245
西藏	2352	595	550	45		1757
甘肃	726	401	401			325
青海	1337	498	498			839
宁夏	2304	363	355	3	5	1941
新疆	9430	1826	1826			7604

19-9 民族自治地方分地区按登记注册类型分的主要文化事业机构职工(2010年)

单位：人

地　区	合　计	文化部门				其他部门
		小　计	国有经济	集体经济	其他经济	
合　计	**263461**	**84926**	**83893**	**326**	**707**	**178535**
河　北	1716	610	553	57		1106
内蒙古	44102	17064	16898		166	27038
辽　宁	3535	1046	1046			2489
吉　林	6814	2136	2136			4678
黑龙江	274	140	140			134
浙　江	290	129	129			161
湖　北	3647	1347	1347			2300
湖　南	9702	2516	2516			7186
广　东	758	332	291	11	30	426
广　西	67980	15019	14855		164	52961
海　南	2795	794	794			2001
重　庆	2481	729	729			1752
四　川	8808	3053	3033		20	5755
贵　州	9444	3565	3550	15		5879
云　南	25317	8637	8414		223	16680
西　藏	14843	6139	5997	142		8704
甘　肃	3611	2049	2049			1562
青　海	4763	1822	1822			2941
宁　夏	14870	4489	4284	101	104	10381
新　疆	37711	13310	13310			24401

19-10 民族自治地方分地区艺术事业机构(2010年)

单位: 个、座

地　区	合　计	艺术表演团体	#少数民族歌舞团	艺术表演场馆	#剧场影剧院	艺术创作机构
合　计	**1006**	**806**	**137**	**177**	**134**	**23**
河　北	16	15		1	1	
内蒙古	155	123	9	26	24	6
辽　宁	17	15	1	2	1	
吉　林	22	13	3	6	5	3
黑龙江	1	1				
浙　江	6	6	2			
湖　北	13	13	3			
湖　南	82	75	13	6	6	1
广　东	9	6	1	3	2	
广　西	172	141	11	24	20	7
海　南	8	7	2	1	1	
重　庆	10	8	1	2	1	
四　川	36	17	12	18	8	1
贵　州	22	22	4			
云　南	102	86	32	16	12	
西　藏	58	37	6	21	13	
甘　肃	21	16	11	3	3	2
青　海	46	28	15	18	17	
宁　夏	61	45		15	7	1
新　疆	149	132	11	15	13	2

19-11 民族自治地方分地区艺术事业机构职工(2010年)

单位：人

地区	合计	艺术表演团体	#少数民族歌舞团	艺术表演场馆	#剧场影剧院	其他
合计	**32492**	**29328**	**5825**	**3000**	**1881**	**164**
河北	241	233		8	8	
内蒙古	6461	5939	1050	492	447	30
辽宁	359	348	57	11		
吉林	709	643	348	54	34	12
黑龙江	54	54				
浙江	50	50	50			
湖北	535	535	163			
湖南	1878	1819	430	56	56	3
广东	251	204	37	47	22	
广西	5339	4946	335	337	209	56
海南	319	230	68	89	89	
重庆	153	153	34			
四川	1430	534	475	891	396	5
贵州	640	640	174			
云南	3122	2905	889	217	51	
西藏	2054	2013	701	41	41	
甘肃	725	675	533	33	33	17
青海	941	792	364	149	146	
宁夏	2047	1772		258	80	17
新疆	5184	4843	117	317	269	24

19-12 民族自治地方分地区群众文化事业、图书馆事业机构(2010年)

单位：个、座

地　区	群众文化事业			图书馆事业
	合　计	文化馆	文化站	
合　计	**8618**	**776**	**7842**	**636**
河　北	124	7	117	6
内蒙古	1017	116	901	113
辽　宁	165	8	157	8
吉　林	146	12	134	12
黑龙江	15	1	14	1
浙　江	23	1	22	1
湖　北	120	11	109	11
湖　南	404	18	386	18
广　东	26	3	23	3
广　西	1284	122	1162	108
海　南	85	8	77	8
重　庆	177	5	172	5
四　川	1160	54	1106	27
贵　州	564	39	525	40
云　南	902	88	814	87
西　藏	321	82	239	4
甘　肃	288	23	265	23
青　海	339	41	298	38
宁　夏	250	26	224	20
新　疆	1208	111	1097	103

19-13 民族自治地方分地区群众文化事业、图书馆事业机构职工(2010年)

单位：人

地　区	群众文化事业			图书馆事业
	合　计	文化馆	文化站	
合　计	22525	9131	13394	7499
河　北	247	70	177	38
内蒙古	3872	1832	2040	1804
辽　宁	294	136	158	120
吉　林	678	478	200	287
黑龙江	42	15	27	15
浙　江	48	15	33	9
湖　北	399	114	285	101
湖　南	881	269	612	184
广　东	51	21	30	21
广　西	4075	1490	2585	1509
海　南	202	77	125	77
重　庆	461	59	402	43
四　川	1228	467	761	156
贵　州	1239	295	944	240
云　南	2919	1103	1816	882
西　藏	311	254	57	64
甘　肃	445	260	185	196
青　海	529	330	199	232
宁　夏	1012	508	504	543
新　疆	3592	1338	2254	978

19-14 民族自治地方分地区文物事业机构和职工(2010年)

单位: 个、人

地 区	文物事业机构		#文物保护管理机构		#博物馆	
	机构数	职工人数	机构数	职工人数	机构数	职工人数
合 计	**1056**	**12755**	**689**	**7021**	**344**	**4765**
河 北	9	36	6	18	3	18
内蒙古	143	1946	87	666	54	1214
辽 宁	13	398	6	290	7	78
吉 林	24	191	12	90	12	101
黑龙江	2	18	1		1	18
浙 江	2	8	1	3	1	5
湖 北	9	109	3	14	6	69
湖 南	30	343	19	124	11	198
广 东	3	14			3	14
广 西	135	1515	61	274	64	1096
海 南	5	24			5	24
重 庆	7	33	5	24	2	9
四 川	38	242	28	122	10	120
贵 州	60	489	36	122	24	323
云 南	102	640	73	341	28	282
西 藏	212	4094	207	3948	2	65
甘 肃	31	310	7	23	24	262
青 海	30	158	20	61	10	58
宁 夏	30	561	21	296	6	212
新 疆	171	1626	96	605	71	599

19-15 民族自治地方分地区文化休闲娱乐服务机构和职工(2010年)

单位：个、人

地区	文化休闲娱乐服务		娱乐场所		其他计算机服务(网吧)	
	机构数	职工人数	机构数	职工人数	机构数	职工人数
合计	**33165**	**153866**	**15479**	**92599**	**17686**	**61267**
河北	290	1024	105	516	185	508
内蒙古	5700	20707	2559	12039	3141	8668
辽宁	708	2214	368	1152	340	1062
吉林	844	3459	459	1401	385	2058
黑龙江	38	134	17	97	21	37
浙江	22	141	7	68	15	73
湖北	419	2293	130	1152	289	1141
湖南	1869	5872	465	2490	1404	3382
广东	68	351	46	264	22	87
广西	8263	51920	3223	30004	5040	21916
海南	440	2001	235	1268	205	733
重庆	352	1659	131	867	221	792
四川	1068	4765	485	3165	583	1600
贵州	1393	5816	706	3157	687	2659
云南	3928	15478	2639	11712	1289	3766
西藏	904	5527	564	4302	340	1225
甘肃	282	1426	136	900	146	526
青海	358	1230	115	548	243	682
宁夏	1598	8633	907	5554	691	3079
新疆	4621	19216	2182	11943	2439	7273

19-16 民族自治地方分地区网络文化服务、动漫企业和其他文化产业及相关产业机构和职工(2010年)

单位: 个、人

地区	网络文化服务		动漫企业		其他文化产业及相关产业	
	机构数	职工人数	机构数	职工人数	机构数	职工人数
合计	**2**	**272**	**37**	**914**	**9403**	**33138**
河北					12	130
内蒙古			4	166	2712	9146
辽宁					23	150
吉林					598	1490
黑龙江					2	11
浙江					4	34
湖北					23	210
湖南					48	544
广东					7	70
广西			20	608	297	3014
海南					18	172
重庆			2	16	10	116
四川					125	987
贵州					87	1020
云南					467	2276
西藏			2	25	851	2768
甘肃					81	509
青海					526	1673
宁夏			9	99	336	1975
新疆	2	272			3176	6843

19-17 民族自治地方广播、电视事业机构

单位：个

年 份	广播电视台	广播电台	电视台
1952		5	
1957		6	
1965		14	
1975		42	
1978		50	
1979		25	
1980		25	
1981		34	
1982		34	
1983		33	
1984		42	16
1985		54	44
1986		64	69
1987		75	69
1988		133	88
1989		107	94
1990		111	96
1991		133	96
1992		189	106
1993		152	126
1994		209	142
1995		247	206
1996		205	215
1997		202	189
1998		261	225
1999		193	193
2000		277	206
2001		84	85
2002		73	90
2003		73	94
2004	389	41	50
2005	444	41	50
2006	381	91	117
2007	348	49	65
2008	447	47	59
2009	599	47	59
2010	564	46	56

注：1. 2001年后广播电台、电视中心台数据由国家广电总局提供，与以前数据不可比。
2. 2004年及以后数据中，广播电视台指既可对外广播又可播放电视的机构，广播电台仅含播放广播的机构，电视台仅含播放电视的机构。

19-18 民族自治地方分地区广播电视机构设置情况(2010年)(一)

单位：个

地　区	合　计	广播电台	电视台	广播电视台
合　计	**666**	**46**	**56**	**564**
河　北	6			6
内蒙古	103	13	14	76
辽　宁	8			8
吉　林	13	1	1	11
黑龙江	1			1
浙　江	1			1
湖　北	11	1	1	9
湖　南	17	1	1	15
广　东	3			3
广　西	105	9	8	88
海　南	6			6
重　庆	4			4
四　川	54	1	1	52
贵　州	47		1	46
云　南	101	9	9	83
西　藏	9	1	5	3
甘　肃	17	1	1	15
青　海	6	1	4	1
宁　夏	30	2	2	26
新　疆	124	6	8	110

19-18 民族自治地方分地区广播电视机构设置情况(2010年)(二)

单位：个

地　　区	省			
	合　计	广播电台	电视台	广播电视台
合　　计	**12**	**6**	**5**	**1**
内 蒙 古	2	1	1	
广　　西	3	2	1	
西　　藏	2	1	1	
宁　　夏	3	1	1	1
新　　疆	2	1	1	

19-18 民族自治地方分地区广播电视机构设置情况(2010年)(三)

单位：个

地　　区	地			
	合　计	广播电台	电视台	广播电视台
合　　计	**113**	**38**	**49**	**26**
内 蒙 古	25	12	13	
吉　　林	2	1	1	
湖　　北	2	1	1	
湖　　南	2	1	1	
广　　西	21	7	7	7
四　　川	4	1	1	2
贵　　州	3		1	2
云　　南	16	8	8	
西　　藏	7		4	3
甘　　肃	3	1	1	1
青　　海	5	1	4	
宁　　夏	5	1	1	3
新　　疆	18	4	6	8

19-18 民族自治地方分地区广播电视机构设置情况(2010年)(四)

单位: 个

地区名称	县			
	合 计	广播电台	电视台	广播电视台
合 计	**541**	**2**	**2**	**537**
河 北	6			6
内蒙古	76			76
辽 宁	8			8
吉 林	11			11
黑龙江	1			1
浙 江	1			1
湖 北	9			9
湖 南	15			15
广 东	3			3
广 西	81			81
海 南	6			6
重 庆	4			4
四 川	50			50
贵 州	44			44
云 南	85	1	1	83
西 藏				
甘 肃	14			14
青 海	1			1
宁 夏	22			22
新 疆	106	1	1	102

19-19 民族自治地方使用民族语言广播播出机构(2010年)(一)

单位: 个

地　区	总 计	蒙古语	藏语	维吾尔语	苗语	彝语	壮语	朝鲜语
合　计	**151**	**44**	**9**	**55**	**1**	**3**	**3**	**9**
内蒙古	35	35						
辽　宁	3	2						1
吉　林	6	1						5
黑龙江	3	1						2
广　西	2						2	
四　川	4		2			2		
云　南	14		1		1	1	1	
西　藏	2		2					
甘　肃	2		2					
青　海	3	1	2					
新　疆	76	4		55				

19-19 民族自治地方使用民族语言广播播出机构(2010年)(二)

单位: 个

地　区	总 计	哈尼语	哈萨克语	傣语	傈僳语	拉祜语	景颇语	柯尔克孜语
合　计	**151**	**2**	**13**	**3**	**2**	**1**	**2**	**4**
内蒙古	35							
辽　宁	3							
吉　林	6							
黑龙江	3							
广　西	2							
四　川	4							
云　南	14	2		3	2	1	2	
西　藏	2							
甘　肃	2							
青　海	3							
新　疆	76		13					4

19-20 民族自治地方广播节目制作情况(2010年)(一)

单位: 小时

地区	全年制作广播节目时间	全年制作新闻资讯类广播节目时间	全年制作专题服务类广播节目时间	全年制作综艺类广播节目时间
合计	**917833**	**179117**	**270535**	**287810**
河北	35	20	5	
内蒙古	227323	43085	74074	63749
辽宁	15294	1735	4251	6661
吉林	32043	3625	9969	11888
黑龙江	103	60	37	6
浙江	406	91	194	91
湖北	4411	1006	1040	755
湖南	8259	2489	1267	1796
广东	1358	250	116	20
广西	176577	36670	43832	62601
海南	2721	835	857	882
重庆				
四川	3031	1503	868	305
贵州	17512	4291	5534	4601
云南	49382	12529	17392	11337
西藏	28060	6242	7697	11769
甘肃	7852	3000	2891	1229
青海	1945	504	394	926
宁夏	41011	8588	10440	13836
新疆	300510	52594	89677	95358

19-20 民族自治地方广播节目制作情况(2010年)(二)

单位: 小时

地区	全年制作广播节目时间	全年制作广播剧类广播节目时间	全年制作广告类广播节目时间	全年制作其他类广播节目时间
合计	**917833**	**22317**	**84945**	**73109**
河北	35			10
内蒙古	227323	7232	25027	14156
辽宁	15294		1408	1239
吉林	32043	226	6203	132
黑龙江	103			
浙江	406		30	
湖北	4411		533	1077
湖南	8259	720	736	1251
广东	1358	81		891
广西	176577	409	13071	19994
海南	2721		21	126
重庆				
四川	3031	7	101	247
贵州	17512	790	1489	807
云南	49382	326	3776	4022
西藏	28060	3	1689	660
甘肃	7852	189	39	504
青海	1945			121
宁夏	41011	1318	5601	1228
新疆	300510	11016	25221	26644

19-21 民族自治地方广播覆盖情况(2010年)(一)

地区	广播综合人口覆盖		中央节目		省级节目	
	人口(万人)	覆盖率(%)	人口(万人)	覆盖率(%)	人口(万人)	覆盖率(%)
合计	**16900.93**	**92.70**	**16649.27**	**91.32**	**16203.02**	**88.87**
河北	197.11	96.65	197.11	96.65	195.29	95.76
内蒙古	2339.71	96.60	2323.62	95.94	2134.12	88.11
辽宁	316.82	94.29	314.32	93.54	311.36	92.66
吉林	331.08	99.27	326.15	97.79	326.81	97.99
黑龙江	23.21	92.65	23.21	92.65	23.14	92.38
浙江	16.80	98.71	16.15	94.89	16.80	98.71
湖北	443.34	96.96	443.34	96.96	422.22	92.34
湖南	375.43	75.00	353.87	70.69	344.92	68.91
广东	45.38	94.66	45.38	94.66	45.38	94.66
广西	4917.46	94.50	4811.98	92.47	4771.95	91.70
海南	161.49	94.54	161.44	94.51	145.63	85.25
重庆	212.66	79.18	211.77	78.85	211.66	78.81
四川	574.38	82.11	574.14	82.08	526.10	75.21
贵州	1446.22	86.12	1428.51	85.07	1417.40	84.41
云南	2146.26	94.85	2136.81	94.44	2059.53	91.02
西藏	261.84	90.28	233.62	80.55	261.84	90.28
甘肃	295.36	91.63	289.25	89.73	263.71	81.81
青海	301.41	86.12	301.41	86.12	281.83	80.52
宁夏	594.82	92.92	594.75	92.91	594.01	92.79
新疆	1900.15	94.90	1862.44	93.02	1849.32	92.36

19-21 民族自治地方广播覆盖情况(2010年)(二)

地区	广播综合人口覆盖				无线广播综合覆盖			
	地市级节目		县级节目				中央节目	
	人口(万人)	覆盖率(%)	人口(万人)	覆盖率(%)	人口(万人)	覆盖率(%)	人口(万人)	覆盖率(%)
合计	**11091.01**	**60.83**	**5769.18**	**31.64**	**15745.59**	**86.36**	**15527.23**	**85.16**
河北	183.39	89.92	20.55	10.08	150.14	73.62	149.05	73.09
内蒙古	2117.20	87.41	1165.40	48.12	2326.08	96.04	2307.85	95.28
辽宁	267.66	79.66	287.99	85.71	313.40	93.27	299.97	89.27
吉林	290.24	87.02	235.32	70.56	331.02	99.25	326.09	97.77
黑龙江	23.21	92.65	23.02	91.90	23.21	92.65	23.21	92.65
浙江	7.67	45.06	7.67	45.06	10.09	59.28	7.06	41.48
湖北	366.12	80.07	141.34	30.91	441.21	96.49	441.21	96.49
湖南	239.94	47.93	122.99	24.57	329.65	65.85	316.33	63.19
广东	45.38	94.66	45.38	94.66	45.38	94.66	45.38	94.66
广西	3766.00	72.37	1871.04	35.96	4651.55	89.39	4606.66	88.53
海南			107.98	63.21	161.30	94.43	160.24	93.81
重庆					200.36	74.60	200.36	74.60
四川	292.74	41.85	80.76	11.55	355.18	50.78	353.24	50.50
贵州	497.26	29.61	108.51	6.46	995.48	59.28	978.72	58.28
云南	1496.39	66.13	180.56	7.98	2078.96	91.88	2076.15	91.76
西藏	43.30	14.93			261.84	90.28	233.62	80.55
甘肃	156.94	48.69	92.93	28.83	290.43	90.10	284.31	88.20
青海	26.72	7.63			298.24	85.21	298.24	85.21
宁夏	390.41	60.99	275.84	43.09	590.48	92.24	590.48	92.24
新疆	880.44	43.97	1001.90	50.04	1891.59	94.47	1829.06	91.35

19-22 民族自治地方使用民族语言电视播出机构(2010年)(一)

单位：个

地 区	合 计	蒙古语	藏语	维吾尔语	彝语	壮语
合 计	**187**	**45**	**26**	**54**	**2**	**6**
内蒙古	37	37				
辽 宁	1	1				
吉 林	12	1				
黑龙江	1	1				
广 西	4					4
四 川	13		13			
云 南	19		1		2	2
西 藏	5		5			
甘 肃	2		2			
青 海	5		5			
新 疆	88	5		54		

19-22 民族自治地方使用民族语言电视播出机构(2010年)(二)

单位：个

地 区	朝鲜语	哈萨克语	傣语	景颇语	柯尔克孜语
合 计	**11**	**26**	**9**	**5**	**3**
内蒙古					
辽 宁					
吉 林	11				
黑龙江					
广 西					
四 川					
云 南			9	5	
西 藏					
甘 肃					
青 海					
新 疆		26			3

19-23 民族自治地方电视节目制作情况(2010年)(一)

单位：小时

地　区	全年制作电视节目时间	#新闻资讯类	#专题服务类	#综艺益智类	#影视剧类	#广告类
合　计	**365960**	**118247**	**78778**	**47150**	**7073**	**80529**
河　北	1988	426	346	513		338
内蒙古	64697	19820	14862	6973	50	16314
辽　宁	7710	756	678	4114	975	1041
吉　林	9025	1767	2458	1402		2574
黑龙江	196	92	37	6		61
浙　江	452	86	37	98		110
湖　北	7619	1634	1302	560		3507
湖　南	9166	3229	1335	854		1933
广　东	360	250				110
广　西	80594	25367	15071	9101	416	21730
重　庆	1388	561	365	174		233
四　川	9851	4813	2277	1259		831
贵　州	8883	3712	1624	1040		1633
云　南	32324	13074	6957	2153		7862
西　藏	5623	1928	1484	397	865	714
甘　肃	6827	2249	2629	900		726
青　海	4428	928	1027	1137		761
宁　夏	28362	6299	7690	4658	1955	5311
新　疆	86467	31256	18599	11811	2812	14740

19-23 民族自治地方电视节目制作情况(2010年)(二)

单位: 小时

地　　区	全年制作其他类电视节目时间(小时)	全年制作电视剧数量	
		部	集
合　　计	**34183**	**78**	**1712**
河　　北	365		
内 蒙 古	6678	2	44
辽　　宁	146		
吉　　林	824		
黑 龙 江			
浙　　江	121		
湖　　北	616		
湖　　南	1815		
广　　东			
广　　西	8909	10	341
重　　庆	55		
四　　川	671		
贵　　州	874		
云　　南	2278		
西　　藏	235	45	1102
甘　　肃	323		
青　　海	575		
宁　　夏	2449	1	5
新　　疆	7249	20	220

19-24 民族自治地方电视覆盖情况(2010年)(一)

地 区	电视人口综合覆盖		中央节目		省级节目	
	人 口 (万人)	覆盖率 (%)	人 口 (万人)	覆盖率 (%)	人 口 (万人)	覆盖率 (%)
合 计	**17393.72**	**95.40**	**17005.71**	**93.27**	**16472.05**	**90.34**
河 北	200.85	98.48	200.85	98.48	157.91	77.43
内蒙古	2310.17	95.38	2293.77	94.70	2020.54	83.42
辽 宁	320.07	95.26	318.30	94.73	318.19	94.70
吉 林	326.79	97.98	321.11	96.28	318.65	95.54
黑龙江	23.36	93.25	23.36	93.25	23.36	93.25
浙 江	17.01	99.94	17.00	99.88	11.10	65.22
湖 北	446.01	97.54	446.01	97.54	444.02	97.10
湖 南	469.90	93.87	465.53	93.00	403.21	80.55
广 东	44.10	91.99	44.10	91.99	44.10	91.99
广 西	5021.26	96.50	4786.83	91.99	4862.87	93.45
海 南	159.79	93.54	159.45	93.34	156.69	91.73
重 庆	253.46	94.37	253.46	94.37	253.35	94.33
四 川	634.79	90.75	634.58	90.72	575.19	82.23
贵 州	1563.43	93.10	1532.48	91.26	1526.68	90.91
云 南	2178.98	96.30	2172.48	96.01	2050.17	90.61
西 藏	265.12	91.41	234.88	80.98	265.11	91.41
甘 肃	298.09	92.47	292.32	90.68	259.81	80.60
青 海	324.14	92.61	324.14	92.61	312.24	89.21
宁 夏	628.66	98.20	624.54	97.56	614.26	95.95
新 疆	1907.74	95.28	1860.52	92.92	1854.60	92.63

19-24 民族自治地方电视覆盖情况(2010年)(二)

地 区	电视人口综合覆盖率							
	地市级节目		县级节目		无线电视综合覆盖			
							中央节目	
	人 口(万人)	覆盖率(%)	人 口(万人)	覆盖率(%)	人 口(万人)	覆盖率(%)	人 口(万人)	覆盖率(%)
合 计	**11335.91**	**62.17**	**7695.02**	**42.20**	**15341.02**	**84.14**	**14854.36**	**81.47**
河 北	179.14	87.84	120.20	58.94	187.12	91.75	187.12	91.75
内蒙古	1840.14	75.97	1075.99	44.42	2115.23	87.33	2102.47	86.80
辽 宁	294.15	87.54	280.25	83.41	283.21	84.29	270.81	80.60
吉 林	280.82	84.20	296.47	88.89	264.87	79.42	251.68	75.46
黑龙江	20.26	80.88	12.35	49.30	23.00	91.82	23.00	91.82
浙 江	8.28	48.65	8.28	48.65	9.10	53.47	9.10	53.47
湖 北	410.80	89.84	317.11	69.35	441.65	96.59	441.65	96.59
湖 南	286.72	57.28	188.55	37.67	389.14	77.74	387.00	77.31
广 东	44.10	91.99	44.10	91.99	44.10	91.99	44.10	91.99
广 西	3939.60	75.71	2402.55	46.17	4710.90	90.53	4392.63	84.41
海 南					159.10	93.14	158.87	93.00
重 庆			72.19	26.88	190.65	70.99	190.65	70.99
四 川	273.28	39.07	197.81	28.28	360.69	51.56	360.49	51.54
贵 州	489.19	29.13	188.20	11.21	942.59	56.13	928.31	55.28
云 南	1506.46	66.58	1206.82	53.34	1852.45	81.87	1850.81	81.80
西 藏	50.67	17.47			265.12	91.41	234.78	80.95
甘 肃	101.84	31.59	63.32	19.64	285.49	88.57	279.72	86.78
青 海	55.53	15.87	17.87	5.11	316.49	90.43	316.49	90.43
宁 夏	477.75	74.63	261.82	40.90	611.09	95.46	610.22	95.32
新 疆	1077.18	53.80	941.14	47.00	1889.03	94.34	1814.46	90.62

19-25 民族自治地方出版物情况

单位：种数：种；印数：万册(份)

年份	图书		杂志		报纸	
	种数	印数	种数	印数	种数	印数
1978	1336	14279.4	78	1306.4	44	28271.3
1979	2018	13332.5	76	1226.8	62	47739.6
1980	2084	16162.5	114	2250.5	68	45109.9
1981	2343	23964.6	160	3770.7	67	52678.2
1982	3242	28089.6	163	8385.6	68	54594.5
1983	2613	17477.9	165	2480.7	79	49894.6
1984	2859	28065.2	231	8606.7	117	63627.4
1985	3365	35906.9	321	7818.8	175	76847.2
1986	3435	29287.8	332	7171.9	176	150281.9
1987	4507	29167.4	358	7273.6	214	92964.4
1988	5107	30754.8	445	8620.4	236	93274.4
1989	5696	30127.0	447	6502.9	239	76404.0
1990	5784	30166.3	544	17866.4	227	79119.6
1991	6662	39810.3	507	6561.9	245	87342.0
1992	6707	41277.0	487	6705.0	334	89412.0
1993	5907	42263.3	502	9833.3	248	71607.1
1994	8052	60986.3	631	8541.2	350	101678.5
1995	7647	42275.0	633	7881.0	340	94984.8
1996	7979	44497.3	560	7482.1	298	102861.1
1997	8417	45876.7	559	7824.4	322	116203.9
1998	10154	48507.5	542	7509.9	293	108276.7
1999	11208	48394.4	592	8069.4	347	111943.9
2000	11402	42310.0	650	8332.0	356	123277.0
2001	10089	42599.0	693	8892.0	441	132611.0
2002	10856	45564.0	750	9085.0	383	139467.0
2003	12431	43214.6	778	9981.9	381	163731.6
2004	12332	39510.9	731	8341.7	311	173632.6
2005	12592	41957.6	738	10279.5	311	169518.4
2006	15082	45838.7	580	10223.1	265	143372.3
2007	13482	45627.4	657	7729.8	315	177110.0
2008	19086	48929.1	675	7256.7	313	159786.3
2009	21518	47689.9	733	7366.0	334	165394.8
2010	20635	43098.9	739	8275.9	329	174847.8

19-26 民族自治地方分地区图书、杂志、报纸出版情况(2010年)

单位：种数：种；印数：万册(份)

地区	图书		杂志		报纸	
	种数	印数	种数	印数	种数	印数
合计	**20635**	**43099**	**739**	**8276**	**329**	**174848**
河北						
内蒙古	2885	6069	149	1437	61	27050
辽宁			1		6	177
吉林	3599	3575	21	50	12	2834
黑龙江			1	1	2	2
浙江					1	70
湖北	132	11	43	6	10	25
湖南					2	1278
广东						
广西	7344	24836	185	4267	55	69560
海南						
重庆	1	0.2			2	4
四川			25	8	8	4078
贵州	27	16	4	1	7	802
云南	167	22	10	9	11	3626
西藏	570	1446	34	161	23	6694
甘肃			1		2	1226
青海	25	1	20	6	13	422
宁夏	905	2123	36	1332	15	11000
新疆	4980	5000	209	1000	99	46000

主要统计指标解释

文化产业机构 指专门从事文化工作具有法人资格、独立核算的事业、企业单位以及单独核算、附属于事业单位的经营性专业文化活动单位。

文化产业机构包括艺术业、图书馆业、群众文化业、文物业、文化艺术教育业、出版业、娱乐业、文化艺术经纪与代理业以及不属于以上分类的其他文化产业。

艺术业 包括戏剧、舞蹈、音乐、美术等各种艺术团及艺术家的活动。如演员、音乐家、作家、雕刻家、画家、漫画家、雕塑家的活动等。也包括剧场、音乐厅、美术展览馆等演出、展出设施的管理。

在制度中，将艺术业分为艺术表演团体、艺术表演场所和其他艺术三类。

艺术表演团体赛 指话剧团、方言话剧团、滑稽剧团、儿童剧团、歌剧团、舞剧团、歌舞剧团、歌舞团、轻音乐团、乐团、合唱团、文工团、文宣队、乌兰牧骑、戏曲剧团、曲艺团、说唱团、杂技团、马戏团、木偶团、皮影团等专业艺术表演团体。不包括半工半艺、半艺半农和民间职业剧团。

艺术表演场所 指由各级文化主管部门或文化单位举办的和除部队系统外其他部门兴办的，具有观众厅、舞台、灯光设备，经常供专业艺术表演团体演出，在工商、税务部门登记，公开售票的营业场所。艺术表演场所共分为两类：第一类为剧场、影剧院，包括独立核算的专业剧场和属文化部门主管的能演出戏剧的影剧院、兼映电影的剧场，以及附属在剧院、公开营业的非独立核算的剧场、排演场；第二类为其他艺术表演场所，包括不论是否独立核算的书场、曲艺场、杂技场、马戏场、音乐厅等。

图书馆业 包括公共图书馆和除部队系统外的各类单位内部举办的或单独举办的图书馆。不包括群众艺术馆、文化馆、文化站内设的图书室。目前制度仅统计公共图书馆。

群众文化业 包括群众艺术馆、文化馆、文化站、文化宫、少年宫等群众文化活动。在制度中，目前暂时不统计文化系统外的文化宫和少年宫。

群众艺术馆、文化馆、文化站指从事群众文化工作的专业机构。不包括临时抽调人员组成、没有编制的农村和街道文化工作队、服务站等。

广播电台 经国家广播电影电视总局（原广播电影电视部，下同）批准设置并颁布发许可证，独立建制，财务上独立核算，有自办节目并正式播出的无线广播播出机构。

广播节目套数 经国家广播电影电视总局批准，并在颁布发许可证中载明的，用固定频率自办播出节目并编有整套节目时间表，定期向听众公布广播节目名称和播出时间和节目的套数。

广播覆盖人口数 按一定的技术标准在对象区内能接收广播节目的人口数。

电视台 经国家广播电影电视总局批准设置，并颁布发许可证，独立建制，财务上独立核算，有自办节目并正式播出的无线电视播出机构改革。

电视节目套数 经国家广播电影电视总局批准，并在颁布发许可证中载明的，用固定频道自办电视节目，并编有整套节目时间表，定期向观众公布电视节目名称和播出时间的节目的套数。

电视覆盖人口数 按一定的技术标准在对象区内能接收电视节目的人口数。

电视发射台和转播台 经广播电影电视行政主管部门批准设置正式开播的电视发射台和转播台。

电影放映单位 指具有放映机器设备、固定或不固定的放映场所与专职或兼职的放映技术人员，经有关部门登记批准，经常为一定的观众对象放映电影的机构。包括经批准对外开放进行营业，并与电影发行放映管理机构分账的专用放映单位和军委系统租片单位。

二十、卫 生

20-1 民族自治地方卫生机构、床位、人员

年 份	机 构（个）	#医院、卫生院	床 位（张）	#医院、卫生院	卫生技术人员（人）	#医 生
1949	361	230	3310		3531	
1952	1176	378	5711		17877	
1957	13819	603	26470	20773	65649	26825
1962	19763	3203	94769	71356	129818	59086
1965	25306	6275	120781	89497	156889	72832
1975	21575	9749	219055	190980	232218	97957
1978	23934	10191	253520	22927	279387	120711
1980	26073	10433	271463	241679	324300	140752
1981	27604	10735	276119	246922	353395	154439
1982	28237	10803	281555	251805	468850	159927
1983	28800	11349	290067	267382	387690	169141
1984	29794	11659	302321	279259	406880	176305
1985	30432	10061	312137	288732	423733	182503
1986	31168	10012	318144	294676	435882	186717
1987	31838	10129	332116	307350	451429	192597
1988	31931	10520	338892	313677	463900	215187
1989	31081	10342	347555	321659	478304	224851
1990	31973	10574	359382	331955	488661	230088
1991	32142	10680	365439	338425	500254	232819
1992	31075	10210	375377	347194	512996	236402
1993	30642	10389	419873	380079	545934	253329
1994	30588	12482	415203	380626	554220	259481
1995	28957	12331	387139	357024	527438	250733
1996	15706	12201	370171	349457	455220	209508
1997	16111	12461	378905	357059	475731	220647
1998	16724	12859	392671	370449	498720	233290
1999	16733	12464	379121	357972	482722	230138
2000	16009	12492	381979	361235	485181	231024
2001	15904	12372	385995	365274	486749	235750
2002	15319	11832	362185	346818	460043	207999
2003	15230	11768	381534	359090	463382	208246
2004	15519	11884	400448	375029	475313	213882
2005	15488	11846	409938	384466	478320	214447
2006	15463	11796	425361	399690	485766	216159
2007	47081	12198	458316	430786	578875	249957
2008	44429	11872	501968	471146	603747	256811
2009	44209	11840	550535	515809	637850	263924
2010	44681	11961	596342	557305	680547	274046

注：1.本表未扣除区域变动因素，年度之间不可比。下同。
2.1996-2006年机构数不含诊所数、村卫生室、社区卫生服务中心。下同。
3.2002年卫生机构数为登记注册数。下同。
4.2002年后医生系执业(助理)医师数，故有所减少。

20-2 民族自治地方卫生机构

单位：个

年　份	合　计	医　院	卫生院	疗养院、所	门诊部	专科防治所、站	卫生防疫站	妇幼保健所、站	其　他
1957	13819	603		17	5541		146	641	6871
1962	19763	3203		69	15279		387	363	462
1965	25306	6275		43	17626		485	427	450
1975	21575	9749		25	10292		633	412	464
1978	23934	10191		30	11866		649	478	720
1979	25027	10254		30	12676	124	635	478	830
1980	26073	10433		34	13457	140	672	497	840
1981	27604	10735		36	14661	146	694	505	827
1982	28237	10803		41	15175	164	720	511	
1983	28800	11349		44	15130	173	727	522	855
1984	29794	11659		43	15713	187	763	545	884
1985	30432	10061		47	17761	221	817	559	966
1986	31168	10012		47	18342	249	847	591	1080
1987	31838	10129		49	18817	277	873	600	1093
1988	31931	10520		48	18488	283	862	603	1127
1989	31081	10342		46	17744	291	892	606	1160
1990	31973	10574		48	18312	300	910	625	1204
1991	32142	10680		48	18307	313	915	634	1245
1992	31075	10210		49	11568	315	930	640	1363
1993	30642	10389		64	16772	309	1004	649	1423
1994	30588	12482		65	14651	350	994	643	1403
1995	28957	12331		45	13282	331	995	630	1343
1996	15706	2548	9653	44	377	311	881	593	1299
1997	16111	2606	9855	44	435	320	893	609	1349
1998	16724	2691	10168	41	543	340	920	624	1397
1999	16733	2681	9783	38	1124	329	887	529	1362
2000	16009	2685	9807	37	339	323	884	525	1409
2001	15904	2695	9677	38	401	319	881	525	1368
2002	15319	2671	9161	36	698	278	740	387	1348
2003	15230	2603	9165	35	645	262	672	371	1477
2004	15519	2739	9145	35	571	238	502	364	1925
2005	15488	2739	9107	34	487	216	411	363	2131
2006	15463	2780	9016	33	479	190	305	361	2299
2007	47081	2907	9291	34	502	181	910	690	32566
2008	44429	2868	9004	27	495	171	893	675	30296
2009	44209	2901	8939	25	517	165	889	669	30104
2010	44681	2994	8967	23	585	162		668	31282

注：1995年以前卫生院数字含在医院数中。

20-3 民族自治地方卫生机构床位

单位：张

年 份	合 计	医 院	卫生院	疗养院、所	门诊部	专科防治所、站	卫生防疫站	妇幼保健所、站	其 他
1957	26470	20773		1277					4420
1962	94769	71356		4954					18459
1965	120781	89497		3732					27552
1975	219055	190980		3178					24897
1978	253520	220927		3482					29111
1979	263202	230877		3736	25127	1035	60	426	1941
1980	271463	241679		4318	21471	1248	60	661	
1981	276119	246922		4844	19735	1299	60	882	2377
1982	281555	251805		5436	19811	1174	60	1063	2206
1983	290067	267382		5651	12034	1234	60	1376	2321
1984	302321	279259		5851	12120	1113	60	1530	2388
1985	312137	288732		6213	11972	770	75	1536	2839
1986	318144	294676		6367	11191	944	75	1824	3067
1987	332116	307350		6681	11589	1090	84	1994	3328
1988	338892	313677		6294	11756	967	118	2130	3950
1989	347555	321659		5981	11757	1384	116	2261	4391
1990	359382	331955		6262	12051	1717	117	2509	4771
1991	365439	338425		6157	11548	1772	216	2533	4788
1992	375377	347194		6508					
1993	416259	380079		12187	12709	1761	146	3464	5913
1994	415203	380626		11464	12087	1087	68	3478	5593
1995	387139	357024		6511	12017	1621	241	4076	5649
1996	370171	257701	91756	6588	2720	1308	238	4578	5282
1997	378905	260708	96351	6667	2957	1571	286	5276	5089
1998	392671	272202	98247	6637	2600	1550	293	5697	5445
1999	379121	261888	96084	6256	3266	1465	317	4696	5149
2000	381979	264963	96272	5591	2673	1570	347	5018	5545
2001	385995	268103	97171	5567	2695	1563	490	5347	5059
2002	362185	257800	89018	2249	1379	2158		3234	6347
2003	381534	269155	89935	128	1523	1480		3384	15929
2004	400448	282239	92790	2872	2127	2265		3789	14364
2005	409938	289726	94740	2804	1795	1867		3819	15173
2006	425361	299743	99947	4066	1228	1539		4001	14836
2007	458316	318697	112089	3846	1116	1235		15743	5590
2008	501968	343568	127578	3143	1063	1280		17942	6944
2009	550535	371645	144164	3601	994	1343		19089	9699
2010	596342	402269	155036	3154	1193	1453		20463	12774

注：1995年以前卫生院数字含在医院数中。

20-4 民族自治地方专业卫生人员

单位：人

年 份	专业卫生人员	#卫生技术人员	#中 医	#西医师	#西医士	#中、西医结合高级医师
1957	77221	65649	15014	2997	8814	
1962	152872	129818	25980	10360	22764	
1965	184446	156889	26448	17860	28524	
1975	288559	232218	16126	35498	46333	
1978	349249	279387	20575	42574	57562	
1979	379396	302034	22663	45174	61018	
1980	407629	324300	24770	52258	63724	
1981	443076	353395	28562	58808	66940	129
1982	461245	368850	30106	60692	68954	175
1983	482042	387690	32706	65544	70723	168
1984	505994	406880	37010	65707	73377	211
1985	526965	432733	39634	64999	77710	160
1986	544777	435882	39909	66237	80391	180
1987	562349	451429	41722	69372	81304	199
1988	573682	463900	43647	114098	57023	419
1989	592461	478304	44250	123978	65180	443
1990	606085	488661	44266	127894	57470	458
1991	621172	500254	42922	129825	59664	408
1992	638230	512996	42764	130294	62864	480
1993	693651	548899	44089	143005	61875	755
1994	696548	554240	43862	152530	62169	920
1995	657512	527438	41406	146031	62171	1125
1996	579693	455220				
1997	601826	475731				
1998	629331	498720				
1999	606016	482722				
2000	606447	485181				
2001	606776	486749				
2002	568754	460043				
2003	569326	463382				
2004	581723	475313				
2005	585216	478320				
2006	592094	485766				
2007	697774	578875				
2008	726526	603747				
2009	765433	637850				
2010	816549	680547				

20-5 民族自治地方分地区卫生机构数(2010年)(一)

单位：个

地　　区	卫生机构数	医　院	卫生院	门诊部	疗养院、所	专科防治所、站	疾病预防控制中心	妇幼保健所、站
合　　计	**44681**	**2994**	**8967**	**585**	**23**	**162**	**889**	**668**
河　　北	514	20	117	2			6	6
内 蒙 古	8065	467	1335	90	6	50	127	117
辽　　宁	922	28	157	3	3	9	8	8
吉　　林	1499	81	123	57	2	12	13	12
黑 龙 江	64	4	11	1			1	1
浙　　江	42	1	25				1	1
湖　　北	638	29	108	33		2	11	11
湖　　南	1033	56	347	4		6	16	16
广　　东	72	8	31	6		2	3	3
广　　西	10336	450	1278	73	5	43	105	103
海　　南	86	14	14	8			1	1
重　　庆	323	11	142			3	4	4
四　　川	2125	127	1249	6		3	55	54
贵　　州	1822	162	738	2		3	54	44
云　　南	4288	344	844	17		23	89	86
西　　藏	1352	101	672		1		81	55
甘　　肃	1209	47	291	4	1	1	24	23
青　　海	1056	85	342			1	44	11
宁　　夏	1585	157	233	20	1		25	22
新　　疆	7650	802	910	259	4	4	221	90

20-5 民族自治地方分地区卫生机构数(2010年)(二)

单位：个

地　区	社区卫生服务中心（站）	诊　所、卫生所、医务室	急救中心（站）	采供血机构	卫生监督所（中心）	医学科学研究机构	医学在职培训机构	健康教育所（站、中心）	其　他卫生机构
合　计	**2352**	**26821**	**25**	**119**	**689**	**31**	**39**	**30**	**287**
河　北	42	310			6				5
内蒙古	1027	4619	5	18	111	6	11	21	55
辽　宁	10	650			8	1			37
吉　林	23	1118	2	8	5		2	1	40
黑龙江		44			1				1
浙　江		11			1				2
湖　北	25	397		2	11		1		8
湖　南	6	534		1	16	1			30
广　东		16			3				
广　西	285	7815	2	26	109	14	1	1	26
海　南	1	45			1				1
重　庆	9	145			4		1		
四　川	13	545	3	5	53	1	6		5
贵　州	47	688		15	49	1	7		12
云　南	47	2682	7	8	86	3	4	2	46
西　藏	8	430		1	2		1		
甘　肃	19	768		2	22	3	3	1	
青　海	53	464		7	43	1	1		4
宁　夏	96	985	2	5	25		1	4	9
新　疆	641	4555	4	21	133				6

20-6 民族自治地方分地区卫生机构床位数(2010年)(一)

单位: 张

地区	卫生机构	医院	市	县	卫生院	#乡卫生院
合计	**596342**	**402269**	**225900**	**176369**	**155036**	**154794**
河北	5477	3000		3000	2068	2068
内蒙古	93350	67016	48045	18971	16435	16412
辽宁	10075	5171		5171	3854	3854
吉林	12091	9124	6364	2760	2337	2337
黑龙江	520	317		317	147	147
浙江	257	210		210	47	47
湖北	14096	7981	4008	3973	5719	5594
湖南	16334	9461	1978	7483	6283	6283
广东	1040	546		546	402	402
广西	143695	88913	57661	31252	44974	44974
海南	717	591		591	117	117
重庆	5078	1892		1892	2946	2946
四川	19982	11391	3112	8279	7527	7527
贵州	34406	20443	7653	12790	12090	12090
云南	71487	48164	15662	32502	19425	19425
西藏	8838	5444	1928	3516	2995	2995
甘肃	9931	6166	1632	4534	3155	3155
青海	9079	6310	688	5622	2302	2302
宁夏	23659	20258	16012	4246	2233	2233
新疆	116230	89871	61157	28714	19980	19886

20-6　民族自治地方分地区卫生机构床位数(2010年)(二)

单位：张

地　　区	门诊部	疗养院、所	专科防治所、站	妇幼保健所、站	其他卫生机构
合　　计	**1193**	**3154**	**1453**	**20463**	**12774**
河　　北	20			217	172
内 蒙 古	300	640	250	2716	5993
辽　　宁	20	732	56	119	123
吉　　林	123	68	85	184	170
黑 龙 江				56	
浙　　江					
湖　　北			16	352	28
湖　　南	15		27	418	130
广　　东			42	50	
广　　西	117	1011	391	7679	610
海　　南				9	
重　　庆			51	158	31
四　　川				951	113
贵　　州	10		97	1251	515
云　　南	76		363	2928	531
西　　藏		40		342	17
甘　　肃	3	100		344	163
青　　海			35	112	320
宁　　夏	9	100		844	215
新　　疆	500	463	40	1733	3643

20-7 民族自治地方分地区专业卫生人员(2010年)(一)

单位：人

地　区	卫生人员合计	#卫生技术人员	#执业(助理)医师
合　计	**816549**	**680547**	**274046**
河　北	7043	5951	2884
内蒙古	146779	123306	54166
辽　宁	12448	9863	3964
吉　林	21445	17449	7736
黑龙江	785	628	294
浙　江	644	561	218
湖　北	16066	13905	5114
湖　南	19682	16547	6213
广　东	1920	1587	565
广　西	225893	185695	67301
海　南	1172	945	401
重　庆	5645	4685	1982
四　川	25274	21999	9400
贵　州	36101	31426	13745
云　南	74816	62511	26795
西　藏	12269	9983	4371
甘　肃	12123	10453	4083
青　海	11915	10447	4564
宁　夏	35460	29746	12084
新　疆	149069	122860	48166

20-7 民族自治地方分地区专业卫生人员(2010年)(二)

单位：人

地区	市属卫生人员	#卫生技术人员	#执业(助理)医生	县属专业卫生人员	#卫生技术人员	#执业(助理)医生
合计	**244478**	**200597**	**75735**	**288594**	**240651**	**94623**
河北				6033	4991	2390
内蒙古	49437	40880	16885	33934	28839	12807
辽宁				9585	7588	3090
吉林	7162	5880	2627	5622	4355	1840
黑龙江				666	516	253
浙江				431	358	142
湖北	4742	3983	1272	6871	5908	2066
湖南	3146	2563	895	14287	11937	4295
广东				1162	932	328
广西	86908	70424	23802	83011	67592	22448
海南				501	385	135
重庆				2758	2234	728
四川	5792	4637	1807	12447	10894	4970
贵州	7429	6343	2470	16029	14063	6408
云南	18556	15280	5843	37603	31598	13958
西藏	2770	2108	1072	3535	3001	1436
甘肃	2384	1909	814	6123	5207	2171
青海	2833	2353	1027	5337	4717	2026
宁夏	12699	10568	4021	6000	5172	2363
新疆	40620	33669	13200	36659	30364	10769

20-8 民族自治地方少数民族专业卫生人员

单位：人

年 份	专业卫生人员	#卫生技术人员	#中 医	#西医师	#西医士	#中、西医结合高级医师
1980	71694	56823	5815	8656	13782	
1981	96115	74843	7318	11197	18556	9
1982	100672	80521	8083	12038	18943	19
1983	108287	87216	8803	13509	20104	30
1984	117473	95310	10928	13818	22252	36
1985	135745	105656	11884	14926	22792	23
1986	139196	112058	12051	15516	25284	35
1987	147783	118748	12464	15360	24550	32
1988	154894	123586	13736	31191	18347	115
1989	163731	189603	14758	34717	18569	114
1990	170738	141448	14957	36825	20570	129
1991	178890	145406	11689	37943	21402	109
1992	187543	149635	14235	38438	22800	156
1993	172504	143744	13136	39007	19931	101
1994	180811	151953	14220	41238	20391	118
1995	180049	152523	13379	41363	20999	141
1996	174537	144575				
1997	183469	155803				
1998	185412	158121				
1999	185458	159199				
2000	186494	160113				
2001	184132	158169				
2002	184132	158169				
2003	196725	177110				
2004	194686	175213				

20-9 民族自治地方分地区中医中的民族医生

单位：人

年 份 地 区	合 计	蒙 医	藏 医	维 医	傣 医
1991	5584	3325	1787	439	33
1992	4759	3325	1014	420	
1993	5649	3361	1706	525	57
1994	6098	3537	1815	707	39
1995	5702	3095	1804	767	36
1996	5557	3202	1801	461	93
1997	5857	3076	1961	660	160
1998	6252	3312	1995	736	209
1999	5970	2827	2109	853	181
2000	6744	3386	2169	934	255
2001	6440	2766	2307	1124	243
2002	6440	2766	2307	1124	243
2003	4302	2136	1723	417	26
2004	4544	2314	1759	438	33
合 计	**4544**	**2314**	**1759**	**438**	**33**
河 北	1				1
内蒙古	2107	2094	10		3
辽 宁	125	124		1	
吉 林	1				1
黑龙江	2	2			
浙 江					
湖 北	1	1			
湖 南	2				2
广 东					
广 西	4	1		3	
海 南					
重 庆					
四 川	307		304		3
贵 州	2				2
云 南	67	2	57	1	7
西 藏	651		651		
甘 肃	418	1	417		
青 海	363	46	317		
宁 夏	2				2
新 疆	491	43	3	433	12

20-10 民族自治地方分地区卫生机构万元以上设备台数(2010年)

单位: 台

地区	合计	10万元以下	10-49万元	50—99万元	100万元以上
合计	**298599**	**242950**	**43345**	**7151**	**5153**
河北	2028	1653	325	31	19
内蒙古	49375	40949	6260	1208	958
辽宁	3040	2518	373	78	71
吉林	8165	5456	2316	212	181
黑龙江	187	166	12	7	2
浙江	345	279	51	9	6
湖北	6088	4824	993	169	102
湖南	6377	5460	666	149	102
广东	609	565	31	8	5
广西	82938	66141	13366	1957	1474
海南	255	191	55	6	3
重庆	1539	1347	152	29	11
四川	9191	8017	910	171	93
贵州	10342	8567	1375	254	146
云南	32598	27121	4162	812	503
西藏	2989	2532	343	77	37
甘肃	2927	2561	276	57	33
青海	3160	2732	362	39	27
宁夏	13636	10308	2667	386	275
新疆	62810	51563	8650	1492	1105

20-11 民族自治地方农村村级卫生组织

单位：个

年 份	村总数	有卫生机构的村数	占村总数的比重（%）	无医疗点的村数	占村总数的比重（%）
1978	67937	56655	83.4	11282	16.6
1979	68783	44324	64.4	24459	35.6
1980	68916	39325	55.6	30591	44.4
1981	75257	53434	71.0	21823	29.0
1982	75523	54240	71.8	21283	28.2
1983	79105	64006	80.9	15099	19.1
1984	80406	60790	75.6	19616	24.4
1985	86764	65426	75.4	21338	24.6
1986	92575	67353	72.8	25222	27.2
1987	92822	69005	74.3	23817	25.7
1988	96096	65248	67.9	30848	32.1
1989	97459	65665	67.4	31794	32.6
1990	91092	68843	75.6	22249	24.4
1991	96525	70045	72.6	26480	27.4
1992	76188	59356	77.9	16832	22.1
1993	93939	74260	79.1	19679	20.9
1994	97287	76244	78.4	21043	21.6
1995	96685	74375	76.9	29310	23.1
1996	97140	76059	78.3	21081	21.7
1997	100012	79368	79.4	20644	20.6
1998	101644	83571	82.2	18073	17.8
1999	98496	82023	83.3	16473	16.7
2000	99621	83442	83.8	16179	16.2
2001	98091	82995	84.6	15096	15.4

20-12 民族自治地方乡村医生、卫生员、农村接生员

单位：人

年 份	乡村医生和卫生员	乡村医生	卫生员	#少数民族乡村医生和卫生员	农村接生员
1982	116965	47933	69032	49743	86158
1983	116754	55580	61174	49228	88703
1984	118730	58109	60621	52630	96148
1985	131381	62255	69129	55914	101291
1986	135634	68480	68154	57423	106411
1987	139901	72374	67527	56634	107692
1988	135751	73106	62645	55188	106464
1989	136780	75228	61552	56304	141857
1990	135424	75935	59489	54594	107261
1991	139332	79709	59623	58052	104869
1992	146472	83518	62954	44695	97374
1993	163129	100993	62136	63582	98064
1994	154147	96347	57800	63573	94585
1995	158014	102376	55639	64290	91630
1996	159529	101416	58113	66865	84919
1997	165976	108712	57264	71229	86735
1998	172286	115367	56919	68872	81786
1999	169759	116520	53239	69098	80421
2000	173025	119979	53046	70989	73321
2001	171341	120976	50365	68431	68870
2002	171341	120976	50365	68431	68870
2008	117401	106146	11255		
2009	133541	119579	13962		
2010	138114	123545	14569		

20-13 民族自治地方分地区乡村医生、卫生员(2010年)

单位：人

地区	乡村医生和卫生员	乡村医生	卫生员
合计	**138114**	**123545**	**14569**
河北	2454	2443	11
内蒙古	19580	18572	1008
辽宁	3151	3108	43
吉林	2328	1803	525
黑龙江	228	204	24
浙江	34	34	
湖北	3246	3212	34
湖南	5571	4274	1297
广东	287	271	16
广西	36386	33379	3007
海南	12	12	
重庆	2003	1843	160
四川	7752	7120	632
贵州	12826	9664	3162
云南	18764	17031	1733
西藏	4325	3675	650
甘肃	2193	2111	82
青海	4323	3667	656
宁夏	3998	3185	813
新疆	8653	7937	716

20-14 民族自治地方分地区民族医院情况(2010年)

地　区	机构个数（个）	床位数（张）	卫生人员（人）	#卫生技术人员	#医生	#其他技术人员	#管理人员
合　计	**184**	**11076**	**11520**	**9426**	**4326**	**496**	**533**
河　北							
内蒙古	43	2032	2956	2569	1175	117	106
辽　宁	1	160	144	99	46		41
吉　林	1	80	101	91	47		10
黑龙江	1	40	76	43	18	7	5
浙　江							
湖　北	2	269	267	220	72	5	12
湖　南	3	30	43	31	13	5	6
广　东							
广　西	4	243	472	370	147	21	24
海　南							
重　庆							
四　川	22	394	489	413	292	18	22
贵　州	4	323	205	179	76	6	9
云　南	4	296	354	273	122	11	23
西　藏	18	850	1192	849	457	25	103
甘　肃	10	443	547	476	251	18	27
青　海	24	758	685	584	313	19	23
宁　夏	2	35	25	20	8		1
新　疆	45	5123	3964	3209	1289	244	121

主要统计指标解释

医院 指设有固定床位，能收容病人住院并能为病人提供医疗、护理服务的医疗机构，包括县及县以上医院、农村乡卫生院和其他医院三部分。医院按所属性质不同分为卫生部门、工业及其他部门和集体经济单位三类。县及县以上医院按业务性质不同分为综合医院和专科医院。

医院包括综合医院、中医医院、中西医结合医院、各类专科医院（含专科病防治院）、妇幼保健院。

卫生院 指名称为“乡（镇）中心卫生院”、“乡（镇）卫生院”和“街道卫生院”的医疗机构。包括无床的乡卫生院和独立核算的乡卫生院分院。

门诊部 指名称为“门诊部”的医疗机构。

专科防治所、站 不包括各类专科病防治院，各类专科病防治院计入相应的专科医院中。

村卫生室总数 应与当地卫生厅行政部门注册登记的个数相等。

床位数 指本年 10 月底的固定是有床位（非编制床位数）。包括正规床、简易床、监护床和正在消毒、修理的床位及因扩建或大修理而停用的床位，不包括产科新生儿床、库存床、观察床、临时加床、病人假书陪侍床、接产室待产床。

卫生员 指村卫生室中未获得乡村医生证书的卫生人员。

卫生技术人员 指卫生机构中医生、护理人员、药剂人员、检验人员等卫生技术人员。

医生 指在医疗、预防保健机构工作且取得《执业医师证书》的执业医师和执业助理医师。

二十一、社会服务

21-1 民族自治地方分地区收养单位、民间组织和社区建设情况

地区	收养单位		民间组织		社区建设	
	福利类收养单位床位数（万张）	福利类收养单位收养救助人数（万人）	单位数（个）	#社会团体	城镇社区服务设施数（个）	城镇便民、利民服务网点（个）
合计	**27.31**	**20.95**	**52031**	**36863**	**6188**	**39260**
河北	0.67	0.63	298	253	26	
内蒙古	4.32	3.49	8227	5637	2206	15391
辽宁	0.85	0.58	770	542	25	520
吉林	1.27	0.86	1787	1088	115	665
黑龙江	0.03	0.02	44	32	11	32
浙江	0.06	0.04	93	60		
湖北	1.55	1.31	1951	676	367	447
湖南	1.22	1.01	1260	762	339	15
广东	0.07	0.05	106	78		
广西	5.37	3.75	12979	8668	258	402
海南	0.05	0.02	165	134	4	
重庆	0.67	0.43	402	271	69	35
四川	1.83	1.67	1869	1472	48	20
贵州	0.86	0.58	1965	1621	888	5098
云南	2.27	1.74	5419	4495	148	50
西藏	0.59	0.42	388	365	29	
甘肃	0.26	0.21	599	530	148	1182
青海	0.39	0.3	1088	921	97	
宁夏	0.68	0.53	4533	3677	375	12662
新疆	4.3	3.31	8088	5581	1035	2741

21-2 民族自治地方分地区城镇居民最低生活保障情况

地　区	城镇居民最低生活保障人数（人）	城镇居民最低生活保障户数（户）	城镇居民最低生活保障支出（万元）	城镇居民最低生活保障平均标准（元/人、年）
合　计	**4432573**	**2201842**	**994971.6**	**213.0**
河　北	34250	15620	6341.1	246.8
内蒙古	853678	449734	270772.7	299.0
辽　宁	66725	35281	17230.7	264.4
吉　林	189741	112103	48610.7	204.0
黑龙江	8295	3809	1678.7	205.0
浙　江	366	232	102.3	280.0
湖　北	57352	31600	13597.2	25.7
湖　南	125971	54188	24030	186.6
广　东	1943	837	239.1	186.0
广　西	601935	306368	113688.6	228.0
海　南	46344	17044	11374.9	225.0
重　庆	53388	23532	10258.6	230.0
四　川	170280	90994	32358.8	204.0
贵　州	189307	98964	34350.9	48.8
云　南	514090	297593	89345	193.3
西　藏	42040	19358	12412.3	305.8
甘　肃	150007	55700	30700.2	171.8
青　海	149550	68237	37830.7	224.1
宁　夏	206563	93547	38550.9	211.9
新　疆	970748	427101	201498.2	183.2

21-3 民族自治地方分地区农村居民最低生活保障情况

地区	农村居民最低生活保障人数（人）	农村居民最低生活保障户数（户）	农村居民最低生活保障支出（万元）	农村居民最低生活保障平均标准（元/人、年）
合计	**14641157**	**6468351**	**1157296.5**	**77.9**
河北	106616	74515	8409	86.3
内蒙古	1155667	833633	156428	161.4
辽宁	126323	56919	13004.7	125.1
吉林	150141	76370	12949.5	107.6
黑龙江	9817	5374	766.1	100.0
浙江	5165	3647	1038.8	170.0
湖北	306020	159013	24357.5	10.0
湖南	243423	94584	15868.3	70.6
广东	32436	13405	2498.3	125.0
广西	3156789	1296975	231731.9	96.6
海南	50641	17866	7400.6	155.8
重庆	142876	63207	11508.9	111.4
四川	834235	355875	58443.7	72.8
贵州	2930353	1118928	163856	32.7
云南	2484515	1225916	202011.1	72.0
西藏	230000	58467	15202.1	64.2
甘肃	719161	194360	54290.3	65.9
青海	291060	104878	33292.5	111.9
宁夏	331854	204652	25941.2	70.7
新疆	1334065	509767	118298	77.9

主要统计指标解释

城镇低保人数 指在实施居民最低生活保障制度地区，领取最低生活保障费的城镇人员总数。包括“三无”对象、失业人员和在职、下岗、退休人员等。

城镇保障资金 指在报告期内实施最低生活保障制度的城市（县），国家财政用于救济城镇低保人员支出的资金总数。

农村低保人数 指报告期内实施农村最低生活保障制度的地区，领取最低生活保障费或救济的农业人口数。

农村保障资金 指在报告期内实施农村最低生活保障制度的城市（县），国家财政用于救济农村低保人员支出的资金和实物折款总数。

城镇社区服务设施数 指报告期末城镇（街道办事处、居委会）设立以非盈利为目的，为本社区居民服务，特别是为老年人、残疾人、儿童服务的社区服务中心、活动站、服务站、养老院、老年公寓（托老所）、残疾人工作站、残疾儿童日托所、家务服务站、婚姻介绍所等福利性设施以及职工社会保险管理服务的机构数。几种不同类型的社区服务单位共用一个场所的，只能统计为一个社区服务设施。成为社区服务设施的条件：（1）是独立核算单位；（2）有固定的从业人员；（3）有一定的服务项目；（4）有一定的场所。

城镇便民、利民服务网点 指报告期末居委会设立的、方便本社区居民生活服务的网点。

农村社会保障网络数 指设有社会保障委员会或领导小组，在其统一管理和指导下已有各种福利院、社会福利厂，优待和五保实行集体统筹三项或三项以上农村社会保障项目的乡（镇）个数。

陆地边境县

1-1 陆地边境县经济发展主要指标

指标	2009年		2010年	
	绝对数	占全国比重(%)	绝对数	占全国比重(%)
人口与就业				
年底总人口 (万人)	2368.09	1.77	2315.64	1.73
#少数民族人口	1123.47		1101.65	
单位就业人员数 (万人)	158.44	1.26	171.01	1.31
地区生产总值 (亿元)	**4341.12**	**1.20**	**5158.75**	**1.18**
第一产业	945.04	2.69	1090.82	2.69
第二产业	1811.75	1.01	2256.10	1.03
第三产业	1584.33	1.07	1811.84	1.03
人均地区生产总值 (元)	**18729.14**	**67.86**	**22226.23**	**67.50**
固定资产 (亿元)				
全社会固定资产投资总额	3178.91	1.42	4153.14	1.49
#国有单位	2809.55	4.03	3586.24	4.30
财政 (亿元)				
地方财政收入	231.30	0.71	315.79	0.78
地方财政支出	947.93	1.55	1193.23	1.61
产业				
农业				
耕地面积 (万公顷)	457.96	3.76	514.54	4.23
灌溉面积 (万公顷)	209.06	3.53	202.73	3.36
农林牧渔总产值 (亿元)	1339.49	2.22	1560.75	2.25
主要农产品产量				
粮食产量 (万吨)	1552.86	2.93	1717.74	3.14
棉花产量 (万吨)	26.73	4.19	23.91	4.01
油料产量 (万吨)	64.51	2.05	70.66	2.19
大牲畜年底头数 (万头)	916.03	7.48	983.17	8.03
羊年底头数 (万只)	3113.70	10.90	3072.45	10.94
猪年底头数 (万头)	860.77	1.96	906.22	1.95
工业				
规模以上工业总产值(亿元)	2808.98	0.51	3747.52	0.54

1-2 陆地边境县行政区划(2010年末)

地区	合计	自治县	县	旗	市	市辖区
合计	**136**	**17**	**71**	**15**	**27**	**6**
内蒙古	19			15	4	
辽宁	5	1			1	3
吉林	10	1	2		6	1
黑龙江	18		12		5	1
广西	8		5		2	1
云南	25	9	12		4	
西藏	18		18			
甘肃	1	1				
新疆	32	5	22		5	

1-3 我国陆地边境县(旗)、市(市辖区)分布

地区	个数	县、旗、市(市辖区)
内蒙古自治区	4 市 15 旗	包头市：达尔罕茂明安联合旗 乌兰察布市：四子王旗 锡林郭勒盟：二连浩特市、阿巴嘎旗、东乌珠穆沁旗 苏尼特左旗、苏尼特右旗 呼伦贝尔市：满洲里市、额尔古纳市、陈巴尔虎旗 新巴尔虎左旗 新巴尔虎右旗 巴彦淖尔市：乌拉特中旗、乌拉特后旗 阿拉善盟 ：阿拉善左旗、阿拉善右旗、额济纳旗 兴安盟：阿尔山市、科尔沁右翼前旗
辽宁省	1 市 3 市辖区 1 自治县	丹东市：振安区、元宝区、振兴区、东港市、宽甸满族自治县
吉林省	6 市 1 市辖区 2 县 1 自治县	通化市：集安市 白山市：浑江区、临江市、抚松县、长白朝鲜族自治县 延边朝鲜族自治州 ：图们市、龙井市、珲春市、和龙市、安图县
黑龙江省	5 市 1 市辖区 12 县	鹤岗市：萝北县、绥滨县 双鸭山市：饶河县 鸡西市：密山市、虎林市、鸡东县 伊春市：嘉荫县 牡丹江市：穆棱市、绥芬河市、东宁县 佳木斯市：同江市、抚远县 黑河市：爱辉区、逊克县、孙吴县 大兴安岭地区：呼玛县、塔河县、漠河县

1-3 续表

地区	个数	县、旗、市(市辖区)
广西壮族自治区	2 市 1 市辖区 5 县	防城港市：防城区、东兴市 崇左市：凭祥市、大新县、宁明县、龙州县 百色市：靖西县、那坡县
云南省	3 市 13 县 9 自治县	普洱市：澜沧拉祜族自治县、江城哈尼族彝族自治县 西盟佤族自治县、孟连傣族拉祜族佤族自治县 临沧市：镇康县、沧源佤族自治县、耿马傣族佤族自治县 保山市：龙陵县、腾冲县 文山壮族苗族自治州：麻栗坡县、马关县、富宁县 红河哈尼族彝族自治州：绿春县、金平苗族瑶族傣族自治县、河口瑶族自治县 西双版纳傣族自治州：景洪市、勐海县、勐腊县 德宏傣族景颇族自治州 ：潞西市、瑞丽市、盈江县、陇川县 怒江傈僳族自治州：泸水县、福贡县、贡山独龙族怒族自治县
西藏自治区	18 县	山南地区：洛札县、错那县、浪卡子县 日喀则地区：定结县、定日县、康马县、聂拉木县、吉隆县、亚东县、 岗巴县、仲巴县、萨嘎县 阿里地区：噶尔县、普兰县、日土县、札达县 林芝地区 ：墨脱县、察隅县
甘肃省	1 自治县	酒泉市：肃北蒙古族自治县
新疆维吾尔自治区	5 市 22 县 5 自治县	哈密地区：哈密市、伊吾县、巴里坤哈萨克自治县 和田地区：和田县、皮山县 阿克苏地区：温宿县、乌什县 喀什地区：叶城县、塔什库尔干塔吉克自治县 克孜勒苏柯尔克孜自治州：阿图什市、阿合奇县、乌恰县、阿克陶县 昌吉回族自治州：奇台县、木垒哈萨克自治县 博尔塔拉蒙古自治州：博乐市、温泉县 伊犁哈萨克自治州 ：昭苏县、霍城县、察布查尔锡伯自治县 塔城地区：塔城市、额敏县、裕民县、托里县、和布克赛尔蒙古自治县 阿勒泰地区：阿勒泰市、青河县、吉木乃县、 富蕴县、布尔津县、福海县、哈巴河县

1-4 陆地边境县分地区年末总人口和少数民族人口(2010年)

单位：万人

地　　区	年底总人口	#少数民族人口	农业人口	非农业人口
合　　计	**2315.64**	**1101.65**	**1488.38**	**827.25**
内 蒙 古	174.82	58.14	91.15	83.67
辽　　宁	178.07	42.66	94.43	83.64
吉　　林	206.53	52.14	71.90	134.63
黑 龙 江	298.60	20.42	148.65	149.95
广　　西	258.23	211.35	209.02	49.20
云　　南	647.15	349.88	522.72	124.43
西　　藏	32.88	26.89	27.32	5.55
甘　　肃	1.15	0.47	0.58	0.57
新　　疆	518.23	339.70	322.60	195.62

1-5 陆地边境县分地区生产总值(2010年)

地　　区	地区生产总值(亿元)	第一产业	第二产业	第三产业	人均地区生产总值(元)
合　　计	**5158.75**	**1090.82**	**2256.10**	**1811.84**	**22226**
内 蒙 古	1112.17	113.83	696.25	302.09	59088
辽　　宁	718.58	74.30	356.51	287.77	40284
吉　　林	570.18	60.68	293.52	215.98	27386
黑 龙 江	808.49	305.43	214.15	288.91	26789
广　　西	379.85	101.43	163.50	114.92	15364
云　　南	684.98	187.93	231.68	265.37	10375
西　　藏	35.26	8.74	8.41	18.11	11264
甘　　肃	19.39	0.38	15.66	3.36	161622
新　　疆	829.85	238.09	276.42	315.34	16451

1-6 陆地边境县分地区生产总值指数(2010年)

地区	地区生产总值(以2009年为100)	第一产业	第二产业	第三产业
合计	**116.1**	**110.3**	**121.1**	**115.0**
内蒙古	115.0	105.1	119.5	110.2
辽宁	118.6	108.6	120.4	119.7
吉林	120.4	105.3	121.5	112.5
黑龙江	117.1	119.3	125.9	113.5
广西	114.4	105.9	121.3	113.8
云南	113.5	107.2	118.4	114.0
西藏	112.7	109.7	128.0	122.2
甘肃	114.1	104.3	113.8	116.0
新疆	114.9	108.5	124.5	119.8

1-7 陆地边境县分地区生产总值构成(2010年)

单位：%

地区	地区生产总值	第一产业	第二产业	第三产业
合计	**100**	**21.1**	**43.7**	**35.1**
内蒙古	100	10.2	62.6	27.2
辽宁	100	10.3	49.6	40.0
吉林	100	10.6	51.5	37.9
黑龙江	100	37.8	26.5	35.7
广西	100	26.7	43.0	30.3
云南	100	27.4	33.8	38.7
西藏	100	24.8	23.9	51.4
甘肃	100	2.0	80.7	17.3
新疆	100	28.7	33.3	38.0

1-8 陆地边境县单位从业人员和劳动报酬（2010年）

地区	单位从业人员数（万人）	劳动报酬（亿元）	平均劳动报酬（元）
合计	**171.01**	**475.60**	**27812**
内蒙古	19.73	78.85	39963
辽宁	16.40	43.69	26650
吉林	18.65	61.93	33205
黑龙江	21.63	45.75	21148
广西	14.37	35.24	24526
云南	39.64	92.65	23370
西藏	1.62	7.00	43308
甘肃	0.24	0.84	34515
新疆	38.72	109.66	28317

1-9 陆地边境县在岗职工和劳动报酬（2010年）

地区	在岗职工人数（万人）	工资总额（亿元）	平均工资（元）
合计	**165.65**	**465.89**	**28125**
内蒙古	19.99	69.23	34627
辽宁	15.73	42.06	26745
吉林	17.72	68.13	38457
黑龙江	20.92	48.36	23120
广西	13.53	34.30	25357
云南	37.71	90.24	23932
西藏	1.32	6.50	49374
甘肃	0.24	0.83	35141
新疆	38.52	106.25	27585

1-10 陆地边境县分地区全社会固定资产投资(2010年)

单位: 亿元

地　区	全社会固定资产投资	城镇固定资产投资	农村固定资产投资
合　计	**4153.14**	**3586.24**	**537.36**
内蒙古	969.03	953.57	15.46
辽　宁	417.43	369.27	48.16
吉　林	733.20	549.44	183.76
黑龙江	379.70	336.62	43.09
广　西	394.18	338.42	55.76
云　南	637.41	531.23	106.18
西　藏	40.21	6.51	4.42
甘　肃	17.03	15.95	1.08
新　疆	564.95	485.23	79.72

注：西藏分项数据不全，合计不等于分项之和。

1-11 陆地边境县分地区财政收入情况(2010年)

单位: 亿元

地　区	财政总收入	#地方财政收入	#各项税收
合　计	**593.29**	**315.79**	**220.88**
内蒙古	137.52	62.26	35.98
辽　宁	71.24	45.87	36.39
吉　林	56.57	30.26	18.70
黑龙江	61.21	39.77	25.33
广　西	50.01	31.27	19.38
云　南	96.43	45.46	34.83
西　藏	14.93	1.21	0.63
甘　肃	2.85	1.50	1.19
新　疆	102.53	58.19	48.44

1-12 陆地边境县分地区各项税收情况(2010年)

单位：亿元

地　区	各项税收	#增值税	#营业税	#企业所得税	#个人所得税
合　计	**238.57**	**44.52**	**80.10**	**22.27**	**11.04**
内蒙古	35.98	5.46	10.85	5.20	1.89
辽　宁	36.39	3.33	11.25	3.00	0.93
吉　林	36.39	3.41	5.77	2.52	1.46
黑龙江	25.33	9.14	6.02	3.56	2.01
广　西	19.38	7.58	4.19	2.00	0.74
云　南	34.83	6.84	14.69	1.13	0.87
西　藏	0.63	0.03	0.33	0.05	0.01
甘　肃	1.19	0.14	0.38	0.06	0.20
新　疆	48.44	8.59	26.63	4.74	2.94

1-13 陆地边境县分地区财政支出情况(2010年)

单位：亿元

地　区	地方财政支出	#一般公共服务	#教　育	#科学技术
合　计	**1193.23**	**155.29**	**198.79**	**6.72**
内蒙古	201.17	28.81	20.86	1.19
辽　宁	62.17	6.71	10.35	0.28
吉　林	125.63	13.58	16.85	0.31
黑龙江	153.92	19.65	21.67	0.91
广　西	84.78	15.32	14.39	0.29
云　南	253.60	30.46	45.31	0.83
西　藏	18.49	8.40	4.25	0.01
甘　肃	4.02			
新　疆	289.44	32.35	65.11	2.92

1-14 陆地边境县分地区农村居民生活水平情况(2010年)(一)

单位: 元

地区	农村居民人均纯收入	农村居民人均生活费支出合计	#食品	#衣着	#居住
合计	**4699**	**3274**	**1347**	**259**	**474**
内蒙古	5615	3949	1405	419	462
辽宁	8499	5336	2334	486	707
吉林	5448	4001	1478	287	518
黑龙江	7028	4421	1749	403	624
广西	4207	3074	1366	84	620
云南	3079	2510	1262	124	381
西藏	3554	2286	584	483	30
甘肃	8408	6435	2305	594	685
新疆	4661	3014	974	349	399

1-14 陆地边境县分地区农村居民生活水平情况(2010年)(二)

单位: 元

地区	#家庭设备及服务	#医疗保健支出	#交通和通讯	#娱乐教育文化服务
合计	**170**	**264**	**352**	**258**
内蒙古	159	418	545	356
辽宁	243	487	496	409
吉林	326	462	440	300
黑龙江	228	375	358	476
广西	143	199	263	156
云南	122	152	316	114
西藏	221	397	401	365
甘肃	882	771	925	225
新疆	167	241	332	327

1-15 陆地边境县分地区农村基层组织情况(2010年)

地　区	乡镇个数（个）	乡村人口（万人）	村民委员会（个）
合　计	**1191**	**1450.64**	**10775**
内蒙古	121	92.07	1153
辽　宁	51	99.69	455
吉　林	81	72.46	948
黑龙江	155	160.80	1413
广　西	84	205.88	1019
云　南	252	462.24	2076
西　藏	128	27.31	820
甘　肃	3	0.58	26
新　疆	316	329.61	2865

1-16 陆地边境县分地区农、林、牧、渔业总产值及指数(2010年)

地　区	绝对数（亿元）					指　数（上年=100）
	农林牧渔业总产值	#农　业	#林　业	#牧　业	#渔　业	农林牧渔业总产值
合　计	**1560.75**	**790.76**	**192.06**	**419.21**	**90.53**	**109.2**
内蒙古	189.35	67.14	8.69	77.32	2.40	111.7
辽　宁	123.24	41.33	2.86	30.42	44.80	106.8
吉　林	101.07	48.06	26.97	21.47	4.55	108.7
黑龙江	315.24	211.32	32.50	53.90	8.75	112.9
广　西	147.69	79.33	17.48	26.10	22.49	106.1
云　南	298.52	139.77	76.52	67.09	6.27	108.7
西　藏	12.13	3.43	0.28	6.28	0.10	98.8
甘　肃	0.82	0.22		0.58	0.01	102.9
新　疆	372.68	200.15	26.75	136.04	1.17	111.7

1-17　陆地边境县分地区耕地面积和有效灌溉面积(2010年)

单位：千公顷

地　区	年末实有耕地面积	有效灌溉面积
合　计	**5145.37**	**2027.29**
内蒙古	1038.53	184.04
辽　宁	128.67	59.74
吉　林	167.58	40.06
黑龙江	1756.73	452.74
广　西	217.57	63.20
云　南	662.91	246.14
西　藏	28.53	24.76
甘　肃	0.78	0.59
新　疆	1144.09	956.03

1-18　陆地边境县分地区主要农产品产量(2010年)

单位：万吨

地　区	粮　食	油　料	棉　花
合　计	**1717.74**	**70.66**	**23.91**
内蒙古	156.32	27.65	0.33
辽　宁	53.01	0.66	
吉　林	60.39	0.85	0.01
黑龙江	630.90	1.92	
广　西	61.26	0.80	
云　南	250.24	8.07	
西　藏	14.06	0.56	
甘　肃	0.56	0.05	
新　疆	490.99	30.11	23.57

1-19 陆地边境县分地区牲畜年末存栏数(2010年)

单位：万头(只)

地区	牲畜年末存栏数		
	大牲畜	猪	羊
合计	**983.17**	**906.22**	**3072.45**
内蒙古	104.73	26.39	1215.08
辽宁	8.54	54.69	14.12
吉林	51.62	50.93	19.46
黑龙江	50.40	101.70	111.27
广西	32.81	97.53	6.62
云南	182.06	519.03	58.84
西藏	95.06	8.13	340.03
甘肃	1.32	0.08	27.71
新疆	456.62	47.74	1279.32

1-20 陆地边境县分地区畜产品产量(2010年)

单位：万吨

地区	肉类总产量	#猪肉	#牛肉	#羊肉
合计	**193.47**	**85.98**	**36.38**	**44.89**
内蒙古	29.85	2.79	6.38	19.22
辽宁	15.43	6.94	0.77	0.27
吉林	12.87	6.18	5.03	0.77
黑龙江	18.02	10.53	3.87	1.48
广西	13.42	9.86	0.91	0.13
云南	46.15	36.20	4.84	0.68
西藏	2.08	0.23	0.88	1.37
甘肃	0.17	0.01	0.02	0.12
新疆	55.49	13.25	13.69	20.86

1-21 陆地边境县分地区农业机械总动力和农村用电量(2010年)

地　区	农业机械总动力（万千瓦）	农村用电量（万千瓦小时）
合　计	**1863.80**	**446012.83**
内蒙古	279.71	34273.32
辽　宁	109.50	134894.00
吉　林	93.38	53753.62
黑龙江	387.22	46529.80
广　西	165.27	23316.73
云　南	375.49	44129.09
西　藏	45.47	1093.77
甘　肃	3.11	416.48
新　疆	404.64	107606.02

1-22 陆地边境县分地区规模以上工业企业单位数和工业总产值（2010年）

地　区	工业企业单位数（个）	工业总产值（亿元）
合　计	**3226**	**3747.52**
内蒙古	606	1332.78
辽　宁	737	575.35
吉　林	601	652.49
黑龙江	310	200.37
广　西	189	356.44
云　南	337	304.27
西　藏	1	1.78
甘　肃	24	26.40
新　疆	421	297.65

1-23 陆地边境县分地区规模以上工业企业主要财务指标(2010年)(一)

单位: 亿元

地　区	资产合计	负债合计	所有者权益合计
合　计	**4092.83**	**2476.65**	**1544.04**
内蒙古	1487.85	870.02	559.11
辽　宁	286.28	145.19	141.09
吉　林	423.32	247.95	175.37
黑龙江	229.33	142.68	87.44
广　西	334.44	228.73	93.72
云　南	751.52	498.91	253.71
西　藏	0.27	0.01	0.11
甘　肃	21.67	8.56	13.11
新　疆	558.16	334.60	220.37

1-23 陆地边境县分地区规模以上工业企业主要财务指标(2010年)(二)

地　区	利润总额 (亿元)	职工年平均人数 (人)
合　计	**332.07**	**515654**
内蒙古	121.47	109762
辽　宁	33.19	91892
吉　林	30.05	95849
黑龙江	14.26	48645
广　西	17.23	35727
云　南	45.89	59022
西　藏		68
甘　肃	21.60	4053
新　疆	48.37	70636

1-24 陆地边境县分地区普通中学基本情况(2010年)

单位：人

地　区	学校数（所）	在校学生数	招生数	毕业生数	教职工数	#专任教师数
合　计	**1402**	**1107269**	**373761**	**348448**	**105919**	**88095**
内蒙古	109	78258	25726	24247	8744	8414
辽　宁	73	60638	21292	21654	5700	4680
吉　林	161	77719	23843	28889	10244	8188
黑龙江	210	158349	48849	49389	15461	12819
广　西	106	84881	30807	27514	7010	5718
云　南	344	350040	122762	106416	28522	22013
西　藏	17	17239	4969	4880	1391	1216
甘　肃	2	688	206	188	108	95
新　疆	380	279457	95307	85271	28739	24952

1-25 陆地边境县分地区普通小学基本情况(2010年)

单位：人

地　区	学校数（所）	在校学生数	招生数	毕业生数	教职工数	#专任教师数
合　计	**6017**	**1642188**	**267043**	**283314**	**130429**	**121765**
内蒙古	150	92262	14650	18185	10050	8828
辽　宁	352	85199	12572	15747	6516	6092
吉　林	315	84485	14878	15569	11542	9495
黑龙江	415	180604	31083	33749	16748	14584
广　西	932	162473	30354	25072	10770	9679
云　南	2787	597063	90596	99917	36183	37338
西　藏	180	31967	4824	5154	2482	2232
甘　肃	2	770	112	124		
新　疆	884	407365	67974	69797	36138	33517

1-26 陆地边境县分地区文化基本情况(2010年)

单位: 个、座

地区	合计	艺术表演团体	艺术表演场馆	群众艺术馆	文化馆	图书馆	博物馆
合计	**830**	**256**	**176**	**47**	**140**	**139**	**72**
内蒙古	142	37	32	8	27	19	19
辽宁	114	56	45	1	5	5	2
吉林	46	8	10	2	11	9	6
黑龙江	86	16	14	7	19	18	12
广西	118	64	27	2	8	8	9
云南	116	33	15	7	26	29	6
西藏	44	8	6		10	20	
甘肃	3	1		1	1		
新疆	161	33	27	19	33	31	18

1-27 陆地边境县分地区图书、杂志、报纸出版情况(2010年)

单位: 种数: 种; 印数: 万册(份)

地区	图书		期刊		报纸	
	种数	印数	种数	印数	种数	印数
合计	**188**	**13.68**	**193**	**18.23**	**84**	**673.49**
内蒙古	83	2.80	10	0.18	41	73.28
辽宁			1	0.15	1	0.56
吉林			1	1.00	2	4.20
黑龙江	66	5.28	166	7.42	20	0.63
广西					1	1.20
云南	2	0.20	4	1.92	4	585.76
西藏	7	1.20	7	0.06	10	0.10
甘肃						
新疆	30	4.20	4	7.50	5	7.76

1-28 陆地边境县分地区卫生机构数(2010年)

单位: 个

地 区	卫生机构数	#医 院	#卫生院	#村卫生室
合 计	**13038**	**723**	**387**	**9922**
内蒙古	1089	57	226	688
辽 宁	936	33	60	730
吉 林	1106	50	101	869
黑龙江	1659	53	165	1390
广 西	1217	34	97	1024
云 南	2501	108	278	2113
西 藏	880	112	113	604
甘 肃	27	2	3	22
新 疆	3623	283	344	2482

1-29 陆地边境县分地区卫生机构床位数(2010年)

单位: 张

地 区	卫生机构床位数	#医 院	#卫生院
合 计	**71163**	**40038**	**3086**
内蒙古	5875	3749	1739
辽 宁	5137	2914	2009
吉 林	7530	4897	1722
黑龙江	8622	5191	2291
广 西	5973	1985	2287
云 南	19473	11003	6809
西 藏	1162	385	642
甘 肃	88	23	
新 疆	17303	9891	5587

1-30 陆地边境县分地区专业卫生人员(2010年)

单位：人

地区	卫生人员合计	#卫生技术人员	#执业(助理)医师
合计	**91061**	**76141**	**29478**
内蒙古	10513	9463	3310
辽宁	5235	3878	1633
吉林	10083	8341	3840
黑龙江	14731	12514	4176
广西	7681	6237	2204
云南	20072	16564	6988
西藏	1440	1361	396
甘肃	104	104	42
新疆	21202	17679	6889

1-31 陆地边境县分地区收养单位、民间组织和社区建设情况(2010年)

地区	收养单位		民间组织		社区建设	
	福利类收养单位床位数（万张）	福利类收养单位收养救助人数（万人）	单位数（个）	#社会团体	城镇社区服务设施数（个）	城镇便民、利民服务网点（个）
合计	**3.26**	**2.47**	**4741**	**3608**	**522**	**4138**
内蒙古	0.21	0.16	522	437	109	3415
辽宁	0.34	0.24	360	192	18	
吉林	0.47	0.37	838	557	99	664
黑龙江	0.55	0.4	514	272	70	2
广西	0.28	0.18	452	367	13	
云南	0.55	0.44	1045	920	29	16
西藏	0.04	0.01			5	
甘肃			8	8	1	
新疆	0.82	0.67	1002	855	178	41

1-32 陆地边境县分地区城镇居民最低生活保障情况(2010年)

地 区	城镇居民最低生活保障人数(人)	城镇居民最低生活保障户数(户)	城镇居民最低生活保障支出(万元)	城镇居民最低生活保障平均标准(元/人、年)
合 计	**896334**	**436172**	**200222.9**	**203.8**
内蒙古	77243	41998	23793.5	281.5
辽 宁	44539	23180	9569.5	297.2
吉 林	163119	96313	39597.8	204.9
黑龙江	125589	56693	36617.2	230.8
广 西	39640	20776	6515.2	222.5
云 南	161541	81420	28063.5	198.7
西 藏	3866	2318	978	300.9
甘 肃	1000	556	154.4	209.0
新 疆	279797	112918	54933.8	153.7

1-33 陆地边境县分地区农村居民最低生活保障情况(2010年)

地 区	农村居民最低生活保障人数(人)	农村居民最低生活保障户数(户)	农村居民最低生活保障支出(万元)	农村居民最低生活保障平均标准(元/人、年)
合 计	**2397649**	**1148162**	**218328.9**	**82.2**
内蒙古	99575	68465	13665	146.3
辽 宁	33723	16764	3512.5	120.6
吉 林	85928	47461	8312.5	102.8
黑龙江	118912	56943	11516.4	112.8
广 西	233843	90453	36760	91.8
云 南	1381741	703273	107455	75.7
西 藏	34490	8321	2255.5	64.7
甘 肃	890	454	72	125.0
新 疆	408547	156028	34780	68.3

1-34　各陆地边境县主要经济社会指标(2010年)(一)

地　区	年末总人口(万人)	地区生产总值(亿元)	人均地区生产总值(元)	规模以上工业总产值(亿元)	农业总产值(亿元)
内蒙古自治区					
达尔罕茂明安联合旗	11.43	119.02	104114	113.52	6.30
四子王旗	21.53	33.01	15283	27.70	7.13
二连浩特市	2.61	47.59	66455	28.19	0.17
阿巴嘎旗	4.49	34.19	76181	37.21	0.80
东乌珠穆沁旗	7.69	58.71	82691	86.66	1.56
苏尼特左旗	3.40	21.07	58532	17.30	
苏尼特右旗	6.89				
满洲里市	16.83	127.31	50925	74.48	
额尔古纳市	8.43	26.86	31748	13.35	9.73
陈巴尔虎旗	5.88	52.76	89246	51.59	4.35
新巴尔虎左旗	4.14	22.60	54141	7.13	2.08
新巴尔虎右旗	3.50	46.15	132810	58.77	
乌拉特中旗	14.43	67.40	48124	107.40	11.70
乌拉特后旗	6.55	63.27	96541	128.66	1.42
阿拉善左旗	14.21	240.99	169042	431.23	
阿拉善右旗	2.48	26.56	98957	59.46	0.98
额济纳旗	1.73	31.54	182428	25.65	1.41
阿尔山市	4.82	9.03	18746	0.26	0.89
科尔沁右翼前旗	33.76	48.05	14145	23.95	18.61
辽宁省					
振安区	17.67	56.13	31765	81.00	4.47
元宝区	18.76	37.70	20284	45.15	0.58
振兴区	37.30	145.29	38601	46.43	0.71
东港市	60.85	337.60	55344	280.73	25.64
宽甸满族自治县	43.48	141.86	32625	122.03	9.94
吉林省					
集安市	22.29	68.41	30566	32.67	6.05
浑江区	34.61	117.80	34032	129.60	4.42

粮 食 总产量 （万吨）	肉 类 总产量 （万吨）	全社会固定 资产投资 （亿元）	社会消费品 零售总额 （亿元）	农民人均 纯收入 （元）	地方财政 收 入 （亿元）	地方财政 支 出 （亿元）
5.58	2.07	130.51	12.50	7300	9.26	15.61
8.16	3.57	15.00	11.38	3680	0.42	13.27
0.08	0.09	31.00	16.83	7490	2.35	8.64
	2.65	50.10	5.47	9172	1.53	5.44
4.76	3.13	101.23	13.89	11528	3.80	11.51
	1.92	20.01	3.53	5919	1.23	5.65
0.03	1.38	33.15	8.52	5140	2.58	7.24
0.12	0.24	31.21	75.91		7.97	24.42
18.09	0.77	11.35	7.26	11110	1.38	7.01
6.91	1.80	77.08	2.95	9345	3.68	9.47
4.98	1.97	46.48	3.61	9101	1.91	7.34
0.04	1.42	12.77	3.30	9057	2.98	6.00
23.81	1.54	86.03	7.87	7114	3.53	13.03
4.04	0.50	71.65	4.23	5840	6.62	10.36
15.41	1.01	142.02	26.53	7090	9.31	24.44
1.55	0.30	12.11	3.62	8396	0.85	6.06
0.19	0.20	20.32	6.75	9162	1.18	6.03
5.06	0.16	21.00	5.10	4188	0.34	4.43
57.51	5.15	56.01	14.89	3568	1.36	15.22
1.95	2.40	50.87	10.47	8140	5.01	6.54
0.32	0.44	43.54	48.62	8468	3.71	3.51
1.20	0.42	56.96	64.70	8558	10.07	7.07
40.01	7.62	159.77	67.06	9235	16.74	26.15
9.53	4.54	106.28	37.98	7537	10.34	18.90
5.20	1.60	100.73	22.60	6454	3.52	16.20
2.00	2.93	100.20	39.00	7043	2.60	7.70

1-34(一) 续表 1

地　区	年　末 总人口 （万人）	地　区 生产总值 （亿元）	人均地区 生产总值 （元）	规模以上 工业总产值 （亿元）	农　业 总产值 （亿元）
临江市	17.40	57.01	32766	80.55	4.86
抚松县	28.76	102.22	33940	138.07	11.10
长白朝鲜族自治县	8.54	23.63	27864	23.03	2.70
图们市	12.82	26.42	20460	33.59	1.45
龙井市	18.03	23.68	13023	23.35	3.54
珲春市	22.55	78.64	35044	130.10	4.94
和龙市	19.79	32.47	16262	39.04	3.46
安图县	21.73	39.91	18380	22.48	5.54
黑龙江省					
萝北县	8.56	51.61	22985	7.41	7.13
绥滨县	13.48	12.84	9530	1.47	8.63
饶河县	14.64	28.70	19791	2.51	11.52
密山市	42.37	88.32	21540	22.07	20.03
虎林市	29.27	88.75	30240	29.76	25.62
鸡东县	29.72	78.90	26593	0.02	18.65
嘉荫县	7.47	17.52	23444	3.87	10.06
绥芬河市	6.60	78.11	120157	19.64	0.41
东宁县	21.10	84.95	40048	13.89	27.45
同江市	21.33	58.26	27313	9.84	16.66
抚远县	12.27	33.75	28933	5.08	13.07
爱辉区	19.22	12.33	14487	7.83	6.99
逊克县	10.32	15.53	15063	4.62	10.99
孙吴县	10.43	7.72	7408	4.23	4.96
呼玛县	5.31	9.72	18285	2.16	6.51
塔河县	7.43	15.86	21355	3.93	1.20
漠河县	8.64	25.40	29395	12.43	2.81
穆棱市	30.47	100.24	30793	49.63	18.61
广西壮族自治区					
防城区	41.22	69.63	17248	57.51	7.83
东兴市	12.87	45.18	32061	31.67	1.64

粮 食 总产量 （万吨）	肉 类 总产量 （万吨）	全社会固定 资产投资 （亿元）	社会消费品 零售总额 （亿元）	农民人均 纯收入 （元）	地方财政 收 入 （亿元）	地方财政 支 出 （亿元）
3.63	1.29	66.87	19.00	6524	2.88	15.10
6.01	0.98	100.29	27.20	7050	7.05	17.81
1.70	0.53	46.86	5.50	5922	1.51	9.04
3.13	0.44	46.80	9.34	5767	1.57	8.36
11.13	1.42	28.23	7.47	3626	1.62	11.38
11.77	1.03	103.93	26.34	6415	5.32	14.24
8.55	1.21	59.44	9.59	3530	2.34	12.80
7.26	1.46	79.84	9.71	3867	1.86	13.01
30.75	1.33	14.88	5.70	9931	2.51	7.58
32.05	0.86	10.16	4.52	1198	0.59	3.66
39.52	0.29	20.66	2.60	1508	0.69	7.41
86.38	3.18	19.23	18.04	7073	2.03	14.62
100.01	0.83	16.70	13.33	10178	1.38	12.80
53.80	2.03	18.00	9.82	7369	1.94	6.18
20.79	0.59	13.27	2.99	8907	0.89	6.92
0.67	0.21	54.75	12.62	10187	4.92	14.65
19.85	0.72	36.38	18.70	11741	11.56	5.24
65.07	0.76	30.40	9.30	2856	1.91	12.27
50.09	1.22	26.03	5.10	9628	1.45	10.62
21.40	0.63	15.17	3.51	6792	1.74	9.41
33.09	0.47	11.88	3.50	8259	1.33	8.18
19.40	0.40	5.45	4.45	2969	0.41	7.03
18.72	0.21	6.65	2.16	7752	0.54	5.82
1.47	1.20	6.10	3.83	5553	0.64	3.65
0.59	0.29	17.03	7.33	10132	1.68	6.20
37.25	2.79	56.97	25.66	9003	3.57	11.65
10.00	2.35	77.83	21.80	5832	4.46	12.56
2.55	0.66	63.52	11.50	6929	4.44	8.91

1-34(一)　续表 2

地　区	年　末 总人口 (万人)	地　区 生产总值 (亿元)	人均地区 生产总值 (元)	规模以上 工业总产值 (亿元)	农　业 总产值 (亿元)
凭祥市	11.09	25.13	21526	9.16	2.86
大新县	37.09	56.05	15112	57.47	16.50
宁明县	43.29	55.08	15475	55.16	19.23
龙州县	27.09	45.85	18842	30.40	19.46
靖西县	64.46	71.67	11380	112.95	9.03
那坡县	21.11	11.26	5333	2.11	2.78
云南省					
澜沧县	50.00	26.90	5381	10.58	7.10
江城县	12.15	12.70	10479	6.96	2.54
西盟县	9.06	4.56	4922	0.78	0.98
孟连县	13.55	10.62	7908	2.47	3.28
镇康县	17.43	16.58	9578	9.88	4.32
沧源县	17.26	13.33	7448	4.77	5.27
耿马县	28.18	32.66	11022	10.35	13.25
龙陵县	28.66	27.50	9978	30.52	7.29
腾冲县	65.33	70.40	10976	29.60	10.88
麻栗坡县	28.01	25.47	9176	13.42	3.85
马关县	36.19	36.10	9838	26.33	3.65
富宁县	40.77	33.71	8289	11.01	7.62
绿春县	23.09	11.10	4987	2.11	2.54
金平县	37.57	19.89	5614	15.61	4.08
河口县	8.95	18.53	17767	2.28	3.04
景洪市	39.92	88.12	17579	20.74	8.76
勐海县	31.86	38.88	11667	19.11	9.89
勐腊县	22.33	39.21	14474	8.06	7.59
潞西市	38.99	44.30	11472	28.02	9.31
瑞丽市	18.06	28.74	16375	4.66	3.74
盈江县	30.58	40.32	13321	27.54	10.58
陇川县	18.16	17.33	9568	11.73	8.22
泸水县	17.30	18.71	10891	6.35	0.88
福贡县	10.15	5.40	5600	0.59	0.69
贡山县	3.60	3.92	10489	0.79	0.44

粮 食 总产量 (万吨)	肉 类 总产量 (万吨)	全社会固定 资产投资 (亿元)	社会消费品 零售总额 (亿元)	农民人均 纯收入 (元)	地方财政 收 入 (亿元)	地方财政 支 出 (亿元)
1.62	0.53	34.41	10.74	4281	3.86	9.47
10.56	3.14	45.10	5.99	4678	6.33	9.18
6.65	1.98	39.23	7.21	4525	5.13	11.46
4.57	0.82	35.71	8.65	4093	2.37	9.59
19.94	2.77	81.86	14.40	2974	4.14	15.57
5.38	1.17	16.51	3.92	2599	0.55	8.04
18.66	2.12	34.02	8.39	2101	2.22	17.52
3.72	0.53	10.42	3.08	2624	0.60	5.36
3.43	0.27	3.75	1.26	1949	0.27	5.09
4.87	0.53	4.81	4.27	2675	0.52	5.62
6.49	1.31	22.40	3.91	2781	0.92	8.16
5.76	0.90	15.81	4.66	2768	0.80	8.43
9.11	1.35	30.84	8.47	3559	1.23	11.69
11.01	2.37	33.90	4.64	3376	1.60	12.34
32.50	8.31	71.54	18.48	4047	6.57	21.75
9.81	3.75	26.25	9.01	2630	1.70	11.34
14.16	3.97	23.29	14.70	3005	2.71	12.65
13.15	4.00	37.24	19.92	2739	1.80	13.67
8.10	1.62	17.03	3.72	2119	0.83	7.83
11.99	2.33	20.03	4.45	2128	1.63	10.55
1.91	0.49	16.01	2.69	3436	1.03	5.96
12.67	1.19	81.61	31.27	5036	4.77	14.27
16.52	1.05	12.24	8.84	3848	1.38	10.21
7.92	0.90	18.70	10.49	3663	2.27	8.93
19.70	2.13	41.62	18.31	3603	3.30	13.36
1.23	1.48	29.69	15.22	4218	3.73	9.88
16.78	2.29	35.01	13.65	3716	2.89	11.07
10.79	1.09	15.15	4.06	2740	0.89	8.41
5.81	1.49	21.06	6.62	2268	1.27	8.47
3.14	0.51	8.53	1.74	1460	0.27	5.80
1.01	0.19	6.45	1.31	1502	0.26	5.25

1-34(一) 续表 3

地　　区	年　末 总人口 (万人)	地　　区 生产总值 (亿元)	人均地区 生产总值 (元)	规模以上 工业总产值 (亿元)	农　业 总产值 (亿元)
西藏自治区					
洛札县	1.96	1.42	5331		0.25
错那县	1.49	1.65	11093		0.12
浪卡子县	3.62	2.33	6429		0.13
定结县	1.97	1.81	9153		0.31
定日县	5.15	2.19	7153		0.75
康马县	2.18	2.11	9705		0.43
聂拉木县	1.83	3.33	19705	0.15	0.14
吉隆县	1.46	2.11	14715		0.13
亚东县	1.29	2.36	18736		0.18
岗巴县	1.06	1.38	13158		0.13
仲巴县	2.15	3.29	15592	0.65	
萨嘎县	1.38	1.67	12087		0.09
噶尔县	0.83	1.21	13412	0.90	
普兰县	0.91	1.47	16277		0.03
日土县	0.95	1.45	15312		0.03
札达县	0.72	1.03	14414		0.02
墨脱县	1.16	1.51	12976		0.10
察隅县	2.76	2.93	10619	0.08	1.00
甘肃省					
肃北蒙古族自治县	1.15	19.39	161622	26.40	0.22
新疆维吾尔自治区					
哈密市	44.68	134.56	30234	81.78	10.08
伊吾县	2.24	10.95	49139	2.00	1.70
巴里坤哈萨克自治县	10.26	21.89	21357	11.11	3.41
和田县	26.74	13.66	5053	2.48	6.54

粮 食 总产量 （万吨）	肉 类 总产量 （万吨）	全社会固定 资产投资 （亿元）	社会消费品 零售总额 （亿元）	农民人均 纯收入 （元）	地方财政 收 入 （亿元）	地方财政 支 出 （亿元）
0.94	0.08	1.67	0.34	4160	0.06	1.16
0.40	0.09	1.81	0.30	3480	0.05	1.25
0.67	0.24	2.75	0.47	3687	0.07	1.54
0.60	0.10	0.77	0.37	2912	0.03	1.27
2.59	0.19	1.59	0.59	2783	0.20	2.02
1.08	0.11	1.18	0.36	4087	0.03	1.39
0.60	0.13	1.60	1.31	4398	0.10	
0.45				3060	0.03	1.24
0.14	0.07	2.02	0.56	4001		
0.32	0.10	0.70	0.25		0.03	1.03
	0.55	4.19	0.27	3841	0.08	1.38
0.12		0.75	0.30		0.04	0.12
0.05	0.11	5.33	0.33	3659	0.13	1.20
0.29	0.06	0.66	0.27	3702	0.05	1.02
0.08	0.19	0.47	0.44	3751	0.06	1.17
0.08	0.04	5.32	0.09	3028	0.04	1.04
4.88	0.03	3.85	0.16	3608	0.03	
1.84	0.11	3.61	0.55	3803	0.16	1.67
0.56	0.17	17.03	0.96	8408	1.50	4.02
3.73	2.08	87.46	34.67	6567	12.24	17.26
0.87	0.79	40.08	0.99	5770	1.16	4.23
8.44	1.82	3.50	3.01	5014	1.19	7.13
16.75	0.95	12.80	1.28	3767	0.55	11.27

1-34(一) 续表 4

地　区	年末总人口（万人）	地区生产总值（亿元）	人均地区生产总值（元）	规模以上工业总产值（亿元）	农业总产值（亿元）
皮山县	23.83	10.02	4140	0.65	5.97
温宿县	24.50	24.99	11573	6.42	19
乌什县	19.92	12.47	6300	8.82	5.54
叶城县	44.56	32.29	7245	3.27	13.11
塔什库尔干塔吉克自治县	3.75	5.80	15152		0.24
阿图什市	24.45	17.43	7128	4.73	3.61
阿合奇县	4.18	3.43	8311		0.30
乌恰县	5.71	6.31	11085	1.15	0.31
阿克陶县	20.32	9.70	4936	3.14	4.58
奇台县	25.02	56.94	26973	20.32	19.60
木垒哈萨克自治县	8.87	13.68	15386	6.93	5.47
博乐市	26.37	85.21	32474	24.00	16.14
温泉县	7.56	11.20	14893	0.45	4.66
昭苏县	18.00	21.53	12118	1.40	4.18
霍城县	39.65	50.24	12759	9.62	8.50
察布查尔锡伯自治县	19.41	22.04	11485	2.64	9.85
塔城市	16.87	41.62	25696	11.93	15.12
额敏县	16.11	35.20	21880	8.93	12.37
裕民县	5.23	8.02	15333	0.27	3.70
托里县	9.67	23.98	24796	16.05	1.81
和布克赛尔蒙古自治县	5.17	16.41	31747	9.16	2.54
阿勒泰市	19.66	34.85	18689	8.39	4.38
青河县	6.32	10.36	16240	5.45	1.90
吉木乃县	3.92	4.00	10787	0.46	1.13
富蕴县	9.39	33.06	37655	33.48	3.19
布尔津县	7.17	11.16	16780	2.87	1.85
福海县	9.94	20.06	26365	2.38	5.33
哈巴河县	8.66	26.80	32309	14.13	4.34

粮食总产量（万吨）	肉类总产量（万吨）	全社会固定资产投资（亿元）	社会消费品零售总额（亿元）	农民人均纯收入（元）	地方财政收入（亿元）	地方财政支出（亿元）
12.92	0.64	6.72	1.00	3076	0.68	10.63
24.63	1.64	9.22	2.83	7183	1.77	9.93
15.95	1.43	2.79	0.99	3501	0.41	8.42
39.72	4.95	21.39	5.98	4150	1.61	19.47
1.05	0.91	11.52	0.86	2990	0.45	5.87
6.59	1.35	9.30	4.43	2096	1.00	10.63
0.90	0.49	6.52		1697	0.28	5.65
0.87	0.47	4.91	0.85	1848	0.85	6.40
15.33	1.18	3.05	1.48	1742	0.83	11.20
65.54	10.58	33.23	12.73	8368	3.03	11.98
17.07	3.05	4.83	3.73	5618	1.04	6.63
26.95	0.85	53.97	18.47	7630	3.02	9.73
20.41	0.61	4.49	1.77	5295	0.34	5.88
12.63	2.24	12.75	2.95	6053	0.60	9.23
22.66	3.03	12.85	9.24	6743	1.75	10.91
36.23	1.75	17.20	1.64	6168	1.31	9.42
52.94	1.53	13.69	9.18	8584	1.71	8.85
34.21	1.98	23.05	7.85	8039	1.31	8.98
14.06	1.10	4.19	1.53	6326	0.26	5.74
8.53	1.76	10.24	2.28	4396	1.54	7.31
0.70	0.91	21.88	1.57	5857	5.73	10.01
5.11	1.53	15.01	11.30	5267	1.87	11.89
4.22	0.74	10.97	2.02	3529	0.66	5.92
2.56	0.51	8.01	0.77	3016	0.22	4.95
5.17	1.61	26.66	4.50	5576	5.77	11.50
2.65	0.99	13.30	7.10	5407	0.93	6.39
2.93	1.17	11.64	3.71	5981	1.30	6.95
8.64	0.86	14.53	3.00	5587	2.76	9.11

1-34 各陆地边境县主要经济社会指标(2010年)(二)

地 区	普通中学在校学生(人)	普通中学专任教师(人)	普通小学在校学生(人)	普通小学专任教师(人)	文化馆(个)	图书馆(个)
内蒙古自治区						
达尔罕茂明安联合旗	3591	340	4589	417	1	1
四子王旗	10031	551	8357	721	1	1
二连浩特市	3843	348	5805	278	1	1
阿巴嘎旗	985	149	2331	175	6	1
东乌珠穆沁旗	3199	314	6343	350	1	1
苏尼特左旗		108	1992	184	1	1
苏尼特右旗	3238	282	4427	364	1	1
满洲里市	12764	1476	9509	841	6	2
额尔古纳市	3620	454	4368	533		1
陈巴尔虎旗	4516	717	2609	324	1	1
新巴尔虎左旗	934	267	1867	266	1	1
新巴尔虎右旗	895	138	1618	207	1	1
乌拉特中旗	3430	398	6100	559	1	1
乌拉特后旗	2068	228	2978	315	1	1
阿拉善左旗	9570	869	10673	773	1	2
阿拉善右旗	1306	118	1220	169	1	
额济纳旗	871	87	1133	107	1	1
阿尔山市	1224	153	1766	203		
科尔沁右翼前旗	12173	1417	14577	2042	1	1
辽宁省						
振安区	5423	474	7834	689	1	1
元宝区	994	94	5308	397	1	1
振兴区	1154	93	11837	934	1	1
东港市	38698	2305	33993	2061	1	1
宽甸满族自治县	14369	1714	26227	2011	1	1
吉林省						
集安市	10935	849	13100	1249	2	1
浑江区	6678	865	11590	1231	1	

博物馆（个）	医院、卫生院机构数（个）	医院、卫生院床位数（张）	卫生技术人员（人）	城镇居民最低生活保障人数（人）	城镇居民最低生活保障支出（万元）	农村居民最低生活保障人数（人）	农村居民最低生活保障支出（万元）
1	23	423	389	2691	834.2	5040	704.7
1	27	248	458	6667	1993.0	22869	2665.0
1	3	255	350	1442	630.0		
1	13	186	256	1323	357.0	1900	294.0
1	20	249	273	4173	1313.6	3526	650.8
1	13	110	207	892	246.3	1835	214.4
	14	154	309	3423	1150.9	4508	736.9
4	9	789	1641	8831	2593.2		
	9	413	707	7113	1971.6		
1	12	200	359	3600	1007.6	689	161.8
1	14	133	274	2274	695.9	1700	262.3
2	15	149	297	2654	824.4	1459	274.7
	18	243	498	5504	1794.2	9909	1313.3
1	12	214	316	8875	2697.9	5993	873.1
1	32	513	1211	3746	303.0	3798	751.2
2	10	97	220	663	269.9	401	129.6
	7	153	183	862	1319.6	708	
	6	187	271	7819	2270.2		
1	26	772	1244	4691	1521.0	35240	4633.2
	6	432	322	6078	1404.6	3273	354.0
	22	20	90	10128	2395.8	817	85.8
	8	471	231	15491	3333.7	3342	341.2
1	29	2359	1944	3839	694.4	15612	1639.3
1	28	1641	1291	9003	1741.0	10679	1092.2
1	21	780	751	16696	3127.6	8704	996.0
1	14	330	491				

1-34(二) 续表 1

地 区	普通中学在校学生（人）	普通中学专任教师（人）	普通小学在校学生（人）	普通小学专任教师（人）	文化馆（个）	图书馆（个）
临江市	7619	691	6548	877	1	1
抚松县	18856	1652	18139	1667	1	1
长白朝鲜族自治县	3624	438	3760	631	1	1
图们市	4011	422	3287	366	1	1
龙井市	4277	615	4569	550	1	1
珲春市	9741	1083	9946	1187	1	1
和龙市	5713	790	6101	978	1	1
安图县	6265	783	7445	759	1	1
黑龙江省						
萝北县	4779	467	5507	543	1	1
绥滨县	9350	758	11199	877	1	1
饶河县	6261	778	10927	705	1	1
密山市	27652	2064	23441	1760	1	1
虎林市	17053	1354	16225	1291	1	1
鸡东县	17206	1266	15286	1281	1	1
嘉荫县	3541	222	4904	363	1	1
绥芬河市	6765	424	8166	419	1	1
东宁县	11077	820	13441	1116	1	1
同江市	9806	696	11452	1008	1	1
抚远县	6305	423	10588	673	1	1
爱辉区	5159	579	9524	700	1	1
逊克县	7313	513	6698	506	1	1
孙吴县	3593	311	7544	491	1	1
呼玛县	2780	252	3188	313	1	1
塔河县	4433	444	3821	533	1	1
漠河县	3650	354	3657	493	1	1
穆棱市	11626	1094	15036	1512	2	1
广西壮族自治区						
防城区	19462	1049	31756	1831	1	1
东兴市	7696	430	15552	802	1	1

博物馆 （个）	医院、卫生院 机构数 （个）	医院、卫生院 床位数 （张）	卫　生 技术人员 （人）	城镇居民最低 生活保障人数 （人）	城镇居民最低 生活保障支出 （万元）	农村居民最低 生活保障人数 （人）	农村居民最低 生活保障支出 （万元）
	19	890	1054	19402	4772.5	5903	716.0
1	22	1625	1701	29919	6653.4	11893	1095.6
	12	317	443	12153	2550.1	4969	572.3
1	6	418	565	12244	2548.5	5254	507.0
1	9	411	628	14050	4484.6	11614	1253.7
	21	488	808	24284	5828.6	10819	831.9
1	14	616	714	19141	5282.8	13866	950.0
	13	744	1186	15230	4349.7	12906	1390.0
1	10	250	339	6159	1222.9	4068	326.8
	13	348	532	3755	850.3	8467	676.7
1	12	517	668	1844	365.8	4817	435.5
1	20	876	1048	11367	4263.9	15993	1567.4
1	16	845	977	11800	4484.1	7328	702.9
	19	678	1007	12819	4801.0	11741	1128.2
1	9	223	252	5150	2186.6	3405	240.2
1	4	286	400	1828	420.8	1551	221.2
	10	518	824	7520	1798.4	4672	485.0
1	14	217	485	8295	1712.2	15821	1610.2
	10	126	604	5204	1074.3	13121	1285.7
1	13	348	642	11057	3744.7	4446	491.3
1	11	212	376	4329	1450.7	3648	358.6
1	14	192	371	4310	1443.2	3728	372.4
	11	252	262	2566	569.8	1469	120.0
	9	430	511	7270	1617.0	982	71.2
1	9	480	1120	5741	1253.2	405	35.3
1	14	684	2096	14575	3358.3	13250	1387.8
1	13	538	978	12824	983.1	32731	7977.7
1	5	102	479	1899	511.8	9766	5112.0

1-34(二) 续表 2

地 区	普通中学在校学生（人）	普通中学专任教师（人）	普通小学在校学生（人）	普通小学专任教师（人）	文化馆（个）	图书馆（个）
凭祥市	4347	283	8166	648	1	1
大新县					1	1
宁明县	12894	1225	31187	1511	1	1
龙州县	9955	646	13749	1170	1	1
靖西县	25555	1579	47658	2807	1	1
那坡县	4972	506	14405	910	1	1
云南省						
澜沧县	20456	1189	33794	2465	1	1
江城县	5773	371	9523	540	1	1
西盟县	5558	345	7792	539	1	1
孟连县	6653	376	12078	709	1	1
镇康县	9275	503	18408	1046	1	1
沧源县	9310	559	15867	1215	1	1
耿马县	14160	769	30745	1649	1	1
龙陵县	16528	1124	24217	1695	1	1
腾冲县	44271	2748	60858	3371	1	2
麻栗坡县	15155	1409	25467	2201	1	1
马关县	19186	1376	29454	2028	1	1
富宁县	22896	1306	45347	3461	1	1
绿春县	12951	770	23772	1129		1
金平县	19219	1181	37967	1752	1	1
河口县	5008	378	9072	696	1	1
景洪市	25246	1525	38181	2340	1	2
勐海县	13942	759	25060	1510	1	1
勐腊县	12534	774	25030	1494	1	1
潞西市	20436	1329	32017	2101	2	2
瑞丽市	8042	347	15194	818	2	2
盈江县	15913	923	29284	1299	1	1
陇川县	10029	695	17193	1115	1	1
泸水县	10331	790	16171	1326	1	1
福贡县	5421	321	11335	641	1	1
贡山县	1747	146	3237	198	1	1

博物馆（个）	医院、卫生院机构数（个）	医院、卫生院床位数（张）	卫生技术人员（人）	城镇居民最低生活保障人数（人）	城镇居民最低生活保障支出（万元）	农村居民最低生活保障人数（人）	农村居民最低生活保障支出（万元）
1	6	178	590	2449	447.1	4886	3252.4
1	25	512	665	1961	353.9	21317	2244.3
	18	638	823	8120	1946.2	27700	3014.2
1	17	992	813	4158	766.8	15033	2315.1
2	30	1047	1290	5163	906.3	76572	9103.3
2	17	265	599	3066	600.0	45838	3741.0
	24	789	770	10745	1414.7	165545	12626.6
	10	250	371	2995	536.7	44654	3540.5
1	8	189	216	2945	511.1	36384	3084.2
1	8	191	325	3035	1222.8	42271	2882.2
	9	561	256	2776	498.0	61492	4510.3
	16	200	257	5516	988.9	62664	4284.9
1	18	669	686	6496	1240.6	63115	4792.6
	16	960	590	5203	902.3	59400	4153.8
1	28	922	1633	5857	1064.6	80078	6867.0
	14	905	632	6732	1365.4	71790	5721.7
	18	795	573	5863	773.6	83350	6637.8
	16	491	516	7432	1317.9	82040	6565.5
1	10	465	246	3531	279.6	78100	5588.4
	19	463	579	5517	1035.7	110500	8812.0
	14	755	526	10950	1865.8	10920	1184.6
	23	2492	2132	16308	3408.1	20100	1115.7
	14	782	557	8483	1458.8	40500	5030.0
	15	1162	904	2917	337.8	25300	1838.0
1	30	1886	1753	15447	1574.5	32553	2389.3
	19	750	705	8643	1054.6	12281	915.4
	20	862	674	8180	1370.3	49203	3714.7
	13	566	515	8093	1334.1	36971	2834.0
	10	329	716	3525	1468.5	53400	3690.8
	8	275	250	3131	776.7	42130	3321.0
	6	103	182	1221	262.4	17000	1354.0

1-34(二) 续表 3

地　　区	普通中学在校学生（人）	普通中学专任教师（人）	普通小学在校学生（人）	普通小学专任教师（人）	文化馆（个）	图书馆（个）
西藏自治区						
洛札县	811	51	1650	100	1	1
错那县	683	56	1138	75		
浪卡子县	1945	127	3541	218	1	
定结县	1033	74	1815	145		
定日县	2948	211	5586	346	1	
康马县	736	75	1930	144	1	1
聂拉木县	878	78	1852	124	1	
吉隆县	2884	186	1955	120	1	1
亚东县	360	62	978	108	1	1
岗巴县	439	50	1003	89	1	
仲巴县	1378	66	2539	171	1	13
萨嘎县	965	54	1614	119		
噶尔县			904	91		
普兰县	398	23	898	59	1	1
日土县	339	24	1185	73		
札达县	232	21	735	54	1	1
墨脱县	656	58	1343	111		1
察隅县	1290	75	3231	229		1
甘肃省						
肃北蒙古族自治县	688	95	770		1	
新疆维吾尔自治区						
哈密市	26799	1335	26336	1860	2	2
伊吾县	1752	152	1462	184	1	1
巴里坤哈萨克自治县	3543	360	5134	734	1	1
和田县	17613	1305	31118	1626	1	1

博物馆（个）	医院、卫生院机构数（个）	医院、卫生院床位数（张）	卫生技术人员（人）	城镇居民最低生活保障人数（人）	城镇居民最低生活保障支出（万元）	农村居民最低生活保障人数（人）	农村居民最低生活保障支出（万元）
	33	30	61	210	42.0	1705	119.3
	24	44	55	101	32.5	1859	119.4
	88	45	142	176	51.6	3181	197.9
	11	50	92	478	141.6	2233	149.7
	14	101	99	589	108.0	7749	502.8
	9	60	125	103	30.0	2052	134.4
	2	90	61	320	106.8	1655	106.8
	1	65	48	148	52.8	1970	129.6
	8	45	66	661	176.4	1043	68.4
	6	42	103	164	43.2	1132	74.4
	14	109	240	222	44.4	2618	171.6
	1	65	105	325	85.2	1597	103.2
	4	54	37	45	16.1	625	56.4
	1	70	50	45	15.2	708	57.6
	5			41	14.6	718	54.0
	6	45	67	41	14.4	539	46.8
	1	82	86	78	0.9	600	31.2
	6	90	49	119	2.3	2506	132.0
	5	23	104	1000	154.4	890	72.0
1	28	1836	2890	12222	2906.4	10661	1182.0
1	8	175	128	1166	450.4	1529	137.9
1	16	178	306	4034	1594.4	9354	695.0
	16	932	609	7191	985.6	56532	5104.6

1-34(二) 续表 4

地　区	普通中学在校学生（人）	普通中学专任教师（人）	普通小学在校学生（人）	普通小学专任教师（人）	文化馆（个）	图书馆（个）
皮山县	15082	1007	20564	1209	1	1
温宿县	11009	1037	18047	1399	1	1
乌什县	10568	732	19706	1082	1	
叶城县	32033	2422	61293	3141	1	1
塔什库尔干塔吉克自治县	1915	155	4782	281	1	1
阿图什市	16263	1899	21412	2135	1	1
阿合奇县					1	
乌恰县	2047	267	4625	608	1	1
阿克陶县	11525	1348	20717	1846	1	1
奇台县	14692	1047	12498	1319	1	1
木垒哈萨克自治县	3795	1325	5115	994	1	1
博乐市	10995	1027	13566	1507	2	1
温泉县	2104	363	3634	483	1	1
昭苏县	9492	786	13052	1038	1	1
霍城县	15594	1290	25049	1836	1	1
察布查尔锡伯自治县	9917	899	13766	1299		
塔城市	7775	580	10298	1084	1	2
额敏县	9285	670	11774	1153	1	1
裕民县	2650	386	3101	530	1	1
托里县	5448	525	9058	827	1	1
和布克赛尔蒙古自治县	2682	275	3680	547	1	1
阿勒泰市	12800	1170	14400	1322	1	1
青河县	3341	428	5048	512	1	1
吉木乃县	2801	263	2884	305	1	1
富蕴县	3312	502	7762	869	1	1
布尔津县	3831	436	5617	532	1	1
福海县	4062	453	4666	618	1	1
哈巴河县	4732	508	7201	637	1	1

博物馆（个）	医院、卫生院机构数（个）	医院、卫生院床位数（张）	卫生技术人员（人）	城镇居民最低生活保障人数（人）	城镇居民最低生活保障支出（万元）	农村居民最低生活保障人数（人）	农村居民最低生活保障支出（万元）
	21	639	459	10734	1954.8	30877	2787.7
	21	740	483	11640	2094.3	18275	588.2
	10	330	601	11220	152.9	26500	1905.9
1	24	1092	606	24504	4811.4	47337	4258.1
1	17	210	248	2614	607.2	12035	1110.3
	8	1092	1373	12728	2227.8	14717	1202.3
				5998	1220.5	7618	645.7
1	14	336	243	8119	1618.4	8003	660.0
	18	570	308	10889	1939.3	23083	1888.0
1	19	808	640	4478	1016.4	4000	319.4
1	11	350	390	2690	681.5	2500	249.2
1	16	819	1482	17974	4006.5	7251	663.6
	8	204	237	6701	1253.5	3694	337.3
	14	300	403	8086	1647.8	10227	739.0
	16	1150	835	10752	2113.6	18303	1939.3
	18	294	438	8800	1816.7	9204	968.4
1	149	387	1008	11378	2779.4	8038	508.1
1	23	485	810	12474	2100.6	12370	1037.0
1	57	130	94	3666	863.6	4089	336.0
1	11	277	416	5724	485.0	5542	445.0
1	14	372	380	5565	2354.4	4881	368.0
1	22	394	544	17752	3521.4	11067	833.3
1	7	160	232	6269	1171.5	10730	725.1
1	7	106	208	5033	1130.0	6610	535.4
	10	302	314	9080	1604.0	8143	772.6
1	8	242	331	6087	1152.3	4140	421.0
	9	327	333	7510	1357.1	6053	544.8
	7	241	330	6719	1315.1	5184	871.8

全国少数民族发展情况

一、人 口

1-1 历次人口普查全国分民族人口

单位：人

民　族	历次普查人口数				
	1953年	1964年	1982年	1990年	2000年
全国总计	**577856141**	**691220104**	**1003913927**	**1130510638**	**1242612226**
汉族	542824056	651296368	936674944	1039187548	1137386112
少数民族合计	**34013782**	**39883909**	**66434341**	**90567245**	**104490735**
少数民族占全国比重(%)	5.89	5.77	6.62	8.01	8.41
蒙古族	1451035	1965766	3411367	4802407	5813947
回族	3530498	4473147	7228398	8612001	9816805
藏族	2753081	2501174	3847875	4593072	5416021
维吾尔族	3610462	3996311	5963491	7207024	8399393
苗族	2490874	2782088	5021175	7383622	8940116
彝族	3227750	3380960	5453564	6578524	7762272
壮族	6864585	8386140	13383086	15555820	16178811
布依族	1237714	1348055	2119345	2548294	2971460
朝鲜族	1111275	1339569	1765204	1923361	1923842
满族	2399228	2695675	4304981	9846776	10682262
侗族	712802	836123	1426400	2508624	2960293
瑶族	665933	857265	1411967	2137033	2637421
白族	567119	706623	1132224	1598052	1858063
土家族		524755	2836814	5725049	8028133
哈尼族	481220	628727	1058806	1254800	1439673
哈萨克族	509375	491637	907546	1110758	1250458
傣族	478966	535389	839496	1025402	1158989
黎族	360950	438813	887107	1112498	1247814
傈僳族	317465	270628	481884	574589	634912
佤族	286158	200272	298611	351980	396610
畲族		234167	371965	634700	709592
高山族	329	366	1650	2877	4461
拉祜族	139060	191241	304256	411545	453705
水族	133566	156099	286908	347116	406902
东乡族	155761	147443	279523	373669	513805
纳西族	143453	156796	251592	277750	308839
景颇族	101852	57762	92976	119276	132143

注：1. 各年度人口均为中国大陆人口普查数，不包括现役军人。
2. 少数民族人口合计数中不包括其他未识别的民族人口和外国人加入中国籍人口数。
3. 1982年人口数未包括西藏间接调查的28 601人，据有关资料计算，如包括间接调查人口数，1982年门巴族约为6 248人，珞巴族约为2 065人。
4. 2000年人口数为人口普查机器汇总数据。

1-1 续表

单位：人

民 族	历次普查人口数				
	1953年	1964年	1982年	1990年	2000年
柯尔克孜族	70944	70151	113386	143537	160823
土族	53277	77349	159632	192568	241198
达斡尔族		63394	94126	121463	132394
仫佬族		52819	90357	160648	207352
羌族	35660	49105	102815	198303	306072
布朗族		39411	58473	82398	91882
撒拉族	30658	34664	69135	87546	104503
毛南族		22382	38159	72370	107166
仡佬族		26852	54164	438192	579357
锡伯族	19022	33438	83683	172932	188824
阿昌族		12032	20433	27718	33936
普米族		14298	24238	29721	33600
塔吉克族	14462	16236	26600	33223	41028
怒族		15047	22896	27190	28759
乌孜别克族	13626	7717	12213	14763	12370
俄罗斯族	22656	1326	2917	13500	15609
鄂温克族	4957	9681	19398	26379	30505
德昂族		7261	12297	15461	17935
保安族	4957	5125	9017	11683	16505
裕固族	3861	5717	10568	12293	13719
京族		4293	13108	18749	22517
塔塔尔族	6929	2294	4122	5064	4890
独龙族		3090	4633	5825	7426
鄂伦春族	2262	2709	4103	7004	8196
赫哲族		718	1489	4254	4640
门巴族		3809	1140	7498	8923
珞巴族			1066	2322	2965
基诺族			11962	18022	20899
其他未识别民族	1017299	32411	799705	752347	734438
外国人加入中国籍	1004	7416	4937	3498	941

1-2 历次人口普查少数民族人口的分布情况(一)

单位：人

地区	1953年			1964年		
	绝对数	占该地区总人口的比重(%)	占全国少数民族人口的比重(%)	绝对数	占该地区总人口的比重(%)	占全国少数民族人口的比重(%)
全　国	**34013782**	**5.89**	**100**	**39883909**	**5.77**	**100**
北　京	168404	6.08	0.50	283524	3.75	0.71
天　津	79857	2.96	0.23	115613	2.7	0.29
河　北	715752	1.75	2.10	621926	1.5	1.56
山　西	20316	0.14	0.06	40100	0.22	0.1
内蒙古	959336	15.73	2.82	1604756	13	4.02
辽　宁	1482619	8.07	4.36	1858900	6.9	4.66
吉　林	1193237	10.67	3.51	1342170	8.57	3.37
黑龙江	944328	7.98	2.78	1087045	5.4	2.73
上　海	31461	0.51	0.90	43591	0.4	0.11
江　苏	66362	0.16	0.20	83002	9.19	0.21
浙　江	30854	0.14	0.09	106411	0.38	0.27
安　徽	133801	0.45	0.39	155256	0.5	0.39
福　建	19979	0.15	0.06	147017	0.88	0.37
江　西	2001	0.01	0.01	9300	0.04	0.02
山　东	252506	0.52	0.74	294643	0.53	0.74
河　南	405715	0.93	1.19	517195	1.03	1.3
湖　北	35434	0.13	0.10	183035	0.54	0.46
湖　南	586737	1.78	1.72	1275719	3.43	3.2
广　东	430279	1.25	1.27	747181	1.75	1.87
广　西	7337944	37.51	21.57	8553300	41.03	21.45
海　南						
四　川	2022315	3.11	5.95	1728955	2.54	4.33
贵　州	3562493	23.69	10.47	4009683	23.39	10.05
云　南	5411883	31.59	15.91	6384114	31.13	16.01
西　藏	1273969	100	3.75	1213796	97.01	3.04
陕　西	56272	0.36	0.17	93978	0.45	0.24
甘　肃	1486775	11.71	4.37	955396	7.56	2.4
青　海	854136	50.95	20.51	829318	38.65	2.18
宁　夏				650366	30.86	1.63
新　疆	4449017	93.01	13.08	4948619	68.07	12.41

1-2 历次人口普查少数民族人口的分布情况(二)

单位：人

地区	1982年			1990年		
	绝对数	占该地区总人口的比重(%)	占全国少数民族人口的比重(%)	绝对数	占该地区总人口的比重(%)	占全国少数民族人口的比重(%)
全　国	**66434341**	**6.62**	**100**	**90567245**	**8.01**	**100**
北　京	322320	3.49	0.49	413937	3.83	0.46
天　津	164241	2.12	0.25	202642	2.31	0.22
河　北	853275	1.61	1.28	2408876	3.94	2.66
山　西	63760	0.25	0.1	82061	0.29	0.09
内蒙古	2996477	15.55	4.51	4166260	19.42	4.6
辽　宁	2909615	8.15	4.38	6165508	15.62	6.81
吉　林	1829555	8.11	2.75	2525212	10.24	2.79
黑龙江	1613043	4.94	2.43	1997934	5.67	2.21
上　海	49748	0.42	0.07	62171	0.47	0.07
江　苏	110559	0.18	0.17	153060	0.23	0.07
浙　江	161546	0.42	0.24	212582	0.51	0.23
安　徽	261760	0.53	0.39	324227	0.58	0.36
福　建	250449	0.97	0.38	465995	1.55	0.51
江　西	22052	0.07	0.03	101144	0.27	0.11
山　东	407849	0.55	0.61	505694	0.6	0.56
河　南	799338	1.07	1.2	1008972	1.18	1.11
湖　北	1778494	3.72	2.68	2140188	3.97	2.36
湖　南	2201087	4.08	3.31	4823649	7.95	5.33
广　东	1057527	1.78	1.59	354625	0.56	0.39
广　西	13933250	38.26	20.97	16577113	39.24	18.3
海　南				1114803	17	1.23
四　川	3660402	3.67	5.51	4889295	4.56	5.4
贵　州	6675360	23.38	10.05	10504828	32.43	11.6
云　南	10277069	31.57	15.47	12351834	33.41	13.64
西　藏	1769935	94.97	2.66	2112168	96.18	2.33
陕　西	133098	0.46	2.2	156403	0.48	0.17
甘　肃	1555186	7.95	2.34	1857467	8.3	2.05
青　海	1535774	39.42	2.31	1878028	42.14	2.07
宁　夏	1244238	31.94	1.87	1549067	33.27	1.71
新　疆	7797344	59.61	11.74	9961202	62.42	10.45

1-2 历次人口普查少数民族人口的分布情况(三)

单位：万人

地区	2000年			2010年		
	总人口	少数民族人口	占总人口比例(%)	总人口	少数民族人口	占总人口比例(%)
全国	**126583**	**10643**	**8.41**	**133972**	**11379**	**8.49**
北京	1382	59	4.26	1961	80	4.08
天津	1001	26	2.64	1294	33	2.55
河北	6744	291	4.31	7185	299	4.16
山西	3297	10	0.29	3571	9	0.25
内蒙古	2376	493	20.76	2471	506	20.48
辽宁	4238	678	16.02	4375	664	15.18
吉林	2728	246	9.03	2746	219	7.97
黑龙江	3689	185	5.02	3831	137	3.58
上海	1674	10	0.6	2302	28	1.22
江苏	7438	25	0.33	7866	38	0.48
浙江	4677	40	0.85	5443	121	2.22
安徽	5986	38	0.63	5950	40	0.67
福建	3471	58	1.67	3689	80	2.17
江西	4140	11	0.27	4457	15	0.34
山东	9079	62	0.68	9579	73	0.76
河南	9256	113	1.22	9402	113	1.20
湖北	6028	262	4.34	5724	247	4.32
湖南	6440	658	10.21	6568	655	9.97
广东	8642	123	1.42	10430	206	1.98
广西	4489	1721	38.34	4603	1711	37.17
海南	787	136	17.29	867	145	16.72
重庆	3090	198	6.42	2885	194	6.73
四川	8329	415	4.98	8042	491	6.11
贵州	3525	1334	37.85	3475	1255	36.12
云南	4288	1433	33.41	4597	1534	33.37
西藏	262	246	94.07	300	276	91.93
陕西	3605	18	0.49	3733	19	0.51
甘肃	2562	223	8.69	2558	241	9.42
青海	518	236	45.51	563	264	46.92
宁夏	562	194	34.53	630	223	35.39
新疆	1925	1143	59.39	2181	1307	59.92

1-3 全国少数民族分布的主要地区

民　族	分布的主要地区
蒙古族	内蒙古、辽宁、吉林、河北、黑龙江、新疆
回族	宁夏、甘肃、河南、新疆、青海、云南、河北、山东、安徽、辽宁、北京、内蒙古、天津、黑龙江、陕西、贵州、吉林、江苏、四川
藏族	西藏、四川、青海、甘肃、云南
维吾尔族	新疆
苗族	贵州、湖南、云南、广西、重庆、湖北、四川
彝族	云南、四川、贵州
壮族	广西、云南、广东
布依族	贵州
朝鲜族	吉林、黑龙江、辽宁
满族	辽宁、河北、黑龙江、吉林、内蒙古、北京
侗族	贵州、湖南、广西
瑶族	广西、湖南、云南、广东
白族	云南、贵州、湖南
土家族	湖南、湖北、重庆、贵州
哈尼族	云南
哈萨克族	新疆
傣族	云南
黎族	海南
傈僳族	云南、四川
佤族	云南
畲族	福建、浙江、江西、广东
高山族	台湾、福建
拉祜族	云南
水族	贵州、广西

1-3 续表

民族	分布的主要地区
东乡族	甘肃、新疆
纳西族	云南
景颇族	云南
柯尔克孜族	新疆
土族	青海、甘肃
达斡尔族	内蒙古、黑龙江
仫佬族	广西
羌族	四川
布朗族	云南
撒拉族	青海
毛南族	广西
仡佬族	贵州
锡伯族	辽宁、新疆
阿昌族	云南
普米族	云南
塔吉克族	新疆
怒族	云南
乌孜别克族	新疆
俄罗斯族	新疆、黑龙江
鄂温克族	内蒙古
德昂族	云南
保安族	甘肃
裕固族	甘肃
京族	广西
塔塔尔族	新疆
独龙族	云南
鄂伦春族	黑龙江、内蒙古
赫哲族	黑龙江
门巴族	西藏
珞巴族	西藏
基诺族	云南

1-4 2000年全国人口普查各民族分城市、镇、乡村的人口

单位：人

民族	总人口	城市人口	镇人口	乡村人口
全国总计	**1242612226**	**292632692**	**166138291**	**783841243**
汉族	1137386112	280208523	153986813	703190776
少数民族合计	**104490735**	**12404005**	**12087809**	**79998921**
少数民族占全国比重	8.41	4.24	7.28	10.21
蒙古族	5813947	915877	985086	3912984
回族	9816805	3090015	1357078	5369712
藏族	5416021	221355	473467	4721199
维吾尔族	8399393	868695	764411	6766287
苗族	8940116	512990	751212	7675914
彝族	7762272	309097	494306	6958869
壮族	16178811	1422458	2197197	12559156
布依族	2971460	220806	288032	2462622
朝鲜族	1923842	882308	310174	731360
满族	10682262	2206143	1559255	6916864
侗族	2960293	152965	377011	2430317
瑶族	2637421	115619	267451	2254351
白族	1858063	164942	216610	1476511
土家族	8028133	597110	877546	6553477
哈尼族	1439673	42822	94698	1302153
哈萨克族	1250458	80538	110191	1059729
傣族	1158989	84958	248491	825540
黎族	1247814	127519	121354	998941
傈僳族	634912	6253	28171	600488
佤族	396610	4015	34736	357859
畲族	709592	86984	79357	543251
高山族	4461	1686	871	1904
拉祜族	453705	6320	23788	423597
水族	406902	16922	32094	357886
东乡族	513805	12064	10221	491520
纳西族	308839	12579	55827	240433
景颇族	132143	7177	19749	105217
柯尔克孜族	160823	6707	11872	142244

1-4 续表

单位：人

民 族	总人口	城市人口	镇人口	乡村人口
土族	241198	18312	23886	199000
达斡尔族	132394	32357	36818	63219
仫佬族	207352	27922	35712	143718
羌族	306072	7680	32632	265760
布朗族	91882	1768	3713	86401
撒拉族	104503	7372	9610	87521
毛南族	107166	7733	14215	85218
仡佬族	579357	27993	73339	478025
锡伯族	188824	55499	22754	110571
阿昌族	33936	887	1888	31161
普米族	33600	643	2747	30210
塔吉克族	41028	970	2790	37268
怒族	28759	402	2125	26232
乌孜别克族	12370	5395	3070	3905
俄罗斯族	15609	9870	2830	2909
鄂温克族	30505	3562	10387	16556
德昂族	17935	852	4250	12833
保安族	16505	737	1639	14129
裕固族	13719	1634	2064	10021
京族	22517	7345	2815	12357
塔塔尔族	4890	1463	904	2523
独龙族	7426	601	702	6123
鄂伦春族	8196	1405	2715	4076
赫哲族	4640	1612	1181	1847
门巴族	8923	345	1421	7157
珞巴族	2965	99	456	2410
基诺族	20899	2623	890	17386
其他未识别的民族	734438	19836	63520	651082
外国人加入中国籍	941	328	149	464

1-5 2000年全国人口普查各民族6岁及6岁以上人口的受教育状况

单位：人

民 族	合 计	未上过学	扫盲班	小 学	初 中
全国总计	**1156700293**	**89629436**	**20767295**	**441613351**	**422386607**
汉族	1061196336	77071225	18265483	398665791	395955476
少数民族合计	**94862306**	**12405724**	**2489664**	**42613187**	**26318911**
少数民族占全国比重	8.20	13.84	11.99	9.65	6.23
蒙古族	5319180	384595	35733	1984851	1846606
回族	8929839	1396753	239811	3285763	2588667
藏族	4791241	2179449	290956	1685203	369913
维吾尔族	7514089	663296	213379	3986342	1850417
苗族	7973173	1366138	274881	4054837	1716973
彝族	6848737	1454867	330037	3537042	1124234
壮族	14975738	898204	259619	6955244	5200763
布依族	2621028	533289	64535	1327681	531914
朝鲜族	1858942	51293	8541	379027	800677
满族	9940547	458380	53438	3727015	4020604
侗族	2681992	245316	79156	1334922	760979
瑶族	2424215	199530	59637	1267953	672171
白族	1679629	155525	50746	781424	495595
土家族	7293618	722321	92221	3471886	2180523
哈尼族	1295239	340990	87014	619925	186054
哈萨克族	1126537	35760	8437	545783	342489
傣族	1057092	140700	62360	604129	186773
黎族	1124444	125116	16486	506241	375113
傈僳族	571678	163962	40599	290024	57880
佤族	357234	73187	29481	198010	42689
畲族	655442	62850	22461	325940	187361
高山族	4109	192	36	1322	1354
拉祜族	413767	88013	74598	205319	32189
水族	359856	69001	17572	195831	58402
东乡族	456203	264428	16947	136400	27401
纳西族	281190	36055	3579	123776	76730
景颇族	118063	15654	4726	66930	23744

1-5 续表 1

民 族	合 计	未上过学	扫盲班	小 学	初 中
柯尔克孜族	144401	11600	3430	82094	28379
土族	216551	40773	9879	91015	48110
达斡尔族	122179	4258	227	37843	48608
仫佬族	190540	9676	3195	92989	58110
羌族	274771	22432	8779	150334	65546
布朗族	82548	17651	6464	46426	9072
撒拉族	93593	40182	2854	34189	10362
毛南族	97787	6451	960	45414	33320
仡佬族	501968	75340	7250	253672	122146
锡伯族	173863	4462	247	54790	71273
阿昌族	29874	3528	1496	16740	6181
普米族	30218	7533	1119	13778	5473
塔吉克族	36133	4252	1103	20843	6031
怒族	25842	7671	1683	10626	3900
乌孜别克族	11190	335	79	4180	3143
俄罗斯族	14441	494	53	3258	5042
鄂温克族	27718	1089	46	9755	10140
德昂族	16067	2894	1498	9283	1905
保安族	14661	7199	110	4684	1517
裕固族	12463	1518	365	4973	3339
京族	20356	1391	450	7566	6599
塔塔尔族	4513	114	19	1303	1407
独龙族	6721	1676	103	2946	1298
鄂伦春族	7412	274	11	2226	2730
赫哲族	4297	121	18	1140	1595
门巴族	7725	4000	376	2381	543
珞巴族	2568	1193	109	932	207
基诺族	19084	2753	755	8987	4720
其他未识别的民族	640752	152329	12125	334107	111998
外国人加入中国籍	899	158	23	266	222

1-5 续表 2

民 族	高 中	中 专	大学专科	大学本科	研究生
全国总计	**99073845**	**39209614**	**28985486**	**14150726**	**883933**
汉族	93677240	36139553	27250348	13323659	847561
少数民族合计	**5382911**	**3059014**	**1730790**	**825771**	**36334**
少数民族占全国比重	5.43	7.80	5.97	5.84	4.11
蒙古族	544479	244687	181798	91960	4471
回族	739688	314898	238512	119613	6134
藏族	81366	119504	45702	18315	833
维吾尔族	326502	268105	130968	74118	962
苗族	260907	184961	81904	31287	1285
彝族	176369	153103	52165	20119	801
壮族	846540	508069	225750	78276	3273
布依族	62140	65910	25336	9940	283
朝鲜族	368763	91704	84805	70891	3241
满族	843801	360190	308266	160159	8694
侗族	118584	87429	40210	14862	534
瑶族	111409	68094	31705	13178	538
白族	85073	60981	31423	18027	835
土家族	418277	240367	118388	47067	2568
哈尼族	26052	25918	7283	1915	88
哈萨克族	84393	63444	32717	13325	189
傣族	27244	25636	7641	2509	100
黎族	61640	24786	10997	3942	123
傈僳族	6350	9725	2272	842	24
佤族	6330	5866	1249	412	10
畲族	29775	15362	7292	4220	181
高山族	578	201	262	158	6
拉祜族	4999	6519	1577	529	24
水族	7217	7954	2892	952	35
东乡族	5378	4001	1199	431	18
纳西族	16134	14779	6421	3547	169
景颇族	3077	2984	705	238	5

1-5 续表 3

民　族	高　中	中　专	大学专科	大学本科	研究生
柯尔克孜族	6803	7495	3418	1160	22
土族	13456	5472	4395	3382	69
达斡尔族	14431	7511	6290	2879	132
仫佬族	11916	8526	4275	1774	79
羌族	10671	10633	4695	1615	66
布朗族	1196	1282	334	119	4
撒拉族	2552	1961	950	529	14
毛南族	4970	4236	1806	609	21
仡佬族	17398	13806	8295	3978	83
锡伯族	19635	8729	9161	5294	272
阿昌族	789	812	236	90	2
普米族	695	1069	365	178	8
塔吉克族	1361	1727	635	178	3
怒族	615	1037	239	70	1
乌孜别克族	1380	892	588	577	16
俄罗斯族	2261	1320	1237	762	14
鄂温克族	3005	1802	1420	434	27
德昂族	196	215	62	14	
保安族	561	369	163	52	6
裕固族	897	725	496	142	8
京族	1802	1434	761	332	21
塔塔尔族	580	457	328	297	8
独龙族	256	284	117	33	8
鄂伦春族	903	609	466	181	12
赫哲族	597	344	310	165	7
门巴族	106	199	88	28	4
珞巴族	30	59	28	9	1
基诺族	784	832	193	58	2
其他未识别的民族	13597	11001	4319	1249	27
外国人加入中国籍	97	46	29	47	11

1-6 2000年全国人口普查各民族15岁及15岁以上的文盲人口状况

单位：人，%

民 族	15岁及15岁以上人口	文盲人口	文盲人口占15岁及以上人口比例
全国总计	**958084632**	**86992069**	**9.08**
汉族	881959957	75854493	8.60
少数民族合计	**75637952**	**10995821**	**14.54**
少数民族占全国比重	7.89	12.64	
蒙古族	4242473	356172	8.40
回族	7134646	1267508	17.77
藏族	3737813	1777196	47.55
维吾尔族	5630418	519200	9.22
苗族	6275886	1244343	19.83
彝族	5412904	1256025	23.20
壮族	12225560	834517	6.83
布依族	2054159	488337	23.77
朝鲜族	1620084	46349	2.86
满族	8120058	449507	5.54
侗族	2137781	232458	10.87
瑶族	1925078	179343	9.32
白族	1350485	148371	10.99
土家族	5918979	693344	11.71
哈尼族	1040082	309499	29.76
哈萨克族	865390	23151	2.68
傣族	847483	133171	15.71
黎族	859847	103974	12.09
傈僳族	454578	147940	32.54
佤族	279874	65807	23.51
畲族	522518	61693	11.81
高山族	3227	180	5.58
拉祜族	329391	78128	23.72
水族	275862	60846	22.06
东乡族	342339	215259	62.88
纳西族	232336	35345	15.21
景颇族	91067	14307	15.71

1-6 续表

民 族	15岁及15岁以上人口	文盲人口	文盲人口占15岁及以上人口比例
柯尔克孜族	106685	9654	9.05
土族	169370	39294	23.20
达斡尔族	96062	3319	3.46
仫佬族	151135	9008	5.96
羌族	218870	20618	9.42
布朗族	64386	15088	23.43
撒拉族	70284	34514	49.11
毛南族	80019	6020	7.52
仡佬族	389974	71090	18.23
锡伯族	137343	3758	2.74
阿昌族	22641	3071	13.56
普米族	23781	7148	30.06
塔吉克族	26554	3538	13.32
怒族	20094	6435	32.02
乌孜别克族	8760	219	2.50
俄罗斯族	11599	422	3.64
鄂温克族	20699	788	3.81
德昂族	12251	2603	21.25
保安族	10942	6121	55.94
裕固族	10138	1482	14.62
京族	16144	1279	7.92
塔塔尔族	3578	71	1.98
独龙族	5265	1411	26.80
鄂伦春族	5486	191	3.48
赫哲族	3302	101	3.06
门巴族	5558	3124	56.21
珞巴族	1847	938	50.79
基诺族	14867	2546	17.13
其他未识别的民族	485906	141594	29.14
外国人加入中国籍	817	161	19.71

1-7 2000年全国人口普查各民族分产业的人口

单位：人

民 族	总 计	第一产业	第二产业	第三产业
全国总计	**66874889**	**43051661**	**11244385**	**12578843**
汉族	61015128	38430988	10800916	11783224
少数民族合计	**5819283**	**4584200**	**441876**	**793207**
少数民族占全国比重	8.70	10.65	3.93	6.31
蒙古族	309510	220167	24083	65260
回族	489307	291603	69907	127797
藏族	290824	251303	7738	31783
维吾尔族	450784	362609	23337	64838
苗族	505894	439475	29065	37354
彝族	468497	424453	13593	30451
壮族	963389	771562	83054	108773
布依族	166212	145986	8055	12171
朝鲜族	86436	40779	14805	30852
满族	580815	383204	75038	122573
侗族	164557	134391	13279	16887
瑶族	158835	135383	9878	13574
白族	106982	84834	7478	14670
土家族	451155	361767	37115	52273
哈尼族	83894	76005	2660	5229
哈萨克族	57308	44647	2204	10457
傣族	69512	61903	1680	5929
黎族	68856	61111	1649	6096
傈僳族	39713	37713	393	1607
佤族	24193	22507	426	1260
畲族	37691	27002	5485	5204
高山族	213	86	50	77
拉祜族	28413	26841	383	1189
水族	23289	21115	832	1342
东乡族	28845	27111	261	1473
纳西族	18947	14633	842	3472
景颇族	7666	6910	173	583

1-7 续表

民　族	总　计	第一产业	第二产业	第三产业
柯尔克孜族	8915	7586	114	1215
土族	14127	11746	905	1476
达斡尔族	5652	3014	583	2055
仫佬族	11446	8184	1368	1894
羌族	18132	15335	644	2153
布朗族	5429	5091	89	249
撒拉族	5441	4463	221	757
毛南族	6297	5012	510	775
仡佬族	31831	26677	1879	3275
锡伯族	11278	7274	1355	2649
阿昌族	1906	1710	54	142
普米族	2040	1795	34	211
塔吉克族	2343	1879	51	413
怒族	1655	1462	21	172
乌孜别克族	504	175	59	270
俄罗斯族	604	128	118	358
鄂温克族	1273	730	82	461
德昂族	1031	977	10	44
保安族	940	792	27	121
裕固族	774	590	40	144
京族	1105	554	107	444
塔塔尔族	175	57	15	103
独龙族	2307	2165	18	124
鄂伦春族	305	122	32	151
赫哲族	249	98	34	117
门巴族	449	370	8	71
珞巴族	125	109	2	14
基诺族	1213	1005	33	175
其他未识别的民族	40432	36444	1589	2399
外国人加入中国籍	46	29	4	13

1-8 2000年全国人口普查各民族分年龄的人口

单位：人

民　族	人口总计	0-14岁	15-60岁	61岁以上
全国总计	**1242612226**	**284527594**	**837247903**	**120836729**
汉族	1137386112	255426155	769352913	112607044
少数民族合计	**104490735**	**28852783**	**67461584**	**8176368**
少数民族占全国比重	8.41	10.14	8.06	6.77
蒙古族	5813947	1571474	3901067	341406
回族	9816805	2682159	6354097	780549
藏族	5416021	1678208	3343505	394308
维吾尔族	8399393	2768975	5118556	511862
苗族	8940116	2664230	5578391	697495
彝族	7762272	2349368	4866623	546281
壮族	16178811	3953251	10720472	1505088
布依族	2971460	917301	1810957	243202
朝鲜族	1923842	303758	1416737	203347
满族	10682262	2562204	7290762	829296
侗族	2960293	822512	1871446	266335
瑶族	2637421	712343	1721596	203482
白族	1858063	507578	1188710	161775
土家族	8028133	2109154	5180337	738642
哈尼族	1439673	399591	940965	99117
哈萨克族	1250458	385068	812279	53111
傣族	1158989	311506	760811	86672
黎族	1247814	387967	776641	83206
傈僳族	634912	180334	409292	45286
佤族	396610	116736	257573	22301
畲族	709592	187074	453003	69515
高山族	4461	1234	2880	347
拉祜族	453705	124314	300828	28563
水族	406902	131040	244504	31358
东乡族	513805	171466	310598	31741
纳西族	308839	76503	202121	30215
景颇族	132143	41076	84088	6979

1-8 续表

民 族	人口总计	0-14岁	15-60岁	61岁以上
柯尔克孜族	160823	54138	96632	10053
土族	241198	71828	156703	12667
达斡尔族	132394	36332	89330	6732
仫佬族	207352	56217	134268	16867
羌族	306072	87202	198711	20159
布朗族	91882	27496	58112	6274
撒拉族	104503	34219	63863	6421
毛南族	107166	27147	70814	9205
仡佬族	579357	189383	346064	43910
锡伯族	188824	51481	125481	11862
阿昌族	33936	11295	20629	2012
普米族	33600	9819	21235	2546
塔吉克族	41028	14474	23808	2746
怒族	28759	8665	18039	2055
乌孜别克族	12370	3610	8041	719
俄罗斯族	15609	4010	10431	1168
鄂温克族	30505	9806	19649	1050
德昂族	17935	5684	11205	1046
保安族	16505	5563	9823	1119
裕固族	13719	3581	9283	855
京族	22517	6373	14098	2046
塔塔尔族	4890	1312	3320	258
独龙族	7426	2161	4736	529
鄂伦春族	8196	2710	5264	222
赫哲族	4640	1338	3075	227
门巴族	8923	3365	5082	476
珞巴族	2965	1118	1682	165
基诺族	20899	6032	13367	1500
其他未识别的民族	734438	248532	432883	53023
外国人加入中国籍	941	124	523	294

1-9 2000年全国人口普查各民族分性别出生人口和死亡人口 (1999.11.1—2000.10.31)

单位：人

民 族	出 生 人 数			死 亡 人		
	小 计	男	女	小 计	男	女
全国总计	**1182136**	**644608**	**537528**	**7313081**	**4106571**	**3206510**
汉族	1035308	567061	468247	6656680	3735845	2920835
少数民族合计	**145262**	**76778**	**68484**	**651213**	**367829**	**283384**
少数民族占全国比重	12.3	11.9	12.7	8.9	9.0	8.8
蒙古族	6319	3307	3012	33006	19819	13187
回族	12948	6853	6095	48336	27350	20986
藏族	8538	4305	4233	39278	20278	19000
维吾尔族	15087	7716	7371	51772	29256	22516
苗族	15411	8217	7194	62614	35300	27314
彝族	14538	7677	6861	60862	33789	27073
壮族	19043	10390	8653	96474	54360	42114
布依族	5630	2956	2674	22809	12501	10308
朝鲜族	938	488	450	11536	6655	4881
满族	9444	4937	4507	49087	29711	19376
侗族	4192	2343	1849	20002	11146	8856
瑶族	3149	1729	1420	15590	9343	6247
白族	2721	1396	1325	12128	6754	5374
土家族	10024	5505	4519	51621	29007	22614
哈尼族	2531	1359	1172	13114	6942	6172
哈萨克族	2072	1061	1011	6450	3864	2586
傣族	1532	769	763	7946	4426	3520
黎族	1879	993	886	6415	3593	2822
傈僳族	1128	557	571	5951	3265	2686
佤族	669	323	346	3844	2091	1753
畲族	741	379	362	4277	2618	1659
高山族	8	6	2	19	14	5
拉祜族	754	371	383	4324	2337	1987
水族	787	431	356	2692	1504	1188
东乡族	793	422	371	2930	1467	1463
纳西族	447	228	219	2376	1353	1023
景颇族	237	119	118	1122	638	484

1-9 续表

单位：人

民族	出生人数			死亡人		
	小计	男	女	小计	男	女
柯尔克孜族	306	165	141	954	505	449
土族	414	230	184	1293	732	561
达斡尔族	109	59	50	813	551	262
仫佬族	227	108	119	1026	601	425
羌族	418	195	223	1567	931	636
布朗族	151	82	69	784	425	359
撒拉族	183	89	94	554	302	252
毛南族	133	70	63	694	398	296
仡佬族	1001	535	466	4139	2395	1744
锡伯族	179	74	105	709	455	254
阿昌族	61	36	25	225	121	104
普米族	69	43	26	275	163	112
塔吉克族	71	39	32	236	123	113
怒族	46	30	16	253	131	122
乌孜别克族	17	10	7	43	32	11
俄罗斯族	12	9	3	62	36	26
鄂温克族	35	23	12	194	121	73
德昂族	33	20	13	146	75	71
保安族	26	13	13	86	43	43
裕固族	23	12	11	83	46	37
京族	40	23	17	65	31	34
塔塔尔族	5	3	2	17	10	7
独龙族	86	48	38	77	48	29
鄂伦春族	14	7	7	46	23	23
赫哲族	9	5	4	17	10	7
门巴族	8	3	5	89	52	37
珞巴族	6	4	2	26	16	10
基诺族	20	6	14	165	72	93
其他未识别的民族	1565	769	796	5174	2894	2280
外国人加入中国籍	1		1	14	3	11

二、教　育

2-1 全国分地区少数民族教职工(2010年)(一)

单位：人

地　区	普通高等学校	成人高等学校	中等职业教育
全　国	**105887**	**4932**	**46554**
北　京	6893	131	656
天　津	1423	73	255
河　北	3401	66	1586
山　西	298	31	66
内蒙古	9615	170	4023
辽　宁	8791	266	2820
吉　林	5672	178	1932
黑龙江	3198	127	594
上　海	1422	16	114
江　苏	1913	45	199
浙　江	1229	7	240
安　徽	728	7	143
福　建	769	7	154
江　西	446	16	54
山　东	1788	36	265
河　南	2240	113	546
湖　北	3494	26	1206
湖　南	5062	24	2796
广　东	2816	94	590
广　西	10784	905	7683
海　南	480	7	316
重　庆	1187	16	866
四　川	2538	60	845
贵　州	7402	72	3690
云　南	6569	375	5309
西　藏	1391		384
陕　西	1408	24	89
甘　肃	1739	13	1114
青　海	1332	43	717
宁　夏	1663	19	493
新　疆	8196	1965	6809

2-1 全国分地区少数民族教职工(2010年)(二)

单位：人

地区	普通中学	职业初中	特殊教育学校	小学	幼儿园
全国	**464442**	**383**	**2937**	**630932**	**85523**
北京	3761		63	2948	1392
天津	1310		21	990	296
河北	15612	18	176	16186	3231
山西	255		6	199	78
内蒙古	31385		240	37962	5966
辽宁	35321		316	35229	5430
吉林	10135	9	133	9528	1577
黑龙江	6875		75	6576	573
上海	942		17	433	246
江苏	892		23	575	280
浙江	1633		13	2255	557
安徽	1175		19	1397	295
福建	1792		32	2131	352
江西	325		1	381	138
山东	2200		28	1948	699
河南	3476		41	4542	1167
湖北	11960		79	12312	2739
湖南	30967		146	34043	7150
广东	5617		32	3107	1981
广西	71361		576	100645	17344
海南	3438		4	7978	876
重庆	10234		49	13773	1602
四川	8653	33	56	23371	1439
贵州	62545	164	352	86055	6893
云南	43977	153	207	81529	10603
西藏	8139		42	17314	1154
陕西	629		4	528	263
甘肃	7289		5	12369	1101
青海	7282		36	12214	1461
宁夏	7019	6	37	9504	1405
新疆	68243		108	92910	7235

2-2 全国少数民族专任教师

单位：万人

年 份	高等学校	中等技术学校	中等师范学校	普通中学	职业中学	小 学
1951				0.27		
1952	0.06			0.45		5.98
1957	0.19			1.17		9.82
1963	0.10	0.12	0.05	1.32	0.06	7.24
1965	0.33	0.11	0.04	1.46	0.28	13.32
1975	0.27			6.85		27.17
1978	0.59	0.27	0.20	11.23		31.02
1979	0.72	0.29	0.22	10.82		31.30
1980	0.78	0.35	0.26	11.23	0.07	32.94
1981	0.84	0.38	0.24	10.52	0.09	33.06
1982	0.92	0.44	0.27	10.42	0.13	34.32
1983	1.08	0.49	0.27	10.72	0.23	34.49
1984	1.08	0.52	0.28	11.24	0.36	37.80
1985	1.28	0.60	0.32	12.56	0.56	39.78
1986	1.42	0.78	0.36	13.92	0.68	42.13
1987	1.54	0.81	0.42	15.05	0.84	43.68
1988	1.69	0.85	0.44	15.85	1.63	42.12
1989	1.75	0.92	0.47	17.39	1.03	46.25
1990	1.78	0.97	0.51	18.30	1.09	45.87
1991	1.89	1.01	0.53	19.21	1.19	46.41
1992	1.94	1.05	0.51	20.00	1.29	47.63
1993	1.94	1.04	0.52	20.21	1.39	47.72
1994	2.11	1.10	0.52	20.76	1.40	47.88
1995	2.20	1.16	0.58	22.25	1.50	50.19
1996	2.20	1.22	0.60	23.34	1.82	51.55
1997	2.28	1.27	0.62	24.69	1.66	52.79
1998	2.32	1.26	0.62	26.03	1.64	53.69
1999	2.33	1.25	0.61	27.14	1.68	54.51
2000	2.51	1.26	0.53	28.16	1.63	55.30
2001	2.87	1.16	0.47	30.04	1.63	57.47
2002	3.35	1.05	0.46	31.70	1.65	57.23
2003	3.63	0.87	0.37	33.35	0.30	57.09
2004	4.30	0.82	0.35	34.61	0.28	56.86
2005	4.65			36.18	0.21	56.93
2006	5.03			37.44	0.17	57.20
2007	5.52			38.18	0.12	57.79
2008	5.83			38.93	0.08	58.11
2009	6.20			39.90	0.05	58.52
2010	6.48			40.62	0.04	58.39

注：2003年以后职业中学数仅指职业初中数。(下同)

2-3 全国少数民族专任教师占全国专任教师总数的比重

单位：%

年 份	高等学校	中等技术学校	中等师范学校	普通中学	职业中学	小学
1951				2.6		
1952				2.9		
1957	2.8			3.9		4.3
1963	2.2	2.5	4.1	3.1	3.9	2.8
1965	2.4	2.5	3.5	3.2	1.4	3.5
1975	1.7	4.2		3.3		5.2
1978	2.9	3.9	6.6	3.5		5.9
1979	3.0	3.7	6.4	3.5		5.8
1980	3.2	3.9	6.9	3.7	3.2	6.0
1981	3.4	3.9	6.4	3.7	3.0	5.9
1982	3.2	4.0	6.7	3.9	3.3	6.2
1983	3.6	4.2	6.9	4.1	3.1	6.4
1984	3.4	4.3	6.6	4.4	3.5	7.0
1985	3.7	4.7	6.9	4.7	3.9	7.4
1986	3.8	5.4	7.3	5.0	4.2	7.8
1987	4.0	5.2	7.8	5.2	4.5	8.0
1988	4.3	5.1	7.7	5.4	8.0	7.7
1989	4.4	5.4	8.2	5.8	4.8	8.3
1990	4.4	5.5	8.7	6.0	4.9	8.2
1991	4.8	5.7	9.3	6.2	5.1	8.4
1992	5.0	5.9	8.9	6.4	5.2	8.6
1993	5.0	5.7	9.0	6.4	5.3	8.6
1994	5.3	5.9	8.7	5.3	5.1	8.5
1995	5.5	5.9	9.4	6.7	5.1	8.9
1996	5.5	6.0	9.5	6.7	5.9	9.0
1997	5.6	6.0	9.8	6.9	5.2	9.1
1998	5.7	6.1	5.7	7.0	4.9	9.2
1999	5.5	6.2	9.9	7.1	5.0	9.3
2000	5.4	6.2	9.9	7.0	5.1	9.4
2001	5.4	6.3	10.4	7.2	5.3	9.7
2002	5.4	6.2	12.2	7.2	5.3	9.9
2003	5.0			7.4		10.0
2004	5.0			7.4		10.1
2005	4.8			7.6		10.2
2006	4.6			7.7		10.2
2007	4.7			7.8		10.3
2008	4.7			7.9		10.3
2009	4.8			8.0		10.4
2010	5.0			8.1		10.4

2-4 全国分地区少数民族专任教师(2010年)(一)

单位：人

地　区	普通高等学校	成人高等学校	中等职业教育
全　国	**64831**	**2664**	**33054**
北　京	3270	59	421
天　津	801	37	142
河　北	2076	52	1098
山　西	186	18	47
内蒙古	6116	61	2895
辽　宁	5397	152	1974
吉　林	3153	120	1257
黑龙江	1875	64	450
上　海	903	5	87
江　苏	1233	21	160
浙　江	955	2	198
安　徽	441	4	95
福　建	538	3	132
江　西	249	11	40
山　东	1089	24	175
河　南	1392	59	341
湖　北	2079	18	981
湖　南	3204	16	1946
广　东	1978	61	458
广　西	6689	233	5024
海　南	283	3	209
重　庆	818	5	638
四　川	1736	39	549
贵　州	4407	42	2778
云　南	4255	209	3872
西　藏	738		287
陕　西	808	12	59
甘　肃	1114	10	821
青　海	939	30	556
宁　夏	1055	9	356
新　疆	5054	1285	5008

2-4　全国分地区少数民族专任教师(2010年)(二)

单位：人

地　区	普通中学	职业初中	特殊教育学校	小　学	幼儿园
全　国	**406164**	**358**	**2450**	**583932**	**56574**
北　京	2904		51	2504	985
天　津	1046		14	851	207
河　北	13441	12	142	15111	2353
山　西	223		6	183	50
内蒙古	25220		198	32311	4412
辽　宁	28752		281	31613	3777
吉　林	8205	7	104	8329	1114
黑龙江	5984		59	5972	380
上　海	815		12	386	186
江　苏	794		19	550	199
浙　江	1517		13	2122	422
安　徽	1024		16	1362	227
福　建	1612		29	2002	239
江　西	304		1	373	96
山　东	1913		21	1842	475
河　南	3015		35	4295	803
湖　北	10521		73	11746	1626
湖　南	27520		127	32038	4461
广　东	5250		32	2884	1512
广　西	60099		458	90686	10555
海　南	3099		4	7568	554
重　庆	9222		43	13119	1040
四　川	7751	30	51	21865	1120
贵　州	58519	161	306	82892	4652
云　南	38998	143	167	77650	7309
西　藏	7621		33	16993	765
陕　西	544		3	502	156
甘　肃	6516		4	11991	840
青　海	6665		34	11638	907
宁　夏	6406	5	35	9359	918
新　疆	60664		79	83195	4234

2-5 全国少数民族在校学生

单位：万人

年 份	高等学校	中等技术学校	中等师范学校	普通中学	职业中学	小 学
1950	0.13					
1951		0.07	0.45	4.03		94.3
1952	0.29	0.26	1.62	7.32		147.4
1957	1.61	1.77	1.97	27.69		319.4
1962	2.87	1.31	0.94	29.47		
1963					1.21	299.2
1965	2.19	1.09	0.81	37.18	1.35	521.9
1975	3.06			155.69		770.8
1978	3.60	2.84	3.03	246.75		768.6
1979	3.74	3.22	3.97	205.87		737.8
1980	4.29	3.93	4.47	199.30	1.46	752.2
1981	5.12	3.91	3.90	177.06	1.36	735.6
1982	5.39	4.10	3.46	177.96	1.77	823.9
1983	5.96	4.48	3.74	182.97	3.62	821.9
1984	6.93	5.24	4.21	202.07	6.17	910.1
1985	9.41	6.65	4.98	224.47	8.74	954.8
1986	9.95	7.57	5.62	254.06	10.32	1033.7
1987	11.87	8.50	6.22	280.07	12.43	1051.3
1988	12.54	8.83	6.18	281.64	26.39	983.6
1989	13.16	9.95	6.28	283.54	13.65	1052.1
1990	13.79	11.41	6.77	294.62	15.06	1069.5
1991	14.18	11.93	6.70	308.59	16.51	980.6
1992	15.29	12.71	7.09	320.88	18.37	1122.3
1993	16.32	14.30	7.67	313.69	18.62	1140.2
1994	17.79	15.69	7.52	324.23	18.98	1149.2
1995	18.76	18.43	8.84	346.65	23.78	1200.2
1996	19.68	21.05	9.02	370.19	24.57	1251.1
1997	21.68	23.71	9.13	403.93	22.93	1248.2
1998	22.63	25.25	9.72	449.16	22.86	1240.2
1999	24.77	27.96	9.71	463.29	24.15	1214.2
2000	31.99	28.98	9.47	498.91	23.88	1181.6
2001	40.97	27.60	8.70	482.84	25.07	1172.0
2002	52.39	27.17	7.82	613.16	26.55	1149.7
2003	65.52	18.88	5.10	654.46	8.74	1120.70
2004	75.59	18.72	3.71	676.11	8.95	1097.15
2005	95.32			684.74	8.55	1078.07
2006	107.55			689.38	3.47	1081.28
2007	115.35			685.46	3.10	1074.18
2008	127.99			680.23	2.19	1070.79
2009	141.05			679.94	1.61	1059.12
2010	150.83			680.34	1.15	1048.24

2-6 全国少数民族在校学生占全国在校学生总数的比重

单位：%

年 份	高等学校	中等技术学校	中等师范学校	普通中学	职业中学	小 学
1951	1.4	0.4	2.1	2.6		2.2
1952	1.5	0.9	4.7	2.9		2.9
1957	3.7	3.7	6.7	4.4		5.0
1962	3.5	3.7	5.2	3.9	3.9	4.1
1965	3.2	2.8	5.2	4.0	2.3	4.5
1975	6.1	7.6		3.5	5.0	5.1
1978	4.2	5.4	8.4	3.8		5.3
1979	3.7	4.5	8.2	3.5		5.0
1980	3.8	5.2	9.3	3.6	3.2	5.1
1981	4.0	6.2	8.9	3.6	2.8	5.1
1982	4.7	6.5	8.4	3.9	2.5	5.9
1983	4.9	6.5	8.2	4.2	3.0	6.0
1984	5.0	6.5	8.2	4.4	3.5	6.7
1985	5.3	6.6	8.9	4.8	3.8	7.1
1986	5.3	6.6	9.2	5.2	4.0	7.8
1987	6.1	7.0	9.5	5.7	4.7	8.2
1988	6.1	6.5	9.0	5.9	9.4	7.8
1989	6.3	6.7	9.2	6.3	4.8	11.2
1990	6.6	7.3	10.0	6.4	5.1	8.7
1991	6.9	7.4	10.1	6.6	5.2	8.1
1992	7.0	7.3	10.7	6.7	5.4	9.2
1993	6.4	6.8	10.6	6.6	5.1	9.2
1994	6.4	6.5	9.6	5.5	4.7	9.0
1995	6.5	6.4	10.4	6.5	5.3	9.1
1996	6.5	6.3	10.3	6.5	5.2	9.2
1997	6.8	6.3	10.0	6.7	4.5	8.9
1998	6.6	6.2	10.6	7.1	4.2	8.9
1999	6.0	6.6	10.7	6.8	4.5	9.0
2000	5.8	7.0	12.3	6.8	4.7	9.1
2001	5.7	7.0	13.1	7.5	5.4	9.3
2002	5.8	6.9	13.0	9.3	5.2	9.5
2003	5.9			7.6		9.6
2004	5.7			7.8		9.8
2005	6.1			8.0		9.9
2006	6.2			8.2		10.1
2007	6.1			8.3		10.2
2008	6.3			8.4		10.4
2009	6.6			8.6		10.5
2010	7.0			8.6		10.4

2-7 全国分地区少数民族在校学生(2010年)(一)

单位：人

地　区	博士生（含科研机构）	硕士生（含科研机构）	普通高等学校（普通本、专科）	成人高等学校（成人本、专科）	中等职业教育
全　国	**12125**	**64505**	**1508295**	**331081**	**1200001**
北　京	3615	10798	54525	20727	8015
天　津	440	1268	23036	2129	2491
河　北	62	1144	56404	10801	33215
山　西	10	183	5246	286	1468
内蒙古	282	4221	97664	13496	73388
辽　宁	765	5771	136123	24499	56166
吉　林	565	2464	55068	9605	14759
黑龙江	450	2415	42236	6509	7078
上　海	1016	2299	20902	2162	1168
江　苏	505	2602	23864	5322	1693
浙　江	181	627	10351	3790	3842
安　徽	47	316	7893	863	2829
福　建	110	612	14061	923	5511
江　西	2	312	17148	740	1722
山　东	131	1003	23846	5934	8394
河　南	23	641	30794	7054	9780
湖　北	810	3590	70985	9820	38132
湖　南	359	2509	75750	11953	63704
广　东	498	1661	17192	4481	8233
广　西	119	2838	178976	49183	237906
海　南	9	153	11448	2545	25821
重　庆	295	2161	40665	5296	35275
四　川	496	3667	51615	21866	37597
贵　州	43	1329	110549	17428	125407
云　南	268	2711	114994	47625	169292
西　藏	8	310	21806	5101	21903
陕　西	716	2895	24803	5711	2883
甘　肃	211	1321	33656	4526	14457
青　海	16	337	17306	6629	26226
宁　夏	7	820	24681	7172	26288
新　疆	66	1527	94708	16905	135358

2-7 全国分地区少数民族在校学生(2010年)(二)

单位：人

地 区	普通中学	职业初中	特殊教育学校	小学	幼儿园
全 国	**6803422**	**11481**	**32407**	**10482369**	**2127237**
北 京	38583		208	37947	10992
天 津	15652		32	12892	2780
河 北	193398	161	543	227398	84296
山 西	3567		9	2290	799
内 蒙 古	333601		899	354158	88639
辽 宁	359383		812	376257	81357
吉 林	98170	21	353	63857	13805
黑 龙 江	60634	98	141	45862	7632
上 海	9222		34	6334	1133
江 苏	11811		47	7475	1913
浙 江	24867		65	52488	8347
安 徽	23593		23	20936	3557
福 建	38133		448	45063	10017
江 西	4523		44	5420	1234
山 东	33751		111	43473	9416
河 南	79328		101	93157	15758
湖 北	177707		612	199112	56216
湖 南	376062		1679	562012	142600
广 东	31733		8	46099	14574
广 西	983523		5054	1535792	388477
海 南	91932		371	127143	16581
重 庆	190275		941	212633	54812
四 川	232374	4094	1625	623552	60770
贵 州	1092467	2508	5594	1775808	276327
云 南	879419	4518	6451	1506248	273919
西 藏	170367		249	288169	17560
陕 西	9026		31	8217	2109
甘 肃	149697		992	295073	19494
青 海	156254		1220	309925	42712
宁 夏	151238	81	541	303919	47823
新 疆	783132		3169	1293660	371588

2-8 全国民族学院(大学)教职工(一)

单位: 人

年 份	合 计	中央民族大学	内蒙古民族大学	大连民族学院	中南民族大学
1978	4888	11731			
1979	5616	1380			
1980	6241	1674			
1981	7652	1849			674
1982	7997	1911			718
1983	8255	1933			803
1984	8466	1945			877
1985	9431	2125			1000
1986	9902	2200			1085
1987	10403	2386			1145
1988	10377	2248			1218
1989	10641	2034			1231
1990	10593	1938			1265
1991	10612	2034			1264
1992	10570	1877			1264
1993	10584	1837			1254
1994	10629	1791			1210
1995	10752	1821			1215
1996	10452	1551			1220
1997	10668	1544			1128
1998	11342	1776		205	1129
1999	10621	1763		289	1126
2000	10549	1591		330	1124
2001	11041	1587		469	1395
2002	11939	1536		515	1371
2003	13691	1501	1664	574	1325
2004	14469	1547	1678	642	1430
2005	15355	1638	1821	713	1545
2006	16457	1813	1837	807	1673
2007	16819	1879	1755	841	1725
2008	17171	1918	1793	919	1807
2009	17430	2029	1762	982	1767
2010	18102	1897	1769	1288	1891

2-8 全国民族学院(大学)教职工(二)

单位: 人

年 份	湖北民族学院	广东民族学院	广西民族学院	西南民族大学	贵州民族学院
1978		145	759	630	139
1979		179	808	738	186
1980		240	845	803	224
1981		279	917	829	335
1982		338	918	950	378
1983		364	914	992	415
1984		394	295	1046	402
1985		411	970	1127	906
1986		436	1007	1168	654
1987		429	1055	1204	722
1988		423	1054	948	780
1989	477	434	1045	1206	792
1990	512	421	1049	1192	792
1991	518	410	1033	1170	753
1992	550	399	1018	1161	843
1993	540	419	1049	1164	882
1994	558	439	1047	1157	888
1995	591	463	1050	1143	920
1996	601	467	1048	1108	956
1997	611	491	1052	1252	934
1998	1079	510	1028	1192	923
1999	1066		1003	993	880
2000	1080		1008	1004	890
2001	1086		967	1006	898
2002	1119		1007	1382	851
2003	1163		1043	1316	909
2004	1221		1120	1436	986
2005	1281		1158	1497	1049
2006	1451		1202	1564	1084
2007	1428		1185	1608	1124
2008	1365		1156	1667	1135
2009	1396		1134	1696	1129
2010	1433		1200	1795	1136

2-8 全国民族学院(大学)教职工(三)

单位：人

年　份	云南民族大学	西藏民族学院	西北民族大学	青海民族大学	北方民族大学
1978	416	568	586	472	
1979	484	633	634	574	
1980	509	630	655	661	
1981	624	641	828	676	
1982	725	650	844	565	
1983	776	609	873	576	
1984	783	609	903	582	
1985	554	562	941	654	181
1986	915	559	1011	639	228
1987	953	597	1011	654	247
1988	948	873	971	655	268
1989	956	581	958	659	268
1990	960	561	970	646	281
1991	944	567	981	648	290
1992	953	574	998	614	319
1993	928	575	996	616	324
1994	980	577	1010	594	378
1995	984	591	1000	589	385
1996	918	601	1006	570	406
1997	977	596	995	582	402
1998	975	577	984	546	418
1999	911	561	979	554	496
2000	909	553	986	568	506
2001	943	554	990	580	566
2002	867	667	1087	902	635
2003	864	549	1056	1023	704
2004	911	581	1115	1030	772
2005	947	627	1183	1045	851
2006	1004	661	1286	1193	882
2007	985	699	1466	1215	909
2008	1027	729	1503	1221	931
2009	1067	775	1532	1198	963
2010	1152	823	1579	1165	974

2-9 全国民族学院(大学)专任教师(一)

单位：人

年 份	合 计	中央民族大学	内蒙古民族大学	大连民族学院	中南民族大学
1978	2121	563			
1979	2430	673			
1980	2891	818			185
1981	3253	732			306
1982	3334	775			302
1983	3479	781			344
1984	3516	809			363
1985	3874	804			419
1986	4092	834			439
1987	4208	855			432
1988	4557	821			525
1989	4484	800			462
1990	4393	763			472
1991	4241	720			471
1992	4332	687			503
1993	4466	678			522
1994	4486	701			512
1995	4629	740			526
1996	4702	797			530
1997	4755	760			516
1998	4897	730		73	509
1999	4780	722		129	512
2000	4816	700		156	511
2001	5361	698		281	709
2002	6171	714		367	731
2003	7223	734	806	403	758
2004	8073	751	803	467	837
2005	8933	859	939	490	957
2006	9952	959	1021	573	998
2007	10180	1003	955	634	1044
2008	10902	1040	1004	640	1093
2009	11096	1175	1034	672	1131
2010	11589	1036	1048	808	1201

2-9 全国民族学院(大学)专任教师(二)

单位：人

年 份	湖北民族学院	广东民族学院	广西民族学院	西南民族大学	贵州民族学院
1978		68	307	318	34
1979		84	315	324	56
1980		96	327	347	68
1981		113	410	356	119
1982		129	381	426	156
1983		153	400	461	157
1984		160	410	432	163
1985		167	435	488	388
1986		181	449	464	283
1987		182	445	468	302
1988		182	446	495	386
1989	197	189	447	490	359
1990	228	180	441	444	375
1991	225	177	424	442	306
1992	243	174	426	440	385
1993	233	192	453	518	418
1994	282	202	470	439	420
1995	296	202	500	448	430
1996	326	211	431	473	429
1997	325	225	491	452	436
1998	529	247	440	412	469
1999	532		462	408	449
2000	524		460	426	447
2001	521		481	498	469
2002	555		521	774	490
2003	564		534	713	512
2004	655		605	914	562
2005	692		616	984	611
2006	834		717	1010	645
2007	819		741	1064	655
2008	783		758	1156	655
2009	801		777	1229	694
2010	812		849	1307	719

2-9 全国民族学院(大学)专任教师(三)

单位：人

年 份	云南民族大学	西藏民族学院	西北民族大学	青海民族大学	北方民族大学
1978	163	193	246	229	
1979	182	223	272	301	
1980	209	203	314	314	
1981	272	226	289	330	
1982	321	209	376	259	
1983	340	185	400	258	
1984	336	185	401	257	
1985	219	235	424	211	84
1986	403	235	438	270	96
1987	436	224	474	287	103
1988	442	389	436	298	137
1989	445	244	431	292	128
1990	422	234	429	274	131
1991	406	229	439	271	131
1992	389	232	444	241	168
1993	376	238	443	226	169
1994	377	232	449	209	193
1995	396	233	437	222	199
1996	416	243	427	217	202
1997	424	243	438	221	193
1998	420	233	442	194	199
1999	428	241	449	200	248
2000	433	235	459	209	256
2001	442	240	483	218	321
2002	446	239	564	419	351
2003	464	259	577	477	422
2004	513	303	683	541	439
2005	560	354	754	610	507
2006	642	488	806	731	528
2007	686	468	874	702	535
2008	732	519	883	717	564
2009	762	564	910	714	633
2010	872	592	942	707	696

2-10 全国民族学院(大学)在校学生(一)

单位: 人

年 份	合 计	中央民族大学	内蒙古民族大学	大连民族学院	中南民族大学
1978	6902	1337			
1979	7384	1474			
1980	8477	1778			
1981	10059	2126			161
1982	9556	1977			514
1983	11337	2135			1078
1984	14045	2487			1591
1985	18369	3255			2060
1986	21497	3211			3826
1987	20267	3171			2760
1988	22144	3374			3004
1989	22932	2983			3039
1990	22095	2723			3064
1991	21400	2416			2952
1992	22836	2366			2997
1993	26638	2726			3532
1994	30782	2871			4393
1995	32625	3512			4750
1996	33516	3948			5536
1997	35081	3995			5695
1998	39332	3850		650	5848
1999	42751	3799		1533	6478
2000	52098	3881		2543	7037
2001	71096	4784		4237	8997
2002	86681	6373		5595	11764
2003	115966	8100	13185	7238	13198
2004	133865	9715	16402	8571	15551
2005	146716	10766	16013	9277	16817
2006	154992	11127	15653	10196	17837
2007	162947	11237	17169	10996	18477
2008	178566	11305	16563	11868	19027
2009	190116	11271	17867	13089	19757
2010	194458	11236	19686	13883	20697

2-10 全国民族学院(大学)在校学生(二)

单位：人

年 份	湖北民族学院	广东民族学院	广西民族学院	西南民族大学	贵州民族学院
1978		402	1306	933	178
1979		532	1316	1198	176
1980		123	1586	1439	260
1981		547	1584	1436	241
1982		395	1366	1513	391
1983		518	1493	1674	638
1984		737	1933	1924	910
1985		1041	2562	2315	1338
1986		1266	2479	2386	1603
1987		1144	2285	2471	1728
1988		1569	2302	2680	1764
1989	1639	1850	2204	2572	1728
1990	1792	1204	2188	2480	1654
1991	1834	1052	2022	2649	1477
1992	2099	1298	2492	2740	1450
1993	2143	1594	2942	3197	1726
1994	2178	2215	3464	3708	2173
1995	2211	2464	3602	3585	2663
1996	2348	2530	3634	3664	2181
1997	2586	2551	4040	3901	2349
1998	4093	2620	4620	4353	2655
1999	4701		5423	4445	3489
2000	5682		6624	5445	4489
2001	6584		7713	7211	6073
2002	7570		9074	9804	7239
2003	8391		9996	12871	8791
2004	9574		11270	15115	8682
2005	11114		12410	16660	9926
2006	12095		13599	17558	9440
2007	12504		14337	18130	8249
2008	13453		14689	19023	8757
2009	12938		14795	20090	9925
2010	13498		15237	21850	11613

2-10 全国民族学院(大学)在校学生(三)

单位：人

年 份	云南民族大学	西藏民族学院	西北民族大学	青海民族大学	北方民族大学
1978	793	496	514	943	
1979	854	201	790	843	
1980	895	314	734	1108	
1981	1167	438	1006	1353	
1982	858	418	1005	1119	
1983	1068	409	1118	1206	
1984	1432	409	1302	1320	
1985	1979	559	1631	1363	266
1986	2344	838	1909	1241	394
1987	2366	837	1949	1185	371
1988	2665	1098	2067	1218	403
1989	2489	697	2046	1141	544
1990	2526	663	2009	1149	643
1991	2557	586	2006	1100	689
1992	2562	618	2299	1124	891
1993	2653	951	2731	1248	1195
1994	2618	1184	2879	1376	1723
1995	2528	1539	2613	1450	1708
1996	2624	1283	2640	1508	1620
1997	2835	1244	2807	1520	1558
1998	3103	1317	2873	1566	1784
1999	3764	1588	3573	1690	2268
2000	4612	2098	4329	2229	3129
2001	5437	2494	6051	2915	4363
2002	6866	3199	7265	6640	5292
2003	7993	3781	9484	6655	6283
2004	8988	5604	10920	6372	7101
2005	8845	7497	12756	6781	7854
2006	9019	8435	13908	7155	8970
2007	9430	9334	15262	7662	10160
2008	10451	10024	16802	8036	11470
2009	12662	9813	18413	8442	12830
2010	15194	9074	19833	8587	14070

2-11 全国民族学院(大学)教职工基本情况(2010年)(一)

单位：人

单位	总计	校本部职工	专任教师	正高级	副高级	中级	初级
合计	**18102**	**17452**	**11589**	**1840**	**4259**	**6498**	**2611**
中央民族大学	1897	1799	1036	263	429	843	100
内蒙古民族大学	1769	1686	1048	150	438	540	281
大连民族学院	1288	1198	808	129	326	511	180
中南民族大学	1891	1823	1201	168	531	660	253
湖北民族学院	1433	1218	812	109	347	527	341
广西民族学院	1200	1179	849	148	265	490	72
西南民族大学	1795	1795	1307	165	374	753	280
贵州民族学院	1136	1111	719	107	264	441	152
云南民族大学	1152	1141	872	164	299	416	167
西藏民族学院	823	823	592	28	176	203	85
西北民族大学	1579	1548	942	163	292	421	288
青海民族学院	1165	1165	707	171	282	298	272
北方民族大学	974	966	696	75	236	395	140

2-11 全国民族学院(大学)教职工基本情况(2010年)(二)

单位：人

单位	无职称	教辅人员	行政人员	工勤人员	科研机构人员	校办企业人员	其他附设机构
合计	**2894**	**1682**	**2692**	**1489**	**75**	**90**	**485**
中央民族大学	262	140	519	104			98
内蒙古民族大学	360	192	134	312			83
大连民族学院	142	132	228	30		90	
中南民族大学	279	221	248	153	39		29
湖北民族学院	109	148	154	104	5		210
广西民族学院	225	83	161	86	1		20
西南民族大学	223	74	274	140			
贵州民族学院	172	129	192	71	11		14
云南民族大学	106	65	141	63	11		
西藏民族学院	331	51	70	110			
西北民族大学	415	193	319	94			31
青海民族学院	142	149	130	179			
北方民族大学	128	105	122	43	8		

2-12 全国民族学院(大学)学生基本情况(2010年)

单位：人

单 位	本、专科生		
	在校学生	招生数	毕业生数
合 计	**194458**	**53551**	**40583**
中央民族大学	11236	2812	2796
内蒙古民族大学	19686	5116	3745
大连民族学院	13883	3801	2843
湖北民族学院	13498	3632	3468
中南民族大学	20697	5605	4491
广西民族学院	15237	4228	3601
西南民族大学	21850	6184	4338
贵州民族学院	11613	3485	1946
云南民族大学	15194	4867	2506
西藏民族学院	9074	1981	2604
西北民族大学	19833	5500	3777
青海民族学院	8587	2240	2021
北方民族大学	14070	4100	2447

2-13 全国内地西藏班和新疆班招生情况

单位：人

年 份	合 计	西藏班						新疆班
		小 计	初 中	高 中	中 师	中 专	大 学	高 中
1985	1300	1300	1300					
1986	1240	1240	1240					
1987	1320	1320	1320					
1988	1400	1400	1400					
1989	2176	2176	1180	200	295	501		
1990	2485	2485	1277	300	302	606		
1991	2444	2444	1242	261	250	691		
1992	2654	2654	1222	300	270	605	257	
1993	2654	2654	1300	294	200	612	248	
1994	2646	2646	1235	333	240	576	262	
1995	2815	2815	1420	360	280	544	211	
1996	3151	3151	1621	390	310	550	280	
1997	3161	3161	1735	400	336	489	201	
1998	3365	3365	1855	455	369	347	339	
1999	3442	3442	1782	505	375	380	400	
2000	4487	3487	1520	953	205	387	422	1000
2003	5574	4039	2568	1471				1535
2004	5281	3144	2012	2137				2304
2005	5992	3073	1873	1200				2919
2006	7288	3385	2042	1343				3903
2007	8404	3750	2115	1635				4654
2008	9648	3677	2026	1651				5971
2009	10668	3865	1969	1896				6803
2010	11432	4675	1884	2791				6757

2-14 全国分地区内地西藏班和新疆班招生情况(2010年)

单位：人

地　区	合　计	西藏班			新疆班
		小　计	初　中	高　中	高　中
总　计	**11432**	**4675**	**1884**	**2791**	**6757**
北　京	1393	587		587	806
天　津	930	378	79	299	552
河　北	253	253		253	
山　西	120	120		120	
辽　宁	439	214	185	29	225
吉　林	164				164
黑龙江	416				416
上　海	1186	294	210	84	892
江　苏	1108	300	175	125	808
浙　江	1086	325	200	125	761
安　徽	134	134	113	21	
福　建	500	240	80	160	260
江　西	80	80	80		
山　东	555	150	150		405
河　南	256	170		170	86
湖　北	391	225	90	135	166
湖　南	496	262		262	234
广　东	1490	508	297	211	982
重　庆	140	140	100	40	
四　川	170	170		170	
陕　西	125	125	125		

2-15 全国分地区内地西藏班和新疆班在校学生数(2010年)

单位：人

地　区	合　计	西藏班			新疆班
		小　计	初　中	高　中	高　中
总　计	**35496**	**13816**	**6797**	**7019**	**21680**
北　京	4808	1722		1722	3086
天　津	2553	901	216	685	1652
河　北	253	253		253	
山　西	312	312		312	
辽　宁	1501	806	86	720	695
吉　林	406				406
黑龙江	416				416
上　海	4026	975	827	148	3051
江　苏	4057	1106	741	365	2951
浙　江	3854	974	800	174	2880
安　徽	439	439	380	59	
福　建	1300	554	315	239	746
江　西	360	360	360		
山　东	1927	611	600	11	1316
河　南	723	560	95	465	163
湖　北	1118	720	397	323	398
湖　南	724	508		508	216
广　东	4673	969	737	232	3704
重　庆	1014	1014	743	271	
四　川	516	516		516	
陕　西	516	516	500	16	

三、文 化

3-1 全国少数民族文字出版物情况

单位：种数：种；印数：万册(份)

年 份	图 书		期 刊		报 纸	
	种数	印数	种数	印数	种数	印数
1952	621	661	15	169	20	2933
1957	1763	1462	35	244	32	2434
1962	942	910	27	170	32	2252
1965	1694	2480	36	268	36	3955
1970	312	1331	5	93	5	3262
1975	1226	3365	18	237	10	6461
1978	1386	3179	35	313	11	7072
1980	1921	3427	42	575	18	7384
1981	1904	2652	63	590	18	6631
1982	2270	3330	75	631	18	7063
1983	2327	3358	74	616	19	7927
1984	2524	3514	76	748	42	15175
1985	2759	3629	109	1035	57	11402
1986	2972	3635	126	1085	56	12561
1987	3157	4184	128	1148	70	13306
1988	3294	3816	541	1350	76	13411
1989	3260	3853	153	1280	75	9031
1990	3251	3867	131	1027	79	14837
1991	3575	4922	142	1006	81	11983
1992	3065	4326	167	1354	83	11981
1993	3500	5090	173	1291	87	11513
1994	3248	4552	178	1247	92	12526
1995	3342	4791	185	1197	92	16833
1996	3209	5060	183	1011	89	14917
1997	3429	4999	184	970	88	10527
1998	4108	5376	184	1099	83	9651
1999	4591	6021	185	1009	81	10486
2000	5062	5640	193	863	84	10116
2001	4779	5306	202	990	92	12396
2002	5125	5729	211	978	89	10229
2003	4787	5034	205	781	88	13130
2004	5457	6355	193	584	89	14404
2005	5295	6755	192	466	82	10966
2006	5931	6518	192	651	82	11809
2007	5561	6444	192	758	82	12740
2008	5563	3797	192	650	82	14964
2009	8535	6689	192	612	82	12184
2010	7593	4925	207	850	82	19846

3-2 全国少数民族文字出版的图书(一)

单位：种数：种；印数：万册(份)；印张：万印张

年份	总计				书籍			
	种数		印数	印张	种数		印数	印张
	合计	#新出			合计	#新出		
1952	621	534	661	1714	391	341	281	739
1957	1763	1504	1462	6320	1204	1120	685	3122
1962	942	627	910	4111	361	341	202	1230
1965	1694	1290	2480	9276	644	560	1002	4650
1970	312	247	1331	4874	159	134	797	3556
1975	1226	1072	3365	12428	762	720	1868	8514
1978	1386	1120	3179	12346	750	689	874	4914
1979	1544	1290	2707	14166	803	791	716	5571
1980	1921	1456	3427	16854	1047	976	905	6449
1981	1904	1471	2652	16249	1038	973	776	6991
1982	2270	1713	3330	18882	1232	1132	1033	7919
1983	2237	1683	3358	19783	1267	1182	1113	8974
1984	2524	1931	3514	21177	1483	1379	1142	9854
1985	2759	2075	3629	20253	1602	1478	1111	8168
1986	2972	2108	3635	21030	1679	1567	1021	8158
1987	3157	2022	4184	22878	1752	1532	1215	9134
1988	3294	1975	3816	21647	1842	1580	1046	7958
1989	3260	1783	3853	22059	1709	1385	1124	8088
1990	3251	1869	3867	21673	1734	1422	1049	7853
1991	3575	1913	4922	25103	1700	1369	1201	8220
1992	3065	1556	4326	2549	1536	1207	1096	8104
1993	3500	1995	5090	26069	1704	1353	1398	9087
1994	3428	1827	4552	25869	2277	1535	2136	12926
1995	3342	1473	4791	24943	1547	1085	1411	8521
1996	3209	1431	5060	26523	1607	1080	1648	8635
1997	3429	1361	4999	27022	1959	1143	1784	9027
1998	4108	1548	5376	30291	2412	1341	2164	11418
1999	4591	1828	6021	34557	2367	1473	1896	11156
2000	5062	2078	5640	33514	2598	1741	1510	9965
2001	4779	2374	5306	32241	2451	1933	1412	9254
2002	5125	2329	5729	34765	2548	1840	1552	10524
2003	4787	2275	5034	31947	2624	1683	1501	9289
2004	5457	2430	6355	40022	2832	1798	1458	10137
2005	5295	2522	6755	44154	2606	1669	1424	9902
2006	5931	2811	6518	47302	3324	2156	1382	12493
2007	5561	2175	6444	42347	4543	1821	5264	35770
2008	5563	2543	3797	26679	4734	2285	2780	21057
2009	8535	3163	6689	45988	5361	2687	2705	19106
2010	7593	3173	4925	35335	6050	2828	3362	24323

3-2 全国少数民族文字出版的图书(二)

单位: 种数: 种; 印数: 万册(份); 印张: 万印张

年份	课本				图片			
	种数		印数	印张	种数		印数	印张
	合计	#新出			合计	#新出		
1952	230	193	380	975	41	41	29	18
1957	509	341	759	3180	50	43	18	18
1962	550	256	640	2820	31	30	68	61
1965	787	561	1150	4404	263	169	328	222
1970	75	35	316	1144	78	78	218	174
1975	358	246	939	3481	106	106	558	433
1978	537	340	1629	6829	99	91	676	603
1980	808	414	1958	9713	66	66	564	692
1981	803	436	1692	8998	63	62	184	260
1982	974	517	2170	10820	64	64	27	143
1983	975	420	2020	10499	85	81	225	310
1984	946	464	2198	11145	95	88	174	121
1985	1084	525	2326	11885	73	72	192	201
1986	1263	515	2561	12686	30	26	53	179
1987	1330	416	2847	13566	75	74	124	154
1988	1400	345	2669	13197	52	50	101	299
1989	1509	356	2624	13644	42	42	105	154
1990	1482	413	2754	13582	35	34	64	226
1991	1828	497	3671	16616	47	47	50	233
1992	1488	309	3154	14261	41	40	76	163
1993	1780	628	3623	16837	16	14	71	97
1994	1137	283	2361	12843	14	9	55	99
1995	1780	373	3346	16283	15	15	34	20
1996	1592	343	3403	17860	10	8	9	10
1997	1464	213	3204	17908	6	5	11	24
1998	1677	193	3199	18805	19	14	13	67
1999	2204	337	4100	22871	20	18	25	108
2000	2455	334	4124	23838	9	3	6	11
2001	2311	427	3886	22978	17	14	8	9
2002	2555	472	4163	24137	22	17	14	89
2003	2142	583	3521	22623	21	9	12	18
2004	2611	619	4890	29873	14	13	7	12
2005	2689	853	5331	34239				
2006	2605	653	5134	34802				
2007	1009	347	1175	6545				
2008	826	257	1015	5620				
2009	3154	470	3962	26811				
2010	1523	327	1548	10948	4	2	2	4

3-3 全国分地区少数民族文字出版的图书(2010年)(一)

单位：种数：种；印数：万册(份)；印张：千印张

地区	总计				书籍			
	种数合计	#新出	印数	印张	种数合计	#新出	印数	印张
总计	**7593**	**3173**	**4925**	**353353**	**6050**	**2828**	**3362**	**243226**
中央	**1063**	**666**	**366**	**33735**	**1056**	**659**	**364**	**33484**
民族出版社	992	597	318	28848	990	595	318	28814
中国人口出版社	3	2	4	153	3	2	4	153
中国藏学出版社	43	42	24	3030	38	37	22	2814
中央民族大学出版社	14	14	3	264	14	14	3	264
中国农业出版社	9	9	3	264	9	9	3	264
宗教文化出版社	1	1	13	1154	1	1	13	1154
五洲传播出版社	1	1		21	1	1		21
地方	**6530**	**2507**	**4561**	**319620**	**4994**	**2169**	**2998**	**209742**
内蒙古	1578	553	1117	83262	937	417	420	31181
辽宁	107	67	41	4168	84	61	31	3734
吉林	820	224	258	20690	568	212	179	14046
黑龙江	39	30	7	1338	38	29	7	1278
广西	144	144	25	3784	129	129	19	3342
四川	202	84	145	8796	114	38	70	4629
贵州	2	2	2	193				
云南	106	106	21	2547	85	85	13	1676
西藏	487	114	463	28112	314	95	164	11084
甘肃	89	75	33	3466	86	72	32	3306
青海	265	67	296	21057	71	24	29	3539
新疆	2691	1041	2153	142207	2568	1007	2034	131927

3-3 全国分地区少数民族文字出版的图书(2010年)(二)

单位：种数：种；印数：万册(份)；印张：千印张

地区	课本				图片			
	种数合计	#新出	印数	印张	种数合计	#新出	印数	印张
总计	**1523**	**327**	**1548**	**109475**	**4**	**2**	**2**	**35**
中央	**5**	**5**	**2**	**216**				
中国藏学出版社	5	5	2	216				
地方	**1518**	**322**	**1546**	**109259**	**4**	**2**	**2**	**35**
内蒙古	640	135	696	52066	1	1		15
辽宁	21	6	9	424	2		1	10
吉林	252	12	79	6643				
黑龙江	1	1		60				
广西	15	15	7	443				
四川	88	46	74	4167				
贵州	2	2	2	193				
云南	19	19	7	767	1	1	1	9
西藏	172	18	296	16895				
甘肃	3	3	1	159				
青海	194	43	266	17517				
新疆	111	22	109	9924				

3-4 全国少数民族文字出版的期刊、报纸

单位：种数：种；印数：万册(份)；印张：万印张

年 份	期刊			报 纸		
	种 数	印 数	印 张	种 数	印 数	印 张
1950				14	259	205
1952	15	169	311	20	2933	2043
1957	35	244	757	32	2434	2432
1962	27	170	617	32	2252	2002
1965	36	268	846	36	3955	4159
1970	5	93	659	5	3262	3880
1975	18	237	1346	10	6461	6211
1978	35	313	2022	11	7072	7416
1979	41	392	2084	12	6078	6291
1980	42	575	2441	18	7384	6231
1981	63	590	2462	18	6631	5541
1982	75	631	2432	18	7063	6598
1983	74	616	2495	19	7927	8377
1984	76	748	3123	42	15175	13657
1985	109	1035	4745	57	11402	9331
1986	126	1085	4991	56	12561	11070
1987	128	1148	4742	70	13306	11571
1988	154	1350	5823	76	13411	11829
1989	153	1280	5188	75	9031	7998
1990	131	1027	4221	79	14837	13957
1991	142	1006	4151	81	11983	10819
1992	167	1354	5124	83	11981	10410
1993	173	1291	5011	87	11513	8831
1994	178	1247	4577	92	12526	12102
1995	185	1197	4544	92	16833	14078
1996	183	1011	3983	89	14917	10728
1997	184	970	3723	88	10527	9596
1998	184	1099	4207	83	9651	9227
1999	185	1009	3919	81	10486	11996
2000	193	863	3349	84	10116	10133
2001	202	990	3759	92	12396	12705
2002	211	978	3693	89	10229	11001
2003	205	781	3037	88	13130	15149
2004	193	584	2383	89	14404	17495
2005	192	466	2186	82	10966	12131
2006	192	651	2655	82	11809	12800
2007	192	758	3130	82	12740	14526
2008	192	650	2889	82	14964	30570
2009	192	612	2742	82	12184	15329
2010	207	850	3754	82	19846	24427

3-5 全国分地区少数民族文字出版的期刊(2010年)(一)

单位：种数：种；印数：万册(份)；印张：千印张

地区	合计				综合类			
	种数	平均期印数	总印数	总印张	种数	平均期印数	总印数	总印张
总计	**207**	**89**	**850**	**37538**	**11**	**3**	**22**	**1169**
中央	**15**	**12**	**69**	**3806**				
地方	**192**	**77**	**781**	**33732**	**11**	**3**	**22**	**1169**
内蒙古	46	19	290	10683				
吉林	13	4	42	2670				
黑龙江	3	2	13	788				
四川	4	1	4	112				
云南	2	1	14	685				
西藏	14	5	43	1825	1		1	129
甘肃	3	1	2	145	2			32
青海	6	1	5	249	2		2	125
新疆	101	44	368	16576	6	2	19	882

3-5 全国分地区少数民族文字出版的期刊(2010年)(二)

单位：种数：种；印数：万册(份)；印张：千印张

地区	哲学、社会科学类				自然科学、技术类			
	种数	平均期印数	总印数	总印张	种数	平均期印数	总印数	总印张
总计	**69**	**44**	**517**	**20224**	**36**	**14**	**98**	**3857**
中央	**10**	**11**	**60**	**3267**				
地方	**59**	**33**	**457**	**16957**	**36**	**14**	**98**	**3857**
内蒙古	19	14	248	8568	8	1	10	383
吉林	3	2	24	1228	2		2	155
黑龙江								
四川	2	1	3	96				
云南	1	1	14	673				
西藏	6	3	31	935	1			11
甘肃								
青海	3		3	108				
新疆	25	12	134	5349	25	13	86	3308

3-5 全国分地区少数民族文字出版的期刊(2010年)(三)

单位：种数：种；印数：万册(份)；印张：千印张

地　区	文化、教育类				文学、艺术类			
	种　数	平均期印　数	总印数	总印张	种　数	平均期印　数	总印数	总印张
总　计	**27**	**8**	**78**	**3763**	**55**	**17**	**111**	**7293**
中　央								
地　方	**27**	**8**	**78**	**3763**	**55**	**17**	**111**	**7293**
内蒙古	4	1	11	373	14	3	20	1304
吉　林	2		4	206	5	1	4	652
黑龙江					2	1	10	608
四　川					2			16
云　南					1			12
西　藏	1		1	98	5	2	10	653
甘　肃					1	1	2	112
青　海	1			16				
新　疆	19	6	62	3070	25	10	65	3936

3-5 全国分地区少数民族文字出版的期刊(2010年)(四)

单位：种数：种；印数：万册(份)；印张：千印张

地　区	少儿读物类				画刊类			
	种　数	平均期印　数	总印数	总印张	种　数	平均期印　数	总印数	总印张
总　计	**2.0**	**1.2**	**11.2**	**608.7**	**7.0**	**1.1**	**11.3**	**623.2**
中　央					**5.0**	**0.7**	**8.9**	**539.0**
地　方	**2.0**	**1.2**	**11.2**	**608.7**	**2.0**	**0.4**	**2.4**	**84.2**
内蒙古					1.0	0.3	1.8	54.0
吉　林	1.0	0.6	7.6	428.7				
黑龙江	1.0	0.6	3.6	180.0				
四　川								
云　南								
西　藏								
甘　肃								
青　海								
新　疆					1.0	0.1	0.6	30.2

3-6 全国分地区少数民族文字出版的报纸(2010年)

单位：种数：种；印数：万册(份)；印张：千印张

地区	合计				#省、自治区、直辖市级			
	种数	平均期印数	总印数	总印张	种数	平均期印数	总印数	总印张
总计	**82**	**87**	**19846**	**244268**	**28**	**38**	**13250**	**129765**
内蒙古	12	5	941	12388	3	2	327	6248
辽宁	2	1	62	1154	1	1	56	1128
吉林	6	2	115	2172	1	1	84	840
黑龙江	1	1	319	6380	1	1	319	6380
四川	2	1	117	794				
云南	6	2	115	885				
西藏	9	9	2261	30881	4	6	1471	27312
青海	5	3	105	941	4	3	100	917
新疆	39	64	15810	188674	14	26	10893	86940

3-7 全国少数民族文字图书出版数量与上年相比增减百分比(2010年)

单位：%

地区	图书总计			
	种数		印数	印张
	合计	新出		
总计	**-11.0**	**0.3**	**-26.4**	**-23.2**
中央	41.7	25.9	76.0	69.0
地方	-16.1	-4.8	-29.6	-27.3

3-8 全国少数民族文字期刊出版数量与上年相比增减的百分比(2010年)

地 区	种 数	总印数	总印张
总 计	**7.81**	**38.91**	**36.89**
中 央	-11.76	-12.44	-10.09
地 方	9.71	46.24	45.46

3-9 全国少数民族文字报纸出版数量与上年相比增减的百分比(2010年)

地 区	合 计				#省、自治区、直辖市级			
	种 数	平均期印数	总印数	总印张	种 数	平均期印数	总印数	总印张
总 计		**25.74**	**62.89**	**59.35**		**22.63**	**123.44**	**47.16**
中 央								
地 方		25.74	-100.00	-100.00		22.63	123.44	47.16

3-10 主要少数民族语言广播播出基本情况(2010年)

地区	广播使用语言(种)	合计(时:分)	转中央台节目(时:分)	转省级台节目(时:分)	转地市级台节目(时:分)	制作节目播出时间(时:分)
合计	蒙古语	**225792 : 08**	**59571 : 55**	**34195 : 30**	**12428 : 28**	**107384 : 15**
内蒙古		187970 : 08	55218 : 55	23169 : 50	11450 : 48	90976 : 35
辽宁		6752 : 00	365 : 00	365 : 00		4702 : 00
吉林		5657 : 30	183 : 00	183 : 00		2846 : 30
黑龙江		2228 : 30	465 : 00	596 : 40	857 : 40	309 : 10
青海		4167 : 00	365 : 00	595 : 00		2627 : 00
新疆		19017 : 00	2975 : 00	9286 : 00	120 : 00	5923 : 00
合计	朝鲜语	**32597 : 15**	**1356 : 00**			**15954 : 51**
辽宁		6387 : 30	182 : 30			730 : 00
吉林		26209 : 45	1173 : 30			15224 : 51
合计	藏语	**36977 : 55**	**2537 : 30**	**7298 : 30**		**23225 : 33**
四川		6572 : 30	182 : 30	5292 : 30		1047 : 30
云南		6485 : 00	893 : 00	449 : 00		1857 : 00
西藏		11356 : 25	365 : 00			10991 : 25
甘肃		8397 : 00	732 : 00	962 : 00		6703 : 00
青海		4167 : 00	365 : 00	595 : 00		2627 : 00
合计	维吾尔语	**234285 : 50**	**34680 : 34**	**79832 : 20**	**4858 : 45**	**104167 : 41**
新疆		234285 : 50	34680 : 34	79832 : 20	4858 : 45	104167 : 41

3-11 主要少数民族语言电视播出基本情况(2010年)

地区	电视节目播出语种种类(种)	合计(时:分)	转中央台节目(时:分)	转省级台节目(时:分)	转地市级台节目(时:分)	制作节目播出时间(时:分)
合计	蒙古语	**236647:44**	**46028:20**	**29326:40**	**13218:48**	**59370:40**
内蒙古		207020:44	43193:40	27264:40	10510:48	53636:20
辽宁		5840:00	182:30			1058:30
吉林		6570:00	183:00	547:00		2255:00
黑龙江		3650:00			2608:00	309:00
新疆		13567:00	2469:10	1515:00	100:00	2111:50
合计	朝鲜语	**68341:43**	**1499:30**		**6:00**	**22702:32**
吉林		68341:43	1499:30		6:00	22702:32
合计	藏语	**55792:57**	**4196:00**	**4066:30**		**21310:00**
四川		12619:57	182:30	157:00		3255:00
云南		4420:00	1008:00	1298:00		1109:00
西藏		17946:00	1914:00	1499:00		10425:00
甘肃		8758:00	365:00	445:00		3075:00
青海		12049:00	726:30	667:30		3446:00
合计	维吾尔语	**266694:21**	**23001:30**	**42214:56**	**4943:20**	**49466:12**
新疆		266694:21	23001:30	42214:56	4943:20	49466:12
合计	哈萨克语	**94493:48**	**3240:35**	**29211:27**	**746:00**	**13848:52**
新疆		94493:48	3240:35	29211:27	746:00	13848:52

四、体　育

4-1 全国少数民族传统体育运动会情况

届次	时间	地点	参加代表团（个）	运动员人数（个）	比赛项目（个）	表演项目（个）
1	1953.11	天津	15	395	6	414
2	1982.9	呼和浩特	29	863	2	68
3	1986.8	乌鲁木齐	29	1097	7	115
4	1991.11	南宁	30	1740	9	120
5	1995.11	昆明	31	2342	11	129
6	1999.8—9	拉萨、北京	31	3390	14	150
7	2003.9	银川、石嘴山	34	3735	14	125
8	2007.11	广州	34	6381	15	149

4-2 全国少数民族在队运动员和教练员

单位：人

年份	少数民族运动员	少数民族教练员
1991	1120	296
1992	1197	306
1993	954	289
1994	998	326
1995	941	262
1996	1018	258
1997	1049	261
1998	1064	269
1999	1026	242
2000	1105	252
2001	1137	247
2002	1063	239
2003	1234	1791
2004	1195	1846
2005	1204	1804
2006	1150	1840
2007	1400	2268
2008	1756	1950
2009	1729	1631
2010	2103	1712

注：2002年以前少数民族教练员为一线教练员，2003年后教练员指一、二、三线教练员。

4-3 全国分地区少数民族在队运动员和教练员(2010年)

单位：人

地区	少数民族运动员	少数民族教练员	一线	二线	三线
全国	**2103**	**1712**	**343**	**241**	**1128**
中央	**16**	**3**	**3**		
地方	**2087**	**1709**	**340**	**241**	**1128**
北京	38	31	5	5	21
天津	4	24	7		17
河北	26	39	3	14	22
山西	10	4	1	2	1
内蒙古	390	164	43	28	93
辽宁	141	116	30	8	78
吉林	19	46	11	1	34
黑龙江	10	40	7	4	29
上海	6	11	4		7
江苏	18	14	5	3	6
浙江	4	6	1	2	3
安徽	6	7	2	1	4
福建	9	8	2	1	5
江西		3		1	2
山东	20	33	5	11	17
河南	23	56	17	27	12
湖北	13	34	3	12	19
湖南	41	89	47		42
广东	29	24	3	4	17
广西	680	189	36	7	146
海南	4	7	2		5
重庆	6	14		1	13
四川	46	94	9	2	83
贵州	24	24	8	7	9
云南	8	91	7		84
西藏	137	33	20		13
陕西	15	14	5	3	6
甘肃	32	28	17	8	3
青海	10	56	10	1	45
宁夏	42	35			35
新疆	276	375	30	88	257

五、民族乡基本情况

5-1 全国民族乡镇基本情况(一)

年 份	民族乡（个）	#实际汇总数	年末总人口（万人）	#少数民族人口
1991	1246	1031	1250.92	597.32
1992	1260	1153	1933.72	770.83
1993	1262	1238	1759.87	868.28
1994	1711	1258	1710.63	860.64
1995	1267	1263	1729.24	878.93
1996	1272	1264	1714.58	889.13
1997	1256	1207	1676.70	1011.90
1998	1252	1249	1690.90	894.64
1999	1252	1248	1738.64	901.89
2000	1231	1247	1851.20	947.70
2001		1204	1769.59	900.31
2002	1190	1190	1745.18	894.94
2003	1173	1165	1716.13	883.20
2004	1159	1151	1731.21	899.91
2005	1159	1123	1754.05	891.21
2006	1125	1125	1767.66	905.81
2007	1131	1123	1800.32	923.76
2008	1135	1135	1815.38	935.07
2009	1140	1140	1830.82	943.05
2010	1137	1140	1863.43	962.30

5-1 全国民族乡镇基本情况(二)

年份	农业总产值(亿元)	工业总产值(亿元)	粮食总产量(万吨)	财政收入(万元)	人均纯收入(元)
1991	91.93	87.13	1195.85	396135	
1992	128.22	89.90	719.58	63573	
1993	157.20	187.99	1120.81	103445	
1994	206.01	257.88	1511.17	94085	
1995	282.15	348.92	1408.46	112923	
1996	326.34	451.45	953.93	141068	
1997	382.20	547.90	2246.70	213727	
1998	382.96	561.72	957.88	259527	
1999	521.12	543.93	751.81	310977	1466
2000	415.32	595.45	901.05	191942	1674
2001	316.89	388.90	873.52	184372	1510
2002	386.73	432.13	832.92	221046	1611
2003	398.29	520.42	792.69	235592	1740
2004	462.84	607.36	943.47	286062	2148
2005	516.15	714.99	1092.77	368015	2361
2006	594.21	902.16	1067.36	414099	2648
2007	827.18	1132.60	1076.59	495824	3092
2008	898.62	1344.95	1161.39	682219	3420
2009	932.41	1464.63	1160.58	693493	4028
2010	909.96	1795.83	1233.64	819400	4526

5-2 全国分地区民族乡镇基本情况(2010年)

地 区	民族乡镇数(个)	#民族镇	#民族苏木	行政区划面积(平方公里)	年末总人口(万人)	#少数民族
合 计	**1137**	**40**	**1**	**278156**	**1863.43**	**962.30**
北 京	5			621	6.15	1.91
天 津	2			31	2.06	0.50
河 北	52			5477	88.85	35.95
内蒙古	18		1	29122	22.20	6.82
辽 宁	72			10053	122.93	74.60
吉 林	33	5		7262	64.82	19.57
黑龙江	69	11		26474	115.29	51.28
江 苏	1			52	2.33	0.72
浙 江	18	4		1070	17.99	3.97
安 徽	9			424	19.52	5.91
福 建	19			2122	42.16	14.11
江 西	8			1083	10.20	2.81
山 东	4	3		216	14.48	2.57
河 南	21	9		425	74.39	17.66
湖 北	12	2		2475	32.77	14.95
湖 南	99	1		9586	112.44	78.59
广 东	7			1472	8.01	3.39
广 西	58			15566	109.06	74.31
重 庆	14			1386	16.64	6.61
四 川	98			16719	73.72	32.73
贵 州	252			26089	520.17	270.69
云 南	151	2		44560	297.07	179.33
西 藏	8			5114	0.78	0.72
陕 西	3	3		673	3.10	1.22
甘 肃	34			16746	31.71	20.75
青 海	28			5500	21.50	14.54
新 疆	42			47839	33.09	26.10

5-3 全国分地区民族乡镇村民委员会情况(2010年)

地　　区	村民委员会(个)	#已通公路的村	#已通自来水的村	#已通电的村	#已通电话的村	#已通邮的村
合　　计	**11200**	**10932**	**7653**	**11191**	**10305**	**8890**
北　　京	62	62	56	62	62	62
天　　津	26	26	26	24	26	26
河　　北	682	680	541	682	680	682
内 蒙 古	186	180	75	181	183	169
辽　　宁	719	708	323	719	719	706
吉　　林	395	383	217	395	392	395
黑 龙 江	539	566	435	569	569	569
江　　苏	11	11	11	11	11	11
浙　　江	240	240	209	240	237	240
安　　徽	69	69	29	69	69	69
福　　建	321	320	293	321	321	321
江　　西	71	71	40	71	71	71
山　　东	128	128	99	128	128	128
河　　南	206	206	158	206	206	206
湖　　北	193	191	93	193	189	190
湖　　南	1268	1191	558	1264	1223	1208
广　　东	52	52	42	52	50	49
广　　西	589	573	413	586	578	569
重　　庆	99	95	53	99	91	70
四　　川	635	600	364	622	529	408
贵　　州	2606	2536	1779	2602	1957	802
云　　南	1158	1130	1022	1145	1128	1127
西　　藏	24	21	23	22	22	15
陕　　西	24	23	22	24	22	24
甘　　肃	305	294	255	305	285	282
青　　海	346	330	323	353	316	266
新　　疆	246	246	194	246	241	225

5-4 全国分地区民族乡镇乡镇企业情况(2010年)

地区	乡镇企业个数(个)	乡镇企业从业人员(万人)	乡镇企业总产值(万元)	#工业企业总产值(万元)	乡镇企业年净利润总额(万元)
合计	**86692**	**93.08**	**25881684**	**17958260**	**1858970**
北京	571	1.85	489966	240449	10863
天津	886	1.16	527350	354060	52450
河北	15430	12.17	3386810	2485179	382007
内蒙古	705	0.99	116012	102685	12754
辽宁	5348	8.21	7559309	3843810	329956
吉林	2977	4.09	1035801	625906	57953
黑龙江	5260	5.02	1343100	1095445	65106
江苏	321	0.83	953600	944363	19430
浙江	1758	1.30	240384	228684	12356
安徽	299	0.50	90717	73385	7388
福建	5365	5.06	1101090	983539	47112
江西	770	1.18	374263	361900	20329
山东	314	1.29	1244486	1183188	28319
河南	3084	9.77	1688482	1052734	84332
湖北	1222	1.38	183658	149323	13420
湖南	5050	4.91	433972	292611	38898
广东	139	0.16	39212	34584	7620
广西	7010	4.05	389679	315342	43636
重庆	87	0.42	40134	29033	10082
四川	1556	2.72	632666	527190	63303
贵州	13332	15.43	2448787	1950540	376785
云南	11709	8.09	1148333	845634	126944
西藏	4		1736		145
陕西	938	0.23	44320	37131	8773
甘肃	2012	1.28	153806	93316	12369
青海	141	0.12	7352	2116	1469
新疆	404	0.88	206661	106114	25170

5-5 全国分地区民族乡镇农业基本情况(2010年)(一)

地 区	农业机械总动力(万千瓦)	农 村 用电量(万千瓦时)	年末实有耕地面积(公顷)	有效灌溉面 积(公顷)	农作物总播种面积(公顷)	#粮食播种面 积
合 计	**1816**	**345543**	**2453654**	**839612**	**3249387**	**2349475**
北 京	3	16855	5467	3723	7241	5851
天 津	3	727	846	655	510	341
河 北	125	59029	82837	54375	92784	77178
内蒙古	66	2427	405908	31672	172049	120780
辽 宁	138	53907	209070	55424	231007	175332
吉 林	141	9903	172171	64356	169051	146026
黑龙江	427	29890	485573	214737	486761	434994
江 苏	2	5062	1921	1921	3813	3731
浙 江	8	6250	9088	6500	18283	10182
安 徽	30	2335	16592	14419	35663	27119
福 建	10	42571	19893	13242	39652	23268
江 西	2	1994	4265	3521	8894	6763
山 东	131	4078	11612	8190	18106	13735
河 南	195	9100	21279	19332	46931	31992
湖 北	17	3874	25236	8439	61105	31385
湖 南	33	10823	71886	52023	134419	84135
广 东	3	1137	5294	2688	8914	4974
广 西	59	5298	83915	26731	135218	82796
重 庆	5	1697	16337	3918	30589	19646
四 川	32	12432	78158	20255	118999	87971
贵 州	114	32444	246592	49197	696725	492652
云 南	201	26992	282699	77722	521605	336881
西 藏	2	10	551	415	530	459
陕 西	2	448	2174	657	5284	3384
甘 肃	31	2832	62324	13190	63780	46688
青 海	14	281	37748	7250	39341	19232
新 疆	25	3148	94220	85060	102134	61979

5-5 全国分地区民族乡镇农业基本情况(2010年)(二)

地　区	农林牧渔业总产值 (万元)	粮食产量 (吨)	肉类总产量 (吨)
合　计	**9099624**	**12336409**	**1900406**
北　京	37320	32822	34865
天　津	8259	1678	803
河　北	688403	533139	111680
内蒙古	167938	504319	32170
辽　宁	1202984	1185288	314261
吉　林	623857	1138125	131021
黑龙江	971842	2961946	157929
江　苏	23452	23770	3725
浙　江	90290	55617	9830
安　徽	103720	2335	16584
福　建	206620	121502	18880
江　西	34699	36495	4374
山　东	100207	125825	29758
河　南	169606	199872	41449
湖　北	146333	158088	28977
湖　南	585272	508768	106040
广　东	39526	23188	4157
广　西	467275	444339	73050
重　庆	87551	91684	13899
四　川	384690	386878	95966
贵　州	1170716	1936399	253383
云　南	1244251	1191353	296649
西　藏		1816	860
陕　西	16782	10129	1556
甘　肃	63824	166182	20011
青　海	70432	77189	15700
新　疆	393775	417664	82830

5-6 全国分地区民族乡镇财政收支和人均纯收入情况(2010年)

地　区	财政收入（万元）	财政支出（万元）	人均纯收入（元）
合　计	**819400**	**758082**	**4526**
北　京	31490	37727	13463
天　津	10625	4461	12226
河　北	94284	75727	4091
内蒙古	16854	15506	5061
辽　宁	84639	79523	6233
吉　林	34434	32562	5916
黑龙江	46555	37199	7484
江　苏	11788	12165	13000
浙　江	15160	13501	6139
安　徽	2679	2335	5788
福　建	20640	20556	5304
江　西	22062	4392	5181
山　东	8289	6673	5796
河　南	23433	24028	5263
湖　北	8612	8281	4342
湖　南	24207	24803	2270
广　东	3175	3144	4884
广　西	16713	24861	3442
重　庆	7209	8160	4466
四　川	42061	42780	4409
贵　州	174916	150928	2921
云　南	88835	96396	2639
西　藏	19	19	4660
陕　西	45	1361	4291
甘　肃	6842	8016	2468
青　海	2721	2449	4077
新　疆	21113	20529	6492

5-7 全国分地区民族乡镇教育情况(2010年)

地　区	学校总数（所）	在校学生数（人）	教师总数（人）
合　计	**8705**	**2171543**	**143361**
北　京	12	6514	819
天　津	6	1571	189
河　北	359	70847	6317
内蒙古	75	17207	1678
辽　宁	406	101506	9272
吉　林	219	46310	5537
黑龙江	336	56801	7892
江　苏	3	2215	205
浙　江	24	11336	973
安　徽	64	19075	1256
福　建	137	2335	3028
江　西	53	10673	654
山　东	36	15886	1095
河　南	193	150079	9139
湖　北	63	27254	1862
湖　南	419	82417	6719
广　东	29	6865	596
广　西	667	110386	7647
重　庆	34	12843	872
四　川	290	82872	4504
贵　州	2641	803346	38363
云　南	2048	428092	25666
西　藏	6	1354	106
陕　西	22	3911	296
甘　肃	262	40571	2911
青　海	198	25713	1964
新　疆	103	33564	3801

5-8 全国分地区民族乡镇文化情况(2010年)

单位：个

地区	图书馆	文化站	村文化活动室
合计	**791**	**1120**	**6795**
北京	4	4	68
天津		1	21
河北	54	48	328
内蒙古	18	20	102
辽宁	54	71	502
吉林	33	31	302
黑龙江	87	75	401
江苏		1	11
浙江	15	19	190
安徽	8	7	38
福建	10	19	122
江西	6	8	30
山东	8	8	59
河南	31	23	131
湖北	6	12	151
湖南	78	87	479
广东	6	7	33
广西	36	59	305
重庆	7	14	72
四川	49	58	436
贵州	56	263	1393
云南	40	150	1039
西藏	9	5	20
陕西	5	3	18
甘肃	31	26	145
青海	41	44	196
新疆	99	57	203

5-9 全国分地区民族乡镇卫生情况（2010年）

地区	医院、卫生院			村卫生室	
	个数（个）	医生数（人）	病床数（张）	个数（个）	医生数（人）
合计	**1284**	**17585**	**23362**	**9590**	**12277**
天津	2	14	12	25	38
河北	69	933	1450	767	968
内蒙古	21	353	390	142	171
辽宁	74	935	1861	843	934
吉林	46	655	846	410	533
黑龙江	82	932	1385	573	816
江苏	1	55	28	4	13
浙江	21	199	249	89	94
安徽	11	145	279	66	192
福建	18	172	312	341	329
江西	9	116	116	84	100
山东	4	140	150	66	122
河南	49	4074	3279	191	267
湖北	15	462	444	165	195
湖南	105	1117	1537	817	881
广东	7	86	86	49	49
广西	69	883	1263	493	618
重庆	17	140	178	94	134
四川	110	750	1035	418	525
贵州	257	2420	3298	2096	2263
云南	162	1913	3568	1150	2279
西藏	8	21	48	5	18
陕西	3	69	76	31	48
甘肃	49	346	553	199	202
青海	28	183	272	282	281
新疆	47	472	647	190	207

5-10 全国分地区民族乡镇农业科技情况(2010年)

地　区	农业科技与服务单位数	中高级农业技术人员数
合　计	**2475**	**6449**
北　京	4	21
天　津	1	2
河　北	131	302
内蒙古	34	110
辽　宁	304	742
吉　林	142	391
黑龙江	132	482
江　苏	1	23
浙　江	38	82
安　徽	19	43
福　建	52	64
江　西	19	32
山　东	29	97
河　南	136	355
湖　北	37	93
湖　南	178	313
广　东	12	8
广　西	85	272
重　庆	17	69
四　川	126	217
贵　州	353	1001
云　南	393	1272
西　藏	1	1
陕　西	8	12
甘　肃	87	123
青　海	47	61
新　疆	89	261

5-11　全国各民族乡、镇基本情况(2010年)

民族乡镇名称	村民委员会(个)	年末实有耕地面积(公顷)	年末总人口(人)	#少数民族	乡镇企业总产值(万元)	农林牧渔业总产值(万元)
北京市						
朝阳区常营回族乡			16472	7250	176767	604
通州区于家务回族乡	23	3935	23254	2979	169281	21113
密云县檀营满族蒙古族乡	23		4574	1185	23099	
怀柔区喇叭沟门满族乡	15	790	7093	3362	59918	7872
怀柔区长哨营满族乡	24	742	10103	4292	60901	7732
天津市						
东丽区么六桥回族乡	13	446	13393	2739	523156	866
蓟县孙各庄满族乡	13	400	7222	2238	4194	7393
河北省						
石家庄市新乐市彭家庄回族乡	8	1481	21226	5942	202051	23966
石家庄市藁城市九门回族乡	13	2824	43321	5848	506940	48073
石家庄市无极县高头回族乡	15	2454	35698	15112	33592	33739
唐山市遵化市汤泉满族乡	10	853	8975	7180	15614	4929
唐山市遵化市西下营满族乡	14	895	11225	5082	26934	7126
唐山市遵化市东陵满族乡	27	2582	22772	13919	109461	11770
邯郸市邱县陈村回族乡	5	865	6118	5423	23953	12409
邯郸市大名县营镇回族乡	17	1285	16130	4960	9690	1525
保定市易县凌云册满族回族乡	19	2577	31044	9558		25776
保定市定州市号头庄回族乡	17	4150	37859	12493	127920	56118
保定市涞水县娄村满族乡	22	2031	28987	14974	5612	8739
张家口市沽源县大二号回族乡	4	1847	3232	932	690	3839
张家口市怀来县王家楼回族乡	16	813	7947	1896	13745	5025
廊坊市永清县管家务回族乡	12	1339	11480	2971	17470	10383
廊坊市文安县大围河回族满族乡	24	3611	31667	5622	359211	13758
承德市丰宁南关蒙古族乡	14	2373	18193	9588	13066	9082
承德市滦平县平坊满族乡	8	622	7473	4701	6350	8749
承德市滦平县安纯沟门满族乡	11	898	13224	10216	2069	10635
承德市滦平县五道营子满族乡	6	622	4959	4310	2010	2594
承德市滦平县邓厂满族乡	3	173	2660	2098	4440	3501
承德市滦平县马营子满族乡	10	572	9787	6420	7266	9636
承德市滦平县付家店满族乡	6	294	5628	2635	13100	10040
承德市滦平县小营满族乡	10	1067	13303	11263	357900	7334
承德市滦平县大屯满族乡	14	1345	21374	13506	70000	15550

粮食产量（吨）	肉类总产量（吨）	财政收入（万元）	财政支出（万元）	人均纯收入（元）	学校数（所）	在校学生数（人）	教师数（人）	医院、卫生院（个）	医生数（人）	病床数（张）
		6215	5866	17437	3	3701	369	1	36	
26307	2407	18248	18248	12376	4	1503	183	1	16	20
		971	1139		1	591	59			
1650	29890	3272	6110	11203	2	310	81	1	27	6
4864	2567	2785	6364	11072	2	409	127	1	26	9
196	357	10085	3921	13437	3	960	134	1	10	
1482	446	540	540	9986	3	611	55	1	4	12
18834	7581	400	400	6350	9	2861	201	1	15	20
28254	5094	1858	1858	8603	10	3682	292	1	19	22
25540	4997	412	412	5682	11	2759	209	1	18	26
3294	681	577	552	5290	5	733	63	1	8	10
1566	1410	521	495	5290	1	830	86	1	12	10
8776	1235	1080	1080	4980	7	1577	105	1	48	104
867	6051	209	209	5635	2	544	48	1	12	28
4100	800	55	55	4128	6	2186	115	1	12	25
25664	8244	247	247	3051	10	951	80	1	6	16
41490	3518	395	395	5383	10	2620	166	2	24	38
11426	1031	200	200	2232	7	1456	197	1	15	10
618	114	73	73	2521	1	189	19	1	4	16
3037	703	823	822	4153	3	1191	152	1	4	10
7016	2275	534	534	6496	4	696	95	1	16	36
14134	2952	2532	482	6971	14	4059	287	2	39	46
11526	526	218	218	760	15	882	80	1	15	24
1894	3314	452	274	2300	3	210	44	1	5	10
3741	4394	1159	371	2628	6	703	63	1	22	13
2164	1911	305	187	2510	1	241	13	1	5	10
1150	330	250	250	2000	1	116	15	1	3	4
1321	2381	353	353	3100	1	398	40	1	14	9
1429	3536	331	331	3050	4	223	30	1	4	5
6221	733	39421	39421	3900	5	639	65	2	24	6
7896	3132	750	750	2900	11	1277	129	2	27	35

5-11 续表 1

民族乡镇名称	村民委员会（个）	年末实有耕地面积（公顷）	年末总人口（人）	#少数民族	乡镇企业总产值（万元）	农林牧渔业总产值（万元）
承德市滦平县西沟满族乡	9	587	7501	6022	5280	8557
承德市双滦区西地满族乡	10	1210	20084	7104	64192	6025
承德市承德县岗子满族乡	10	628	8577	3255	4599	3873
承德市承德县两家满族乡	9	937	10384	3872	4638	8719
承德市兴隆县八卦岭满族乡	8	453	14864	11209	62849	10990
承德市兴隆县南天门满族乡	10	388	7312	2140	19065	6761
承德市隆化县尹家营满族乡	11	1247	8601	5687	3000	8120
承德市隆化县庙子沟蒙古族满族乡	6	591	6766	3453	410	5838
承德市隆化县偏坡营蒙古族乡	14	858	13346	6284	3320	8550
承德市隆化县八达营蒙古族乡	12	1125	14157	8050	5480	11203
承德市隆化县太平庄满族乡	11	1044	11996	7410	8700	8850
承德市隆化县旧屯满族乡	11	1108	7715	6095	55	8056
承德市隆化县西阿超满族蒙古族乡	10	860	12026	7263	1300	2560
承德市隆化县白虎沟蒙古族满族乡	6	813	8779	7122	1600	5100
承德市平泉县柳溪满族乡	9	832	12592	10049	20900	16290
承德市平泉县七家岱满族乡	5	651	9397	5864	29000	11934
承德市平泉县平房满族蒙古族乡	14	1625	17458	16149	3550	8096
承德市平泉县茅兰沟满族蒙古族乡	11	1957	19913	9742	2240	22250
承德市平泉县郭杖子满族乡	15	1293	20493	16105	24100	16955
沧州市黄骅市羊二庄回族乡	48	4556	51276	5782	308312	32754
沧州市黄骅市新村回族乡	4		9166	1596	660	19449
沧州市河间市果子洼回族乡	20	1791	21978	6431	68100	11370
沧州市献县本斋回族乡	11	1929	15430	3873	135000	22212
沧州市沧县大褚村回族乡	26	3624	25700	4118	30070	23957
沧州市沧县杜林回族乡	39	5254	43000	4135	205800	19000
沧州市沧县李天木回族乡	14	5507	36122	3383	211279	14125
沧州市沧县捷地回族乡	16	2407	31189	6076	130000	16185
沧州市黄骅市杨三木回族乡	8	1987	8379	4608	104227	6328
内蒙古自治区						
莫力达瓦旗巴彦鄂温克民族乡	17	30667	16076	4350	500	10000
莫力达瓦旗杜拉尔鄂温克民族乡	10	13600	8130	1990		4000
鄂温克旗巴彦塔拉达斡尔民族乡	6	26667	2322	2125		1960
扎兰屯市南木鄂伦春民族乡	2	14833	9321	2630		3200
扎兰屯市萨马街鄂温克民族乡	6	18133	8705	2555		5890

粮食产量（吨）	肉类总产量（吨）	财政收入（万元）	财政支出（万元）	人均纯收入（元）	学校数（所）	在校学生数（人）	教师数（人）	医院、卫生院（个）	医生数（人）	病床数（张）
3018	3216	777	777	2400	4	407	26	1	7	20
6815	1673	6210	1000	3560	8	922	129	1	23	11
4012	1479	1012	311	2482	1	382	25	1	4	12
4709	400	880	328	2320	1	448	36	1	8	10
1269	838	283	283	5241	6	817	59	1	9	18
1805	524	266	266	3790	3	404	33	2	10	16
8132	2129	488	488	3650	8	819	70	1	26	20
4309	1259	357	364	3200	6	469	29	1	17	20
10391	2660	460	460	4199	8	1032	92	1	29	20
10830	2005	440	440	3358	13	843	99	1	25	15
8170	1890	700	700	3650	10	761	75	1	23	15
6830	1456	363	363	3450	10	707	67	1	15	15
6632	1878	200	200	2800	8	491	51	1	14	40
6022	1630	460	460	3192	5	473	43	1	28	12
5051	700	1708	279	4117	5	735	75	1	6	20
5967	396	2004	231	4572	5	508	60	1	6	10
10184	246	320	282	1910	13	1005	104	3	14	20
13550	541	643	292	4203	10	1551	117	2	11	24
11769	426	1782	400	4600	16	1982	150	2	7	12
22279	5381	6382	3944	7001	11	3963	403	3	48	51
		271	271	6922	2	1887	126	3	52	201
11013	1070	1197	1197	6117	4	1324	241	1	22	20
12105	3719	1486	1846	5280	4	1275	63	1	8	12
16053	1339	1045	1511	2800	11	1970	192	1	12	20
35268	2155	2390	2376	3500	16	3447	366	2	28	45
42836	1744	3549	3915	4680	11	2931	256	3	57	68
21678	3094	1271	1707	3060	8	7625	670	2	48	158
10484	889	4185	1067	6800	5	646	66	1	5	12
66000	26	720	720	5500	16	620	126	1	34	10
55000	400	530	500	3700	4	280	60	1	3	8
	860	600	300	4240				1	4	7
3000	2500	400	300	5000	2	571	51	1	11	8
53000	4700	600	430	5400	3	550	59	1	8	17

5-11 续表 2

民族乡镇名称	村民委员会（个）	年末实有耕地面积（公顷）	年末总人口（人）	#少数民族	乡镇企业总产值（万元）	农林牧渔业总产值（万元）
扎兰屯市达斡尔民族乡	6	10867	13381	2672	500	8640
阿荣旗查巴奇鄂温克民族乡	11	16329	12279	2278	250	5500
阿荣旗新发朝鲜族民族乡	7	21667	9200	2120	700	500
阿荣旗音河达斡尔鄂温克民族乡	8	24867	11196	2000	250	15800
阿荣旗得力其尔鄂温克民族乡	10	16587	14386	1618	180	14000
根河市敖鲁古雅鄂温克民族乡	1	41769	1570	371	284	532
陈巴尔虎旗鄂温克苏木	7	22000	2328	2248		
额尔古纳市三河回族乡	17	50218	11391	5602	260	18000
额尔古纳市室韦俄罗斯民族乡	10	19200	4200	1520	1000	8000
科右前旗满族屯满族乡	8	37533	4798	4380	588	5800
赤峰市松山区当铺地满族乡	25	30420	38790	13103	46500	57616
赤峰市喀喇沁旗十家满族乡	14	5241	27879	13917	65000	1500
乌盟凉城县曹碾满族乡	21	5310	26041	2700		7000
辽宁省						
沈阳市康平县柳树屯蒙古族满族乡	9	5813	15743	8343	600	23000
沈阳市康平县沙金台蒙古族满族乡	11	5667	18000	15500	180	29300
沈阳市法库县四家子蒙古族乡	9	4090	16302	7809	11612	20928
沈阳市康平县东升满族蒙古族乡	10	4727	18843	7385	107206	28797
沈阳市康平县西关屯蒙古族满族乡	9	5133	15508	8950	1180	25000
大连市瓦房店市三台满族乡	10	3652	24913	11210	326800	61817
大连市瓦房店市杨家满族乡	11	3891	23182	9158	254619	21868
大连市庄河市太平岭满族乡	6	4052	21613	4730	113300	13800
大连市庄河市桂云花满族乡	5	2067	19538	7240	158000	25901
抚顺市抚顺县拉古满族乡	10	2608	17029	5945	200376	14279
抚顺市抚顺县汤图满族乡	9	1602	7677	7063	31168	6108
本溪市桓仁县雅河朝鲜族乡	8	2124	19857	9767	89643	11011
本溪市南芬区思山岭满族乡						
锦州市义县聚粮屯满族乡	14	4227	19747	13823	2560000	2600
锦州市义县地藏寺满族乡	5	1753	7660	2398	62735	7513
锦州市义县留龙沟满族乡	10	2800	12031	7650	234000	21000
锦州市义县大定堡满族乡	8	1736	8236	3968	121860	9280
锦州市义县头台满族乡	9	2720	11962	6315	178600	17061
锦州市义县头道河满族乡	11	3087	14442	7826	140914	9700
锦州市黑山县镇安满族乡	22	7026	33542	19445	404096	53726

粮食产量（吨）	肉类总产量（吨）	财政收入（万元）	财政支出（万元）	人均纯收入（元）	学校数（所）	在校学生数（人）	教师数（人）	医院、卫生院（个）	医生数（人）	病床数（张）
6700	1400	900	950	5420	1	600	96	1	5	12
6000	4272	1100	1000	5269	5	1000	99	1	8	8
6000	500	767	767	5410						
40000	2723	1420	1320	5970	2	880	131	1	9	17
55000	600	725	671	4750	2	865	117	1	7	4
3800	300	440	380	4512	1	100	12	1	2	3
33000	3225	400	400	3900	1	10	5	1	10	10
62000	600	400	400	5400	4	1409	142	1	60	62
27000	700	470	470	5200	2	300	52	2	24	40
4800	200	180	130	4000	1	642	113	1	21	8
52160	3864	4902	4868	6574	16	6000	300	3	102	115
29168	5000	1000	600	5229	14	3000	255	2	30	50
1691	300	90	1300	2300	1	380	60	1	15	11
30000	3500	300	300	7190	1	1139	138	1	20	20
42000	2200	2189	2189	7180	1	1550	195	1	22	18
23532	5216	1450	1423	9579	1	1453	133	1	10	20
44000	9800	2618	2618	7850	7	2101	121	1	6	20
29800	8000	1700	1680	7800	1	1257	133	1	16	18
26602	12521	5566	5566	11792	5	1491	104	1	21	30
25967	9761	1287	2299	10533	4	2322	144	1	68	40
19319	6829	3489	3489	8175	5	1356	129	1	15	30
9498	6050	2302	2302	7680	4	1280	155	2	10	40
13146	2885	4733	2930	8290	9	1201	225	1	3	30
6749	446	1011	819	4930	1	458	52	1	8	20
8852	3203	3000	1172	6873	1	460	30	1	7	16
26671	8589	1483	1712	6793	5	1013	120	1	10	20
8796	2439	1251	1024	3500	6	378	63	1	5	20
18000	950	980	700	3600	6	620	91	1	6	20
9482	3395	669	669	3960	1	487	49	1	9	17
18485	4782	2100	210	5633	2	758	82	1	6	27
24641	3419	897	1011	4100	8	750	64	1	5	28
40954	15690	2883	2401	7900	7	1369	199	1	17	32

5-11 续表 3

民族乡镇名称	村民委员会（个）	年末实有耕地面积（公顷）	年末总人口（人）	#少数民族	乡镇企业总产值（万元）	农林牧渔业总产值（万元）
锦州市凌海市温滴楼满族乡	12	3062	18992	7027	246279	19999
阜新市彰武县西六家子蒙古族满族乡	10	5466	18061	8000	3500	17000
阜新市彰武县二道河子蒙古族乡	8	4013	13151	4200	16000	18585
阜新市彰武县苇子沟蒙古族乡	9	7871	16914	7736	3156	21326
阜新市彰武县大冷蒙古族乡	10	5791	17670	8349	19000	25742
辽阳市辽阳县吉洞峪满族乡	12	1847	19691	12907	98080	9200
辽阳市辽阳县甜水满族乡	14	2385	21178	18000	55650	7200
铁岭市开原市黄旗寨满族乡	10	2343	16865	15695	19690	21775
铁岭市开原市上肥地满族乡	11	2434	11724	9024	27920	23844
铁岭市开原市下肥地满族乡	10	3102	16865	14986	34320	24884
铁岭市开原市林丰满族乡	10	1113	10840	8910	6640	11150
铁岭市铁岭县白旗寨满族乡	9	1553	11686	5260	19405	12300
铁岭市铁岭县横道河子满族乡	10	2731	14125	10850	16982	8349
铁岭市西丰县成平满族乡	10	2437	13237	10078	18300	16714
铁岭市西丰县德兴满族乡	7	1988	10812	8665	42190	14780
铁岭市西丰县和隆满族乡	10	1939	17580	10999	18650	13410
铁岭市西丰县金星满族乡	9	2885	14617	9308	16690	16963
铁岭市西丰县明德满族乡	7	2050	10390	7115	4997	15338
铁岭市西丰县营厂满族乡	8	1755	10324	6706	15200	14587
铁岭市清河区聂家满族乡	10	2836	11051	9301	4800	8260
朝阳市北票市马友营蒙古族乡	9	3552	16670	3485	28645	10685
朝阳市北票市凉水河蒙古族乡	6	1160	6282	554	31200	3238
朝阳市建平县三家蒙古族乡	14	6046	28382	3845	23000	32206
朝阳市凌源县三家子蒙古族乡	17	2680	36809	2608	6966	36600
朝阳市朝阳县松岭门蒙古族乡	6	1300	10405	2710	209750	14000
朝阳市朝阳县乌兰河硕蒙古族乡	7	2910	10201	2998	280	16435
葫芦岛市绥中县西平坡满族乡	10	1798	19840	18650	10901	13800
葫芦岛市绥中县范家满族乡	10	1565	17862	16241	1200	4200
葫芦岛市绥中县高甸子满族乡	9	2187	19038	16038	8920	12930
葫芦岛市绥中县葛家满族乡	10	965	14890	12700	14555	15478
葫芦岛市绥中县明水满族乡	8	747	14307	13590	9930	210
葫芦岛市绥中县网户满族乡	14	3421	20661	10162	22589	37836
葫芦岛市兴城市白塔满族乡	6	1257	11638	9946	3211	1749
葫芦岛市兴城市大寨满族乡	14	3527	23364	20202	34860	26500

粮食产量（吨）	肉类总产量（吨）	财政收入（万元）	财政支出（万元）	人均纯收入（元）	学校数（所）	在校学生数（人）	教师数（人）	医院、卫生院（个）	医生数（人）	病床数（张）
16132	4506	3869	3862	6350	6	1361	117	1	17	20
23000	7850	1467	1467	6200	3	1054	138	1	2	4
40933	4500	176	176	6800	2	900	95	1	12	12
32418	4231	2145	2069	6216	6	1278	145	1	23	20
33574	5666	1969	1969	6200	1	1796	179	1	13	8
5750	3282	1514	1514	6765	11	1742	128	2	8	50
17887	860	1359	1680	4200	15	1485	158	1	18	52
11301	2923	1450	1450	8424	7	1325	123	1	8	20
18111	8962	1742	1742	8695	2	790	65	1	7	15
15560	8028	1825	1825	8864	1	1135	118	1	18	30
11159	2156	596	596	4480	3	1003	73	1	3	16
6583	5301	590	590	7283	2	1126	78	1	21	16
42538	6116	460	460	5390	1	520	46	1	12	12
13597	4509	285	375	5273	4	575	67	1	15	12
17892	3170	150	241	5798	2	570	65	1	3	8
12510	372	230	368	5000	4	953	99	1	11	20
20737	3224	301	304	5813	6	874	100	1	11	24
10997	1435	586	757	5200	3	558	72	1	13	30
10101	3833	357	357	5861	3	720	62	1	14	21
17379	2916	496	516	7300	1	1134	69	1	9	14
9151	8940	416	358	5930	9	1450	148	1	12	20
6717	1579	620	612	5060	4	211	42	1	8	80
19734	1874	2930	2930	6200	13	4913	313	1	8	22
8222	5480	1042	1042	5866	13	3498	286	2	41	36
8487	1119	940	940	5421	7	809	77	1	6	10
16581	1866	979	979	5073	5	850	90	1		5
8756	7236	470	375	5315	8	3160	160	1	10	20
8600	4630	750	940	4780	2	1462	85	1	18	65
11808	7314	680	426	6470	8	1704	134	1	26	50
6200	3888	270	270	2800	1	2090	132	1	6	10
3378	3400	410	410	4510	7	1450	95	1	23	42
21576	11234	548	459	6498	5	1783	99	1	22	30
8200	1142	380	380	5800	6	1126	140	1	10	10
26000	1459	308	308	5980	11	2123	205	1	15	20

5-11 续表 4

民族乡镇名称	村民委员会（个）	年末实有耕地面积（公顷）	年末总人口（人）	#少数民族	乡镇企业总产值（万元）	农林牧渔业总产值（万元）
葫芦岛市兴城市高家岭满族乡	10	1967	15783	13862	15000	13113
葫芦岛市兴城市海滨满族乡	10	2164	15578	12725	1545	24450
葫芦岛市兴城市红崖子满族乡	19	4772	30086	22101	32000	27000
葫芦岛市兴城市碱厂满族乡	7	1872	11536	8750	19870	4551
葫芦岛市兴城市旧门满族乡	8	1303	10174	5972	141175	7336
葫芦岛市兴城市刘台子满族乡	10	1843	14868	7190	4710	4800
葫芦岛市兴城市南大山满族乡	15	3504	21876	19181	2200	6500
葫芦岛市兴城市望海满族乡	10	4116	20434	15356	4800	11814
葫芦岛市兴城市围屏满族乡	8	2124	13442	11645	1440	9100
葫芦岛市兴城市羊安满族乡	11	2602	21503	17402	20400	8000
葫芦岛市兴城市药王庙满族乡	11	1747	14324	8915	23872	2480
葫芦岛市兴城市三道沟满族乡	11	1653	17115	14346	13200	3800
葫芦岛市兴城市元台子满族乡	9	2516	18520	13245	39576	7073
葫芦岛市建昌二道弯子满族乡	12	2513	22425	6325	15581	9726
丹东市宽甸满族自治县下露河朝鲜族乡	6	1096	11135	7158	47700	3640
丹东市东港市合隆满族乡	10	3435	21425	12890	28700	29800
锦州市义县城关满族乡	17	2833	31047	26389	876793	30853
大连市普兰店市乐甲满族乡	5	1209	21526	9054	168506	30392
丹东市凤城市大堡蒙古族乡	8	4311	24598	22125	11896	18594
吉林省						
延边州珲春市三家子满族乡	8	1773	8746	5309	5482	6038
延边州珲春市杨泡满族乡	7	1485	3971	2680	8680	7219
吉林市昌邑区土城子满族朝鲜族乡	12	4052	21106	11150	9016	18602
吉林市龙潭区乌拉街满族镇	28	9647	67793	15329	118293	41740
吉林市龙潭区大口钦满族镇	12	3553	21336	6543	71232	29215
吉林市昌邑区两家子满族乡	13	6096	18573	4907	10700	39500
吉林市永吉县金家满族乡	7	6158	21076	8010	3500	32147
吉林市蛟河市乌林朝鲜族乡	20	8255	18074	5423	5743	21177
通化市梅河口小杨满族朝鲜族乡	17	2544	15713	3957	13780	7491
通化市集安市凉水朝鲜族乡	9	455	6450	1930	3450	4236
通化市通化县金斗朝鲜族满族乡	5	1245	7596	2579	6800	2826
通化市通化县大泉源满族朝鲜族乡	21	3588	24521	8079	9300	14156
通化市辉南县楼街朝鲜族乡	12	6534	25740	3946	21925	21585
通化市柳河县姜家店朝鲜族乡	10	4144	12342	5184	31000	13500

粮食产量（吨）	肉类总产量（吨）	财政收入（万元）	财政支出（万元）	人均纯收入（元）	学校数（所）	在校学生数（人）	教师数（人）	医院、卫生院（个）	医生数（人）	病床数（张）
9927	980	45	45	5100	5	1530	110	1	27	12
13212	2252	192	307	5679	6	1468	127	1	2	4
11810	5851	612	612	6000	15	3364	249	1	12	22
7971	988	279	279	2557	5	1133	111	1	10	30
7515	1135	203	203	4543	4	1015	100	1	20	26
7200	1813	97	97	5500	5	1315	107			
23700	1944	138	138	4850	12	1771	200	1	9	20
10795	4795	240	240	5600	10	2100	177	1	10	12
6571	1881	150	150	4010	6	1191	116	1	8	20
9191	1552	446	446	5099	7	2102	240	1	18	20
7782	3328	145	142	1850	10	1581	165	1	11	24
6111	1524	140	338	1497	11	1868	183	1	7	20
8902	2602	413	413	5445	9	1903	175	1	3	20
20575	2884	473	392	6111	11	2322	184	1	12	35
3400	479	346	346	2698	7	820	120	1	18	20
15217	4028	880	891	4000	5	1420	118	1	10	30
18847	7532	3165	2767	9635	9	1613	269	1	18	20
8793	6762	1393	1393	6753	2	1301	132	1	6	36
19706	7256	3063	3063	7738	10	2718	159	1	27	200
13611	630	244	244	6185	2	148	54	1	6	12
6926	596	245	262	6298	1	65	23	1	4	6
46900	3000	272	272	6100	4	1290	110	1	6	16
47400	23310	1496	1496	6808	10	4988	435	1	47	120
35060	7834	550	550	6496	2	1120	137	1	15	15
45650	8900	155	155	6580	6	1425	100	1	15	20
37079	2680	245	245	4360	3	780	118	1	2	6
40123	3872	752	752	5792	6	987	157	1	36	31
16398	1560	350	350	5663	9	694	103	1	14	18
2890	675	522	522	5010	1	310	61	1	5	4
6010	536	525	525	6858	1	143	25	1	7	25
20003	1914	1978	1978	5879	5	1462	238	2	42	77
54817	7950	637	637	6270	5	1803	198	2	12	20
23358	13756	950	950	7950	2	537	66	1	21	7

5-11 续表 5

民族乡镇名称	村民委员会（个）	年末实有耕地面积（公顷）	年末总人口（人）	#少数民族	乡镇企业总产值（万元）	农林牧渔业总产值（万元）
通化市柳河县三元浦朝鲜族镇	20	7044	41285	8095	47090	40350
辽源市东丰县三合满族朝鲜族乡	16	4281	26620	5736	163400	13000
长春市双阳区双营子回族乡	6	3938	16596	4970	407000	7260
榆树市延和朝鲜族乡	3	5844	2664	2457	4000	1508
九台市胡家回族乡	9	5810	24200	9335	6656	9200
九台市莽卡满族乡	12	7097	33966	13406	19100	120835
白城市通榆县包拉温都蒙古族乡	4	1567	5190	2849		5260
白城市通榆县向海蒙古族乡	16	10637	24950	9316	179	8974
白城市洮南市呼和车力蒙古族乡	7	3000	6696	1695		5417
白城市洮南市胡力吐蒙古族乡	10	2679	8890	1979		962
白城市镇赉县哈吐气蒙古族乡	5	1375	5135	1860		6140
白城市镇赉县莫莫格蒙古族乡	13	3250	13124	6368		4852
白城市大安市新艾里蒙古族乡	5	1113	5738	1201	310	3500
白城市洮北区德顺蒙古族乡	19	15887	23544	3683	2845	16885
松原市三骏满族蒙古族锡伯族乡	29	15593	46560	6374	18120	41377
梨树县叶赫满族镇	13	5962	31392	12557	11320	15660
公主岭市二十家子满族镇	9	18233	23225	9982	21780	37345
公主岭市龙山满族乡	8	4100	14708	4526	7600	14500
双辽县那木斯蒙古族乡	10	11850	20673	4299	7500	11400
黑龙江省						
哈尔滨市南岗区红旗满族乡	8	3373	19819	7042	308208	30300
哈尔滨市双城市幸福满族乡	8	6770	18470	8920	24670	20790
哈尔滨市双城市乐群满族乡	9	7961	22122	18205		24000
哈尔滨市双城市同心满族乡	7	7133	19989	13195	58360	17471
哈尔滨市双城市希勤满族乡	8	9147	20417	13740	27000	52000
哈尔滨市双城市公正满族乡	9	8979	23000	13510	1820	13100
哈尔滨市双城市联兴满族乡	8	6911	21633	4765	17000	27000
哈尔滨市双城市团结满族乡	14	13003	36320	8074	68280	43000
哈尔滨市双城市新兴满族乡	7	7045	23496	12218	284000	58951
哈尔滨市双城市青岭满族乡	9	8855	20789	12440	1800	16200
哈尔滨市双城市农丰满族锡伯族镇	9	7705	22234	12274	35000	20000
哈尔滨市五常市拉林满族镇	13	12205	52516	34135	104255	22710
哈尔滨市五常市红旗满族乡	12	1037	43910	21840		40720
哈尔滨市五常市营城子满族乡	7	7200	31000	21500		17000

粮食产量（吨）	肉类总产量（吨）	财政收入（万元）	财政支出（万元）	人均纯收入（元）	学校数（所）	在校学生数（人）	教师数（人）	医院、卫生院（个）	医生数（人）	病床数（张）
36219	12540	2640	2530	7285	4	1855	285	1	70	60
55000	8200	2918	1144	6764	19	3100	262	3	54	55
37981	5601	14000	14000	6850	5	1854	250	1	19	9
4652	43	120	120	7770	1	17	18	1	2	4
55000	740	548	548	4561	1	1470	185	1	6	10
65833	1683	647	647	5530	10	2189	315	1	10	15
2950	590	23	23	2950	2	751	74	1	12	11
19920	840	463	463	2740	6	3689	367	3	25	62
18900	480	120	120	2684	9	430	85	5	13	8
10614	800	120	120	2988	7	574	101	2	13	7
6530	550	28	28	2100	6	410	75	1	5	11
13800	295	60	60	2050	21	1470	240	1	30	25
7336	760	208	208	2570	6	422	88	1	13	14
56844	1360	235	235	4903	17	2995	352	3	26	68
125000	6270	890	890	6620	12	3511	344	1	13	16
40771	2164	1783	1783	6558	12	2650	218	1	20	30
53320	8762	386	386	6766	6	815	165	1	8	6
31230	1890	109	109	5550	8	1100	115	1	9	22
100000	240	216	212	8150	10	1256	173	1	75	36
20286	2919	2496	2695	7565	2	1368	175	1	30	60
57100	2766	723	723	8660	5	1405	134	1	24	42
84191	1549	609	609	10330	2	1141	119	1	4	19
75114	840	469	469	9850	10	1037	121	1	16	12
98000	7200	370	370	10223	8	640	98	1	24	30
31680	160	820	800	7900	2	1960	130	1	8	25
70345	3075	1409	1409	10200	1	620	102	1	16	22
138836	5383	510	510	10191	17	1941	204	2	35	25
65523	3705	5718	5718	12166	4	1570	130	1	9	12
85400	916	109	109	6010	2	946	103	1	15	20
79000	2100	250	250	9600	4	2300	310	1	24	45
101934	8477	1232	745	9107	9	2797	406	3	90	125
155879	4148	517	517	7666	19	2174	257	1	5	7
54000	1500			8120	6	1385	180	1	6	12

5-11 续表 6

民族乡镇名称	村民委员会（个）	年末实有耕地面积（公顷）	年末总人口（人）	#少数民族	乡镇企业总产值（万元）	农林牧渔业总产值（万元）
哈尔滨市五常市牛家满族镇	15	14667	46400	37120	176826	17000
哈尔滨市五常市民乐朝鲜族乡	6	3200	13000	7000	9000	9000
哈尔滨市尚志市河东朝鲜族乡	9	3733	13873	5687	45498	15934
哈尔滨市尚志市鱼池朝鲜族乡	7	3838	12216	2592	31989	33643
哈尔滨市阿城市料甸满族乡	15	13195	44145	30023	1120	15890
哈尔滨市依兰县迎兰朝鲜族乡	15	14319	21892	4500	14000	2
齐齐哈尔市梅里斯区卧牛吐达斡尔族镇	7	12098	14156	3974	5274	4410
齐齐哈尔市梅里斯区莽格吐达斡尔族乡	3	12807	7551	2549	2650	4736
齐齐哈尔市泰来县宁姜蒙古族乡	2	13953	14280	2856	400	9000
齐齐哈尔市泰来县胜利蒙古族乡	5	13981	15527	2183	1246	7120
齐齐哈尔市泰来县江桥蒙古族镇	6	11200	23669	2750	7200	18000
齐齐哈尔市昂昂溪区水师营满族镇	6	1867	11000	3500	9650	1260
齐齐哈尔市富裕县友谊达满柯族乡	14	1181	24661	22220	22920	27634
齐齐哈尔市富裕县塔哈满族达斡尔族乡	12	19800	20042	7566		30470
齐齐哈尔市讷河市兴旺鄂温克族乡	12	19800	36687	1814	5986	18372
齐齐哈尔市富拉尔基区杜尔门沁达族乡	3	6127	15835	3373	6250	11334
牡丹江市海林市新安朝鲜族镇	17	6479	19161	8136	1136	19256
牡丹江市海林市海南朝鲜族乡	11	4067	18234	7560		9683
牡丹江市宁安市江南朝、满族乡	6	1490	31036	9621	28538	31908
牡丹江市宁安市卧龙朝鲜族乡	5	8917	16998	5734		7995
牡丹江市东宁县三岔口朝鲜族镇	13	5098	16970	6415	16312	18996
佳木斯市同江市街津口赫哲族乡	6	6200	3964	537	858	6840
佳木斯市同江市八岔赫哲族乡	4	15000	3851	481		
佳木斯市桦川县星火朝鲜族乡	6	2200	4949	4949	1200	3067
佳木斯市汤原县汤旺朝鲜族乡	14	3733	12046	8400	220	5488
大庆市肇源县义顺蒙古族乡	7	6990	14322	3786		10512
大庆市肇源县浩德蒙古族乡	5	4151	9809	1432	1200	8558
大庆市肇源县超等蒙古族乡	7	6601	18699	4215	45	17339
黑河市逊克县新鄂鄂伦春族乡	5	3049	2228	644	228	3013
黑河市逊克县新兴鄂伦春族乡	4	1989	1628	284	131	2355
黑河市爱辉区新生鄂伦春族乡	3	2792	1065	166	92	841
黑河市爱辉区四嘉子满族乡	6	5145	4647	1791	771	17
黑河市爱辉区坤河达、满族乡	6	3748	2783	1835	80	2961
黑河市北安市主星朝鲜族乡	4	3655	3713	1560	145	1164

粮食产量（吨）	肉类总产量（吨）	财政收入（万元）	财政支出（万元）	人均纯收入（元）	学校数（所）	在校学生数（人）	教师数（人）	医院、卫生院（个）	医生数（人）	病床数（张）
93000		434	434	9724	18	801	201	1	60	30
25000				10000	3	300	40	1	12	20
24432	760	670		990	2	253	51	1	16	10
27327	729	457	457	9024	3	418	84	1	7	11
85751	2079	1105	1105	4050	14	1957	306	2	18	44
80000	280			9336	4	745	254	2	7	15
22106	893	227	227	4350	7	806	100	1	24	21
22586	213	377	377	4630	4	869	76	1	8	13
18376	1551	477	477	4199	8	829	146	1	5	8
21485	1185	502	502	2113	11	1332	144	1	13	16
12000	2840	686	686	4037	8	1123	163	1	15	20
132563	1250	1316	1316	4500	2	459	45	3	9	12
38470	1254	210	273	7590	2	94	23			
44550	1095	3297	292	4877	1	988	119	1	11	20
98346	2100	48	48	4128	16	2065	353	1	2	2
45410	2459	60	60	10913	3	1009	136			
44781	706	789	542	9736	4	782	117	1	8	40
24249	15500	452	452	9589	4	459	101	1	21	20
46819	3180	560	560	8300	12	2478	298	2	19	24
17900	12500	12	12	9703	4	560	120	1	10	20
32336	421	5642	523	11691	7	1171	187	1	22	25
14500	560	226	226	8585	1	86	33	1	10	8
30032	380	200	200	8382	1	53	27	1	7	12
16900	35	240	240	6541	1	76	35	1	6	8
31500	913	267	267	5810	1	10	24	1	3	12
37260	3647	130	130	4666	8	941	146	1	8	14
34194	3700	26	26	6920	6	533	116	1	5	10
55274	5978	270	270	7677	8	1028	187	1	6	4
6370	215	108	108	6259	2	138	17	1	4	5
4316	268	63	63	5004	1	80	12	1	6	4
2506	400	272	272	5488	1	41	14	1	3	2
9073	385	477	477	6541	2	209	51	1	16	2
9204	173	352	352	6401	1	61	19	1	6	6
18750	51	240	240	5854	1	3	9	1	2	10

5-11 续表 7

民族乡镇名称	村民委员会（个）	年末实有耕地面积（公顷）	年末总人口（人）	#少数民族	乡镇企业总产值（万元）	农林牧渔业总产值（万元）
黑河市孙吴县沿江达、满族乡	8	9688	7252	4238	333	6255
绥化市北林区兴和朝鲜族乡	2	1541	3659	3586	4000	2292
绥化市北林区绥胜满族镇	5	8088	24350	11350	1550	16697
绥化市北林区永安满族镇	7	9095	26480	12540	2900	18868
绥化市北林区红旗满族乡	5	7416	18375	15440	2580	13068
绥化市望奎县惠七满族镇	8	10253	25426	8510	400	12000
绥化市望奎县厢白满族乡	7	11200	23361	5770	80	16750
绥化市望奎县灵山满族乡	5	6800	15476	5393	350	10000
伊春市铁力市年丰朝鲜族乡	10	4891	11245	2247	3725	20949
鹤岗市萝北县东明朝鲜族乡	7	2662	3373	3339	984	5815
鹤岗市绥滨县福兴满族乡	3	230	4413	2540		3301
大兴安岭地区呼玛县白银纳鄂伦春族乡	6	1068	2001	280		
大兴安岭地区塔河县十八站鄂伦春族乡	6	2576	4556	502		1947
双鸭山市饶河县四排赫哲族乡	4	3133	1862	225	260	1800
双鸭山市友谊县成富朝鲜族满族乡	9	5460	5350	1041	100	17300
七台河市勃利县杏树朝鲜族乡	11	9995	20095	2856	465	16146
七台河市勃利县吉兴朝鲜族满族乡	14	8352	15560	4650	560	12860
鸡西市密山市和平朝鲜族乡	12	10170	12078	4233	956	10938
鸡西市鸡东县鸡林朝鲜族乡	6	3538	8976	8700		
鸡西市鸡东县明德朝鲜族乡	3	4000	10336	2945		450
鸡西市城子河区永丰朝鲜族乡	7	1023	11936	3304	2500	7366
江苏省						
扬州市高邮市菱塘回族乡	11	1921	23292	7237	953600	23452
浙江省						
金华市兰溪市水亭畲族乡	36	1855	21800	2990	55245	9800
金华市武义县柳城畲族镇	53	1080	29876	3596	37309	14580
衢州市龙游县沐尘畲族乡	10	580	11759	1683	23700	8100
丽水市莲都区老竹畲族镇	25	1019	15753	3359	1861	8972
丽水市莲都区丽新畲族乡	10	503	10190	2018	2813	8846
丽水市龙泉市竹垟畲族乡	10	712	7591	2398	4319	8044
丽水市云和县雾溪畲族乡	6	66	2079	487	4389	1279
丽水市云和县安溪畲族乡	8	139	2685	795	366	1626
丽水市遂昌县三仁畲族乡	8	497	8366	2071	10387	5388
丽水市松阳县板桥畲族乡	9	140	4882	1263	4333	1987

粮食产量（吨）	肉类总产量（吨）	财政收入（万元）	财政支出（万元）	人均纯收入（元）	学校数（所）	在校学生数（人）	教师数（人）	医院、卫生院（个）	医生数（人）	病床数（张）
17261	291	517	517	2970	1	153	44	1	12	6
14754	5	305	305	9863	1	25	40	1	5	24
48900	9020	750	750	5210	9	1650	134	1	8	10
66200	6120	889	889	5700	11	2560	220	1	45	40
41100	3440	707	707	4800	8	1650	120	1	8	28
30000	300	23	23	6500	9	795	131	1	24	15
29000	6000	10	380	7121	8	710	187	1	23	10
27000	600	1081	1081	6800	8	667	132	1	12	12
32937	2367	369	369	7075	1	255	57	1	17	15
16443	328	228	228	9879	1	124	35	1	9	6
9050	280	100	100	1190	1	210	25	1	4	10
13715	103	920	529	8437	1	241	31	1	4	4
3200	468	600	556	6106	1	477	74	1	26	80
12510		170	170	5620	2	37	24	1	4	4
44000	2447			10992	1	51	16	1	16	26
46813	5400	1270	1265	6446	5	1139	99	1	4	20
42860	2672	760	760	6565	2	902	106	1	5	12
60533	2960	561	561	8030	2	688	96	1	9	31
26000		400	400	9700	1	160	39	1	3	18
28000		350	350	6800	1	266	59	1	5	22
7016	2690	1120	1120	6980				8	14	68
23770	3725	11788	12165	13000	3	2215	205	1	55	28
11334	3812	2243	1795	5471	3	1209	101	2	24	10
8513	1215	2568	1974	5390	4	3581	258	1	52	130
4436	301	580	560	6919	2	457	36	2	10	10
4290	400	1990	1985	6252	1	1635	121	1	19	30
3459	451	440	345	6679	1	292	27	1	13	10
4670	365	641	610	5938	1	216	21	1	5	3
650	75	262	250	6025	1	83	12	1	3	3
1099	815	229	219	6009	1	34	12	1	3	3
2551	262	669	662	6815	1	308	30	1	12	4
1319	285	124	124	6254	1	160	19	1	4	2

5-11 续表 8

民族乡镇名称	村民委员会（个）	年末实有耕地面积（公顷）	年末总人口（人）	#少数民族	乡镇企业总产值（万元）	农林牧渔业总产值（万元）
杭州市桐庐县莪山畲族乡	7	610	9208	2855	78864	5157
温州市平阳县青街畲族乡	11	245	11495	2529		3069
温州市苍南县岱岭畲族乡	8	307	6424	2441	330	2149
温州市苍南县凤阳畲族乡	6	243	5633	2873		2117
温州市文成县西坑畲族镇	11	441	11200	2680	1376	1628
温州市文成县周山畲族乡	9	187	5193	1781	274	1754
温州市泰顺县司前畲族镇	10	274	12902	2787	13996	4600
温州市泰顺县竹里畲族乡	3	190	2885	1125	822	1195
安徽省						
淮南市谢家集区孤堆回族乡	8	1891	15823	5348	12000	7588
合肥市肥东县牌坊回族满族乡	13	2919	43845	5956	11324	35796
滁州市定远县二龙回族乡	5	1869	15400	11700	9550	7945
淮南市凤台县李冲回族乡	6	838	17396	6971	11781	7695
淮南市潘集区古沟回族乡	12	2039	31120	6084	12872	11102
六安市寿县陶店回族乡	4	1669	14359	4714	12000	9971
宣城市宁国市云梯畲族乡	4	168	6053	1829	11510	5308
蚌埠市五河县临北回族乡	11	3379	27360	8564	9000	15000
阜阳市颖上县赛涧回族乡	6	1820	23868	7895	680	3315
福建省						
福州市罗源县霍口畲族乡	24	1551	19176	4449	38490	19255
福州市连江县小沧畲族乡	5	137	4259	2426	2102	1631
宁德市福安市坂中畲族乡	19	964	24500	11310	341184	10950
宁德市福安市康厝畲族乡	32	1580	29711	7620	35096	12508
宁德市福安市穆云畲族乡	33	1307	25156	9260	35824	14853
宁德市霞浦县盐田畲族乡	22	958	33490	6578	36370	17678
宁德市霞浦县崇儒畲族乡	27	1612	24376	4956	10200	8695
宁德市霞浦县水门畲族乡	23	1265	22685	4993	18335	9003
宁德市蕉城区金涵畲族乡	16	643	19764	4116	58453	4235
宁德市福鼎市硖门畲族乡	9	687	17335	3586	81320	8209
宁德市福鼎市佳阳畲族乡	12	893	20336	8287	5384	10195
漳州市漳浦县赤岭畲族乡	9	629	15800	12348	3480	5686
漳州市漳浦县湖西畲族乡	10	1347	26023	9300	658	13671
漳州市龙海市隆教畲族乡	10	1217	25500	8950	12300	13390
三明市永安市青水畲族乡	21	1484	16523	5702	29440	19100

粮食产量（吨）	肉类总产量（吨）	财政收入（万元）	财政支出（万元）	人均纯收入（元）	学校数（所）	在校学生数（人）	教师数（人）	医院、卫生院（个）	医生数（人）	病床数（张）
4300	405	1469	1100	9593	1	670	45	1	14	10
972	47	660	570	5606	1	207	41	2	2	2
1546	564	864	864	5001	1	275	32	1	4	3
857	152	519	519	4486	1	99	15	1	4	5
2220	247	506	616	5843	1	593	72	1	9	16
906	78	181	205	5557	1	7	7	1	3	1
1955	316	693	684	7276	2	1510	124	1	14	5
541	40	523	420	5771				1	4	2
24790	393	55	55	5450	6	2023	88	1	14	20
24997	7774	963	963	6843	16	4490	331	3	34	50
21040	634	460	450	5350	3	950	83	1	12	15
6500	948	98	370	5353	7	1619	112	1	17	30
31013	956	120	110	5285	8	3645	262	1	14	36
25651	910	429	429	5289	4	1079	66	1	8	15
1231	1087	187	342	8218	5	171	25	1	6	6
36141	3452	342	547	5400	10	1758	157	1	6	40
9250	430	25	476	5460	5	3340	132	1	34	67
8417	938	233	194	4300	4	919	144	1	9	18
1038	171	318	283	4844	1	23	16	1	3	5
5297	700	3386	3171	7340	18	9320	547	1	10	7
12102	1064	927	902	6512	9	2785	185	1	4	
7005	975	991	734	6244	8	2540	84	1	5	10
4367	468	887	876	4926	7	1692	155	1	15	15
6724	547	890	878	3310	6	766	134	1	10	68
5910	474	576	576	4658	11	851	140	1	7	16
2202	665	883	883	5405	7	1933	241	1	7	13
3492	207	1005	1305	6628	6	1086	125	1	3	10
3076	251	843	832	6034	7	687	96			
6782	1465	262	260	4638	4	1303	96	1	6	20
10860	695	958	940	6390	7	2323	160	1	6	15
4644	1309	1291	1508	5126	10	2183	199	1	9	20
10900	1626	554	554	7390	4	1266	110	1	8	23

5-11 续表 9

民族乡镇名称	村民委员会（个）	年末实有耕地面积（公顷）	年末总人口（人）	#少数民族	乡镇企业总产值（万元）	农林牧渔业总产值（万元）
三明市宁化县治平畲族乡	12	548	13279	4051	5435	5858
龙岩市上杭县官庄畲族乡	18	1170	31404	11908	26559	9790
龙岩市上杭县庐丰畲族乡	14	1658	28579	7952	6170	18138
泉州市惠安县百崎回族乡	5	243	23697	13281	354290	3775
江西省						
鹰潭市贵溪市樟坪畲族乡	5	172	4452	1182	300000	5901
上饶市铅山县太源畲族乡	4	74	2056	870	4500	1500
上饶市铅山县篁碧畲族乡	4	177	4098	1401	1340	1213
吉安市永丰县龙冈畲族乡	11	970	14500	4368	31000	8000
赣州市南康市赤土畲族乡	17	1061	43696	9725	8315	8594
吉安市青原区东固畲族乡	15	1148	18481	5400	18400	3450
抚洲市乐安县金竹畲族乡	10	489	11572	4108	4153	4203
吉安市峡江县金坪京族乡	5	174	3166	1021	6555	1838
山东省						
淄博市临淄区金岭回族镇	10	477	13126	4751	967800	4140
聊城市莘县张鲁回族镇	51	4669	55207	6546	20339	64993
菏泽市曹县侯集回族镇	33	3667	44036	8934	51672	11324
德州市禹城市十里望回族乡	34	2799	32475	5478	204675	19750
河南省						
郑州市荥阳市金寨回族乡	2	313	6699	5427	15350	5010
周口市太康县城关回族镇	16	317	81037	14783	138000	3800
周口市淮阳县城关回族镇	15	1096	134019	22783	332500	26240
周口市沈丘县槐店回族镇	19	667	103862	21206	171622	5733
商丘市宁陵县城关回族镇	5	464	45890	8683	76216	3520
商丘市睢县城关回族镇	7	254	65873	10687	283772	5516
商丘市民权县伯党回族乡	9	1587	21903	9387	5648	14600
商丘市民权县胡集回族乡	13	1450	17846	8986	5520	11170
平顶山市叶县马庄回族乡	8	507	11171	5979	43680	2012
平顶山市郏县姚庄回族乡	6	536	8265	4793	4885	2582
新乡市封丘县荆乡回族乡	5	477	6128	6078	8502	1478
许昌市许昌县艾庄回族乡	9	772	14056	1811	22200	9995
许昌市禹州市山货回族乡	6	750	12176	5546	35600	6030
许昌市襄城县颖桥回族镇	5	553	9970	3078	6052	3270
南阳市镇平县郭庄回族乡	9	1254	12678	5137	4612	5986

粮食产量（吨）	肉类总产量（吨）	财政收入（万元）	财政支出（万元）	人均纯收入（元）	学校数（所）	在校学生数（人）	教师数（人）	医院、卫生院（个）	医生数（人）	病床数（张）
5334	855	320	351	4198	2	813	100	1	18	12
7391	1913	1566	1576	5375	10	2130	170	1	33	25
14284	4179	1034	1018	4953	12	1809	209	1	12	20
1677	378	3715	3715	9903	4	2086	117	1	7	15
946	10	14689	219	6100	4	299	51	1	3	18
670	68	486	411	6265	1	517	16	1	5	6
1103	92	304	304	5088	2	752	32	1	6	10
9556	659	1600	487	5989	6	1658	89	1	24	16
10182	2604	3201	924	4950	10	3216	205	1	33	21
9650	350	835	830	5088	14	2231	143	1	24	21
2973	241	742	742	4569	15	1692	104	2	10	14
1415	350	205	475	5560	1	308	14	1	11	10
3792	6868	5120	3333	9542	2	1013	85	1	26	20
61901	10665	947	955	5720	13	4309	392	1	65	28
26382	1985	1342	1342	5142	14	4316	215	1	25	42
33750	10240	880	1043	5300	7	6248	403	1	24	60
3870	602	813	489	8039	1	378	30	1	12	20
2355	786	3984	3984	6300	16	17437	791	7	857	331
7070	2245	5300	5300	4555	19	12455	1039	8	1265	360
3420	1950	4586	4586	7800	22	22875	2065	3	256	210
4220	516	1796	1796	3243	11	26500	1144	9	865	760
4612	2070	750	1100	5010	17	36526	1778	6	456	1128
23000	3820	90	145	3260	7	2200	160	1	28	40
19900	1340	106	150	3640	7	1986	140	1	18	40
5560	6120	283	418	3985	6	2013	132	1	10	45
4630	810	762	771	3918	5	535	46	1	12	12
5780	528	77	136	3234	3	1500	82	1	8	20
7865	1123	340	461	5290	3	1375	81	1	23	20
6100	710	230	390	4890	3	906	78	1	11	20
5115	1128	150	280	4050	3	910	94	1	21	27
9320	148	48	206	3396	9	1426	125	1	18	22

5-11　续表 10

民族乡镇名称	村民委员会（个）	年末实有耕地面积（公顷）	年末总人口（人）	#少数民族	乡镇企业总产值（万元）	农林牧渔业总产值（万元）
南阳市方城县袁店回族乡	9	1478	16497	6421	7810	7462
驻马店市西平县蔡寨回族乡	6	1430	15980	4810	4390	13300
驻马店新蔡县李桥回族镇	10	2200	29810	6122	56773	15168
漯河市临颍县繁城回族镇	32	4456	59383	3107	120137	19874
洛阳市洛宁县王范回族镇	4	171	38490	4780	32100	2600
洛阳市廛河回族乡	11	549	32143	17000	313113	4260
湖北省						
荆门市钟祥市九里回族乡	9	1736	13162	2793	66700	22778
荆州市洪湖市老湾回族乡	11	1263	16121	4385	4232	981
荆州市松滋市卸甲坪土家族乡	9	859	14029	8258	13201	3250
宜昌市宜都潘家湾土家族乡	9	1184	15792	7022	13575	18215
十堰市郧西县湖北口回族乡	19	1631	22282	4688	440	9350
恩施州恩施市芭蕉侗族乡	18	3536	63800	40450	30102	20320
恩施州宣恩县长潭河侗族乡	39	3639	38629	30845	3392	7906
恩施州宣恩县晓关侗族乡	40	5906	41289	30967	2706	15200
仙桃市沔城回族镇	12	1542	70467	8176	24310	17825
神龙家林区下谷坪土家族乡	6	592	6140	4834		3556
咸宁市赤壁市周郎嘴回族镇	9	2289	11415	3242	19800	20173
恩施州鹤峰县铁炉白族乡	12	1060	14526	3825	5200	6779
湖南省						
怀化市罗子山瑶族乡	10	510	7235	4919		1125
怀化市苏木溪瑶族乡	13	386	8996	6165		1592
怀化市上蒲溪瑶族乡	12	390	9249	6352	213	1096
怀化市后塘瑶族乡	17	809	17926	11695	116	2712
怀化市仙人湾瑶族乡	20	1067	22124	9985	1095	7138
怀化市深渡苗族乡	13	1037	11221	7860	280	3880
怀化市龙船塘瑶族乡	9	767	8470	7088	78	1420
怀化市炮团侗族苗族乡	12	471	11683	11605	800	245
怀化市宝田侗族苗族乡	10	395	10394	7365	2260	2869
怀化市蒲稳侗族苗族乡	9	308	9408	8750	730	2510
怀化市金子岩侗族苗族乡	13	549	12982	12120	100	2634
怀化市漠滨侗族苗族乡	10	336	13444	12152	560	100
怀化市青朗侗族苗族乡	9	328	9910	7135	32	2589
怀化市二酉苗族乡	40	2926	41187	37168	7277	10655

粮食产量（吨）	肉类总产量（吨）	财政收入（万元）	财政支出（万元）	人均纯收入（元）	学校数（所）	在校学生数（人）	教师数（人）	医院、卫生院（个）	医生数（人）	病床数（张）
6950	1980	256	600	4200	9	1780	145	1	21	35
14870	2084	350	350	3748	7	2248	108	1	18	20
22543	4970	309	309	4657	13	4630	282	1	45	43
37876	4699	438	762	5730	25	7357	543	1	104	80
1240	2150	1045	1045	4890	5	4600	226	1	18	26
3576	1670	1720	750	6357	2	442	50	1	8	20
24987	2713	660	660	6920	2	975	102	2	32	20
10271	389	168	168	4258	1	1022	76	1	36	20
5645	1510	507	571	3300	4	876	71	1	13	15
9775	4998	1528	1161	6081	2	716	62	1	24	25
8706	1382	217	221	3336	13	1757	139	1	27	45
15080	5200	2200	2200	3033	2	5759	277	2	152	60
16878	4129	843	843	2880	8	2890	189	1	33	60
20355	4055	724	724	3250	15	3296	257	2	76	100
9274	1427	911	911	6667	4	6750	403	1	11	36
2050	628	385	384	4087	4	534	60	1	9	10
28961	902	216	185	6027	4	1385	124	1	26	21
6106	1631	252	252	2997	4	1294	102	1	23	32
1605	235	296	276	1280	8	325	52	1	6	15
2315	198	432	397	1530	8	612	52	1	9	16
1996	245	206	185	1556	4	535	39	1	8	25
6077	627	502	502	1800	7	1067	88	1	22	43
7135	455	650	635	1590	8	1680	228	1	8	45
6651	609	240	240	1990	4	707	43	1	9	20
5052	320	121	121	1682	6	810	60	1	10	12
3702	817	289	283	1470	1	1084	21	1	9	18
3729	339	143	143	1770	1	458	51	1	8	20
2670	1270	180	174	1168	2	775	64	1	6	30
4380	1231	167	162	2150	13	842	63	1	9	14
13151	5609	518	317	287	5	1185	92	1	11	12
2105	789	179	179	1300	7	760	58	1	8	12
19517	1805	897	897	1370	5	2530	173	3	96	90

5-11 续表 11

民族乡镇名称	村民委员会（个）	年末实有耕地面积（公顷）	年末总人口（人）	#少数民族	乡镇企业总产值（万元）	农林牧渔业总产值（万元）
怀化市火场土家族乡	9	670	7786	7542		2378
怀化市蒿吉坪瑶族乡	7	372	6143	3440	369	3854
怀化市大高坪苗族乡	4	228	3604	3100		540
怀化市锅冲苗族乡	3	91	1531	1500	143	564
怀化市传素瑶族乡	5	149	1417	1146		17600
怀化市步头降苗族乡	14	810	11513	11042		2961
怀化市米贝苗族乡	16	695	10280	7685	324	3109
邵阳党坪苗族乡	12	53	10392	9665	6557	3412
邵阳河口苗族乡	7	359	6206	4062	258	93
邵阳麻塘苗族乡	13	591	9996	8096	9700	4420
邵阳竹江舟苗族乡	9	617	8454	6720	5200	6400
邵阳东山侗族乡	19	970	17752	15976	7500	15000
邵阳朝仪侗族乡	13	420	8361	7675	350	2525
邵阳鹅公岭侗族苗族乡	17	669	11953	11724	310	3048
邵阳寨市苗族侗族乡	20	948	16573	13755	1870	3621
邵阳乐安铺苗族侗族乡	11	39	9876	9037	4210	6018
邵阳联民苗族侗族乡	8	416	5903	3508	156	382
邵阳枫木团苗族侗族乡	10	303	7113	5902	572	2736
邵阳黄桑坪苗族乡	11	467	5843	5072	260	688
邵阳关峡苗族乡	19	1600	23941	22810	2600	3800
邵阳长铺子苗族乡	24	934	18160	15610	26250	1330
邵阳山界回族乡	25	1109	26083	8970	6500	5785
邵阳虎形山瑶族乡	15	1067	15322	5680	1500	6000
邵阳那溪瑶族乡	17	477	11376	7053	26000	1360
邵阳大屋瑶族乡	11	189	5031	2450	2100	980
邵阳长塘瑶族乡	10	159	5315	2123	1100	1550
邵阳黄金瑶族乡	14	408	8518	5537	7820	5060
邵阳麻林瑶族乡	15	566	12861	8844	6547	2436
永州荆竹瑶族乡	8	445	4465	4072	4700	5100
永州紫良瑶族乡	5	170	3170	3011	1200	2308
永州浆洞瑶族乡	9	286	5118	4890	2980	2400
永州汇源瑶族乡	5	126	3100	1556	1552	1640
永州大桥瑶族乡	10	636	8887	3557	5892	895
永州松柏瑶族乡	14	793	13204	13085	501	9698

粮食产量（吨）	肉类总产量（吨）	财政收入（万元）	财政支出（万元）	人均纯收入（元）	学校数（所）	在校学生数（人）	教师数（人）	医院、卫生院（个）	医生数（人）	病床数（张）
4102	460	147	147	1327	1	576	51	1	6	12
4783	52	292	30	1440	3	380	41	1	7	4
1018	150	120	120	1029	3	353	23	1	3	5
626	5	97	97	1260	1	27	2	1	1	4
220	33	130	146	995						
3269	820	210	204	1230	1	725	56	1	11	15
3462	718	144	164	1436	2	847	73	1	14	18
5058	621	68	69	2700	2	467	39	1	3	4
339	2515	36	106	2376	2	632	49	1	13	20
4909	585	57	116	1963	2	385	57	1	18	20
4770	1292	350	350	2968	1	361	56	1	10	8
7600	1140	150	360	2800	2	1310	191	1	24	30
1695	490	109	156	2641	2	700	73	1	8	20
5715	193	60	127	1630	2	607	59	1	10	15
7112	872	347	347	2310	7	810	238	1	25	30
460	998	70	74	4283	2	643	70	1	4	8
2130	25	83	112	2080	1	252	28	1	4	12
2060	397	141	156	3911	1	620	43	1	2	4
3946	600	59	98	3020	1	283	39	1	5	5
12110	1700	76	544	1987	8	1506	174	1	14	20
978	1998	238	235	3089	3	960	106	1	25	6
10816	1477	363	350	1256	8	1586	130	1	30	21
6800	1243	450	450	1103	7	1100	66	1	17	6
5500	1220	428	168	2800	12	1121	69	1	10	20
1557	108	58	166	1360	1	242	20	1	4	6
1250	160	70	130	1380	4	290	31	1	4	4
4340	320	57	57	1250	3	715	51	1	12	14
4898	870	629	629	890	4	1038	83	1	15	20
1439	1131	188	187	2799	1	125	17	1	5	4
1258	535	170	163	2499	4	102	11	1	3	2
2500	98	301	299	790	1	251	19	1	7	14
980	228	127	126	968	2	130	12	1	7	4
6050	138	210	205	2560	1	590	27	1	9	17
7060	1702	142	144	1300	4	736	87	1	12	15

5-11 续表 12

民族乡镇名称	村民委员会（个）	年末实有耕地面积（公顷）	年末总人口（人）	#少数民族	乡镇企业总产值（万元）	农林牧渔业总产值（万元）
永州千家洞瑶族乡	10	569	10032	9533	1665	5887
永州兰溪瑶族乡	10	521	6098	5814	78	211
永州源口瑶族乡	7	283	5863	5569	2550	1450
永州九疑山瑶族乡	31	1025	32482	8289	10260	3534
永州棉花坪瑶族乡	4	111	5611	4290	100	750
永州桐木漯瑶族乡	7	209	5017	2315	900	320
永州荒塘瑶族乡	15	502	12315	5100	105	390
永州横岭瑶族乡	15	585	9760	6825	1305	6342
永州洪塘营瑶族乡	17	481	13448	7988	1995	6521
永州井塘瑶族乡	7	462	9448	4445	1416	7245
永州审章塘瑶族乡	17	1060	16503	7581	6725	9143
永州晒北滩瑶族乡	11	112	6802	2386	3510	2108
永州门楼下瑶族乡	20	215	8766	5624	1300	7681
永州上梧江瑶族乡	23	415	13336	4013	1920	2686
永州清塘壮族乡	12	394	7185	4562	615	1215
永州犁头瑶族乡	4	163	2794	1016	280	2086
张家界刘家坪白族乡	13	556	11398	10258		2009
张家界马合口白族乡	16	592	10511	9670		1580
张家界走马坪白族乡	11	569	8080	7918		
张家界淋溪河白族乡	11	97	4601	3000		650
张家界芙蓉桥白族乡	13	538	11762	11173	936	1896
张家界麦地坪白族乡	8	347	5033	4932		685
张家界洪家关白族乡	25	1126	24932	22937		2980
张家界索溪峪土家族乡	11	6523	11179	11086	8910	1352
张家界三关寺土家族乡	26	1631	23548	22371	1650	4526
张家界高峰土家族乡	25	1201	15394	14256		8439
张家界金岩土家族乡	19	1153	18300	16800	21	3404
张家界许家坊土家族乡	16	1262	19854	15216		4800
张家界阳和土家族乡	16	1252	18547	16507	835	3864
张家界甘堰土家族乡	21	1353	20783	19123	2100	6587
张家界赵家岗土家族乡	20	847	15823	15365	3873	2526
郴州华山瑶族乡	6	1146	3485	865	300	1963
郴州杨柳瑶族乡	3	1216	2599	565	240	580
郴州月峰瑶族乡	8	362	7134	1980	14112	3148

粮食产量（吨）	肉类总产量（吨）	财政收入（万元）	财政支出（万元）	人均纯收入（元）	学校数（所）	在校学生数（人）	教师数（人）	医院、卫生院（个）	医生数（人）	病床数（张）
7200	975	123	131	1450	5	885	79	1	12	10
4665	1101	26	25	1539	1	427	34	1	2	
3740	897	86	89	1225	1	620	49	1	7	15
9200	3512	321	371	2100	9	3682	177	3	17	19
271	102	72	75	1570	2	320	23	1	4	3
381	112	46	50	1780	2	330	25	1	3	2
3200	420	140	145	1520	4	680	50	1	5	4
6020	1300	145	145	2430	2	722	55	1	9	4
5920	548	135	135	2452	4	988	77	1	11	10
4869	341	85	85	2142	2	893	50	1	5	4
10900	1842	123	123	2154	10	1092	63	1	19	15
1372	305	316	303	3676	4	281	36	1	4	4
13572	230	183	183	1760	2	368	42	1	8	5
2450	312	79	168	1608	3	330	52	1	11	16
4545	587	65	285	1008	3	685	48	1	3	6
855	410	44	43	910	2	71	11	1	3	1
6250	577	417	466	1639	9	860	86	1	11	9
4500	1000	268	268	1670	7	740	56	2	11	18
4041	412	147	147	1475	5	337	29	1	17	16
3484	366	200	200	1346	9	279	34	1	6	20
3141	629	260	260	1160	6	840	80	1	12	24
2018	159	85	85	1463	6	234	23	1	9	9
5969	589	498	498	1510	14	2483	302	2	33	54
2942	740	880	880	5365	1	1512	62	1		
10500	1012	424	424	2630	18	2508	114	1	16	15
10669	2365	652	558	3381	7	1498	121	1	17	12
6823	319	390	390	1926	11	1329	86	1	11	15
8700	1248	326	326	1949	8	1654	79	1	6	10
7278	1578	375	366	3599	1	1423	62	1	27	25
11480	1200	215	215	2698	7	1432	74	1	5	12
5325	2400	260	260	2754	16	1500	77	1	13	15
965	341	9	10	3180	1	128	14	1	3	3
1380	184	5	6	2630	1	168	11	1	4	6
2228	832	230	220	5879	1	699	46	1	14	7

5-11 续表 13

民族乡镇名称	村民委员会（个）	年末实有耕地面积（公顷）	年末总人口（人）	#少数民族	乡镇企业总产值（万元）	农林牧渔业总产值（万元）
郴州大塘瑶族乡	4	160	4095	846	3000	1600
郴州盈洞瑶族乡	11	429	7213	6275	368	3177
郴州延寿瑶族乡	17	778	16494	13856	3602	220036
郴州小垣瑶族镇	7	345	11145	6104	11063	1254
郴州岭秀瑶族乡	12	645	10512	8420	5600	2687
郴州三江口瑶族乡	11	549	9627	6502	5995	3689
郴州西山瑶族乡	6	153	2238	872	8000	2400
郴州团结瑶族乡	7	118	2681	865	3625	2503
郴州连坪瑶族乡	4	178	2107	982	6368	2501
郴州莽山瑶族乡	7	310	6712	4517	7481	2884
常德许家桥回族维吾尔族乡	16	1898	20778	8900	11918	8850
常德毛家滩回族维吾尔族乡	16	2198	25571	9806	22689	6548
常德枫树维吾尔族回族乡	23	2948	31071	8893	26017	33049
常德青林回族维吾尔族乡	16	1933	24471	8370	34193	6619
株洲龙渣瑶族乡	4	179	2177	1132	4790	1287
衡阳塔山瑶族乡	13	395	8181	4349		349
益阳鲜埠回族乡	10	1682	21378	9620	63000	7026
广东省						
惠州市龙门县蓝田瑶族乡	7	948	10421	9691	12100	11000
清远市连州市三水瑶族乡	4	163	4039	1536	85	2358
清远市连州市瑶安瑶族乡	12	519	12030	4345	3402	3900
清远市阳山县秤架瑶族乡	10	2220	17391	4686	966	9233
肇庆市怀集县下帅壮族瑶族乡	5	397	11044	7619	4852	6599
韶关市始兴县深渡水瑶族乡	4	286	5413	1959	1520	2770
河源市东源县漳溪畲族乡	10	761	19759	4059	16287	5258
广西壮族自治区						
梧州市蒙山县长坪瑶族乡	5	113	2900	2695		1495
梧州市蒙山县夏宜瑶族乡	6	217	6513	5689	115	2214
贺州市八步区黄洞瑶族乡	4	612	7054	5290	11543	5752
贺州市八步区大平瑶族乡	6	962	13326	4531	1460	12360
贺州市昭平县仙回瑶族乡	6	655	14875	5950	1752	13890
贺州市钟山县两安瑶族乡	6	746	16576	16078	14111	7703
贺州市钟山县花山瑶族乡	6	212	7878	7690	2310	3630

粮食产量（吨）	肉类总产量（吨）	财政收入（万元）	财政支出（万元）	人均纯收入（元）	学校数（所）	在校学生数（人）	教师数（人）	医院、卫生院（个）	医生数（人）	病床数（张）
3190	480	147	147	5802	5	320	51	1	7	7
3516	263	131	126	1121	1	785	49	1	5	10
10623	790	188	168	917	5	1996	118	1	10	20
1951	198	433	411	922	1	858	48	1	9	20
4063	639	137	137	771	4	1093	63	1	10	20
5334	453	216	218	1222	2	825	60	1	9	12
896	156	86	83	3766	3	30	13	1	1	3
790	331	158	150	6618	1	82	16	1	4	3
1359	853	206	206	6842	1	96	18	1	4	4
3009	544	206	206	2275	6	498	43	1	5	20
18800	609	702	698	3850	2	1266	132	1	28	40
24404	4011	330	323	5008	3	1420	87	1	18	32
11100	20749	888	894	3605	4	2457	217	1	25	17
21987	1170	505	538	4897	4	1483	145	1	45	120
1143	122	181	181	2708	1	192	20	1	6	4
1358	210	382	367	1607	7	978	70	2	9	13
7500	6073	688	672	4800	7	2200	167	1	23	20
3950	520	1376	1341	4842	2	890	109	1	32	20
654	315	132	130	5299	1	136	13	1	5	3
1664	607	290	296	4900	4	520	94	1	6	12
5221	616	575	575	5228	9	1577	129	1	17	28
3053	995	490	490	3415	5	1976	105	1	13	8
2223	296	135	135	5248	1	119	26	1	4	5
6423	808	177	177	5259	7	1647	120	1	9	10
1454	208	260	286	2550	5	56	22	1	3	8
2025	661	235	232	2309	6	796	73	1	8	8
1888	531	547	547	4303	2	429	41	1	8	6
5170	523	195	195	4124	5	1098	93	1	14	22
5168	1832	77	270	3783	7	976	101	1	8	20
5232	1977	270	270	3961	12	1482	107	1	10	18
1986	2330	234	178	4237	7	1150	96	1	10	10

5-11　续表 14

民族乡镇名称	村民委员会（个）	年末实有耕地面积（公顷）	年末总人口（人）	#少数民族	乡镇企业总产值（万元）	农林牧渔业总产值（万元）
贵港市平南县马练瑶族乡	12	899	44870	29952	330	5580
贵港市平南县国安瑶族乡	10	498	24018	20015	3318	4487
防城港市上思县南屏瑶族乡	9	1891	13465	13371	1024	16253
南宁市马山县古寨瑶族乡	9	1048	21339	21238		5535
南宁市马山县里当瑶族乡	10	945	21165	18515		4699
南宁市上林县镇圩瑶族乡	11	1137	24202	24020	785	3210
柳州市三江县同乐苗族乡	19	1163	43765			17153
柳州市三江县福禄苗族乡	14	1200	30531	28690		
柳州市三江县高基苗族乡	8	622	7882	5620	4245	14337
柳州市融水县滚贝侗族乡	11	1296	16557	14653		6358
柳州市融水县同练瑶族乡	6	603	10898	10661		5684
柳州市柳城县古砦仫佬族乡	13	3619	34660	14153	6580	15185
桂林市临桂县宛田瑶族乡	15	1530	23000	12000	19172	13618
桂林市临桂县黄沙瑶族乡	5	747	5499	2352	3600	873
桂林市灵川县大境瑶族乡	8	695	12749	5392	7839	3573
桂林市灵川县兰田瑶族乡	3	298	6007	3095	11245	3462
桂林市全州县蕉江瑶族乡	8	713	14953	4120	35061	10768
桂林市全州县东山瑶族乡	16	2800	33000	26400	24284	10388
桂林市兴安县华江瑶族乡	9	855	17094	4523	107673	12997
桂林市灌阳县洞井瑶族乡	9	552	9201	3420	6625	7100
桂林市灌阳县西山瑶族乡	10	662	13309	5323	13586	7367
桂林市资源县车田苗族乡	12	1354	24346	14056	18340	14535
桂林市资源县两水苗族乡	6	568	11006	7750	3333	9366
桂林市资源县河口瑶族乡	5	254	5214	3650	3366	3424
桂林市平乐县大发瑶族乡	10	1953	18906	9323	10989	13762
桂林市荔浦县蒲芦瑶族乡	8	1239	11153	8133	3470	4415
桂林市雁山区草坪回族乡	3	291	5126	1846	2600	2604
百色市右江区汪甸瑶族乡	13	2616	26335	2535	3220	20272
百色市田东县作登瑶族乡	21	2375	37464	11742	60	10887
百色市田林县潞城瑶族乡	19	3529	26995	23874		11525
百色市田林县利周瑶族乡	9	1308	15905	13937		5248
百色市田林县八桂瑶族乡	12	1250	14668	14143		5810
百色市田林县八渡瑶族乡	17	2922	23046	20849		9872

粮食产量（吨）	肉类总产量（吨）	财政收入（万元）	财政支出（万元）	人均纯收入（元）	学校数（所）	在校学生数（人）	教师数（人）	医院、卫生院（个）	医生数（人）	病床数（张）
89852	2169	349	452	4845	14	5460	235	1	20	30
4435	1547	236	432	3553	8	2200	150	1	8	15
2055	106	426	426	3106	10	1920	142	1	23	20
5421	1974	113	1519	2759	11	1558	155	1	22	32
5851	1450	79	1364	2265	10	1703	165	1	7	18
4055	615	265	950	3189	9	2244	136	1	8	18
6879	1800	637	1737	3509	24	4502	248	1	32	48
4672	1289	393	315	2767	15	3969	179	1	11	28
2131	624	296	296	3948	13	420	46	1	11	10
3500	793	189	496	2473	13	1633	126	1	4	23
2904	493	237	330	2005	6	1465	101	1	4	5
18458	2513	568	568	3976	20	3316	252	1	15	26
7994		587	615	3800	5	1587	143	1	10	12
2238	1282	371	364	4510	3	240	38	1	8	4
4007	620	432	432	4260	5	402	30	1	21	20
6165	595	363	363	3659	1	432	57	1	11	16
6575	3250	135	125	3546	10	552	220	1	20	16
20000	7500	88	800	3050	3	2300	180	1	4	20
5400	1998	1209	962	6957	10	921	117	1	10	54
5835	844	186	259	3520	9	672	79	1	10	18
4109	841	306	341	3239	11	932	112	1	20	10
7816	1490	321	321	3998	13	1380	164	1	18	34
5750	1228	179	179	3638	12	618	71	1	9	8
1647	479	116	116	3624	4	233	34	1	8	5
7549	1014	113	252	3995	10	1095	132	1	9	9
3229	884	331	331	3400	18	408	67	1	8	18
6664	585	420	425	4941	2	213	31	1	4	10
10693	2646	418	415	4590	25	2369	218	2	26	45
8407	2338	445	145	2003	24	3783	228	1	15	20
7111	1768	389	769	3193	16	3168	239	2	11	29
4738	829	388	399	3248	12	1259	98	1	21	19
6341	1344	352	540	3100	14	1520	135	2	22	20
7893	1759	88	465	3259	3	3312	151	2	36	24

5-11　续表 15

民族乡镇名称	村民委员会（个）	年末实有耕地面积（公顷）	年末总人口（人）	#少数民族	乡镇企业总产值（万元）	农林牧渔业总产值（万元）
百色市凌云县伶站瑶族乡	9	698	17940	15460	24128	4880
百色市凌云县朝里瑶族乡	6	354	8395	7282	170	2308
百色市凌云县沙里瑶族乡	12	6000	19687	15100	320	6100
百色市凌云县玉洪瑶族乡	18	1817	22983	15401	5988	2789
百色市西林县足别瑶族苗族乡	6	2169	7967	7817		1860
百色市西林县普合苗族乡	7	5935	10385	10085		2144
百色市西林县那佐苗族乡	18	4587	24199	22186		7030
河池市南丹县八圩瑶族乡	16	1324	23190	17662	540	6875
河池市南丹县里湖瑶族乡	13	1362	20440	18703	625	5960
河池市南丹县中堡苗族乡	6	447	7824	5914	1848	2700
河池市天峨县八腊瑶族乡	9	1940	21525	7009	1380	6766
河池市凤山县平乐瑶族乡	10	1177	23127	15329	2055	6560
河池市凤山县江洲瑶族乡	7	572	11432	8916	2300	1901
河池市凤山县金牙瑶族乡	12	112	25324	17981	2340	7415
河池市东兰县三弄瑶族乡	5	241	5324	3980		441
河池市环江县驯乐苗族乡	12	1484	25630	24745	19550	14390
河池市宜州市北牙瑶族乡	19	3946	60516	48252	3722	40936
河池市宜州市福龙瑶族乡	15	2801	37246	34007	2677	18829
重庆市						
奉节县云雾土家族乡	3	2241	4351	1836		2904
奉节县长安土家族乡	8	1794	16155	5453		7440
奉节县龙桥土家族乡	6	1497	11191	5383	5000	6780
奉节县太和土家族乡	8	1851	14505	6668		9507
万州区恒合土家族乡	14	1801	29530	14217	4765	9803
万州区地宝土家族乡	4	371	7537	3787	2654	2620
云阳县清水土家族乡	15	749	18372	4114	6190	16989
巫山县红椿土家族乡	5	788	6912	3400	5900	5450
巫山县邓家土家族乡	5	377	4225	1771	7200	1900
忠县磨子土家族乡	7	1487	19353	6739	4578	6853
武隆文复苗族土家族乡	6	933	9290	3717		5818
武隆石桥苗族土家族乡	6	1043	11150	4375	1211	4492
武隆浩口苗族仡佬族乡	6	673	6358	2350	2076	3558
武隆后坪苗族土家族乡	6	732	7517	2272	560	3437

粮食产量（吨）	肉类总产量（吨）	财政收入（万元）	财政支出（万元）	人均纯收入（元）	学校数（所）	在校学生数（人）	教师数（人）	医院、卫生院（个）	医生数（人）	病床数（张）
3538	1495	385	402	2580	10	2313	139	1	25	26
3055	685		450	2750	9	1269	71	1	8	15
6700	640	380	390	2369	25	2850	134	1	21	20
6392	93	13	13	2642	31	2953	156	2	8	30
3575	570			2716	8	1140	32	1	9	9
4292	14	10	10	2050	8	1202	75	1	19	20
10661	500	92	91	2905	19	2937	130	2	26	27
5942	176	26	418	3158	20	2386	186	1	23	15
5775	1082	46	394	3048	14	2750	183	1	18	16
1819	1113	96	261	3431	7	841	70	1	6	6
8538	1493	290	290	3189	11	3398	194	3	48	60
6911	759	1127	1127	3111	9	3341	180	1	11	25
2740	337	190	190	2398	7	2131	97	1	6	18
4180	1604	126	126	2430	15	4281	226	2	16	50
1162	234			2510	4	438	30	1	2	8
9342	2289	650	780	2500	20	3080	210	2	32	15
24131	2392	358	357	5230	27	5987	331	2	42	107
22290	845	82	82	3516	16	3316	191	1	36	20
2661	400	335	335	3800	1	380	13	1	6	10
14735	780	741	741	4415	3	1530	79	3	10	20
7573	1550	458	458	5061	4	893	43	1	7	10
7876	308	730	730	4061	4	981	78	1	8	11
15015	1010	178	969	3980	2	2105	181	1	20	20
3263	306	240	340	4073	1	613	28	1	5	10
6900	2783	329	329	4227	2	2530	136	2	21	22
3307	354	1228	1228	4267	2	512	23	1	7	10
2800	885	1241	421	5109	5	397	21	1	5	9
9074	866	114	994	5028	2	781	87	1	30	20
4787	2168	462	462	4996	2	728	54	1	7	5
6980	975	396	396	4874	3	584	59	1	4	15
3383	492	367	367	4506	1	350	35	1	5	10
3330	1022	389	389	4129	2	459	35	1	5	6

5-11 续表 16

民族乡镇名称	村民委员会（个）	年末实有耕地面积（公顷）	年末总人口（人）	#少数民族	乡镇企业总产值（万元）	农林牧渔业总产值（万元）
四川省						
甘孜州九龙县子耳彝族乡	5	361	3970	2653		845
甘孜州九龙县三垭彝族乡	4	273	3268	2728		696
甘孜州九龙县俄尔彝族乡	3	260	2798	2661		740
甘孜州九龙县小金彝族乡	3	178	2719	2485		762
甘孜州九龙县朵落彝族乡	3	107	1451	980		490
甘孜州九龙县踏卡彝族乡	4	88	4345	3809		666
甘孜州九龙县湾坝彝族乡	5	285	6928	5985		1240
阿坝州松潘县十里回族乡	6	551	3365	2050		1292
阿坝州松潘县进安回族乡	10	92	4940	2260	525	2246
攀枝花市仁和区大龙潭彝族乡	8	1923	15720	11920	1531	11546
攀枝花市仁和区啊喇彝族乡	6	519	9160	4887	4140	5804
攀枝花市米易县麻陇彝族乡	8	1400	8714	6361	56	3831
攀枝花市米易县白坡彝族乡	10	1625	10097	3520	350	12837
攀枝花市米易县湾丘彝族乡	7	20010	17403	6134	28495	5562
攀枝花市米易县新山傈僳族乡	4	1060	7090	1762	5580	5960
攀枝花市盐边县敢鱼彝族乡	14	750	7701	3459	643	2447
攀枝花市盐边县红果彝族乡	11	929	14067	7800	121437	6300
攀枝花市盐边县温泉彝族乡	7	988	7150	5506	718	5450
攀枝花市盐边县箐河傈僳族乡	6	388	5998	1848	7771	2569
攀枝花市盐边县格萨拉彝族乡	11	1371	12475	12171	4997	3200
攀枝花市盐边县和爱彝族乡	4	673	5352	1791	876	1715
攀枝花市盐边县红宝苗族彝族乡	7	395	4925	3838	1069	3100
泸州市叙永县白蜡苗族乡	7	1462	20194	2890	1003	3626
泸州市叙永县合乐苗族乡	5	866	11937	3081	800	4979
泸州市叙永县枧槽苗族乡	5	926	12382	3433	328	4558
泸州市叙永县石坝彝族乡	4	399	8846	2010	992	4230
泸州市叙永县水潦彝族乡	10	1200	23226	7591	340	3800
泸州市古蔺县箭竹苗族乡	8	1108	15088	3156	28869	3843
泸州市古蔺县大寨苗族乡	3	496	7218	1412	386	4056
泸州市古蔺县马嘶苗族乡	5	1288	12735	1290	500	1680
广元市青川县蒿溪回族乡	6	475	4198	1506	315	1912
广元市青川县大院回族乡	6	661	6099	1425	10	2328

粮食产量（吨）	肉类总产量（吨）	财政收入（万元）	财政支出（万元）	人均纯收入（元）	学校数（所）	在校学生数（人）	教师数（人）	医院、卫生院（个）	医生数（人）	病床数（张）
1446	248	127	127	3663	3	489	21	1	3	5
1226	197	174	174	3689	1	363	13	1	7	8
596	188	123	123	3445	1	335	11	1	2	4
523	179	115	115	3597	2	258	13	1	5	2
421	38	98	98	3291	1	178	9	1	3	4
527	231	128	128	3618	2	477	19	1	5	3
2689	1026	210	210	3802	5	1365	47	1	9	8
977	93	163	163	3284	1	293	25	1	3	
384	191	174	174	3914	2	750	61	1	3	7
12295	2985	960	930	6669	8	999	86	2	20	40
6182	1221	420	519	6351	8	545	68	1	25	50
3983	1042	780	780	6065	2	844	40	1	8	9
4708	1496	320	385	6193	6	666	73	1	25	24
5880	950	792	908	6053	5	1497	78	1	24	13
4153	1502	526	526	6270	2	509	38	1	9	5
3344	960	368	364	5282	5	496	31	1	9	12
5064	1343	622	622	5403	4	1821	49	1	14	22
3046	1553	289	289	5220	5	1348	48	1	6	7
3137	468	248	238	5354	6	738	40	1	12	8
5943	2578	415	415	5522	12	1684	78	2	17	26
1971	598	345	341	5344	3	478	30	1	12	24
1572	854	314	314	5306	6	337	22	1	5	10
11600	2146	993	986	2480	3	3700	172	1	20	22
4898	1372	636	636	2805	2	1545	66	1	15	22
4705	1184	1118	1118	2695	6	2209	108	1	7	25
2354	1570	672	672	2337	1	1251	60	1	18	25
6138	120	1480	1480	2960						
8207	1831	1997	2252	3727	5	1489	86	12	16	20
4146	824	694	694	3376	3	1258	57	1	10	15
41200	1810	721	768	3320	7	2551	82	1	20	20
2180	346	1319	1319	4036	1	510	43	1	6	8
2442	400	220	220	3553	1	681	51	1	4	6

5-11 续表 17

民族乡镇名称	村民委员会（个）	年末实有耕地面积（公顷）	年末总人口（人）	#少数民族	乡镇企业总产值（万元）	农林牧渔业总产值（万元）
乐山市金口河区和平彝族乡	6	441	8998	1693	5678	5890
乐山市金口河区共安彝族乡	7	333	5965	2478	1020	1407
南充市阆中市博树回族乡	8	502	7143	3780	930	3428
宜宾市筠连县高坪苗族乡	5	569	7200	2500	12586	2714
宜宾市筠连县联合苗族乡	8	743	8613	3863	538	3831
宜宾市筠连县团林苗族乡	8	555	7315	2109	540	2240
宜宾市屏山县屏边彝族乡	7	729	8511	4375	2025	2845
宜宾市屏山县清平彝族乡	10	853	9066	1991	280	4857
宜宾市兴文县大坝苗族乡	17	1653	30931	8131	14000	14000
宜宾市兴文县毓秀苗族乡	5	630	6900	2357	600	3746
宜宾市兴文县大河苗族乡	18	1953	41608	7192	46340	21530
宜宾市兴文县麒麟苗族乡	27	1539	30744	7007	8000	11989
宜宾市兴文县仙峰苗族乡	13	1177	13245	3981	49116	9246
宜宾市珙县罗渡苗族乡	10	812	14893	3400	2000	8278
宜宾市珙县玉和苗族乡	4	296	5778	1821		3581
宜宾市珙县观斗苗族乡	4	301	4910	1241	4613	2211
雅安市汉源县小堡藏族彝族乡	3	289	2280	421	57	1162
雅安市汉源县坭美彝族乡	5	289	2117	994	66	1149
雅安市汉源县永利彝族乡	6	686	3643	925		1162
雅安市汉源县顺河彝族乡	2	135	1293	1134		750
雅安市汉源县片马彝族乡	6	540	5473	1960		519
雅安市石棉县安顺彝族乡	6	323	8436	3382	5050	3016
雅安市石棉县先锋藏族乡	7	353	6606	2077	26675	3245
雅安市石棉县蟹螺藏族乡	7	247	4571	2030	7900	1947
雅安市石棉县回隆彝族乡	6	110	6592	2607	185699	2352
雅安市石棉县擦罗彝族乡	5	105	4327	2039	5310	890
雅安市石棉县栗子坪彝族乡	7	140	4530	4485	5200	1815
雅安市石棉县新民藏族彝族乡	9	574	6868	1088	1015	38342
雅安市石棉县挖角彝族藏族乡	3	66	3195	1585	9910	795
雅安市石棉县田湾彝族乡	6	203	3191	1298	780	2185
雅安市石棉县草科藏族乡	5	183	2515	1371	8511	2636
雅安市宝兴县跷碛藏族乡	5	316	5406	5248	1200	3600
雅安市荥经县宝峰彝族民族乡	3	231	2571	805		1699

粮食产量（吨）	肉类总产量（吨）	财政收入（万元）	财政支出（万元）	人均纯收入（元）	学校数（所）	在校学生数（人）	教师数（人）	医院、卫生院（个）	医生数（人）	病床数（张）
2738	1104	220	220	4288	4	1320	113	1	9	1
1079	438	225	222	4331	2	769	53	1	6	8
4269	1151	132	156	3358	1	347	41	1	6	6
4300	900	288	288	5405	3	1125	56	1	3	3
4008	810	361	361	4828	5	1099	68	1	2	3
3640	890	268	268	5307	6	959	59	1	4	8
3470	546	324	324	4967	1	1112	69	1	5	15
4004	1259	440	440	3855	10	984	68	1	7	9
15530	4650	1860	1860	4610	4	3740	188	2	33	25
3987	837	640	638	4076	1	700	37	1	5	5
19639	7138	1400	1399	5139	4	5487	248	1	14	28
13937	2503	2373	2373	4421	4	3989	191	1	5	15
6855	2521	1288	1288	5745	3	1396	64	1	16	20
6926	1658	247	247	5113	7	1842	75	1	10	27
2858	1120	258	258	4784	3	965	45	1	6	12
2401	649	220	220	4907	3	404	32	1	3	10
1286	463	161	161	3961	2	140	18	1	3	4
2000	192	69	69	3777	2	226	14	1	3	3
1955	845	120	120	3942	3	224	19	1	3	6
874	50	98	98	4331	1	38	3			
2986	400	129	129	4370	2	300	22	1	5	9
2429	800	443	443	4599	3	817	42	1	7	10
2502	495	618	618	4548	2	1159	79	1	8	12
482	540	289	289	4577	2	249	26	1	7	5
973	592	577	632	5154	4	601	37	1	4	15
832	320	960	960	4954	3	792	28	1	6	5
1132	330	412	412	4576	2	692	33	1	9	14
3781	521	377	349	4832	2	450	31	1	11	12
465	890	323	323	4709	1	310	16	1	9	11
1337	224	490	476	4717	1	195	17	1	9	10
1660	709	305	305	4511	1	170	18	1	9	10
2900	2500	666	666	5499	6	515	59	1	11	12
2210	510	251	260	4500	1	186	16	1	5	3

5-11 续表 18

民族乡镇名称	村民委员会（个）	年末实有耕地面积（公顷）	年末总人口（人）	#少数民族	乡镇企业总产值（万元）	农林牧渔业总产值（万元）
雅安市荥经县民建彝族民族乡	5	184	4261	1279	2561	626
凉山州西昌市高草回族乡	7	1450	13766	2202		17052
凉山州西昌市裕隆回族乡	9	1790	17520	4851	4260	19843
凉山州木里县屋脚蒙古族乡	2	287	2419	2407		577
凉山州木里县俄亚纳西族乡	6	608	5895	5144		2255
凉山州木里县白碉苗族乡	4	639	6017	5383		1542
凉山州木里县项脚蒙古族乡	3	437	3409	3038		1207
凉山州木里县固增苗族乡	4	547	3488	2802		1427
凉山州盐源县大坡蒙古族乡	5	578	3821	2241		1123
凉山州德昌县金沙傈僳族乡	3	251	3040	2979		2769
凉山州德昌县南山傈僳族乡	3	284	1968	1968		820
凉山州会理县新安傣族乡	5	368	4463	3071		4123
凉山州冕宁县和爱藏族乡	6	382	3389	1303	43	2145
凉山州越西县保安藏族乡	3	357	4922	4080		730
绵阳市平武县木皮藏族乡	3	16	1130	851		532
绵阳市平武县木座藏族乡	3	48	1797	1027		511
绵阳市平武县白马藏族乡	4	35	1523	1327		377
绵阳市平武县黄羊关藏族乡	6	344	1572	552		938
绵阳市平武县虎牙藏族乡	5	237	2572	1053		931
绵阳市平武县泗耳藏族乡	3	73	847	228		644
绵阳市平武县徐塘羌族乡	5	741	2820	2592	149	1041
绵阳市平武县锁江羌族乡	10	1357	6498	6466	200	5172
绵阳市平武县平南羌族乡	5	568	2299	2156		1644
绵阳市北川县桃龙藏族乡	6	452	3476	2780		2984
绵阳市盐亭县大兴回族乡	8	459	7109	2245		6808
绵阳市平武县水田羌族乡	7	1089	4114	3180		1693
绵阳市平武县旧堡羌族乡	6	428	3641	1992	720	2315
绵阳市平武县阔达藏族乡	6	559	5142	2725	2837	1976
绵阳市平武县土城藏族乡	9	839	6239	3945	600	4098
达州市宣汉渡口土家族乡	7	611	7886	7663	3200	6480
达州市宣汉龙泉土家族乡	13	432	11564	10523		5340
达州市宣汉三墩土家族乡	7	499	14776	11087	680	120
达州市宣汉漆树土家族乡	4	222	6789	6380	45	1479

粮食产量（吨）	肉类总产量（吨）	财政收入（万元）	财政支出（万元）	人均纯收入（元）	学校数（所）	在校学生数（人）	教师数（人）	医院、卫生院（个）	医生数（人）	病床数（张）
1497	420	232	241	5450	2	237	26	1	8	15
12839	4630	289	289	5570	3	1477	103	1	4	10
18375	2613	1100	1050	6226	5	2501	141	1	10	25
936	278	136	136	2796	1	327	21	1	7	3
2791	820	156	156	3021	1	828	28	1	6	3
2585	445	184	184	3981	2	1009	35	1	4	6
1571	389	119	119	2677	1	405	32	1	4	4
1998	513	177	177	3085	1	329	24	1	5	4
8500	1890	69	69	3746	5	574	15	1	5	12
1459	266	121	121	4566	1	351	19	1	4	4
950	200	38	60	4500	1	246	24	1	4	6
3034	1193	36	36	2647	1	336	12	1	2	10
2112	758	100	100	4155	2	367	23	1	3	5
3486	675	100	100	2795	5	473	21	1	4	4
52	100	169	169	3691	1	69	12	1	2	4
66	116	176	176	3130	1	69	10	1	3	3
18	137	202	202	3458	1	28	10	1	4	4
679	232	138	138	3545	1	81	17	1	2	4
1060	292	201	201	3360	1	60	14	1	3	6
158	226	187	187	2810	1	13	8	1	2	2
1227	370	300	300	3973	1	192	19	1	1	6
3434	810	317	465	4116	2	311	33	1	4	4
1272	256	197	197	3929	1	119	15	1	4	5
1915	1072	333	333	3285	1	195	16	1	2	2
226	391	489	489	5120	2	465	36	1	11	10
2400	542	345	345	3461	1	182	17	1	1	2
1306	536	184	184	3538	1	222	15	1	4	4
3387	455	275	275	4117	2	247	29	1	5	9
1576	62	293	293	3889	2	420	28	1	4	10
6266	912	250	275	3040	5	720	27	1	6	10
4342	1607	295	293	2680	6	2616	65	1	18	16
6070	1954	266	266	2927	7	1737	75	1	14	16
1910	710	195	195	2650	4	700	24	1	5	17

5-11 续表 19

民族乡镇名称	村民委员会（个）	年末实有耕地面积（公顷）	年末总人口（人）	#少数民族	乡镇企业总产值（万元）	农林牧渔业总产值（万元）
贵州省						
贵阳市南明区小碧布依族苗族乡	12	728	15839	6033		9341
贵阳市花溪区高坡苗族乡	19	104	22005		1300	8974
贵阳市花溪区马铃布依族苗族乡	8	590	9154	4760	4256	7033
贵阳市花溪区孟关苗族布依族乡	9	839	19078	9100	80105	11650
贵阳市花溪区黔陶布依族苗族乡	7	568	10472	4164	5540	8120
贵阳市花溪区湖潮布依族苗族乡	13	1290	23379	7383	2750	12051
贵阳市乌当区偏坡布依族乡	2	131	1888	1777		2125
贵阳市乌当区新堡布依族乡	7	380	5280	3190		6213
贵阳市白云区都拉布依族乡	7	260	8561	4366	75358	3815
贵阳市白云区牛场布依族乡	13	694	13146	3867	3600	7300
贵阳市清镇市麦格苗族布依族乡	27	1103	23148	7600	13037	9420
贵阳市清镇市王庄布依族苗族乡	15	1222	22303	6902	965	8696
贵阳市清镇市流长苗族乡	39	1938	50196	26315	3530	14786
贵阳市息烽市青山苗族乡	5	805	7250	1798	30	4751
贵阳市开阳县禾丰布依族苗族乡	6	1264	16688	5776		8311
贵阳市开阳县南江布依族苗族乡	6	1400	20554	7811		9510
贵阳市开阳县高寨苗族布依族乡	8	1855	26116	9924		11358
贵阳市修文县大石布依族乡	15	1027	13638	3546	8510	7176
六盘水市六枝特区落别布依族彝族乡	13	99	38095	20571	9250	3636
六盘水市六枝特区折溪彝族乡	9	54	17068	16154	560	2312
六盘水市六枝特区牛场苗族彝族乡	9	1764	21002	8611	83	1782
六盘水市六枝特区中寨苗族彝族布依族乡	21	1496	41670	41545	73710	3205
六盘水市六枝特区箐口彝族仡佬族布布依族苗族乡	7	936	13119	8096	3900	1596
六盘水市六枝特区洒志彝族布依族苗族乡	9	1120	19401	15120	1300	3559
六盘水市六枝特区毛口布依族苗族乡	6	603	10174	8648	7900	1890
六盘水市六枝特区梭戛苗族彝族乡	7	831	19786	7278	698	1979
六盘水市六枝特区陇脚布依族乡	8	619	13735	7697	1762	2360
六盘水市盘县特区普田回族乡	6	818	13767	2415	301	3647
六盘水市盘县特区鸡场坪彝族乡	13	2794	40766	15790	45000	6258
六盘水市盘县特区旧营白族彝族苗族乡	11	2116	30162	12569	2680	3520
六盘水市盘县特区马场彝族苗族乡	11	1322	15378	4501	1910	3326
六盘水市盘县特区羊场布依族白族苗族乡	16	1503	37266	15214	74537	6292

粮食产量 （吨）	肉类 总产量 （吨）	财政收入 （万元）	财政支出 （万元）	人均 纯收入 （元）	学校数 （所）	在校 学生数 （人）	教师数 （人）	医院、 卫生院 （个）	医生数 （人）	病床数 （张）
1473	1387	1564	1862	5287	8	1882	118	1	8	6
10215	2063	160	692	3785	9	2840	175	1	13	12
3938	1039	80	478	4035	8	1015	82	1	8	6
7614	1199	918	633	6315	7	2809	162	1	26	18
3964	1091	101	453	4770	8	999	77	1	8	6
7090	1382	354	530	5457	10	2703	184	2	14	20
709	253	152	284	5996	2	279	20	1	2	5
4445	1305	135	1156	5889	4	605	59	1	7	10
974	305	2119	1452	5963	5	1221	75	1	6	16
4666	672	363	1056	4975	11	1205	175	2	12	12
8309	1189	2047	1121	3976	6	2312	146	1	16	10
10273	1424	375	718	3597	11	2628	152	1	6	6
13378	1855	1403	1556	4223	19	8102	357	1	14	20
4755	511	1136	834	5051	4	836	58	1	7	10
7377	1539	491	577	3742	8	1716	103	1	6	10
10073	1727	787	488	3985	6	1733	118	1	9	4
11640	2559	2075	736	3428	10	2590	153	1	7	10
4647	1114	541	403	3308	6	1348	101	1	9	5
15875	1050	626	781	3007	14	3979	228	1	25	33
7456	778	53	352	3559	12	2368	101	1	8	16
8998	1260	686	665	2596	15	3600	142	1	10	20
15134	852	2633	945	3023	24	6608	272	1	18	20
2590	834	849	428	2496	4	1901	94	1	7	16
6674	762	61	61	2569	15	2746	99	1	17	5
3851	293	330	475	2661	6	1591	76	1	10	15
5525	619	195	195	2440	10	3413	130	1	8	12
6301	942	73	75	2996	4	1773	100	1	7	12
5271	386	129	564	2910	6	1533	113	1	7	12
13476	2829	712	1381	3238	18	5794	271	1	25	30
11858	1952	101	101	3022	13	3040	156	1	14	20
6138	578	77	77	2343	10	1189	97	1	9	12
13619	2299	7664	1489	3226	13	5394	236	1	23	48

5-11 续表 20

民族乡镇名称	村民委员会（个）	年末实有耕地面积（公顷）	年末总人口（人）	#少数民族	乡镇企业总产值（万元）	农林牧渔业总产值（万元）
六盘水市盘县特区保基苗族彝族乡	7	1787	14600	11970	2700	4105
六盘水市盘县特区四格彝族乡	9	1747	23631	6027	1876	5534
六盘水市盘县特区松河彝族乡	6	732	25289	7784	66914	3323
六盘水市盘县特区坪地彝族乡	15	2505	35848	11709	9731	7014
六盘水市盘县特区淤泥彝族乡	19	1403	28300	22923	368000	6848
六盘水市盘县特区普古彝族苗族乡	19	2653	24780	17350	65838	5976
六盘水市钟山区月照彝族回族苗族乡	7	331	16919	3461	32683	3388
六盘水市水城县坪寨彝族乡	4	578	11338	3175	60	2036
六盘水市水城县勺米彝族苗族乡	8	799	21904	8576	16580	3918
六盘水市水城县比德苗族彝族乡	7	998	29776	10932	8930	1637
六盘水市水城县化乐苗族彝族乡	10	243	34225	13211	34225	5420
六盘水市水城县陡箐苗族彝族乡	9	1950	20967	7991	63340	1256
六盘水市水城县董地苗族彝族乡	9	1951	17479	6991	270081	2259
六盘水市水城县双戛彝族乡	5	161	10200	3100	18705	613
六盘水市水城县南开苗族彝族乡	14	1740	40879	15005	1100	4920
六盘水市水城县保华苗族彝族回族乡	11	1240	26169	19680	16756	5315
六盘水市水城县青林苗族彝族乡	7	1038	17900	10700	549	2359
六盘水市水城县金盆苗族彝族乡	9	1543	27487	16521	1959	1569
六盘水市水城县木果彝族苗族乡	9	1724	23875	11700	6795	1859
六盘水市水城县发箐苗族彝族乡	5	577	8931	3479	1663	3052
六盘水市水城县玉舍彝族苗族乡	11	1050	33904	11576	40752	
六盘水市水城县纸厂彝族乡	5	523	11369	3712	20752	3908
六盘水市水城县杨梅彝族苗族回族乡	13	1165	23960	11430	1032	4818
六盘水市水城县新街彝族苗族布依族乡	5	505	12633			
六盘水市水城县野钟苗族彝族布依族乡	7	1078	18960	11230	732	4057
六盘水市水城县果布嘎彝族苗族布依族乡	5	929	18960	11230	940	2988
六盘水市水城县发耳布依族苗族彝族乡	15	1414	37065	22002	11136	30713
六盘水市水城县都格布依族苗族彝族乡	6	1053	27957	10900	2799	5546
六盘水市水城县鸡场布依族彝族苗族乡	8	1037	27957	12022	78806	4255
六盘水市水城县龙场苗族白族彝族乡	14	784	21116	18170	987	3815
六盘水市水城县营盘苗族彝族白族乡	6	578	18109	9249	302	3505
六盘水市水城县顺场苗族彝族布依族乡	11	897	21664	19228	90	3560
六盘水市水城县花戛苗族布依族彝族乡	18	696	16700	14450	950	3360

粮食产量（吨）	肉类总产量（吨）	财政收入（万元）	财政支出（万元）	人均纯收入（元）	学校数（所）	在校学生数（人）	教师数（人）	医院、卫生院（个）	医生数（人）	病床数（张）
5932	558	167	634	2204	5	2240	110	1	10	6
7538	1876	915	2141	2351	6	2978	174	1	11	30
7232	969	2120	1831	3630	9	3655	170	1	21	24
10142	3456	1548	1346	2887	12	5272	261	1	19	20
12157	2280	50037	2988	3576	9	4050	246	1	24	45
11957	1729	1798	1729	2867	7	2982	175	1	13	20
1827	800	4084	4084	4113	9	1710	103	1	4	20
2829	351	173	477	2951	5	1615	75	1	6	10
6850	1110	578	850	3170	9	3876	176	1	10	6
8465	998	590	813	3132	14	5910	180	1	14	20
5800	420	1264	1075	2300	12	4268	178	1	11	15
8715	1180	679	789	3145	11	3645	168	1	16	8
4887	626	836	458	3154	8	3280	110	1	7	8
2867	513	789	619	3245	6	1345	98	1	11	8
15785	1495	456	610	3034	20	7522	258	1	13	14
8636	1063	689	781	2760	11	3998	113	1	8	11
4358	603	112	354	2569	10	3200	112	1	12	10
8987	645	425	338	3095	10	3867	183	1	12	7
12385	513	1254	689	2876	10	5817	144	1	8	8
3498	694	305	602	3006	6	1077	69	1	11	22
12131	1830	878	1475	3570	18	7876	276	1	17	20
6412	528	978	839	3349	6	2476	96	1	13	5
7957	534	712	598	2567	12	4424	196	1	8	23
4697	612	442	532	2865	7	1751	84	1	8	4
6421	812	251	553	2560	8	3324	138	1	10	
6330	578	251	389	2560	8	3324	138	1	11	15
11090	1895	723	984	3105	15	7865	342	1	25	22
11225	1198	450	587	2579	8	4260	225	1	13	10
8116	936	500	856	3229	11	4367	170	1	8	6
7890	1256	528	728	2675	9	3285	159	1	8	20
4113	308	652	654	3114	7	2685	123	1	7	5
7765	675	759	759	2653	12	3745	138	1	9	10
5480	907	180	430	2670	6	5685	110	1	9	12

5-11 续表 21

民族乡镇名称	村民委员会（个）	年末实有耕地面积（公顷）	年末总人口（人）	#少数民族	乡镇企业总产值（万元）	农林牧渔业总产值（万元）
六盘水市水城县米箩布依族苗族彝族乡	5	1325	30547	14663	564	5056
六盘水市水城县猴场苗族布依族乡	11	905	21690	18695	1024	5896
六盘水市水城县红岩布依族彝族苗族乡	8	732	18240	9395	5000	85
黔东南州麻江县贤昌布依族乡	6	959	16712	15163	2750	9476
黔东南州麻江县坝芒布依族乡	7	876	16436	10464	965	1852
黔东南州麻江县景阳布依族乡	5	511	9025	8752	4130	2460
黔东南州镇远县尚寨土家族乡	4	442	7813	7394	260	3390
黔东南州岑巩县杨桥土家族乡	15	1346	27635	20976	200	
黔东南州黎平县顺化瑶族乡	4	157	5082	5061	49	482
黔东南州黎平县雷洞瑶族水族乡	16	467	12358	12358	147	656
黔东南州从江县秀塘壮族乡	13	301	8042	7880	500	4328
黔东南州从江县刚边壮族乡	15	266	10910	10691	90	2300
黔东南州从江县翠里瑶族壮族乡	20	639	13371	13089		427
黔东南州榕江县三江水族乡	13	523	13512	11777		2810
黔东南州榕江县塔石瑶族水族乡	9	360	10565	9600		
黔东南州榕江县仁里水族乡	8	489	12076	11713		862
黔东南州榕江县定威水族乡	7	248	6205	6083		2324
黔东南州榕江县兴华水族乡	9	719	11023	10533	76	1230
黔东南州榕江县水尾水族乡	5	151	4256	4231		1420
黔东南州雷山县达地水族乡	10	499	10866	9209		4000
黔南州都匀市基场水族乡	4	575	12582	12330		3407
黔南州都匀市阳和水族乡	4	426	12811	12786		3368
黔南州都匀市奉和水族乡	4	290	7411	6447	1830	2844
黔南州平塘县卡蒲毛南族乡	6	629	13341	13060	45	2724
黔南州荔波县瑶山瑶族乡	4	260	6126	5962	24	2128
黔南州荔波县水利水族乡	5	284	6511	6379	980	920
黔南州荔波县水尧水族乡	5	318	7938	7838	120	2305
黔南州荔波县永康水族乡	6	309	6309	6196	390	2300
黔南州荔波县瑶麓瑶族乡	1	114	1572	1572	1000	984
黔南州独山县甲定水族乡	5	273	3616	2821		1392
黔南州独山县翁台水族乡	3	142	3100	3046		1252
黔南州独山县本寨水族乡	12	1257	26321	25794	1950	6416
黔西南州晴隆县三宝彝族乡	3	385	5326	5230		1046

粮食产量（吨）	肉类总产量（吨）	财政收入（万元）	财政支出（万元）	人均纯收入（元）	学校数（所）	在校学生数（人）	教师数（人）	医院、卫生院（个）	医生数（人）	病床数（张）
11219	715	398	998	3282	12	3588	168	1	3	6
7337	787	1000	890	2768	9	1897	127	1	5	5
6279	600	530	664	3120	9	2468	114	1	1	6
8210	704	278	278	2058	9	2058	161	1	8	20
5588	817	158	158	2116	9	2368	111	1	10	25
42	625	208	208	2450	5	1197	93	1	3	15
4800	472	74	150	2450	5	1011	55	1	5	6
8661	2056	410	410	2860	15	4945	238	1	10	35
985	248	152	150	1355	5	424	28	1	10	6
3584	216	125	140	1442	19	1365	49	1	8	10
3700	604	546	200	1169	9	1089	73	1	7	14
3540	830	168	260	1808	8	1787	93	1	6	16
6405		164	224	2095	3	2056	92	1	6	12
3008	300	301	287	2048	14	2038	85	1	7	20
3147	34	252	252	1860	8	1556	78	1	6	6
3260	95	206	120	1760	8	1654	132	1	8	6
2004	70	130	130	1930	5	865	45	1	7	7
3167	444	222	220	1787	3	1868	62	1	13	12
1186	95	160	210	1497	1	773	38	1	6	8
4428	800	817	261	1800	7	1632	67	1	3	12
5501	655	240	209	3588	6	1298	46	1	8	7
5238	810	227	239	3198	7	1396	80	1	6	4
2790	590	208	203	3613	5	908	60	1	7	8
4772	628	62	136	3528	10	1512	103	1	6	6
1092	344	90	133	2479	3	1230	75	1	10	11
2241	185	199	223	3310	5	649	51	2	6	8
522	301	185	278	3450	5	757	55	1	7	10
2700	362	306	126	3008	5	726	42	1	6	8
719	218	270	105	3416	1	121	11			
1897	128	138	138	2851	1	174	26	1	6	2
1727	168	134	134	2500	4	234	20	1	6	5
8478	1141	478	478	2850	21	3891	218	1	11	14
2213	182	320	521	2238	4	776	36	1	4	1

5-11 续表 22

民族乡镇名称	村民委员会（个）	年末实有耕地面积（公顷）	年末总人口（人）	#少数民族	乡镇企业总产值（万元）	农林牧渔业总产值（万元）
黔西南州兴仁县鲁础营回族乡	8	150	17861	7150	6280	5091
黔西南州望谟县油迈瑶族乡	8	1407	12898	12610		4625
遵义市遵义县洪关苗族乡	3	734	10295	1257		4281
遵义市遵义县平正仡佬族乡	6	2067	22675	3875	10800	7584
遵义市桐梓县马鬃苗族乡	10	67	8862	2256		
遵义市余庆县花山苗族乡	4	3415	15213	8400	6182	10388
遵义市仁怀后山苗族布依族乡	4	837	10703	4388	3148	5598
遵义市正安县谢坝仡佬族苗族乡	6	2703	14487	1042		
遵义市正安县市坪苗族仡佬族乡	4	891	20319	17678	1580	4818
遵义市道真县上坝土家族乡	3	1467	17784	14786	2250	4950
安顺市西秀区新场布依族苗族乡	16	956	18033	8022		1434
安顺市西秀区鸡场布依族苗族乡	11	1128	15920	9472	370	
安顺市西秀区岩腊苗族布依族乡	13	1053	20093	8317	40	1200
安顺市西秀区杨武布依族苗族乡	20	6955	28996	15765	140	167
安顺市西秀区黄腊布依族苗族乡	14	1837	16621	14626	2839	960
安顺市平坝县十字回族乡	21	1504	34080	9446	38859	2876
安顺市平坝县羊昌布依族苗族乡	12	1453	22238	13787	49650	
安顺市普定县坪上苗族彝族布依族乡	25	680	30342	9133	7517	6157
安顺市普定县补郎苗族乡	16	1187	23669	7573	7986	4728
安顺市普定县猫洞苗族仡佬族乡	26	1332	32474	11230		
安顺市普定县猴场苗族仡佬族乡	17	1031	23559	8593	8784	4915
毕节地区毕节市干溪彝族苗族白族乡	5	938	20683	4099	3	3607
毕节地区毕节市阴底彝族苗族白族乡	12	767	41270	4851	4	8561
毕节地区毕节市团结彝族苗族乡	13	1237	23315	7928	11	6701
毕节地区毕节市阿市苗族彝族乡	13	1813	26713	6336	21	4818
毕节地区毕节市大屯彝族乡	8	952	21837	5842	8	3345
毕节地区毕节市田坎彝族乡	7	845	17200	8956	1	2861
毕节地区黔西县花溪彝族苗族乡	10	1172	19276	11762	16538	5162
毕节地区黔西县定新彝族苗族乡	12	1079	22882	7071	1738	4805
毕节地区黔西县协和彝族苗族乡	14	1858	32739	11243	8567	8388
毕节地区黔西县钟山布依族彝族乡	11	1307	29669	9076	3574	9435
毕节地区黔西县绿化白族彝族乡	10	1223	25308	8407	9698	6586
毕节地区黔西县新仁苗族乡	9	1260	23837	6901	2548	5593

粮食产量（吨）	肉类总产量（吨）	财政收入（万元）	财政支出（万元）	人均纯收入（元）	学校数（所）	在校学生数（人）	教师数（人）	医院、卫生院（个）	医生数（人）	病床数（张）
6677	1092	245	200	2854	10	2686	120	1	7	10
4795	439	184	254	1998	16	1685	98	1	11	6
7389	743	525	518	3510	5	1682	82	1	3	3
12801	1293	750	750	3526	10	3579	196	1	8	10
6473	360	253	253	1890	4	1065	43	1	8	5
14424	1777	979	1021	4887	5	1927	83	1	7	20
3845	666	710	644	2408	6	1496	89	1	10	8
12673	850	386	386	2236	4	1996	117	1	13	6
21744	23	324	324	2153	9	3107	180	2	10	5
8655	609	187	454	3075	10	10	230	2	13	23
3440	1725	135	565	1640	3	2648	121	1	16	6
6897	999	254	736	2465	3	3593	172	1	19	10
6315	2	668	673	1050	2	2801	135	1	5	10
35000	600	360	363	1800	20	4180	188	1	15	20
9447	1442	20	830	1760	3	1487	110	1	7	8
12801	1571	735	714	2515	20	5208	284	1	14	7
10515	926	462	462	2972	13	2704	149	1	4	10
9064	1567	419	551	2489	23	2472	235	1	12	12
4996	1180	372	226	2356	12	3265	171	1	18	15
8088	1561	401	1087	2690	15	2705	185	1	12	15
5461	1260	684	684	2323	12	4641	192	1	16	20
9421	697	580	538	3418	9	3614	145	1	9	20
12311	1260	705	705	3115	15	8310	285	1	13	20
6699	1733	809	811	3527	13	4314	144	1	9	23
8338	1260	675	675	2844	15	4080	167	1	12	15
5545	1210	120	120	2970	8	3320	132	1	12	10
6222	1245	515	515	2845	5	2670	95	1	9	30
8905	974	683	675	3172	9	2934	111	1	3	10
5907	880	110	204	3159	9	2844	136	1	4	16
12562	1340	238	2384	3448	11	5668	239	1	16	28
13623	1278	542	1426	3438	11	3531	205	1	6	41
17555	960	816	816	3499	10	2846	224	1	7	24
10381	570	100	1021	3060	9	3434	174	1	4	14

5-11 续表 23

民族乡镇名称	村民委员会（个）	年末实有耕地面积（公顷）	年末总人口（人）	#少数民族	乡镇企业总产值（万元）	农林牧渔业总产值（万元）
毕节地区黔西县红林彝族苗族乡	10	752	19122	11770	5271	6195
毕节地区黔西县沙井苗族彝族仡佬族乡	20	1847	41109	12324	521	9305
毕节地区黔西县中建苗族彝族乡	6	690	11933	3311	5623	9435
毕节地区黔西县仁和彝族苗族乡	12	1228	24498	13495	235	6656
毕节地区黔西县永燊彝族苗族乡	13	1455	26504	7188	1588	6707
毕节地区黔西县太来彝族苗族乡	13	1500	31574	9251	10726	8156
毕节地区黔西县铁石苗族彝族乡	10	1268	22653	13245	2335	6223
毕节地区黔西县金坡苗族彝族满族乡	10	705	18391	12238	3521	5162
毕节地区黔西县五里布依族苗族乡	10	1184	22130	6838	2082	6547
毕节地区大方县竹园彝族苗族乡	9	1000	23797	9889	638	4077
毕节地区大方县响水白族彝族仡佬族乡	14	1269	35474	11642	3648	7328
毕节地区大方县鼎新彝族苗族乡	12	1667	42496	22921	2638	7691
毕节地区大方县牛场苗族彝族乡	10	1626	40901	12141	558	10559
毕节地区大方县理化苗族彝族乡	10	3055	45316	15452	1978	12439
毕节地区大方县安乐彝族仡佬族乡	8	1392	14750	10052	6048	4607
毕节地区大方县凤山彝族蒙古族乡	9	797	17371	6829	31098	4152
毕节地区大方县白纳彝族乡	2	493	9772	3693	8525	3053
毕节地区大方县三元彝族苗族白族乡	8	1490	18352	10643	368	5599
毕节地区大方县普底彝族苗族白族乡	22	2988	38220	12841	286	9320
毕节地区大方县沙厂彝族乡	8	830	14882	5112	743	3787
毕节地区大方县大水彝族苗族布依族乡	9	1152	14373	9769	30	3922
毕节地区大方县黄泥彝族苗族满族乡	8	1003	16166	6468	3985	5286
毕节地区大方县核桃彝族白族乡	9	1390	33894	8973	5061	6128
毕节地区大方县八堡彝族苗族乡	9	1713	38243	11782	3030	6479
毕节地区大方县兴隆苗族乡	8	1447	27433	8209	1471	6013
毕节地区大方县大山苗族彝族乡	11	1022	17330	4729	1370	4564
毕节地区大方县星宿苗族彝族仡佬族乡	10	1183	12459	4061	13721	3747
毕节地区金沙县石场苗族彝族乡	10	1526	29927	8085	620	6220
毕节地区金沙县太平彝族苗族乡	5	951	13631	4389	45	3854
毕节地区金沙县箐门苗族彝族仡佬族乡	8	564	6829	1851	2313	
毕节地区金沙县马路彝族苗族乡	8	960	17152	3810	20	3512
毕节地区金沙县安洛苗族彝族满族乡	8	1507	20161	8500	55230	5496
毕节地区金沙县新华苗族彝族满族乡	10	1530	21557	5802	154336	6266

粮食产量（吨）	肉类总产量（吨）	财政收入（万元）	财政支出（万元）	人均纯收入（元）	学校数（所）	在校学生数（人）	教师数（人）	医院、卫生院（个）	医生数（人）	病床数（张）
5507	1231	738	839	3562	11	2694	146	1	7	20
19154	1319	1372	1114	3314	17	6177	277	1	14	6
4176	463	322	522	3068	8	1409	88	1	1	10
9569	1103	159	137	3146	11	2924	157	1	6	10
9422	1058	954	954	3180	8	2259	131	1	4	16
12971	1338	690	1008	3173	14	3923	208	1	2	12
10329	1139	800	800	3202	12	2712	160	1	3	13
4412	800	223	325	3423	11	2758	157	1	7	10
9456	1108	321	789	3116	11	3232	128	1	12	10
6802	645	324	939	3077	13	3074	169	1	7	10
9820	1376	566	839	3385	13	4857	246	1	11	13
10260	1262	547	860	3207	17	7700	352	1	9	20
12038	1348	781	960	2946	13	6799	298	1	6	10
10550	1320	587	930	3535	17	6152	378	1	17	20
7373	709	588	619	3286	6	1983	102	1	7	10
5115	892	577	905	3420	10	2454	195	1	8	12
4052	555	652	714	3427	9	3193	164	1	24	40
9080	636	487	768	3534	9	2671	127	1	5	10
19179	539	781	858	3381	18	5215	230	1	7	10
6680	442	287	831	3176	9	2278	112	1	11	20
6783	152	581	665	2644	10	2163	120	1	8	10
6780	575	684	968	3970	9	2331	118	1	5	10
7199	909	657	737	3259	10	3851	201	1	9	10
11408	1236	877	1207	3079	10	5436	243	1	7	10
9303	987	969	1037	3199	11	5073	207	1	6	10
7155	611	588	699	3363	12	3430	151	1	6	10
5223	677	477	666	3460	12	2341	103	1	4	10
10584	1074	541	903	3254	15	3466	211	1	6	6
6076	676	162	160	3818	8	1600	111	1	4	8
4151	423	380	380	3324	11	816	85	1	5	6
5650	753	620	620	3043	11	2340	151	1	6	8
9406	938	456	1065	4043	10	2811	145	1	10	20
11194	955	548	1283	4616	10	4686	192	1	12	20

5-11 续表 24

民族乡镇名称	村民委员会（个）	年末实有耕地面积（公顷）	年末总人口（人）	#少数民族	乡镇企业总产值（万元）	农林牧渔业总产值（万元）
毕节地区金沙县大田彝族苗族布依族乡	8	822	10007	3204	32684	2945
毕节地区织金县三甲白族苗族乡	14	668	28079	14869	4253	4806
毕节地区织金县官寨苗族乡	16	760	28348	14540	3806	4312
毕节地区织金县金龙苗族彝族布依族乡	20	2000	41586	22719	2325	11462
毕节地区织金县鸡场苗族彝族布依族乡	24	1809	41419	22065	3946	9811
毕节地区织金县自强苗族乡	11	765	15800	7615	306	3637
毕节地区织金县茶店布依族苗族彝族乡	21	1439	33775	15539	235	6162
毕节地区织金县大平苗族彝族乡	13	855	21574	12115	503	4572
毕节地区织金县后寨苗族乡	13	872	25725	11651	5160	5579
毕节地区纳雍县新房彝族苗族乡	25	1268	36326	14989	7945	4398
毕节地区纳雍县库东关彝族苗族白族乡	10	1005	21458	10894	1478	2816
毕节地区纳雍县董地苗族彝族乡	17	1207	27430	15615	1165	3822
毕节地区纳雍县化作苗族彝族乡	21	1351	38583	12418	8947	3905
毕节地区纳雍县姑开苗族彝族乡	12	1004	32335	10679	2413	2611
毕节地区纳雍县羊场苗族彝族乡	16	1254	29083	18578	989	2408
毕节地区纳雍县锅圈岩苗族彝族乡	15	1227	25166	7048	763	2394
毕节地区纳雍县昆寨苗族彝族白族乡	22	926	25502	10465	934	2126
毕节地区纳雍县左鸠戛彝族苗族乡	10	532	11620	2339	418	1719
毕节地区纳雍县猪场苗族彝族乡	13	874	20554	11347	1689	1903
毕节地区威宁县新发布依族乡	31	1515	44859	13921	860	7681
毕节地区赫章县兴发苗族彝族回族乡	16	1799	27075	12255	10500	3521
毕节地区赫章县松林坡白族彝族苗族乡	16	1316	26835	10739	3140	4386
毕节地区赫章县雉街彝族苗族乡	10	1130	15040	7896	18400	3645
毕节地区赫章县珠市彝族乡	18	2003	19628	10991	38960	4532
毕节地区赫章县双坪彝族乡	26	2991	40892	14307	222	9855
毕节地区赫章县辅处彝族苗族乡	9	783	16642	4326	1785	4352
毕节地区赫章县铁匠苗族乡	10	1049	17579	4746	110	4656
毕节地区赫章县可乐彝族满族乡	19	1880	38998	14741	120	4989
毕节地区赫章县河镇彝族苗族乡	20	2830	35259	16570	6500	7344
毕节地区赫章县结构彝族苗族乡	8	876	18307	8454	4500	3258
毕节地区赫章县水塘堡彝族苗族乡	14	889	18938	4456	25000	3259
毕节地区赫章县古达苗族彝族乡	25	1370	24707	5930	1356	5266
铜仁地区铜仁市桐木坪侗族乡	3	415	9491	6561	389	4670

粮食产量（吨）	肉类总产量（吨）	财政收入（万元）	财政支出（万元）	人均纯收入（元）	学校数（所）	在校学生数（人）	教师数（人）	医院、卫生院（个）	医生数（人）	病床数（张）
3939	388	115	819	4525	5	1623	104	1	9	10
8015	959	763	815	3198	9	3570	165	1	6	5
6761	849	254	715	3196	17	4395	162	1	8	10
11010	2760	312	866	3180	17	6049	219	1	7	6
13046	1834	201	239	3195	11	8788	296	1	5	7
5895	856	256	487	2897	8	2367	108	1	5	4
9552	1072		1470	3182	15	4565	178	1	13	5
8242	799	474	603	2926	9	3424	110	1	4	1
8399	1649	373	998	2956	10	4228	160	1	9	3
11682	921	558	558	2806	8	7174	273	1	13	20
7632	935	86	99	2754	9	3745	184	1	13	20
6120	985	253	253	1974	14	5786	203	1	8	25
12272	1053	452	452	2575	14	5293	228	1	6	10
7139	761	468	468	2195	17	6432	172	1	13	20
9544	655	297	297	2060	20	6513	276	1	15	20
7565	658	428	428	2100	17	5498	213	1	7	30
7790	695	413	413	2470	22	4501	184	1	17	25
3466	454	219	219	2226	8	2254	95	1	13	20
5822	692	350	356	2017	16	3617	154	1	9	10
7060	2984	459	595	2258	22	10078	438	1	11	15
6953	750	517	755	2201	17	6461	277	1	18	21
10285	700	511	832	2520	12	5118	220	1	9	27
9053	565	604	1050	2998	11	2977	126	1	10	13
8814	900	564	657	2405	11	3514	200	1	10	10
10773	1200	450	587	2417	22	9881	368	1	8	10
4956	1150	210	457	2391	11	3475	143	1	8	10
8034	950	132	212	3004	9	5116	249	1	10	14
15226	3125	688	788	3470	21	7809	397	1	19	28
10334	1800	130	248	2931	8	7884	326	1	10	20
7010	750	214	325	3098	13	3970	170	1	8	15
6482	600	477	578	2471	16	5633	225	1	10	30
10896	1100	191	360	2781	14	4346	202	1	14	43
5565	1064	200	356	3131	6	863	88	1	8	10

5-11 续表 25

民族乡镇名称	村民委员会（个）	年末实有耕地面积（公顷）	年末总人口（人）	#少数民族	乡镇企业总产值（万元）	农林牧渔业总产值（万元）
铜仁地区铜仁市鱼塘侗族土家族苗族乡	12	288	29900	27010	450	
铜仁地区铜仁市大坪侗族土家族苗族乡	10	91	26243	25455	70	428
铜仁地区铜仁市和平土家族侗族乡	9	93	20786	17985	1035	7785
铜仁地区铜仁市滑石侗族苗族土家族乡	7	204	19235	15343	4600	13149
铜仁地区铜仁市瓦屋侗族乡	6	550	11368	7957	168	360
铜仁地区铜仁市六龙山侗族土家族乡	4	73	4417	3700	50	900
铜仁地区江口县太坪土家族苗族乡	7	1430	18009	14767	1509	1568
铜仁地区江口县桃映土家族苗族乡	7	2136	32986	25150	254	
铜仁地区江口县民和侗族土家族苗族乡	10	3943	29145	21567	280	7839
铜仁地区江口县德旺土家族苗族乡	6	1320	18012	11246	203	43
铜仁地区江口县官和侗族土家族苗族乡	4	473	9956	9427	24	
铜仁地区江口县怒溪土家族苗族乡	6	875	22064	19002	750	5899
铜仁地区江口县坝盘土家族侗族苗族乡	9	1252	28464	21563	783	4453
铜仁地区石阡县青羊苗族仡佬族侗族乡	6	54	12003	10200		165
铜仁地区石阡县枫香仡佬族侗族乡	5	42	10080	7370	250	3320
铜仁地区石阡县坪地仡佬族侗族乡	6	129	20626	18419	720	1551
铜仁地区石阡县龙井侗族仡佬族乡	9	105	27852	19496		
铜仁地区石阡县石固仡佬族侗族乡	6	82	14423	11000	1000	230
铜仁地区石阡县坪山仡佬族侗族乡	8	42	7984	7186		360
铜仁地区石阡县甘溪仡佬族侗族乡	4	53	14464	9800		5720
铜仁地区石阡县聚凤仡佬族侗族乡	7	84	20744	16930	34	10500
铜仁地区石阡县大沙坝仡佬族侗族乡	6	93	20486	17420	160	3700
铜仁地区思南县大河坝土家族苗族乡	8	101	20744	16930	400	10500
铜仁地区思南县思林土家族苗族乡	6	59	20486	17420	160	3700
铜仁地区思南县东华土家族苗族乡	8	44	13598	7665	394	4925
铜仁地区思南县胡家湾苗族土家族乡	6	86	16218	11302	403	4600
铜仁地区思南县宽坪土家族苗族乡	9	52	15886	7938	726	5123
铜仁地区思南县亭子坝土家族苗族乡	6	44	13458	6485	1647	4318
铜仁地区思南县枫芸土家族苗族乡	6	53	17856	8489	6660	5835
铜仁地区思南县香坝土家族苗族乡	12	70	27431	11857	4728	6989
铜仁地区思南县长坝苗族土家族乡	6	53	14582	6847	1155	4068
铜仁地区思南县板桥苗族土家族乡	5	47	16489	7484	1985	4918
铜仁地区思南县三道水土家族苗族乡	8	57	21682	11892	859	4801

粮食产量（吨）	肉类总产量（吨）	财政收入（万元）	财政支出（万元）	人均纯收入（元）	学校数（所）	在校学生数（人）	教师数（人）	医院、卫生院（个）	医生数（人）	病床数（张）
18904	1802	457	587	2290	16	4423	186	1	9	10
12826	1633	310	310	3120	12	2989	184	1	11	20
6925	1362	478	547	2935	15	2589	182	1	5	5
19000	1852	560	658	3868	11	1692	139	1	8	11
2230	315	478	574	3530	3	1199	69	1	7	9
1320	5210	435	547	2720	4	230	33	1	5	5
8296	1103	444	562	3512	10	1802	154	1	13	15
10120	3636	604	565	1996	17	2698	129	1	11	15
5369	260	152	591	2644	18	3946	193	1	29	25
10666	253	462	473	2850	8	1723	102	1	14	12
3200	870	465	587	2446	6	725	83	1	6	12
8339	1200	191	352	2680	10	1801	121	1	4	16
11237	2131	110	380	2456	15	6638	147	2	23	41
2361	520	150	146	1350	11	1520	109	1	7	20
4668	817	88	126	1650	8	1241	89	1	3	17
7755	1293	98	358	1480	19	2964	174	1	8	30
11235	2361	141	217	2640	16	5300	220	1	12	20
7400	216	300	471	3760	15	1409	136	1	7	20
350	420	124	285	2020	5	998	82	1	11	12
5819	1250	495	586	1200	7	2100	136	1	12	15
9822	1880	256	338	2600	21	4600	126	1	12	6
3620	876	257	351	1396	5	3250	150	1	8	10
9822	1880	256	338	2600	21	4600	296	1	12	6
3620	876	247	351	1396	5	3250	150	1	4	10
5803	1151	138	261	2985	9	2148	116	1	4	5
5943	968	69	201	2997	10	3486	164	1	5	4
5923	968	191	262	2995	10	3082	157	1	4	6
5998	687	130	231	2996	13	2717	117	1	5	4
8056	1185	279	331	2989	8	3212	150	1	4	10
8899	1388	215	509	2990	14	4997	254	1	5	10
5368	838	104	275	2985	11	2924	133	1	3	3
6623	1293	286	381	2989	9	2457	163	1	3	4
8325	912	381	418	2998	10	4095	195	1	5	20

5-11 续表 26

民族乡镇名称	村民委员会（个）	年末实有耕地面积（公顷）	年末总人口（人）	#少数民族	乡镇企业总产值（万元）	农林牧渔业总产值（万元）
铜仁地区思南县天桥土家族苗族乡	8	52	16396	7748	1345	5524
铜仁地区思南县兴隆土家族苗族乡	6	48	16310	6980	1083	4616
铜仁地区思南县杨家坳乡	8	81	22809	10015	588	6832
铜仁地区德江县泉口土家族乡	12	1349	27698	26320	1875	7176
铜仁地区德江县楠杆土家族乡	10	1076	18415	14700	2018	7589
铜仁地区德江县复兴土家族乡	12	1598	38150	22890	5800	500
铜仁地区德江县合兴土家族乡	12	144	28814	21269	1180	8326
铜仁地区德江县沙溪土家族乡	10	1292	15426	10146	2305	1350
铜仁地区德江县长堡土家族乡	15	372	30682	26388	1642	8241
铜仁地区德江县桶井土家族乡	15	611	28239	18072	2600	6999
铜仁地区德江县共和土家族乡	10	776	24331	18041	12254	8151
铜仁地区德江县荆角土家族乡	12	904	19681	17319	1600	3320
铜仁地区德江县长丰土家族乡	9	1738	19956	19907	2500	7266
铜仁地区德江县平原土家族乡	8	607	16256	10403	2400	7940
铜仁地区德江县高山土家族乡	6	476	17905	11459	3460	6410
铜仁地区德江县钱家土家族乡	8	499	14577	9329	950	6238
铜仁地区德江县龙泉土家族乡	8	565	14174	9071	8580	7225
铜仁地区德江县堰塘土家族乡	8	68	17095	10940	765	8843
铜仁地区万山特区下溪侗族乡	11	532	14080	9115		4783
铜仁地区万山特区熬寨侗族乡	7	435	9814	7507		5926
铜仁地区万山特区高楼坪侗族乡	14	924	15331	12266	63671	5273
铜仁地区万山特区黄道侗族乡	8	304	8716	7757		2148
云南省						
昆明市五华区沙朗白族乡						7022
昆明市富民县罗免彝族苗族乡	10	1039	15116	4686		8188
昆明市晋宁县夕阳彝族乡	10	763	10028	8002	13439	5960
昆明市晋宁县双河彝族乡	6	849	9414	7656	25776	13020
昆明市官渡区阿拉彝族乡						14527
昆明市宜良县九乡彝族回族乡	8	1625	18795	5236	2404	11986
昆明市宜良县耿家彝族苗族乡	9	1408	18853	6269	5973	6570
昭通市守望回族乡	7	1979	42849	31368	8246	12000
昭通市小龙洞回族彝族乡	6	3223	33329	28531	23480	2560
昭通市布嘎回族乡	5	1500	32823	21800		8910

粮食产量（吨）	肉类总产量（吨）	财政收入（万元）	财政支出（万元）	人均纯收入（元）	学校数（所）	在校学生数（人）	教师数（人）	医院、卫生院（个）	医生数（人）	病床数（张）
7599	1048	282	267	2978	11	3162	158	1	5	3
6737	1308	278	250	2882	14	3054	154	1	6	5
8328	1214	112	268	2895	22	4450	191	1	3	2
5293	1107	428	428	2105	13	4049	185	1	16	20
6505	982	262	262	2565	11	3978	178	1	13	10
23115	193	165	598	2950	24	5780	324	1	20	12
14392	1836	230	503	3126	19	3558	183	1	13	14
1012	950	235	237	2480	8	1435	120	1	16	11
9941	1370	242	346	1681	13	4211	127	1	11	10
8557	929	248	262	1605	13	3959	100	1	15	10
8297	1606	251	457	2720	15	2989	168	1	17	20
7200	739	378	368	1780	11	1957	114	1	16	6
9305	898	206	313	2124	6	4109	116	1	12	10
9717	990	259	380	2647	10	3360	124	1	16	11
7658	889	209	367	1841	11	4123	105	1	16	11
8101	850	230	275	2715	12	2137	114	1	8	4
8080	957	109	277	2709	6	2481	108	1	11	5
10567	1215	210	413	2558	12	2928	126	1	12	5
5684	847	148	186	2050	11	1578	108	1	6	12
4280	685	147	147	2142	8	752	59	1	5	4
7284	829	456	565	2528	6	1788	113	1	7	6
2528	364	158	210	1849	7	1009	76	1	8	10
6020	1525	1392	1392	2682	2176	6	2176	1	1	26
3602	863	1167	475	3963	1006	2	1006	1	1	6
3514	1912	1413	778	4440	1341	2	1341	1	1	6
10841	4330	970	970	3356	2879	7	2879	1	1	16
11308	975	760	760	3294	2496	6	2496	1	1	5
1459	1904	607	603	3607	6985	10	6985	1	1	13
14480	1367	485	489	1859	5455	10	5455	1	1	7
7300	390	515	550	2200	6341	6	6341	1	1	14

5-11 续表 27

民族乡镇名称	村民委员会（个）	年末实有耕地面积（公顷）	年末总人口（人）	#少数民族	乡镇企业总产值（万元）	农林牧渔业总产值（万元）
昭通市青冈岭回族彝族乡	7	1544	30130	10100	9953	6397
昭通市鲁甸县桃源回族乡	5	2214	40072	37667		8500
昭通市鲁甸县茨院回族乡	5	1521	26372	7895		2000
昭通市大关县上高桥回族彝族苗族乡	6	1686	18492	5899		2856
昭通市永善县马楠苗族彝族乡	6	2303	17468	5562		12000
昭通市永善县伍寨彝族苗族乡	5	2122	13515	3416		13745
昭通市镇雄县坡头彝族苗族白族镇	12	3741	71208	14941	4863	7963
昭通市镇雄县果珠彝族乡	5	3680	39093	9121	1310	5845
昭通市镇雄县林口彝族苗族乡	8	3121	43865	10995	1040	10538
昭通市镇雄县以古彝族苗族乡	8	2684	31666	6619		9631
昭通市彝良县龙街苗族彝族乡	12	4195	44071	10715		2980
昭通市彝良县奎香苗族彝族乡	8	2963	48956	11850		2646
昭通市彝良县树林彝族苗族乡	4	2467	24313	6550		2915
昭通市彝良县柳溪苗族乡	5	1463	21072	5564	1372	7821
昭通市彝良县洛旺苗族乡	8	2164	31448	7314	513	24954
昭通市威信县双河苗族彝族乡	8	2409	30600	8085		28576
曲靖市师宗县龙庆彝族壮族乡	14	3892	35836	16552	3056	14458
曲靖市师宗县五龙壮族乡	13	3440	34761	13209	17953	12803
曲靖市师宗县高良壮族苗族瑶族乡	11	2928	27793	20115	9260	4900
曲靖市罗平县长底布依族乡	6	862	16924	6040	1300	4125
曲靖市罗平县旧屋基彝族乡	7	869	11104	3621	155	7830
曲靖市罗平县鲁布革布依族苗族乡	9	734	18765	16308	1280	4300
曲靖市富源县古敢水族乡	3	734	16406	5742	600	7556
曲靖市会泽县新街回族乡	16	1619	42387	17039	2218	9910
楚雄州南华县雨露白族乡	7	1227	14369	11733		9755
楚雄州大姚县湾碧傈僳族傣族乡	12	1160	17912	9955	403	8723
楚雄州永仁县永兴傣族乡	12	1145	13212	8733	2324	8590
楚雄州武定县东坡傣族乡	8	990	14625	11947	5044	8504
玉溪市红塔区小石桥彝族乡	3	634	6431	2857	17930	10863
玉溪市红塔区洛河彝族乡	5	734	9959	9197	222139	8892
玉溪市江川县安化彝族乡	5	632	9256	8995	3351	8828
玉溪市通海县高大傣族彝族乡	6	611	11355	7077	14570	3626
玉溪市通海县里山彝族乡	6	1084	8601	4340	32148	6756

粮食产量（吨）	肉类总产量（吨）	财政收入（万元）	财政支出（万元）	人均纯收入（元）	学校数（所）	在校学生数（人）	教师数（人）	医院、卫生院（个）	医生数（人）	病床数（张）
9943	1430	365	375	1500	5360	10	5360	1	1	8
10752	2110	1039	1039	1780	5778	11	5778	1	1	14
7583	1805	686	686	3117	5045	8	5045		1	12
6624	2238	461	461	2493	3480	21	3480	1	1	6
3650	120	430	430	1395	2651	15	2651	1	1	8
6279	125	460	460	2031	1489	22	1489	1	1	8
12034	385	540	541	1600	12728	15	12728	1	1	21
1622	2809	170	170	2070	9675	26	9675		1	12
10650	1874	1075	1075	2360	8008	18	8008	1	1	13
12695	2874	483	483	1200	6550	22	6550		1	16
13548	2388	612	612	2982	9180	18	9180	1	1	10
16824	1982	579	579	2494	9710	22	9710	1	1	4
7533	843	455	455	2184	5195	15	5195	1	1	7
6428	1624	474	474	2550	4176	18	4176	1	1	6
8309	1556	429	429	2599	5427	23	5427	1	1	10
10065	2848	685	681	2540	6225	29	6225	1	1	15
14680	6940	1099	867	2607	5400	15	5400	1	1	19
13591	7492	1007	1007	2018	4965	14	4965	1	1	18
15438	5695	812	812	2001	5631	60	5631	1	1	46
8357	3169	685	1080	2810	2228	14	2228	1	1	14
4000	1800	450	500	2598	1790	12	1790	1	1	7
3663	2050	649	668	2185	3638	39	3638	1	3	32
6515	2396	1218	1017	3902	2956	14	2956	1	1	12
12290	2645	728	723	1580	6435	19	6435	1	1	16
5360	2042	592	592	3574	2020	7	2020	1	1	10
6782	1763	388	367	1466	1932	7	1932	1	1	15
4934	2466	380	380	1656	752	4	752	1	1	14
6339	2592	244	244	1639	1358	9	1358	1	1	12
4440	1784	1620	1268	6088	875	4	875	1	1	9
3244	3182	11842	2615	4963	1277	5	1277	1	1	13
3702	677	708	502	4683	1220	4	1220	1	1	8
4769	1813	359	425	4939	1564	5	1564	1	1	4
3462	1310	757	615	3001	1104	4	1104	1	1	5

5-11 续表 28

民族乡镇名称	村民委员会（个）	年末实有耕地面积（公顷）	年末总人口（人）	#少数民族	乡镇企业总产值（万元）	农林牧渔业总产值（万元）
玉溪市兴蒙蒙古族乡		221	5609	5438	10599	12371
玉溪市通红甸彝族苗族乡	6	1202	10748	4423	1656	14373
玉溪市易门县十街彝族乡	8	1414	13448	7376	7516	15880
玉溪市易门县浦贝彝族乡	7	1507	18256	9577	65066	3374
玉溪市易门县铜厂彝族乡	9	2103	22665	14700	6330	8210
红河州河口县桥头苗族壮族乡	8	1532	17334	13341	941	5378
红河州金平县拉祜族乡	4	1479	21447	21250	494	6334
红河州蒙自县期路白族苗族乡	6	1297	18496	13582		30157
红河州蒙自县老寨苗族乡	4	1323	10910	5988	2044	5018
红河州开远市大庄回族乡	4	1663	18197	13675	12399	4642
文山州文山县东山彝族乡	4	1050	10210	9098	2023	7522
文山州文山县红甸回族乡	4	1270	14408	11138	5708	7155
文山州文山县秉烈彝族乡	10	1638	22915	21743	686	
文山州文山县柳井彝族乡	7	1225	15538	10031	545	3542
文山州文山县追栗街彝族乡						4201
文山州文山县坝心彝族乡	5	790	7799	4149		25156
文山州砚山县阿舍彝族乡	6	1802	23427	18957	66349	11129
文山州砚山县维末彝族乡	10	4460	53499	35769	2375	8888
文山州砚山县盘龙彝族乡	5	2083	31422	19728	31202	9447
文山州砚山县干河彝族乡	4	1856	23486	19396		7186
文山州丘北县舍得彝族乡	7	3160	18559	16020	335	28958
文山州丘北县新店彝族乡	6	2169	19454	17938		17806
文山州丘北县树皮彝族乡	9	4428	43130	24817	242	19346
文山州丘北县八道哨彝族乡	5	2728	31351	21983	22737	5732
文山州丘北县腻脚彝族乡	7	2954	25783	15066	292	6517
文山州麻栗坡县猛硐瑶族乡	5	988	14803	14187	7859	5187
文山州富宁县洞波瑶族乡	12	2629	37774	33596	6110	6580
普洱市澜沧县酒井哈尼族乡	4	4140	14020	13315	433	5987
普洱市澜沧县发展河哈尼族乡	4	2394	16813	13007	1071	10055
普洱市澜沧县惠民哈尼族乡	5	2045	16892	14509	3024	3893
普洱市澜沧县谦六彝族乡	15	6882	50796	39356	811	2181
普洱市澜沧县文东佤族乡	6	3132	17852	11722	172	2100
普洱市澜沧县安康佤族乡	5	2165	13060	12871	283	6100

粮食产量（吨）	肉类总产量（吨）	财政收入（万元）	财政支出（万元）	人均纯收入（元）	学校数（所）	在校学生数（人）	教师数（人）	医院、卫生院（个）	医生数（人）	病床数（张）
400	460	233	370	4581	504	1	504	1	1	5
3644	1434	477	488	3882	1288	7	1288	1	1	25
6314	2942	674	892	4874	1652	9	1652	1	1	18
4214	5051	645	813	5146	2420	9	2420	1	1	10
7417	4425	805	786	4466	3253	10	3253	1	1	12
7156	1391	98	2198	2019	2202	10	2202	1	1	3
9185	1339	21	395	2100	3075	11	3075	1	1	12
803	2476	527	489	1680	2085	8	2085	1	1	8
6675	2076	465	418	2247	1630	11	1630	1	1	6
9589	2465	138	306	5310	3100	17	3100	1	1	35
4906	1365		506	2824	1061	5	1061	1	1	11
5967	1550		452	3344	1761	5	1761	1	1	26
8279	2262		520	2800	3716	11	3716	1	1	13
6383	1620		510	2075	1857	7	1857	1	1	12
5080	990		418	2299	714	6	714	1	1	10
10205	2151	332	332	2180	3899	20	3899	1	1	13
32459	6416	302	356	2379	10725	56	10725	1	3	25
16837	2331	661	367	2457	4099	21	4099	1	1	14
10710	2644	173	289	2117	3789	25	3789	1	1	12
11616	4690	387	387	2536	3177	23	3177	1	1	2
8878	3866	398	398	2513	3077	14	3077	1	1	2
15574	6389	477	477	2897	7499	13	7499	1	1	5
13395	9653	525	525	2788	5675	18	5675	1	1	10
14973	7318	639	639	2786	5448	11	5448	1	1	10
5769	2009	2050	1400	2506	2279	8	2279	1	1	15
10458	3480	344	344	2740	5642	46	5642	1	1	17
6008	380	1103	1103	1576	1443	5	1443	1	1	11
7918	896	1226	1226	1591	1632	5	1632	1	1	8
4942	612	1365	1365	1809	1658	7	1658	1	1	20
17497	2776	2485	2485	1018	4963	28	4963	1	2	29
7934	910	1187	1187	1381	1585	13	1585	1	1	12
4450	263	1004	1004	757	2560	7	2560	1	1	8

5-11　续表 29

民族乡镇名称	村民委员会（个）	年末实有耕地面积（公顷）	年末总人口（人）	#少数民族	乡镇企业总产值（万元）	农林牧渔业总产值（万元）
普洱市澜沧县雪林佤族乡	7	2336	14817	14763	325	3940
普洱市思茅区云仙彝族乡	12	236	16780	6258	165	2647
普洱市思茅区龙潭彝族傣族乡	6	111	10920	4586	500	4362
普洱市墨江县孟弄彝族乡	7	1721	12957	10697		3944
普洱市墨江县鱼塘彝族乡	9	3067	18248	14006		3693
普洱市西盟县力所拉祜族乡	5	225	11605	11272	382	3562
大理州大理市太邑彝族乡	5	341	8682	8499	11360	6708
大理州鹤庆县六合彝族乡	13	1157	16253	16073	1672	4426
大理州宾川县钟英傈僳族彝族乡	6	1313	9003	5405	1437	6528
大理州宾川县拉乌彝族乡	7	798	10329	4506	290	12876
大理州祥云县东山彝族乡	8	535	9939	9531		13819
大理州弥渡县牛街彝族乡	11	1219	20411	7283	278	14236
大理州永平县北斗彝族乡	9	1635	13303	9994	7368	11072
大理州永平县厂街彝族乡	11	2667	19654	10607	6995	5570
大理州永平县水泄彝族乡	9	1855	17030	13003	27707	3623
大理州云龙县表村傈僳族乡	5	837	8944	8715	7316	4557
大理州云龙县团结彝族乡	5	978	10804	10366	1036	4354
丽江市华坪县永兴傈僳族乡	7	1159	14071	4735	33699	4154
丽江市华坪县通达傈僳族乡	5	683	8562	6302	3340	3781
丽江市华坪县新庄傈僳族傣族乡	7	1258	17692	8346	3211	3580
丽江市华坪县石龙坝彝族傣族乡	6	1294	16289	6031	93456	1424
丽江市华坪县船房傈僳族傣族乡	4	816	10594	3170	4870	3792
丽江市永胜县羊坪彝族乡	5	1158	7528	7429		3892
丽江市永胜县东山傈僳族彝族乡	5	889	8124	7560		2832
丽江市永胜县东风傈僳族乡	9	1185	12776	11754		2850
丽江市永胜县六德傈僳族彝族乡	8	1303	14193	11203	10515	2601
丽江市永胜县大安彝族纳西族乡	8	1274	14600	11459		1705
丽江市永胜县光华傈僳族彝族乡	8	950	14662	7647	90	5160
丽江市永胜县松坪傈僳族彝族乡	8	739	8354	7400		3561
丽江市宁蒗县翠玉傈僳族普米族乡	6	1158	15548	10931		648
丽江市古城区金山白族乡	10	2491	23898	22328	36692	7123
丽江市古城区金江白族乡	5	365	4207	3890	108	2847
丽江市玉龙县九河白族乡	10	2385	27760	26944	1830	5038

粮食产量（吨）	肉类总产量（吨）	财政收入（万元）	财政支出（万元）	人均纯收入（元）	学校数（所）	在校学生数（人）	教师数（人）	医院、卫生院（个）	医生数（人）	病床数（张）
4778	267	1172	1172	716	1758	11	1758	1	1	9
11304	2092	450	775	1800	1520	7	1520	1	1	19
4862	1100	400	650	1780	1710	7	1710	1	1	15
4316	451	193	185	1083	1084	5	1084	1	1	5
6347	673	284	289	1306	1151	2	1151	1	1	5
2680	392	271	216	1950	1210	6	1210	1	1	7
4132	1859	407	461	3016	870	6	870	1	1	8
4199	2059	296	296	1765	1865	14	1865	1	1	8
5004	929	366	366	1957	866	10	866	1	1	6
4392	631	318	254	3800	1035	7	1035	1	1	8
3946	925	563	260	1957	1463	26	1463	1	1	9
7707	4624	479	839	1550	2608	11	2608	1	1	5
5635	2300	538	362	2971	1419	8	1419	1	1	16
8863	2127	1111	432	3423	2526	22	2526	1	1	9
7766	5165	615	579	2920	1837	16	1837	1	1	10
6350	1689	295	294	2245	845	6	845	1	1	14
4750	2590	284	284	2310	1256	7	1256	1	1	14
4950	508	64	457	1996	1517	12	1517	1	1	26
2743	554	128	678	2325	884	6	884	1	1	5
7099	1025	417	899	4126	1503	15	1503	1	1	19
9836	1831	736	736	3759	1720	7	1720	1	2	27
2170	1103	562	562	2619	1056	19	1056	1	1	7
2698	328	5	320	2050	1245	5	1245	1	1	4
1824	884	275	320	2052	1292	6	1292	1	1	7
4232	715	37	298	1225	1666	25	1666	1	1	5
5312	865	417	322	2542	1386	17	1386	1	1	15
4475	919	180	207	1965	1929	19	1929	1	2	11
5254	715	34	232	2310	1926	17	1926	1	1	3
3491	903	46	411	1700	1329	27	1329	1	1	6
5218	963	266	266	2357	2266	27	2266	1	1	8
12179	307	115	832	3932	2670	16	2670	1	1	20
2029	15	290	290	2580	378	5	378	1	1	10
10089	3017	499	499	3277	3157	12	3157	1	1	23

5-11 续表 30

民族乡镇名称	村民委员会（个）	年末实有耕地面积（公顷）	年末总人口（人）	#少数民族	乡镇企业总产值（万元）	农林牧渔业总产值（万元）
丽江市玉龙县石头白族乡	5	745	9373	8744		16119
丽江市玉龙县黎明傈僳族乡	7	1388	15979	13002	302	17186
保山市隆阳区瓦马彝族白族乡	21	2064	25507	12583	2369	22436
保山市隆阳区瓦房彝族苗族乡	19	2104	32747	13055	818	71601
保山市隆阳区杨柳白族彝族乡	18	3547	38816	26030	4937	29738
保山市隆阳区潞江傣族镇	27	7109	73144	18022	26682	2869
保山市隆阳区芒宽彝族傣族乡	14	3753	44850	26977	13045	2514
保山市施甸县摆榔彝族布朗族乡	4	535	7301	5109		13054
保山市施甸县木老元布朗族彝族乡	4	516	6149	3384		7883
保山市腾冲县荷花傣族佤族乡	10	1791	28270	7830	34271	3200
保山市龙陵县木城彝族傈僳族乡	5	1757	9180	3448	435	5400
保山市昌宁县朱街彝族乡	10	1501	15143	14125	560	8000
保山市昌宁县苟街彝族苗族乡	13	2651	24162	5827	2400	11322
保山市昌宁县湾甸傣族乡	5	2212	14219	4414	580	5432
德宏州陇川户撒阿昌族乡	11	4518	24339	16995	950	8393
德宏州潞西市三台山德昂族乡	4	2653	6907	5303		4552
德宏州梁河县囊宋阿昌族乡	9	1804	24122	6645	5288	1400
德宏州梁河县九保阿昌族乡	6	1480	14259	7045	1917	1475
德宏州盈江县苏典傈僳族乡	4	754	7852	5417	2402	1258
怒江州福贡县匹河怒族乡	9	859	11511	11434	1200	3204
怒江州泸水洛本卓白族乡	8	777	10768	10552		4144
怒江州泸水县老窝白族乡	6	1473	14310	10460	30265	918
迪庆州香格里拉县三坝纳西族乡	6	1366	17832	16389	1271	1280
迪庆州德钦县霞若傈僳族乡	7	714	8955	8905	279	15210
迪庆州德钦县拖顶傈僳族乡	5	712	9630	9520	1386	4329
临沧市凤庆县新华彝族苗族乡	11	2632	26716	18812		10199
临沧市凤庆县腰街彝族乡	6	725	8843	7560		2555
临沧市凤庆县郭大寨彝族白族乡	11	1157	21928	6907	630	5425
临沧市云县栗树彝族傣族乡	16	2029	22052	17178	263	4656
临沧市云县忙怀彝族布朗族乡	11	3240	20046	15641	232	4028
临沧市云县后箐彝族乡	11	1860	21362	15414	150	5150
临沧市永德县乌木龙彝族乡	10	1934	27445	19827	669	1169
临沧市临翔区平村彝族傣族乡	5	2651	8432	4841	1627	4697

粮食产量（吨）	肉类总产量（吨）	财政收入（万元）	财政支出（万元）	人均纯收入（元）	学校数（所）	在校学生数（人）	教师数（人）	医院、卫生院（个）	医生数（人）	病床数（张）
4289	1283	372	372	2400	946	6	946	1	1	6
9369	1723	600	600	3225	1628	8	1628	1	1	10
19939	4218	203	729	2646	3767	30	3767	1	2	15
33009	5284	611	611	2116	4237	30	4237	1	1	17
36673	5647	771	1322	3160	4446	38	4446	1	1	20
30960	8174	1642	1617	4108	9427	42	9427	1	3	75
22691	5328	1338	1338	4852	5211	27	5211	1	1	22
3247	904	248	248	2356	1020	8	1020	1	1	8
2261	824	327	327	1780	867	6	867	1	1	7
12800	3134	795	1560	3905	3319	15	3319	1	1	10
603	1041	242	252	3190	1024	9	1024	1	1	11
8169	3400	236	1669	2642	2000	14	2000	1	1	8
9229	4200	1324	1600	3374	3100	18	3100	1	1	19
9795	2800	419	1008	3892	1800	6	1800	1	1	9
18890	1987	417	417	2386	3343	14	3343	1	1	19
3852	391	157	326	2489	830	3	830	1	1	11
6575	1221	433	433	2714	2788	15	2788	1	1	23
5311	609	410	410	2646	1789	13	1789	1	1	10
3048	403	383	383	1553	1387	10	1387	1	1	3
4027	521	1670	1432	1979	21	1979	1	1	11
3049	832	540	453	1483	1475	9	1475	1	1	6
5149	1489	550	499	2405	1584	8	1584	1	1	15
10200	790	583	597	2653	2185	7	2185	1	1	20
3415	98	550	550	3039	1350	9	1350	1	1	12
5028	525	637	637	3243	806	7	806	1	1	13
12981	2452	303	511	3533	3307	22	3307	1	1	13
2866	890	106	361	3375	1143	17	1143	1	1	6
6210	1520	196	518	3366	2618	24	2618	1	1	10
9885	1002		483	3200	2487	31	2487	1	1	13
7840	1409	15	508	3319	2253	11	2253	1	1	12
11579	369		491	3278	2474	13	2474	1	1	8
8251	1694	21	435	1806	3942	29	3942	1	1	11
3463	323	4	246	2667	1213	4	1213	1	1	8

5-11 续表 31

民族乡镇名称	村民委员会（个）	年末实有耕地面积（公顷）	年末总人口（人）	#少数民族	乡镇企业总产值（万元）	农林牧渔业总产值（万元）
临沧市临翔区南美拉祜族乡	4	994	4628	3645	174	3266
临沧市永德县大雪山彝族拉祜族傣族乡	8	2571	18664	6911	5467	3385
临沧市耿马县芒洪拉祜族布朗族乡	5	1266	8823	5595		9548
临沧市沧源县勐角傣族彝族拉祜族乡	9	2349	14085	12878	351	9271
临沧市镇康县军赛佤族拉祜族傈僳族德昂族乡	6	1432	13791	5166	2569	29509
西双版纳州景洪市基诺山基诺族乡	7	1744	12199	11999	2199	5869
西双版纳州景洪市景哈哈尼族乡	6	625	15926	15097	37800	5063
西双版纳州勐腊县瑶区瑶族乡	4	2363	7874	7380	136	7711
西双版纳州勐腊县象明彝族乡	5	3302	10067	9904	231	6139
西双版纳州勐海县格朗和哈尼族乡	5	3606	17125	16463	1466	7859
西双版纳州勐海县布朗山布朗族乡	7	3893	19286	19030	163	
西双版纳州勐海县西定哈尼族乡	11	7718	24244	22071		
西藏自治区						
错那县麻玛门巴族乡	1	5	155	155		48
错那县贡日门巴族乡	2	11	168	168	2	52
错那县基巴门巴族乡	2	16	219	219	1	94
错那县勒布区勒门巴族乡	2	2	126	126		64
林芝县更章门巴族乡	6	128	1281	721	1503	520
米林县南伊珞巴乡	3	83	492	387		
墨脱县达木珞巴族乡	4	96	909	903		239
芒康县下盐井纳西族乡	4	210	4486	4486	230	146
陕西省						
商洛市镇安县西口回族镇	10	1097	12912	3521	6833	7117
商洛市镇安县茅坪回族镇	5	736	9051	5317	4320	3615
安康市宁陕县江口回族镇	9	341	9058	3382	33167	6050
甘肃省						
临夏州广河县阿里麻土东乡族乡	6	822	14437	14250	1600	1600
甘南州临潭县长川回族乡	10	1854	10369	3828	903	
甘南州临潭县卓洛回族乡	3	420	2515	2396		
甘南州临潭县古战回族乡	5	1131	5472	1728		
甘南州卓尼县勺哇土族乡	2	353	1779	1190		
陇南市文县铁楼藏族乡	16	1111	10734	3212	115	1845
陇南市武都县坪垭藏族乡	9	562	5667	5617	160	429

粮食产量（吨）	肉类总产量（吨）	财政收入（万元）	财政支出（万元）	人均纯收入（元）	学校数（所）	在校学生数（人）	教师数（人）	医院、卫生院（个）	医生数（人）	病床数（张）
2260	144	1	186	1528	661	10	661	1	1	6
8665	1080	29	544	2216	3008	22	3008	1	1	17
3588	568		186	2436	1068	5	1068	1	1	8
675	514	527	527	2302	1820	18	1820	1	1	12
4346	1608	54	483	2694	2041	17	2041	1	1	7
7412	494	575	822	3156	698	1	698	1	1	16
4998	427	817	817	5857	2922	2	2922	1	2	38
4677	417	33	412	3248	1456	4	1456	1	1	8
5818	344	9	389	2916	1543	3	1543	1	1	7
6057	427	538	538	3173	825	2	825	1	1	8
5801	469	568	568	1836	3250	5	3250	1	1	12
11510	425	609	609	2510	2139	4	2139	1	1	14
21	4	4	4	4905	59	1	59	1	1	3
20	11	3	3	4755					1	1
44	14	3	3	4037					1	2
15	7			4927				1	1	2
159	313	5	5	4980	132	1	132	1	1	4
229				6320	152	1	152		1	2
417	31			4191	123	1	123	1	1	3
911	480	5	5	4492	888	2	888	1	1	4
4785	726	14	640	3875	7	1568	107	1	20	16
3414	382	16	460	3865	4	1007	63	1	14	18
1930	448	16	261	5308	11	1336	126	1	35	42
2080	150	101	101	2215	8	2507	107	1	16	10
1196	228			2408	10	1981	50	1	6	14
338	177			2681	2	325	26	1	4	4
559				2472	5	777	78	1	5	12
461	190			2439	2	232	20	1	4	3
4457	397	82	81	1694	16	1121	61	1	8	6
2412	265	144	144	1936	8	739	36	1	13	8

5-11 续表 32

民族乡镇名称	村民委员会（个）	年末实有耕地面积（公顷）	年末总人口（人）	#少数民族	乡镇企业总产值（万元）	农林牧渔业总产值（万元）
陇南市武都县磨坝藏族乡	8	527	5257	1830	350	630
陇南市宕昌县新城子藏族乡	9	499	6684	2459	722	762
酒泉市肃州区黄泥堡裕固族乡	3	424	1631	963		1786
酒泉市玉门市小金湾东乡族乡	5	1400	5285	5285	200	2727
白银市会宁县新添堡回族乡	13	6707	20257	16965	1515	4370
庆阳市正宁县五倾源回族乡	5	1252	6749	2420		1580
平凉市崆门回族乡	24	4864	19907	17861	107050	2507
平凉市华亭县神峪回族乡	11	2611	11040	3600	5868	2435
平凉市华亭县山寨回族乡	8	2733	14018	3786	5870	2460
平凉市寨河回族乡	12	3497	14511	12119	2760	1240
平凉市大寨回族乡	24	6557	23432	16853	5100	4198
平凉市白庙回族乡	9	2631	13461	6564	905	1362
平凉市大秦回族乡	12	2537	11434	9995	432	1220
平凉市西阳回族乡	13	3910	13226	13226	37	976
平凉市上杨回族乡	7	1834	7176	6775	2290	965
张掖市肃南县祁丰藏族乡	13	382	3024	2591		3730
张掖市肃南县马蹄藏族乡	23	1157	4666	2436		3769
张掖市肃南县白银蒙古族乡	3	71	611	291		756
张掖市甘州区平山湖蒙古族乡	3	22	737	271	1190	462
临夏州临夏县井沟东乡族乡	13	1548	18694	11057	4095	5480
临夏州和政县梁家寺东乡族乡	8	976	13556	12607	2420	1625
临夏州临夏县安家坡东乡族乡	4	676	11104	5840	9598	2988
酒泉市瓜州县七墩回族东乡族乡	3	1347	4067	2259	426	6780
酒泉市瓜州县腰站子东乡族乡	6	2018	11946	3148		1236
酒泉市瓜州县广至藏族乡	6	2080	9195	3222	200	2419
酒泉市瓜州县沙河回族乡	5	1817	6726	3162		689
酒泉市玉门市独山子东乡族乡	4	1992	7716	7716		798
青海省						
西宁市大通县朔北藏族乡	18	2739	18494	14795	3006	14707
西宁市大通县向化藏族乡	9	2085	8385	4528	20	4759
西宁市湟中县群加藏族乡	5	386	2352	1384	321	1417
西宁市湟中县大才回族乡	19	2559	23976	13906	263	8306
西宁市湟中县汉东回族乡	14	1773	20719	9140		5432

粮食产量（吨）	肉类总产量（吨）	财政收入（万元）	财政支出（万元）	人均纯收入（元）	学校数（所）	在校学生数（人）	教师数（人）	医院、卫生院（个）	医生数（人）	病床数（张）
2600	237	89	89	1860	3	797	25	1	6	10
2691	310	136	136	1500	8	1002	56	1	6	4
1116	338	76	76	5870	1	101	15	1	4	20
2494	164	55	181	2410	1	1002	408	1	14	15
36556	715	771	771	2407	17	1383	170	1	7	15
5490	410	56	99	2660	5	873	58	5	5	6
10960	750	384	384	3710	26	1968	148	2	17	21
8492	205	297	297	1920	11	1602	170	1	37	36
5880	670	627	627	1810	10	2267	184	1	22	20
8054	992	360	360	2796	15	2984	133	1	12	15
11736	839	210	210	2146	22	2517	147	2	23	26
8738	3061	342	346	3029	10	1745	119	1	11	15
5900	560	215	215	2760	8	1949	108	1	14	21
8850	504	290	290	2321	12	1927	91	1	9	12
4105	163	105	105	3403	7	812	66	1	10	11
1362	1184	539	928	7826	2	278	29	5	15	31
1960	1077	243	603	6393	3	372	53	6	10	17
413	327	172	427	7034				1	2	2
58	286	142	142	4812	1	50	10	1	10	7
8610	554			1987	15	2114	125	1	8	17
6243	207	96	96	2166	8	2045	86	1	12	15
3830	441			2950	5	1357	104	1	6	15
947	98	214	214	1445	1	268	11	1	1	61
5379	4323	344	344	3048	6	944	68	1	7	20
498	150	325	325	960	6	983	44	1	11	40
1043	38	333	333	1012	5	728	69	1	3	15
675		93	93	758	3	821	36	1	8	9
4206	1201	393	393	4651	7	2163	139	2	27	9
2966	21	230	230	4110	3	976	71	1	3	10
615	245	12	12	3621	4	223	35	1	3	15
5964	976	154	154	3780	8	1880	165	1	15	30
5320	156	97	97	5295	8	3456	239	1	5	23

5-11 续表 33

民族乡镇名称	村民委员会（个）	年末实有耕地面积（公顷）	年末总人口（人）	#少数民族	乡镇企业总产值（万元）	农林牧渔业总产值（万元）
西宁市湟源县日月藏族乡	23	2204	14531	10171		6873
海东地区民和县杏儿藏族乡	7	716	4082	3653	46	813
海东地区乐都县下营藏族乡	10	428	5121	1560		1146
海东地区乐都县中坝藏族乡	14	1670	7460	2387		2467
海东地区乐都县达拉土族乡	21	1482	9819	5468		6923
海东地区化隆县雄先藏族乡	24	2469	9601	6146		
海东地区化隆县查甫藏族乡	12	2019	6436	4047		
海东地区化隆县金源藏族乡	14	1403	6761	6758		
海东地区化隆县塔加藏族乡	9	743	4199	4199		
海东地区循化道帏藏族乡	27	2629	12398	11856		
海东地区循化县尕楞藏族乡	11	934	4987	4987		1240
海东地区循化县文都藏族乡	16	1582	8126	8126	380	3419
海东地区循化县岗察藏族乡	3		1935	1935		
海东地区平安县石灰窑回族乡	14	95	8500	8214		
海东地区平安县沙沟回族乡	10	1320	9465	5868	1500	2340
海东地区平安县巴藏沟回族乡	13	1390	4577	2680		1283
海东地区平安县洪水泉回族乡	15	433	7888	2620		
海东地区平安县古城回族乡	14	2617			1015	1295
海东地区互助县松多藏族乡	8	1539	6383	4561		2022
海东地区互助县巴扎藏族乡	8	526	5245	3619	331	2783
海南州贵德县新街回族乡	9	1147				1511
海北州海晏县哈勒景蒙古族乡	3	39	1659	1360		
海北州门源县皇城蒙古族乡	4	824	1927	1436	470	1696
新疆维吾尔自治区						
吐鲁番地区鄯善县东巴扎回族乡	4	368	4212	3650		5720
和田地区皮山县瑙阿巴提塔吉克族乡	3	152	968	965		407
和田地区皮山县康克尔柯尔克孜族乡	2	102	1710	1706		525
巴音郭楞蒙古自治州和硕县乌什塔拉回族乡	7	9467	11040	6400		25460
昌吉回族自治州奇台县大泉塔塔尔族乡	7	4349	4269	3281	971	12282
昌吉回族自治州奇台县五马场哈萨克族乡	7	8161	8100	5973	140	88472
昌吉回族自治州奇台县乔仁哈萨克族乡	2	216	3680	2860	1826	76
昌吉回族自治州木垒县大南沟乌孜别克族乡	3	813	3220	3195		706
昌吉回族自治州玛纳斯县旱卡子滩哈萨克族乡	5	1341	4687	2994	6474	11349

粮食产量（吨）	肉类总产量（吨）	财政收入（万元）	财政支出（万元）	人均纯收入（元）	学校数（所）	在校学生数（人）	教师数（人）	医院、卫生院（个）	医生数（人）	病床数（张）
2363	2428			4730	5	1246	96	1	13	10
1721	115	73	73	3416	7	382	39	1	3	4
1646	490	186	174	3934	6	419	44	1	3	2
4269	498	54	52	3921	12	745	81	1	5	4
4320	963	365	365	3745	12	787	96	1	7	16
3875	563			4056	12	918	47	1	6	8
2660	511			3924	12	729	34	1	4	8
2149	699			3909	11	1032	40	1	6	6
1293	353			3906	11	412	18	1	2	7
				2850	8	1555	138	1	6	
3500	20	124	124	4823	3	850	30	1	4	5
1308	3120			3615	16	1106	51	1	12	32
				4260	1	135	15	1	2	2
8362	345	140	140	2870	11	956	102	1	9	14
2930	110	17	15	3654	5	1183	96	1	4	10
3448	128	110	110	3670	6	568	56	1	5	14
9136	425	400	98	3774	5	580	70	1	5	8
1655	152			4358	9	1635	116	1	11	12
150	387		13	2975	8	984	75	1	6	4
855	308	189	189	3910	6	600	50	1	5	8
2479	145	68	68							
	622			7494	1	85	10	1	6	5
	720	110	142	8805	1	108	11	1	6	6
85	788	110	112	5771	1	379	38	1	4	
18	183	10	9	3006	1	48	12	1	5	7
42	104	4	4	2622	1	349	24	1	5	12
1120	1202	407	407	8855	3	1000	97	1	23	13
11841	2483	298	298	7709	1	210	64	1	18	12
46352	2911	42	42	7648	5	538	130	1	21	10
2865	735	274	274	7513	1	122	45	1	12	8
2740	1411	284	284	3201	1	224	46	3	12	15
8146	1257	519	519	7555	1	175	48	1	13	18

5-11 续表 34

民族乡镇名称	村民委员会（个）	年末实有耕地面积（公顷）	年末总人口（人）	#少数民族	乡镇企业总产值（万元）	农林牧渔业总产值（万元）
昌吉回族自治州玛纳斯县塔西河哈萨克族乡	6	1000	4235	3950	14470	4736
昌吉回族自治州玛纳斯县清水河哈萨克族乡	6	1213	7306	6107	6659	14850
昌吉回族自治州阜康市三工河哈萨克族乡	5	1767	4263	3112		10037
昌吉回族自治州阜康市上户沟哈萨克族乡	6	5427	10500	9992	9810	6150
昌吉回族自治州昌吉回族自治市阿什里哈萨克族乡	5	2000	8775	8443	15000	
昌吉回族自治州呼图壁县石梯子哈萨克族乡	4	4667	7297	5917	6201	39783
乌鲁木齐市米东区柏杨河哈萨克族乡	1	1191	4857	3748	52240	4714
克孜勒苏自治州阿克陶县塔尔塔吉克族乡	8	377	4920	4655		1139
喀什地区塔什库尔干县科克亚尔柯尔克孜族乡	2	140	877	877		254
喀什地区泽普县布依鲁克塔吉克族乡	4	897	3427	2387		939
喀什地区莎车县孜热普夏提塔吉克族乡	12	3391	9860	9400	1500	6905
伊犁地区察布查尔县米粮泉回族乡	3	1472	5452	4685	1700	3689
伊犁地区特克斯县科克铁热克柯尔克孜族乡	7	2473	18203	15747		7790
伊犁地区特克斯县呼吉尔特蒙古族乡	5	1862	7422	4832	197	9300
伊犁地区伊宁县愉群翁回族乡	15	7673	53161	49574	44886	44935
伊犁地区尼勒克县科克浩特浩尔蒙古族乡	10	5974	21836	15809	3782	11218
伊犁地区霍城县伊车嘎善锡伯族乡	5	4149	12500	5154	1846	12070
伊犁地区霍城县三宫回族乡	5	1894	14675	12925	10770	10176
伊犁地区昭苏县胡松图喀尔逊蒙古族乡	8	404	9276	6888	170	13415
伊犁地区昭苏县察汗乌苏蒙古族乡	7	4180	11074	9783	277	9256
伊犁地区昭苏县夏特柯尔克孜族乡	8	4521	13339	11200	250	1000
塔城地区塔城市阿西尔达斡尔族乡	20	1133	10529	4309	600	12900
塔城地区乌苏市塔布勒合特蒙古族乡	4	1033	2871	2482	11103	5685
塔城地区乌苏市吉尔格勒特郭楞蒙古族乡	9	1667	6518	2673	8513	6093
塔城地区额敏县额玛勒郭楞蒙古族乡	9	2933	4688	1890	7276	385
塔城地区额敏县霍吉尔特蒙古族乡	5	2000	4394	3306		2300
阿克苏地区乌什县雅曼苏柯尔克孜族乡	6	1248	9281	8280		
阿克苏地区温宿县博孜东柯尔克孜族乡	5	900	4568			
哈密地区伊吾县前山哈萨克族乡	4	246	2652	2626		2241
哈密地区哈密市德外都如克哈萨克族乡	2	565	3002	2941		1309
哈密地区哈密市乌拉台哈萨克族乡	1	175	892	892		602
阿勒泰地区布尔津县禾木哈纳斯蒙古族乡	2	107	2218	2095		900
阿勒泰地区阿勒泰市汗德尕特蒙古族乡	7	575	4120	3273		4008

粮食产量（吨）	肉类总产量（吨）	财政收入（万元）	财政支出（万元）	人均纯收入（元）	学校数（所）	在校学生数（人）	教师数（人）	医院、卫生院（个）	医生数（人）	病床数（张）
4056	1178	221	190	7188	1	194	71	1	12	10
3033	1589	372	372	7007	1	382	101	1	12	20
6625	512		248	8183				4	15	15
5400	460	316	316	8425	2	520	110	1	14	25
8100	5100	1014	1014	7383	1	673	114	1	11	25
20335	8311	438	438	7524	1	590	93	1	14	8
3311	1100	606	606	6040	1	146	98	1	13	12
1880	321	69	63	1053	3	550	92	1		25
70	10			3692	1	93	8	1	7	12
2080	580	141	141	3034	1	348	21	1	4	8
1600	250	88	80	3071	5	1517	93	1	8	30
11636	322	904	904	7720	1	1034	83	1	15	16
3278	4253	366	366	4500	6	2750	230	1	20	15
4553	3459	568	568	6450	4	805	103	1	6	5
84207	8176	5328	5263	7105	19	7083	495	1	20	80
39952	3406	615	615	6864	5	1788	225	1	8	15
26050	1259	75	75	7372	4	976	130	1	7	12
13728	1849	481	481	5980	6	1680	188	1	5	18
5000		154	154	6575	2	1217	97	1	18	10
6000	100	83	80	6708	2	1383	152	1	4	8
5640	672	769	76	6577	2	1394		1	26	20
50520	3280			8701	2	520	75	1	16	9
2128	620	285	285	12180	1	53	32	1	3	4
10000	480	488	488	9379	2	928	97	1	10	25
10011	132	384	384	6711	1	533	80	1	4	6
7000	3800	370	370	5558	2	980	120	1	16	20
3196	2403	1793	1736	3145	3	971	89	1	19	16
3378	8	453	453	1160	1	380	50	1	4	28
	400	387	354	5555	1	265	41	1	16	15
	356	389	389	4667	2	250	54	1	6	6
3	16591	148	148	4100	1	96	23	1	8	15
	197	1220	1254	5844	2	246	53	1	10	10
1684	297	641	669	5174	2	174	79	1	8	9

六、民族贸易和民族用品生产

6-1 全国分地区定点边销茶企业生产情况(2010年)

地　区	企业数 (个)	从业人员 年末数 (人)	#专业技术人员 (人)	边销茶产量 (吨)	边销茶产量占企业产品总产量的比重 (%)
合　计	**21**	**3745**	**792**	**70187**	**68**
内蒙古	**1**	**18**	**6**	**300**	**100**
包头市容兴茶叶精制厂		18	6	300	100
浙　江	**2**	**249**	**31**	**9804**	**30**
武义骆驼九龙砖茶有限公司		121	10	5804	98.5
新昌江南诚茂砖茶有限公司		128	21	4000	15
湖　北	**2**	**497**	**102**	**5282**	**100**
咸宁市赵李桥茶厂		425	97	3950	100
咸宁市富华茶叶有限公司		72	5	1332	100
湖　南	**6**	**1462**	**427**	**18047**	**80.2**
益阳茯茶茶叶有限公司		325	65	5770	75
湖南益阳香炉山茶业有限公司		68	5	1200	80
临湘永巨茶叶有限公司		182	26	3220	92
临湘市茶业有限公司		86	22	2600	100
白沙溪茶厂有限责任公司		663	272	3801	69
安化茶厂		138	37	1456	86
四　川	**8**	**900**	**148**	**35796**	**94.0**
吉祥茶叶有限公司		135	38	4670	82
宜宾外贸茶业公司		150	28	11200	100
平武茶叶有限责任公司		82	30	1600	65
雅安市友谊茶叶有限公司		126	16	2865	100
荥经县茶厂		76	8	2350	100
名山县西藏朗赛茶厂		116	8	3201	89
洪雅松潘茶厂		52	5	2530	100
雅安茶厂有限公司		163	15	7380	100
贵　州	**1**	**68**	**23**	**144.3**	**100**
桐梓县边销茶厂		68	23	144.3	100
云　南	**1**	**551**	**55**	**814**	**20**
下关茶厂沱茶(集团)股份有限公司		551	55	814	20

边销茶销售量（吨）	边销茶产值（万元）	边销茶产值占企业产品总产值的比重（%）	边销茶销售收入（万元）	边销茶销售利润（万元）	全年流动资金贷款额（万元）
63231	**52507**	**52**	**49195**	**3593**	**29595**
200	**130**	**100**	**82**	**10.26**	
200	130	100	82	10.26	120
8880	**6220**	**20**	**5637**	**204**	**840**
5280	4020	93	3657	96	1000
3600	2200	8	1980	108	1700
5344	**5298**	**100**	**5488**	**196**	**1500**
4312	4543	100	4903	156	1500
1032	755	100	585	39.7	
14943	**16468**	**74**	**13941**	**861**	**5700**
5000	7500	75	6500	96	3400
1100	636	70	583	30	300
2960	1980	90	1820	142	200
2000	1500	100	1000	80	800
2689	4183	60	3477	521	1000
1194	669	90	561	-8	
32957	**23434**	**86.8**	**23149**	**2747.8**	**4555**
3916	3799	68	3153	61	1250
11072	9989	100	9875	1796	900
1550	750	35	680	21	900
2668	1518	100	1494	135	805
2039	1175	100	1230	82	100
3052	3385	90	3201	512	600
1730	708	100	736	36.8	
6930	2110	100	2780	104	
144.3	**53**	**100**	**51**	**-2**	
144.3	53	100	51	-2	
763	**904**	**6**	**847**	**-424**	**17000**
763	904	6	847	-424	17000

6-2 国家专项安排用于民族贸易和民族用品生产的主要原材料和技术改造贷款

年 份	专项原材料		技术改造专项贷款及贴息(万元)		
	黄金(两)	白银(万两)	贷 款	贴 息	#中央
1991	8000	23.23			
1992	8100	23.23			
1993	14600	23.23	4000		
1994	24000	23.23	4000		
1995	25600	25.36	4000		
1996	24000	25.36			
1997	25600	25.36	7050		
1998	27520	25.36	8230		
1999	28000		14329		
2000	28000		10000	596	298
2001	1300(公斤)		10000	598	299
2002			10000	598	299
2003			10000	598	299
2004			10000	598	299
2005			10000	598	299
2006			50000	2796	1398
2007			50000	3126	1563
2008			50000	3126	1563
2009			50000	3184	1592
2010			50000	2656	1328

七、其　他

7-1 历届中国共产党全国代表大会少数民族中央委员、候补中央委员人数

届次	时间	地点	代表总数	#少数民族代表	中央委员、中央候补委员总数	#少数民族中央委员、中央候补委员人数
第一届	1921.7.23—31	上海	12	1		
第二届	1922.7.16—23	上海	12	1	5	
第三届	1923.6.12—20	广州	30余人		14	
第四届	1925.1.11—22	上海	20		14	
第五届	1927.4.27—5.9	武汉	80	1	45	
第六届	1928.6.18—7.11	莫斯科	118		36	1
第七届	1945.4.23—6.11	延安	755		77	2
第八届	1956.9.15—27	北京	1133		170	10
第九届	1969.4.1—24	北京	1512		279	
第十届	1973.8.24—28	北京	1249		319	15
第十一届	1977.8.12—18	北京	1510		333	16
第十二届	1982.9.1—11	北京	1749	104	348	31
第十三届	1987.10.25—11.1	北京	1936		285	32
第十四届	1992.10.12—18	北京	1989	198	319	32
第十五届	1997.9.12—18	北京	2048	219	344	38
第十六届	2002.11.8—14	北京	2114	230	356	35
第十七届	2007.10.15—21	北京	2213	242	371	40

7-2 历届全国人民代表大会少数民族代表人数

届 次	时 间	代表总数	#少数民族代表数	少数民族代表比例（%）	少数民族（个）
第一届	1954年	1226	178	14.50	30
第二届	1959年	1226	179	14.60	30
第三届	1964年	3040	372	12.20	53
第四届	1975年	2885	270	9.40	54
第五届	1978年	3497	381	10.90	54
第六届	1983年	2978	403	13.60	55
第七届	1988年	2970	445	14.90	55
第八届	1993年	2898	554	18.60	55
第九届	1998年	2979	428	14.37	55
第十届	2003年	2985	415	13.90	55
第十一届	2008年	2987	411	13.76	55

7-3 历届中国人民政治协商会议全国委员会少数民族委员人数

届 次	时 间	委员总数	#少数民族委员数	少数民族委员比例（%）	少数民族（个）
第一届	1949年	198	19	9.60	10
第二届	1954年	753	61	8.10	16
第三届	1959年	1071	78	7.29	19
第四届	1965年	1199	81	6.76	20
第五届	1978年	2268	147	6.49	31
第六届	1983年	2228	185	8.31	37
第七届	1988年	2180	222	10.19	45
第八届	1993年	2172	101	4.65	55
第九届	1998年	2196	259	11.80	55
第十届	2003年	2238	262	11.70	55
第十一届	2008年	2237	250	11.18	55

7-4 国务院历次全国民族团结进步表彰情况(一)

单位: 个，人

地区	总计			1988年第一次表彰			1994年第二次表彰		
	集体	个人	#女	集体	个人	#女	集体	个人	#女
合计	**1833**	**1842**	**330**	**565**	**601**	**106**	**642**	**613**	**106**
北京	36	24	5	12	5	2	12	9	2
天津	27	23	6	9	5	1	8	8	1
河北	42	42	7	11	14	3	15	13	1
山西	12	17	3	3	4	1	4	5	
内蒙古	93	98	18	34	34	8	29	33	5
辽宁	75	62	12	26	16	4	25	22	4
吉林	52	71	12	15	26	4	18	22	3
黑龙江	47	47	5	18	12	2	16	16	2
上海	31	20	7	8	6	2	11	7	1
江苏	19	22	2	5	7	1	7	7	1
浙江	21	17	5	7	5	2	7	6	2
安徽	17	20	2	5	5		6	8	1
福建	27	16	3	8	4	1	11	6	1
江西	15	10	2	4	3	1	4	3	1
山东	32	34	7	10	9	2	11	12	1
河南	37	31	3	15	7		10	13	2
湖北	49	46	12	13	15	5	19	14	3
湖南	71	55	9	25	16	3	22	20	1
广东	21	21	2	4	8		8	7	2
广西	128	119	26	46	39	6	41	41	10
海南	35	30	6	11	9	2	12	10	1
重庆	15	11	3						
四川	67	87	12	18	37	5	29	30	4
贵州	97	81	24	33	29	7	33	23	8
云南	127	113	16	45	39	3	47	30	7
西藏	50	80	21	10	38	9	19	21	5
陕西	17	18	3	3	7	1	7	5	1
甘肃	63	60	8	18	24	1	22	19	3
青海	57	52	10	26	16	5	17	16	2
宁夏	49	64	12	17	25	4	17	17	2
新疆	108	163	33	24	61	15	40	45	10
其他	296	288	34	82	76	6	115	125	19

7-4 国务院历次全国民族团结进步表彰情况(二)

单位：个，人

地区	1999年第三次表彰			2005年第四次表彰		
	集体	个人	#女	集体	个人	#女
合计	**626**	**628**	**118**	**642**	**676**	**135**
北京	12	10	1	12	10	3
天津	10	10	4	9	10	4
河北	16	15	3	17	18	2
山西	5	8	2	5	7	2
内蒙古	30	31	5	32	31	4
辽宁	24	24	4	22	23	5
吉林	19	23	5	19	23	5
黑龙江	13	19	1	17	15	2
上海	12	7	4	13	7	3
江苏	7	8		10	8	2
浙江	7	6	1	8	8	1
安徽	6	7	1	7	8	3
福建	8	6	1	8	10	1
江西	7	4		8	4	2
山东	11	13	4	13	11	2
河南	12	11	1	13	12	3
湖北	17	17	4	17	18	2
湖南	24	19	5	24	22	4
广东	9	6		11	11	1
广西	41	39	10	42	42	11
海南	12	11	3	11	12	2
重庆	15	11	3	16	13	2
四川	20	20	3	23	23	3
贵州	31	29	9	33	32	5
云南	35	44	6	39	40	8
西藏	21	21	7	21	21	9
陕西	7	6	1	6	6	
甘肃	23	17	4	21	21	4
青海	14	20	3	17	18	3
宁夏	15	22	6	18	19	6
新疆	44	57	8	40	52	13
其他	99	87	9	90	121	18

主要统计指标解释

普通高等学校 指按照国家规定的设置标准和审批程序批准举办的，通过全国普通高等学校统一招生考试，招收高中毕业生为主要培养对象，实施高等教育的全日制大学、独立设置的学院和高等专科学校、高等职业学校和其他机构。大学、独立设置的学院主要实施本科层次以上教育，高等专科学校、高等职业学校实施专科层次教育，其他机构是承担国家普通招生计划任务不计校数的机构。包括普通高等学校分校和批准筹建的普通高等学校等。

成人高等学校 指按照国家规定的设置标准和审批程序批准举办的，通过全国成人高等学校统一招生考试，招收具有高中毕业或同等学力的在职从业人员为主要培养对象，利用函授、业余、脱产等多种形式对其实施高等学历教育的学校。包括职工高等学校、农民高等学校、管理干部学院、教育学院、独立函授学院、广播电视大学、其他机构等。其他机构是承担国家成人招生计划任务不计校数的机构。

文化事业机构 指从事专业文化工作和为专业文化工作服务的独立建制的单位。不包括这些单位另外举办独立核算的其他机构和各部门的业余文化组织。该指标主要反映文化事业机构发展规模水平。

艺术表演团体 指从事戏曲、音乐、舞蹈、杂技等专业艺术表演，有独立账户的单位，不包括半工半艺、半农半艺和民间职业剧团。该指标主要反映全国专业艺术表演团体发展规模水平。

少数民族教练员 指在聘的一线专职的少数民族教练员。

乡镇企业 指所有乡镇办、村办、村民小组办、联户办和农户办企业（单位）。具体包括:（1）领取企业法人执照的集体、私营、联营、股份制、外商投资和港澳台投资企业;（2）未领取企业法人执照，但满足以下四条标准的乡镇办、村办、村民小组办和联户办的非农企业: a.有固定的生产经营组织、场所、设备和从事经营活动的人员; b.常年从事经营活动，季节性生产经营活动全年开工时间在 3 个月以上; c.有独立核算制度和账目; d.有当地工商行政管理部门颁布发的营业执照;（3）虽然领取的是农村个体工商营业执照，但雇工 8 人（含 8 人）以上的户。

文化站 指乡镇人民政府、城市街道办事处设立的全民所有制文化事业单位，同时又是当地群众进行各种文化娱乐活动的场所，是国家最基层的文化事业机构。

政府民族工作部门

1-1 全国政府民族工作部门设置情况(2010年)

单位：个

地区	中央	省级行政区划单位数	设置民族工作部门的省级行政区划单位数	地级行政区划单位数	设置民族工作部门的地级行政区划单位数	县级行政区划单位数	设置民族工作部门的县级行政区划单位数
合计	**1**	**31**	**31**	**332**	**312**	**2856**	**1860**
国家民委	1						
北京		1	1			16	16
天津		1	1			16	15
河北		1	1	11	11	172	170
山西		1	1	11	11	119	72
内蒙古		1	1	12	12	101	101
辽宁		1	1	14	14	100	20
吉林		1	1	9	9	60	50
黑龙江		1	1	13	13	128	3
上海		1	1			18	18
江苏		1	1	13	13	105	3
浙江		1	1	11	6	90	32
安徽		1	1	16	16	105	
福建		1	1	9	9	85	85
江西		1	1	11	11	100	71
山东		1	1	17	17	140	58
河南		1	1	17	17	159	83
湖北		1	1	13	13	103	54
湖南		1	1	14	12	122	110
广东		1	1	21	20	121	85
广西		1	1	14	10	109	66
海南		1	1	2	2	20	17
重庆		1	1			40	26
四川		1	1	21	21	181	177
贵州		1	1	9	9	88	82
云南		1	1	16	16	129	115
西藏		1	1	7	6	73	55
陕西		1	1	10	10	107	105
甘肃		1	1	14	10	86	50
青海		1	1	8	8	43	43
宁夏		1	1	5	5	22	6
新疆		1	1	14	11	98	72

1-2 设置政府民族工作部门地级行政区划单位情况(2010年)

单位：个

地区	地级行政区划单位数	设置民族工作部门的地级行政区划单位数	单独设置类	与宗教合署设置类	与宗教以外其他机构合署设置类	作为其他部门内设机构类	其他类
合计	**332**	**312**	**42**	**237**	**10**	**7**	
北京							
天津							
河北	11	11	1	10			
山西	11	11	1	10			
内蒙古	12	12		12			
辽宁	14	14		14			
吉林	9	9	1	8			
黑龙江	13	13	1	11		1	
上海							
江苏	13	13		13			
浙江	11	6		5	1		
安徽	16	16					
福建	9	9		9			
江西	11	11		8		3	
山东	17	17	1	14	1	1	
河南	17	17	3	14			
湖北	13	13		13			
湖南	14	12	1	11			
广东	21	20		18	2		
广西	14	10	6	2	1	1	
海南	2	2		2			
重庆							
四川	21	21	3	17		1	
贵州	9	9	9				
云南	16	16	4	12			
西藏	7	6	1	5			
陕西	10	10	1	6	3		
甘肃	14	10	6	4			
青海	8	8	1	7			
宁夏	5	5		5			
新疆	14	11	2	7	2		

1-3 设置政府民族工作部门县级行政区划单位情况(2010年)

单位: 个

地区	县级行政区划单位数	设置民族工作部门的县级行政区划单位数	单独设置类	与宗教合署设置类	与宗教以外其他机构合署设置类	作为其他部门内设机构类	其他类
合计	**2856**	**1860**	**155**	**1325**	**256**	**121**	**3**
北京	16	16	3	7	5	1	
天津	16	15		15			
河北	172	170	11	103	41	15	
山西	119	72		53	19		
内蒙古	101	101	1	100			
辽宁	100	20		16	4		
吉林	60	50		40	7	3	
黑龙江	128	3	1	2			
上海	18	18				18	
江苏	105	3		3			
浙江	90	32		26	6		
安徽	105						
福建	85	85		81	4		
江西	100	71	1	55	9	6	
山东	140	58	3	47	6	2	
河南	159	83		47	29	7	
湖北	103	54		53	1		
湖南	122	110	11	66	8	23	2
广东	121	85		70	14	1	
广西	109	66	23	10	16	16	1
海南	20	17	1	14	2		
重庆	40	26		26			
四川	181	177		163	10	4	
贵州	88	82	81		1		
云南	129	115	2	111	2		
西藏	73	55	9	46			
陕西	107	105		37	58	10	
甘肃	86	50	1	31	5	13	
青海	43	43		43			
宁夏	22	6		6			
新疆	98	72	7	54	9	2	

1-4 政府民族工作部门行政机关人员(2010年)(一)

单位：人

地区	总计	省(部)级	司(厅、局)级	县(处)级	科级	其他
合计	**14881**	**9**	**313**	**2527**	**7782**	**4210**
国家民委	166	8	44	83	26	5
北京	191		11	66	65	49
天津	83		5	39	30	9
河北	901		5	103	484	304
山西	320		7	59	157	97
内蒙古	1058		8	112	579	359
辽宁	346		8	131	151	54
吉林	380		7	65	167	141
黑龙江	195		10	78	79	28
上海	76		3	36	30	7
江苏	232		11	77	88	49
浙江	205		9	39	106	51
安徽	347		7	76	224	40
福建	409		8	73	315	12
江西	341		6	56	187	84
山东	462		14	101	218	129
河南	553		7	103	304	139
湖北	425		13	92	282	38
湖南	695		13	100	444	115
广东	408		9	83	218	98
广西	627		6	82	347	192
海南	165		4	31	93	37
重庆	171		6	90	62	12
四川	938		14	166	503	255
贵州	1019		9	79	542	389
云南	1558		12	150	893	503
西藏	412	1	9	64	254	122
陕西	608		16	65	272	253
甘肃	390		6	56	153	148
青海	229		6	35	117	71
宁夏	123		7	46	52	18
新疆	848		13	91	340	402

1-4 政府民族工作部门行政机关人员(2010年)(二)

单位：人

地　区	总　计	#公务员	#少数民族	#女
合　计	**14881**	**12869**	**7248**	**4024**
国家民委	166	166	72	63
北　京	191	161	75	73
天　津	83	73	39	25
河　北	901	733	245	224
山　西	320	275	11	94
内蒙古	1058	828	847	329
辽　宁	346	320	177	98
吉　林	380	320	183	117
黑龙江	195	177	89	66
上　海	76	71	14	23
江　苏	232	205	13	35
浙　江	205	192	41	44
安　徽	347	336	47	84
福　建	409	399	69	102
江　西	341	290	10	86
山　东	462	462	165	122
河　南	553	463	196	161
湖　北	425	380	142	99
湖　南	695	626	384	162
广　东	408	363	46	103
广　西	627	513	481	186
海　南	165	147	93	36
重　庆	171	162	57	44
四　川	938	838	421	258
贵　州	1019	851	760	301
云　南	1558	1346	1158	406
西　藏	412	355	337	127
陕　西	608	424	57	189
甘　肃	390	270	240	114
青　海	229	209	172	42
宁　夏	123	103	85	21
新　疆	848	811	522	190

1-4 政府民族工作部门行政机关人员(2010年)(三)

单位：人

地区	总计	按学历分类			按年龄分类		
		#研究生	#大学本科	#大学专科	#35岁及以下	#36岁至45岁	#46岁至54岁
合计	**14881**	**895**	**7313**	**5254**	**2867**	**5175**	**5860**
国家民委	166	54	87	24	33	40	60
北京	191	46	123	21	62	61	63
天津	83	22	47	9	19	20	32
河北	901	27	434	363	161	375	341
山西	320	9	151	128	75	116	112
内蒙古	1058	38	498	435	151	357	472
辽宁	346	57	179	102	52	108	135
吉林	380	35	249	80	76	137	150
黑龙江	195	17	124	36	28	65	83
上海	76	16	51	9	18	23	29
江苏	232	34	144	47	36	80	101
浙江	205	16	115	59	24	72	96
安徽	347	21	226	89	45	123	149
福建	409	12	216	141	50	113	194
江西	341	28	161	131	74	145	109
山东	462	44	296	100	118	163	153
河南	553	27	278	189	100	243	172
湖北	425	26	227	149	74	119	203
湖南	695	31	293	292	118	225	319
广东	408	37	197	147	76	139	167
广西	627	40	337	210	113	231	245
海南	165	6	78	60	21	50	73
重庆	171	14	96	53	30	34	90
四川	938	47	461	311	175	381	341
贵州	1019	36	449	449	104	342	515
云南	1558	51	652	575	247	598	630
西藏	412	8	124	159	166	133	90
陕西	608	32	266	248	167	226	192
甘肃	390	16	145	170	109	132	145
青海	229	13	113	78	41		94
宁夏	123	11	70	41	13	40	70
新疆	848	24	426	349	291	284	235

1-5 政府民族工作部门所属事业单位情况(2010年)

单位：个

地　区	总　计	文化类	教育类	研究类	服务类	其他类
合　计	**324**	**42**	**27**	**73**	**87**	**95**
国家民委	18	8	7	1	1	1
北　京	13	2	1		2	8
天　津	1	1				
河　北	21		4		4	13
山　西	8				2	6
内蒙古	15	2		2	8	3
辽　宁	11		1	2	5	3
吉　林	24	1	2	3	3	15
黑龙江	4	2	1	1		
上　海	1				1	
江　苏	1			1		
浙　江	3					3
安　徽						
福　建						
江　西						
山　东						
河　南	16		1		11	4
湖　北	5			1	2	2
湖　南	23		2	6	10	5
广　东	2			1	1	
广　西	14		2	8	2	2
海　南	1			1		
重　庆	9	3		3	1	2
四　川	12	1	2	2	6	1
贵　州	47	10		20	10	7
云　南	26	5	2	10	9	
西　藏						
陕　西	8	1	1			6
甘　肃	9	1		8		
青　海						
宁　夏	9		1		3	5
新　疆	23	5		3	6	9

1-6 政府民族工作部门所属事业单位人员情况(2010年)(一)

单位：人

地区	总计	#少数民族	#女	按年龄分类		
				#35岁及以下	#36岁至45岁	#46岁至54岁
合计	**14311**	**5729**	**6930**	**5040**	**4926**	**4176**
国家民委	10141	3465	5122	3796	3495	3011
北京	227	76	78	46	60	83
天津	36	12	7	3	4	10
河北	58	37	17	33	16	5
山西	15	1	8	8	3	4
内蒙古	139	102	59	42	42	43
辽宁	74	34	29	34	13	19
吉林	146	82	70	42	52	48
黑龙江	250	113	139	98	68	68
上海	1	1	1	1		
江苏	7	1	2	2	3	2
浙江	18	3	7	11		6
安徽						
福建						
江西						
山东						
河南	147	55	68	64	45	33
湖北	29	20	10	1	14	13
湖南	126	73	57	28	50	45
广东	38	5	22	24	10	2
广西	395	318	179	97	143	136
海南	58	41	25	1	26	28
重庆	25	17		5	7	9
四川	197	123	58	23	83	66
贵州	326	248	137	111	119	78
云南	1554	728	746	497	572	417
西藏						
陕西	14	3	3	5	5	2
甘肃	96	49	19	17	18	13
青海						
宁夏	68	47	27	16	39	13
新疆	126	75	40	35	39	22

1-6 政府民族工作部门所属事业单位人员情况(2010年)(二)

单位：人

地　区	总　计	按学历分类			按职称分类		
		#研究生	#大学本科	#大学专科	#高级职称	#中级职称	#初级职称
合　计	**14311**	**5973**	**5768**	**1717**	**4100**	**4343**	**1867**
国家民委	10141	5083	3918	838	3089	3255	1039
北　京	227	6	75	62	1	12	9
天　津	36		7	5		3	2
河　北	58		17	20	2	7	16
山　西	15		10	4	1		3
内蒙古	139	9	42	66	11	11	8
辽　宁	74	12	35	16	8	15	7
吉　林	146	14	86	32	22	31	13
黑龙江	250	32	186	27	76	64	65
上　海	1		1				
江　苏	7	2	3	2		2	1
浙　江	18		18			1	2
安　徽							
福　建							
江　西							
山　东							
河　南	147	14	95	26	16	34	32
湖　北	29	1	8	20	3	14	12
湖　南	126	7	57	43	23	43	16
广　东	38	21	10	6	6	14	12
广　西	395	23	246	96	125	135	107
海　南	58	1	19	23	4	16	17
重　庆	25	10		14		11	10
四　川	197	18	99	41	52	56	19
贵　州	326	39	169	99	34	47	78
云　南	1554	667	538	197	581	516	325
西　藏							
陕　西	14		5	8	1	5	6
甘　肃	96	9	32	17	16	19	18
青　海							
宁　夏	68	3	39	24	8	11	24
新　疆	126	2	53	31	21	21	26

其他资料

其他资料一 国民经济和社会发展总量与速度指标

指　　标		总量指标				
		1978	1990	2000	2009	2010
人口与就业						
人口	(万人)					
总人口(年末)		96259	114333	126743	133450	134091
男性人口		49567	58904	65437	68647	68748
女性人口		46692	55429	61306	64803	65343
城镇人口		17245	30195	45906	64512	66978
乡村人口		79014	84138	80837	68938	67113
就业	(万人)					
就业人员数		40152	64749	72085	75828	76105
城镇登记失业人数		530	383	595	921	908
宏观经济						
国民经济核算	(亿元)					
国民总收入		3645.2	18718.3	98000.5	341401.5	403260.0
国内生产总值		3645.2	18667.8	99214.6	340902.8	401202.0
第一产业		1027.5	5062.0	14944.7	35226.0	40533.6
第二产业		1745.2	7717.4	45555.9	157638.8	187581.4
第三产业		872.5	5888.4	38714.0	148038.0	173087.0
支出法国内生产总值		3605.6	19347.8	98749.0	346316.6	394307.6
最终消费支出		2239.1	12090.5	61516.0	166820.1	186905.3
居民消费		1759.1	9450.9	45854.6	121129.9	133290.9
政府消费		480.0	2639.6	15661.4	45690.2	53614.4
资本形成总额		1377.9	6747.0	34842.8	164463.2	191690.8
固定资本形成总额		1073.9	4827.8	33844.4	156679.8	182340.4
存货增加		304.0	1919.2	998.4	7783.4	9350.5
货物和服务净出口		-11.4	510.3	2390.2	15033.3	15711.5
固定资产投资	(亿元)					
全社会固定资产投资总额			4517.0	32917.7	224598.8	278121.9
城　镇			3274.4	26221.8	193920.4	241430.9
#房地产开发			253.3	4984.1	36241.8	48259.4
农　村			1242.6	6695.9	30678.4	36691.0

速度指标（%）						
指数(2010为以下各年)				平均增长速度		
1978	1990	2000	2009	1979-2010	1991-2010	2001-2010
139.3	117.3	105.8	100.5	1.0	0.8	0.6
138.7	116.7	105.1	100.1	1.0	0.8	0.5
139.9	117.9	106.6	100.8	1.1	0.8	0.6
388.4	221.8	145.9	103.8	4.3	4.1	3.8
84.9	79.8	83.0	97.4	-0.5	-1.1	-1.8
189.5	117.5	105.6	100.4	2.0	0.8	0.5
171.3	237.1	152.6	98.6	1.7	4.4	4.3
2069.4	732.6	275.7	110.8	9.9	10.5	10.7
2058.9	730.8	270.9	110.4	9.9	10.5	10.5
418.9	219.7	151.2	104.3	4.6	4.0	4.2
3202.9	1053.2	296.1	112.4	11.4	12.5	11.5
2762.4	762.8	288.9	109.6	10.9	10.7	11.2
	6157.2	844.9	123.8		22.6	23.0
	7373.3	920.7	124.5		23.8	24.2
	19056.0	968.3	133.2		31.2	25.5
	2952.8	548.0	119.6		18.3	17.3

其他资料一　续表 1

指　　标	总量指标				
	1978	1990	2000	2009	2010
全社会施工房屋建筑面积(万平方米)		137171	265294	754189	885173
全社会竣工房屋建筑面积(万平方米)		107952	181974	302117	304306
消费					
社会消费品零售总额　(亿元)	1559	8300	39106	132678	156998
对外贸易					
货物进出口总额　(亿美元)	206.4	1154.4	4742.9	22075.4	29740.0
出口额	97.5	620.9	2492.0	12016.1	15777.5
进口额	108.9	533.5	2250.9	10059.2	13962.4
实际利用外资额					
外商直接投资　(亿美元)		34.9	407.2	900.3	1057.4
外商其他投资　(亿美元)		2.7	86.4	17.7	30.9
财政　(亿元)					
国家财政收入	1132.3	2937.1	13395.2	68518.3	83101.5
中　央	175.8	992.4	6989.2	35915.7	42488.5
地　方	956.5	1944.7	6406.1	32602.6	40613.0
国家财政支出	1122.1	3083.6	15886.5	76299.9	89874.2
中　央	532.1	1004.5	5519.9	15255.8	15989.7
地　方	590.0	2079.1	10366.7	61044.1	73884.4
物价总指数（上年=100)					
居民消费价格指数	100.7	103.1	100.4	99.3	103.3
商品零售价格指数	100.7	102.1	98.5	98.8	103.1
农产品生产价格指数	103.9	97.4	96.4	97.6	110.9
工业品出厂价格指数	100.1	104.1	102.8	94.6	105.5
原材料、燃料、动力购进价格指数		105.6	105.1	92.1	109.6
固定资产投资价格指数			101.1	97.6	103.6
能源生产与消费　(万吨标准煤)					
能源生产总量	62770	103922	135048	274619	296916
能源消费总量	57144	98703	145531	306647	324939
产　业					
农业					
农林牧渔业总产值　(亿元)	1397.0	7662.1	24915.8	60361.0	69319.8
粮　食	30476.5	44624.3	46217.5	53082.1	54647.7

速度指标（%）						
指数(2010为以下各年)				平均增长速度		
1978	1990	2000	2009	1979–2010	1991–2010	2001–2010
	645.3	333.7	117.4		9.8	12.8
	281.9	167.2	100.7		5.3	5.3
10073.0	1891.5	401.5	118.3	15.5	15.8	14.9
14408.9	2576.2	627.0	134.7	16.8	17.6	20.2
16182.1	2541.1	633.1	131.3	17.2	17.6	20.3
12821.3	2617.1	620.3	138.8	16.4	17.7	20.0
	3032.3	259.7	117.4		18.6	10.0
	1151.5	35.7	174.3		13.0	-9.8
7339.4	2829.4	620.4	121.3	14.4	18.2	20.0
24172.8	4281.3	607.9	118.3	18.7	20.7	19.8
4246.0	2088.4	634.0	124.6	12.4	16.4	20.3
8009.5	2914.6	565.7	117.8	14.7	18.4	18.9
3004.9	1591.9	289.7	104.8	11.2	14.8	11.2
12523.4	3553.6	712.7	121.0	16.3	19.5	21.7
473.0	285.7	219.9	108.1	5.0	5.4	8.2
568.6	329.2	223.3	106.0	5.6	6.1	8.4
639.3	313.5	163.3	104.4	6.0	5.9	5.0
179.3	122.5	118.2	102.9	1.8	1.0	1.7

其他资料一 续表 2

指　　标	总量指标				
	1978	1990	2000	2009	2010
棉　花	216.7	450.8	441.7	637.7	596.1
油　料	521.8	1613.2	2954.8	3154.3	3230.1
甘　蔗	2111.6	5762.0	6828.0	11558.7	11078.9
甜　菜	270.2	1452.5	807.3	717.9	929.6
茶　叶	26.8	54.0	68.3	135.9	147.5
水　果	657.0	1874.4	6225.1	20395.5	21401.4
肉　类			6013.9	7649.7	7925.8
奶　类			919.1	3677.7	3748.0
水产品	465.4	1237.0	3706.2	5116.4	5373.0
工业					
主要工业产品产量					
原　煤　(亿吨)	6.18	10.80	13.84	29.73	32.35
原　油　(万吨)	10405	13831	16300	18949	20301
天然气　(亿立方米)	137.3	153.0	272.0	852.7	948.5
成品糖　(万吨)	227	582	700	1338	1118
布　(亿米)	110	189	277	753	800
水　泥　(万吨)	6524	20971	59700	164398	188191
粗　钢　(万吨)	3178	6635	12850	57218	63723
钢　材　(万吨)	2208	5153	13146	69405	80277
家用电冰箱　(万台)	2.8	463	1279	5930	7296
房间空气调节器　(万台)	0.02	24	1827	8078	10887
家用洗衣机　(万台)	0.04	663	1443	4974	6248
彩色电视机　(万台)	0.38	1033	3936	9899	11830
发电量　(亿千瓦小时)	2566	6212	13556	37147	42072
规模以上工业企业					
主要指标　(亿元)					
工业总产值			85674	548311	698591
资产总计			126211	493693	592882
主营业务收入		16793.1	84152	542522	697744
利润总额	599.3	559.8	4393	34542	53050

速度指标（%）						
指数(2010为以下各年)				平均增长速度		
1978	1990	2000	2009	1979－2010	1991－2010	2001－2010
275.1	132.2	134.9	93.5	3.2	1.4	3.0
619.0	200.2	109.3	102.4	5.9	3.5	0.9
524.7	192.3	162.3	95.8	5.3	3.3	5.0
344.0	64.0	115.1	129.5	3.9	-2.2	1.4
550.4	273.1	215.9	108.6	5.5	5.2	8.0
3257.6	1141.8	343.8	104.9	11.5	12.9	13.1
		131.8	103.6			2.8
		407.8	101.9			15.1
1154.6	434.4	145.0	105.0	7.9	7.6	3.8
523.5	299.5	233.7	108.8	5.3	5.6	8.9
195.1	146.8	124.5	107.1	2.1	1.9	2.2
690.8	620.0	348.7	111.2	6.2	9.6	13.3
492.3	192.0	159.7	83.5	5.1	3.3	4.8
725.3	423.7	288.8	106.2	6.4	7.5	11.2
2884.6	897.4	315.2	114.5	11.1	11.6	12.2
2005.1	960.4	495.9	111.4	9.8	12.0	17.4
3635.7	1557.9	610.7	115.7	11.9	14.7	19.8
260561.4	1575.5	570.4	123.0	27.9	14.8	19.0
54437350.0	45232.5	596.0	134.8	51.1	35.8	19.5
15619325.0	942.8	433.0	125.6	45.3	11.9	15.8
3113165.8	1145.2	300.6	119.5	38.2	13.0	11.6
1639.6	677.3	310.4	113.3	9.1	10.0	12.0
		469.8	120.1			16.7
	4154.9	829.1	128.6		20.5	23.6
8851.9	9476.5	1207.5	153.6	15.0	25.6	28.3

其他资料一 续表 3

指标		总量指标				
		1978	1990	2000	2009	2010
建筑业						
建筑业企业从业人员	(万人)		1011	1994	3673	4160
建筑业总产值	(亿元)		1345	12498	76808	96031
客运量	(万人)	253993	772682	1478573	2976898	3269508
铁　路		81491	95712	105073	152451	167609
公　路		149229	648085	1347392	2779081	3052738
水　运		23042	27225	19386	22314	22392
民　航		231	1660	6722	23052	26769
货运量	(万吨)	248946	970602	1358682	2825222	3241807
铁　路		110119	150681	178581	333348	364271
公　路		85182	724040	1038813	2127834	2448052
水　运		43292	80094	122391	318996	378949
民　航		6	37	197	446	563
管　道		10347	15750	18700	44598	49972
沿海规模以上港口货物吞吐量	(万吨)	19834	48321	125603	475481	548358
邮电通信业						
邮电业务总量	(亿元)	34.1	155.5	4792.7	27193.5	31978.5
函　件	(亿件)	28.4	54.9	77.7	75.3	74.0
报刊期发数	(万份)	11250	20078	20090	13910	17158
移动电话年末用户	(万户)		1.8	8453.3	74721.4	85900.3
固定电话年末用户	(万户)	192.5	685.0	14482.9	31373.2	29434.2
城市		119.2	538.4	9311.6	21190.0	19658.1
农村		73.4	146.6	5171.3	10183.2	9776.1
公用电话	(万户)	1.2	4.6	352.0	2708.8	2595.9
局用交换机容量	(万门)	405.9	1231.8	17825.6	49265.6	46537.3
旅游业						
入境旅游过夜者人数	(万人次)	71.6	1048.4	3122.9	5087.5	5566.5
国际旅游外汇收入	(亿美元)	2.6	22.2	162.2	396.8	458.1
金融业						
金融机构人民币各项存款余额	(亿元)	1155	13943	123804	597741	718238
金融机构人民币各项贷款余额	(亿元)	1890	17511	99371	399685	479196
股票筹资额	(亿元)			2103	6125	11972
保险公司保费金额	(亿元)			1598	11137	14528
保险公司赔款及给付金额	(亿元)			526	3125	3200

速度指标（%）						
指数(2010为以下各年)				平均增长速度		
1978	1990	2000	2009	1979–2010	1991–2010	2001–2010
	411.6	208.6	113.3		7.3	7.6
	7139.8	768.4	125.0		23.8	22.6
1287.2	423.1	221.1	109.8	8.3	7.5	8.3
205.7	175.1	159.5	109.9	2.3	2.8	4.8
2045.7	471.0	226.6	109.8	9.9	8.1	8.5
97.2	82.2	115.5	100.3	-0.1	-1.0	1.5
11588.4	1612.6	398.2	116.1	16.0	14.9	14.8
1302.2	334.0	238.6	114.7	8.4	6.2	9.1
330.8	241.7	204.0	109.3	3.8	4.5	7.4
2873.9	338.1	235.7	115.0	11.1	6.3	9.0
875.3	473.1	309.6	118.8	7.0	8.1	12.0
8797.5	1521.7	286.2	126.4	15.0	14.6	11.1
483.0	317.3	267.2	112.0	5.0	5.9	10.3
2764.7	1134.8	436.6	115.3	10.9	12.9	15.9
125902.3	27592.8	895.5	117.6	25.0	32.4	24.5
261.0	134.9	95.2	98.3	3.0	1.5	-0.5
152.5	85.5	85.4	123.4	1.3	-0.8	-1.6
	4694005.5	1016.2	115.0		71.2	26.1
15287.0	4296.8	203.2	93.8	17.0	20.7	7.3
16498.6	3650.9	211.1	92.8	17.3	19.7	7.8
13320.0	6669.4	189.0	96.0	16.5	23.4	6.6
223034.6	56376.2	737.5	95.8	27.2	37.3	22.1
11465.8	3777.9	261.1	94.5	16.0	19.9	10.1
7774.4	530.9	178.2	109.4	14.6	8.7	6.0
17419.8	2065.6	282.5	115.5	17.5	16.3	10.9
62185.1	5151.3	580.1	120.2	22.3	21.8	19.2
25354.3	2736.5	482.2	119.9	18.9	18.0	17.0
		569.3	195.5			19.0
		909.1	130.4			24.7
		608.4	102.4			19.8

其他资料一 续表 4

指　　标	总量指标				
	1978	1990	2000	2009	2010
教育、科技、文化					
教育					
专任教师数　（万人）					
#普通高等学校	20.6	39.5	46.3	129.5	134.3
普通中学	318.2	303.3	400.5	500.7	504.2
普通小学	522.6	558.2	586.0	563.3	561.7
在校学生数　（万人）					
#普通高等学校	85.6	206.3	556.1	2144.7	2231.8
普通中学	6548.3	4586.0	7368.9	7867.9	7703.2
普通小学	14624.0	12241.4	13013.3	10071.5	9940.7
教育经费支出　（亿元）			3849.1	16502.7	
科技					
研究与试验发展经费内部支出(亿元)			895.7	5802.1	7062.6
技术市场成交额　（亿元）		75.1	650.8	3039.0	3906.6
文化					
图书出版总印数　（亿册、亿张）	37.7	56.4	62.7	70.4	71.7
电视节目制作时间　（万小时）		9.2	58.5	265.4	274.3
故事片产量　（部）	46	134	91	456	526
家庭生活					
规模					
城镇居民平均每户家庭人口(人)		3.50	3.13	2.89	2.88
农村居民平均每户常住人口(人)		4.80	4.20	3.98	3.95
婚姻					
结婚登记总数　（万对）	597.8	951.1	848.5	1212.4	1241.0
离婚数　（万对）	28.5	80.0	121.3	246.8	267.8
居住					
城镇人均住房建筑面积(平方米)				31.3	31.6
农村人均住房面积　（平方米）	8.1	17.8	24.8	33.6	34.1
城镇居民人均可支配收入　（元）	343	1510	6280	17175	19109
农村居民人均纯收入　（元）	134	686	2253	5153	5919
城乡人民币储蓄存款余额(亿元)	211	7120	64332	260772	303302

速度指标（%）						
指数(2010为以下各年)				平均增长速度		
1978	1990	2000	2009	1979-2010	1991-2010	2001-2010
652.0	340.0	290.2	103.7	6.0	6.3	11.2
158.4	166.2	125.9	100.7	1.4	2.6	2.3
107.5	100.6	95.8	99.7	0.2	0.03	-0.4
2607.2	1081.8	401.3	104.1	10.7	12.6	14.9
117.6	168.0	104.5	97.9	0.5	2.6	0.4
68.0	81.2	76.4	98.7	-1.2	-1.0	-2.7
		788.5	121.7			22.9
	5201.9	600.3	128.5		21.8	19.6
190.0	127.2	114.3	101.9	2.0	1.2	1.3
	2994.5	468.9	103.4		18.5	16.7
1143.5	392.5	578.0	115.4	7.9	7.1	19.2
	82.3	92.0	99.7		-1.0	-0.8
	82.4	94.2	99.4		-1.0	-0.6
207.6	130.5	146.3	102.4	2.3	1.3	3.9
939.6	334.7	220.8	108.5	7.3	6.2	8.2
			101.0			
420.7	191.5	137.4	101.5	4.6	3.3	3.2
965.2	487.2	251.6	107.8	7.3	8.2	9.7
954.4	306.7	197.4	110.9	7.3	5.8	7.0
144018.1	4260.0	471.5	116.3	25.5	20.6	16.8

其他资料一　续表 5

指　　标	总量指标				
	1978	1990	2000	2009	2010
社会保险					
社会保险基金收入　(亿元)		187	2645	16116	18823
社会保险基金支出　(亿元)		152	2386	12303	14819
卫生					
医院、卫生院　(个)	64311	62126	66095	59918	59683
执业(助理)医师　(万人)	97.8	176.3	207.6	232.9	241.3
医院、卫生院床位数　(万张)	184.7	259.2	290.8	408.1	440.2
城市市政建设					
年供水总量　(亿吨)	78.8	382.3	469.0	496.7	507.9
人工煤气供气量　(亿立方米)		174.7	152.4	361.6	279.9
天然气供气量　(亿立方米)		64.2	82.1	405.1	487.6
年末实有道路长度　(万公里)	2.7	9.5	16.0	26.9	29.4
排水管道长度　(万公里)	2.0	5.8	14.2	34.4	37.0
年末公共交通车辆运营数(万辆)	2.6	6.2	22.6	37.1	38.3
城市绿地面积　(万公顷)	8.2	47.5	86.5	199.3	213.4
环境、灾害					
化学需氧量排放量　(万吨)			1445	1278	1238
二氧化硫排放量　(万吨)			1995	2214	2185
交通事故发生数　(起)		250244	616971	238351	219521
交通事故直接财产损失 (万元)		35362	263290	91437	92634
火灾发生数　(起)		57302	189185	129381	132497
火灾直接经济损失　(万元)		51182	152217	162391	195945

注：1.本表价值指标除邮电业务总量按不变价格计算外，其余均按当年价格计算。邮电业务总量2000年及以前按1990年不变价格计算,以后按2000年不变价格计算。
2.本表速度指标中，国民总收入、国内生产总值及三次产业增加值、农林牧渔业总产值、邮电业务总量和城乡居民收入指标均按可比价格计算。固定资产投资平均增长速度按累计法计算。
3.2000年及以后保险业务包括外资公司。

速度指标（%）						
指数(2010为以下各年)				平均增长速度		
1978	1990	2000	2009	1979-2010	1991-2010	2001-2010
	10076.9	711.7	116.8		25.9	21.7
	9757.0	621.2	120.5		25.7	20.0
92.8	96.1	90.3	99.6	-0.2	-0.2	-1.0
246.7	136.9	116.3	103.6	2.9	1.6	1.5
238.3	169.8	151.4	107.9	2.8	2.7	4.2
644.5	132.8	108.3	102.2	6.0	1.4	0.8
	160.2	183.7	77.4		2.4	6.3
	759.5	593.9	120.4		10.7	19.5
1091.9	309.9	184.0	109.4	7.8	5.8	6.3
1889.7	637.2	260.2	107.5	9.6	9.7	10.0
1482.3	617.7	169.5	103.2	8.8	9.5	5.4
2611.3	449.3	246.7	107.1	10.7	7.8	9.5
		85.7	96.9			-1.5
		109.5	98.7			0.9
	87.7	35.6	92.1		-0.7	-9.8
	262.0	35.2	101.3		4.9	-9.9
	231.2	70.0	102.4		4.3	-3.5
	382.8	128.7	120.7		6.9	2.6

其他资料二　各地区人口数和出生率、死亡率、自然增长率(2009年)

地　区	总人口(年末)(万人)	出生率(‰)	死亡率(‰)	自然增长率(‰)
全　国	**133474.0**	**12.1**	**7.1**	**5.1**
北　京	1755.0	8.1	4.6	3.5
天　津	1228.2	8.3	5.7	2.6
河　北	7034.4	12.9	6.4	6.5
山　西	3427.4	10.9	6.0	4.9
内蒙古	2422.1	9.6	5.6	4.0
辽　宁	4319.0	6.1	5.1	1.0
吉　林	2739.6	6.7	4.7	2.0
黑龙江	3826.0	7.5	5.4	2.1
上　海	1921.0	8.6	5.9	2.7
江　苏	7725.0	9.6	7.0	2.6
浙　江	5180.0	10.2	5.6	4.6
安　徽	6131.0	13.1	6.6	6.5
福　建	3627.0	12.2	6.0	6.2
江　西	4432.2	13.9	6.0	7.9
山　东	9470.3	11.7	6.1	5.6
河　南	9487.0	11.5	6.5	5.0
湖　北	5720.0	9.5	6.0	3.5
湖　南	6406.0	13.1	6.9	6.1
广　东	9638.0	11.8	4.5	7.3
广　西	4856.0	14.2	5.6	8.5
海　南	864.1	14.7	5.7	9.0
重　庆	2859.0	9.9	6.2	3.7
四　川	8185.0	9.2	6.4	2.7
贵　州	3798.0	13.7	6.7	7.0
云　南	4571.0	12.5	6.5	6.1
西　藏	290.0	15.3	5.1	10.2
陕　西	3772.0	10.2	6.2	4.0
甘　肃	2635.5	13.3	6.7	6.6
青　海	557.3	14.5	6.2	8.3
宁　夏	625.2	14.4	4.7	9.7
新　疆	2158.6	16.0	5.4	10.6

注：1.本表数据根据2008年人口变动情况抽样调查数据推算。
2.全国总人口包括现役军人数，分地区数字中未包括。
3.全国总人口根据2008年人口变动情况抽样误差和调查误差进行了修正，分地区人口未作修正(下表同)。
4.全国数据未包括香港、澳门特别行政区和台湾省的人口数据。

其他资料三　全国民族自治地方县级经济社会基本情况

指　　标	单位	2009年	2010年	指　　数 (以2009年为100)
一、基本情况				
县(市)个数	个	633	633	100.0
行政区域土地面积	平方公里		5829775	
乡(镇)个数	个	7607	7610	100.0
村民委员会个数	个	82176	82242	100.1
年末总户数	户	47424682	48758945	102.8
其中：乡村户数	户	31330579	32014017	102.2
年末总人口	万人	16243	16550	101.9
乡村人口	万人	12710	12838	101.0
年末单位从业人员数	人	9010350	9283632	103.0
乡村从业人员数	人	70338597	71624255	101.8
其中：农林牧渔业	人	49916489	49880560	99.9
农业机械总动力	万千瓦特	11005	11837	107.6
本地电话年末用户	户	22965871	21685296	94.4
二、综合经济				
第一产业增加值	万元	48277974	56580109	117.2
第二产业增加值	万元	106597485	134290523	126.0
地方财政一般预算收入	万元	12160513	15882954	130.6
地方财政一般预算支出	万元	48790620	63113170	129.4
城乡居民储蓄存款余额	万元	114565359	140484815	122.6
年末金融机构各项贷款余额	万元	113831196	148283736	130.3
三、农业、工业及投资				
粮食总产量	吨	78325598	83312535	106.4
棉花产量	吨	2087653	2179682	104.4
油料产量	吨	3655853	3831587	104.8
肉类总产量	吨	13678579	14356240	105.0
规模以上工业企业个数	个	15843	17568	110.9
规模以上工业总产值(现价)	万元	178583302	240509436	134.7
城镇固定资产投资完成额	万元	140658844	180085477	128.0
四、教育、卫生和社会保障				
普通中学在校学生数	人	8708882	8593095	98.7
小学在校学生数	人	13870815	13475483	97.1
医院、卫生院床位数	床	396525	434180	109.5
各种社会福利收养性单位数	个	4310	4419	102.5
各种社会福利收养性单位床位数	床	171951	194637	113.2

其他资料四　全国牧区、半牧区县级经济社会基本情况

指　　标	单位	2009年	2010年	指　　数 (以2009年为100)
一、基本情况				
县(市)个数	个	264	264	100
行政区域土地面积	平方公里		3894877	
乡(镇)个数	个	3356	3352	99.9
村民委员会个数	个	31101	31240	100.4
年末总户数	户	14452989	14822120	102.6
其中：乡村户数	户	8655846	8833344	102.1
年末总人口	万人	4536	4592	101.2
乡村人口	万人	3349	3358	100.3
年末单位从业人员数	人	2700773	2770318	102.6
乡村从业人员数	人	17692511	18044364	102
其中：农林牧渔业	人	13503154	13725569	101.6
农业机械总动力	万千瓦特	5104	5612	110
本地电话年末用户	户	6619840	6338234	95.7
二、综合经济				
第一产业增加值	万元	18103008	21918854	121.1
第二产业增加值	万元	46080947	59966642	130.1
地方财政一般预算收入	万元	4835344	6674608	138
地方财政一般预算支出	万元	18675365	24235115	129.8
城乡居民储蓄存款余额	万元	33271159	40539699	121.8
年末金融机构各项贷款余额	万元	41149623	52618640	127.9
三、农业、工业及投资				
粮食总产量	吨	46943654	57460983	122.4
棉花产量	吨	419646	444602	105.9
油料产量	吨	1848910	2498172	135.1
肉类总产量	吨	5817858	6100352	104.9
规模以上工业企业个数	个	5575	6031	108.2
规模以上工业总产值(现价)	万元	74412157	99503013	133.7
城镇固定资产投资完成额	万元	64751810	83157940	128.4
四、教育、卫生和社会保障				
普通中学在校学生数	人	2318843	2291855	98.8
小学在校学生数	人	3398317	3308608	97.4
医院、卫生院床位数	床	112563	120784	107.3
各种社会福利收养性单位数	个	1338	1384	103.4
各种社会福利收养性单位床位数	床	73585	86766	117.9

注：本表增长速度按当年价格计算。

其他资料五　国家扶贫开发工作重点县经济社会基本情况

指　　标	单位	2009年	2010年	指　　数（以2009年为100）
一、基本情况				
县(市)个数	个	581	581	100.0
行政区域土地面积	平方公里		2403300	
乡(镇)个数	个	9358	9355	100.0
村民委员会个数	个	138151	137526	99.5
年末总户数	户	67516730	68878920	102.0
其中：乡村户数	户	50284368	51218022	101.9
年末总人口	万人	23285	23623	101.5
乡村人口	万人	19923	20085	100.8
年末单位从业人员数	人	9380419	9786279	104.3
乡村从业人员数	人	108934579	110333320	101.3
其中：农林牧渔业	人	68635994	67971081	99.0
农业机械总动力	万千瓦特	13840	14963	108.1
本地电话年末用户	户	25912506	24314505	93.8
二、综合经济				
第一产业增加值	万元	51293620	59356028	115.7
第二产业增加值	万元	95516310	121103192	126.8
地方财政一般预算收入	万元	10081524	13264497	131.6
地方财政一般预算支出	万元	53740682	67732949	126.0
城乡居民储蓄存款余额	万元	130506562	157472144	120.7
年末金融机构各项贷款余额	万元	92281808	115949694	125.6
三、农业、工业及投资				
粮食总产量	吨	107320998	115035870	107.2
棉花产量	吨	699522	667424	95.4
油料产量	吨	5875401	6012590	102.3
肉类总产量	吨	14884246	15863831	106.6
规模以上工业企业个数	个	18673	20328	108.9
规模以上工业总产值(现价)	万元	165122740	230157665	139.4
城镇固定资产投资完成额	万元	136448841	173422729	127.1
四、教育、卫生和社会保障				
普通中学在校学生数	人	13713398	13583942	99.1
小学在校学生数	人	21166520	20599751	97.3
医院、卫生院床位数	床	432965	474945	109.7
各种社会福利收养性单位数	个	6939	7146	103.0
各种社会福利收养性单位床位数	床	376575	432610	114.9

注：1.《中国农村扶贫开发纲要(2001—2010)》确定了592个县(旗、市)为国家扶贫开发工作重点县。
2.本表增长速度按当年价格计算。

其他资料六　陆地边境县(市)社会经济基本情况

指　标	单位	2009年	2010年	指　数（以2009年为100）
一、基本情况				
县(市)个数	个	129	129	100.0
行政区域土地面积	平方公里		1909799	
乡(镇)个数	个	1131	1139	100.7
村民委员会个数	个	10161	10180	100.2
年末总户数	户	6259820	6393266	102.1
其中：乡村户数	户	3489662	3576498	102.5
年末总人口	万人	2078	2093	100.7
乡村人口	万人	1393	1410	101.2
年末单位从业人员数	人	1553806	1586644	102.1
乡村从业人员数	人	7610779	7728704	101.5
其中：农林牧渔业	人	6063594	6080720	100.3
农业机械总动力	万千瓦特	1681	1834	109.1
本地电话年末用户	户	3750601	3663459	97.7
二、综合经济				
第一产业增加值	万元	7569048	9080719	120.0
第二产业增加值	万元	15532721	19733527	127.0
地方财政一般预算收入	万元	2083108	2716421	130.4
地方财政一般预算支出	万元	9133845	11727031	128.4
城乡居民储蓄存款余额	万元	21660998	25591263	118.1
年末金融机构各项贷款余额	万元	15924286	23504047	147.6
三、农业、工业及投资				
粮食总产量	吨	14733697	16314867	110.7
棉花产量	吨	161097	172518	107.1
油料产量	吨	617012	659229	106.8
肉类总产量	吨	1657870	1774455	107.0
规模以上工业企业个数	个	2537	2636	103.9
规模以上工业总产值(现价)	万元	24451645	30673050	125.4
城镇固定资产投资完成额	万元	24814810	31625227	127.4
四、教育、卫生和社会保障				
普通中学在校学生数	人	1056596	1022129	96.7
小学在校学生数	人	1611766	1587350	98.5
医院、卫生院床位数	床	61056	65845	107.8
各种社会福利收养性单位数	个	503	524	104.2
各种社会福利收养性单位床位数	床	21549	27172	126.1

附 录

收编了各类民族方面的资料。

全国人大、政协少数民族领导人名单

■ 历届全国人大常委会少数民族副委员长、全国政协常委会少数民族副主席简表

届　次	年　份	全国人大常委会副委员长	年　份	全国政协常委会副主席
第一届	1954	达赖喇嘛·丹增嘉措(藏)、赛福鼎·艾则孜(维吾尔)	1949	
第二届	1959	达赖喇嘛·丹增嘉措(藏)、赛福鼎·艾则孜(维吾尔)、班禅额尔德尼·确吉坚赞(藏)	1954	班禅额尔德尼·确吉坚赞(藏)、包尔汉
第三届	1964	赛福鼎·艾则孜(维吾尔)、阿沛·阿旺晋美(藏)	1959	包尔汉(维吾尔)、帕巴拉·格列朗杰(藏)、阿沛·阿旺晋美(藏)
第四届	1975	韦国清(壮)、赛福鼎·艾则孜(维吾尔)、乌兰夫(蒙古)、阿沛·阿旺晋美(藏)	1965	韦国清(壮)、帕巴拉·格列朗杰(藏)
第五届	1978	乌兰夫(蒙古)、韦国清(壮)、赛福鼎·艾则孜(维吾尔)、阿沛·阿旺晋美(藏)	1978	乌兰夫(蒙古)、韦国清(壮)、杨静仁(回)、帕巴拉·格列朗杰(藏)
第六届	1983	韦国清(壮)、阿沛·阿旺晋美(藏)、班禅额尔德尼·确吉坚赞(藏)、赛福鼎·艾则孜(维吾尔)	1983	杨静仁(回)、帕巴拉·格列朗杰(藏)、包尔汉(维吾尔)
第七届	1988	乌兰夫(蒙古)、韦国清(壮)、阿沛·阿旺晋美(藏)、班禅额尔德尼·确吉坚赞(藏)、赛福鼎·艾则孜(维吾尔)、廖汉生(土家)	1988	杨静仁(回)、帕巴拉·格列朗杰(藏)、司马义·艾买提(维吾尔)
第八届	1993	帕巴拉·格列朗杰(藏)、布赫(蒙古)、铁木尔·达瓦买提(维吾尔)	1993	阿沛·阿旺晋美(藏)、赛福鼎·艾则孜(维吾尔)
第九届	1998	帕巴拉·格列朗杰(藏)、布赫(蒙古)、铁木尔·达瓦买提(维吾尔)	1998	阿沛·阿旺晋美(藏)、赵南起(朝鲜)、白立忱(回)
第十届	2003	司马义·艾买提(维吾尔)、热地(藏)乌云其木格(女,蒙古)	2003	帕巴拉·格列朗杰(藏)、阿沛·阿旺晋美(藏)、阿不来提·阿不都热西提(维吾尔)白立忱(回)、李兆焯(壮)
第十一届	2008	乌云其木格(女,蒙古)司马义·铁力瓦尔地(维吾尔族)	2008	帕巴拉·格列朗杰(藏)、阿沛·阿旺晋美(藏)、阿不来提·阿不都热西提(维吾尔)白立忱(回)

全国人大民委、国家民委、全国政协民委主要领导人名单

■ 历届全国人大民委、国家民委和全国政协民委主任简表

届次	时间	全国人大民委主任	时间	国家民委主任	时间	全国政协民委主任
第一届	1954.9	刘格平(回)	1949.10	李维汉	1949.9	乌兰夫(蒙古)
第二届	1959.4	刘格平(回)	1954.9	乌兰夫(蒙古)	1954.12	卢汉(彝)
第三届	1965.4	谢扶民(壮)	1959.4	乌兰夫(蒙古)	1964.12	卢汉(彝)
第四届			1965.1	乌兰夫(蒙古)	1964.12	卢汉(彝)
第五届	1979.7	阿沛·阿旺晋美(藏)	1978.3	杨静仁(回)	1978.2	萨空了(蒙古)
第六届	1983.6	阿沛·阿旺晋美(藏)	1986.1	司马义·艾买提(维吾尔)	1983.6	马信(回)
第七届	1988.3	阿沛·阿旺晋美(藏)	1988.4	司马义·艾买提(维吾尔)	1988.3	杨静仁(回)
第八届	1993.3	王朝文(苗)	1993.3	司马义·艾买提(维吾尔)	1993.3	金鉴(满)
					1995.3	赵朴初
第九届	1998.3	王朝文(苗)	1998.3	李德洙(朝鲜)	1998.3	乌力吉(蒙古)
第十届	2003.3	多吉才让(藏)	2003.3	李德洙(朝鲜)	2003.3	钮茂生(满)
第十一届	2008.3	马启智(回)	2008.3	杨晶(蒙古)	2008.3	田聪明

注:1. 历届人大民委所设为主任委员。
2. 政协一至六届设民族组,从第七届起设民族委员会,第八届常委会第十二次会议将民族委员会与宗教委员会合并为民族宗教委员会。
3. 一至四届称中央民委,从第五届起称国家民委;第一届中央民委主任由中央人民政府委员会任命,从第二届起由全国人大或其常委会任命。

中国共产党第十六届中央委员会少数民族委员、候补委员及中央纪律检查委员会少数民族委员名单

中国共产党第十六届中央委员会少数民族委员名单(15 人)(按姓氏笔画为序)

马启智(回族)	乌云其木格(女,蒙古族)	石宗源(回族)
白立忱(回族)	司马义·艾买提(维吾尔族)	列确(藏族)
回良玉(回族)	多吉才让(藏族)	李兆焯(壮族)
李德洙(朝鲜族)	杨正午(土家族)	阿不来提·阿不都热西提(维吾尔族)
钮茂生(满族)	热地(藏族)	戴秉国(土家族)

中国共产党第十六届中央委员会少数民族候补委员名单(20 人)(按得票多少排序,票数相同的按姓氏笔画为序)

艾斯海提·克里木拜(哈萨克族)	王正伟(回族)	全哲洙(朝鲜族)
黄瑶(布依族)	彭祖意(瑶族)	杨晶(蒙古族)
黄选平(回族)	符桂花(女,黎族)	管国忠(傣族)
石玉珍(女,苗族)	白春礼(满族)	向巴平措(藏族)
李景田(满族)	罗正富(彝族)	李克(壮族)
仁青加(藏族)	司马义·铁力瓦尔地(维吾尔族)	李成玉(回族)
欧泽高(藏族)	王正福(苗族)	

中国共产党中央纪律检查委员会少数民族委员名单(7 人)(按姓氏笔画为序)

马子龙(回族)	王正福(苗族)	巴特尔(蒙古族)
司马义·铁力瓦尔地(维吾尔族)	布穷(藏族)	李成玉(回族)
欧泽高(藏族)		

中国共产党第十七届中央委员会少数民族委员、候补委员及中央纪律检查委员会少数民族委员名单

中国共产党第十七届中央委员会少数民族委员名单（16人）（按姓氏笔画为序）

王正伟（回族）	乌云其木格（女，蒙古族）	艾斯海提·克里木拜（哈萨克族）
石宗源（回族）	白立忱（回族）	司马义·铁力瓦尔地（维吾尔族）
列确（藏族）	回良玉（回族）	向巴平措（藏族）
李成玉（回族）	李兆焯（壮族）	李景田（满族）
杨晶（蒙古族）	陆兵（壮族）	阿不来提·阿不都热西提（维吾尔族）
戴秉国（土家族）		

中国共产党第十七届中央委员会少数民族候补委员名单（24人）（按得票多少排序，票数相同的按姓氏笔画为序）

符跃兰（女，黎族）	马飚（壮族）	旦科（藏族）
全哲洙（朝鲜族）	罗正富（彝族）	刘慧（女，回族）
余远辉（瑶族）	努尔·白克力（维吾尔族）	黄康生（布依族）
刘学普（土家族）	刘振来（回族）	金振吉（朝鲜族）
巴音朝鲁（蒙古族）	刘晓凯（苗族）	咸辉（女，回族）
谌贻琴（女，白族）	白春礼（满族）	多吉（藏族）
李克（壮族）	李康（女，壮族）	武吉海（苗族）
刀林荫（女，傣族）	雷春美（女，畲族）	乌兰（女，蒙古族）

中国共产党中央纪律检查委员会少数民族委员名单（8人）（按姓氏笔画为序）

王正福（苗族）	仁青加（藏族）	巴特尔（蒙古族）
朱明国（黎族）	李汉柏（白族）	欧泽高（藏族）
金道铭（满族）	贺邦靖（女，白族）	

中国少数民族文化资料

■ 中国少数民族语言系属

汉藏语系	藏缅语族	藏语、门巴语、珞巴语、彝语、哈尼语、白语、羌语、傈僳语、纳西语、拉祜语、景颇语、土家语、普米语、怒语、独龙语、阿昌语、基诺语
	壮侗语族	壮语、侗语、布依语、傣语、水语、黎语、毛南语、仫佬语
	苗瑶语族	苗语、瑶语、畲语
	语族未定	仡佬语
阿尔泰语系	突厥语族	维吾尔语、哈萨克语、柯尔克孜语、撒拉语、乌孜别克语、塔塔尔语、裕固(尧乎尔)语
	蒙古语族	蒙古语、达斡尔语、东乡语、土族语、保安语、裕固(恩格尔)语
	通古斯-满语族	满语、鄂温克语、鄂伦春语、锡伯语、赫哲语
	语族未定	朝鲜语
印欧语系	斯拉夫语族	俄罗斯语
	伊朗语族	塔吉克语
南亚语系	孟高棉语族	佤语、德昂语、布朗语
南岛语系	印尼语族	高山语

注:1. 京族语的系属尚未确定。

2. 回族、满族大部通用汉语(满语只在极少数满族人口中使用)。

■ 中国各民族文字类型

象形文字	纳西族东巴文
汉字及其变体	汉文、方块壮字、方块侗字、水书、白文。
音节文字	纳西族哥巴文、彝文。
拼音文字	(一)印度字母体系—藏文、傣文。 (二)阿拉伯字母体系—老维吾尔文、老哈萨克文以及乌孜别克文、柯尔克孜文、塔塔尔文。 (三)回鹘文字母体系—蒙古文、"托忒蒙古文"、锡伯文。 (四)朝鲜文字母体系—朝鲜文。 (五)拉丁字母体系—壮文、景颇文、拉祜文、佤文、傈僳文、新维吾尔文、新哈萨克文以及布依、苗、黎、纳西、侗、哈尼各族的文字方案。 (六)斯拉夫字母体系—俄罗斯族的俄文。

■ 中国各民族名称的罗马字母拼写法

民　族	罗马字母拼写法	字母代码	民　族	罗马字母拼写法	字母代码
汉族	Han	HA	柯尔克孜族	Kirgiz	KG
蒙古族	Mongol	MG	土族	Tu	TU
回族	Hui	HU	达斡尔族	Daur	DU
藏族	Zang	ZA	仫佬族	Mulao	ML
维吾尔族	Uygur	UG	羌族	Qiang	QI
苗族	Miao	MH	布朗族	Blang	BL
彝族	Yi	YI	撒拉族	Salar	SL
壮族	Zhuang	ZH	毛南族	Maonan	MN
布依族	Buyei	BY	仡佬族	Gelao	GL
朝鲜族	Chosen	CS	锡伯族	Xibe	XB
满族	Man	MA	阿昌族	Achang	AC
侗族	Dong	DO	普米族	Pumi	PM
瑶族	Yao	YA	塔吉克族	Tajik	TA
白族	Bai	BA	怒族	Nu	NU
土家族	Tujia	TJ	乌孜别克族	Uzbek	UZ
哈尼族	Hani	HN	俄罗斯族	Russ	RS
哈萨克族	Kazak	KZ	鄂温克族	Ewenki	EW
傣族	Dai	DA	德昂族	Deang	DE
黎族	Li	LI	保安族	Bonan	BN
傈僳族	Lisu	LS	裕固族	Yugur	YG
佤族	Va	VA	京族	Gin	GI
畲族	She	SH	塔塔尔族	Tatar	TT
高山族	Gaoshan	GS	独龙族	Derung	DR
拉祜族	Lahu	LH	鄂伦春族	Oroqen	OR
水族	Sui	SU	赫哲族	Hezhen	HZ
东乡族	Dongxiang	DX	门巴族	Monba	MB
纳西族	Naxi	NX	珞巴族	Lhoba	LB
景颇族	Jingpo	JP	基诺族	Jino	JN

中国少数民族主要节日

民族	主要节日	时间	民族	主要节日	时间
阿昌族	火把节	农历六月二十五日	德昂族	泼水节	农历四月十五日
	会街节	农历九月初十	东乡族	圣纪节	伊斯兰教历三月十二日
	泼水节	农历二月二十九日		开斋节	伊斯兰教历九月三十日
	撒神	农历七月初一		古尔邦节	伊斯兰教历十二月十日
	尝新节	农历八月十五日	侗族	芦笙节	农历六月至九月
白族	三月街	农历三月十五日		侗年	农历十一月十九日
	火把节	农历六月二十四日		斗牛节	农历二月
	渔潭会	农历八月十五日		吃新节	农历六月至七月
保安族	圣纪节	伊斯兰教历三月十二日	独龙族	卡雀哇	农历十月中下旬
	开斋节	伊斯兰教历九月三十日	俄罗斯族	复活节	公历三、四月
	古尔邦节	伊斯兰教历十二月十日	鄂伦春族	春节	农历正月初一
布朗族	开门节	傣历十二月十五日	鄂温克族	米阔鲁节	农历五月二十二日
	关门节	傣历九月十五日	高山族	新年祭	农历十二月
	泼火节	农历二月十九日	仡佬族	灯杆节	农历正月初一
布依族	六月六	农历六月初六		仡佬节	农历三月初三
	三月三	农历三月初三		尝新节	农历六、七月
	四月八	农历四月初八	拉祜族	库扎节	傣历三月
朝鲜族	元日	农历正月初一		火把节	农历六月二十四日
	上元节	农历正月初五		尝新节	傣历十二月
	寒食节	农历四月初五	黎族	三月三	农历三月初三
	端午	农历五月初五	傈僳族	收获节	农历九月
哈尼族	十月节	农历十月初一		澡塘节	农历正月初三
	六月节	农历六月二十四日		过年节	农历正月初一
哈萨克族	圣纪节	伊斯兰教历三月十二日		刀杆节	农历二月初八
	开斋节	伊斯兰教历九月三十日	珞巴族	旭独龙节	藏历二月
	古尔邦节	伊斯兰教历十二月十日		隆德节	藏历四月
赫哲族	赫哲年	农历正月初一	满族	颁金节	阴历十一月十三日
回族	圣纪节	伊斯兰教历三月十二日		庙会	农历四月
	开斋节	伊斯兰教历九月三十日	景颇族	目脑节	农历正月十五日
	古尔邦节	伊斯兰教历十二月十日	柯尔克孜族	圣纪节	伊斯兰教历三月十二日
基诺族	打铁节	农历一月		开斋节	伊斯兰教历九月三十日
	火把节	农历六月		古尔邦节	伊斯兰教历十二月十日
京族	哈节	农历六月初十		诺劳孜	农历正月初一

续表

民族	主要节日	时间
达斡尔族	春节(阿涅)	农历正月初一
傣族	泼水节	傣历六月六日
	开门节	傣历十二月十五日
	关门节	傣历九月十五日
苗族	龙船节	农历五月二十四日
	吃新节	农历六月初六
	赶秋节	农历九月
仫佬族	依饭节	农历十月
	后生节	农历正月或七月
纳西族	正月农具会	农历正月二十日
	三月龙王庙会	农历三月十五日
	七月骡马会	农历七月十五日
怒族	鲜花节	农历三月十五日
普米族	大过年	农历正月初七
	大十五节	农历十二月十五日
	尝新节	农历九月
	转山节	农历七月十五日
土家族	过赶节	农历十二月二十九日
	祈禳节	农历正月初三
	牛王会	农历八月初八
土族	擂台会	农历二月初二
	火神节	农历正月二十九日
	端阳	农历五月初五
佤族	火把节	农历六月二十四日
	播种节	农历三月十五日
	新米节	农历七、八月
维吾尔族	古尔邦节	伊斯兰教历十二月十日
	开斋节	伊斯兰教历九月三十日
	努鲁斯节	伊斯兰教历八月十四日
乌孜别克族	古尔邦节	伊斯兰教历十二月十日
	开斋节	伊斯兰教历九月三十日
	圣纪节	伊斯兰教历三月十二日
锡伯族	春节	农历十二月二十三日至次年正月初二
毛南族	庙节	农历五月
	南瓜节	农历九月初九
蒙古族	蒙古族新年	农历正月初一
	那达慕大会	农历七~八月
苗族	苗年节	农历十月初五
	四月八	农历四月初八
门巴族	藏历年	藏历正月初一
	望果节	藏历八月间
羌族	羌族大年	农历正月初一
	青苗会	农历三月十二日
	端午节	农历五月初五日
撒拉族	开斋节	伊斯兰教历九月三十日
	圣纪节	伊斯兰教历三月十二日
	古尔邦节	伊斯兰教历十二月十日
畲族	分龙节	农历五月十五日
水族	借额节	农历九月
	卯节	农历五、六月
塔吉克族	古尔邦节	伊斯兰教历十二月十日
	迄脱迄迪尔爱脱节	农历三月间
塔塔尔族	肉孜节	伊斯兰教历九月三十日
	古尔邦节	伊斯兰教历十二月十日
	开斋节	伊斯兰教历九月三十日
	圣纪节	伊斯兰教历三月十二日
瑶族	盘王节	农历十月十六日
	尝新节	农历八、九月
	歌节	农历三月初三
彝族	二月八	农历二月初八
	送年节	农历三月初七
裕固族	春节	农历正月初五
	端午节	农历五月初五
	中秋节	农历八月十五
藏族	藏历年	藏历正月初一
	望果节	藏历八月间
	雪顿节	藏历七月一日
壮族	三月三	农历三月初三
	中元节	农历七月十四日

■ 民族自治地方全国重点文物保护单位

（截至 2009 年底）

地　区	数量	名　　称	时　　代	地　　址
（一）古遗址：115 处				
内蒙古自治区	41	辽上京遗址	辽	巴林左旗
		辽中京遗址	辽	宁城县
		大窑遗址	旧石器时代	呼和浩特市
		居延遗址	汉	额济纳旗
		嘎仙洞遗址	北魏	鄂伦春自治旗
		元上都遗址	元	正蓝旗
		兴隆洼遗址	新石器时代	敖汉旗
		大甸子遗址	青铜时代	敖汉旗
		固阳秦长城遗址	秦	固阳县
		缸瓦窑遗址	辽	赤峰市
		敖伦苏木城遗址	元	达尔罕茂明安联合旗
		萨拉乌苏遗址	旧石器时代	乌审旗
		岱海遗址群	新石器时代	凉城县
		庙子沟遗址	新石器时代	察哈尔右翼前旗
		架子山遗址群	青铜时代	喀喇沁旗
		大井古铜矿遗址	青铜时代	林西县
		城子山遗址	青铜时代	敖汉旗
		和林格尔土城子遗址	汉至唐	和林格尔县
		黑山头城址	金、元	额尔古纳市
		金界壕遗址	金	呼伦贝尔盟、兴安盟、通辽市、赤峰市、乌兰察布盟、包头市
		应昌路故城遗址	元	克什克腾旗
		阿善遗址	新石器时代	包头市
		赵宝沟遗址	新石器时代	敖汉旗
		红山遗址群	新石器时代至青铜时代	赤峰市
		夏家店遗址群	新石器时代至战国	赤峰市
		朱开沟遗址	新石器时代至商	伊金霍洛旗
		秦直道遗址	秦	鄂尔多斯市
		麻池城遗址和召湾墓群	汉	包头市
		黑城遗址	汉	宁城县
		朔方郡故城	汉	磴口市、巴彦淖尔市
		霍洛柴登城址	汉	杭锦旗
		克里孟城址	汉至南北朝	察哈尔右翼后旗
		沃野镇故城	汉至南北朝	乌拉特前旗
		白灵淖尔城址	南北朝	固阳县
		十二连城城址	隋至唐	准格尔旗
		城川城址	唐	鄂托克前旗
		查干浩特城址	辽至明	阿鲁科尔沁旗
		安答堡子城址	金至元	达尔罕茂明安联合旗
		净州路故城	金至元	四子王旗
		砂井路总管府故城	元	四子王旗
		巴彦乌拉城址	元	鄂温克族自治旗

续表 1

地　区	数量	名　　称	时　　代	地　　址
辽宁省	5	查海遗址	新石器时代	阜新蒙古族自治县
		庙后山遗址	旧石器时代	本溪满族自治县
		赫图阿拉故城	明	新宾满族自治县
		五女山山城	高句丽(公元前 37- 668 年)	桓仁满族自治县
		东山嘴遗址	新石器时代	喀左自治县
吉林省	6	渤海中京城遗址	渤海(公元 698-926 年)	和龙市
		八连城遗址	唐、五代	珲春市
		塔虎城	辽、金	前郭尔罗斯蒙古族自治县
		百草沟遗址	战国至晋	汪清县
		城山子山城	唐	敦化市
		磨盘村山城	唐至金	图们市
湖北省	4	建始直立人遗址	旧石器时代	建始县
		施州城址	宋	恩施市
		唐崖土司城址	元至清	咸丰县
		容美土司遗	明至清	鹤峰县
湖南省	1	老司城遗址	五代至清	永顺县
广西壮族自治区	8	百谷和高岭坡遗址	旧石器时代	百色市、田东县
		甑皮岩遗址	新石器时代	桂林市
		顶蛳山遗址	新石器时代	邕宁县
		白莲洞遗址	旧石器至新石器时代	柳州市
		鲤鱼嘴遗址	旧石器至新石器时代	柳州市
		感驮岩遗址	新石器时代至战国	那坡县
		秦城遗址	秦至晋	兴安县
		智城城址	唐	上林县
四川省	2	营盘山和姜维城遗址	新石器时代	茂县、汶川县
		大洋堆遗址	周至战国	西昌市
云南省	6	太和城遗址	南诏(公元 649-902 年)	大理白族自治州大理市
		元谋猿人遗址	旧石器时代	元谋县
		腊玛古猿化石地点		禄丰县
		石佛洞遗址	新石器时代	耿马傣族佤族自治县
		白羊村遗址	新石器时代	宾川县
		山龙山于图山城址	唐	巍山彝族回族自治县
西藏自治区	3	古格王国遗址	约为公元十世纪前后	扎达县
		卡若遗址	新石器时代	昌都县
		拉加里王宫遗址	13 世纪至 18 世纪	曲松县
甘肃省	3	齐家坪遗址	新石器时代	广河县
		林家湾遗址	新石器时代	东乡县
		八角城城址	唐至明	夏河县
青海省	4	马厂塬(yuán)遗址	新石器时代	民和回族土族自治县
		西海郡故城遗址	汉至南北朝	海晏县
		喇家遗址	新石器时代	民和回族土族自治县
		塔温搭里哈遗址	青铜时代	都兰县

续表 2

地 区	数量	名 称	时 代	地 址
宁夏回族自治区	7	水洞沟遗址	旧石器时代	灵武县
		开城遗址	元	固原县
		鸽子山遗址	旧石器时代	青铜峡市
		菜园遗址	新石器时代	海原县
		照壁山铜矿遗址	汉	中卫市
		灵武窑址	宋至明	灵武市
		张家场城址	汉	盐池县
新疆维吾尔自治区	25	高昌故城	高昌(公元500-640年)	吐鲁番县
		雅尔湖故城	高昌(公元500-640年)	吐鲁番县
		楼兰故城遗址	汉至晋	若羌县
		北庭故城遗址	唐	吉木萨尔县
		尼雅遗址	西汉-西晋	民丰县
		苏巴什佛寺遗址	南北朝-唐	库车县
		奴拉赛铜矿遗址	青铜时代	尼勒克县
		圆沙古城	汉	于田县
		克孜尔尕哈烽燧	汉	库车县
		孔雀河烽燧群	汉至晋	尉犁县
		罗布泊南古城遗址	汉至晋	若羌县
		莫尔寺遗址	汉至唐	疏附县
		托库孜萨来遗址	汉至唐	巴楚县
		米兰遗址	汉至唐	若羌县
		安迪尔古城遗址	汉至唐	民丰县
		石头城遗址	晋至清	塔什库尔干塔吉克自治县
		七个星佛寺遗址	晋至宋	焉耆回族自治县
		热瓦克佛寺遗址	南北朝	洛浦县
		白杨沟佛寺遗址	唐	哈密市
		大河古城	唐	巴里坤县
		乌拉泊古城	唐至元	乌鲁木齐县
		台藏塔遗址	唐至宋	吐鲁番市
		丹丹乌里克遗址	南北朝至唐	策勒县
		麻扎塔格戍堡址	唐	墨玉县
		通古斯巴西城址	唐	新和县
(二)石窟寺、石刻及其他:26 处				
内蒙古自治区	2	阴山岩画	新石器至青铜时代	乌拉特前旗、乌拉特后旗、乌拉特中旗、磴口县
		真寂之寺石窟	辽	巴林左旗
湖北省	1	仙佛寺石窟	唐	来凤县
湖南省	2	溪州铜柱	五代	湘西土家族苗族自治州永顺县
		阳华岩摩崖	唐至清	江华瑶族自治县
广西壮族自治区	3	花山岩画	战国至东汉	宁明县
		桂林石刻	唐至清	桂林市
		柳侯祠碑刻	宋至民国	柳州市

续表 3

地　区	数量	名　　称	时　代	地　　址
四川省	1	博什瓦黑岩画	唐至宋	昭觉县
云南省	4	石钟山石窟	南诏、大理(公元 649-1094 年)	大理白族自治州剑川县
		南诏铁柱	南诏	弥渡县
		元世祖平云南碑	元	大理市
		沧源崖画	新石器时代	沧源县
甘肃省	3	炳灵寺石窟	北魏至明	临夏县
		马蹄寺石窟群	十六国～清	肃南裕固族自治县
		文殊山石窟	北朝～西夏	肃南裕固族自治县
青海省	1	贝大日如来佛石窟寺和勒巴沟摩崖	唐	玉树县
宁夏回族自治区	2	须弥山石窟	北朝至唐	固原县
		贺兰山岩画	元	贺兰县
新疆维吾尔自治区	7	克孜尔千佛洞	唐至宋	拜城县
		库木吐喇千佛洞	唐至宋	库车县
		柏孜克里克千佛洞	唐至元	吐鲁番县
		森木塞姆千佛洞	晋-宋	库车县
		克孜尔尕哈石窟	北朝至唐	库车县
		平定准噶尔勒铭碑	清	昭苏县
		吐峪沟石窟	南北朝至唐	鄯善县
(二)石窟寺、石刻及其他:26 处				
内蒙古自治区	9	辽陵及奉陵邑(含怀凌陵及奉陵)	辽	巴林右旗、巴林左旗
		成吉思汗陵	1954 年迁建	伊金霍洛旗
		宝山、罕苏木墓群	辽	阿鲁科尔沁旗
		扎赉诺尔墓群	汉	满洲里市
		王昭君墓	汉	呼和浩特市
		韩匡嗣家族墓地	辽	巴林左旗
		吐尔基山墓	辽	科尔沁左翼后旗
		萧氏家族墓	辽	奈曼旗
		张应瑞家族墓地	元	翁牛特旗
辽宁省	1	永陵	清	新宾满族自治县
吉林省	3	干沟子墓群	战国至西汉	长白朝鲜族自治县
		龙头山古墓群XIV	渤海	和龙市
		六顶山古墓	渤海(公元 698—927 年)	延边朝鲜族自治州敦化市
广西壮族自治区	1	合浦汉墓群	汉	合浦县
四川省	1	凉山大石墓群	战国至汉	德昌县、喜德县
贵州省	1	交乐墓群	汉	兴仁县
西藏自治区	4	藏王墓	公元七世纪	穷结县
		烈山墓地	唐	朗县
		吉堆吐蕃墓群	唐	洛扎县
		查木钦墓群	唐	拉孜县
青海省	1	热水墓群	唐	都兰县
宁夏回族自治区	1	西夏陵	西夏	银川市

续表4

地　区	数量	名　　称	时　　代	地　　址
新疆维吾尔自治区	18	阿斯塔纳古墓群	晋至唐	吐鲁番市
		阿巴和明麻札	清	喀什市
		三海子墓葬及鹿石	青铜时代	青河县
		焉不拉克古墓群	青铜时代	哈密市
		察乌乎古墓群	青铜时代	和静县
		切木尔切克石人及石棺墓群	青铜时代至汉、魏	阿勒泰市
		扎滚鲁克石墓群	青铜时代至汉、晋	且末县
		山普拉古墓群	汉、晋	洛浦县
		楼兰墓群	新石器时代至晋	若羌县
		五堡墓群	青铜时代	哈密市
		洋海墓群	青铜时代至唐	鄯善县
		阿日夏特石人墓	隋至唐	温泉县
		麻赫穆德·喀什噶里墓	元	疏附县
		速檀·歪思汗麻扎	明	伊宁县
		叶尔羌汗国王陵	明	莎车县
		艾比甫·艾洁木麻扎	清	阿图什市
		哈密回王墓	清至民国	哈密市
		吐虎鲁克·铁木尔汗麻扎	元	霍城县
(四)古建筑及历史纪念建筑物:128处				
内蒙古自治区	21	万部华严经塔	辽	呼和浩特市
		金刚座舍利宝塔	清	呼和浩特市
		美岱召	明	土默特右旗
		五当召	清	包头市
		汇宗寺	清	多伦县
		福会寺	清	喀喇沁旗
		喀喇沁亲王府及家庙	清	喀喇沁旗
		和硕恪靖公主府	清	呼和浩特市
		开鲁县佛塔	元	开鲁县
		清水河县长城	明	清水河县
		纳林塔秦国长城遗址	战国	伊金霍洛旗
		锦山龙泉寺	清	喀喇沁旗
		大召	明至清	呼和浩特市
		绥远城墙和将军衙署	清	呼和浩特市
		贝子庙	清	锡林浩特市
		定远营	清	阿拉善左旗
		灵悦寺	清	喀喇沁旗
		诺尔古建筑群	清	多伦县
		库伦三大寺	清	库伦旗
		僧格林沁王府	清	科尔沁左翼后旗
		宝善寺	清	阿鲁科尔沁旗
吉林省	1	灵光塔	渤海	长白朝鲜族自治县
浙江省	1	时思寺	元至清	景宁畲族自治县

续表 5

地　区	数量	名　　称	时　　代	地　　址
湖北省	2	鱼木寨	明至清	利川市
		大水井古建筑群	清	利川市
湖南省	4	马田鼓楼	清	通道侗族自治县
		芋头侗寨古建筑群	明、清	通道侗族自治县
		坪坦风雨桥	清	通道侗族自治县
		凤凰古城堡	清	凤凰县
广西壮族自治区	12	经略台真武阁	明	容县
		程阳永济桥	民国	三江县
		灵渠	秦	兴安县
		大士阁	明	合浦县
		莫土司衙署	明、清	忻城县
		靖江王府及王陵	明	桂林市
		岜团桥	清	三江侗族自治县
		临贺故城	汉至清	贺州市
		江头村和长岗岭村古建筑群	明至民国	灵川县
		马殷庙	明至清	富川瑶族自治县
		燕窝楼	明至清	全州县
		恭城古建筑群	明至清	恭城瑶族自治县
四川省	10	卓克基土司官寨	清	马尔康县
		德格印经院	清	德格县
		直波碉楼	清	马尔康县
		松潘古城墙	明	松潘县
		棒托寺	明、清	壤塘县
		丹巴古碉群	唐至清	丹巴县
		措尔机寺	元至清	壤塘县
		日斯满巴碉房	元至明	壤塘县
		松格嘛呢石经城和巴格嘛呢石经墙	明至清	石渠县
		波日桥	清	新龙县
贵州省	9	增冲鼓楼	清	从江县
		青龙洞	清	镇远县
		福泉城墙	明	福泉市
		郎德上寨古建筑群	明、清	雷山县
		地坪风雨桥	清	黎平县
		寨英村古建筑群	明至清	松桃苗族自治县
		飞云崖古建筑群	明至清	黄平县
		旧州古建筑群	明至清	黄平县
		葛镜桥	明	福泉市

续表 6

地区	数量	名称	时代	地址
云南省	22	崇圣寺三塔	唐、五代	大理白族自治州大理市
		广允缅寺	清	沧源佤族自治县
		景真八角亭	清	勐海县
		曼飞龙塔	清	景洪市
		大宝积宫与琉璃殿	明	玉龙纳西族自治县
		中心镇公堂	清	香格里拉县
		喜洲白族古建筑群	明、清	大理市
		建水文庙	明、清	建水县
		水目寺塔	唐至明	祥云县
		佛图寺塔	唐	大理市
		大姚白塔	唐	大姚县
		指林寺大殿	元至清	建水县
		宝山石头城	元	玉龙纳西族自治县
		州城文庙和武庙	明至清	宾川县
		龙华寺	明至清	姚安县
		朝阳楼	明	建水县
		西门街古建筑群	明	剑川县
		沙溪兴教寺	明至民国	剑川县
		孟连宣抚司署	清	孟连傣族拉祜族佤族自治县
		曼短佛寺	清	勐海县
		双龙桥	清	建水县
		长春洞	清	巍山彝族回族自治县
		寿国寺	清	维西傈僳族自治县
西藏自治区	27	大昭寺		拉萨市
		昌珠寺		乃东县
		萨迦寺	元	萨迦县
		布达拉宫	明至民国	拉萨市
		噶丹寺	明初至清	拉萨市
		扎什伦布寺	明初至清	日喀则县
		哲蚌寺	明	拉萨市
		色拉寺	明	拉萨市
		罗布林卡	清	拉萨市
		夏鲁寺	元至清	日喀则市
		桑耶寺	789-799 年	扎囊县
		托林寺	宋	扎达县
		扎塘寺	1081-1093 年	扎囊县
		白居寺	明	江孜县
		朗色林庄园	明	扎囊县
		曲德寺、卓玛拉康	公元 10 世纪、公元 1274 年	吉隆县(大唐天竺使出铭公元 658 年)
		色喀古托寺	公元 1080 年	洛扎县
		科迦寺	公元 996 年	普兰县
		小昭寺	公元 641 年	拉萨市

续表 7

地区	数量	名称	时代	地址
西藏自治区	27	吉如拉康	唐至清	乃东县
		松卡石塔	唐	扎囊县
		聂塘卓玛拉康	宋	曲水县
		敏竹林寺	明	扎囊县
		查杰玛大殿	元至清	昌都地区
		平措林寺	明	拉孜县
		邦纳寺	明	索县
		康松桑卡林	清	扎囊县
甘肃省	1	拉卜楞寺	清	夏河县
青海省	5	隆务寺	明、清	同仁县
		贵德文庙及玉皇阁	明、清	贵德县
		藏娘佛塔及桑周寺	北宋至清	玉树县
		格萨尔三十大将军灵塔和达那寺	宋、元	囊谦县
		却藏寺	清	互助土族自治县
宁夏回族自治区	7	海宝塔	清	银川市
		同心清真大寺	清	同心县
		拜寺口双塔	西夏	贺兰县
		一百零八塔	元	青铜峡市
		承天寺塔	清	银川市
		董府	清	吴忠市
		宁夏秦长城遗址	战国	彭阳县、西吉县、固原县
新疆维吾尔自治区	5	苏公塔	清	吐鲁番市
		伊犁将军府	清	伊宁市
		昭苏圣佑庙	清	昭苏县
		艾提尕尔清真寺	明	喀什市
		靖远寺	明	察布查尔锡伯自治县
(五)革命遗址、革命纪念建筑物及近现代重要史迹和代表性建筑:55 处				
内蒙古自治区	5	乌兰夫故居	清至民国	土默特左旗
		成吉思汗庙	民国	乌兰浩特市
		“独贵龙”运动旧址	1919～1921 年	乌审旗
		百灵庙起义旧址	1936 年	达尔罕茂明安联合旗
		内蒙古自治政府成立大会会址	1947 年	乌兰浩特市
湖北省	1	五里坪革命旧址	1929～1933 年	鹤峰县
湖南省	3	沈从文故居	清	凤凰县
		湘鄂川黔革命根据地旧址	1934～1935 年	张家界市、永顺县、龙山县
		抗日胜利芷江洽降旧址	1945 年	芷江侗族自治县
广西壮族自治区	18	金田起义地址	1851 年	桂平县金田村
		中国工农红军第七军、第八军军部旧址	1929-1930 年	百色市、龙州县
		李宗仁故居(包括李宗仁府邸)	1921、1948 年	临桂县、桂林市
		李济深故居	民国	苍梧县
		右江工农民主政府旧址	1929 年	田东县
		八路军桂林办事处旧址	1938 年	桂林市

续表 8

地　区	数量	名　　称	时　代	地　　址
广西壮族自治区	18	北海近代建筑	近代	北海市
		刘永福、冯子材旧居建筑群	清	钦州市
		连城要塞遗址和友谊关	明至清	北海市、防城港市、宁明县、凭祥市、龙州县、大新县、靖西县、那坡县
		容县近代建筑	清至民国	容县
		太平天国永安活动旧址	1851 年	蒙山县
		马胖鼓楼	民国	三江侗族自治县
		梧州中山纪念堂	民国	梧州市
		广西农民运动讲习所旧址	1925 年	东兰县
		红军标语楼	1930 年	河池市
		湘江战役旧址	1934 年	兴安县、全州县、灌阳县
		昆仑关战役旧址	1939～1940 年	南宁市、宾阳县、柳州市
		胡志明旧居	1942～1954 年	柳州市
海南省	1	陵水县苏维埃政府 旧址	1927～1928 年	陵水黎族自治县
重庆市	1	赵世炎故居	1904 年至 1914 年	酉阳自治县
四川省	3	泸定桥	1935 年	甘孜藏族自治州泸定县
贵州省	4	阿坝红军长征遗迹	1935 年	小金县、黑水县、松潘县、若尔盖县、茂县、红原县
		白利寺	1936～1950 年	甘孜藏族自治州泸定县
		黔东特区革命委员会旧址	1934 年	沿河土家族自治县、德江县、印江土家族苗族自治县
云南省	10	黎平会议会址	1934 年	黎平县
		“二十四道拐”抗战公路	1936 年	晴隆县
		和平村旧址	1941～1944 年	镇远县
		纳楼长官司署	清	建水县
西藏自治区	1	南甸宣抚司署	清、民国	梁河县
		五家寨铁路桥	清	屏边苗族自治县
		茨中教堂	清	德钦县
		蒙自海关旧址	清至民国	蒙自县
		鸡街火车站	民国	个旧市
		企鹤楼	民国	石屏县
		陈氏宗祠	民国	石屏县
		允燕塔	民国	盈江县
		民族团结誓词碑	1951 年	普洱哈尼族彝族自治县
		江孜宗山抗英遗址	1904 年	江孜县
甘肃省	1	俄界会议旧址	1935 年	迭部县
青海省	3	第一个核武器研制基地旧址	1957 年至 1995 年	海晏县
		新寨嘉那嘛呢	清	玉树县
		循化西路红军革命旧址	1939～1946 年	循化撒拉族自治县
宁夏回族自治区	1	将台堡革命旧址	1936 年	西吉县
新疆维吾尔自治区	3	坎尔井地下水利工程	清	吐鲁番市
		塔城红楼	清至民国	塔城市
		三区革命政府政治文化活动中心旧址	民国	伊宁市

民族自治地方全国历史文化名城

（截至 2009 年底）

内蒙古自治区	呼和浩特市
湖南省	凤凰县
广西壮族自治区	桂林市　柳州市
贵州省	镇远县
云南省	大理市　丽江市　巍山彝族回族自治县　建水
西藏自治区	拉萨市　日喀则市　江孜县
青海省	同仁县
宁夏回族自治区	银川市
新疆维吾尔自治区	喀什市　吐鲁番　特克斯

民族自治地方全国历史文化名镇

（截至 2009 年底）

内蒙古自治区	喀喇沁旗王爷府镇
	多伦县多伦淖尔镇
辽宁省	新宾满族自治县永陵镇
浙江省	景宁畲族自治县鹤溪镇
湖北省	宣恩县椒园镇
湖南省	龙山县里耶镇
	永顺县芙蓉镇
	泸溪县浦市镇
广西壮族自治区	昭平县黄姚镇
	灵川县大圩镇
	阳朔县兴坪镇
重庆市	石柱县西沱镇
	酉阳土家族苗族自治县龙潭镇
贵州省	黄平县旧州镇
	雷山县西江镇
云南省	禄丰县黑井镇
	剑川县沙溪镇
	孟连县娜允镇
	洱源县凤羽镇
	蒙自市新安所镇
西藏自治区	乃东县昌珠镇
	日喀则市萨迦镇
甘肃省	临潭县新城镇
新疆维吾尔自治区	鄯善县鲁克沁镇
	霍城县惠远镇

■ 民族自治地方全国历史文化名村

（截至 2009 年底）

内蒙古自治区	土默特右旗美岱召镇美岱召村
	包头市石拐区五当召镇五当召村
湖北省	恩施市崔家坝镇滚龙坝村
	恩施市宣恩县沙道沟镇两河口村
广西壮族自治区	灵山县佛子镇大芦村
	玉林市玉州区城北街道办事处高山村
	富川瑶族自治县朝东镇秀水村
四川省	丹巴县梭坡乡莫洛村
贵州省	锦屏县隆里乡隆里村
	黎平县肇兴乡肇兴寨村
	从江县往洞乡增冲村
云南省	云龙县诺邓镇诺邓村
	石屏县宝秀镇郑营村
	巍山县永建镇东莲花村
青海省	同仁县年都乎乡郭麻日村
宁夏回族自治区	中卫市香山乡南长滩村
新疆维吾尔自治区	鄯善县吐峪沟乡麻扎村
	哈密市回城乡阿勒屯村

中国少数民族文学、少数民族题材作品“骏马奖”资料

■ 历届全国少数民族文学“骏马奖”获奖作品

	第一届	第二届	第三届	第四届	第五届	第六届	第七届
长篇小说	7	4	6	6	8	7	7
中、短篇小说集(中、短篇小说)	29	51	14	28	14	15	17
诗歌集(诗集、长诗、短诗)	59	33	10	25	13	14	10
散文、报告文学集(散文、报告文学)	17	12	5	11	10	12	12
评论集(评论)		6	1	4	4	4	4
儿童文学集(儿童文学)	8		3	3	1	4	2
电影文学	4						
剧本	5						
翻译奖		8(人)	4(人)	6(人)	3(人)	6(人)	4(人)
新人新作			18	16	10		
特别奖			22			1	
荣誉奖	11	13					
合计	140	127	83	99	63	63	56

■ 历届全国少数民族题材电视“骏马奖”评奖活动

届　数	时间	地点	主办单位	协办单位	承办单位
第一届	1986 年	呼和浩特	国家民委 文化部 中国文联 中国视协		内蒙古自治区广电厅、民委、视协
第二届	1988 年	昆明	国家民委 文化部 中国文联 中国视协		云南省广电厅、民委、视协
第三届	1990 年	乌鲁木齐	国家民委 文化部 中国文联 中国视协		新疆维吾尔自治区广电厅、民委、视协
第四届	1992 年	南宁	国家民委 广电部 文化部 中国文联	中国视协	广西壮族自治区广电厅、民委、视协
第五届	1994 年	成都	国家民委 广电部 文化部 中国文联	中国视协	四川省广电厅、民委、视协
第六届	1996 年	北京	国家民委 广电部 文化部 中国文联	中国视协	国家民委文化宣传司
第七届	1998 年	广州	国家民委 广电部 文化部 中国文联	中国视协	广州市广电局广州电视台、广东省民委
第八届	2000 年	北京	国家民委 广电部 文化部 中国文联	中国视协	北京电视台
第九届	2002 年	济南	国家民委 广电部 文化部 中国文联	中国视协	山东省民委、广电局、文化厅、文联承办、山东电视综艺频道具体承办

■ 历届全国少数民族题材电视“骏马奖”获奖作品

（单位：部）

	第一届	第二届	第三届	第四届	第五届	第六届	第七届	第八届	第九届	总计
北京			1			3	1	4	6	15
天津					1	1				2
河北				2	1		1	2	1	7
山西	1		1					1		3
吉林	1	4	5	4	4	4	4	5	5	36
内蒙古	2	3	11	5	10	7	14	14	14	80
辽宁	1				1	2				4
吉林	1	4	5	4	4	4	4	5	5	36
黑龙江	1			1	2	2	2	3	5	16
上海			1	1	1		3	4	1	11
江苏				1		1			2	4
浙江		1	1							2
安徽				1					1	2
福建					1	1		1	1	4
江西										
山东				1	1	2	2	6	17	29
河南										
湖北			2	4	1	1	2	3	4	17
湖南		2	3	3	3	5	3	4	4	27
广东			1	1	1	2	1	1		7
广西	1	2	7	17	4	3	2	9	11	56
海南				1		1		2		4
重庆										
四川		1	2	2	15	2	3	2	5	32
贵州	2	1	1	3			2	3	3	15
云南	2	5	4	4	3	7	10	14	16	65
西藏	1	1	4	4	4	4	5	2		25
陕西	1		1							2
甘肃	1	1	2	2	6	2		6	2	22
青海		1	1	4	3	4	9	10	15	47
宁夏	1	1	1	2	2	2	2	3	1	15
新疆	1	5	14	20	14	14	19	27	33	147
中央电视台			5	1	3	5	4	17	33	68
中国电视剧制作中心		2			1	1			2	6
中央电视台新影制作中心									4	4
中国广播艺术团								1	2	3
中国农业电影电视中心									2	2
合计	17	34	73	88	86	80	93	149	195	815

■ 历届全国少数民族题材电影“骏马奖”获奖作品

（单位：部，人）

	第一届（1994 年）	第二届（1998 年）	第三届（2002 年）
故事片一等奖	1	1	1
故事片二等奖	3	1	2
故事片三等奖	6	1	1
故事片评委会特别奖	1		
故事片评委会提名奖（纪念奖）	23		5
儿童片一等奖			
儿童片二等奖			
儿童片三等奖			2
儿童片评委会提名奖			2
纪录片一等奖	1		
纪录片二等奖	2		
纪录片三等奖	3		
优秀纪录片奖			2
美术片一等奖	1		
美术片二等奖	2	1	
美术片三等奖	1	1	
优秀美术片奖			2
科教片一等奖	1		
优秀电视电影奖			2
最佳编剧（优秀编剧）	1（人）	2（人）	4（人）
最佳导演（优秀导演）	2（人）	2（人）	2（人）
最佳摄影（优秀摄影）		1（人）	1（人）
最佳男演员（优秀男演员）	1（人）	1（人）	1（人）
最佳女演员（优秀女演员）	1（人）	1（人）	1（人）
少数民族语优秀译制片奖	36		
少数民族语优秀译制片奖（蒙古语）		3	2
少数民族语优秀译制片奖（藏语）		1	3
少数民族语优秀译制片奖（维吾尔语）		4	2
少数民族语优秀译制片奖（哈萨克语）		1	1
少数民族语优秀译制片奖（彝语）		2	2
少数民族语优秀译制片奖（壮语）		2	6
少数民族语优秀译制片奖（傣语）		1	2
少数民族语优秀译制片奖（侗语）		1	2
少数民族语优秀译制片奖（佤语）			1
少数民族语优秀译制片奖（傈僳语）		1	
少数民族语优秀译制片奖（苗语）		2	
少数民族语译制片综合技术奖（蒙古语）		1	1
少数民族语译制片综合技术奖（藏语）		1	2
少数民族语译制片综合技术奖（维吾尔语）		1	2
少数民族语译制片综合技术奖（哈萨克语）			
少数民族语译制片综合技术奖（彝语）		1	
少数民族语译制片综合技术奖（壮语）		1	
少数民族语译制片综合技术奖（侗语）		1	
少数民族语译制片综合技术奖（鄂温克语）		1	
少数民族语译制片综合技术奖（佤语）		1	
少数民族语译制片综合技术奖（苗语）			1

中国少数民族传统体育运动会资料

历届全国少数民族传统体育运动会

项　目	第一届	第二届	第三届	第四届
时间	1953 年 11 月 8 日—12 日	1982 年 9 月 2 日—8 日	1986 年 8 月 10 日—17 日	1991 年 11 月 10 日—17 日
地点	天津市	呼和浩特市	乌鲁木齐市	南宁市
参加单位	华北、东北、西北、中南、西南、东南等 6 大行政区和内蒙古、解放军、铁路系统共 9 个单位	29 个省、自治区、直辖市代表团	29 个省、自治区、直辖市代表团	30 个省、自治区、直辖市代表团
民族及人数	蒙古、回、藏、维吾尔、哈萨克、苗、满、朝鲜、傣、纳西、塔塔尔等 12 个民族，395 名运动员	55 个少数民族，863 名运动员、教练员，其中：少数民族运动员 593 人；2 个观摩团，400 多人；300 多名中外记者	55 个少数民族，1097 名运动员、教练员，其中：少数民族运动员 777 人；29 个观摩团，872 人；中外记者 580 人；港澳同胞及外国朋友 45 人	55 个少数民族，1740 名运动员。29 个观摩团，有教练员、裁判员、工作人员、少数民族体育先进地区和单位代表、新闻工作者共 4500 人
比赛项目	举重、拳击、石锁、摔跤、击剑和步射（弓箭射准）	射箭邀请赛、中国式摔跤比赛	摔跤、射箭、赛马、叼羊、射弩、抢花炮、秋千	龙舟、抢花炮、秋千、射弩、珍珠球、木球、摔跤、赛马和武术
表演项目	武术（分棒术和器械，共 383 项）、民间体育（分石提、爬杆等 22 项）、骑术（各种马上技巧表演 9 项）	傣族的孔雀拳、蒙古族的赛骆驼、赛马等 68 项	表演项目 115 项	表演项目 120 项

续表 1

项　目	第五届	第六届	
时间	1995 年 11 月 5 日—12 日	1999 年 9 月 24 日—30 日	1999 年 8 月 18 日—23 日
地点	昆明市	北京市(主赛场)	拉萨市(分赛场)
参加单位	31 个省、自治区、直辖市代表团,新疆生产建设兵团、解放军代表团、台湾少数民族代表团	31 个省、自治区、直辖市代表团,新疆生产建设兵团、解放军代表团、台湾少数民族代表团	31 个省、自治区、直辖市代表团、新疆生产建设兵团、解放军代表团
民族及人数	55 个少数民族,2342 名运动员。30 个省、自治区、直辖市组织了观摩团。运动员、教练员、工作人员、观摩人员、少数民族体育模范代表,中外记者及来宾共 7000 人参加了运动会。	55 个少数民族,2626 名运动员。各省、自治区、直辖市组织了观摩团、运动员、教练员、工作人员、观摩人员、少数民族体育模范代表及记者共计 6000 人。	35 个少数民族,764 名运动员。各省、自治区、直辖市组织了 33 个代表团和 40 个观摩团。运动员、教练员、工作人员、观摩人员及记者共计 2386 人。
比赛项目	抢花炮、珍珠球、木球、民族式摔跤(博克、且里西、格、北嘎、绊跤)、秋千、武术、射弩、龙舟、马上项目(速度赛马、走马、跑马、射击、跑马射箭、跑马拣哈达、叼羊)、打陀螺、毽球等共 11 项	抢花炮、珍珠球、毽球、蹴球、木球、秋千、武术、龙舟、民族式摔跤(博克、格、且里西、北嘎、绊跤)、马上项目(速度赛马、走马、跑马、射击、跑马射箭、跑马拾哈达)等 10 个项目	马上项目、射弩、打陀螺、押加等 4 个项目。
表演项目	表演项目 129 项	表演项目 11 项	表演项目 39 项

项　目	第七届	第八届
时间	2003 年 9 月 6 日—13 日	2007 年 11 月 10 日—18 日
地点	银川市(主赛场) 石嘴山市(分赛场)	广州市
参加单位	31 个省、自治区、直辖市代表团,新疆生产建设兵团、解放军代表团、台湾少数民族代表团	31 个省、自治区、直辖市代表团,新疆生产建设兵团、解放军代表团、台湾少数民族代表团
民族及人数	55 个少数民族,3735 名运动员。30 个省、自治区、直辖市组织了观摩团。运动员、教练员、工作人员、观摩人员、少数民族体育模范代表,中外记者及来宾共 9039 人参加了运动会。	55 个少数民族,6381 名运动员。30 个省、自治区、直辖市组织了观摩团。运动员、教练员、工作人员、观摩人员、少数民族体育模范代表,中外记者及来宾共 1.5 万人参加了运动会。
比赛项目	抢花炮、珍珠球、木球、民族式摔跤(博克、且里西、格、北嘎、绊跤)、秋千、武术、射弩、龙舟、马术(速度赛马、走马、跑马射箭、跑马射击、跑马拾哈达)、打陀螺、毽球、蹴球、高脚竞速、押加等共 14 项	抢花炮、珍珠球、木球、民族式摔跤(博克、且里西、格、北嘎、绊跤、朝鲜族式摔跤)、秋千、武术、射弩、龙舟、马术(速度赛马、走马、跑马射箭、跑马射击、跑马拾哈达)、打陀螺、毽球、蹴球、高脚竞速、板鞋竞速、押加等共 15 项
表演项目	表演项目 125 项。	表演项目 148 项。

中国少数民族传统体育运动竞赛项目

项目名称	项目内容	
1. 花炮	男子	16 人集体项目
2. 珍珠球	男子	14 人集体项目
	女子	14 人集体项目
3. 木球	男子	10 人集体项目
4. 蹴球	男子	单蹴、双蹴
	女子	单蹴、双蹴
	男女混合	双蹴
5. 毽球	男子	6 人集体项目
	女子	6 人集体项目
6. 龙舟	男子	直道竞速:250 米、500 米、800 米
	女子	直道竞速:250 米、500 米、800 米
	男女混合	直道竞速:250 米、500 米、800 米
7. 秋千	女子	团体赛
		双人触铃、双人高度
		单人触铃、单人高度
8. 射弩	男女混合	团体
	男子	全能
		20 米双轮跪姿
		20 米双轮立姿
	女子	全能
		15 米双轮跪姿
		15 米双轮立姿
9. 陀螺	男子	3 人团体赛
		个人赛
	女子	3 人团体赛
		个人赛

续表

项目名称	项目内容	
10. 押加	男子	55 公斤、60 公斤、70 公斤、80 公斤、80 公斤以上级
11. 高脚竞速	男子	200 米竞速、2×200 米接力
	女子	200 米竞速、2×200 米接力
	男女混合	4×100 米混合接力
12. 武术	男子、女子拳术	A 组:各种长拳、南拳、太极拳
		B 组:形意拳、八卦拳、八极拳、通臂拳、翻子拳、臂挂拳、地躺拳、象形拳、查拳、华拳、花拳、炮拳、洪拳、红拳、少林拳
		C 组:除 A、B 外的各种拳术套路
	男子、女子器械	A 组:长拳类刀、剑、枪、棍
		B 组:各种双、软器械
		C 组:除 A、B 外的各种单器械
	男子、女子对练	3 人以内各种对练套路(不允许混合)
13. 民族式摔跤(男子项目)	博克(蒙式)团体、个人赛	
	且里西(维式)52 公斤、62 公斤、74 公斤、90 公斤、90 公斤以上	
	格(彝式)52 公斤、62 公斤、74 公斤、90 公斤、90 公斤以上	
	北嘎(藏式)52 公斤、62 公斤、74 公斤、90 公斤、90 公斤以上	
	绊跤(回式)52 公斤、62 公斤、74 公斤、90 公斤、90 公斤以上	
14. 马术	速度赛马:1000 米、2000 米、3000 米、5000 米、10000 米	
	走马:1000 米、2000 米、5000 米	
	跑马射击	
	跑马射箭	
	跑马拾哈达	

中国民族自治地方世界遗产、国家级自然保护区、风景名胜区和旅游区名单

■ 民族自治地方世界遗产名录

	省　区	名　　称	地　　址
世界文化遗产	西藏自治区	布达拉宫(大昭寺、罗布林卡)	西藏自治区拉萨市
	云南省	丽江古城	云南省丽江市
	吉林省、辽宁省	中国高句丽王城、王陵及贵族墓葬	吉林省集安市、辽宁省桓仁县
世界自然遗产	四川省	九寨沟	四川省阿坝藏族羌族自治州九寨沟县
		黄龙	四川省阿坝藏族羌族自治州松潘县
		四川大熊猫栖息地	四川省阿坝藏族羌族自治州小金县
	云南省	三江并流	云南省迪庆藏族自治州、怒江傈僳族自治州
	中国南方	喀斯特	中国南方
世界人类口述和非物质遗产	内蒙古自治区	蒙古族传统长调民歌	内蒙古自治区
	新疆维吾尔自治区	新疆维吾尔“木卡姆”	新疆维吾尔自治区

■ 民族自治地方国家级自然保护区名录

（截至2009年）

地区	保护区名称	行政区域	面积（公顷）	主要保护对象	类型	建立时间
河北省	红松洼草原	围场县	7300	草原生态系统	草原草甸	1994-8-1
	塞罕坝	围场县	20029.8	森林-草原交错带生态系统	草原草甸	2007-4-6
	滦河上游	围场县	50637.4	滦河上游的自然生态环境、森林生态系统及其生物多样性和珍稀濒危的野生动植物物种	森林和野生动物	2008-1-14
内蒙古自治区	赛罕乌拉	巴林左旗	100400	森林及马鹿等野生动物	森林生态	1997-4-1
	达里诺尔鸟类	克什克腾旗	119413	珍稀鸟类	野生动物	1987-9-8
	白音敖包云杉林	克什克腾旗	13862	沙地云杉林	森林生态	1979-10-4
	黑里河	宁城县	27638	森林生态系统	森林生态	1996-12-31
	大黑山	敖汉旗	86799	天然阔叶林	森林生态	1996-9-1
	汗玛	根河市	107348	森林生态系统	森林生态	1996-11-29
	红花尔基樟子松林	额温克旗	20085	樟子松林	森林生态	1998-5-1
	辉河	鄂温克族自治旗	346848	湿地、珍禽、草原	内陆湿地	1997-12-1
	达赉湖	新巴尔虎右旗	740000	湖泊、湿地、草原生态系统	内陆湿地	1987-1-1
	科尔沁	科尔沁右翼中旗	126987	湿地珍禽、灌丛及疏林草原	野生动物	1986-6-1
	图牧吉	扎赉特旗	94830	草原生态系统及大鸨等珍禽	草原草甸	1996-8-1
	大青沟	科尔沁左翼后旗	8183	针阔混交林	森林生态	1988-5-9
	锡林郭勒草原	锡林浩特市	580000	草甸草原、沙地疏林	草原草甸	1985-8-8
	鄂尔多斯遗鸥	鄂尔多斯市东胜区	14770	遗鸥及其生境	野生动物	1991-1-1
	西鄂尔多斯	鄂托克旗、乌海市	555849	古老残遗濒危植物	野生植物	1986-12-1
	乌拉特梭梭林-蒙古野驴	乌拉特后旗	68000	梭梭林、蒙古野驴及荒漠生态系统	荒漠生态	1985-10-1
	内蒙古贺兰山	阿拉善左旗	67710	水源涵养林、野生动植物	森林生态	1992-10-27
	额济纳胡杨林	额济纳旗	26253	胡杨林	荒漠生态	1968-6-1
	阿鲁科尔沁	阿鲁科尔沁旗	136793	沙地草原、湿地生态系统及珍稀鸟类	森林生态	2005-7-23
	哈腾套海	磴口县	123600	荒漠植被和野生动植物	荒漠生态	2005-7-23
	额尔古纳	额尔古纳市	124527	寒温带针叶林	森林生态	2006-2-11
	鄂托克恐龙遗迹化石	鄂托克旗查布苏木	46410	多种类型的恐龙足迹化石，以及恐龙骨骼化石	地质遗迹	2007-4-6
	大青山	乌兰察布市卓资县、呼和浩特市、包头市	388577	山地森林灌丛珍稀野生动植物及水源涵养地	森林生态	2008-1-14
辽宁省	老秃顶子	桓仁、新宾县	15219	长白植物区系原生型森林及紫杉、人参等珍稀物种	森林生态	1981-9-18
	白石砬子	宽甸县	7467	原生型红松阔叶混交林	森林生态	1981-9-9
	海棠山	阜新蒙古族自治县	11002.7	油松栎类混交的顶极群落及野生动物	森林生态	2007-4-6
吉林省	伊通火山群	伊通自治县	765	火山地质遗迹	地质遗迹	1984-6-27
	鸭绿江上游	长白县	20306	冷水性鱼类	野生动物	1996-10-1

续表 1

地区	保护区名称	行政区域	面积（公顷）	主要保护对象	类型	建立时间
吉林省	天佛指山松茸	龙井市	77317	松茸及森林生态系统	野生植物	1996-8-22
	长白山	安图县	196465	森林及野生动物	森林生态	1960-4-1
	珲春东北虎	珲春市	108700	东北虎、豹及其栖息地	野生动物	2005-7-23
	查干湖	吉林省西部前郭、乾安和大安2县1市	50684	半干旱地区湖泊水生生态系统、湿地生态系统和野生珍稀、濒危鸟类	内陆湿地和水域生态	2007-4-6
	雁鸣湖	敦化	53940	牡丹江上游湿地及黑鹳、东方白鹳、丹顶鹤、中华秋沙鸭等濒危水禽及东北虎迁移的重要生态通道	内陆湿地和水域生态	2007-4-6
湖北省	神农架	房县、兴山、巴东	70467	森林生态系统及珍稀动物金丝猴等	森林生态	1986-7-9
	后河	五峰自治县	10340	原始森林珍稀动植物	森林生态	2000-4-1
	星斗山	利川、咸丰、恩施市	68339	水杉、珙桐及森林植被	野生植物	1988-1-1
	七姊妹山	宣恩县	34550	典型的中亚热带山地常绿阔叶林生态系统、珙桐为主的珍稀濒危植物及群落、大型猫科动物为主的珍稀濒危动物及其栖息环境和亚高山泥炭藓沼泽湿地	野生植物	2008-1-14
湖南省	小溪	永顺县	24800	原始次生林	森林生态	1985-7-16
广西壮族自治区	大明山	武鸣、马山、上林县	16994	季风常绿阔叶林、水源涵养林及自然景观	森林生态	1981-8-1
	花坪	龙胜、临桂县	17400	银杉及典型常绿阔叶林生态系统	野生植物	1961-11-1
	猫儿山	资源、兴安县	17009	典型常绿阔叶林生态系统、水源涵养林	森林生态	1976-5-1
	山口红树林	合浦县	8000	红树林生态系统	海洋海岸	1990-9-30
	岑王老山	田林县、凌云县	18994	南亚热带中山常绿阔叶混交林、垂直带谱森林生态系统和黑颈长尾雉、叉孢苏铁、伯乐树等珍稀濒危物种	森林生态	2007-4-6
	九万山	融水苗族自治县、罗城仫佬族自治县、环江毛南族自治县	25212.8	水源涵养林	森林生态	2007-4-6
	合浦儒艮	合浦县	35000	儒艮及海洋生态系统	野生动物	1986-4-27
	北仑河口海洋	防城市防城区	3000	红树林生态系统	海洋海岸	1990-3-4
	防城上岳金花茶	防城市防城区	9195	金花茶及森林生态系统	野生植物	1986-4-5
	十万大山	上思、钦州、防城	58277	水源涵养林	森林生态	1982-6-1
	弄岗	龙州、宁明县	10080	石灰岩季节雨林生态系统、白头叶猴、黑叶猴等	森林生态	1978-1-1
	大瑶山	金秀自治县	24907	水源林及瑶山鳄蜥、银杉	森林生态	1982-6-1
	木论	环江自治县	8969	中亚热带石灰岩、常绿阔叶混交林生态系统	森林生态	1991-8-18
	千家洞	灌阳县	12231	亚热带常绿阔叶林	森林生态	2006-2-11
	金钟山黑颈长尾雉	隆林各族自治县、西林县	20924.4	黑颈长尾雉	野生动物	2008-1-14

续表 2

地区	保护区名称	行政区域	面积（公顷）	主要保护对象	类型	建立时间
海南省	尖峰岭	乐东自治县	20170	热带雨林生态系统	森林生态	1976-10-1
	五指山	琼中自治县	13435.9	热带原始林生态系统	森林生态	1985-11-1
	霸王岭	昌江自治县	29980	黑冠长臂猿及生境	野生动物	1980-4-9
	吊罗山	陵水县、保亭县、琼中县	18389	森林生态系统及珍稀动植物	森林生态	2008-1-14
四川省	马边大风顶	马边自治县	30164	大熊猫及森林生态系统	野生动物	1977-5-1
	卧龙	汶川县	200000	大熊猫及森林生态系统	野生动物	1975-1-1
	九寨沟	九寨沟县	64297	大熊猫及森林生态系统	野生动物	1978-1-1
	四姑娘山	小金县	48500	野生动物及高山生态系统	野生动物	1996-11-29
	若尔盖湿地	若尔盖县	166571	高寒沼泽湿地及黑颈鹤等野生动物	内陆湿地	1994-8-18
	贡嘎山	康定、泸定县	400000	珍稀动物及高山生物多样性	森林生态	1997-12-8
	察青松多	白玉县	143682.6	白唇鹿、金钱豹等野生动物	野生动物	1995-1-1
	亚丁	稻城县	134400	森林生态系统、野生动植物、冰川	森林生态	1997-12-16
	美姑大风顶	美姑县	50655	大熊猫及森林生态系统	野生动物	1982-1-1
	长江上游珍稀、特有鱼类国家级自然保护区	33174	33174	珍稀鱼类	野生动物	1987-12-4
	海子山	甘孜藏族自治州稻城县、理塘县	459161	高寒湿地生态系统	内陆湿地	2008-1-14
贵州省	梵净山	江口、印江、松涛	41900			1986-7-9
	麻阳河黑叶猴	沿河自治县	31113	黑叶猴等珍稀动物及生境	野生动物	1987-8-1
	草海	威宁自治县	12000	高原湿地生态系统及黑颈鹤等	内陆湿地	1985-1-1
	雷公山	黔东南自治州	47300	中亚热带森林及秃杉等珍稀植物	森林生态	1982-6-1
	茂兰	荔波县	20000	喀斯特地貌为主的森林生态系统	森林生态	1986-4-9
云南省	哀牢山	新平县	67700	原始森林、黑长臂猿等珍稀动植物	森林生态	1986-3-1
	高黎贡山					
	大围山	屏边自治县	43993	南亚热带常绿阔叶林及珍稀动物	森林生态	1986-6-1
	金平分水岭	金平自治县	42027	热带半山山地苔藓常绿阔叶林以及珍稀动植物	森林生态	1986-6-1
	绿春黄连山	绿春县	65058	亚热带常绿阔叶林生态系统、野生动植物	森林生态	1983-4-1
	文山老君山	文山县	26867	原始阔叶林	森林生态	1958-10-8
	无量山	景东、南涧县	30938	亚热带常绿阔叶林及长臂猿等	森林生态	1988-3-1
	西双版纳	西双版纳自治州	241776	热带森林生态系统及珍稀野生动植物	森林生态	1958-10-9
	纳板河	景洪县	26100	森林和野生动植物	森林生态	1992-7-1
	苍山洱海	大理市	79700	断层湖泊、古代冰川遗迹、弓鱼、苍山冷杉、杜鹃林	内陆湿地	1981-11-5
	白马雪山	德钦县	276432	高山针叶林、滇金丝猴	森林生态	1984-1-1
	南滚河	沧源自治县	50887	亚洲象及其栖息的热带季雨林	野生动物	1980-1-1

续表 3

地区	保护区名称	行政区域	面积（公顷）	主要保护对象	类型	建立时间
西藏自治区	雅鲁藏布江中游黑颈鹤	林周县	614350	黑颈鹤及其越冬生境	野生动物	1993-1-1
	芒康滇金丝猴	芒康县	185300	滇金丝猴及其生态系统	野生动物	1993-1-1
	珠穆朗玛峰	日喀则地区	3381000	高山森林及荒漠生态系统	森林生态	1988-4-5
	色林错	申扎县	2032380	黑颈鹤繁殖地、高原湿地生态系统	野生动物	1993-1-1
	羌塘	双湖、文南、改则等	29800000	藏羚羊、野牦牛等野生动物及高原荒漠生态系统	荒漠生态	1993-4-4
	雅鲁藏布大峡谷	墨脱县	916800	热带山地垂直带植被及珍贵动植物	森林生态	1985-7-9
	察隅慈巴沟	察隅县	101400	羚羊、山地亚热带森林生态系统	森林生态	1985-1-1
	拉鲁湿地	拉萨市	1220	高寒湿地生态系统	内陆湿地	2005-7-23
	类乌齐马鹿	类乌齐县	120614	马鹿、白唇鹿等野生动物及其生境、自然植被	野生动物	2005-7-23
甘肃省	莲花山	卓尼、康乐县	11691	森林生态系统	森林生态	1982-12-1
	尕海-则岔	碌曲县	247431	候鸟等野生动物、森林生态、石林等	野生动物	1995-10-1
	盐池湾	肃北蒙古族自治县	1360000	白唇鹿及过渡带生态系统	荒漠生态	2006-2-11
	安南坝野骆驼	阿克塞哈萨克族自治县	396000	野骆驼及其荒漠生态系统	野生动物	2006-2-11
青海省	孟达	循化自治县	17290	森林生态系统及珍稀生物物种	森林生态	1980-4-1
	青海湖	刚察县	495200	斑头雁、棕头鸥等水禽及生态系统	野生动物	1975-8-8
	可可西里	玉树自治州	4500000	藏羚羊、野驴、野牦牛等有蹄类动物及生态系统	野生动物	1995-10-8
	隆宝	玉树县	10000	黑颈鹤、天鹅等水禽及草甸生态系统	野生动物	1986-8-9
	三江源	玉树县	15230000	珍稀动物、湿地、森林、高寒草甸、冰川等生态系统	内陆湿地	2000-5-1
宁夏回族自治区	贺兰山	银川市	206266	森林生态系统、野生动植物资源	森林生态	1982-7-1
	沙坡头	中卫县	13722	自然沙生植被及人工植被、野生动物	荒漠生态	1984-9-1
	罗山	同心县	33710	水源涵养林	森林生态	1982-7-1
	白芨滩	灵武市	74843	天然柠条母树林及沙生植被	荒漠生态	1985-1-4
	六盘山	固原县	26667	野生动物及水源涵养林	森林生态	1982-5-9
	哈巴湖	盐池县	84000	过渡区荒漠-湿地生态系统	内陆湿地	2006-2-11
新疆维吾尔自治区	阿尔金山	若羌县	4500000	三大有蹄类野生动物	荒漠生态	1983-1-1
	罗布泊野骆驼	若羌县	7800000	野骆驼及其生境	野生动物	1986-1-1
	巴音布鲁克	和静县	100000	天鹅等珍稀水禽、沼泽	野生动物	1980-5-9
	托木尔峰	温宿县	237600	野生动植物	森林生态	1980-1-1
	西天山	巩留县	31217	雪岭云杉林森林生态系统	森林生态	1983-1-2
	甘家湖梭梭林	乌苏县	54667	梭梭林及生境	荒漠生态	1983-10-1
	哈纳斯	布尔津、哈巴河县	220162	西伯利亚动植物区系及自然景观	森林生态	1980-5-1
	塔里木胡杨	尉犁县、轮台县	395420	胡杨林及其荒漠生态系统	森林生态	2006-2-11
	艾比湖湿地	博乐市、精河县	267085	湿地及珍稀野生动植物	内陆湿地	2007-4-6

■ 民族自治地方国家 AAAAA 级旅游区(点)名单

(截至 2009 年)

地　区	数量(个)	名　　称
广西	2	桂林市漓江景区
		桂林市乐满地度假世界
四川	1	阿坝藏族羌族自治州九寨沟旅游景区
贵州	2	安顺市黄果树大瀑布景区
		安顺市龙宫景区
云南	2	昆明市石林风景区
		丽江市玉龙雪山景区
宁夏	2	石嘴山市沙湖旅游景区
		中卫市沙坡头旅游景区
新疆	3	新疆天山天池风景名胜区
		吐鲁番市葡萄沟风景区
		阿勒泰地区喀纳斯景区

■ 民族自治地方国家 AAAA 级旅游区(点)名单

(截至 2009 年)

地　区	数量(个)	名　　称
河北省	3	承德塞罕坝国家森林公园
		承德御道口草原森林风景区
		丰宁京北第一草原
内蒙古自治区	28	内蒙古格根塔拉草原旅游中心
		成吉思汗陵旅游区
		满洲里中俄互市贸易旅游区
		包头五当召
		阿拉善盟贺兰山南寺生态旅游区
		鄂尔多斯响沙湾旅游区
		阿尔山海神圣泉旅游度假区
		通辽大青沟国家级自然保护区
		赤峰市喀喇沁亲王府
		赤峰市克什克腾世界地质公园阿斯哈图花岗岩石林园区
		阿拉善盟腾格里达来·月亮湖沙漠生态探险度假营地
		巴彦淖尔市维信国际高尔夫度假村
		鄂尔多斯市鄂尔多斯文化旅游村
		鄂尔多斯市恩格贝生态旅游区
		呼伦贝尔市扎兰屯吊桥公园
		包头市北方兵器城
		鄂尔多斯市成吉思汗陵旅游区
		满洲里俄罗斯套娃广场
		呼伦贝尔市陈巴尔虎旗呼和诺尔旅游景区
		包头市南海湿地景区
		鄂尔多斯市库布齐沙漠公园七星湖景区
		锡林郭勒盟锡林浩特市贝子庙景区
		锡林郭勒盟西乌旗蒙古汗城
		呼伦贝尔市内蒙古世界反法西斯战争海拉尔纪念园
		呼和浩特市昭君博物馆
		呼和浩特市蒙牛工业旅游景区
		阿尔山市柴河旅游景区
		满洲里市红色国际秘密交通线教育基地暨国门景区
辽宁省	10	本溪关门山国家森林公园
		阜新海棠山风景名胜区
		抚顺赫图阿拉城
		桓仁五女山风景区
		新宾猴石国家森林公园

续表 1

地区	数量(个)	名称
辽宁省	10	宽甸天华山风景名胜区
		宽甸天桥沟国家级森林公园
		本溪大雅河漂流景区
		本溪关门山风景区
		清原红河峡谷漂流区
吉林省	4	长白山国家级自然保护区
		松原市查干湖旅游度假区
		四平市伊通县满族博物馆
		四平市伊通县牧情谷景区
湖北省	3	恩施土家族苗族自治州利川腾龙洞风景旅游区
		宜昌市清江画廊旅游度假区
		巴东神农溪旅游区
湖南省	3	怀化市芷江抗战授降旧址
		湘西州凤凰古城景区
		七星景区
广西壮族自治区	46	芦笛景区
		北海银滩旅游区
		南宁青秀山风景旅游区
		象山景区(原象山公园、滨江公园)
		桂林世外桃源旅游区
		北海海底世界
		柳州龙潭景区
		柳侯公园
		柳州立鱼峰风景区
		桂林冠岩景区
		玉林容县“三名”旅游景区
		桂平西山风景名胜区
		桂林市荔浦银子岩风景旅游度假区
		南宁嘉和城景区
		百色乐业大石围天坑群景区
		百色起义纪念馆
		靖西县古龙山峡谷群生态旅游景区
		钦州八寨沟旅游景区
		梧州市骑楼城-龙母庙景区
		兴业鹿峰山风景区
		大新德天跨国瀑布景区

续表 2

地　区	数量(个)	名　　称
广西壮族自治区	46	桂林愚自乐园艺术园
		桂林市两江四湖景区
		南宁九曲湾温泉景区
		北海海洋之窗
		钦州三娘湾旅游区
		钦州刘冯故居景区
		贺州姑婆山旅游区
		靖西通灵大峡谷景区
		桂林古东瀑布景区
		桂林靖江王城景区
		兴安灵渠景区
		桂林市穿山景区
		桂林市荔浦丰鱼岩田园旅游度假区
		桂林市龙胜温泉旅游度假区
		南宁市八桂田园景区
		南宁市动物园
		南宁市广西药用植物园
		柳州市三江程阳侗族八寨景区
		桂林市尧山景区
		桂林市荔浦荔江湾景区
		梧州市藤县石表山休闲旅游景区
		百色市大王岭景区
		玉林市陆川谢鲁温泉休闲景区
		贺州市昭平黄姚古镇风景名胜区
重庆市	1	酉阳县桃花源
四川省	8	泸定海螺沟冰川森林公园
		黄龙风景名胜区
		小金四姑娘山
		绵阳市西羌九黄山猿王洞景区
		凉山州邛海泸山国家级风景名胜区
		凉山州冕宁县灵山旅游景区
		凉山州螺髻山旅游景区
		凉山州泸沽湖旅游景区
贵州省	4	黔南州荔波樟江风景名胜区
		黔南州平塘掌布“藏子石”景区
		安顺市夜郎洞景区
		黔西南州万峰林景区

续表 3

地　区	数量(个)	名　　称
云南省	25	中科院西双版纳热带植物园
		西双版纳傣族园
		西双版纳原始森林公园
		大理南诏风情岛
		泸西阿庐古洞景区
		大理崇圣寺三塔
		建水燕子洞风景名胜区
		大理宾川鸡足山景区
		德宏南甸宣抚司署
		丽江玉水寨景区
		丽江束河古镇
		西双版纳野象谷景区
		西双版纳热带花卉园
		德宏州潞西市勐巴娜西珍奇园
		德宏州瑞丽市莫里热带雨林景区
		迪庆州梅里雪山景区
		迪庆州普达措国家公园
		丽江黑龙潭
		楚雄州禄丰世界恐龙谷
		楚雄州彝人古镇
		楚雄州元谋土林
		红河州建水文庙
		文山州丘北普者黑景区
		西双版纳州景洪曼听公园
		西双版纳州勐泐文化园
西藏自治区	8	西藏博物馆
		西藏布达拉宫
		西藏大昭寺
		西藏罗布林卡
		西藏林芝巴松措旅游区
		日喀则扎什伦布寺
		日喀则地区珠穆朗玛峰国家级自然保护区
		山南地区桑耶寺
甘肃省	6	肃南马蹄寺风景名胜区
		松鸣岩风景名胜区
		冶力关风景区
		拉卜楞寺

续表 4

地　区	数量(个)	名　　称
甘肃省	6	卓尼县大峪沟景区
		黄河三峡风景名胜区
青海省	7	格尔木昆仑旅游区
		互助土族故土园旅游区
		塔尔寺旅游区
		青海湖景区
		循化撒拉族绿色家园
		青海藏医药文化博物馆
		青海金银滩景区
宁夏回族自治区	6	沙湖生态旅游区
		沙坡头旅游区
		银川市镇北堡华夏西部影视城
		宁夏贺兰山苏峪口国家森林公园
		宁夏固原博物馆
		宁夏六盘山旅游区
新疆维吾尔自治区	15	布尔津县喀纳斯风景名胜区
		乌鲁木齐市红山公园景区
		新疆民街民俗博物馆
		新疆那拉提旅游风景区
		乌鲁木齐市水磨沟风景区
		新疆生产建设兵团军垦博物馆
		中国彩棉科技园
		艾提尕民俗文化旅游风景区
		察布查尔县锡伯民俗风情园
		库车王府
		龟兹绿洲生态园
		和硕县金沙滩旅游景区
		乌鲁木齐市新疆维吾尔自治区博物馆
		吐鲁番地区库木塔格沙漠风景区
		昌吉回族自治州杜氏旅游景区
新疆生产建设兵团	2	乌鲁木齐西山老君庙
		农五师怪石峪风景区

■ 民族自治地方国家 AAA 级旅游区(点)名单

(截至 2009 年)

地　区	数量(个)	名　　称
河北省	3	丰宁白云古洞景区
		桃林口水库
		祖山风景区
内蒙古自治区	29	包头新世纪青年生态园
		希拉穆仁草原旅游中心
		鄂尔多斯世珍园
		鄂尔多斯恩格贝旅游区
		内蒙古敕勒川哈素海旅游区
		阿拉善盟通湖草原旅游区
		乌兰察布市辉腾锡勒草原明珠接待中心
		锡林郭勒盟赛汗塔拉旅游娱乐园
		锡林郭勒盟西乌旗蒙古汗城旅游区
		兴安盟成吉思汗庙景区
		兴安盟科右前旗万豪蒙古大营
		鄂尔多斯市七星湖沙漠生态旅游区
		鄂尔多斯草原旅游区
		鄂尔多斯市九成功生态园
		鄂尔多斯市巴图湾旅游区
		呼伦贝尔市莫尔道嘎国家森林公园
		呼伦贝尔市红花尔基森林公园
		呼伦贝尔市中国达斡尔民族园
		呼伦贝尔市呼和诺尔草原旅游度假区
		呼伦贝尔市海拉尔国家森林公园
		呼伦贝尔市扎兰屯秀水山庄
		呼伦贝尔市布苏里度假山庄
		赤峰市曼坨山庄
		包头市石门风景区
		包头市美岱召文物旅游点
		包头市梅力更风景旅游区
		呼和浩特市乌兰夫纪念馆
		呼和浩特市乌素图森林旅游开发区
		呼和浩特市大召寺
辽宁省	3	本溪桓仁县望天洞
		本溪观音阁水库景区
		宽甸黄椅山森林公园

续表 1

地　区	数量(个)	名　　称
吉林省	6	长白县长白朝鲜族民俗村
		伊通满族自治县南山风景区
		长白朝鲜族自治县望天鹅旅游风景区
		和龙仙境台风景区
		汪清县满天星国家森林公园
		安图县长白山和平滑雪场
湖北省	2	恩施州龙麟宫景区
		恩施市梭布垭风景区
湖南省	5	麻阳滕代远纪念馆
		邵阳城步南山牧场景区
		怀化通道龙底生态漂流景区
		湘西花垣边城
		皇都侗文化村
广西壮族自治区	36	南宁良凤江国家森林公园
		南宁武鸣伊岭岩风景区
		桂林阳朔文化古迹山水园
		桂林丰鱼岩旅游度假区
		桂林漓江民俗风情园
		桂林银子岩旅游度假区
		桂林尧山景区
		桂林龙胜温泉旅游度假区
		柳州都乐岩风景区
		桂林资江景区
		桂林刘三姐景观园
		阳朔聚龙潭度假公园
		百色澄碧湖风景区
		南宁乡村大世界
		柳州花果山生态景区
		阳朔图腾古道景区
		临桂十二滩漂流景区
		桂林会仙岩景区
		钦州龙门群岛海上生态公园
		桂平龙潭国家森林公园
		南丹温泉公园
		宜州金浪湾景区
		宜州会仙山景区
		隆安龙虎山风景区

续表 2

地　区	数量(个)	名　　称
广西壮族自治区	36	横县九龙瀑布群景区
		昆仑关旅游风景区
		宾阳蔡氏书香古宅群景区
		融水贝江景区
		阳朔鉴山寺景区
		阳朔九马画山景区
		桂林雁山园景区
		荔浦天河瀑布景区
		东兴陈公馆景区
		平桂十八水景区
		田东十里莲塘景区
		武宣百崖大峡谷景区
云南省	11	大理蝴蝶泉公园
		武定狮子山景区
		腾冲火山国家公园
		红河州建水朱家花园景区
		西双版纳州勐景来旅游景区
		迪庆州霞给藏族文化村旅游景区
		丽江东巴谷生态民族村
		楚雄州博物馆
		楚雄黑井古镇
		西双版纳勐泐文化园
		迪庆州香格里拉硕都湖旅游景区
西藏自治区	1	拉萨市娘热度假村
甘肃省	2	肃南马蹄寺风光旅游区
		临夏枹罕山庄
青海省	11	大通老爷山风景名胜区
		贵德黄河奇石苑
		龙羊峡旅游景区
		青海茶卡盐湖旅游景区
		可鲁克湖——托素湖高原生态旅游景区
		玛多黄河源旅游区
		玉树新寨嘉那嘛呢景区
		勒巴沟——文成公主庙景区
		玉树当卡寺旅游景区
		玉树结古寺旅游景区
		玉树称多拉布民俗村

续表 3

地　区	数量(个)	名　　称
宁夏回族自治区	3	宁夏平罗玉皇阁景区
		宁夏青铜峡旅游区
		宁夏中卫高庙保安寺
新疆维吾尔自治区	31	哈密地区天山风景名胜区
		巴州和硕县金沙滩旅游度假区
		巴州博湖县阿洪口旅游风景区
		阿勒泰地区福海海滨旅游区
		乌鲁木齐水磨沟生态旅游区
		新疆阿勒泰市桦林公园
		昌吉黑马科技园
		阜康市恒泰齐鲁山庄
		吐鲁番坎儿井游乐园
		哈密亚尔丹风景旅游区
		沙湾县温泉旅游区
		喀什地区泽普县金湖杨国家森林公园区
		喀什市艾提噶尔民俗文化旅游区
		喀什市西山民族风情园
		伊犁州伊宁市城市海景
		巩留县库尔德宁生态旅游区
		察布查尔锡伯自治县锡伯民俗风情园
		阿勒泰五指泉景区
		富蕴县可可托海景区
		裕民县塔斯特风景旅游区
		乌鲁木齐市植物园
		乌鲁木齐雅马里克山旅游风景区
		鄯善县吐峪沟景区
		吐鲁番火焰山景区
		吐鲁番沙漠生态旅游风景区
		吐鲁番大漠土艺馆
		巴州莲花湖风景旅游区
		巴州相思湖旅游度假区
		乌鲁木齐东白杨沟风景区
		青格达湖旅游风景区
		一万泉旅游度假村

■ 民族自治地方国家 AA 级旅游区(点)名单

(截至 2009 年)

地 区	数量(个)	名 称
河北省	4	承德宽城县塞外“潘龙湖”景区
		承德九龙松景区
		承德市丰宁千松坝森林公园
		承德市云雾山省级森林公园
内蒙古自治区	41	赤峰市布日敦沙漠旅游区
		鄂尔多斯市绿洲宾馆旅游区
		呼伦贝尔盟巴彦呼硕草原旅游区
		呼伦贝尔盟侵华日军海拉尔要塞遗址
		呼伦贝尔盟牙克石凤凰山庄
		呼伦贝尔盟满洲里市达赉湖旅游区
		兴安蒙古包旅游村
		兴安盟阿尔山国家森林公园
		锡林郭勒盟锡日塔拉草原旅游度假村
		锡林郭勒盟葛根敖包草原旅游度假村
		锡林郭勒盟多伦县南沙梁旅游区
		锡林郭勒盟多伦县滦源殿旅游度假村
		乌兰察布盟辉腾锡勒铁骑旅游中心
		乌兰察布盟辉腾锡勒外事旅游中心
		巴彦淖尔市镜湖生态旅游区
		乌兰察布市铁骑草原旅游中心
		乌兰察布市辉腾锡勒草原旅游中心
		乌兰察布市岱海自然生态旅游度假区
		乌兰察布市阿贵庙旅游点
		乌兰察布市集宁老虎山公园
		兴安盟科右中旗翰嘎利湖生态景区
		兴安盟科右中旗蒙格罕山生态旅游景区
		鄂尔多斯市陶亥召
		鄂尔多斯市柒开淖旅游区
		鄂尔多斯市昭君城旅游区
		呼伦贝尔市牙克石凤凰山滑雪场
		呼伦贝尔市鹿鸣山庄
		呼伦贝尔市绰源国家森林公园
		呼伦贝尔市扎兰屯吊桥公园
		呼伦贝尔市陈巴尔虎旗金帐汗蒙古部落
		呼伦贝尔市鄂伦春博物馆
		呼伦贝尔市嘎仙洞景区

续表 1

地　区	数量(个)	名　　称
内蒙古自治区	41	赤峰市达里湖旅游区
		赤峰市赤峰市植物园
		赤峰市巴林左旗召庙
		赤峰市翁牛特旗红山湖
		赤峰市红山区红山公园
		包头市庙法寺
		通辽市珠日河草原旅游区
		通辽市霍林郭勒市静湖度假村
		通辽市霍林郭勒市怪山风景旅游区
辽宁省	10	本溪铁刹山风景区
		鞍山岫岩药山风景区
		岫岩龙潭湾风景区
		抚顺夏湖军旅生活旅游度假区
		阜新瑞应寺风景区
		阜新关山风景区
		本溪天龙洞风景区
		朝阳喀左天成观
		阜新三塔沟自然生态旅游区
		阜新乌兰木图山风景区
吉林省	10	长白石林风景区
		长白塔山公园
		敦化六项山风景区
		珲春防川风景区
		安图县红旗朝鲜族民俗村
		安图县福满生态沟
		安图县长白山文化博览城
		安图县长白山峡谷浮石林景区
		伊通县满族民俗馆
		伊通满族自治县大孤山旅游风景区
黑龙江省	3	大庆市杜尔伯特蒙古族自治县寿山民俗休闲度假村
		连环湖狩猎场
		大庆市杜尔伯特蒙古族自治县草原赛马场
浙江省	2	景宁县草鱼塘森林公园
		景宁“畲乡之窗”旅游区
湖北省	9	来凤龙嘴峡景区
		鹤峰湘鄂边苏区鹤峰革命烈士陵园
		利川市朝阳洞景区

续表 2

地　区	数量(个)	名　　称
湖北省	9	利川市福宝山生态综合开发区
		利川大水井古建筑群
		利川玉龙洞景区
		恩施州枫香坡侗族风情寨
		建始县朝阳观旅游区
		巴东县无源洞景区
湖南省	2	通道独岩公园
		靖州苗族侗族自治县文峰塔景区
广西壮族自治区	5	防城港十万大山国家森林公园
		宜州市白龙公园
		宜州市刘三姐故居
		宜州市古龙河漂流景区
		防城港火山岛景区
重庆市	3	酉阳龚滩古镇
		石柱县毕兹卡绿宫
		重庆市酉阳县赵世炎烈士故居
贵州省	3	黔南州都匀西山公园
		黔南州东山公园
		黔西南州贵州奇香园旅游区
云南省	45	楚雄太阳历公园
		紫溪山风景区
		永仁方山景区
		大理市洱海公园
		大理天镜阁景区
		上关花----天龙洞景区
		剑川满贤林景区
		鹤庆县新华民族村
		弥度县东山森林公园
		漾鼻石门关景区
		丽江文笔山景区
		玉柱擎天景点
		丽江东巴王国文化旅游景点
		丽江东巴万神园
		依拉草原旅游景区
		迪庆州博物馆
		藏经堂旅游景区
		迪庆州民族服饰旅游展演中心

续表 3

地 区	数量(个)	名 称
云南省	45	中甸纳帕海景区
		中甸天生桥温泉景区
		砚山浴仙湖景区
		富宁驮娘江景区
		弥勒白龙洞景区
		石屏焕文公园
		开远市南洞名胜风景保护区
		大槟榔园民族文化生态旅游村
		新化古州野林
		高香生态茶文化旅游区
		新平哀牢山陇西世族庄园
		元江世界第一高桥旅游风景区
		澜沧拉祜风情旅游区
		西盟佤族生态旅游区
		孟连土司边境旅游区
		普洱茶马古道源旅游区
		景谷佛迹仙踪、芒玉峡谷康体旅游区
		墨江北回归线标志园
		西双版纳州民族风情园
		西双版纳猴山景区
		西双版纳雨林谷
		德宏民族风情浏览区
		瑞丽独树成林景点
		瑞丽旅游淘宝场
		临沧茶文化风景园
		临沧五老山国家森林公园
		沧源崖画景区
西藏自治区	2	西藏昌都地区然乌湖
		西藏昌都地区查杰玛大殿
甘肃省	6	临夏市人民公园
		临夏市东郊公园
		夏河桑科草原
		甘南州合作市当州草原风景区
		甘南州安多合作米拉日巴佛阁
		甘南州玛曲天下黄河第一弯旅游风景区
青海省	1	民和桃花园林
宁夏回族自治区	8	银川金水园
		银川海宝塔寺
		银川贺兰山滚中口
		宁夏华夏珍奇艺术城
		宁夏青铜峡旅游区
		固原须弥山石窟

续表 4

地　区	数量(个)	名　　称
宁夏回族自治区	8	宁夏兵沟旅游区
		宁夏大武口北武当生态旅游区
新疆维吾尔自治区	45	哈密天宝康乐中心
		石河子市北湖旅游风景区
		石河子市周恩来总理纪念碑馆
		石河子市高新农业技术示范园区
		博州博格达温泉度假村
		伊犁州阿克塔斯避暑山庄
		伊犁州尼勒克次森林度假村
		阿克苏天山神木园
		阿克苏天山神秘大峡谷
		克州喀拉库勒湖
		喀什阿帕尔霍加墓
		乌鲁木齐市水上乐园
		乌鲁木齐市植物园
		乌鲁木齐市银都度假村
		昌吉市人民公园
		石河子市屯垦第一连
		石河子市巴音山庄
		哈密天山之夏狩猎场
		巴里坤县怪石山旅游度假村
		喀什盘橐城
		克拉玛依市展览馆
		克拉玛依市阳光水世界
		克拉玛依市大漠高尔夫球场
		克拉玛依市白杨河大峡谷
		阿勒泰大小东沟景区
		米泉市天地园农庄
		乌鲁木齐市盐湖生态旅游区
		蔬附县大众旅游度假村
		喀什市玉素甫·哈斯·哈吉甫墓
		伊宁市伊犁河民族文化旅游村
		察布查尔锡伯自治县清水湖生态旅游度假村
		阿勒泰市塘巴湖水上乐园
		阿勒泰市齐背岭旅游区
		阿勒泰地区文物博物馆
		阿勒泰市金山葡萄风景区
		阿勒泰市驼峰景区
		中科院生地所标本馆
		乌鲁木齐天牧玫瑰园
		乌鲁木齐板房沟科技示范基地
		乌鲁木齐燕尔窝风景区
		巴州金海湾疗养培训中心
		阿克苏塔里木祥龙湖风景区
		巴州罗布人村寨
		沙湾县三道河子林场森林公园
		怪石峪旅游风景区

■ 民族自治地方国家 A 级旅游区(点)名单

(截至 2009 年)

地　区	数量(个)	名　　称
内蒙古自治区	6	包头市美岱召文物旅游点
		赤峰市勃隆克沙漠旅游区
		鄂尔多斯市转龙湾旅游度假村
		锡林郭勒盟苏尼特右旗社保局旅游点
		赤峰市巴林右旗巴林蒙古部落
		包头市西河水库旅游度假村
辽宁	3	鞍山岫岩清凉山风景区
		鞍山岫岩罗圈背风景区
		抚顺红河谷风景旅游度假区
吉林	1	松原市孝庄祖陵旅游区
云南省	7	牟定化佛山景区
		文山西华公园
		思茅小黑江森林公园
		勐海景真八角亭景点
		勐海打洛独树成林景点
		盈江凯棒亚湖景区
		临沧西门公园
西藏	1	西藏拉萨市热堆寺卓玛拉康
甘肃省	1	肃北县人民公园
宁夏回族自治区	1	泾源胭脂峡
新疆维吾尔自治区	22	塔城市垂钓公园
		昌吉州杜氏旅游度假村
		博州怪石沟
		博州青格里度假村
		昌吉州玛纳斯县北公园
		昌吉州清水泉旅游度假村
		沙湾县森林公园
		巴里坤县古民宅
		布尔津县阳光沙滩
		昌吉市绿野山庄
		呼图壁县公园
		乌鲁木齐市六十户乡生态渔村
		塔城地区沙湾县东大塘旅游区
		阿勒泰市额河奇石古城
		青河县白桦公园
		青河县天林度假村
		阿勒泰地区矿产陈列馆
		乌鲁木齐卧龙岗庄园
		温宿县稻香园度假村
		沙雅县园中园休闲度假村
		阿克苏市多浪公园
		乌鲁木齐市雷鸣山庄

■ 民族自治地方国家级风景名胜区名单

（截至2009年）

地　区	数量(个)	名　　称
内蒙古自治区	3	扎兰屯风景名胜区
		赤峰市巴林右旗巴林蒙古部落
		包头市西河水库旅游度假村
辽宁省	2	鸭绿江风景名胜区
		本溪水洞风景名胜区
吉林省	2	仙景台风景名胜区
		防川风景名胜区
湖南省	3	猛洞河风景名胜区
		德夯风景名胜区
		万佛山-侗寨风景名胜区
广西壮族自治区	3	桂林漓江风景名胜区
		桂平西山风景名胜区
		花山风景名胜区
四川省	4	黄龙寺-九寨沟风景名胜区
		贡嘎山风景名胜区
		四姑娘山风景名胜区
		邛海-螺髻山风景名胜区
贵州省	11	黄果树风景名胜区
		㵲阳河风景名胜区
		荔波樟江风景名胜区
		马岭河峡谷风景名胜区
		都匀斗篷山-剑江风景名胜区
		黎平侗乡风景名胜区
		紫云格凸河穿洞风景名胜区
		平塘风景名胜区
		榕江苗山侗水风景名胜区
		沿河乌江山峡风景名胜区
		瓮安江界河风景名胜区
云南省	9	路南石林风景名胜区
		西双版纳风景名胜区
		大理风景名胜区
		三江并流风景名胜区
		丽江玉龙雪山风景名胜区
		瑞丽江—大盈江风景名胜区
		省建水风景名胜区
		普者黑风景名胜区

续表

地　区	数量(个)	名　　称
		阿庐风景名胜区
西藏自治区	4	雅砻河风景名胜区
		拉萨市热堆寺卓玛拉康
		纳木措-念青唐古拉山风景名胜区
		唐古拉山-怒江源风景名胜区
青海省	1	青海湖风景名胜区
宁夏回族自治区	1	西夏王陵风景名胜区
新疆维吾尔自治区	18	天山天池风景名胜区
		库木塔格沙漠风景名胜区
		博斯腾湖风景名胜区
		赛里木湖风景名胜区
		布尔津县阳光沙滩
		昌吉市绿野山庄
		呼图壁县公园
		乌鲁木齐市六十户乡生态渔村
		塔城地区沙湾县东大塘旅游区
		阿勒泰市额河奇石古城
		青河县白桦公园
		青河县天林度假村
		阿勒泰地区矿产陈列馆
		乌鲁木齐卧龙岗庄园
		温宿县稻香园度假村
		沙雅县园中园休闲度假村
		阿克苏市多浪公园
		乌鲁木齐市雷鸣山庄

中国民族自治区、自治州、自治县、民族乡镇、市辖民族区名单

中国民族自治区、自治州、自治县一览表

民族自治地方	建立时间	首府驻地	面积(万平方公里)
自治区			
内蒙古自治区	1947.5.1	呼和浩特市	118.3000
广西壮族自治区	1958.3.15	南宁市	23.6660
西藏自治区	1965.9.1	拉萨市	122.8400
宁夏回族自治区	1958.10.25	银川市	6.6400
新疆维吾尔自治区	1955.10.1	乌鲁木齐市	166.0400
自治州			
吉林省			
延边朝鲜族自治州	1952.9.3	延吉市	4.3559
湖北省			
恩施土家族苗族自治州	1983.12.1	恩施市	2.3902
湖南省			
湘西土家族苗族自治州	1957.9.20	吉首市	1.5461
四川省			
甘孜藏族自治州	1950.11.24	康定县城关镇	15.1078
凉山彝族自治州	1952.10.1	西昌市	6.0111
阿坝藏族羌族自治州	1953.1.1	马尔康镇	8.3201
贵州省			
黔东南苗族侗族自治州	1956.7.23	凯里市	3.0339
黔南布依族苗族自治州	1956.8.8	都匀市	2.6207
黔西南布依族苗族自治州	1982.5.1	兴义市	1.6804
云南省			
西双版纳傣族自治州	1953.1.24	允景洪镇	1.9700
德宏傣族景颇族自治州	1953.7.24	芒市镇	1.1526
怒江傈僳族自治州	1954.8.23	鲁掌镇	1.4703
大理白族自治州	1956.11.22	大理市	2.9460
迪庆藏族自治州	1957.9.13	中心镇	2.3870
红河哈尼族彝族自治州	1957.11.18	蒙自市	3.2929
文山壮族苗族自治州	1958.4.1	开化镇	3.2239
楚雄彝族自治州	1958.4.15	楚雄市	2.9256

续表 1

民族自治地方	建立时间	首府驻地	面积(万平方公里)
甘肃省			
甘南藏族自治州	1953.10.1	合作镇	4.0898
临夏回族自治州	1956.11.19	临夏市	0.8166
青海省			
玉树藏族自治州	1951.12.25	结古镇	18.8794
海南藏族自治州	1953.12.6	恰卜恰镇	4.5895
黄南藏族自治州	1953.12.22	隆务镇	1.7921
海北藏族自治州	1953.12.31	浩门镇	3.9354
果洛藏族自治州	1954.1.1	大武镇	7.6312
海西蒙古族藏族自治州	1954.1.25	德令哈市	32.5785
新疆维吾尔自治区			
巴音郭楞蒙古自治州	1954.6.23	库尔勒市	46.2700
博尔塔拉蒙古自治州	1954.7.13	博乐市	2.5074
克孜勒苏柯尔克孜自治州	1954.7.14	阿图什市	6.9112
昌吉回族自治州	1954.7.15	昌吉市	7.7129
伊犁哈萨克自治州	1954.11.27	伊宁市	49.0039
自治县(旗)			
河北省			
孟村回族自治县	1955.11.30	孟村镇	0.0393
大厂回族自治县	1955.12.7	大厂镇	0.0176
青龙满族自治县	1987.5.10	青龙镇	0.3309
丰宁满族自治县	1987.5.15	大阁镇	0.8747
围场满族蒙古族自治县	1990.6.12	围场镇	0.9058
宽城满族自治县	1990.6.16	宽城镇	0.1933
内蒙古自治区			
鄂伦春自治旗	1951.10.1	阿里河镇	6.0378
鄂温克族自治旗	1958.8.1	巴彦托海镇	1.8750
莫力达瓦达斡尔族自治旗	1958.8.15	尼尔基镇	1.0985
辽宁省			
喀喇沁左翼蒙古族自治县	1958.4.1	大城子镇	0.2238
阜新蒙古族自治县	1958.4.7	阜新镇	0.6284
新宾满族自治县	1985.6.7	新宾镇	0.4287
岫岩满族自治县	1985.6.11	岫岩镇	0.4507
清原满族自治县	1990.6.6	清原镇	0.3926
本溪满族自治县	1990.6.8	小市镇	0.3362
桓仁满族自治县	1990.6.10	桓仁镇	0.3548
宽甸满族自治县	1990.6.12	宽甸镇	0.6125
吉林省			
前郭尔罗斯蒙古族自治县	1956.9.1	前郭镇	0.7076
长白朝鲜族自治县	1958.9.15	长白镇	0.2498
伊通满族自治县	1989.8.30	伊通镇	0.2523

续表 2

民族自治地方	建立时间	首府驻地	面积(万平方公里)
黑龙江省			
杜尔伯特蒙古族自治县	1956.12.5	泰康镇	0.6427
浙江省			
景宁畲族自治县	1984.12.24	鹤溪镇	0.1950
湖北省			
长阳土家族自治县	1984.12.8	龙舟坪镇	0.3430
五峰土家族自治县	1984.12.12	五峰镇	0.2072
湖南省			
通道侗族自治县	1954.5.7	双江镇	0.2225
江华瑶族自治县	1955.11.25	沱江镇	0.3216
城步苗族自治县	1956.11.30	儒林镇	0.2620
新晃侗族自治县	1956.12.5	新晃镇	0.1511
芷江侗族自治县	1987.9.24	芷江镇	0.2096
靖州苗族侗族自治县	1987.9.27	渠阳镇	0.2211
麻阳苗族自治县	1990.4.1	高村镇	0.1561
广东省			
连南瑶族自治县	1953.1.25	三江镇	0.1231
连山壮族瑶族自治县	1962.9.26	吉田镇	0.1264
乳源瑶族自治县	1963.10.1	乳城镇	0.2125
广西壮族自治区			
龙胜各族自治县	1951.8.19	龙胜镇	0.2537
金秀瑶族自治县	1952.5.28	金秀镇	0.2517
融水苗族自治县	1952.11.26	融水镇	0.4665
三江侗族自治县	1952.12.3	古宜镇	0.2455
隆林各族自治县	1953.1.1	新州镇	0.3542
都安瑶族自治县	1955.12.15	安阳镇	0.4092
巴马瑶族自治县	1956.2.6	巴马镇	0.1966
富川瑶族自治县	1984.1.1	富阳镇	0.1572
罗城仫佬族自治县	1984.1.10	东门镇	0.2639
环江毛南族自治县	1987.11.24	思恩镇	0.4558
大化瑶族自治县	1987.12.23	大化镇	0.2754
恭城瑶族自治县	1990.10.15	恭城镇	0.2149
海南省			
乐东黎族自治县	1987.12.28	抱由镇	0.2746
琼中黎族苗族自治县	1987.12.28	营根镇	0.2693
保亭黎族苗族自治县	1987.12.30	保城镇	0.1161
昌江黎族自治县	1987.12.30	石碌镇	0.1596
白沙黎族自治县	1987.12.30	牙叉镇	0.2118
陵水黎族自治县	1987.12.30	陵城镇	0.1128

续表 3

民族自治地方	建立时间	首府驻地	面积(万平方公里)
重庆市			
秀山土家族苗族自治县	1983.11.7	中和镇	0.2450
酉阳土家族苗族自治县	1983.11.11	钟多镇	0.5173
彭水苗族土家族自治县	1984.11.10	汉葭镇	0.3903
石柱土家族自治县	1984.11.18	南宾镇	0.3031
四川省			
北川羌族自治县	2003.10.25	曲山镇	0.2865
木里藏族自治县	1953.2.19	博瓦镇	1.3246
峨边彝族自治县	1984.10.5	沙坪镇	0.2395
马边彝族自治县	1984.10.9	民建镇	0.2383
贵州省			
威宁彝族回族苗族自治县	1954.11.11	城关镇	0.6294
松桃苗族自治县	1956.12.31	城关镇	0.2861
三都水族自治县	1957.1.2	三合镇	0.2384
镇宁布依苗族自治县	1963.9.11	城关镇	0.1721
紫云苗族布依族自治县	1966.2.11	松山镇	0.2284
关岭布依族苗族自治县	1981.12.31	关索镇	0.1468
玉屏侗族自治县	1984.11.7	平溪镇	0.0517
印江土家族苗族自治县	1987.11.20	印江镇	0.1961
沿河土家族自治县	1987.11.23	和平镇	0.2469
务川仡佬族苗族自治县	1987.11.26	都濡镇	0.2773
道真仡佬族苗族自治县	1987.11.29	玉溪镇	0.2156
云南省			
峨山彝族自治县	1951.5.12	双江镇	0.1972
澜沧拉祜族自治县	1953.4.7	勐朗镇	0.8807
江城哈尼族彝族自治县	1954.5.18	勐烈镇	0.3476
孟连傣族拉祜族佤族自治县	1954.6.16	孟连镇	0.1957
耿马傣族佤族自治县	1955.10.16	耿宣镇	0.3837
宁蒗彝族自治县	1956.9.20	大兴镇	0.0206
贡山独龙族怒族自治县	1956.10.1	茨开镇	0.4506
巍山彝族回族自治县	1956.11.9	文华镇	0.2266
石林彝族自治县	1956.12.31	鹿阜镇	0.1777
玉龙纳西族自治县	1961.4.10	黄山镇	0.6521
屏边苗族自治县	1963.7.1	玉屏镇	0.1906
河口瑶族自治县	1963.7.11	河口镇	0.1313
沧源佤族自治县	1964.2.28	勐董镇	0.2539
西盟佤族自治县	1965.3.5	西盟镇	0.1391
南涧彝族自治县	1965.11.27	南涧镇	0.1802
墨江哈尼族自治县	1979.11.28	玖联镇	0.5459
寻甸回族彝族自治县	1979.12.20	仁德镇	0.3966

续表 4

民族自治地方	建立时间	首府驻地	面积(万平方公里)
元江哈尼族彝族傣族自治县	1980.11.12	澧江镇	0.2858
新平彝族傣族自治县	1980.11.25	桂山镇	0.4223
维西傈僳族自治县	1985.10.13	保和镇	0.4661
漾濞彝族自治县	1985.11.1	上街镇	0.1957
禄劝彝族苗族自治县	1985.11.25	屏山镇	0.4378
金平苗族瑶族傣族自治县	1985.12.7	金河镇	0.3677
普洱哈尼族彝族自治县	1985.12.15	宁洱镇	0.3670
景东彝族自治县	1985.12.20	锦屏镇	0.4532
景谷傣族彝族自治县	1985.12.25	威远镇	0.7777
双江拉祜族佤族布朗族傣族自治县	1985.12.30	勐勐镇	0.2292
兰坪白族普米族自治县	1988.5.25	金顶镇	0.4555
镇沅彝族哈尼族拉祜族自治县	1990.5.15	按板镇	0.4223
甘肃省			
天祝藏族自治县	1950.5.6	华藏寺镇	0.7147
肃北蒙古族自治县	1950.7.29	党城湾镇	6.6748
东乡族自治县	1950.9.25	锁南镇	0.1510
张家川回族自治县	1953.7.6	张家川镇	0.1293
肃南裕固族自治县	1954.4.20	红湾寺镇	2.3041
阿克塞哈萨克族自治县	1954.4.27	博罗转井镇	3.3333
积石山保安族东乡族撒拉族自治县	1981.9.30	吹麻滩镇	0.0910
青海省			
门源回族自治县	1953.12.19	浩门镇	0.6896
互助土族自治县	1954.2.17	威远镇	0.3320
化隆回族自治县	1954.3.1	巴燕镇	0.2740
循化撒拉族自治县	1954.3.1	积石镇	0.1749
河南蒙古族自治县	1954.10.16	优干宁	0.6250
民和回族土族自治县	1986.6.27	上川口镇	0.1780
大通回族土族自治县	1986.7.10	桥头镇	0.3090
新疆维吾尔自治区			
焉耆回族自治县	1954.3.15	焉耆镇	0.2439
察布查尔锡伯自治县	1954.3.25	察布查尔镇	0.4469
木垒哈萨克自治县	1954.7.17	木垒镇	1.3235
和布克赛尔蒙古自治县	1954.9.10	和布克赛尔镇	3.2000
塔什库尔干塔吉克自治县	1954.9.17	塔什库尔干镇	5.2300
巴里坤哈萨克自治县	1954.9.30	巴里坤镇	3.5714

中国民族乡镇一览表

地　区	数　量	乡镇名称
北京市	5	密云县檀营满族蒙古族乡、怀柔区喇叭沟门满族乡、怀柔区长哨营满族乡、通州区于家务回族乡、朝阳区常营回族乡
天津市	2	东丽区么六桥回族乡、蓟县孙各庄满族乡
河北省	53	新乐市彭家庄回族乡、藁城市九门回族乡、无极县高头回族乡、遵化市汤泉满族乡、遵化市西下营满族乡、遵化市东陵满族乡、邱县陈村回族乡、大名县营镇回族乡、易县凌云册满族回族乡、定州市号头庄回族乡、涞水县娄村满族乡、沽源县大二号回族乡、怀来县王家楼回族乡、永清县管家务回族乡、文安县大围河回族满族乡、丰宁满族自治县南关蒙古族乡、滦平县平坊满族乡、滦平县安纯沟门满族乡、滦平县五道营子满族乡、滦平县邓厂满族乡、滦平县马营子满族乡、滦平县付家店满族乡、滦平县西地满族乡、滦平县小营满族乡、滦平县大屯满族乡、滦平县西沟满族乡、承德县岗子满族乡、承德县两家满族乡、兴隆县八卦岭满族乡、兴隆县南天门满族乡、隆化县尹家营满族乡、隆化县庙子沟蒙古族满族乡、隆化县偏坡营满族乡、隆化县八达营蒙古族乡、隆化县太平庄满族乡、隆化县旧屯满族乡、隆化县西阿超满族蒙古族乡、隆化县白虎沟蒙古族满族乡、平泉县柳溪满族乡、平泉县七家岱满族乡、平泉县平房满族蒙古族乡、平泉县茅兰沟满族蒙古族乡、平泉县郭杖子满族乡、平泉县蒙和乌苏蒙古族乡、黄骅市羊二庄回族乡、黄骅市新村回族乡、河间市果子洼回族乡、献县本斋回族乡、沧县大褚村回族乡、沧县杜林回族乡、沧县李天木回族乡、沧县捷地回族乡、黄骅市杨三木回族乡
内蒙古自治区	18	莫力达瓦达斡尔族自治旗巴彦鄂温克族乡、莫力达瓦达斡尔族自治旗杜拉尔鄂温克族乡、鄂温克族自治旗巴彦塔拉达斡尔族乡、扎兰屯市南木鄂伦春族乡、扎兰屯市萨马街鄂温克族乡、扎兰屯市达斡尔族乡、阿荣旗查巴奇鄂温克族乡、阿荣旗新发朝鲜族乡、阿荣旗音河达斡尔族鄂温克族乡、阿荣旗得力其尔鄂温克族乡、根河市敖鲁古雅鄂温克族乡、陈巴尔虎旗鄂温克苏木、额尔古纳市苏心回族乡、额尔古纳市恩和俄罗斯族乡、科右前旗满族屯满族乡、赤峰市松山区当铺地满族乡、喀喇沁旗十家满族乡、凉城县曹碾满族乡
辽宁省	77	沈阳市东陵区满堂满族乡、沈阳市新城子区黄家锡伯族乡、沈阳市新城子区石佛寺朝鲜族锡伯族乡、沈阳市于洪区大兴朝鲜族乡、康平县柳树屯蒙古族满族乡、康平县沙金台蒙古族满族乡、法库县四家子蒙古族乡、康平县东升满族蒙古族乡、康平县西关屯蒙古族满族乡、大连市金州区七顶山满族乡、瓦房店市三台满族乡、瓦房店市杨家满族乡、庄河市太平岭满族乡、庄河市桂云花满族乡、抚顺市抚顺县拉古满族乡、抚顺市抚顺县汤图满族乡、桓仁满族自治县雅河朝鲜族乡、本溪市南芬区思山岭满族乡、丹东市合隆满族乡、丹东市宽甸满族自治县下露河朝鲜族乡、锦州市义县巨粮屯满族乡、锦州市义县地藏寺满族乡、锦州市义县留龙沟满族乡、锦州市义县大定堡满族乡、锦州市义县头台满族乡、锦州市义县头道河满族乡、锦州市义县城镇满族乡、锦州市黑山县镇安满族乡、锦州市凌海市温滴楼满族乡、阜新市西六家子蒙古族满族乡、阜新市彰武县二道河子蒙古族乡、阜新市彰武县苇子沟蒙古族乡、彰武县大冷蒙古族乡、辽阳县吉洞峪满族乡、辽阳县甜水满族乡、开原县上肥地满族乡、开原县下肥地满族乡、开原县林丰满族乡、开原市黄旗寨满族乡、铁岭市清河区夏家河满族乡、铁岭县白旗寨满族乡、铁岭县横道河子满族乡、西丰县成平满族乡、西丰县德兴满族乡、西丰县和隆满族乡、西丰县金星满族乡、西丰县明德满族乡、西丰县营厂满族乡、朝阳市北票市马友营蒙古族乡、朝阳市北票市凉水河蒙古族乡、朝阳市建平县三家蒙古族乡、朝阳市凌源县三家子蒙古族乡、朝阳县松岭门蒙古族乡、朝阳县乌兰河硕蒙古族乡、绥中县西平坡满族乡、绥中县范家满族乡、绥中县高甸子满族乡、绥中县葛家满族乡、绥中县明水满族乡、绥中县网户满族乡、兴城市三道沟满族乡、兴城市白塔满族乡、兴城市大寨满族乡、兴城市高家岭满族乡、兴城市海滨满族乡、兴城市红崖子满族乡、兴城市碱厂满族乡、兴城市旧门满族乡、兴城市刘台子满族乡、兴城市南大山满族乡、兴城市望海满族乡、兴城市围屏满族乡、兴城市羊安满族乡、兴城市药王庙满族乡、兴城市元台子满族乡、建昌县二道湾子蒙古族乡、盘锦市大洼县荣兴朝鲜族乡

续表 1

地　区	数　量	乡镇名称
吉林省	34（其中民族镇 5）	九台市胡家回族乡、九台市莽卡满族乡、长春市双阳区双营子回族乡、榆树市延河朝鲜族乡、梨树县叶赫满族镇、公主岭市龙山满族乡、公主岭市二十家子满族乡、双辽市那木斯蒙古族乡、大安市新艾里蒙古族乡、洮南市胡力吐蒙古族乡、洮南市呼河车力蒙古族乡、镇赉县莫莫格蒙古族乡、镇赉县哈吐气蒙古族乡、通榆县向海蒙古族乡、通榆县包拉温都蒙古族乡、通榆县西艾力蒙古族乡、白城市洮北区德顺蒙古族乡、珲春市三家子满族乡、珲春市杨泡满族乡、吉林市昌邑区土城子满族朝鲜族乡、吉林市昌邑区乌拉街满族镇、吉林市龙潭区大口钦满族镇、吉林市龙潭区两家子满族乡、永吉县金家满族乡、蛟河市乌林朝鲜族乡、梅河口市小杨满族朝鲜族乡、集安市凉水朝鲜族乡、通化县金斗朝鲜族满族乡、通化县大泉源朝鲜族满族乡、辉南县楼街朝鲜族乡、柳河县姜家店朝鲜族乡、柳河县三源浦朝鲜族镇、梅河口市山城镇、东丰县三合满族朝鲜族乡
黑龙江省	70（其中民族镇 10）	哈尔滨市红旗满族乡、双城市幸福满族乡、双城市乐群满族乡、双城市同心满族乡、双城市希勤满族乡、双城市公正满族乡、双城市联兴满族乡、双城市团结满族乡、双城市新兴满族乡、双城市青岭满族乡、双城市农丰满族镇、五常市拉林满族镇、五常市红旗满族乡、五常市营城子满族乡、五常市牛家满族镇、五常市民乐朝鲜族乡、尚志市河东朝鲜族乡、尚志市鱼池朝鲜族乡、阿城市料甸满族乡、依兰县迎兰朝鲜族乡、卧牛吐达斡尔族镇、齐齐哈尔市梅里斯区达斡尔族区、齐齐哈尔市梅里斯区莽格吐达斡尔族乡、泰来县宁姜蒙古族乡、泰来县好新蒙古族乡、泰来县胜利蒙古族乡、泰来县江桥蒙古族镇、齐齐哈尔市昂昂溪区水师营满族镇、富裕县友谊达斡尔族满族柯尔克孜族乡、富裕县塔哈满族达斡尔族乡、讷河市兴旺鄂温克族乡、齐齐哈尔市富拉尔基区杜尔门沁达斡尔族乡、海林市新安朝鲜族镇、海林市海南朝鲜族乡、宁安市江南朝鲜族满族乡、宁安市卧龙朝鲜族乡、东宁县三岔口朝鲜族镇、同江市街津口赫哲族乡、同江市八岔赫哲族乡、桦川县星火朝鲜族乡、汤原县汤旺朝鲜族乡、肇源县义顺蒙古族乡、肇源县浩德蒙古族乡、肇源县超等蒙古族乡、逊克县新鄂鄂伦春族乡、逊克县新兴鄂伦春族乡、黑河市爱辉区新生鄂伦春族乡、黑河市爱辉区四嘉子满族乡、黑河市爱辉区坤河达斡尔族满族乡、北安市主星朝鲜族乡、孙吴县沿江达斡尔族满族乡、绥化市北林区兴和朝鲜族乡、绥化市北林区绥胜满族镇、绥化市北林区永安满族镇、绥化市北林区红旗满族乡、望奎县惠七满族镇、望奎县厢白满族乡、望奎县灵山满族乡、铁力市年丰朝鲜族乡、萝北县东明朝鲜族乡、绥滨县福兴满族乡、呼玛县白银纳鄂伦春族乡、塔河县十八站鄂伦春族乡、友谊县成富朝鲜族满族乡、饶河县四排赫哲族乡、勃利县杏树朝鲜族乡、密山市和平朝鲜族乡、鸡东县鸡林朝鲜族乡、鸡东县明德朝鲜族乡、鸡西市城子河区永丰朝鲜族乡
江苏省	1	高邮市菱塘回族乡
浙江省	18（其中民族镇 4）	兰溪市水亭畲族乡、武义县柳城畲族镇、龙游县沐尘畲族乡、丽水市连都区老竹畲族镇、丽水市连都区丽新畲族乡、龙泉市竹垟畲族乡、云和县雾溪畲族乡、云和县安溪畲族乡、遂昌县三仁畲族乡、松阳县板桥畲族乡、桐庐县莪山畲族乡、平阳县青街畲族乡、苍南县岱岭畲族乡、苍南县凤阳畲族乡、文成县西坑畲族镇、文成县周山畲族乡、泰顺县司前畲族镇、泰顺县竹里畲族乡
安徽省	9	长丰县孤堆回族乡、肥东县牌坊回族满族乡、定远县二龙回族乡、凤台县李冲回族乡、淮南市潘集区古沟回族乡、寿县陶店回族乡、宁国市云梯畲族乡、五河县临北回族乡、颍上县赛涧回族乡
福建省	18	罗源县霍口畲族乡、连江县小沧畲族乡、福安市坂中畲族乡、福安市康厝畲族乡、福安市穆云畲族乡、霞浦县盐田畲族乡、福安市崇儒畲族乡、福安市水门畲族乡、宁德市金涵畲族乡、福鼎县硖门畲族乡、漳浦县赤岭畲族乡、漳浦县湖西畲族乡、龙海市隆教畲族乡、永安市青水畲族乡、宁化县治平畲族乡、上杭县官庄畲族乡、上杭县庐丰畲族乡、惠安县百崎回族乡
江西省	7	南康市赤土畲族乡、永丰县龙岗畲族乡、铅山县太源畲族乡、铅山县篁碧畲族乡、鹰潭市贵溪市樟坪畲族乡、青原区东固畲族乡、乐安县金竹畲族乡
山东省	4（其中民族镇 3）	淄博市临淄区金岭回族镇、莘县张鲁回族镇、曹县侯集回族镇、禹城市十里望回族乡

续表 2

地 区	数 量	乡镇名称
河南省	21(其中民族镇9)	荥阳市金寨回族乡、太康县城关回族镇、淮阳县城关回族镇、沈丘县槐店回族镇、宁陵县城关回族镇、睢县城关回族镇、民权县伯党回族乡、民权县胡集回族乡、叶县马庄回族乡、郏县姚庄回族乡、封丘县荆乡回族乡、许昌县艾庄回族乡、禹州市山货回族乡、襄城县颍桥回族镇、镇平县郭庄回族乡、方城县袁店回族乡、西平县蔡寨回族乡、新蔡县李桥回族镇、临颍县繁城回族镇、洛宁县王范回族镇、洛阳市廛河回族区廛河回族乡
湖北省	11(其中民族镇2)	钟祥市九里回族乡、洪湖市老湾回族乡、松滋市卸甲坪土家族乡、宜都市潘家湾土家族乡、郧西县湖北口回族乡、恩施市芭蕉侗族乡、宣恩县长潭河侗族乡、宣恩县晓关侗族乡、仙桃市沔城回族镇、神农架林区下谷坪土家族乡、咸宁市赤壁市周郎嘴回族镇
湖南省	99(其中民族镇1)	怀化市罗子山瑶族乡、怀化市苏木溪瑶族乡、怀化市上蒲溪瑶族乡、怀化市后塘瑶族乡、怀化市仙人湾瑶族乡、怀化市深渡苗族乡、怀化市龙船塘瑶族乡、怀化市炮团侗族苗族乡、怀化市宝田侗族苗族乡、怀化市蒲稳侗族苗族乡、怀化市金子岩侗族苗族乡、怀化市漠滨侗族苗族乡、怀化市青朗侗族苗族乡、怀化市二酉苗族乡、怀化市火场土家族乡、怀化市蒿吉坪瑶族乡、怀化市大高坪苗族乡、怀化市锅冲苗族乡、怀化市传素瑶族乡、怀化市步头降苗族乡、怀化市米贝苗族乡、邵阳市党坪苗族乡、邵阳市河口苗族乡、邵阳市麻塘苗族乡、邵阳市竹舟江苗族乡、邵阳市东山侗族乡、邵阳市朝仪侗族乡、邵阳市鹅公岭侗族苗族乡、邵阳市寨市苗族侗族乡、邵阳市乐安铺苗族侗族乡、邵阳市联民苗族侗族乡、邵阳市枫木团苗族侗族乡、邵阳市黄桑坪苗族乡、邵阳市关峡苗族乡、邵阳市长铺子苗族乡、邵阳市山界回族乡、邵阳市虎形山瑶族乡、邵阳市那溪瑶族乡、邵阳市大屋瑶族乡、邵阳市长塘瑶族乡、邵阳市黄金瑶族乡、邵阳市麻林瑶族乡、永州市荆竹瑶族乡、永州市紫良瑶族乡、永州市浆洞瑶族乡、永州市汇源瑶族乡、永州市大桥瑶族乡、永州市松柏瑶族乡、永州市千家洞瑶族乡、永州市兰溪瑶族乡、永州市源口瑶族乡、永州市九嶷山瑶族乡、永州市棉花坪瑶族乡、永州市桐木漯瑶族乡、永州市荒塘瑶族乡、永州市横岭瑶族乡、永州市洪塘营瑶族乡、永州市井塘瑶族乡、永州市审章塘瑶族乡、永州市晒北滩瑶族乡、永州市门楼下瑶族乡、永州市上梧江瑶族乡、永州市清塘壮族乡、永州市犁头瑶族乡、张家界市刘家坪白族乡、张家界市马合口白族乡、张家界市走马坪白族乡、张家界市淋溪河白族乡、张家界市芙蓉桥白族乡、张家界市麦地坪白族乡、张家界市洪家关白族乡、张家界市索溪峪土家族乡、张家界市三关寺土家族乡、张家界市高峰土家族乡、张家界市金岩土家族乡、张家界市许家坊土家族乡、张家界市阳和土家族乡、张家界市甘堰土家族乡、张家界市赵家岗土家族乡、郴州市华山瑶族乡、郴州市杨柳瑶族乡、郴州市月峰瑶族乡、郴州市大塘瑶族乡、郴州市莽山瑶族乡、郴州市盈洞瑶族乡、郴州市延寿瑶族乡、郴州市小垣瑶族镇、郴州市岭秀瑶族乡、郴州市三江口瑶族乡、郴州市西山瑶族乡、郴州市团结瑶族乡、郴州市连坪瑶族乡、常德市许家桥回族维吾尔族乡、常德市毛家滩回族维吾尔族乡、常德市枫树维吾尔族回族乡、常德市青林回族维吾尔族乡、株洲市龙渣瑶族乡、衡阳市塔山瑶族乡、益阳市鲜埠回族乡
广东省	7	龙门县蓝田瑶族乡、连州市三水瑶族乡、连州市瑶安瑶族乡、阳山县秤架瑶族乡、怀集县下帅壮族瑶族乡、始兴县深渡水瑶族乡、东源县漳溪畲族乡
广西壮族自治区	59	蒙山县草坪瑶族乡、蒙山县长坪瑶族乡、蒙山县夏宜瑶族乡、贺州市黄洞瑶族乡、贺州市大平瑶族乡、昭平县仙回瑶族乡、钟山县两安瑶族乡、钟山县花山瑶族乡、平南县马练瑶族乡、平南县国安瑶族乡、上思县南屏瑶族乡、马山县古寨瑶族乡、马山县里当瑶族乡、上林县镇圩瑶族乡、三江侗族自治县同乐苗族乡、三江侗族自治县福禄苗族乡、三江侗族自治县高基苗族乡、融水苗族自治县滚贝侗族乡、融水苗族自治县同练瑶族乡、柳州市古砦仫佬族乡、临桂县宛田瑶族乡、临桂县黄沙瑶族乡、灵川县大境瑶族乡、灵川县兰田瑶族乡、全州县蕉江瑶族乡、全州县东山瑶族乡、兴安县华江瑶族乡、灌阳县洞井瑶族乡、灌阳县西山瑶族乡、资源县车田苗族乡、资源县两水苗族乡、资源县河口瑶族乡、平乐县大发瑶族乡、荔浦县蒲芦瑶族乡、桂林市雁山区草坪回族乡、百色市汪甸瑶族乡、田东县作登瑶族乡、田林县潞城瑶族乡、田林县利周瑶族乡、田林县八桂瑶族乡、田林县八渡瑶族乡、凌云县伶站瑶族乡、凌云县朝里瑶族乡、凌云县沙里瑶族乡、凌云县玉洪瑶族乡、西林县足别瑶族苗族乡、西林县普合苗族乡、西林县那佐苗族乡、南丹县八圩瑶族乡、南丹县里湖瑶族乡、南丹县中堡苗族乡、天峨县八腊瑶族乡、凤山县平乐瑶族乡、凤山县江洲瑶族乡、凤山县金牙瑶族乡、东兰县三弄瑶族乡、环江毛南族自治县驯乐苗族乡、宜州市北牙瑶族乡、宜州市福龙瑶族乡

续表 3

地　区	数　量	乡镇名称
重庆市	8	奉节县云雾土家族乡、奉节县龙桥土家族乡、奉节县长安土家族乡、万州区恒河土家族乡、云阳县清水土家族乡、巫山县红椿土家族乡、巫山县邓家土家族乡、忠县磨子土家族乡
四川省	102	九龙县子耳彝族乡、九龙县三垭彝族乡、九龙县俄尔彝族乡、九龙县小金彝族乡、九龙县朵洛彝族乡、九龙县踏卡彝族乡、九龙县湾坝彝族乡、松潘县十里回族乡、松潘县进安回族乡、攀枝花市仁和区大龙潭彝族乡、攀枝花市仁和区啊喇彝族乡、米易县麻陇彝族乡、米易县白坡彝族乡、攀枝花市米易县湾丘彝族乡、米易县新山傈僳族彝族乡、攀枝花市盐边县敢鱼彝族乡、攀枝花市盐边县红果彝族乡、盐边县岩口彝族乡、盐边县哇落彝族乡、盐边县温泉彝族乡、攀枝花市盐边县箐河傈僳族乡、攀枝花市盐边县格萨拉彝族乡、盐边县岩门傈僳族乡、盐边县龙胜彝族乡、盐边县择木龙彝族乡、盐边县林海彝族乡、盐边县红宝苗族乡、盐边县高坪彝族乡、盐边县红民彝族乡、盐边县花椒箐彝族乡、攀枝花市盐边县和爱彝族乡、叙永县白蜡苗族乡、叙永县合乐苗族乡、叙永县枧槽苗族乡、叙永县石坝苗族乡、叙永县水潦苗族乡、古蔺县箭竹苗族乡、古蔺县乌龙苗族乡、古蔺县大寨苗族乡、古蔺县马嘶苗族乡、青川县蒿溪回族乡、青川县大院回族乡、金口河区和平彝族乡、金口河区共安彝族乡、阆中市博树回族乡、筠连县高坪苗族乡、筠连县联合苗族乡、筠连县团林苗族乡、屏山县屏边彝族乡、屏山县清平彝族乡、兴文县沙坝苗族乡、兴文县毓秀苗族乡、兴文县大河苗族乡、兴文县麒麟苗族乡、兴文县仙峰苗族乡、珙县罗渡苗族乡、珙县玉河苗族乡、珙县观斗苗族乡、汉源县小堡藏族彝族乡、汉源县坭美彝族乡、汉源县永利彝族乡、汉源县顺河彝族乡、汉源县片马彝族乡、石棉县安顺彝族乡、石棉县先锋彝族乡、石棉县蟹螺彝族乡、石棉县回隆彝族乡、石棉县擦罗彝族乡、石棉县栗子坪彝族乡、石棉县新民藏族彝族乡、石棉县挖角彝族藏族乡、石棉县田弯彝族乡、石棉县草科藏族乡、宝兴县跷碛藏族乡、西昌市高草回族乡、西昌市裕隆回族乡、木里藏族自治县屋脚蒙古族乡、木里藏族自治县俄亚纳西族乡、木里藏族自治县白碉苗族乡、木里藏族自治县项脚蒙古族乡、木里藏族自治县固增苗族乡、盐源县大坡蒙古族乡、德昌县金沙傈僳族乡、德昌县南山傈僳族乡、会理县新安傣族乡、冕宁县和爱藏族乡、越西县保安藏族乡、平武县木皮藏族乡、平武县木座藏族乡、平武县白马藏族乡、平武县黄羊关藏族乡、平武县虎牙藏族乡、平武县泗耳藏族乡、平武县徐塘羌族乡、平武县锁江羌族乡、平武县平南羌族乡、北川县桃龙藏族乡、盐亭县大兴回族乡、达州市渡口土家族乡、达州市龙泉土家族乡、达州市三墩土家族乡、达州市漆树土家族乡
贵州省	253	贵阳市花溪区花溪布依族苗族乡、贵阳市花溪区高坡苗族乡、贵阳市花溪区马铃布依族苗族乡、贵阳市花溪区孟关苗族布依族乡、贵阳市花溪区黔陶布依族苗族乡、贵阳市花溪区湖潮布依族苗族乡、贵阳市花溪区小碧布依族苗族乡、贵阳市乌当区偏坡布依族乡、贵阳市乌当区新堡布依族乡、贵阳市白云区都拉布依族乡、贵阳市白云区牛场布依族乡、清镇市麦格苗族布依族乡、清镇市王庄布依族苗族乡、清镇市流长苗族乡、息烽市青山苗族乡、开阳县禾丰布依族苗族乡、开阳县哨上布依族苗族乡、开阳县高寨苗族布依族乡、修文县大石布依族乡、六枝特区落别布依族彝族乡、六枝特区拆溪彝族乡、六枝特区牛场苗族彝族乡、六枝特区中寨苗族彝族布依族乡、六枝特区箐口彝族仡佬族布依族乡、六枝特区酒志彝族布依族苗族乡、六枝特区毛口布依族苗族乡、六枝特区梭戛苗族彝族乡、六枝特区陇脚布依族乡、盘县特区普田回族乡、盘县特区鸡场坪彝族乡、盘县特区旧营白族彝族苗族乡、盘县特区马场彝族苗族乡、盘县特区羊场布依族白族苗族乡、盘县特区保基苗族彝族乡、盘县特区四格彝族乡、盘县特区松河彝族乡、盘县特区坪地彝族乡、盘县特区淤泥彝族乡、盘县特区普古彝族苗族乡、钟山区月照彝族回族苗族乡、水城县坪寨彝族乡、水城县勺米彝族苗族乡、水城县比德苗族彝族乡、水城县化乐苗族彝族乡、水城县陡箐苗族彝族乡、水城县董地苗族彝族乡、水城县双戛彝族乡、水城县南开苗族彝族乡、水城县保华苗族彝族回族乡、水城县青林苗族彝族乡、水城县金盆苗族彝族乡、水城县木果彝族苗族乡、水城县发箐苗族彝族乡、水城县玉舍苗族彝族乡、水城县纸厂彝族乡、水城县杨梅彝族苗族回族乡、水城县新街彝族苗族布依族乡、水城县野钟苗族彝族布依族乡、水城县果布嘎彝族苗族布依族乡、水城县发耳布依族苗族彝族乡、水城县都格布依族苗族彝族乡、水城县鸡场布依族彝族苗族乡、水城县龙场苗族白族彝族乡、水城县营盘苗族彝族白族乡、水城县顺场苗族彝族布依族乡、水城县花戛苗族布依族彝族乡、水城县米箩布依族苗族彝族乡、水城县猴场苗族布依族乡、水城县红岩布依族彝族苗族乡、麻江县贤昌布依族乡、麻江县坝芒布依族乡、麻江县景阳布依族乡、镇远县尚寨土家族乡、岑巩县羊桥土家族乡、黎平县顺化瑶族乡、黎平县雷洞瑶族水族乡、从江县秀塘壮族乡、从江县刚边壮族乡、从江县翠里瑶族壮族乡、榕江县三江水族乡、榕江县塔石瑶族水族乡、榕江县仁里水族乡、

续表 4

地 区	数 量	乡镇名称
贵州省	253	榕江县定威水族乡、榕江县兴华水族乡、榕江县水尾水族乡、雷山县达地水族乡、都匀市基场水族乡、都匀市阳和水族乡、都匀市奉和水族乡、独山县本寨水族乡、独山县甲定水族乡、独山县翁台水族乡、平塘县卡蒲毛南族乡、荔波县瑶山瑶族乡、荔波县水利水族乡、荔波县水尧水族乡、荔波县永康水族乡、荔波县瑶麓瑶族乡、兴仁县鲁础营回族乡、晴隆县三宝彝族乡、望谟县油迈瑶族乡、遵义市洪关苗族乡、遵义市平正仡佬族乡、桐梓县马鬃苗族乡、余庆县花山苗族乡、仁怀县后山苗族布依族乡、正安县谢坝仡佬族苗族乡、正安县市坪苗族仡佬族乡、道真县上坝土家族乡、安顺市西秀区新场布依族苗族乡、安顺市西秀区鸡场布依族苗族乡、安顺市西秀区岩腊苗族布依族乡、安顺市西秀区杨武布依族苗族乡、安顺市西秀区黄腊布依族苗族乡、平坝县十字回族苗族乡、平坝县羊昌布依族苗族乡、普定县坪上苗族彝族布依族乡、普定县补郎苗族乡、普定县猫洞苗族仡佬族乡、普定县猴场苗族仡佬族乡、毕节市田坎彝族乡、毕节市大屯彝族乡、毕节市阿市苗族彝族乡、毕节市团结彝族苗族乡、毕节市千溪彝族苗族白族乡、毕节市阴底彝族苗族白族乡、黔西县花溪彝族苗族乡、黔西县定新彝族苗族乡、黔西县协和彝族苗族乡、黔西县钟山布依族彝族乡、黔西县绿化白族彝族乡、黔西县新仁苗族乡、黔西县红林彝族苗族乡、黔西县沙井苗族彝族仡佬族乡、黔西县中建苗族彝族乡、黔西县仁和彝族苗族乡、黔西县永燊彝族苗族乡、黔西县太来彝族苗族乡、黔西县铁石苗族彝族乡、黔西县金坡苗族彝族满族乡、黔西县五里布依族苗族乡、大方县竹园彝族苗族乡、大方县响水白族彝族仡佬族乡、大方县鼎新彝族苗族乡、大方县牛场苗族彝族乡、大方县理化苗族彝族乡、大方县安乐彝族仡佬族乡、大方县凤山彝族蒙古族乡、大方县百纳彝族乡、大方县三元彝族苗族白族乡、大方县普底彝族苗族白族乡、大方县沙厂彝族乡、大方县大水彝族苗族布依族乡、大方县黄泥彝族苗族蒙古族乡、大方县核桃苗族白族乡、大方县八堡彝族苗族乡、大方县兴隆苗族乡、大方县大山苗族彝族乡、大方县星宿苗族彝族仡佬族乡、金沙县石场苗族彝族乡、金沙县太平彝族苗族乡、金沙县箐门苗族彝族仡佬族乡、金沙县马路彝族苗族乡、金沙县安洛苗族彝族满族乡、金沙县绿化苗族彝族满族乡、金沙县大田彝族苗族布依族乡、织金县三甲白族苗族乡、织金县宫寨苗族乡、织金县金龙苗族彝族布依族乡、织金县鸡场苗族彝族布依族乡、织金县自强苗族乡、织金县茶店 布依族苗族彝族乡、织金县太平苗族彝族乡、织金县后寨苗族乡、纳雍县新房彝族苗族乡、纳雍县库东关彝族苗族白族乡、纳雍县董地苗族彝族乡、纳雍县化作苗族彝族乡、纳雍县姑开苗族彝族乡、纳雍县羊场苗族彝族乡、纳雍县锅圈岩苗族彝族乡、纳雍县昆寨苗族彝族白族乡、纳雍县左鸠戛彝族苗族乡、纳雍县猪场苗族彝族乡、威宁县新发布依族乡、赫章县兴发苗族彝族回族乡、赫章县松林白族彝族苗族乡、赫章县雉街彝族苗族乡、赫章县珠市彝族乡、赫章县双坪彝族乡、赫章县辅处彝族苗族乡、赫章县铁匠苗族乡、赫章县可乐彝族满族乡、赫章县河镇彝族苗族乡、赫章县结构彝族苗族乡、赫章县水塘堡彝族苗族乡、赫章县古达苗族彝族乡、铜仁市桐木坪侗族乡、铜仁市鱼塘侗族土家族苗族乡、铜仁市大坪侗族土家族苗族乡、铜仁市和平土家族侗族乡、铜仁市滑石侗族苗族土家族乡、铜仁市瓦层侗族乡、铜仁市六龙山侗族土家族乡、江口县太平土家族苗族乡、江口县桃映土家族苗族乡、江口县民和侗族土家族苗族乡、江口县德旺土家族苗族乡、江口县官和侗族土家族苗族乡、江口县怒溪土家族苗族乡、江口县坝盘土家族侗族苗族乡、石阡县青阳苗族仡佬族侗族乡、石阡县枫香仡佬族侗族乡、石阡县坪地仡佬族侗族乡、石阡县龙井侗族仡佬族乡、石阡县石固仡佬族侗族乡、石阡县坪山仡佬族侗族乡、石阡县甘溪仡佬族侗族乡、石阡县聚凤仡佬族侗族乡、石阡县大沙坝仡佬族侗族乡、思南县大河坝土家族苗族乡、思南县思林土家族苗族乡、思南县东华土家族苗族乡、思南县胡家湾苗族土家族乡、思南县宽坪土家族苗族乡、思南县亭子坝土家族苗族乡、思南县枫芸土家族苗族乡、思南县香坝土家族苗族乡、思南县长坝苗族土家族乡、思南县板桥苗族土家族乡、思南县三道水土家族苗族乡、思南县天桥土家族苗族乡、思南县兴隆土家族苗族乡、思南县杨家坳苗族土家族乡、德江县泉口土家族乡、德江县楠杆土家族乡、德江县复兴土家族乡、德江县合兴土家族乡、德江县河溪土家族乡、德江县长堡土家族乡、德江县桶井土家族乡、德江县共和土家族乡、德江县荆角土家族乡、德江县长丰土家族乡、德江县平原土家族乡、德江县高山土家族乡、德江县藏家土家族乡、德江县龙泉土家族乡、德江县堰塘土家族乡、万山特区下溪侗族乡、万山特区敖寨侗族乡、万山特区高楼坪侗族乡、万山特区黄道侗族乡

续表 5

地　区	数　量	乡镇名称
云南省	175	昆明市五华区沙朗白族乡、富民县罗免彝族苗族乡、晋宁县夕阳彝族乡、晋宁县双河彝族乡、官渡区阿拉彝族乡、宜良县九乡彝族回族乡、宜良县耿家彝族苗族乡、昭通市昭阳区守望回族乡、昭通市昭阳区小龙洞回族彝族乡、昭通市昭阳区布嘎回族乡、昭通市昭阳区青冈岭回族彝族乡、鲁甸县桃源回族乡、鲁甸县茨院回族乡、大关县上高桥回族彝族苗族乡、永善县马楠苗族彝族乡、永善县伍寨彝族苗族乡、镇雄县坡头彝族苗族白族乡、镇雄县果珠彝族乡、镇雄县林口彝族苗族乡、镇雄县以古彝族苗族乡、彝良县龙街苗族彝族乡、彝良县奎香苗族彝族乡、彝良县树林彝族苗族乡、彝良县柳溪苗族乡、彝良县洛旺苗族乡、威信县双河苗族彝族乡、师宗县龙庆彝族壮族乡、师宗县五龙壮族乡、师宗县高良壮族苗族瑶族乡、罗平县长底布依族乡、罗平县旧屋基彝族乡、罗平县鲁布革布依族苗族乡、富源县古敢水族乡、会泽县新街回族乡、南华县雨露白族乡、大姚县湾碧傈僳族傣族乡、永仁县永兴傣族乡、武定县东坡傣族乡、玉溪市红塔区小石桥彝族乡、玉溪市红塔区洛河彝族乡、江川县安化彝族乡、通海县高大傣族彝族乡、通海县里山彝族乡、通海县兴蒙蒙古族乡、华宁县通红甸彝族苗族乡、易门县十街彝族乡、易门县浦贝彝族乡、易门县铜厂彝族乡、河口瑶族自治县桥头苗族壮族乡、金平苗族瑶族傣族自治县者米拉祜族乡、蒙自县期路白苗族乡、蒙自县老寨苗族乡、开远市大庄回族乡、文山县东山彝族乡、文山县红甸回族乡、文山县秉烈彝族乡、文山县柳井彝族乡、文山县追栗街彝族乡、文山县坝心彝族乡、砚山县阿舍彝族乡、砚山县维末彝族乡、砚山县盘龙彝族乡、砚山县干河彝族乡、丘北县舍得彝族乡、丘北县新店彝族乡、丘北县树皮彝族乡、丘北县八道哨彝族乡、丘北县腻脚彝族乡、麻栗坡县猛硐瑶族乡、富宁县洞波瑶族乡、澜沧拉祜族自治县酒井哈尼族乡、澜沧拉祜族自治县发展河哈尼族乡、澜沧拉祜族自治县惠民哈尼族乡、澜沧拉祜族自治县谦六彝族乡、澜沧拉祜族自治县文东佤族乡、澜沧拉祜族自治县安康佤族乡、澜沧拉祜族自治县雪林佤族乡、思茅市云仙彝族乡、思茅市龙潭彝族傣族乡、墨江哈尼族自治县孟弄彝族乡、墨江哈尼族自治县鱼塘彝族乡、西盟佤族自治县力所拉祜族乡、大理市太邑彝族乡、鹤庆县六合彝族乡、宾川县拉乌彝族乡、宾川县拉乌彝族乡、祥云县东山彝族乡、弥渡县牛街彝族乡、永平县北斗彝族乡、永平县厂街彝族乡、永平县水泄彝族乡、云龙县表村傈僳族乡、云龙县团结彝族乡、华坪县永兴傈僳族乡、华坪县通达傈僳族乡、华坪县新庄傈僳族傣族乡、华坪县石龙坝彝族傈僳族乡、华坪县船房傈僳族傣族乡、永胜县羊坪彝族乡、永胜县东山傈僳族彝族乡、永胜县东风傈僳族乡、永胜县六德傈僳族彝族乡、永胜县大安彝族纳西族乡、永胜县光华傈僳族彝族乡、永胜县松坪傈僳族彝族乡、宁蒗彝族自治县翠玉傈僳族普米族乡、丽江市古城区金山白族乡、丽江市古城区金江白族乡、玉龙纳西族自治县九河白族乡、玉龙纳西族自治县石头白族乡、玉龙纳西族自治县黎明傈僳族乡、保山市隆阳区瓦窑白族彝族乡、保山市隆阳区瓦马彝族白族乡、保山市隆阳区汶上彝族苗族乡、保山市隆阳区瓦房彝族乡、保山市隆阳区杨柳白族彝族乡、保山市隆阳区潞江傣族乡、保山市隆阳区芒宽彝族傣族乡、施甸县摆榔彝族布朗族乡、施甸县木老元布朗族彝族乡、腾冲县荷花傣族佤族乡、龙陵县木城彝族傈僳族乡、昌宁县朱街彝族乡、昌宁县苟街彝族苗族乡、保山市昌宁县湾甸傣族乡、陇川县户撒阿昌族乡、潞西县三台山德昂族乡、梁河县囊宋阿昌族乡、梁河县九保阿昌族乡、福贡县匹河怒族乡、泸水县洛本卓白族乡、泸水县老窝白族乡、中甸县三坝纳西族乡、德钦县霞若傈僳族乡、德钦县拖顶傈僳族乡、凤庆县新华彝族苗族乡、凤庆县腰街彝族乡、凤庆县郭大寨彝族白族乡、云县栗树彝族傣族乡、云县忙怀彝族布朗族乡、云县后箐彝族乡、永德县大雪山彝族拉祜族傣族乡、永德县乌木龙彝族乡、临翔区平村彝族傣族乡、临翔区霖南美拉祜族乡、耿马傣族佤族自治县芒洪拉祜族布朗族乡、沧源佤族自治县勐角傣族彝族拉祜族乡、镇康县军赛佤族拉祜族傈僳族德昂族乡、景洪市基诺山基诺族乡、景洪市景哈哈尼族乡、勐腊县瑶区瑶族乡、勐腊县象明彝族乡、勐海县格朗和哈尼族乡、勐海县布朗山布朗族乡、勐海县西定哈尼族乡
西藏自治区	8	错那县麻玛门巴族乡、错那县贡日门巴族乡、错那县基巴门巴族乡、错那县勒布区勒门巴族乡、林芝县排龙门巴族乡、米林县南伊珞巴族乡、墨脱县达木珞巴族乡、芒康县下盐井纳西族乡
陕西省	3(其中民族镇3)	安县西口回族镇、镇安县茅坪回族镇、宁陕县江口回族镇

续表 6

地　区	数　量	乡镇名称
甘肃省	29	临夏县井沟东乡族乡、和政县梁家寺东乡族乡、临夏县安家坡东乡族乡、广河县阿里麻土东乡族乡、临潭县长川回族乡、临潭县卓洛回族乡、临潭县古战回族乡、卓尼县勺哇土族乡、文县铁楼藏族乡、武都县坪垭藏族乡、武都县磨坝藏族乡、宕昌县新城子藏族乡、酒泉市黄泥堡裕固族乡、玉门市小金湾东乡族乡、会宁县新添堡回族乡、正宁县五顷源回族乡、平凉市峡门回族乡、华亭县神峪回族乡、华亭县山寨回族乡、平凉市白庙回族乡、平凉市大秦回族乡、平凉市寨河回族乡、平凉市大寨回族乡、平凉市西阳回族乡、平凉市上杨回族乡、肃南裕固族自治县祁丰藏族乡、肃南裕固族自治县马蹄藏族乡、肃南裕固族自治县白银蒙古族乡、张掖市平山湖蒙古族乡
青海省	30	大通回族土族自治县朔北藏族乡、大通回族土族自治县向化藏族乡、湟中县群加藏族乡、湟中县大才回族乡、湟中县汉东回族乡、湟源县日月藏族乡、平安县古城回族乡、平安县沙沟回族乡、平安县巴藏沟回族乡、平安县石灰窑回族乡、平安县洪水泉回族乡、民和回族土族自治县杏儿藏族乡、乐都县下营藏族乡、乐都县中坝藏族乡、乐都县达拉土族乡、互助土族自治县松多藏族乡、互助土族自治县巴扎藏族乡、化隆回族自治县支扎藏族乡、化隆回族自治县雄先藏族乡、化隆回族自治县查甫藏族乡、化隆回族自治县金源藏族乡、化隆回族自治县塔加藏族乡、循化撒拉族自治县道帏藏族乡、循化撒拉族自治县尕楞藏族乡、循化撒拉族自治县岗察藏族乡、循化撒拉族自治县文都藏族乡、贵德县新街回族乡、门源回族自治县皇城蒙古族乡、海晏县哈勒景蒙古族乡、海晏县托勒蒙古族乡
新疆维吾尔自治区	42	鄯善县东巴回族乡、皮山县瑙阿巴提塔吉克族乡、皮山县康克尔柯尔克孜族乡、和硕县乌什塔拉回族乡、奇台县大泉塔塔尔族乡、奇台县五马场哈萨克族乡、奇台县乔仁哈萨克族乡、木垒哈萨克自治县大南沟乌孜别克族乡、玛纳斯县旱卡子滩哈萨克族乡、玛纳斯县塔西河哈萨克族乡、玛纳斯县清水河哈萨克族乡、阜康市三工河哈萨克族乡、阜康市上户沟哈萨克族乡、昌吉市阿什里哈萨克族乡、呼图壁县石梯子哈萨克族乡、米泉市白杨河哈萨克族乡、阿克陶县塔尔塔吉克族乡、塔什库尔干塔吉克自治县科克亚柯尔克孜族乡、泽普县布依鲁克塔吉克族乡、莎车县孜热普提塔吉克族乡、察布查尔锡伯自治县米粮泉回族乡、特克斯县科克铁热克柯尔克孜族乡、特克斯县呼吉尔特蒙古族乡、伊宁县愉群翁回族乡、尼勒克县科克浩特浩尔蒙古族乡、霍城县伊车嘎善锡伯族乡、霍城县三宫回族乡、昭苏县胡松图喀尔逊蒙古族乡、昭苏县察汗乌苏蒙古族乡、昭苏县夏特柯尔克孜族乡、塔城市阿西尔达斡尔族乡、乌苏市塔布勒合特蒙古族乡、乌苏市吉尔格勒特郭楞蒙古族乡、额敏县额玛勒特郭楞蒙古族乡、额敏县霍吉尔特蒙古族乡、乌什县雅曼苏柯尔克孜族乡、温宿县博孜东柯尔克孜族乡、伊吾县前山哈萨克族乡、哈密市德外里克哈萨克族乡、哈密市乌拉台哈萨克族乡、布尔津县乔木哈纳斯蒙古族乡、阿勒泰市汗德尕特蒙古族乡

注：1. 名单顺序按民政部编《中华人民共和国行政区划简册》排列。

2. 统计口径一沿陆地国境线的县级行政区划为单位。

3. 资料截止时间为 2006 年 12 月 31 日。

4. 新疆生产建设兵团 56 个边境团场暂未列入本表。

■ 中国市辖民族区一览表

地　区	市辖民族区名称
内蒙古自治区	呼和浩特市回族区
黑龙江省	齐齐哈尔市梅里斯达斡尔族区
河南省	郑州市管城回族区 洛阳市瀍河回族区 开封市顺河回族区

注：全国现有市辖"民族区"5 个。

中国陆地边境县、牧区半农半牧区县、民族贸易县、民族自治地方

■ 中国陆地边境县(旗)、市(市辖区)一览表

地区	自治州(盟、地、市)	县、旗、市(市辖区)
内蒙古自治区	包头市	达尔罕茂明安联合旗
	乌兰察布市	四子王旗
	锡林郭勒盟	二连浩特市　阿巴嘎旗　东乌珠穆沁旗　苏尼特左旗　苏尼特右旗
	呼伦贝尔市	满洲里市　额尔古纳市　陈巴尔虎旗　新巴尔虎左旗　新巴尔虎右旗
	巴彦淖尔市	乌拉特中旗　乌拉特后旗
	阿拉善盟	阿拉善左旗　阿拉善右旗　额济纳旗
	兴安盟	阿尔山市　科尔沁右翼前旗
辽宁省	丹东市	振安区　元宝区　振兴区　东港市　宽甸满族自治县
吉林省	通化市	集安市
	白山市	浑江区　临江市　抚松县　长白朝鲜族自治县
	延边朝鲜族自治州	图们市　龙井市　珲春市　和龙市　安图县
黑龙江省	鹤岗市	萝北县　绥滨县
	双鸭山市	饶河县
	鸡西市	虎林市密山市鸡东县
	伊春市	嘉荫县
	牡丹江市	穆棱市绥芬河市　东宁县
	佳木斯市	同江市　抚远县
	黑河市	爱辉区　逊克县　孙吴县
	大兴安岭地区	呼玛县　塔河县　漠河县
广西壮族自治区	防城港市	防城区　东兴市
	崇左市	凭祥市　大新县　宁明县　龙州县
	百色市	靖西县　那坡县
云南省	思茅市	澜沧拉祜族自治县　江城哈尼族彝族自治县　西盟佤族自治县　孟连傣族拉祜族佤族自治县
	临沧市	镇康县　沧源佤族自治县　耿马傣族佤族自治县
	保山市	龙陵县　腾冲县
	文山壮族苗族自治州	麻栗坡县　马关县　富宁县
	红河哈尼族彝族自治州	绿春县　金平苗族瑶族傣族自治县　河口瑶族自治县
	西双版纳傣族自治州	景洪市　勐海县　勐腊县
	德宏傣族景颇族自治州	潞西市　瑞丽市　盈江市　陇川县
	怒江傈僳族自治州	泸水县　福贡县　贡山独龙族怒族自治县

续表

<table>
<tr><th>地区</th><th>自治州(盟、地、市)</th><th colspan="2">县、旗、市(市辖区)</th></tr>
<tr><td rowspan="4">西藏自治区</td><td>山南地区</td><td colspan="2">洛札县　错那县　浪卡子县</td></tr>
<tr><td>日喀则地区</td><td colspan="2">定结县　定日县　康马县　聂拉木县　吉隆县　亚东县　岗巴县　仲巴县　萨嘎县</td></tr>
<tr><td>阿里地区</td><td colspan="2">噶尔县　普兰县　日土县　札达县</td></tr>
<tr><td>林芝地区</td><td colspan="2">墨脱县　察隅县</td></tr>
<tr><td>甘肃省</td><td>酒泉市</td><td colspan="2">肃北蒙古族自治县</td></tr>
<tr><td rowspan="10">新疆维吾尔自治区</td><td>哈密地区</td><td colspan="2">哈密市　伊吾县　巴里坤哈萨克自治县</td></tr>
<tr><td>和田地区</td><td colspan="2">和田县　皮山县</td></tr>
<tr><td>阿克苏地区</td><td colspan="2">温宿县　乌什县</td></tr>
<tr><td>喀什地区</td><td colspan="2">叶城县　塔什库尔干塔吉克自治县</td></tr>
<tr><td>克孜勒苏柯尔克孜自治州</td><td colspan="2">阿图什市　阿合奇县　乌恰县　阿克陶县</td></tr>
<tr><td>昌吉回族自治州</td><td colspan="2">奇台县　木垒哈萨克自治县</td></tr>
<tr><td>博尔塔拉蒙古自治州</td><td colspan="2">博乐市　温泉县</td></tr>
<tr><td rowspan="3">伊犁哈萨克自治州</td><td colspan="2">昭苏县　霍城县　察布查尔锡伯自治县</td></tr>
<tr><td>塔城地区</td><td>塔城市　额敏县　裕民县　托里县　和布克赛尔蒙古自治县</td></tr>
<tr><td>阿勒泰地区</td><td>阿勒泰市　青河县　吉木乃县　富蕴县　布尔津县　福海县　哈巴河县</td></tr>
</table>

注:1. 名单顺序按民政部编《中华人民共和国行政区划简册》排列。

2. 统计口径以沿陆地国境线的县级行政区划为单位。

3. 资料截止时间为 2006 年 12 月 31 日。

4. 新疆建设兵团 56 个边境团场暂未列入本表。

■ 中国牧区、半农半牧区县(旗)一览表

地 区	分 类	县 数	县(旗)名单
河北	半农半牧区	6	张北、康保、沽源、尚义、丰宁、围场
山西	半农半牧区	1	右玉
内蒙古	牧区	33	阿鲁科尔沁、巴林右、巴林左、克什克腾、翁牛特、鄂温克、新巴尔虎右、新巴尔虎左、陈巴尔虎、科尔沁右翼中、科尔沁左翼中、科尔沁左翼后、扎鲁特、锡林浩特市、阿巴嘎、苏尼特左、苏尼特右、东乌珠穆沁、西乌珠穆沁、镶黄、正镶白、正蓝、达茂、四子王、鄂托克前、鄂托克、杭锦、乌审、乌拉特中、乌拉特后、阿拉善左、阿拉善右、额济纳
	半农半牧区	20	林西、敖汉、扎兰屯市、阿荣、莫力达瓦、科尔沁右翼前、扎赉特、突泉、开鲁、库伦、奈曼、太仆寺、察右中、察右后、东胜市、达拉特、准格尔、伊金霍洛、磴口、乌拉特前
辽宁	半农半牧区	6	阜新、彰武、康平、北票市、建平、喀左
吉林	牧区	1	通榆
	半农半牧区	7	双辽、扶余、长岭、前郭尔罗斯、大安、镇赉、乾安
黑龙江	牧区	7	龙江、甘南、杜尔伯特、富裕、安达、青冈、肇源
	半农半牧区	8	泰来、林甸、同江、虎林、肇东、兰西、肇州、明水
四川	牧区	10	松潘、壤塘、阿坝、若尔盖、红原、德格、白玉、石渠、色达、理塘
	半农半牧区	38	汶川、理县、茂县、九寨沟、金川、小金、黑水、马尔康、康定、泸定、丹巴、九龙、雅江、道孚、炉霍、甘孜、新龙、巴塘、乡城、稻城、得荣、西昌市、木里、盐源、德昌、会理、会东、宁南、普格、布拖、金阳、昭觉、喜德、冕宁、越西、甘洛、美姑、雷波
西藏	牧区	13	当雄、仲巴、萨嘎、那曲、嘉黎、聂荣、安多、申扎、班戈、巴青、革吉、改则、措勤
	半农半牧区	24	林周、昌都、江达、贡觉、类乌齐、丁青、察雅、八宿、曲松、措美、错那、昂仁、谢通门、比如、索县、普兰、札达、噶尔、日土、工布江达、浪卡子、康马、亚东、岗巴
甘肃	牧区	7	肃北、阿克塞、肃南、天祝、玛曲、碌曲、夏河
	半农半牧区	12	永登、永昌、靖远、安西、山丹、民勤、漳县、岷县、环县、华池、卓尼、迭部
青海	牧区	26	祁连、海晏、刚察、泽库、河南、共和、同德、兴海、贵南、玛沁、班玛、甘德、达日、久治、玛多、玉树、杂多、称多、治多、囊谦、曲麻莱、格尔木市、德令哈市、乌兰、都兰、天峻
	半农半牧区	4	门源、同仁、尖扎、贵德
宁夏	牧区	1	盐池
	半农半牧区	2	同心、海原
新疆	牧区	22	伊吾、木垒、温泉、和静、阿合奇、乌恰、塔什库尔干、民丰、新源、昭苏、特克斯、尼勒克、托里、裕民、和布克赛尔、阿勒泰市、布尔津、富蕴、福海、哈巴河、青河、吉木乃
	半农半牧区	15	乌鲁木齐、哈密、巴里坤、奇台、博乐市、精河、尉犁、且末、和硕、温宿、沙雅、阿克陶、巩留、塔城市、额敏

民族自治地方国家扶贫工作重点县一览表

地 区	数 量	县(旗、市)名称
河北	5	丰宁满族自治县、宽城满族自治县、围场满族蒙古族自治县、青龙满族自治县、孟村回族自治县
内蒙古	31	托克托县、武川县、和林格尔县、清水河县、固阳县、达尔罕茂明安联合旗、宁城县、林西县、巴林左旗、巴林右旗、克什克腾旗、翁牛特旗、喀喇沁旗、敖汉旗、库伦旗、奈曼旗、科尔沁右翼中旗、扎赉特旗、多伦县、太仆寺旗、化德县、商都县、察哈尔右翼前旗、察哈尔右翼中旗、察哈尔右翼后旗、四子王旗、准格尔旗、鄂托克前旗、杭锦旗、乌审旗、伊金霍洛旗
吉林	4	龙井市、和龙市、汪清县、安图县
黑龙江	1	杜尔伯特蒙古族自治县
湖北	9	长阳土家族自治县、恩施市、利川市、建始县、巴东县、宣恩县、咸丰县、来凤县、鹤峰县
湖南	11	桑植县、江华瑶族自治县、城步苗族自治县、通道侗族自治县、泸溪县、凤凰县、花垣县、保靖县、古丈县、永顺县、龙山县
广西	28	龙胜各族自治县、隆安县、马山县、天等县、龙州县、田东县、平果县、德保县、靖西县、那坡县、凌云县、乐业县、西林县、田林县、隆林各族自治县、南丹县、天峨县、凤山县、东兰县、巴马瑶族自治县、都安瑶族自治县、大化瑶族自治县、罗城仫佬族自治县、环江毛南族自治县、忻城县、三江侗族自治县、融水苗族自治县、金秀瑶族自治县
海南	5	五指山市、白沙黎族自治县、琼中黎族苗族自治县、陵水黎族自治县、保亭黎族苗族自治县
重庆	5	黔江区、石柱土家族自治县、彭水苗族土家族自治县、酉阳土家族苗族自治县、秀山土家族苗族自治县
四川	20	马边彝族自治县、小金县、黑水县、壤塘县、雅江县、新龙县、石渠县、色达县、理塘县、盐源县、普格县、布拖县、金阳县、昭觉县、喜德县、越西县、甘洛县、美姑县、雷波县、木里藏族自治县
贵州	36	道真仡佬族苗族自治县、务川仡佬族苗族自治县、关岭布依族苗族自治县、镇宁布依族苗族自治县、紫云苗族布依族自治县、威宁彝族回族苗族自治县、印江土家族苗族自治县、沿河土家族自治县、松桃苗族自治县、黄平县、施秉县、三穗县、岑巩县、天柱县、锦屏县、剑河县、台江县、黎平县、榕江县、从江县、雷山县、麻江县、丹寨县、荔波县、独山县、平塘县、罗甸县、长顺县、三都水族自治县、兴仁县、普安县、晴隆县、贞丰县、望谟县、册亨县、安龙县
云南	51	禄劝彝族苗族自治县、寻甸回族彝族自治县、宁蒗彝族自治县、普洱哈尼族彝族自治县、墨江哈尼族自治县、景东彝族自治县、镇沅彝族哈尼族拉祜族自治县、江城哈尼族彝族自治县、孟连傣族拉祜族佤族自治县、澜沧拉祜族自治县、西盟佤族自治县、双江拉祜族佤族布朗族傣族自治县、沧源佤族自治县、梁河县、泸水县、福贡县、贡山独龙族怒族自治县、兰坪白族普米族自治县、香格里拉县、德钦县、维西傈僳族自治县、弥渡县、永平县、云龙县、洱源县、剑川县、鹤庆县、漾濞彝族自治县、南涧彝族自治县、巍山彝族回族自治县、双柏县、南华县、姚安县、大姚县、永仁县、武定县、绿春县、泸西县、元阳县、红河县、金平苗族瑶族傣族自治县、屏边苗族自治县、文山县、砚山县、西畴县、麻栗坡县、马关县、丘北县、广南县、富宁县、勐腊县
甘肃	14	张家川回族自治县、天祝藏族自治县、临夏县、康乐县、永靖县、广河县、和政县、东乡族自治县、积石山保安族东乡族撒拉族自治县、合作市、临潭县、卓尼县、舟曲县、夏河县
青海	12	大通回族土族自治县、民和回族土族自治县、化隆回族自治县、循化撒拉族自治县、尖扎县、泽库县、甘德县、达日县、玉树县、杂多县、治多县、囊谦县
宁夏	8	盐池县、同心县、固原县、海原县、西吉县、隆德县、泾源县、彭阳县
新疆	27	疏附县、疏勒县、英吉沙县、莎车县、叶城县、岳普湖县、伽师县、塔什库尔干塔吉克自治县、乌什县、柯坪县、和田县、墨玉县、皮山县、洛浦县、策勒县、于田县、民丰县、巴里坤哈萨克自治县、阿图什市、阿克陶县、阿合奇县、乌恰县、尼勒克县、察布查尔锡伯自治县、托里县、青河县、吉木乃县
西藏	74	拉萨市城关区、林周县、当雄县、尼木县、曲水县、堆龙德庆县、达孜县、墨竹工卡县、那曲县、嘉黎县、比如县、聂荣县、安多县、申扎县、索县、班戈县、巴青县、尼玛县、昌都县、江达县、贡觉县、类乌齐县、丁青县、察雅县、八宿县、左贡县、芒康县、洛隆县、边坝县、林芝县、工布江达县、米林县、墨脱县、波密县、察隅县、朗县、乃东县、扎囊县、贡嘎县、桑日县、琼结县、曲松县、措美县、洛扎县、加查县、隆子县、错那县、浪卡子县、日喀则市、南木林县、江孜县、定日县、萨迦县、拉孜县、昂仁县、谢通门县、白朗县、仁布县、康马县、定结县、仲巴县、亚东县、吉隆县、聂拉木县、萨嘎县、岗巴县、樟木口岸办事处、噶尔县、普兰县、札达县、日土县、革吉县、改则县、措勤县

中国民族贸易县(旗)、市一览表

地　区	数　量	县(旗、市)名称
河北	5	青龙满族自治县、丰宁满族自治县、围场满族蒙古族自治县、宽城满族自治县、孟村回族自治县
内蒙古	57	苏尼特左旗、阿巴嘎旗、西乌珠穆沁旗、镶黄旗、正镶白旗、正蓝旗、苏尼特右旗、东乌珠穆沁旗、多伦县、太仆寺旗、达尔罕茂明安联合旗、四子王旗、商都县、化德县、察哈尔右翼前旗、察哈尔右翼右旗、察哈尔右翼后旗、乌拉特中旗、乌拉特后旗、鄂托克旗、杭锦旗、准格尔旗、乌审旗、伊金霍洛旗、鄂托克前旗、林西县、巴林右旗、阿鲁科尔沁旗、克什克腾旗、翁牛特旗、巴林左旗、宁城县、敖汉旗、喀喇沁旗、科尔沁右翼前旗、扎赉特旗、科尔沁左翼后旗、科尔沁右翼中旗、库伦旗、奈曼旗、扎鲁特旗、陈巴尔虎旗、新巴尔虎左旗、新巴尔虎右旗、额尔古纳左旗、鄂温克族自治旗、莫力达瓦达斡尔族自治旗、鄂伦春自治旗、阿拉善左旗、阿拉善右旗、额济纳旗、科尔沁左翼中旗、托克托县、清水河县、武川县、和林格尔县、固阳县
辽宁	5	阜新蒙古族自治县、喀喇沁左翼蒙古族自治县、新宾满族自治县、岫岩满族自治县、桓仁满族自治县
吉林	3	安图县、长白朝鲜族自治县、龙井市、和龙市、汪清县
黑龙江	1	杜尔伯特蒙古族自治县
浙江	1	景宁畲族自治县
湖北	10	来凤县、鹤峰县、咸丰县、利川市、巴东县、建始县、宣恩县、恩施市、五峰土家族自治县、长阳土家族自治县
湖南	12	龙山县、桑植县、永顺县、保靖县、花垣县、古丈县、泸溪县、凤凰县、新晃侗族自治县、通道侗族自治县、城步苗族自治县、江华瑶族自治县
广东	3	连山壮族瑶族自治县、连南瑶族自治县、乳源瑶族自治县
广西	34	那坡县、凌云县、乐业县、西林县、隆林各族自治县、平果县、田林县、德保县、靖西县、田东县、马山县、上林县、天等县、大新县、龙州县、宁明县、隆安县、上思县、巴马瑶族自治县、环江毛南族自治县、罗城仫佬族自治县、东兰县、凤山县、都安瑶族自治县、天峨县、南丹县、大化瑶族自治县、金秀瑶族自治县、融水苗族自治县、三江侗族自治县、忻城县、资源县、龙胜各族自治县、富川瑶族自治县
海南	8	保亭黎族苗族自治县、白沙黎族自治县、乐东黎族自治县、琼中黎族苗族自治县、东方黎族自治县、陵水黎族自治县、昌江黎族自治县、通什市
重庆	5	酉阳土家族苗族自治县、秀山土家族苗族自治县、黔江区、彭水苗族土家族自治县、石柱土家族自治县
四川	51	马尔康县、茂县、红原县、阿坝县、汶川县、若尔盖县、理县、黑水县、小金县、松潘县、金川县、九寨沟县、壤塘县、峨边彝族自治县、马边彝族自治县、冕宁县、宁南县、德昌县、会东县、会理县、昭觉县、金阳县、甘洛县、布拖县、普格县、喜德县、雷波县、越西县、美姑县、木里藏族自治县、盐源县、米易县、盐边县、康定县、九龙县、炉霍县、甘孜县、雅江县、新龙县、道孚县、白玉县、理塘县、德格县、乡城县、石渠县、稻城县、色达县、巴塘县、泸定县、德荣县、丹巴县

续表

地　区	数　量	县(旗、市)名称
贵州	51	道真仡佬族苗族自治县、剑河县、台江县、黎平县、榕江县、从江县、雷山县、丹寨县、黄平县、锦屏县、天柱县、麻江县、施秉县、镇远县、三穗县、岑巩县、荔波县、罗甸县、惠水县、三都水族自治县、平塘县、独山县、长顺县、贵定县、龙里县、福泉县、瓮安县、松桃苗族自治县、沿河土家族自治县、印江土家族苗族自治县、卢丰县、望谟县、册亨县、安龙县、晴隆县、兴仁县、普安县、威宁彝族回族苗族自治县、赫章县、纳雍县、镇宁布依族苗族自治县、紫云苗族布依族自治县、关岭布依族苗族自治县、大方县、黔西县、织金县、金沙县、水城县、盘县特区、六枝特区、务川仡佬族苗族自治县
云南	68	富宁县、麻栗坡县、马关县、文山县、砚山县、丘北县、广南县、西畴县、屏边苗族自治县、河口瑶族自治县、金平苗族瑶族傣族自治县、绿春县、元阳县、红河县、泸西县、石屏县、武定县、禄劝彝族自治县、石林彝族自治县、巍山彝族回族自治县、南涧彝族自治县、漾濞彝族自治县、剑川县、鹤庆县、云龙县、弥渡县、洱源县、祥云县、宾川县、永平县、景谷傣族彝族自治县、江城哈尼族彝族自治县、孟连傣族拉祜族佤族自治县、西盟佤族自治县、澜沧拉祜族自治县、墨江哈尼族自治县、峨山彝族自治县、新平彝族傣族自治县、元江哈尼族彝族傣族自治县、勐海县、勐腊县、潞西县、陇川县、盈江县、梁河县、福贡县、泸水县、贡山独龙族怒族自治县、兰坪白族普米族自治县、香格里拉县、维西傈僳族自治县、德钦县、宁蒗彝族自治县、丽江纳西族自治县、耿马傣族佤族自治县、镇康县、沧源佤族自治县、双江拉祜族佤族布朗族傣族自治县、寻甸回族彝族自治县、景东彝族自治县、镇源彝族哈尼族拉祜族自治县、龙陵县、南华县、牟定县、大姚县、双柏县、永仁县、姚安县
甘肃	20	张家川回族自治县、临潭县、舟曲县、玛曲县、夏河县、卓尼县、迭部县、碌曲县、临夏市、临夏县、永靖县、和政县、康乐县、广河县、东乡族自治县、积石山保安族东乡族撒拉族自治县、天祝藏族自治县、肃南裕固族自治县、肃北蒙古族自治县、阿克塞哈萨克族自治县
青海	33	门源回族自治县、祁连县、刚察县、海晏县、尖扎县、同仁县、河南蒙古族自治县、泽库县、贵德县、同德县、兴海县、贵南县、共和县、玛沁县、班玛县、甘德县、达日县、久治县、玛多县、玉树县、杂多县、称多县、治多县、囊谦县、曲麻莱县、乌兰县、都兰县、天峻县、循化撒拉族自治县、化隆回族自治县、互助土族自治县、民和回族土族自治县、大通回族土族自治县
宁夏	9	同心县、盐池县、固原县、西吉县、泾源县、海原县、隆德县、灵武县、彭阳县
新疆	53	且末县、若羌县、和静县、和田市、和田县、皮山县、洛浦县、民丰县、策勒县、墨玉县、于田县、坷坪县、乌什县、温宿县、喀什市、巴楚县、伽师县、疏附县、疏勒县、英吉沙县、岳普湖县、麦盖提县、莎车县、泽普县、塔什库尔干塔吉克自治县、叶城县、尼勒克县、新源县、巩留县、伊吾县、巴里坤哈萨克自治县、阿图什市、阿克陶县、阿合奇县、乌恰县、奇台县、木垒哈萨克自治县、温泉县、察布查尔锡伯自治县、霍城县、昭苏县、特克斯县、和布克赛尔蒙古自治县、裕民县、额敏县、托里县、阿勒泰市、布尔津县、青河县、哈巴河县、富蕴县、福海县、吉木乃县

注：吉林省珲春市和新疆维吾尔自治区博乐市、塔城市、焉耆回族自治县境内距县城（市区）100公里以上，交通不便，少数民族聚居的16个乡镇按民族贸易县内的乡镇对待，享受国家有关民族贸易优惠政策。

中国民族特需商品定点生产企业、产品名录

■中国民族特需商品定点生产企业、产品一览表

“十一五”期间全国少数民族特需商品定点生产企业名单及其生产的少数民族特需商品目录

（不含边销茶企业）

定点企业名称	民族特需商品名称
北京市（16 家）	
北京汇安地毯商城有限责任公司	少数民族手工地毯、挂毯
北京金漆镶嵌有限责任公司	民族艺术装饰用品、漆器工艺品等
北京剧装厂	少数民族服装、少数民族舞台服装
北京市珐琅厂有限责任公司	民族系列景泰蓝制品
北京市美术红灯厂有限责任公司	民族艺术装饰用品、灯须等
北京工美集团有限责任公司	少数民族服装、少数民族家具
北京月盛斋清真食品有限公司	清真肉制品、面点等
北京市大顺斋食品有限责任公司	清真面点等
北京市如意食品有限责任公司	清真面点等
北京窦店益生清真肉业有限公司	清真肉制品等
北京祥益斋食品厂	清真面点等
北京老马清真食品有限责任公司	清真肉制品等
北京金维福仁清真食品有限公司	清真肉制品等
北京祥聚斋食品有限公司	清真面点等
北京薛家营清真肉类加工配送中心	清真肉制品等
北京东来顺集团有限责任公司	清真肉制品等
天津市（34 家）	
天津市春合体育用品厂	摔跤服
天津市天发重型水电设备制造有限公司	微型水轮发电机
天津市塑料集团有限公司第二塑料制品厂	牧区用塑料棚膜
天津华韵乐器有限公司	热瓦甫、月琴、维吾尔扬琴
天津市华龙珠宝首饰有限公司	具有少数民族特色的金、银、珠宝等饰品
天津市华龙餐具有限公司	少数民族餐具
天津市远东科技工艺发展有限公司	民族艺术装饰用品
天津市中环电子计算机公司	少数民族语言文字软件
天津市鑫海地毯有限公司	少数民族手工地毯
天津斯必得服装集团有限公司	少数民族服装
天津市津宝乐器有限公司	少数民族镲、锣等乐器等
天津名都皮革制品有限公司	藏靴
天津市兴凯体育器械有限公司	少数民族弓箭等

续表1

定点企业名称	民族特需商品名称
天津市蓟县联丰包装制品厂	少数民族服装、少数民族鞋
天津市显庆工贸有限公司	少数民族鼓
天津市澳玛化妆品有限公司	卫生用香
天津通达天舜服饰有限公司	少数民族戏剧戏曲服装
天津鑫洋地毯有限公司	少数民族手工地毯
天津市津宝纺织品有限公司	白棉布、棉烟袋
天津市第三食品加工厂	清真肉制品等
天津伊利康业冷冻食品有限公司	清真乳制品等
天津市北辰区顺义清真牛羊肉综合加工厂	清真肉制品等
天津隆源清真食品有限公司	清真肉制品等
天津市天方清真食品有限公司	清真肉制品等
天津市宝成调味品有限公司	清真调味品等
天津耳朵眼炸糕餐饮有限责任公司	清真面点等
天津市桂顺斋糕点有限公司	清真面点等
天津市桂顺斋糕点食品二厂	清真面点等
天津市统和回民食品厂	清真罐头食品等
天津市第二调料酿造厂	清真调味品等
天津市古兰斋清真食品有限公司	清真面点等
天津市河东鸿起顺饭庄有限公司	清真面点、肉制品等
天津津河乳业有限公司	清真乳制品等
天津市翠波食品有限责任公司	清真调味品等
河北省(38家)	
石家庄常山纺织股份有限公司	白棉布
石家庄化工化纤有限公司	牧区用塑料棚膜
石家庄南风日化有限责任公司	以牛羊脂为原料的香皂、肥皂
张家口市大为纺织有限公司	提花带穗线毯、少数民族挂毯、炕毯
河北古城香业集团股份有限公司	卫生用香、藏香
河北丽华制帽集团有限公司	毡帽
保定津海服装有限公司	少数民族服装
石家庄常山恒新纺织有限公司	白棉布
河北衡水远大集团有限公司	白棉布
深州东方实业集团有限公司	民族系列景泰蓝制品、民族艺术装饰用品
衡水一壶斋工艺品有限公司	民族艺术装饰用品
河北蓝鸟家具有限公司	少数民族家具
邢台方圆纺织印染集团有限公司	白棉布、扎染品、蜡染品
河北宁纺集团有限责任公司	白棉布、民族红蓝布、苏立绒、扎染品
河北鑫华新锅炉制造有限公司	民族火炉

续表2

定点企业名称	民族特需商品名称
保定天威英利新能源有限公司	牧区用微型太阳能装置
河北一川胶带集团有限公司	白棉布
河北天纶纺织股份有限公司	白棉布
阜城县华兴服装有限公司	少数民族服装、回族帽
河北宁强光源有限公司	牧区用风能发电装置
邯郸隆润纺织有限责任公司	白棉布
河北福兰德服装有限公司	少数民族服装
石家庄华莹玻璃制品有限公司	少数民族餐具等
秦皇岛正大有限公司	清真肉制品等
大厂回族自治县福华肉类有限公司	清真肉制品等
华安肉类有限公司	清真肉制品等
河北津南清真肉类有限公司	清真肉制品等
泊头市恒业清真肉类有限责任公司	清真肉制品等
今麦郎食品有限公司	清真面点等
张北县草原牧野兴和食品有限责任公司	清真肉制品等
河北义羊肉制品有限公司	清真肉制品等
北京月盛斋(固安)清真食品有限公司	清真肉制品等
河北玉锋淀粉糖业集团有限公司	清真食品添加剂等
秦皇岛金海特种食用油工业有限公司	清真食用油脂等
河北省新乐市清真肉类有限公司	清真肉制品等
河北华香清真肉类加工有限责任公司	清真肉制品等
河北高碑店豆豆食品(集团)有限公司	清真豆制品等
秦皇岛金海食品工业有限公司	清真食用油脂等
山西省(20家)	
天脊集团长治回民化学有限公司	以牛羊脂为原料的香皂、肥皂
山西新绛纺织有限责任公司	白棉布
山西绿洲纺织有限责任公司	白棉布、民族包、苗族裙子麻布、侗族被单等
晋城东方玻璃制品有限公司	高脚果盘、民族茶盘
山西卓里集团有限公司	家庭牧场用移管式喷灌设备、粉碎机、板锄
山西华晋纺织印染有限公司	白棉布、少数民族彩条布、民族红蓝布、毛蓝布、扎染品、蜡染品、畲族围裙
山西迎太塑料有限公司	牧区用塑料棚膜、家庭牧场用移管式喷灌设备
山西红萍服饰有限公司	少数民族服装
文水县贤美肉制品厂	清真肉制品等
山西金绛食品有限公司	清真肉制品等
山西粟海集团有限公司	清真肉制品等
大同市百草香清真精品肉业有限责任公司	清真肉制品等

续表3

定点企业名称	民族特需商品名称
山西省文水县大象禽业有限公司	清真肉制品等
太原市牛羊肉类加工厂	清真肉制品等
山西森泰牧业有限公司	清真肉制品等
山西省平遥县龙海实业有限公司	清真肉制品等
山西忠民集团有限公司	清真食用油脂等
山西紫林食品有限公司	清真调味品
山西水塔老陈醋股份有限公司	清真调味品
山西卫氏鱼康实业有限公司	牧区牛、羊等牲畜用兽药
内蒙古自治区(123家)	
内蒙古森木民族用品有限责任公司	蒙古包构件、漆器工艺品
内蒙古乾坤金银精炼股份有限公司	具有少数民族特色的金、银、珠宝等饰品
呼和浩特市舞美艺术服装厂	少数民族服装、舞台服装
呼和浩特市民族纸箱包装有限责任公司	少数民族文字印刷品
包头市帆布制品厂	蒙古包构件、少数民族帐篷
包头市天骄民族服装刺绣厂	少数民族服装、少数民族绣品
包头市万青网围栏厂	网围栏
克什克腾旗天泰皮毛皮革有限责任公司	马靴、毛毡
克什克腾旗森源玩具有限责任公司	蒙古包构件
赤峰彩世印刷有限责任公司	少数民族文字印刷品
内蒙古力王工艺美术有限公司	具有少数民族特色的金、银、铜、玉等饰品
赤峰市敖汉旗长虹地毯厂	少数民族手工地毯
赤峰市林东民族塑料棚膜厂	牧区用塑料棚膜
通辽市奈曼旗神禹金属制品有限公司	网围栏
通辽市奈曼旗华宝麦饭石系列产品有限公司	少数民族缸、罐,蒙古族炊具等
内蒙古杭锦后旗民族地毯有限责任公司	少数民族手工地毯
内蒙古乌审旗鑫源皮毛工贸有限公司	少数民族手工地毯
鄂市鄂托克旗伊宏皮毛制品有限公司	少数民族手工地毯
内蒙古华德牧草机械有限责任公司	割草机
呼伦贝尔市海拉尔区汽车装饰有限公司蒙古包帐篷厂	蒙古包构件
呼伦贝尔市海拉尔区金容农牧机械有限责任公司	奶桶、割草机
呼伦贝尔市鄂温克旗巴彦托海镇鹏程综合修造厂	蒙古包构件、民族火炉
呼伦贝尔市新巴尔虎右旗民族用品综合厂	蒙古包大毡
呼伦贝尔市海拉尔区贝伦实业有限责任公司	牧区用塑料棚膜、家庭牧场用移管式喷灌设备
锡盟正蓝旗蒙古包厂	蒙古包构件
锡盟苏尼特右旗双喜蒙古包制造厂	蒙古包构件
锡盟云华民族文化服饰发展有限公司	少数民族服装
兴安盟乌兰浩特兴安岭拖拉机有限公司	家庭牧场用移管式喷灌设备

续表4

定点企业名称	民族特需商品名称
乌兰察布市察右后旗民族地毯总厂	少数民族手工地毯
内蒙古隆信博风电设备制造有限公司	牧区用风能发电装置
阿盟阿左旗驼中王绒毛制品有限责任公司	少数民族服装
阿盟海洋工贸有限责任公司	少数民族服装
阿拉善左旗驼旺绒毛制品有限责任公司	少数民族手工地毯
阿盟阿左旗水泵厂	羊毛剪子、饮水槽、马镫
阿盟阿右旗民族工艺地毯有限责任公司	少数民族手工地毯、炕毯、毛毡
阿盟阿拉善雪花绒毛制品有限公司	蒙古族帐篷、毛毡
阿盟阿右旗大漠王子羊绒驼绒纺织厂	少数民族服装
内蒙古爱信达教育印务有限责任公司	少数民族文字印刷品
内蒙古蒙科立软件有限责任公司	少数民族语言文字软件
呼和浩特市苏鲁锭皮业有限责任公司	皮雕等
呼和浩特市新城区嘎日阁马头琴乐器厂	少数民族乐器
包头市科曼地毯有限责任公司	少数民族手工地毯
赤峰市阿旗牧原绒毛制品有限责任公司	少数民族手工地毯
扎赉特旗文海电脑打印社印刷厂	少数民族文字印刷品
赤峰市蒙阔民贸有限责任公司	少数民族服装
赤峰市宝山能源(集团)贺麒铜业有限责任公司	铜锅等
扎赉特旗神峰制衣厂	少数民族服装
通辽市美林实业有限公司	蒙古族酒柜、炕桌
通辽今日印刷有限公司	少数民族文字印刷品
内蒙古兴雅包装有限公司	少数民族文字印刷品
通辽市奈曼旗金秋农牧业科技发展有限公司	网围栏
通辽市科尔沁区中心大街科尔沁民族服装厂	少数民族服装
通辽市科左中旗保康神力汽车零部件制造厂	马镫、马嚼环、羊毛剪子
二连市长青民族服装有限责任公司	少数民族服装
杭锦旗锡尼绒毛厂	少数民族手工地毯
伊金霍洛旗苏勒德蒙古包厂	蒙古包构件
鄂尔多斯市旅游文化艺术品有限公司	骨雕
鄂尔多斯市奇格民族服饰有限公司	少数民族服装
苏尼特左旗盛草网围栏厂	网围栏
科右中旗兴华高级服装厂	少数民族服装
乌兰浩特市澳都洗毛厂	少数民族手工地毯、挂毯
锡盟西乌旗供销社民族用品加工厂	马靴、蒙古族靴、摔跤服
二连浩特市茂源畜产品加工有限责任公司	毛毡、炕毯
内蒙古伊利实业集团股份有限公司	清真乳制品等
包头市达茂旗伊达清真冷库	清真肉制品等

续表5

定点企业名称	民族特需商品名称
内蒙古草原兴发食品有限公司	清真肉制品等
赤峰市阿旗塔山食品有限责任公司	清真肉制品等
内蒙古草原金峰集团万事达食品有限责任公司	清真肉制品等
赤峰市林西镇冰山冷冻厂	清真肉制品等
内蒙古乌兰布和乳业有限责任公司	清真乳制品等
呼伦贝尔绿祥清真肉食品有限责任公司	清真肉制品等
呼伦贝尔市陈旗巴镇夏家食品厂	清真面点等
扎兰屯伊利乳业有限责任公司	清真乳制品等
锡盟伊荣清真肉食品有限责任公司	清真肉制品等
锡盟伊顺清真肉类有限公司	清真肉制品等
内蒙古苏尼特肉业有限责任公司	清真肉制品等
锡盟正镶白旗伊盛肉类有限责任公司	清真肉制品等
锡盟乌珠穆沁羊业有限责任公司	清真肉制品等
赤峰市巴林左旗北洋食品有限责任公司	清真肉制品等
内蒙古林西锦绣大地农业有限责任公司	清真肉制品等
赤峰宏林肉食品有限公司	清真肉制品等
赤峰市克旗鹤翔清真肉食品有限责任公司	清真肉制品等
内蒙古蒙都羊业食品有限公司	清真肉制品等
内蒙古东方万旗肉牛产业有限公司	清真肉制品等
内蒙古中敖食品有限公司	清真肉制品等
赤峰吴老三清真肉食品加工厂	清真肉制品等
赤峰独伊佳食品有限公司	清真肉制品等
内蒙古草原金峰集团全发肉类有限责任公司	清真肉制品等
通辽蒙鹅鹅业有限公司	清真肉制品等
通辽市滨河清真食品加工有限责任公司	清真肉制品、食用油脂等
通辽市清谷新禾农产品有限责任公司	清真面点、食用油脂等
通辽市扎鲁特旗金罕清真肉食品有限公司	清真肉制品等
通辽市库仑旗清真肉业加工厂	清真肉制品等
内蒙古科锡羊业有限公司	清真肉制品等
内蒙古重鹤畜牧有限公司	清真肉制品等
内蒙古伊斯达清真食品公司	清真肉制品等
内蒙古亨利食品工业有限责任公司	清真面点等
杭锦后旗马记牛羊肉食品有限责任公司	清真肉制品等
内蒙古大力神食品有限责任公司	清真肉制品等
锡林郭勒盟金易科工贸有限责任公司	清真肉制品等
锡林郭勒盟正林畜产品有限责任公司	清真肉制品等
锡林浩特市富兴肉联厂	清真肉制品等

续表6

定点企业名称	民族特需商品名称
内蒙古草原兴牧肉类有限公司	清真肉制品等
科右中旗牧兴食品加工有限责任公司	清真肉制品等
四子王旗民族贸易有限责任公司	清真肉制品等
乌海市蒙羊食品有限责任公司	清真肉制品等
通辽市经济技术开发区河西清真牛羊屠宰厂	清真肉制品等
乌兰察布诚信清真肉类有限责任公司	清真肉制品等
阿盟阿拉善左旗赛亨乳品厂	清真乳制品等
内蒙古科尔沁牛业股份有限公司	清真肉制品等
内蒙古库伦蒙药厂	少数民族成药
通辽东北六药业有限公司	少数民族成药
内蒙古蒙药股份有限公司	少数民族成药
内蒙古奥特奇蒙药股份有限公司	少数民族成药
内蒙古大唐药业有限公司	少数民族成药
内蒙古康源药业有限公司	少数民族成药
通辽蒙王医药有限责任公司	少数民族成药
内蒙古奥特奇蒙药股份有限公司金山蒙药厂	少数民族成药
赤峰天奇制药有限责任公司	少数民族成药
兴安盟乌兰浩特中蒙制药有限公司	少数民族成药
内蒙古蒙东动物药品有限责任公司	牧区牛、羊等牲畜用兽药
内蒙古艾迪森生物药业有限责任公司	牧区牛、羊等牲畜用兽药
赤峰市金碧药业有限公司	牧区牛、羊等牲畜用兽药
辽宁省(88家)	
大连金州金丝服装厂	少数民族服装等
鞍轮集团服装厂	少数民族服装等
鞍山万兴隆岩田木业有限公司	少数民族家具
鞍山永安包装工业有限公司	马鞍具、牛皮袋
岫岩满族自治县汉司羽皇精品工艺有限公司	具有少数民族特色的玉饰品
辽宁玮丝丽天然丝业有限公司	真丝交织绸、花罗纹绸
本溪冶炼集团有限公司	宽沿铸铁锅、铁铧犁、尖扁镐
辽宁北方曲轴有限公司	宽沿铸铁锅、铧子等
本溪燕东木业有限公司	炕桌、炕柜、炕琴、八仙桌
本溪满族自治县陶瓷厂	少数民族缸、罐等
凤城市民族体育器材厂	少数民族体育器材
丹东市凤凰城管理区凤城市东风机械加工厂	割草机
阜新民族纸制品厂	少数民族文字印刷品
辽宁中泽集团朝阳纺织有限责任公司	白棉布
朝阳市新隆毛纺织集团有限公司	苏立绒、金丝绒、炕毯、毛毡

续表7

定点企业名称	民族特需商品名称
喀左县民族地毯厂	少数民族手工地毯、挂毯
朝阳汉柏陶瓷有限公司	少数民族缸
朝阳飞马铸造有限责任公司	铧子、宽沿铸铁锅
朝阳飞马集团机械制造有限公司	铧子、宽沿铸铁锅
北票新元纺织有限公司	白棉布
建平县臣龙机械有限公司	割草机、粉碎机、搂草机等
沈阳市欧美兰商贸有限公司	以牛羊脂为原料的香皂、肥皂
沈阳爱新觉罗·德崇文化商行	民族艺术装饰用品
沈阳基源建筑材料有限公司	朝鲜族地暖炕热管固定架
辽宁嘉泰实业有限公司	少数民族服装
大连天巳汽车服务集团有限公司	少数民族语言文字软件
海城市海富染整印花有限公司	少数民族彩条布、印花富春纺
鞍山市自动化仪表设备成套厂	家庭牧场用移动式喷灌设备
岫岩满族自治县金润农产品发展有限责任公司	具有少数民族特色的玉、珠宝等饰品
鞍山重型矿山机器有限公司	粉碎机
岫岩满族自治县顺兴丝绢制品有限公司	交织棉绸、织锦绸
本溪市九鲲鹏制衣有限公司	少数民族服装、少数民族戏剧戏曲服装
辽宁龙江工艺品有限公司	民族工艺品
本溪湘泉建陶有限责任公司	少数民族缸、罐,民族建筑装饰品
辽宁柞蚕丝绸科学研究院有限责任公司	红阳绸、伊人绸、条花稠、真丝交织绸
丹东优耐特纺织品有限公司	扎染品、蜡染品
丹东华洋纺织服装有限公司	少数民族服装、荷包等
丹东市唐人服饰有限公司	少数民族服装
凤城市石城镇农机修造配件厂	割草机等
凤城市宏圣机械厂	割草机等
阜新北方毛革有限公司	少数民族手工地毯、壁(挂)毯、礼拜毯
阜新飞雪(集团)木业有限公司	炕柜、疙瘩柜
阜新蒙古族自治县华鑫人造板厂	炕柜、炕桌、疙瘩柜
辽阳市丛迪职业装有限公司	民族服装
灯塔市大大服饰有限公司	少数民族刺绣品
铁岭市永发茧产品有限公司	少数民族手工地毯、少数民族用民族婚被、真丝交织绸、少数民族头巾等
朝阳朝工机械有限公司	搂草机、粉碎机
朝阳飞鹏机械制造有限公司	割草机、火盆等
朝阳黑猫伍兴岐炭黑有限责任公司	少数民族手工挂(壁)毯、少数民族绣品
朝阳高新泵业有限公司	微型水轮发电机等
建平正新陶瓷有限责任公司	具有少数民族风格的陶瓷

续表8

定点企业名称	民族特需商品名称
北票市理想机械工程有限公司	粉碎机
凌源市鑫晟木业有限公司	民族家具等
辽宁喀左北四达紫砂造型艺术有限公司	民族茶具
本溪万顺达发展有限公司	少数民族服装
本溪满族自治县金枫木业总厂	朝鲜族老人桌、八仙桌
沈阳绿丰食品有限公司	清真肉制品等
辽宁中义物资有限公司清真牛羊加工厂	清真肉制品等
海城市海州区德添清真牛羊定点屠宰厂	清真肉制品等
鞍山永盛食品有限公司	清真豆制品等
抚顺市回民食品厂	清真面点等
辽宁鼎丰斋食业有限公司	清真肉制品、豆制品等
阜新六和农牧有限公司	清真肉制品等
辽阳市真乐回族食品有限公司	清真面点等
调兵山市宏大肉禽加工有限责任公司	清真肉制品等
阜新振隆土特产有限公司	清真面点等
沈阳市新城子区溥北清真牛羊屠宰厂	清真肉制品等
沈阳古玉清真食品有限公司	清真食用油脂等
大连华牧安格斯食品工业有限公司	清真肉制品等
瓦房店龙城肉食品加工有限公司	清真肉制品等
海城市二利清真熟食制品厂	清真肉制品等
鞍山星河肉禽有限公司	清真肉制品等
鞍山盛月清真产业有限公司	清真肉制品等
海城市三合畜禽有限公司	清真肉制品等
鞍山市晋丰达牧业有限公司	清真肉制品等
抚顺顺意清真食品有限公司	清真肉制品等
本溪市穆斯林熟食品加工厂	清真肉制品等
本溪东大鹅业有限公司	清真肉制品等
丹东市清真牛羊屠宰厂	清真肉制品等
北宁宏伟集团有限公司	清真肉制品等
北镇市铁丰牧业有限公司	清真肉制品等
营口市金水塔清真食品有限公司	清真面点等
铁岭大禾清真肉禽(集团)有限公司	清真肉制品等
辽宁宏达牛业发展有限公司	清真肉制品等
葫芦岛市天天清真牛羊定点屠宰有限公司	清真肉制品等
本溪龙宝(集团)参茸有限公司	少数民族成药等
阜新蒙药有限责任公司	少数民族成药
凌源中天凯迪药业有限公司	牧区牛、羊等牲畜用兽药

续表9

定点企业名称	民族特需商品名称
吉林省(92 家)	
延边新华印刷有限公司	朝鲜族文字印刷品
延边海外经济技术合作有限公司	朝鲜族文字印刷品
敦化市金诚实业有限责任公司	朝鲜族文字印刷品
吉林新元集团实业有限公司	朝鲜族地暖炕热管固定架
吉林福敦木业有限公司	少数民族家具
吉林新元木业股份有限公司	少数民族家具
吉林特来纺织有限公司	少数民族服装
吉林延边林业集团和龙林业有限公司	少数民族家具
安图亚鑫木制品有限公司	少数民族家具
大京延吉纺织有限公司	白棉布
延边金龙亚麻纺织股份有限公司	少数民族服装
延边特产实业有限公司	朝鲜族石头锅
延边华商建筑安装有限责任公司	民族建筑装饰用品
延吉插秧机制造有限公司	冷面机
敦化市金海木业有限公司	少数民族家具
延边仁和集团有限公司	少数民族服装
延边阿里郎包装有限责任公司	朝鲜族文字印刷品
吉林延边林业集团八家子林业有限公司	少数民族家具
延吉文化医药包装有限责任公司	朝鲜族文字印刷品
吉林德全水泥集团股份有限公司	高丽瓦、民族建筑装饰用品等
延边石岘白麓纸业股份有限公司	朝鲜族文字印刷品
延边万洁纺织有限公司	白棉布
延边昱丰木业有限公司	少数民族家具
吉林省宇平工艺品制造有限公司	民族花丝工艺摆件
吉林市玲珑家具有限公司	少数民族家具
吉林市吉东木业有限公司	少数民族家具
伊通满族自治县芮来满族服饰有限公司	少数民族服装等
前郭县郭尔罗斯民族服饰有限公司	蒙古族服装
松原市弘晟喷灌喷泉工程有限公司	家庭牧场用移管式喷灌设备
延吉百货大楼股份有限公司	少数民族服装、民族乐器
吉林三三零五机械厂	朝鲜族地暖炕热管固定架
延吉诚信民族企业集团有限公司	少数民族服装、民族乐器
珲春兴业胶合板有限责任公司	朝鲜族地暖炕热管固定架
延边新世纪集团有限公司	民族建筑装饰用品
吉林天宇建设集团股份有限公司	高丽瓦、朝鲜族地暖炕热管固定架
吉林森林王木业有限公司	民族建筑装饰用品

续表10

定点企业名称	民族特需商品名称
吉林延边林业集团珲春森林山木业有限公司	少数民族家具
珲春弘丰制衣有限公司	少数民族服装
敦化吉祥木业有限公司	少数民族家具
敦化市大福门业有限公司	少数民族家具
敦化市中联木业有限公司	少数民族家具
延边路兴沥青贮运有限责任公司	高丽瓦
延吉市振兴贸易有限公司	少数民族文字印刷品
延边商业集团有限公司	少数民族服装
敦化市吉森木业有限责任公司	少数民族家具
吉林福斯特木业有限公司	少数民族家具
延边大信海外交流有限公司	少数民族语言文字软件
延边泛西方塑料有限公司	朝鲜族餐具
敦化市德信木业有限责任公司	民族家具等
敦化市供销批发公司	少数民族家具
敦化森泰木业有限责任公司	民族家具
延吉新树杰木业有限公司	朝鲜族餐桌
延边东方民族建设集团有限公司	高丽瓦
延吉鲜明实业有限公司	朝鲜族婚被
长春大华实业集团有限公司	少数民族家具
长春金阳新型管材制造有限公司	朝鲜族地暖炕热管固定架
延吉市明珠实业有限公司	少数民族服装
延吉市第四百货有限公司	少数民族家具、民族服装
延边贵友家电厨具超市有限公司	少数民族语言文字软件
吉林福源馆食品集团有限责任公司	清真面点等
吉林市东福实业有限责任公司	清真面点、调味品等
大森林食品有限公司	清真乳制品等
吉林卓越实业股份有限公司	清真肉制品等
前郭尔罗斯蒙古族自治县哈萨尔王食品有限公司	清真肉制品等
白城市天福食品有限公司	清真肉制品等
敦化市敖东食品开发有限责任公司	清真面点等
延吉友谊有限公司	清真肉制品等
长春汉德食品有限公司	清真肉制品等
吉林省长春皓月清真肉业股份有限公司	清真肉制品等
吉林省长春清真肉业集团有限公司	清真肉制品等
长春市凯旋门清真饮食有限责任公司	清真肉制品、面点等
长春市民族食品有限公司	清真肉制品等
长春市长伊回族食品有限公司	清真豆制品等

续表11

定点企业名称	民族特需商品名称
吉林市龙合绿色食品有限责任公司	清真肉制品等
辽源金昌企业集团公司	清真肉制品等
敦化市鸿发食品有限责任公司	清真肉制品等
延边朝鲜族自治州畜牧开发总公司	清真肉制品等
敦化市百货大楼有限责任公司	清真肉制品等
延边宝利祥蜂业有限公司	清真面点等
吉林省东北亚药业股份有限公司	少数民族成药
吉林敖东药业集团延吉股份有限公司	少数民族成药
吉林华康药业股份有限公司	少数民族成药
吉林敖东力源药业股份有限公司	少数民族成药
吉林敖东集团金海发药业股份有限公司	少数民族成药
延边大学草仙药业有限公司	少数民族成药
吉林敖东恒源药业股份有限公司	少数民族成药
吉林龙鑫药业有限公司	少数民族成药
通化卫京药业股份有限公司	少数民族成药
吉林草还丹药业有限公司	少数民族成药
吉林新希望满医药研发有限公司	少数民族成药
吉林天力泰药业有限公司	少数民族成药
吉林双星药业有限公司	少数民族成药
黑龙江省(31家)	
哈尔滨市朝鲜百货有限责任公司	少数民族服装
穆棱市悉达木业有限公司	少数民族家具
大庆市庆康木业有限公司	蒙古族酒柜、炕桌
大庆市华锦毛麻纺织有限责任公司	少数民族手工壁毯
大庆市皕彩革业有限公司	民族艺术装饰用品
塔河县新和鄂伦春族手工艺制作加工厂	民族艺术装饰用品
鸡东县天彩木业经销处	朝鲜族老人桌、炕琴
齐齐哈尔瑞盛食品制造有限公司	清真食用油脂、调味品、豆制品等
哈尔滨清真肉禽水产批发市场有限责任公司	清真肉制品等
哈尔滨市鑫隆清真饮食有限责任公司	清真肉制品等
黑龙江天顺源清真食品有限公司	清真肉制品等
齐齐哈尔市再志清真屠宰场	清真肉制品等
牡丹江市王旺回民食品厂	清真面点等
宁安市蒋文清真屠宰场	清真肉制品等
鹤岗市丰荟回民食品有限责任公司	清真面点等
勃利县清真肉联有限责任公司	清真肉制品等
哈尔滨常皓清真牧业有限公司	清真肉制品等

续表12

定点企业名称	民族特需商品名称
哈尔滨南马清真肉类冷冻仓库	清真肉制品等
哈尔滨伊香村回族食品有限公司	清真面点等
哈尔滨市冰城牧业有限公司	清真肉制品等
齐齐哈尔三义成清真食品有限公司	清真面点等
龙江县伊龙清真食品有限责任公司	清真肉制品等
富裕县林源清真食品加工厂	清真肉制品等
黑龙江卓宸畜牧有限公司	清真肉制品等
黑龙江省皓月食品工业股份有限公司	清真肉制品等
富锦市明达牧业有限责任公司	清真肉制品等
杜尔伯特伊利乳业有限责任公司	清真乳制品等
孙吴县茂田牧业有限责任公司	清真肉制品等
集贤县晨光牧业有限公司	清真肉制品等
鹤岗市清真定点屠宰厂	清真肉制品等
龙江元盛食品有限公司	清真肉制品等
上海市(10家)	
上海老凤祥有限公司	具有少数民族特色的金、银饰品
上海民族乐器一厂	少数民族乐器
中国第一铅笔股份有限公司	少数民族文字专用书写水笔
上海老庙黄金有限公司	具有少数民族特色的金、银饰品
上海爱普食品工业有限公司	清真调味品等
上海牛羊肉公司	清真肉制品等
上海星日兄弟食品有限公司	清真面点等
上海伊利爱贝食品有限公司	清真乳制品等
上海东亚食品工业有限公司	清真面点等
上海同仁药业有限公司	牧区牛、羊等牲畜用兽药
江苏省(46家)	
南京金箔集团有限责任公司	金箔
南京金线金箔总厂	金线,金箔
南京民族塑胶厂(集团)	水井头
南京云锦研究所有限公司	云锦
常州环球地毯制造有限公司	少数民族机织地毯系列
苏州东吴丝织厂有限责任公司	真丝交织绸
苏州花线厂有限公司	真丝线,人丝线
苏州排须花边厂	排须,花边
苏州剧装戏具合作公司	少数民族服装
苏州华思丝绸印染有限公司	真丝交织绸
吴江丝绸股份有限公司	素库缎,素软缎,绒面缎,交织绸等

续表13

定点企业名称	民族特需商品名称
吴江飞翔印染有限公司	真丝交织绸,真丝花缎,素软缎,烂花乔其绒
南通市苏中纺织有限公司	涤纶花色带
连云港天明自然纤维制品有限公司	草垫等
江苏柏泰集团有限公司	少数民族服装
江苏泗绢集团有限公司	绢丝,绢纺绸等
江苏玖久丝绸股份有限公司	素软缎,真丝绸,白厂丝
扬州纪元纺织有限公司	素软缎,卡丹绒等民族针纺织品
江苏东煌工艺品有限公司	少数民族手工地毯
宿迁市鸿运丝绸有限公司	真丝绸,素软缎
宿迁市天辰纺织集团有限公司	白棉布
丹阳市通泰纺织有限公司	白棉布等
泰兴声威乐器有限公司	少数民族乐器
扬州神州风力发电机有限公司	牧区用风能发电装置
江苏省华扬太阳能有限公司	牧区用微型太阳能装置
徐州秦龙民族用品有限公司	民族帽类,头巾类,民族服装服饰,礼拜毯等
苏州市青田企业发展有限公司	少数民族服装
江苏森达集团有限公司	少数民族靴
射阳县祥胜纺织有限公司	白棉布
泗阳县嘉泰纺织有限公司	白棉布,交织棉绸
宿迁洋河纺织有限公司	白棉布
南京清真桃源村食品厂有限公司	清真面点等
南京韩复兴清真食品有限公司	清真肉制品等
南京绿柳居清真食品有限公司	清真肉制品等
常州清香源清真餐饮有限公司	清真肉制品等
益海(连云港)粮油工业有限公司	清真食用油脂等
连云港兴云鹅业有限公司	清真肉制品等
江苏省百路养殖实业公司	清真肉制品等
江苏龙嫂绿色食品有限公司	清真面点等
南京虹园食品有限公司	清真面点等
南京清真安乐园菜馆	清真肉制品等
徐州澳华肉食品有限公司	清真肉制品等
徐州益客食品有限公司	清真肉制品等
射阳县宏健油脂工业有限公司	清真食用油脂等
宿迁市罐头食品有限责任公司	清真乳制品等
江苏桂花养殖有限公司	清真肉制品等
浙江省(2家)	
景宁畲族自治县龙凤民族服饰有限公司	少数民族服装

续表14

定点企业名称	民族特需商品名称
杭州翠沁斋清真食品有限公司	清真面点等
安徽省(12家)	
蚌埠珠绒股份有限公司	少数民族彩条布,人丝条纺,民族红蓝布、毛蓝布,印花富春纺
马鞍山洪滨丝画手工艺术有限公司	少数民族手工艺术品
安庆市清怡针纺织品有限责任公司	少数民族彩条布,白棉布,民族毛蓝布
亳州市豫皖纺织有限责任公司	白棉布
铜陵锦鹏工艺品有限责任公司	少数民族手工壁(挂)毯
合肥华力食品有限公司	清真面点等
安庆市柏兆记工贸实业发展有限公司	清真面点等
亳州市绿采食品有限责任公司	清真肉制品等
安徽贵兴食品有限公司	清真面点等
安徽省林锦记食品工业有限公司	清真果冻
合肥伊利乳业有限责任公司	清真乳制品等
安徽福康药业有限责任公司	少数民族成药
福建省(2家)	
福建鑫华股份有限公司	少数民族服装等
福建德尔惠体育用品有限公司	少数民族鞋、少数民族服装
江西省(8家)	
江西省玉风瓷厂	具有少数民族风格的陶瓷
景德镇远景瓷业有限公司	具有少数民族风格的陶瓷
余干县民族乐器有限公司	朝鲜鼓,新疆鼓,冬不拉,马头琴,弹布儿,四弦胡,铜琵琶等
南昌铜工艺品厂	铜制奶茶荷叶壶,果盘,铜脸盆,烤火盆,洗手壶等
九江市清真牛羊禽蛋加工厂	清真肉制品等
九江市清真梁义隆饼店	清真面点等
弋阳县花亭年糕食品厂	清真面点等
德兴市百勤异VC钠有限公司	清真食品添加剂
山东省(61家)	
龙口市南山纺织总厂	少数民族手工壁(挂)毯、地毯、礼拜毯、提花带穗线毯等
潍坊杜姆斯纺织有限公司	白棉布
山东岱银纺织集团股份有限公司	白棉布,条花布、民族红蓝布、苏立绒、藏呢绒和烂花乔其绒、金丝绒等粗纺毛呢产品及民族服装
泰安康平纳毛纺织集团有限公司	民族毛蓝布、藏呢绒、金丝绒、卡丹绒及少数民族服装
日照海通丝业有限公司	少数民族手工地毯、挂毯、靠垫、蒙古鞋、哈达、缎被绉用生丝
山东德棉集团有限公司	白棉布
山东神龙毯业有限公司	少数民族手工地毯、挂毯
临清三和纺织集团有限公司	民族红蓝布、少数民族彩条布、白棉布、蜡染品
临清市鲁西棉纺织厂	白棉布、扎染品、蜡染品等

续表15

定点企业名称	民族特需商品名称
山东奥博特铜铝业有限公司	白棉布、少数民族彩条布、铝水舀、铝茶壶
临清市鸿基集团有限公司	白棉布、少数民族彩条布
山东阳谷日辉实业有限公司	少数民族手工地毯、壁(挂)毯、白棉布
冠县冠星纺织有限责任公司	白棉布、民族红蓝布、少数民族服装
莘县莘星纺织印染有限公司	白棉布、民族红蓝布、少数民族彩条布
山东省莘县飞泰纺织集团有限公司	白棉布、民族红蓝布、毛蓝布、少数民族彩条布
山东滨州环宇纺织集团有限责任公司	白棉布
山东菏泽三利纺织有限公司	白棉布
兖矿集团如丝纺织有限公司	白棉布
临清银河纸业有限责任公司	少数民族文字印刷品、少数民族手工地毯、礼拜毯、蜡染品
淄博市欧木特种纸业有限公司	民族艺术装饰用品、民族建筑装饰用品
山东泉林纸业有限责任公司	少数民族文字印刷品等
山东清源集团有限公司	牧区用塑料棚膜
淄博工陶耐火材料有限公司	具有少数民族风格的陶瓷
山东银凤股份有限公司	少数民族陶瓷日用产品
泰山石膏股份有限公司	民族建筑装饰用品
临沂市韩宇东来木业有限公司	民族建筑装饰用品
山东冠洲股份有限公司	少数民族用刀具、餐具、山区用碾米机等设备
山东东阿钢球集团有限公司	山区用微型碾米机、粉碎机、割草机
山东鑫亚工业股份有限公司	割草机、搂草机、移动小型发电机组、移管式喷灌设备
山东滨州亚光毛巾有限公司	少数民族挂毯、礼拜毯
山东常林机械集团股份有限公司	割草机、粉碎机、水田步犁等
淄博兰雁集团有限责任公司	民族毛蓝布、白兰布
招远市针织厂有限公司	少数民族彩条布、白棉布、少数民族刺绣品、扎染品
山东金马工业集团股份有限公司	粉碎机、山区用微型碾米机、水井头、板锄、民族稻镰
山东华盛农业药械股份有限公司	割草机、微型发电机等
中通客车控股股份有限公司	微型水轮发电机、割草机、蓬车
山东凿岩钎具厂有限公司	山区用微型碾米机、粉碎机、冰镩、民族稻镰
山东润源实业有限公司	山区用微型碾米机、粉碎机、割草机
山东冠昊地毯有限公司	少数民族手工地毯、壁毯、礼拜毯
山东吉地尔(集团)有限公司	割草机、搂草机
肥城市龙祥纺织有限公司	白棉布、包头布、少数民族彩条布
阳谷县鲁信清真食业有限公司	清真肉制品等
山东万得福实业集团有限公司	清真肉制品等
青岛九联集团股份有限公司	清真肉制品等
山东凯银集团股份有限公司	清真肉制品等
莱阳鲁花食品有限公司	清真面点、调味品等

续表16

定点企业名称	民族特需商品名称
兖州市绿源食品有限公司	清真肉制品等
嘉祥县嘉冠油脂化工有限公司	清真食用油脂等
临沂盛能乳业有限责任公司	清真乳制品等
中澳控股集团有限公司	清真肉制品等
山东德州扒鸡集团有限公司	清真肉制品等
希森三和集团有限公司	清真肉制品等
山东省高唐蓝山集团总公司	清真食用油脂、肉制品等
山东渤海油脂工业有限公司	清真食用油脂等
山东鲁花浓香花生油有限公司	清真食用油脂等
德州华茂生物科技有限公司	清真食用油脂、乳制品等
山东凤祥(集团)有限责任公司	清真肉制品、乳制品、调味品、食用油脂等
谷神生物科技集团有限公司	清真食用油脂等
华润东阿阿胶有限公司	少数民族成药
高唐县金兴人造板有限公司	藏柜等民族家具、民族建筑装饰用品
山东中奥毯业有限公司	少数民族手工地毯、壁(挂)毯、提花带穗线毯、礼拜毯
河南省(59家)	
沁阳市星月工贸实业有限公司	少数民族手工地毯、挂毯,礼拜垫,少数民族靴等
漯河市永光电气设备有限公司	牧区用微型太阳能、风能发电装置
许昌豫中纺织有限公司	白棉布,人丝条纺
郑州三棉有限责任公司	白棉布,迎春绸,绒面缎,人丝条纺,花线春等
沁阳市协和皮业有限公司	少数民族手工地毯、挂毯,礼拜垫,回族鞋等
沁阳市利派皮业有限公司	少数民族手工地毯,礼拜毯(垫),回族鞋等
开封中原民族乐器有限公司	少数民族乐器
南阳纺织集团有限公司	白棉布,少数民族彩条布、民族毛蓝布,腊羽纱等
沁阳市亚中皮毛制品有限公司	少数民族手工地毯、挂毯,礼拜垫
沁阳市金牛皮业有限公司	少数民族手工地毯,礼拜垫
河南省新野鹏升纺织有限公司	白棉布、朝拜巾
河南省方圆有限公司	少数民族服装、民族靴鞋等
柘城县伊科皮革厂	回族帽,少数民族靴,民族皮手套,马鞍垫等
宁陵县富堂制革总厂	少数民族挂毯,礼拜垫,回族帽,民族皮手套,皮袜子等
河南省天鹅型材有限公司	少数民族建筑装饰用品
南阳市纵横丝绸纺织有限公司	真丝交织绸,烂花乔其纱(绒),古香缎,寿字绸,织锦绸,光霞羽纱,少数民族头巾等。
周口汇林置业有限公司	少数民族建筑装饰用品
鹤壁朝歌纺织有限公司	白棉布
河南太行振动机械股份有限公司	粉碎机
焦作隆丰皮草企业有限公司	少数民族手工地毯、挂毯,礼拜垫,民族帽,少数民族靴等

续表17

定点企业名称	民族特需商品名称
河南明达畜产品发展有限公司	少数民族手工地毯、挂毯，礼拜毯，少数民族靴等
河南新野纺织股份有限公司	白棉布，民族红蓝布、毛蓝布，少数民族彩条布，腊羽纱，少数民族头巾等
郑州市雪阳棉纺织集团有限公司	白棉布，朝拜巾、少数民族服装等
河南省平顶山市迪可(集团)食品有限公司	清真肉制品等
河南省叶县三益清真食品有限公司	清真肉制品等
商丘市阿凡提食品有限公司	清真面点等
卫辉市世魁清真肉制品有限责任公司	清真肉制品等
河南大用邦杰食品有限公司	清真肉制品等
河南大用实业有限公司	清真肉制品等
河南省淇县永达食业有限公司	清真肉制品等
洛阳新春都清真食品有限公司	清真肉制品等
河南华英农业发展股份有限公司	清真肉制品等
焦作市伊赛肉业有限公司	清真肉制品等
郑州天方集团有限公司	清真面点、调味品等
驻马店市王守义十三香调味品集团有限公司	清真调味品等
洛阳金香斋食品有限公司	清真肉制品等
南乐县大乐面粉有限公司	清真面点等
南阳伊静园清真食品有限公司	清真肉制品等
上海益寿金许昌生物药业有限公司	清真食用油脂等
河南省中原皓月清真食品工业有限公司	清真肉制品等
河南永达清真食品有限公司	清真肉制品等
焦作大用实业有限公司	清真肉制品等
淮阳县宏达脱水蔬菜有限公司	清真调味品等
河南梦想食品有限公司	清真面点等
河南省诚实人食品有限公司	清真面点等
河南省星河油脂有限公司	清真食用油脂等
河南食全食美食品有限公司	清真肉制品等
腾尔(河南)牧业科技有限公司	清真肉制品等
三门峡湖滨果汁饮品有限责任公司	清真乳制品等
信阳万富油脂有限责任公司	清真食用油脂等
焦作市金厨食品有限公司	清真调味品等
河南歌歌食品饮料有限公司	清真乳制品等
漯河市天野牧业有限公司	清真肉制品等
漯河石磨坊面业有限公司	清真面点等
漯河市永利食品有限公司	清真乳制品等
河南黄国粮业有限公司	清真面点等

续表18

定点企业名称	民族特需商品名称
扶沟县豫鹰面业有限公司	清真面点等
河南羚锐制药股份有限公司	少数民族成药
开开援生制药股份有限公司	少数民族成药
湖北省(38家)	
十堰市武当山特区有宏精铸有限公司	民族艺术装饰用品
武汉市民族商贸有限责任公司	具有少数民族风格的陶瓷
来凤县满妹土家民间传统工艺品贸易有限公司	绣花鞋、西兰卡普系列
襄樊瑞源纺织有限责任公司	白棉布
湖北银河纺织股份有限公司	白棉布
远安县德中茧丝有限责任公司	真丝交织绸、真丝系列服饰、丝棉被
湖北长友现代农业股份有限公司	少数民族服装、少数民族家具、西兰卡普系列
宣恩县民族仿古家具厂	八仙桌、腿桌椅、民族仿古家具
恩施工具有限责任公司	腰刀等
湖北希之源生物工程有限公司	民族包装袋
湖北省建始双龙家具城	少数民族家具
来凤县宝石花工艺品有限公司	宝石花漆筷
来凤县金凤建材有限责任公司	民族建材装饰用品
湖北山山林业(集团)股份有限公司	少数民族家具
宜昌市雅尊服饰有限公司	少数民族服装
宜昌形成服饰有限公司	少数民族服装
武汉市昌龙工贸有限公司	少数民族建筑装饰用品
湖北采花茶叶有限公司	民族茶盘、茶壶等
湖北华龙村茶叶有限公司	民族特色木碗、土家族绣花鞋、土家族帽
咸丰县土司皇宫刺绣有限公司	绣花鞋、少数民族刺绣品
枝江市步步升布艺有限公司	少数民族靴鞋
拉萨唐古拉文化传播有限公司武汉分公司	藏族特色饰品、藏刀等藏族民俗用品
神农架天生桥旅游开发有限责任公司	民族艺术装饰用品
鹤峰县宝通旅游开发有限公司	背篓、板锄、西兰卡普系列、八仙桌、少数民族服装
鹤峰县白果民族茶厂	板锄、鼎罐
湖北爱茵木塑制品有限责任公司	民族艺术装饰用品
长阳顺达工贸有限责任公司	少数民族服装
五峰天池茶叶机械有限公司	水田步犁、板锄等生产工具
十堰伊斯兰清真肉食品有限公司	清真肉制品等
武汉市天山食品厂	清真面点等
武汉清真牛羊加工有限公司	清真肉制品等
武汉伊利食品有限责任公司	清真乳制品等
武汉市东来顺餐饮服务有限公司	清真肉制品等

续表19

定点企业名称	民族特需商品名称
宜城市天鑫油脂有限公司	清真食用油脂等
钟祥市赛宇牧业发展有限公司	清真肉制品等
神农架聚能药业有限公司	少数民族成药
湖北省八峰药化股份有限公司	少数民族成药
湖北香莲药业有限责任公司	少数民族成药
湖南省(58家)	
湘西自治州金凤凰农业生物科技有限公司	土家族鞋、苗族鞋
吉首市民族五金厂	铝水舀、铝瓢、铝饭勺,具有少数民族特色的金、银饰品等
湘西自治州锦绣湘西民族文化产业有限公司	仿古仿旧民族文物及民族建筑装饰用品
酒鬼酒股份有限公司	少数民族缸、罐等
湖南老爹农业科技开发有限公司	少数民族文字印刷品
湖南湘西荣昌生物高科技有限公司	蜡染品、扎染品
湖南闻得福农业科技集团股份有限公司	少数民族服装
湘西自治州毕果民族服饰研制中心	少数民族服装、绣花鞋
湖南喜阳食品工业集团股份有限公司	少数民族服装、织锦
湖南吉首橡胶厂	民族胶套鞋
吉首中宇纺织有限责任公司	白棉布
湖南永顺锦帛钰纺织有限责任公司	白棉布
古丈县桌良木业有限责任公司	少数民族家具
保靖县秦简茶科技开发有限公司	少数民族缸、罐、民族花碗等
古丈县民族工艺品加工有限责任公司	荷包、具有少数民族特色的银饰品
湖南省花垣县民族民间工艺美术厂	少数民族刺绣、民族包
湖南省花垣县古苗河文化产品开发有限责任公司	少数民族特色宝石等饰品
凤凰古城旅游有限责任公司	少数民族服装、民族包
凤凰县长松投资有限公司	少数民族服装、具有少数民族特色的银饰品
龙山县三和竹木制品开发有限公司	民族艺术装饰用品
湖南省泸溪县金旭冶化有限责任公司	铝瓢、壶等
湖南吉首市民族烟材有限公司	民族特色木碗、木勺、摇床、花木箱、八仙桌
湘西自治州土家人集团酒业有限公司	少数民族缸、罐等
泸溪县通程铝业有限公司	铝瓢、铝饭勺
永顺县乖姐姐民族工艺厂	少数民族服装、绣品
湘西自治州裕丰农牧有限责任公司	木制打谷机
吉首市大力建材有限责任公司	仿古仿旧民族文物及民族建筑装饰用品
永顺县黛帕斯民族服饰工艺厂	少数民族服装、绣花鞋
龙山土家织锦工艺坊	土家织锦
湖南金丰纺织集团有限公司	白棉布
怀化市安江纺织有限责任公司	白棉布

续表20

定点企业名称	民族特需商品名称
怀化市恒裕实业有限公司	三脚架
新晃夜郎春酒业有限责任公司	蜡染品
新晃水泵厂	木制打谷机、板锄、民族稻镰
靖州喜盈门传统手工作坊	绣花鞋
湖南桑植康华粽叶开发有限公司	民族艺术装饰用品
张家界三木能源开发有限公司	民族火炉
桑植县建筑安装工程有限责任公司	仿古仿旧民族文物及民族建筑装饰用品
张家界惊梦酒业有限责任公司	民族艺术装饰用品
张家界永丰农产品有限公司	民族艺术装饰用品
张家界市军声砂石画研究院	民族艺术装饰用品
张家界福利芙蓉服装厂	少数民族服装
张家界森海民族服饰有限责任公司	少数民族服装
长沙沙坪金球湘绣有限公司	少数民族绣品
江华运德农机制造厂	木制打谷机、粉碎机
江华瑶族自治县瑶妹子民族服装厂	少数民族服装
城步苗族自治县林宏木业有限公司	民族建筑装饰用品
城步苗族自治县银河纸业有限责任公司	少数民族文字印刷品
湖南省通道县隆联牧业有限公司	木制打谷机、民族稻镰
湖南省桃江县牛魔王食品有限责任公司	清真肉制品等
桃源县义哥清真牛肉食品厂	清真肉制品等
新晃老蔡食品有限责任公司	清真肉制品等
湖南湘泉制药有限公司	少数民族成药
湘西宏成制药有限责任公司	少数民族成药
湘西土家族苗族自治州人民医院	少数民族成药
湘西土家族苗族自治州民族中医院	少数民族成药
湖南本草制药有限责任公司	少数民族成药
怀化正好制药有限公司	少数民族成药
广东省(8家)	
广州梦都美织物有限公司	少数民族手工地毯,地垫
清远市合兴投资管理有限公司	民族艺术装饰用品
连山壮族瑶族自治县华正达农林科技开发有限公司	民族艺术装饰用品,民族服饰
连南瑶族自治县鹿鸣茧丝绸有限责任公司	民族服装布料,刺绣品
乳源瑶族自治县粮食购销有限责任公司	少数民族织带.民族包,袋,围裙等
东源县黄龙岩旅游发展有限公司	少数民族服装
广州市回民饭店有限公司	清真肉制品等
龙门县南昆山乳业有限公司	清真乳制品等

续表21

定点企业名称	民族特需商品名称
广西壮族自治区(116家)	
南宁锦虹棉纺织有限责任公司	壮族线毯、白棉布、少数民族彩条布、瑶族长纱布、包头布等
南宁五菱桂花车辆有限公司	搂草机
广西金地科技有限公司	少数民族文字印刷品
南宁南箱彩印包装有限公司	少数民族文字印刷品
宾阳县民族织绵厂	壮锦、民族包
南宁香臣日化有限责任公司	以牛羊脂为原料香皂、肥皂
南宁市嘉禾家具有限公司	壮族特柜、壮式衣箱、八仙桌、花木箱等
广西大明印刷有限公司	少数民族文字印刷品
上林海润丝业有限公司	土蚕丝广壮绉
横县万力隆皮业有限责任公司	民族皮手套
南宁市八桂纸业有限公司	少数民族文字印刷品
南宁富来兴纸品印刷有限公司	少数民族文字印刷品
广西乐达包装有限公司	牧区用塑料棚膜
广西壮族自治区工艺美术研究所	少数民族服装
广西南宁羽华工贸有限责任公司	民族艺术装饰用品
桂林银海纺织集团公司	花线
桂林桂棉股份有限公司	花线
桂林兄弟木业有限责任公司	八仙桌、罗汉床、藏柜等
龙胜各族自治县二轻民族工艺美术厂	侗锦、瑶绣
广西博白县荣福农机有限公司	山区用微型碾米机、粉碎机
陆川县兴兴铁锅有限公司	民族无耳锅、炖锅
广西博白红士皮业有限公司	民族皮手套
玉林市民族织带厂	少数民族织带、花边、背带等
广西南山瓷器有限公司	民族花碗
北流市轻工机械厂	山区用微型碾米机、粉碎机
桂平市木乐镇浩翔制衣厂	少数民族服装
广西平南新马工艺品有限公司	漆器工艺品
忻城县瑞龙丝业有限责任公司	壮锦、瑶族背包
广西来宾中丝茧丝绸有限公司	少数民族刺绣品、壮锦、真丝交织绸、织锦绸等
广西象州婵宇真丝绸制品有限公司	少数民族刺绣品、壮锦
广西来宾华海民族工艺木制品有限责任公司	壮锦衣箱、壮族特柜等少数民族家具
广西来宾市民族纺织有限公司	少数民族刺绣、壮锦
广西蒙山华虹丝绸有限公司	织锦绸、真丝交织绸、真丝花软缎等
梧州市梦都美地毯有限公司	少数民族手工地毯
柳州市汇利丰茧丝绸有限责任公司	土蚕丝广壮绉

续表22

定点企业名称	民族特需商品名称
广西日田丝业有限责任公司	土蚕丝广壮绉
柳州市柳城县石门山丝绸有限公司	土蚕丝广壮绉
广西柳城县鸿艺丝绸有限公司	土蚕丝广壮绉
融水苗族自治县金杉木地板厂	民族建筑装饰用品
柳州立宇集团有限责任公司	白棉布、交织棉绸
柳州明大纺织业有限公司	白棉布、民族织锦
柳州市伊曲服饰有限责任公司	少数民族服装
三江县蓝世章民族工艺美术厂	漆器工艺品、民族艺术装饰用品
融安桂华茧丝绸有限责任公司	真丝交织绸
鹿寨古典桑蚕丝织有限公司	土蚕丝广壮绉
柳州市融安县升源木业衣架厂	八仙桌、民族特色木碗
融水苗族自治县文超植源木制品厂	少数民族家具、月亮锄、民族稻镰
广西融水县鑫源木业制品有限公司	少数民族家具
柳州市蓝天机电有限公司	山区用微耕机
柳州两面针洗涤用品厂	以牛羊脂为原料香皂、肥皂
柳州市柳城鹏鑫源茧丝绸有限公司	土蚕丝广壮绉等
融水苗族自治县宇隆茧丝有限责任公司	土蚕丝广壮绉
柳州华晟纺织有限公司	白棉布
柳州华侨化纤纺织有限公司	白棉布
广西志光办公家具有限公司	八仙桌
柳州市曼雅制衣有限责任公司	少数民族服装
柳州市昌海茧丝有限责任公司	土蚕丝广壮绉
广西鹿寨县中渡马安农机修造厂	山区用微型碾米机、粉碎机
广西鹿寨县华顺贸易有限责任公司	土蚕丝广壮绉
广西鹿寨县金达珑茧丝有限责任公司	土蚕丝广壮绉
广西钦州市钦宝斋坭兴陶艺有限责任公司	具有少数民族风格的陶瓷
钦州承坭斋陶艺有限公司	具有少数民族风格的陶瓷
广西钦州千秋陶业有限公司	具有少数民族风格的陶瓷
广西钦州力顺机械有限公司	山区用微型碾米机、粉碎机
广西钦州市坭兴陶艺有限公司	具有少数民族风格的陶瓷
北海市文邦珍珠有限公司	具有少数民族特色的珠宝饰品
北海市源龙珍珠有限公司	具有少数民族特色的金、银、珠宝饰品
北海银滩国家旅游度假区亨通珠宝公司	民族特色珠宝饰品
合浦县工艺美术有限公司	民族特色金银、珠宝饰品、角雕等工艺品
北海市银海区康健陶瓷厂	少数民族缸、罐
北海国发南珠宫珍珠首饰制造有限公司	民族特色金银、珠宝饰品、角雕等工艺品

续表23

定点企业名称	民族特需商品名称
田阳县民族染织厂	白棉布
田阳县正仁电热炊具厂	少数民族铸铁锅、球型铁顶锅、四耳铁锅
柳州华力家庭品业股份有限公司	卫生用香
百色市民族服装厂	少数民族服装
百色市工艺美术厂	具有少数民族特色的银饰品
靖西县壮锦厂	壮锦、少数民族刺绣品
广西贺州市新兴瓷业有限公司	少数民族风格陶瓷
广西东兰花神丝绸有限公司	丝绸地毯、广壮绉
河池市服务工贸公司	少数民族服装
环江毛南族自治县木器厂	民族家具
广西梧州冰泉实业股份有限公司	清真糕点等
广西南宁百会药业集团有限公司	少数民族成药
南宁市维威制药有限公司	少数民族成药
广西桂西制药有限公司	少数民族成药
广西中医学院制药厂	少数民族成药
广西千珍制药有限公司	少数民族成药
广西万寿堂药业有限公司	少数民族成药
广西南宁德致药业有限公司	少数民族成药
广西昌弘制药有限公司	少数民族成药
广西锦莹药业有限公司	少数民族成药
桂林益佰漓江制药有限公司	少数民族成药
桂林中族中药股份有限公司	少数民族成药
广西千方药业有限公司	少数民族成药
广西玉林制药有限责任公司	少数民族成药
广西玉林大金大药业有限公司	少数民族成药
广西中天药业有限公司	少数民族成药
广西源安堂药业有限公司	少数民族成药
广西恒拓集团仁盛制药有限公司	少数民族成药
广西金秀圣堂药业有限责任公司	少数民族成药
广西华天宝药业有限公司	少数民族成药
瑞福祥药业(广西)有限公司	少数民族成药
广西梧州制药(集团)股份有限公司	少数民族成药
广西强寿药业集团有限公司	少数民族成药
广西玉兰制药有限公司	少数民族成药
广西柳州长安制药有限公司	少数民族成药
广西亿康药业股份有限公司	少数民族成药

续表24

定点企业名称	民族特需商品名称
广西正堂药业有限责任公司	少数民族成药
广西天天乐药业有限公司	少数民族成药
广西仙草堂制药有限责任公司	少数民族成药
广西金嗓子有限责任公司	少数民族成药
广西日田药业有限责任公司	少数民族成药
广西壮族自治区花红药业股份有限公司	少数民族成药
广西灵峰药业公司	少数民族成药
广西河丰药业有限责任公司	少数民族成药
平南县兽药厂	牧区牛、羊等牲畜用兽药
海南省(4家)	
陵水藤竹工艺品有限公司	民族艺术装饰用品
海南锦绣织贝实业有限公司	黎锦
五指山黎锦坊文化发展有限公司	黎锦
五指山鼎昌实业开发有限公司	黎锦
重庆市(10家)	
三峡绣手工艺品有限公司	少数民族服装、绣花鞋
重庆市科峰服饰有限公司	少数民族服装
重庆市海伦地毯有限公司	少数民族手工地毯、壁(挂)毯、礼拜毯(垫)
重庆长宏木业有限公司	少数民族家具
重庆大足石刻艺术品公司	民族艺术装饰用品
石柱自治县针织厂	少数民族包头布
酉阳自治县四达机械厂	板锄、民族稻镰、粉碎机等
重庆天宏鞋业有限公司	民族胶套鞋
重庆市荣丰实业有限公司	清真肉制品等
金航清真牛羊制品有限公司	清真肉制品等
四川省(57家)	
成都金银制品有限责任公司	具有少数民族特色的金、银饰品
成都天和银楼有限责任公司	具有民族特色的金银玉饰品、民族刀
四川省郫县松潘藏文印刷厂	少数民族文字印刷品
四川省邛崃市冉义镇新民民族用品有限责任公司	哈达、氆氇
四川众友实业有限公司	藏柜、藏桌等
四川噶玛博秀雪艺文化发展有限公司	藏族服装、哈达
成都市凌陈民族用品厂	哈达、少数民族服装、织带、灯用酥油等
成都蜀锦织锈有限责任公司	民族织锦
成都市成华区东方工艺美术厂	民族艺术装饰用品
自贡市扎染工艺厂	少数民族服装、彩条布、扎染品、金丝绒等

续表25

定点企业名称	民族特需商品名称
攀枝花市啊莫莫工贸有限责任公司	民族稻镰、水田步犁、山区用微型碾米机
广汉市广艺油脂食品有限公司	灯用酥油
四川省犍为罗城忠烈塑料有限责任公司	牧区用塑料棚膜
乐山市金源纺织有限责任公司	白棉布
四川省达州市兴萍制衣有限公司	少数民族服装
德格县印经院文物管理所	少数民族文字印刷品
道孚亚姆热旅游开发有限责任公司	民族艺术装饰用品、民族家具等
道孚县藏人地平线文化发展有限公司	民族艺术装饰用品
康达银器	藏刀
九龙飞鹰刀	藏刀
康定康藏工艺品制造有限公司	民族艺术装饰用品
阿坝藏族羌族自治州印刷厂	少数民族文字印刷品
成都市海思达科技开发有限公司	少数民族语言文字软件
四川省凉山州五交化有限责任公司	民族服饰等
凉山彝族自治州民政民族工艺厂	彝族餐具
四川羌寨绣庄有限责任公司	少数民族服装、少数民族绣品
马尔康县民族服装厂	少数民族服装、少数民族头巾
阿坝州马尔康县民族特需用品厂	少数民族手工地毯
阿坝县联营民族特需用品工艺厂	民族艺术装饰用品
阿坝州九寨水晶民族旅游用品厂	具有少数民族特色的金、银、铜、玉等饰品
成都西南民族印刷厂	少数民族文字印刷品
九寨沟高原食品有限公司	清真肉制品等
红原牦牛肉食品有限责任公司	清真肉制品等
四川省若尔盖县绿色食品有限公司	清真肉制品等
四川省阿坝州茂县兄弟牦牛肉制品厂	清真肉制品等
四川自贡白味斋食品有限公司	清真调味品等
四川友联味业食品有限公司	清真调味品等
四川伊斯兰速冻快餐旅游食品有限公司	清真肉制品等
成都新成食品工业有限公司	清真面点等
成都市荣泰清真食品有限责任公司	清真调味品等
成都市棒棒娃实业有限公司	清真肉制品等
成都金宫味业食品有限公司	清真调味品等
四川省丹丹调味品有限公司	清真调味品等
成都市彭州银裕食品厂	清真面点等
成都市春晖食品厂	清真调味品等
德阳市孝泉马昌恒清真食品厂	清真肉制品等

续表26

定点企业名称	民族特需商品名称
绵阳市永隆清真食品有限公司	清真肉制品等
四川省美宁实业集团清真食品有限公司	清真肉制品等
四川阆中华珍风味食品有限公司	清真肉制品等
四川省马氏牛肉食品有限公司	清真肉制品等
达州市军华肉类食品有限责任公司	清真肉制品等
德格藏医药研究所附属藏医院	少数民族成药
四川省甘孜州巴塘县中藏医院	少数民族成药
乡城县香巴拉藏药开发有限责任公司	少数民族成药
四川省理塘县藏医院	少数民族成药
九寨沟天然药业集团有限公司	少数民族成药
四川宇妥藏药药业有限责任公司	少数民族成药
贵州省(71家)	
贵州仰阿沙民族工艺品有限责任公司	具有少数民族特色的银饰品
黔东南阿朵民族旅游工艺品开发有限责任公司	具有少数民族特色的银饰品、少数民族刺绣等
贵州省镇远县营养铁锅厂	宽沿铸铁锅、鼎罐
贵州省三穗县铁锅厂	宽沿铸铁锅
三穗县维康羽绒制品厂	民族服装等
天柱县民族特色商品发展有限公司	民族艺术装饰用品、民族鞋等
黄平县黄飘民族刺绣工艺厂	少数民族服装、绣品
施秉县榜香郁旅游精品厂	少数民族刺绣品、具有少数民族特色的银饰品
贵州省丹寨县原生态民族旅游产品开发有限公司	民族艺术装饰品
雷山苗族银饰服饰加工店	具有少数民族特色的银饰品
锦屏县打岩塘鸿发石材有限责任公司	仿古仿旧民族文物及民族建筑装饰用品
贵州省岑巩县思州石砚工艺美术厂	民族艺术装饰用品
贵州省黎平县奇洪侗族服饰厂	少数民族服装、刺绣品
黎平县金鼓楼民族工艺厂	少数民族刺绣品
都匀市织布厂	民族红兰布等
独山县民族铁锅厂	铸造铁锅、铁三角、火盆
独山县民族刺绣工艺厂	背带、少数民族刺绣品
荔波县民族银饰厂	具有少数民族特色的银饰品等
兴仁县黔兴苗族民间手绣领带厂	少数民族绣(刺绣)品
贵州省安龙县民族手绣工艺有限公司	少数民族绣(刺绣)品
贵州省兴义市布谷鸟民族实业发展有限公司	少数民族服装、刺绣品、蜡染品、腰包等
黔西南州多彩文化旅游发展有限责任公司	少数民族乐器、民族艺术装饰用品等
贵州海岳石文化艺术有限公司	少数民族家具、刺绣品
贵州多彩民族民间文化艺术发展有限公司	具有少数民族特色的银饰品、少数民族刺绣品、蜡染品

续表27

定点企业名称	民族特需商品名称
际华3537制鞋有限责任公司	民族胶套鞋
贵州新华印刷厂	少数民族文字印刷品
贵州紫袍玉带石雕厂	具有少数民族特色的银饰品
贵州省安顺市九龙民族文化艺术发展有限公司	蜡染品、少数民族服装
安顺市鸿泰蜡染开发有限公司	蜡染品
安顺大明屯堡文化艺术发展有限公司	民族艺术装饰用品
六盘水民艺苑商贸有限公司	少数民族服装
威宁彝族苗族回族自治县毛纺有限责任公司	少数民族手工地毯、挂毯、毛毡
毕节地区强化印务有限责任公司	少数民族文字印刷品
贵州省玉屏侗族自治县箫笛厂	箫笛
平塘县金秋牙舟陶园	少数民族缸、罐
黎平县侗绣有限公司	少数民族刺绣品
贵州省黎平县锦龙木业有限公司	民族家具等
贵州省水城县滥坝节能厂	高压锅、炖锅、鼎锅等
贵州牛来香实业有限公司	清真肉制品等
平坝县杨平清真食品厂	清真面点、肉制品等
兴仁县马大姐食品有限公司	清真肉制品、调味品等
贵州荣发制药有限责任公司	少数民族成药
贵州信邦制药股份有限公司	少数民族成药
贵州盛世龙方制药股份有限公司	少数民族成药
贵州苗药药业有限公司	少数民族成药
贵州民族药业股份有限公司	少数民族成药
贵阳新天药业股份有限公司	少数民族成药
贵州汉方制药有限公司	少数民族成药
贵州同济堂制药有限公司	少数民族成药
贵州益康制药有限公司	少数民族成药
贵州绿太阳制药有限公司	少数民族成药
贵州黄果树立爽药业有限公司	少数民族成药
贵州健兴药业有限公司	少数民族成药
贵州太和制药有限公司	少数民族成药
贵州万顺堂药业有限公司	少数民族成药
贵州本草堂药业有限公司	少数民族成药
贵阳德昌祥药业有限公司	少数民族成药
贵州老来福药业有限公司	少数民族成药
贵州恒霸药业有限责任公司	少数民族成药
贵州远程制药有限责任公司	少数民族成药

续表28

定点企业名称	民族特需商品名称
贵州维康药业有限公司	少数民族成药
贵州百灵企业集团制药有限公司	少数民族成药
贵州顺健制药有限公司	少数民族成药
贵州森邦药业有限公司	少数民族成药
贵州万胜药业有限责任公司	少数民族成药
贵州苗王药业有限责任公司	少数民族成药
六枝工矿集团大华药业有限公司	少数民族成药
贵州省六枝特区宏奇制药有限公司	少数民族成药
贵州世禧制药有限公司	少数民族成药
贵州威门药业股份有限公司	少数民族成药
贵州心意药业有限责任公司	少数民族成药
云南省(144 家)	
云南民族印刷厂	少数民族文字印刷品
云南金花针织有限公司	民族针织系列产品
昆明市铝制品厂	套锅等
昆明市斑铜厂	具有少数民族特色的铜饰品
昆明市乐器厂	少数民族乐器
昆明市戏剧用品厂	少数民族服装、少数民族戏剧戏曲服装
石林毕氏民族服装服饰有限公司	少数民族服装、民族包等
石林印象柿子食品有限公司	民族工艺品、民族特色木碗等
昆明市雕刻工艺厂	民族工艺品
云南省昆明市石林县普氏民间绣品厂	少数民族刺绣品
曲靖市石林瓷业有限责任公司	民族花碗、藏族罗汉盅等
云南曲靖彩印有限责任公司	少数民族文字印刷品
云南省富源县铸锅厂	宽沿铸铁锅
陆良福牌彩印有限公司	少数民族文字印刷品
云南曲靖塑料(集团)有限公司	网围栏、牧区用塑料棚膜
宣威市中博塑料有限公司	牧区用塑料棚膜
马龙县佳誉塑料制品有限责任公司	牧区用塑料棚膜
曲靖新龙陶瓷有限公司	民族建筑装饰用品
曲靖珠源瓷业有限公司	藏族罗汉盅、民族花碗等
曲靖市寥廓鑫源工贸有限公司	牧区用塑料棚膜
云南省易门华盛瓷业有限公司	民族花碗、民族茶盘
云南省易门益兴瓷业有限责任公司	民族花碗、民族茶盘、民族用餐具、茶具等
云南通海民族银饰制品有限公司	具有少数民族特色的金、银饰品
新平彝族傣族自治县综合厂	具有少数民族特色的金、银饰品

续表29

定点企业名称	民族特需商品名称
华宁县宁州舒氏陶艺有限责任公司	民族艺术装饰品、民族茶盘等
华宁县民族陶瓷有限公司	少数民族缸、罐、园林陶、民族建筑装饰品
华宁县白塔山建筑陶瓷有限责任公司	少数民族缸、罐、园林陶、民族建筑装饰品
玉溪市桦星织带有限责任公司	少数民族织带、花线
云南玉溪雅迪思毛巾有限公司	少数民族头巾
云南长秀服装厂	少数民族服装
峨山彝族自治县服装厂	少数民族服装、少数民族舞台、戏剧戏曲服装
云南省通海民族织染厂	少数民族头巾等
华宁县永清陶业工艺品厂	少数民族缸、罐、园林陶、民族建筑装饰品
新平钢锄厂	板锄、民族稻镰等
保山市新华肥皂有限责任公司	以牛羊脂为原料的肥皂
楚雄红枫叶制衣有限公司	少数民族服装、少数民族绣品、民族帽、民族包等
楚雄市树苴乡三尖山民族服装加工厂	少数民族服装
楚雄秦琳民族服饰制衣行	少数民族服装
楚雄华力机械制造有限责任公司	粉碎机、木制打谷机、水田步犁
楚雄益友骨角工艺厂	角雕
牟定县农机修造厂	木制打谷机、粉碎机等
牟定腾宇工贸有限公司	板锄、月亮锄、民族稻镰、砍田刀三角铧口、水田步犁等
牟定县五金厂	火剪、弯刀
南华印刷有限责任公司	少数民族文字印刷品、少数民族语言文字软件
云南省姚安县麻纺织厂	苗族裙子麻布
云南大姚县棉织有限责任公司	白棉布
云南嘉宏纺织集团有限公司	扎染品、白棉布、民族红蓝布、包头布
云南大姚机械配件厂	木制打谷机、犁铧等
云南永仁软木制品实业有限责任公司	民族艺术装饰用品
武定县民族工艺饰品厂	具有少数民族特色的金、银饰品
武定县民族服装首饰厂	具有少数民族特色的金、银饰品、少数民族服装
个旧市锡工业美术厂	具有少数民族特色的铜饰品
个旧市制鞋总厂	少数民族鞋、民族帽
个旧市瓷器厂	少数民族瓷碗
石屏县恒誉实业有限公司	民族艺术装饰用品
石屏县龙之彝花腰文化传播有限责任公司	少数民族刺绣品
红河县五金厂	民族艺术装饰用品
红河棕业有限责任公司	草垫等
红河县民族纺织厂	白棉布
建水县工艺美术陶厂	民族艺术装饰用品

续表30

定点企业名称	民族特需商品名称
云南省建水县民族金银首饰有限责任公司	具有少数民族特色的金、银饰品
绿春县民族木器厂	民族家具等
绿春县电力公司铁合金冶炼厂	火盆、腰刀、、三脚架、稻廉、水田步犁、铧子、粉碎机、微型水轮发电机等
绿春县民族服装厂	少数民族服装
金平民族塑料制品厂	少数民族靴鞋
元阳县民族服装厂	少数民族服装
元阳县民族纺织厂	麻布、长纱布等
广南县轻轻民族用品经营有限公司	少数民族服装
广南县民族银饰工艺厂	具有少数民族特色的金、银饰品
文山县江花民族印染厂	少数民族服装
墨江县木器厂	民族家具等
宁洱民族饰品有限责任公司	民族艺术装饰用品
澜沧银民金属制品有限责任公司	三脚架、镰刀等
澜沧桂桦家具有限责任公司	民族家具等
澜沧盛鑫陶瓷制品有限责任公司	具有少数民族风格的陶瓷
镇沅县祥惠木业	少数民族家具
西盟县佤山服饰有限公司	少数民族服装
勐腊农具印刷厂	民族刀具、铧子等
西双版纳报社印刷厂	少数民族文字印刷品
西双版纳博宫莎湾傣陶作坊	具有少数民族风格的陶瓷
云南沧江机械修造厂白塔彩色印刷厂	少数民族文字印刷品
大理滇西纺织有限责任公司	扎染品、白棉布
大理华兴纺织有限责任公司	民族针纺织品
云南省前所机制农具厂	板锄
巍山彝族回族自治县巍宝彝族染织厂	扎染品
巍山县蓝龙扎染有限责任公司	扎染品、少数民族服装
巍山县兴巍民族工艺厂	扎染品
巍山县兴国扎染有限责任公司	扎染品
剑川民族刺绣厂	民族刺绣品
剑川县兴艺古典木雕家具厂	民族艺术装饰用品
剑川县华艺木雕有限公司	民族家具等
鹤庆县茧丝有限责任公司	民族针纺织品
德宏民族出版社印刷厂	少数民族文字印刷品
德宏团结报印刷厂	少数民族文字印刷品
盈江县新华印刷厂	少数民族文字印刷品
瑞丽市荣丰现代装饰装璜有限责任公司	民族建筑装饰用品

续表31

定点企业名称	民族特需商品名称
潞西市海华开发有限公司民族金银首饰厂	具有少数民族特色的银饰品
德宏州潞西市民族塑料薄膜厂	牧区用塑料棚膜
潞西市民族服装厂	少数民族服装
怒江州民族印刷有限责任公司	少数民族文字印刷品
云南森友木业有限公司	少数民族家具
云南宏盛锦盟实业有限公司	铜锅、铜脸盆、铜瓢等
云南省香格里拉县卡卓有限责任公司	藏刀
云南省香格里拉县尼西乡黑陶开发有限责任公司	具有少数民族风格的陶瓷
德钦县民族银制品厂	具有少数民族特色的金、银饰品
德钦县奔子栏残疾人手工艺制品厂	糌粑盒等
迪庆香格里拉藏香厂	藏香
巍山县民族工艺服装厂	少数民族服装
丽江印刷有限责任公司	少数民族文字印刷品
丽江古城区民族首饰品有限公司	银雕木碗、民族刀等
丽江华丽印刷有限责任公司	少数民族文字印刷品
丽江市古城区民族工艺美术陶瓷厂	园林瓷
云南省丽江市古城区皮毛皮革厂	民族靴鞋、民族包、马上用具等
丽江毛纺织品有限责任公司	氆氇、少数民族彩条布、民族包等
丽江七星民族用品纺织服饰有限公司	婚被、氆氇等
丽江市古城区丽雪民族服装厂	少数民族服装
丽江纳西人民族服装有限公司	少数民族服装
宁蒗再生木业有限公司	民族特色木碗等
宁蒗县阿妈六金民族服饰有限责任公司	少数民族服装
沧源县佤山旅游产品开发有限责任公司	民族稻镰、板锄、民用刀具、民族艺术装饰用品等
七件事茶厂	少数民族服装
耿马傣族佤族自治县印刷厂	少数民族文字印刷品
镇康县民族贸易有限责任公司	少数民族服装
临沧双江七彩坊民族服饰旅游工艺品有限公司	少数民族服装
临沧市临翔区民族织染厂	少数民族服装
临沧市富临工艺品开发有限责任公司	民族工艺品
永平县阿巧娘清真食品有限责任公司	清真肉制品等
巍山彝族回族自治县清真肉食品加工厂	清真肉制品等
云南天方食品有限公司	清真面点等
玉溪市回族糕点糖果厂	清真面点等
昆明华曦牧业集团有限公司	清真肉制品等
楚雄市树苴乡农业技术综合开发公司清真食品加工厂	清真肉制品等
云南省寻甸县东发食品有限公司	清真肉制品等

续表32

定点企业名称	民族特需商品名称
鲁甸县民族食品厂	清真调味品
云南天利药业有限责任公司	少数民族成药
云南龙发制药有限公司	少数民族成药
楚雄老拨云堂药业有限公司	少数民族成药
云南楚雄云中制药有限责任公司	少数民族成药
云南金碧制药有限公司	少数民族成药
西双版纳制药厂有限公司	少数民族成药
西双版纳版纳药业有限责任公司	少数民族成药
西双版纳雨林制药有限责任公司	少数民族成药
云南省迪庆州藏医院	少数民族成药
大理白族自治州中药制药有限公司	少数民族成药
西藏自治区(66 家)	
西藏自治区拉萨皮革厂	少数民族靴
西藏雅喜实业有限公司	民族工艺品
西藏金栗轻纺珠宝有限公司	具有少数民族特色的金、银饰品、银碗
西藏康曲经济文化发展有限公司	哈达
西藏达洛商贸有限公司	少数民族家具
拉萨市茂源家具装潢有限责任公司	少数民族家具
西藏拉萨地毯有限责任公司	少数民族手工地毯、挂毯、卡垫、马垫
拉萨市城关区措美林帐篷厂	少数民族帐篷
拉萨市城关区垫具厂	民族工艺品
拉萨市城关区满斋实业总公司	少数民族家具
拉萨市城关区哈达集团公司	少数民族鞋
拉萨彩泉福利民族手工业有限公司	少数民族服饰
拉萨市城关区古艺建筑美术公司	具有少数民族特色的金、银饰品
拉萨市城关区服装二厂	少数民族服装、少数民族帐篷
拉萨市城关区服装三厂	少数民族服装
拉萨市城关区服装四厂	少数民族服装
拉萨市城关区鞋业三厂	少数民族服装、少数民族靴鞋
拉萨市城关区毛纺一厂	民族针纺织品
拉萨市城关区毛纺二厂	民族针纺织品
拉萨市城关区地毯厂	少数民族手工地毯
拉萨市城关区民族服装厂	少数民族服装
拉萨市城关区农机修造厂	粉碎机
拉萨荣恒服装有限责任公司	少数民族服装、少数民族挂毯、少数民族刺绣品
拉萨市城关区民族手工艺综合厂	少数民族挂毯
拉萨市城关区贸易局工会珠宝店	具有少数民族特色的金、银饰品

续表33

定点企业名称	民族特需商品名称
拉萨神牛工艺美术发展有限责任公司	角雕、皮雕
拉萨市城关区工艺美术综合厂	少数民族刺绣品
拉萨市八宝藏毯厂	卡垫、少数民族手工地毯、挂毯
山南地区错那县勒布麻玛竹器厂	民族特色木碗
山南地区浪卡子县工布学乡苏格村卡垫厂	藏被、卡垫、氆氇
山南地区洛扎县洛扎镇门当居委会民族手工艺编制厂	氆氇、藏被、藏靴
山南地区浪卡子镇地毯厂	卡垫、少数民族手工地毯
山南地区琼结县水晶玉石厂	具有民族特色的银饰品、银碗等
山南地区隆子县加玉乡农畜产品加工公司	藏刀
山南地区扎囊县敏珠林寺藏香厂	藏香
山南地区贡嘎县杰德秀围裙厂	卡垫、氆氇
山南地区乃东地毯厂	少数民族手工地毯、挂毯、卡垫
那曲地区那曲兴达民族产品开发股份有限公司	具有民族特色的玉饰品
那曲地区那曲民族服装鞋帽厂	少数民族服装、少数民族鞋、少数民族帽
那曲地区纳木措地毯实业有限责任公司	少数民族手工地毯、挂毯、卡垫
林芝地区林芝县更章门巴民族乡藏香厂	藏香
日喀则地区日喀则市服装一厂	少数民族服装
日喀则地区日喀则市服装二厂	少数民族服装、少数民族帐篷
日喀则地区日喀则市服装三厂	少数民族服装、少数民族帐篷
日喀则地区亚美民族手工业产品有限责任公司	金银制品、少数民族服装、少数民族鞋、少数民族帽
日喀则市康嘎尔藏香厂	藏香
日喀则市扎西吉彩金银铜器加工厂	银雕刻茶盖茶架、银雕木碗
日喀则市城北办事处铁器厂	民族火炉
日喀则市康帕地毯厂	少数民族手工地毯、挂毯、卡垫
日喀则地区拉孜县民族手工业产品加工厂	藏刀、藏鞋、六弦琴、少数民族手工地毯
日喀则地区江孜县地毯厂	少数民族手工地毯
日喀则地区江孜县江孜镇卡垫厂	卡垫
日喀则地区江孜县江孜镇服装厂	少数民族服装
日喀则地区江孜县江孜镇铁木家具厂	少数民族家具
日喀则地区仁布县石雕厂	民族艺术装饰用品等
阿里地区改则县鑫隆民族手工艺厂	卡垫、氆氇
西藏藏药集团股份有限公司	少数民族成药
西藏自治区藏药厂	少数民族成药
西藏藏医学院藏药厂	少数民族成药
西藏金珠雅砻藏药有限责任公司	少数民族成药
山南地区雍布拉康藏药厂	少数民族成药
林芝地区奇正藏药厂	少数民族成药

续表34

定点企业名称	民族特需商品名称
昌都地区昌都光宇利民药业有限责任公司	少数民族成药
昌都地区昌都藏药厂	少数民族成药
昌都地区昌都县日通藏医药研制中心藏药厂	少数民族成药
西藏神猴药业有限责任公司	少数民族成药
陕西省(23家)	
安康市舒尔乐软垫家具公司	民族家具等
西安金都工艺美术集团有限公司	具有少数民族特色的金、银饰品,民族系列景泰兰制品、穆斯林图案各种茶具等
铜川耀州窑文物复制工厂	具有少数民族风格陶瓷
陕西永信肉食品有限公司	清真肉制品等
西安饮食服务(集团)股份有限公司同盛祥饭庄	"清真面点、清真肉制品等"
西安市凯丽思清真食品有限责任公司	清真面点等
西安饮食服务(集团)股份有限公司老孙家饭庄	"清真面点、清真肉制品等"
西安市永信清真肉类食品有限公司	"清真面点、清真肉制品等"
西安顶益食品有限公司	清真面点等
陕西华祥食品(集团)有限公司	清真面点等
宝鸡建忠佳家乐食品有限公司	清真面点等
宝鸡惠民奶业有限公司	清真乳制品等
华丰食品(咸阳)有限公司	清真面点等
陕西子祺食品有限公司	清真面点等
陕西心特软食品有限责任公司	清真面点等
陕西天斗蛋业有限公司	清真食品添加剂
咸阳顶麦食品有限公司	清真面点等
陕西白象食品有限公司	清真面点等
宝鸡市华龙牧业有限责任公司	清真肉制品等
西安冯金平炒货食品有限责任公司	清真炒货
西乡县信一清真食品厂	清真肉制品等
定边县付翔食品有限责任公司	清真面点等
陕西蒲城华星食品有限公司	清真面点等
甘肃省(119家)	
临夏市兴强地毯有限责任公司	礼拜毯、少数民族手工地毯
兰广毛纺织厂	少数民族手工地毯
甘肃临夏雪羚毛纺地毯有限责任公司	少数民族手工地毯、挂毯、礼拜毯
甘肃清源皮业有限公司	藏靴
广河县陇黔毛纺实业有限公司	少数民族手工地毯
临夏县钊海毛制品有限公司	毛毡、藏帽、藏靴、维吾尔坐毡、毡房等。
甘肃建宏皮业有限公司	皮袜子

续表35

定点企业名称	民族特需商品名称
广河县国瑞工贸有限公司	民族烤箱
临夏市民政福利塑料厂	汤瓶、藏式水壶
康乐县民族塑料制品公司	汤瓶
甘南州澎曹土特产有限公司	民族艺术装饰用品等
夏河安多投资有限责任公司	烤箱
夏河县拉卜楞雪域藏香厂	藏香、卫生用香
迭部县万生铁器加工销售铺	铧子、板锄等
合作市金盛民族工贸有限责任公司	民族烤箱、奶桶、围栏网
玛曲县洋都有限责任公司	“少数民族帐篷、氆氇、网围栏”
临夏县韩集建材有限责任公司	民族建筑装饰用品
甘肃省和政铜套有限责任公司	民族火炉
甘南州永兴科技实业有限公司	牧区用塑料
临夏县尹集农机修造厂	水田步犁、铧子等
临夏市兴国皮革制品有限责任公司	“民族皮革制品、礼拜帽、民族服饰”
广河县华丰畜产品有限公司	民族马靴
甘肃宏良皮业有限公司	民族靴鞋、包、帽
甘南兴发商贸有限责任公司	民族服饰、工艺品、饰品、藏刀等
碌曲县才让东知民族服装加工厂	少数民族服装
兰州国智民贸有限公司	民族工艺品、金银饰品、餐具等
肃南县神鹿鹿业开发有限公司	少数民族服装
肃南县裕龙民族工艺品有限公司	少数民族服装
甘肃省临夏永恒实业有限公司	以牛羊脂为原料的香皂、肥皂
甘肃华羚干酪素有限公司	灯用酥油
临夏市友和商贸有限责任公司	汤瓶、水壶等
广河县银河毛纺织有限公司	少数民族手工地毯
广河县顺发商贸有限公司	礼拜毯
甘南州恒达商贸开发有限责任公司	民族艺术装饰用品
玛曲县文化旅游开发有限责任公司	民族艺术装饰用品
玛曲县善兴商贸有限责任公司	民族艺术装饰用品
张家川县裘革厂	民族手工地毯、皮袜子、礼拜毯等
甘南州骏野建材有限责任公司	网围拦
临夏市康泰牛羊肉类加工厂	清真肉制品等
临夏市雅克清真制品有限责任公司	清真肉制品等
临夏市银河奶糖厂	清真奶制品
临夏市协恒源副食品有限责任公司	清真奶糖
青海雪峰公司临夏县清真药膳食品厂	清真肉制品等
甘肃天地乳品有限责任公司	清真乳制品等

续表36

定点企业名称	民族特需商品名称
临夏县槐河清真冷冻食品有限公司	清真肉制品等
临夏县穆斯林肉食品有限责任公司	清真肉制品等
临夏县伊雪食品有限公司	清真肉制品等
积石山县华勇清真肉食品有限责任公司	清真肉制品等
临夏回族自治州顺发食品有限公司	清真肉制品等
临夏县莲花湖食品有限责任公司	"清真肉制品等"
临夏市清河源清真食品有限责任公司	清真肉制品等
临夏科华清真冷冻食品有限责任公司	清真肉制品等
临夏市天宝食品有限责任公司	清真奶糖
临夏州高原清真肉品有限公司	清真肉制品等
临夏市泉乳乳品有限责任公司	清真乳制品等
临夏市什锦清真食品有限责任公司	清真豆制品
临夏市南园清真食品有限责任公司	清真乳制品等
临夏州华安生物制品有限责任公司	清真食品添加剂
临夏县占云清真肉食品加工有限责任公司	清真肉制品等
甘肃康美牛业有限责任公司	清真肉制品等
甘肃康兴羊业科技有限责任公司	清真肉制品等
临夏市清真雪伊肉食品有限公司	清真肉制品等
临夏奶利生乳业有限公司	清真乳制品等
甘南州燎原乳业有限公司	清真乳制品等
玛曲雪原肉业有限公司	清真肉制品等
甘肃伊真餐饮有限公司	清真肉制品等
兰州小二黑食品有限公司	清真调味品
兰州东方宫清真餐饮有限公司	清真肉制品等
兰州马大胡子餐饮服务有限公司	清真肉制品等
兰州玉兰味精食品有限公司	清真调味品
甘肃红房子食品有限公司	清真面点等
兰州庄园乳业有限责任公司	清真乳制品等
陇西康泰清真食品有限责任公司	清真肉制品等
成县康正肉牛育肥有限公司	清真肉制品等
甘肃正行德工贸庆阳鑫龙肉类加工有限公司	清真肉制品等
静宁县大红碗食品有限公司	清真面点等
山丹县康源清真牛羊肉食品有限公司	清真肉制品等
敦煌市发荣清真食品有限公司	清真肉制品等
瓜州县龙兴畜牧产业发展有限公司	清真肉制品等
玉门市中汇农业发展有限公司	清真肉制品等
酒泉市好牛乳业食品有限公司	清真乳制品等

续表37

定点企业名称	民族特需商品名称
天祝天润绿色食品开发有限公司	清真肉制品等
金昌市龙岭肠衣有限公司	清真肉制品
张家川伊味思清真食品有限公司	清真肉制品等
临夏市朝晖有限责任公司	清真肉制品等
甘肃义顺莲花山药业有限责任公司	清真调味品
甘肃穆斯林公司尹集生化厂	清真肉制品等
临夏州雪峰清真冷冻食品有限责任公司	清真肉制品等
积石山县大河家清真糖果厂	清真奶糖
积石县雄伟清真糖果有限责任公司	清真奶糖
甘肃穆青食品有限责任公司	清真调味品等
会宁县金智淀粉厂	清真面点等
张家川县建明商贸有限公司	清真调味品等
张家川县老贾清真食醋厂	清真调味品等
张家川县伊民食品有限公司	清真肉制品等
广河县民生粮油工贸有限公司	清真食用油
临夏市华寺街占林清真酱醋厂	清真调味品等
和政县兰和粮油贸易有限责任公司	清真食用油脂等
甘南州高原生物工程有限公司	清真肉制品等
和政县兴和商贸有限责任公司	清真肉制品、面点等
广河县福海清真糖果有限公司	清真奶糖等
甘南州科瑞乳品开发有限公司	清真乳制品等
甘肃锦风翔清真食品有限公司(夏河)	清真肉制品等
甘南雪羚集团晟羚肉类加工有限公司	清真肉制品等
张家川县康宏药业有限公司	少数民族成药
甘肃省祁连山生物科技开发有限公司	少数民族成药
陇西伊真堂药业有限责任公司	少数民族成药
积石山县银海药业有限公司	少数民族成药
玛曲县宇妥药业有限责任公司	少数民族成药
玛曲县黄河首曲药源开发有限公司	少数民族成药
甘南佛阁藏药有限公司	少数民族成药
甘南藏药制药有限公司	少数民族成药
迭部县迭山藏药有限责任公司	少数民族成药
夏河县藏医院制药厂	少数民族成药
碌曲县西仓寺院藏医院	少数民族成药
碌曲县洮源藏药有限公司	少数民族成药
甘肃省临夏龙康制药厂	少数民族成药
积石山县进军药业有限责任公司	少数民族成药

续表38

定点企业名称	民族特需商品名称
天水市康宁生物科技有限公司	牧区牛、羊等牲畜用兽药
青海省(46家)	
青海省伊佳民族用品有限公司	回族帽
平安县草原钢网制造厂	网围栏
青海省威乐木业有限责任公司	马鞍
青海雪舟三绒集团	少数民族服装
循化县文都藏族用品综合加工厂	少数民族服装
乐都县民族塑料制品厂	牧区用塑料棚膜、奶桶、背水桶
民和县峰鑫金属门窗有限公司	民族艺术装饰用品
民和县康达灶具制品厂	套锅等
格尔木永安服装有限责任公司	民族服装
乌兰县蒙方民族用品有限责任公司	少数民族帐篷、少数民族服装
天峻加林绿色生态产业有限责任公司	网围栏、活动羊圈、少数民族帐篷
海西绿色能源科技有限责任公司	牧区用微型太阳能、风能发电装置
德令哈市南方塑料包装有限公司	牧区用塑料棚膜
玉树州雪域民族商贸有限责任公司	银碗、藏刀、哈达、少数民族服装等
同仁县金轮热贡艺术有限公司	哈达
青海海北金银滩宝玉石有限责任公司	具有民族特色的玉饰品
门源县雪梅鞋业有限公司	回族鞋
门源县丝毛藏毯厂	少数民族手工地毯
青海藏羊地毯(集团)有限公司	少数民族手工地毯
大通县新兴印务有限公司	少数民族文字印刷品
青海省海湖藏毯有限公司	少数民族手工地毯
青海西宁市太阳能电力开发中心	牧区用微型太阳能装置
青海日报社印刷厂	少数民族文字印刷品
青海新华印刷厂	少数民族文字印刷品
青海省循化县仙红辣椒开发有限公司	清真调味品等
民和湟乳乳制品有限责任公司	清真乳制品等
青海德令哈市恒丰肉食有限公司	清真肉制品等
海西州蒙古族藏族自治州乌兰清真食品厂	清真肉制品等
乌兰县盛通清真定点屠宰厂	清真肉制品等
格尔木市清真牛羊定点屠宰场	清真肉制品等
茫崖清真牛羊屠宰场	清真肉制品等
青海雪洋肉联有限责任公司	清真肉制品等
天峻县天棚富源牧工商福利公司	清真乳肉制品等
共和县清真牛羊屠宰场	清真肉制品等
果洛州雪域珍宝有限责任公司	清真乳制品等

续表39

定点企业名称	民族特需商品名称
湟中县光明清真食品厂	清真调味品等
西宁凤凰寺食品有限公司	清真肉制品等
青海绿草源食品有限公司(大通县)	清真肉制品等
青海百德投资发展有限公司	清真肉制品等
青海金诃藏药药业股份有限公司	少数民族成药
青海格萨尔王藏药制药有限责任公司	少数民族成药
青海柴达木高科技药业有限公司	少数民族成药
青海省德令哈市医药股份合作公司	少数民族成药
海西灵峰药业有限公司	少数民族成药
青海久美藏药药业有限公司	少数民族成药
青海省格拉丹东药业有限公司	少数民族成药
宁夏回族自治区(74家)	
宁夏沙湖纸业(集团)有限公司	少数民族文字印刷品
银川康乐民族家具有限责任公司	少数民族家具
宁夏红旗服装(集团)有限公司	少数民族服装
宁夏富盛机械制造有限公司	民族建筑装饰用品
宁夏雄鹰皮草集团有限公司	少数民族服装
宁夏盐池恒纳地毯有限公司	少数民族手工地毯、壁毯、礼拜毯
宁夏同心县通达有限责任公司	少数民族头巾
宁夏同心祥福绒毛制品有限公司	少数民族手工地毯 、礼拜毯
宁夏同心昌达土畜产有限公司	少数民族挂毯等
宁夏西吉县华绒毛皮有限公司	少数民族手工地毯、礼拜毯等
宁夏全保家具有限公司	少数民族家具
海原县钢窗厂	民族家具等
固原通用机械有限公司	割草机
宁夏回乡文化实业有限公司	少数民族服饰、民族系列景泰蓝工艺制品
宁夏马斯特(集团)羊绒制品有限公司	少数民族服装 、少数民族挂毯、礼拜毯、回族帽
德海(宁夏)土畜产品集团股份有限公司	少数民族手工地毯、礼拜毯等
宁夏灵武市中银绒业股份有限公司	少数民族服装
宁夏灵武圣雪绒羊绒制品有限公司	少数民族服装、少数民族手工地毯、礼拜毯
宁夏盛源绒业有限公司	少数民族服装
宁夏荣昌绒业有限公司	少数民族服装
宁夏国斌绒业有限公司	回族帽、民族服装等
宁夏同心县生海绒业有限责任公司	少数民族服装、少数民族手工地毯、礼拜毯、回族帽
宁夏同心鹏勇羊绒制品有限公司	少数民族服装、少数民族手工地毯、礼拜毯
宁夏同心县双维绒毛有限公司	少数民族服装
宁夏华泰家俱有限责任公司	少数民族家具

续表40

定点企业名称	民族特需商品名称
宁夏紫荆花纸业有限公司	少数民族文字印刷品
中卫市藏羊地毯有限责任公司	少数民族手工地毯、挂毯
宁夏科豪陶瓷有限公司	民族建筑装饰用品
宁夏平罗宝马化工铸造有限责任公司	民族建筑装饰用品
吴忠市民族建筑工程公司	民族建筑装饰用品
宁夏金海皮业有限责任公司	民族靴、礼拜毯
宁夏宇华纸业有限公司	少数民族文字印刷品
盐池县忠信畜产品开发有限公司	毛毡等
固原源通环保技术有限公司	汤瓶、吊罐
宁夏锦绣丝业有限公司	盖头、民族服装等
宁夏夏进制箱包装有限公司	少数民族文字印刷品
宁夏农垦贺兰山清真牛羊产业(集团)有限公司	清真肉制品等
银川市金河乳业有限公司	清真乳制品等
宁夏全味清真食品有限公司	清真乳制品等
宁夏伊品生物工程股份有限公司	清真调味品等
银川维维北塔乳业股份有限公司	清真乳制品等
宁夏金福来羊产业有限公司	清真肉制品等
宁夏平罗琪乐乳品冷饮饮料有限公司	清真乳制品等
宁夏夏进乳业集团股份有限公司	清真乳制品等
吴忠市明天实业有限公司	清真面点等
青铜峡市清真食品有限责任公司	清真面点等
宁夏雪泉乳业有限公司	清真乳制品等
宁夏沙漠王子清真食品有限公司	清真肉制品等
宁夏吴忠市国军清真食品有限公司	清真食用油脂等
宁夏吴忠市天启有限公司同心公司	清真面点等
宁夏涝河桥清真肉食品有限公司	清真肉制品等
宁夏同心阿伊河清真肉食品有限公司	清真肉制品等
宁夏新月味精有限公司	清真调味品等
中卫市夏华清真肉食品有限公司	清真肉制品等
宁夏成玉植物油有限责任公司	清真食用油脂等
宁夏六盘山泾河清真食品有限公司	清真肉制品等
宁夏民族创佳有限公司清真牛羊肉分厂	清真肉制品等
宁夏塞北雪面粉有限公司	清真面点等
银川伊布拉欣清真食品有限公司	清真肉制品等
宁夏安优卜清真食品有限公司	清真肉制品等
宁夏北方乳业有限责任公司	清真乳制品等
宁夏中卫市川银冷冻食品有限责任公司	清真面点等

续表41

定点企业名称	民族特需商品名称
宁夏红果乳业有限公司	清真乳制品等
吴忠市西部畜产品加工厂	清真肉制品等
宁夏盐池润身源清真食品有限责任公司	清真肉制品等
吴忠市兴达粮油有限公司	清真食用油脂等
宁夏香山面粉有限公司	清真面点
宁夏伊正回药有限公司回回八宝养生食疗食品厂	清真面点
宁夏国平油脂有限公司	清真食用油脂等
吴忠市金鹰粮贸有限公司	清真面点
青铜峡市贵华粮油加工厂	清真食用油脂等
银川原源食用油有限公司	清真食用油脂等
宁夏多维药业有限公司	少数民族成药
宁夏多维泰瑞制药有限公司	牧区牛、羊等牲畜用兽药
新疆维吾尔自治区(238家)	
伊宁市塔斯布拉克民族服装中心	少数民族服装、少数民族舞台服装
伊犁金涛耐火材料有限责任公司	民族建筑装饰用品
伊宁市漫紫拉民族产品编织厂	少数民族服装
伊犁天药生物科技有限公司	花帽、香包、荷包、绣球等
新疆伊犁伊帕尔汗香料发展有限责任公司	香包、花帽等
霍城县塞里木湖皮毛套具毡子加工厂	毛毡、毡房、毛毡袜、挂毯
尼勒克县柯赛民族刺绣厂	少数民族刺绣品
察布查尔县报社印报室	少数民族文字印刷品
伊犁华蓝木业有限公司	少数民族家具
托里县玛海民族手工艺品制作中心	少数民族服装、少数民族刺绣品
博州博棉纺织有限责任公司	白棉布
博州恒源塑料有限责任公司	牧区用塑料棚膜
博州万力源科技开发公司	民族火炉
博乐市贝林乡塑料厂	家庭牧场用移管式喷灌设备
精河县锦成纺织有限责任公司	白棉布
新疆昌棉有限责任公司	白棉布
新湖百迪塑料制品有限责任公司	牧区用塑料棚膜
昌吉市双飞艺术服装有限公司	少数民族服装
新疆屯河节水有限责任公司	家庭牧场用移管式喷灌设备
昌吉州金海利塑化有限公司	牧区用塑料棚膜
呼图壁县(新兴)马鞍子(制造)厂	马鞍
新疆芳草湖机械厂	粉碎机
新疆呼图壁芳草湖振兴纺织有限公司	白棉布
哈巴河县雅居床服有限责任公司	少数民族服装

续表42

定点企业名称	民族特需商品名称
布尔津县桦林家俱厂	少数民族家具
布尔津县卧龙湾旅游产品开发有限责任公司	骨雕、角雕等
木垒县皮毛厂	毛毡、民族皮手套、皮帽
木垒县哈依娜尔民族手工艺品制造有限责任公司	少数民族手工地毯、少数民族刺绣品
新疆梧桐塑料厂	牧区用塑料棚膜、家庭牧场用移管式喷灌设备
新疆天山防水建材有限责任公司	民族油布
玛纳斯县兴隆塑料制品厂	牧区用塑料棚膜
玛纳斯县来利塑料制品厂	牧区用塑料棚膜
奇台县振兴工贸有限责任公司	粉碎机
吉木萨尔县新明农牧机械制造厂	粉碎机
阜康市小姜加工厂	毡房、洗手壶
新疆蝶王针织有限责任公司	少数民族服装
乌鲁木齐市地毯总厂	少数民族手工地毯
新疆蓝草原地毯有限公司	少数民族手工地毯
新疆民族服装研究设计中心	少数民族服装
乌市米娜娃时装商贸有限公司	少数民族服装、少数民族绣品
乌鲁木齐市精绝尼雅日用品有限公司	以牛羊脂为原料的香皂、肥皂
新疆新合作家佳乐连锁超市有限公司	民族服装、鞋帽等
新疆民伯贸易有限公司	少数民族家具
新疆新华印刷厂	少数民族文字印刷品
新疆维吾尔自治区新华书店	少数民族文字印刷品
乌鲁木齐市安卡维文软件开发有限公司	少数民族语言文字软件
乌鲁木齐市一帆电子有限公司	少数民族语言文字软件
新疆新华华龙印务有限责任公司	少数民族文字印刷品
新疆一龙印刷有限公司	少数民族文字印刷品
新疆人民出版社	少数民族文字印刷品
新疆美术摄影出版社	少数民族文字印刷品
新疆电子音像出版社	少数民族语言文字软件
新疆青少年出版社	少数民族文字印刷品
新疆教育出版社	少数民族文字印刷品
新疆玉石雕刻有限责任公司	具有民族特色的玉饰品
新疆白玉城	具有民族特色的玉饰品
新疆山河雕塑艺术有限责任公司	民族工艺美术品
新疆雅徕维吾尔厨具有限公司	烤肉炉等民族厨具
哈密地区华艺文体发展有限公司	花边、枕头套、少数民族乐器等
哈密市恰仕玛民族手工艺品服装厂	少数民族服装
哈密市新世纪服装厂	少数民族服装

续表43

定点企业名称	民族特需商品名称
巴音郭楞日报社印刷厂	少数民族文字印刷品
新疆新华印刷二厂	少数民族文字印刷品
新疆五德玉器有限责任公司	具有民族特色的玉饰品
新疆四运服装厂	少数民族服装
哈密长河长舟皮革有限公司	少数民族服装
和静县民族服装厂	少数民族服装
和静县家具厂	少数民族家具
和静雅新皮件厂	少数民族服装
博湖县阿勒奇民族工艺品有限公司	民族艺术装饰用品
库尔勒乾丰纺织有限公司	白棉布
且末县民族工艺玉雕公司	具有少数民族特色的玉饰品
阿克苏市齐曼古丽服装设计培训学校	少数民族服装
新疆焉耆三宇实业有限公司	灯用酥油
焉耆县花儿红民族手工服饰加工厂	少数民族服装
若羌县民族玉雕厂	具有少数民族特色的玉饰品
拜城县民族印务有限公司	少数民族文字印刷品
喀什市新艺工艺美术有限责任公司	少数民族乐器、少数民族地毯、挂毯、花帽等
喀什市第二服装有限责任公司	少数民族服装
喀什市天南家具工贸有限责任公司	少数民族家具
喀什市生力陶瓷有限责任公司	具有民族风格的陶瓷
喀什市古城民族用品有限责任公司	少数民族头巾
喀什维吾尔出版社印刷厂	少数民族文字印刷品
喀什维吾尔出版社	少数民族文字印刷品
喀什远东陶瓷有限公司	少数民族缸、罐
喀什天业彩色印务公司	少数民族文字印刷品
疏勒县泰缔信木业有限责任公司	少数民族家具
莎车县轻工业地毯厂	少数民族手工地毯
莎车县民族服装厂	少数民族服装
英吉沙县民族工艺品小刀制品有限责任公司	民族刀
英吉沙县城关乡四村民族木器加工厂	少数民族家具
英吉沙县民族翻砂用品厂	民族火炉
英吉沙县民族黄金加工店	具有少数民族特色的金饰品
叶城县轻工联社民族五金厂	铝勺等
叶城县轻工联社民族地毯厂	少数民族手工地毯
叶城县轻工联社民族服装厂	少数民族服装
巴楚县巴尔楚克小刀厂	民族式小刀
巴楚县二轻局五金社	坎坎子

续表44

定点企业名称	民族特需商品名称
巴楚县色里布亚镇手工业社	少数民族手工地毯、具有少数民族特色的金饰品
伽师县前程股份合作印刷厂	少数民族文字印刷品
和田市吐沙拉乡肉孜尼沙汗地毯厂	少数民族手工地毯
和田市美化石膏板厂	民族艺术装饰用品
玉龙喀什镇“纳克西湾”手工纯毛地毯厂	少数民族手工地毯
和田市博格达印刷厂	少数民族文字印刷品
和田市塔瓦热克地毯有限责任公司	少数民族手工地毯
新疆和田沙驼丝绸有限责任公司	艾德丽丝绸等
洛浦县阿布迪威力石膏板装修店	民族艺术装饰用品
新疆洛浦县艾则孜达依木地毯厂	少数民族手工地毯
洛浦县洛浦镇展望地毯厂	少数民族手工地毯
洛浦县民乐地毯厂	少数民族手工地毯
洛浦县纳瓦乡麦力克编织地毯销售店	少数民族手工地毯
洛浦县杭桂乡手工羊毛地毯编织店	少数民族手工地毯
和田县巴格其镇吐送托合提阿訇地毯厂	少数民族手工地毯
墨玉县奎雅乡(迎宾)工艺小刀企业	民族刀
墨玉县奎雅乡红玫瑰小刀厂	民族刀
沙雅县一杆旗有限责任公司	民族刀
原新疆焉耆丝谱纶有限责任公司	人丝条纺、民族绸缎
于田县美斯预制厂	民族建筑装饰用品
和田市新生装潢玻璃培训中心	民族艺术装饰用品
和田市古丽迪尔清真食品醋厂	清真调味品
新疆和田伊山农业科技发展有限公司	清真食用油等
新疆阿布丹食品开发有限公司	清真奶糖等
巴州尉犁小巴郎食品科技有限公司	清真肉制品等
巴州尉犁县司拉吉丁肉制品加工店	清真肉制品等
阿克苏市帕克利克食品厂	清真面点
阿克苏市怡美宝岛家禽定点加工有限公司	清真肉制品等
阿克苏市伊格尔蛋糕西饼屋	清真面点等
阿克苏市香域乳业有限责任公司	清真乳制品等
哈密长河工贸有限公司	清真肉制品等
哈密长河集团长青农牧有限公司	清真肉制品等
巴里坤县老油坊粮油商业有限公司	清真食用油脂等
哈密兴隆淀粉有限公司	清真添加剂等
新疆瑞源乳业有限公司	清真乳制品等
新疆阿尔曼实业有限公司	清真面点等
新疆航空食品有限责任公司	清真面点、肉制品等

续表45

定点企业名称	民族特需商品名称
新疆金牛生物有限公司(盖瑞乳业)	清真乳制品等
新疆阿米娜特色农业高科技开发有限公司	清真面点等
乌鲁木齐市清真西点厂	清真面点、豆制品等
新疆科利努食品有限责任公司	清真肉制品等
乌鲁木齐曼哈顿食品有限责任公司	清真面点等
新疆盛和乳业有限公司	清真乳制品等
新疆香巴拉食品有限公司	清真肉制品等
乌鲁木齐市紫罗兰食品有限公司	清真面点等
乌鲁木齐伊合拉斯食品工业有限公司	清真面点等
新疆骏马食品有限公司	清真肉制品、调味品等
华凌畜牧产业开发有限公司	清真肉制品等
乌鲁木齐市达坂城姑娘商贸有限公司	清真豆制品等
新疆西尔丹食品有限公司	清真调味品
吐鲁番地区民心工贸有限责任公司	清真肉制品等
哈密市红柳清真家禽屠宰厂	清真肉制品等
玛纳斯县恒泰实业有限公司	清真食用油脂等
伊犁沙漠(新疆雪梦)乳生物制品有限责任公司	清真乳制品等
伊犁州三润食品有限责任公司	清真乳制品
新疆伊犁州巴口香食品有限责任公司	清真肉制品等
伊宁市巴彦岱清真肉食品加工厂	清真肉制品等
伊犁阿旺都食品有限责任公司	清真面点等
伊犁中洲伊源生物技术有限责任公司	清真乳制品等
伊犁百信草原蜂业有限责任公司	清真调味品等
伊犁德康粮贸有限责任公司	清真食用油脂等
伊犁州肉联厂	清真肉制品等
伊宁市巴哈顿饮料厂	清真乳制品等
伊犁德利发食品有限责任公司	清真面点等
伊犁伊力特乳业有限责任公司	清真乳制品等
新疆康优美粮油集团有限公司	清真食用油脂等
伊犁天马肉制品有限责任公司	清真肉制品等
新疆伊犁巴口香实业有限责任公司	清真肉制品等
察布查尔县麦科特乳业有限公司	清真乳制品等
新疆伊犁可尔得乳业有限公司	清真乳制品等
乌鲁木齐千马公司巩留县分公司	清真乳制品、肉制品等
新疆绿草原肉禽食品有限公司	清真肉制品等
塔城市鹏坤玉米食品有限公司	清真面点等
塔城市麦得利餐饮食品有限公司	清真面点等

续表46

定点企业名称	民族特需商品名称
新疆绿翔牧业有限责任公司额敏县分公司	清真肉制品等
额敏县万通畜牧有限公司	清真肉制品等
新疆巴尔鲁克牧业有限责任公司	清真肉制品等
新疆塔城红花缘科技有限责任公司	清真食用油脂等
新疆悦羊畜牧发展有限公司	清真肉制品等
托里县巴什拜绿洲清真肉联加工有限公司	清真肉制品等
新疆中太肉联有限责任公司	清真肉制品等
克拉玛依区爱心食品厂	清真面点等
克拉玛依市阿里米热食品加工厂	清真面点等
新疆娜尔格兰科技发展有限公司	清真面点等
北屯均友食品厂	清真肉制品等
阿勒泰地区攀星制粉有限责任公司	清真面点等
阿勒泰哈纳斯乳业有限公司	清真乳制品等
吉木乃县粮油工业有限责任公司	清真面点等
富蕴县方龙畜禽有限责任公司	清真肉制品等
福海县大尾羊有限责任公司	清真肉制品等
博州三乐乳业公司	清真乳制品等
新疆精河鸿锦枸杞实业有限责任公司	清真调味品
新疆绿牧源肉业有限公司	清真肉制品等
新疆康鑫粮油有限责任公司	清真食用油脂等
温泉赛湖食品有限公司	清真肉制品等
新疆麦趣尔集团有限责任公司	清真乳制品等
新疆笑厨食品有限公司	清真调味品等
新疆屯河投资股份有限公司	清真调味品等
新疆西域春乳业有限责任公司	清真乳制品等
新疆维维天山乳业有限公司	清真乳制品
新疆佳雨工贸佳贝尔肉品有限责任公司	清真肉制品等
新疆富康阿吉肉业有限公司	清真肉制品等
石河子开发区汇昌豆业有限责任公司	清真食用油等
新疆雨润食品有限公司	清真肉制品、豆制品等
新疆石河子花园乳业有限公司	清真乳制品等
新疆库尔勒恒源物资有限公司和静卫拉特公司	清真肉制品等
和静县利华食品有限责任公司	清真肉制品、乳制品等
和静县周武肉食品加工厂	清真肉制品等
博湖县万福辣椒制品有限责任公司	清真调味品等
新疆青鹤生态农业(集团)有限公司	清真肉制品等
焉耆县伊德乳业有限公司	清真乳制品等

续表47

定点企业名称	民族特需商品名称
新疆阿迈特商贸有限公司	清真肉制品等
喀什阿米娜清真食品有限公司	清真面点等
新疆南达乳业有限公司	清真乳制品等
阿克苏多浪畜产品开发实业有限责任公司	清真肉制品等
巴楚县银谷泰油脂公司	清真食用油脂等
岳普湖县大陆公司油脂化工厂	清真食用油脂等
和田楼兰清真食品厂	清真面点
新疆乌古孜汗实业有限公司	清真调味品等
和田阳光沙漠玫瑰有限责任公司	清真调味品等
和田市友谊牛羊定点屠宰有限责任公司	清真肉制品等
新疆阜康市益民家禽定点屠宰厂	清真肉制品等
托里县库丽木汗民族特需食品加工厂	清真面点等
新疆西域玫瑰精细化工有限责任公司	清真调味品等
石河子天业番茄制品有限公司	清真调味品等
莎车县维吾尔医院	少数民族成药
阿勒泰地区哈医医院	少数民族成药
吐鲁番地区维吾尔医药厂	少数民族成药
托克逊县维吾尔医医院	少数民族成药
新疆中药总厂(制药厂)	少数民族成药
新疆维吾尔药业有限责任公司	少数民族成药
新疆奇康哈博维药有限公司	少数民族成药
新疆华康药业有限责任公司	少数民族成药
库尔勒市维吾尔医医院制剂室	少数民族成药
巴州蒙医医院制剂室	少数民族成药
喀什地区维吾尔医医院实验药厂	少数民族成药
泽普县民族医院	少数民族成药
新疆新维制药厂	少数民族成药
和田维吾尔药业有限责任公司	少数民族成药
新疆西农动物药品有限责任公司	牧区牛、羊等牲畜用兽药
新疆生产建设兵团(21家)	
伊犁晶丰陶瓷有限责任公司	民族花碗、气球壶
新疆潜水泵厂	家庭牧场用移管式喷灌设备、粉碎机
新疆方兴塑化有限责任公司	牧区用塑料棚膜,家庭牧场用移管式喷灌设备
奎屯润泽塑业科技有限公司	牧区用塑料棚膜等
新疆昌恒纺织有限责任公司	白棉布、民族油布
新疆弘生家纺有限公司	白棉布
新疆金天阳纺织有限公司	民族针纺织品

续表48

定点企业名称	民族特需商品名称
新疆芳婷针纺织有限责任公司	少数民族服装
新疆生产建设兵团一八五团晨光亚麻原料厂	麻布
银桥国际控股(新疆奎屯市)乳业有限公司	清真乳制品等
新疆天锦油脂化工有限公司车排子分厂	清真食用油脂等
阿克苏新农乳业有限责任公司	清真乳制品等
新疆石河子伊利乳业有限责任公司	清真乳制品等
新疆绿翔物业有限责任公司	清真肉制品等
新疆乔尔玛食品有限责任公司	清真面点等
兵团一八八团绿源乳品有限责任公司	清真乳制品等
新疆北屯油脂化工有限责任公司	清真食用油脂等
新疆生产建设兵团农十师食品厂	清真面点、调味品
乌鲁木齐农垦乳业集团公司	清真乳制品等
新疆兵团农十三师火箭农场日月乳品厂	清真乳制品等
新疆大草原乳业有限公司	清真乳制品等